北京大学文革资料续编

Selected Archival Documents on Peking
University in the Cultural Revolution IV

胡宗式　章铎　编

美国华忆出版社
Remembering Publishing, LLC. USA

Copyright © 2022 by Remembering Publishing, LLC. USA

Selected Archival Documents on Peking University
in the Cultural Revolution IV

Editor: Hu Zongshi / Zhang Duo

ISBN： 978-1-68560-034-1 (Print)
978-1-68560-035-8 (ebook)

Remembering Publishing, LLC
RememPub@gmail.com

北京大学文革资料续编

胡宗式 章铎 编

出 版： 美国华忆出版社
版 次： 2022 年 5 月第一版，第一次印刷
字 数： 421 千字

All rights reserved.
No part of this book may be reproduced in any form or by any electronic or mechanical means including information storage and retrieval systems, without permission in writing from the publisher. The only exception is by a reviewer, who may quote short excerpts in review.

作品内容受国际知识产权公约保护，版权所有，侵权必究

编者按

1966年6月2日,《人民日报》头版在"北京大学七同志一张大字报揭穿了一个大阴谋"的通栏标题下,全文刊登了聂元梓等人5月25日写的大字报《宋硕、陆平、彭珮云在文化革命中究竟干些什么?》。《人民日报》还发表评论员文章《欢呼北大的一张大字报》,文章指名道姓地批评陆平:"你们的'党'不是真共产党,而是假共产党,是修正主义的'党'。你们的'组织'就是反党集团。你们的纪律就是对无产阶级革命派实行残酷无情的打击。"

6月5日,《人民日报》发表社论《做无产阶级革命派,还是做资产阶级保皇派?》,社论说:"陆平等这一小撮保皇党,拼命抵制和破坏社会主义教育运动。……他们对一批积极分子进行的这种残酷斗争,竟长达7个月之久。这是1965年发生的一个极端严重的反革命事件。"这篇社论宣示了中央对北大社教运动的新的评价,在第二次国际饭店会议上遭到围攻、打击的"左派"们终于获得解放。但当年的北大学生,对北大1964—1965年间那场严重党内斗争却一无所知。

聂元梓等人写大字报的初衷,原是借彭真下台为自己在"社教"中的遭遇申诉,以免被打成"反党集团"。但在毛泽东的亲自导演下,这张大字报的作用,就远不是他们当初所想象的那样简单了。大字报在全国范围内引发的轰动效应和连锁反应,是聂元梓等人无论如何也想不到的。

有幸收集到关于北大社教运动的一些资料。限于篇幅,本书主要选用了第二次国际饭店会议期间"北大哲学系党员干部整风会议简报"(部分)及相关人员的揭发材料等。

2020年5月,美国华忆出版社出版了我们编写的《北京大学文革资料选编》(上、中、下)三册。该书出版后,我们又收集整理了一些有关北大文革的资料。本书的内容是对已经出版的《北京大学文革资料选编》的补充。

需要说明的是：本书收录的文革资料，是那个特殊年代的产物，这些资料随意性很强，没有统一的标准。为保持文献资料的原貌，我们只对个别明显的错误进行了修正。

目 录

编者按 I

第一辑　北大的社教运动 1

一、彭真 1965 年 6 月 29 日讲话 1
二、陆平 1965 年 9 月 4 日的讲话 19
三、1965 年 9 月 14 日聂元梓的检查 24
四、北大哲学系党员干部整风学习会简报 37
五、原北京市委干部的揭发材料 291

第二辑　其它资料 401

一、上海串连 401
二、新购的《校内动态》等 418
三、关于孔、杨问题 429
四、师大井冈山严正声明 445
五、彻底砸烂聂氏"地下常委会" 447
六、孙蓬一论孙蓬一 453
七、大事简记（1967 年 6 月） 457
八、"革造"动态报 464
九、聂元梓 1967 年 6 月 15 日在办公楼的讲话 471
十、对《共产青年学会》的批判 479
十一、聂元梓纵容北大的老保翻天 481

十二、北大井冈山兵团张××的交代 489

十三、《批谭战报》（1967.9.11）的相关内容 491

十四、北斗星简讯内容摘选 498

第三辑　书信往来 521

一、孙蓬一、柴树园夫妇之间的通信 521

二、孙蓬一的姐姐给柴树园的信 524

三、柴大姐给胡宗式的信 526

四、李东民给柴树园的信 529

五、刘冲给柴树园的信 530

六、丁建华给柴树园的信 535

七、孙蓬一的外甥给柴树园的信 536

八、小妹与孙蓬一亲属之间的通信 537

九、胡宗式给孙蓬一亲属的信 542

十、宋一秀给胡宗式的信 549

第一辑　北大的社教运动

一、彭真 1965 年 6 月 29 日讲话

彭真在北大社教运动党员干部会上的报告

一九六五年六月二十九日在人大会堂小礼堂

北大的问题这么复杂、这么多，我今天讲话总有一部分对，一部分不对。

一、北大的形势好还是坏？

我看北大的形势很好，甚至是空前的好。有人说这么乱还说形势好，我说好就好在这个乱上。什么是乱？乱就是矛盾暴露出来了，问题提出来了。问题出来了，解决不解决？死官僚到底就是不解决；如果要革命就非解决不行。

北大有许多严重的问题、严重的矛盾。主要是资产阶级和无产阶级的矛盾，资本主义道路和社会主义道路两条道路的矛盾，用各色各样的形式表现出来，已经多少年了。既然有这么多的矛盾和问题，是暴露出来好，还是藏起来好？是开始认识好，还是懵懵懂懂以为万事大吉好？我看还是暴露了好。

乱是好事，乱而后治。乱就要走向它的反面。解决了不就不乱了，或基本不乱了？这些问题解决后，北大会有大发展，会出现一个新面貌。

现在乱，现在的问题乱，历史上有些问题也乱。这一次现存的问题，历史上的问题大部分都冒出来了。

我不相信哪个学校没有问题，没有社会主义和资本主义两条道路斗争的问题；没有资产阶级人生观与无产阶级人生观的问题；没有清政治、清思想、清经济、清组织的问题。只不过有多有少、或性质不完全相同。总之有资产阶级和无产阶级斗争问题。

北大先暴露出来了，所以说是好形势。事物发展是不平衡的，问题暴露最早、最彻底，也许解决的比较好，先走一步。

二、北大社会主义教育试点、解剖麻雀，我看很有收获。

原来组织工作队的目的就是要调查研究，解剖麻雀，取得经验。我看有很大收获。暴露了这么多问题就是收获，问题不暴露、不提出，怎么解决。北大工作队的工作有正面的经验，有反面的经验，因为是试点。正面经验是收获，我不详细讲，那是九人小组、工作队与学校的事。反面经验也是收获。什么时候做工作没有反面经验，从马恩列斯到我们每一个单位，哪里做工作有一点不错的？只有正面，没有反面，那就不要一分为二了，那杨献珍就对了，那就不必由我们作报告，可以杨献珍来做了，那就不必实行主席思想，可以实行杨献珍思想了。错误的经验总结了以后，就成了我们的财产，大家可以吸取教训，知道以后怎么办。行军时探路的侦察员要走许多弯路，左面的、右面的，才找到最近、最好的路。什么时候打仗侦察员不走弯路？有时弯路比正路走得多，所以才免得大队走冤枉路，至少少走冤枉路。北大是试点，是在探路，不走弯路是不可能的。要充分估计试点单位，正面、反面经验对党的事业的贡献。如果要求探路的人一点不走弯路，百分之百正确，不需要一分为二，那还要试点干什么？那全国都干就是了。

这次对我们大家是一次考试，学校常考学生，这次大家都来自己做一次测验，自己考自己，给自己打分，工作队、校党委、系总支，在座的同志都做做测验，有的是五分，有的四分，三分，有的是二分。二分不要紧，只要不是总是二分，就不要紧。不坚持错误就好。我就不知犯过多少错误，倒是错误、栽跟头对自己的教育更大。马克思、恩格斯是马列主义的圣人老祖宗，是科学社会主义的创始人，他们很严肃地写了"共产党宣言"，不久就发现有缺点和错误，特别是没有讲政权不能简单的夺权，要粉碎。因此写序言，作补充。马克思死后，恩格斯还不断地补充，一次一次写序言，每次序言实际都在纠正错误，作检查。他们是共产主义的鼻祖，尚且如此。如果我们谁以为自己比马克思、恩格斯还高明，以为自己百分之百正确，那就相当的自高自大，相当的自以为是，骄傲自满，这样进步相当困难。马克思做不到的事，要求北大工作队、北大校领导做到，这不是实事求是的。错了，应实事求是地对待经验教训，按照主席说的：坚持真理，随时修正错误，不能不允许人家犯错误。对工作队应当实事求是客观的要求。

北大的试点有很大收获，正面、反面经验都是收获。北大社会主义教育的经验对高等院校、对知识分子教育都做出了贡献。设计革命中央批转的文件也吸收了北大的经验。

就是张磐石同志的错误也要分成两段，头一段不能完全由他负责。他写的报告我看了，我提议组织五人小组搞调查研究。对北大有一些了解，但我应把我所知道的告诉他，指出要注意什么，防止什么偏差，我没有。我有责任，中宣部、市委也有责任。但是二十三条下达后，他就不执行，怎么说他也不听，置之度外，象没有一样，那我们不能替他负责。如果象张磐石同志那样搞，北大是资本主义熔炉，那全国高等院校还有几所社会主义熔炉？走资本主义道路，全国有几个走社会主义道路的？如果全国高等院校照搬北大的搞法，那怎么行？北大的问题不是一个陆平的问题。如果是陆平一个人的问题，问题就简单了。我说陆平是好人犯错误，主席马上说，陆平是好人，犯了一些错误，还对他的错误作了量的分析。北大搞社会主义教育运动是典型，是试点，面对全国高等院校，中央很重视。北大前前后后的简报小平同志都看了。为什么重视，全国这样多高等学校，七八十万大学生，在高校怎样进行"四清"，我们能不关心。

就是张磐石那么搞的时候，也有些系搞的比较好，磐石就是固执己见，把二十三条、中央意见置之度外，如果他没有这一条，犯了错误还可以继续领导。磐石犯错误不等于工作队都犯错误，有人与他有共同点，有的与他有某些共同点，有的当时就不同意，有的意见反映上来了，有的没有反映上来。今天不是追究责任，是应该总结经验教训。

三、北大当前应该防止的主要偏向是什么？

工作队去后，有一段时间，主要偏向是否定一切，漆黑一团，没有调查北大这么多毕业生在全国各地表现怎么样，是好的多，还是坏的多？工作也没有真正系统地进行调查研究，不把事实搞清楚，就抓住人斗。

现在应肯定北大是共产党领导的学校，不是国民党领导的。是走社会主义道路，还是资本主义道路？从总的讲，一般的讲，虽然两条道路斗争很激烈，还有许多严重问题，还是走社会主义道路。否则，你们很多干部都是走资本主义道路的当权派了，这不符合事实。

但这绝不能说没有问题，北大存在很多严重的问题，严重的四不清问题。特别是在清政治、清思想两方面。

清政治。在北大，社会主义和资本主义两条道路斗争的问题都完全、彻底、系统地解决了？无产阶级和资产阶级界限问题、兴无灭资问题都彻底、系统、完全地解决了？全国都没有解决，主席、九评中讲，阶级斗争要一百年到几百年，如果北大解决了，那主席的话要改。我看北大没有解决，哪个学校也没解决。你要搞个低标准，瓜菜代，也没解决，低标准总不能把资产阶级说成无产阶级，把毒草说成香花。

清思想，先不讲党外的，以党员领导干部、党员教授、讲师、助教来讲，马列主义世界观都正确，彻底解决了，百分之百地建立了纯洁的马列主义世界观，没有不符合马列主义的东西了？姑且不讲平日的言论，就以这次运动来讲，一部分同志有时就没有完全把党的、阶级的、全体人民的利益放在第一位，在有关个人的小是小非问题上纠缠不清，你与他谈话，他纠缠不清，没有完，死扭住个人有关的小是小非问题。北大的干部是教育青年一代，共产主义接班人的，而有时却把个人利益摆在第一，冲撞了一下，这就没个完，如果有来世，来世还要搞，那么有兴趣。同志相处哪有不撞人的？党员头上还有没角的？谁不碰着谁一点，碰人，有碰对的，也有碰错的。今天我就撞了好多人，也有撞得对有的撞得错，你撞了我一下，我记一辈子，我撞了你一下，你记一辈子。死的时候是不是写遗嘱？我不知道。共产党员遇到错误的不同意的东西难道不提意见？这是主席讲的。这是按马列主义宇宙观办事？这种人不多，但把水搅浑了，好象在泥塘里洗澡，越洗越混。问许立群。这股歪风不刹下去，北大办不好。就是搞个人问题死不完。还有，不是实事求是，一分为二地解决问题，而是主观主义、形而上学、繁琐哲学解决问题。这样能证明北大所有同志在建立辩证唯物主义，历史唯物主义，世界观方面都没有问题了？这样能证明北大所有的党员和干部都建立了马列主义世界观？个人与党的关系都解决了？无产阶级觉悟都那么高？

　　清组织、清经济也不是没有问题，有多少清多少，有什么清什么。

　　四清不是没有事可作，暴露的问题很多，如不解决，那运动就没有意义了。那样就失败了。现在还不能讲胜败，战役刚开始，打了一半，就说打败打胜，过早了。何不等一个时期再做结论。

　　还有从过去几年历史来看一看，在三年困难时期，北大所有党员，对总路线、人民公社都没有动摇过？事实不是这样，逆风不是七、八级，也是上了级的。那时心里是什么想法，毛泽东思想是不是在所有党员中都有价值、价值那么高？都高举了毛泽东思想的旗帜？一九六二年大学毕业生，走什么道路，还闹得乌烟瘴气，有的人要死守京、津、沪，要上天安门上吊。我就讲，要上吊，给你送绳子。当时我讲了走什么道路，为谁服务的问题。以为去检讨，成了新问题。道路问题不解决还有什么红？这些工作难道学校平时不能解决。三年困难时，一个是机关，一个是学校，对总路线、人民公社、党的方针政策发生的问题比较大，工厂比较公社生产好。不信，可以回想，当时有些人在一些会议上讲些什么。那是为了畅所欲言，不做记录，脑子就是记录，整也整不掉。这表明脱离了实际，往往发生动摇。现在也不是一个个追究责任。为了统一认识，提高觉悟，免疫，每个干部、每个党员，包括教授、讲师、助教，作为思想认识问题，应该清理清理。你自以为马列主义那么多，这些问题不解决解决？责任我不主张追究。那时，肉吃得少，油也吃得少，有人骂娘，要听一听。但作为共产党员，骂了娘，就应该清理。作为思想认识问题，清理有好处，可以吸取教训，取得免疫力，免得重犯这个错误。

我说北大基本是走社会主义道路，吴冷西、姚溱两同志要我取消基本两个字，所以我没有讲"基本"两个字。为什么原来要这么讲？有些调查，也许我有点情绪，你们那儿有些教授把我们的儿女拼命往资本主义道路拉。

再讲最近七、八年历史，北大有什么关键问题？

一九五七年反右派，教职员中右派没有好好放出来。学生中放得好，放出了谭天荣、叶于生。教授中右派没有放。当时校长是江隆基，我当面和他讲过，他不愿放。我又写了一封信让宋硕同志亲自给他送去，他还是不放。实际上保留了资产阶级右派的一部分阵地，他们的思想还在起作用，一点一滴，潜移默化。

一九五九年反右倾，陆平当了校长，又犯了扩大化，过火斗争的错误。这不是他一个人的问题，市委也有责任。我们多少也注意了扩大化，但思想也有毛病。

一九六一年困难时，又发生了翻案风，把一些不应该甄别平反的也平反了。也有一部分该平反的没有痛痛快快的平反，主要是把一些不该甄别平反的平反了。这样把大是大非界限混淆了，在一定程度一定范围内丧失了无产阶级的思想阵地，给了歪风邪气一些阵地，使他们可以猖狂。当时应该把扩大化的去掉，把过火斗争作为教训，正确的批评不应否定，有些根本不够党员条件，资产阶级思想根深蒂固的人恢复了党籍。什么人我不讲，我现在提出问题，你们去处理。这就成了党内一部分思想分歧与无原则纠纷的根源。有些个人主义严重的人想把自己的错误说成正确，而且追究责任。这些问题严重不严重？不解决，北大还能办得好？

否定一切，漆黑一团，把错误的与正确的搞成一样，实际上对歪风有利，那是不对的。

总之，北大还是共产党领导的，工作基本是好的，但有严重的问题。

开始，主要偏向是否定一切，现在再去扭否定一切，就要犯方针性的错误。

现在应该防止的主要偏向是对问题的严重性估计不足，对两条道路的斗争估计不足，以为万事大吉了，社会主义教育松劲，四清松劲，以为社会主义教育不用花费很大力气就可以解决。

意识形态中阶级斗争很激烈，现在以为资产阶级思想、无产阶级思想可以和平共处，走资本主义道路和走社会主义道路可以和平共处，可以实行赫鲁晓夫路线了，这是主要危险。

四、这些问题应该怎样解决？

上述问题，在四清中应解决，应从根本上把大是大非，主要问题加以解决，至少是基本上解决。

要用检查工作，总结经验教训的方法，整风的方法，批评与自我批评的方法。对高等院校的干部同样要采取说服教育、洗手洗澡、轻装上阵、团结对敌的方针。

有人觉得洗手洗澡不好听，不好听，但符合实际。脑子里那么些脏东西，不洗能行吗？如果说洗手洗澡不好听，索性用美帝国主义的说法洗脑筋。有些人说洗手洗澡是否轻了。有的人还要脱胎换骨，这是迷信的说法。问题要看实质，脑子里有资产阶级思想总要把他搞掉。在政治思想方面要洗一洗，叫什么都行。总不能说：说服教育、洗手洗澡、轻装上阵、团结对敌在北大不适用了。

每个人要自觉革命，自己去搞掉自己头脑中的资产阶级东西。当然要互相帮助、互相批评，不然要同志关系干什么？连朋友规过劝善都不如。

批评要区别对待，这里有个上楼不上楼的问题。杨献珍、周谷城、冯定要上报，报都上了，不上楼？有问题不上楼，那怎么行？不上楼，就上报。有人说上报的多了，实际中央还控制了一点，这一类性质就不同了。

另一类是系统的修正主义资产阶级观点，自己愿意检查，愿意改造。可以不上报，不上楼。我看，搞思想问题，一般不用大会方式，用小会帮助。搞思想问题大会方式害多利少，我们历来搞运动的经验如此。有人会上一提不好办，大会要做到实事求是是很困难。上了台以后总是不够、不够、再不够。滥用大会不好。当然，如果问题搞成熟了，做典型报告介绍经验开大会是可以的。还是用小会帮助同志，我们总是要考虑哪种方式有效果，能达到目的。还是要和风细雨，治病救人。

为什么？插一句。

党员干部对社会主义革命的思想准备是不够的。民主革命我们搞了那么久，经过几次"左"倾、右倾的错误，到了抗日战争之后，经过延安整风，不仅有了总路线，而且有一系列政策，全党思想一致，是有了充分准备的，因此，解放战争三年打垮了蒋介石八百万军队。但是社会主义革命的准备是不够的，因为一个革命总是要在革命过程中准备的。没有犯错误，互相比较，那里会做好准备？解放以后我们没收了官僚资本，使全国工业的80%（我记的是82%，去年彭真对毕业生报告，也是讲的82%。廖注）由资本主义变为社会主义，但许多人当时并没有感到这一点。土改以后紧接着搞了农业合作化和手工业合作化，这里本来是产生资本主义的，现在走上了社会主义道路。这一来，民族资产阶级慌了，他们感到孤立，敲锣打鼓要求公私合营，敌人要求投降我们那能不受降？有人说北京搞公私合营是先结婚后恋爱，我说那里是结婚，我们是受降。当时资产阶级是白天敲锣打鼓晚上抱头痛哭。这样经济上的一场伟大的社会主义革命就完成了，但当时许多人并不清楚这点。公私合营以后，资产阶级不甘心灭亡，要进行反抗，一九五七年要求轮流坐庄，资产阶级的政治代表，资产阶级知识分子中掀起了一场进攻。以后，到了一九六一年又来了一次反复，当时提出"三自一包""三和一少"为什么那时这么有市场，如果我们同志们头脑中的抗毒素多一些，不会那样有市场？所以说是准备不够。必须补上社会主义教育这一课。脑子里有点资产阶级思想也不要以为了不起，可以改造。不是不可救药。多数可以把思想清理一下。对这部分人要允许人家犯错误，准许人家革命，如夏衍，他如果系统地进行检查还是可以改好的，应当寄予希望。对于这些有比较系统的资产阶级修正主义观点的人也是小会帮助，惩前毖后，治病救人。

至于一般同志认识上的错误，更应当用小会、个别谈话方式和风细雨地解决。北大有些人就是认识问题。

社会主义教育的目的是惩前毖后，治病救人。主席不是讲阶级斗争要进行一百年几百年？就是要这样把资产阶级思想不断搞掉。修正主义总是要产生的，但是，不能让它篡夺领导权，不让走资本主义道路的成为当权派。

不管对那个同志的批评，都要从团结的愿望出发，经过批评或斗争，在新的基础上达到新的团结，不能一棍子打死，立三路线王明路线是这么搞的，我们不这么搞。那时赞成王明路线的那么多人，两个主席很孤立。但是到了延安整风时，在主席的领导下，还是团结了大多数人。当然，团结只能在马克思列宁主义基础上团结，在党的方针政策的基础上团结，不能是无原则的团结。同时，没有党的原则作基础，也绝不能团结好，不会有真正的团结，更不能放弃无产阶级的原则，在资产阶级思想基础上去团结。

这个问题很重要。这是治病救人。

五、解放思想，加强党性

现在北大的思想是很乱的。九人小组成立以后，工作有很大进步，总算上了轨道，执行了中央的方针政策，思想混乱有些解决。但现在的思想还是很乱的，而且存在一些长期没有彻底解决的纠纷。现在北大有许多各种各样使人思想不能解放的话，流行着许多拒绝批评的"挡箭牌"。如有人说，怕"打击报复"。第一、主席讲，既要坚持真理，就应该五不怕。你为什么这样害怕？第二、有些人实际上是用这个做挡箭牌，拒绝别人的批评；他们这么讲是怕人家摆事实，讲道理，这表明他们很虚弱，害怕批评，一批评就垮。这些人实际上是只许自己批评别人，不准别人批评自己。还有的说："工作队是革命的，还有错误？还能批评工作队？"等等。

问题还是个是非问题，是大是大非问题，不要搞小是小非，小是小非问题搞不完，搞不清楚。

在真理面前，人人平等。不管你是工作队，不管你是校系领导干部，还是干部、党员，一切人在真理面前都是平等的。党内不能允许一部分人总是批评人的，一部分人总是被批评的。所谓"打击报复"实际上是一个正确与错误的问题。你错了，为什么不能批评你；对了，你怕什么批评？如果你坚持走资本主义道路，难道就"打击"不得？兴无灭资，对资产阶级思想要灭，就不能打击？顽固不化，一脑子资产阶级思想，不打击还行！怎么能治你的病，救你的人？所谓打击，无非是批评。批评你，你不接受别人也没有办法，彭德怀，毛主席对他耐心地进行工作三十几年，他不听又有什么办法？你脑子中有资产阶级思想，留着它干什么？又不是财富。你自己就应当打击，别人帮你打击为什么不好？

不能用打击报复把别人的嘴堵住，不许人家批评。如果现在挨批评的人反过来再批评你就算是"打击报复"，试问，有些人五九年反右倾挨了批评，这次他们批评校系领导是不是也是打击报复？这是过去乡下婆娘闹无原则纠纷的办法。不讲大是大非，不摆事实，讲道理。这样，党内还怎么能进行批评和自我批评呢？党内就成了一湾死水，那是非还能搞清楚？

别人对你，好话坏话都要听，你对别人也应当好话坏话都要听。正确的就接受，不正确，你可以解释，也可以进行反批评。不能用"报复"两个字封大家的口。

党内任何人在批评自我批评面前，都没有可以只批评人而不能被批评的特权。不能说这次你批评了人，人家永远不能批评你，一批评就是打击报复。

还是分清是非，坚持真理，随时修正错误。

工作队有了错误，也不能批评不得。

每个人都应当进行自我批评，欢迎人家批评。党内不应当有特权分子。这话虽不好听，但党内不这样不行。有些人总想把自己搞成特权分子,一成特权分子就要被人打倒的。对待批评自我批评的态度是测验党性的标准之一。

当然,我不是赞成打击报复,只是说不赞成用这样的话来拒绝批评。是要大家解放思想,完全用摆事实讲道理的办法,弄清大是大非问题,在党内造成主席讲的那种又有集中又有民主,又有纪律,又有自由,又有统一意志,又有个人心情舒畅生动活泼的局面。

北大有些分歧已存在好几年,听说争起来的有的人一讲就几个钟头,问题总要有个了。列宁批评过爱好争论者。许多纠纷怎么解决?先弄清大是大非问题,先解决成熟了的问题。一时弄不清的可以放一放,有什么要紧!大是大非解决了,小是小非跟着也就解决了。具体的办法,首先由校党委对过去工作进行检查,总结经验教训,提出改进办法。不必求全求细,以免拖延时间。提出一个提纲挈领的总结,分头征求同志们的意见,不必一开始就开大会,浪费时间,搞得比较成熟了,再开大会通过,求得认识上的基本一致,并在这个基础上解决团结问题。党内完全思想一致什么时候也是不可能的。有些人有不同意见可以保留,留待实践证明。

但是要少数服从多数。有不同意见可以保留,但向下讲时要按通过的决议讲,不能煽动群众拥护自己的意见。党章那有这一条?那是自由主义。

有分歧意见不要看得过于严重。保留的意见可以留待实践中考验,证明正确的,党委可以接受,错误的本人可以改正。

党委这样做以后,系一级也要这样办。每个系都要有一个又红又专的坚强的领导核心。"一二·九"时清华大学全校才一千二百人,现在清华、北大,一个系就有一千多人,这么大的学校,系里没有坚强的领导,谁当校长也无法做好工作。北大没有解决这个问题,这是陆平同志工作的缺点之一。又红又专的核心一是德,一是才。这次清理以后要实事求是地建立系的领导核心。

至于同志间相互的意见,怎么办?

听说同志间的意见不少,有的人一谈就纠缠到个人问题上去,滔滔不绝讲不完。我提议,北大党员干部都首先自己检查自己,把自己的思想认识搞清楚;有错误的,把自己的错误搞清楚。

有的人是两个合二而一，对人家合二而一都是错误，对自己合二而一一贯正确。这怎么成？应当一分为二，对自己要认识清楚，不要对人马列主义，对自己自由主义。这样对党对人民没有任何好处。

　　特别是过去挨过批评和批评过人而现在还有意见的同志，要首先检查自己，然后在这个基础上进行相互帮助，相互批评。

　　尽是自以为是，不自以为非，这一股歪风扭不过来。中宣部副部长、高教部副部长现在都派到北大去解决问题了，他们都感到问题不好解决，就是有这么一股歪风。上脱离毛泽东思想，下脱离工农兵，就那么自以为是。这里有资产阶级思想在作怪，有资产阶级异己分子在做怪。一定要解决这股歪风，首先在党内这个范围内解决了，全校师生的问题就好解决了。

　　要把过去的纠纷系统地解决一下。

　　一个好汉三个帮，人都需要帮助的，对犯错误的同志要一看二帮。要采取惩前毖后治病救人办法。如果自己犯有原则性的大是大非的严重错误，又不肯自觉革命，自己检查，那只好请人家帮助。这种人虽然是极少数，但他把水搞得那么浑，怎么领导学校？北大是培养共产主义接班人的地方！

　　这里有个必然与自由的问题，自己选择。

　　党内永远要实事求是，正确就正确，错误就错误。

　　搞批评自我批评，首先要有纯洁的党性，把个人主义资产阶级思想去掉。要不然，自我批评也好，相互批评也好，都搞不好，工作也总结不好。

　　作为一个共产党员没有先锋队的党性是不行的，不但要有党性，还要有纯洁的党性。这里也有自由与必然的问题。一个是自己把资产阶级思想搞掉，这就是自由；一个是自己不愿意革命，别人来帮你清理，这就是必然。真正毫无党性的，只有请他出党。当然，我不是提倡不教而诛。愿意检查改正的，应当准许人家革命，不要一整就是一大批。

六、高等学校的四清，必须密切结合教学实践，最后落实到教学改革上。

设计革命不能脱离开设计实践。高等学校中政治思想上的大是大非的清理一般地不能脱离教学，要在教学中体现出来。另外，还有一部分不是教学的政治思想上的大是大非问题也要清理。

设计革命，政治挂帅，毛泽东思想挂帅，四个第一，都要从设计实践中体现出来；高等学校中政治挂帅，四个第一，要从教学实践中体现出来。抛开教学，在高等学校中搞四清，难以搞好。政治挂帅要挂教学的帅。

政治是灵魂，灵魂要有个躯体。设计、教学就是躯体，没有躯体，有什么灵魂？

现在办学校的人不去听课，不看讲义笔记，不找毕业生，学生问问教师怎么讲的。你怎么知道人家讲的是什么，是资本主义还是社会主义，是马列主义还是修正主义？北大党委副书记冯定就讲了那么多修正主义，师大学前教育讲义有 128 处引了赫鲁晓夫修正主义的言论，在全国许多地方发行，这样，你那个学校怎么办好？

校、系领导必须抓教育，前一段工作队最大的缺点之一是没有抓教学。

在学校，唯心论、蒋介石、希特勒、赫鲁晓夫都可以讲，青年需要知道这些知识。事物是矛盾的对立统一，要在矛盾对立统一的过程中掌握事物的规律。不知道唯心主义怎么能真正懂得唯物主义，不知道形而上学怎么能懂得辩证法。但是不许挂羊头卖狗肉。不许把唯心论说成辩证唯物论，不能把反革命讲成是革命，不能把修正主义讲成马列主义，不许把蒋介石言论说成是毛泽东思想，有些人偷梁换柱让青年跟着他跑那不行。共产党办的学校，不能让人家自由放毒，腐蚀青年一代。

百家争鸣，你鸣我也鸣；百花齐放，你放我也放，两个都放，在矛盾斗争中发展，有人说，你允许我讲唯心主义，怎么又批评我？谁说唯心主义不许批评？有些人说：一批评，我就不写文章，不讲课了，他们认为他说的就是真理，不能批评。封建主义、资本主义思想统治了多少年，现在还想统治？不行，这股歪风要顶回去。但方式上要区别对待。

中宣部、高教部、市委、北大党委对教学本身的问题都缺乏系统的调查研究，这样就不可能把学校领导好。

讲义问题解决了没有？一九五五年中央关于宣传唯物主义、批判唯心主义的指示中，就提出写教科书的任务。一九五九年中央书记处又作了指示，一九六一年重申这个决定。要给学生教科书讲义。现在又不是还没有发明印刷术的时代，为什么还让学生当抄书机器，还让学生上课抄笔记，下课对笔记，考试背笔记，考完全忘记，这样怎么能学好？试问，没有教科书、讲义，怎么贯彻主席的指示，实行启发式教学，实行开卷考试？没有讲义，他讲什么你不知道，怎么能保证学校是社会主义的熔炉？

北大请查查一九六一、一九六二、一九六三年教学中讲的是什么？法律系讲的是什么？物理系教科书是通俗易懂还是结嘴熬牙？

社会科学不少课程没有讲义，国际共产主义运动史没有讲义。有的教师发了教科书，但另讲一套，学期结束时，学生问他是否根据教科书复习，他说："我还没有看过这本教科书"。有的教师上堂照背某本讲义，但就是不告诉学生这本讲义，更不印发他们。

有些教师不肯发讲义有几种情况。有的是怕印了讲义他没有可讲的了。有的是自己没有把握。但也有的是敌人，资产阶级放毒，他怕印了讲义你抓他的辫子。党员讲没有可讲的，讲的老实话是好同志。

学校领导干部总应当有重点的有计划的听点课，抽查点讲义。冯定的错误，校长不一定能发现，学校那么多人，总应当有人发现嘛！

政治必须同教学结合，政治讲的再多，没有落实到教学，没有在教学上体现出来，就是没有挂好帅。

七、关于表现、历史、出身和成份

唯成份论问题现在还没有完全解决。

重在表现是毛主席讲的。要随时看表现，这就是列宁讲的实践是真理的标准。主席不过把他的说法加以通俗化了。

如果只是按照出身招收学生，只看出身，那就要把很大一部分知识分子搞出去，这是个战略方针问题。

为什么过去提 90% 以上，现在提 95% 以上？就是把地富资产阶级子女包括在团结对象中了。

如果把他们统通轰出去，不让他们入大学，都看成是阶级异己分子，拥护党拥护社会主义背叛家庭也不行，愿意革命的也不要，那不是孤立自己！

如果只看出身成份，那马克思恩格斯是什么家庭？列宁是什么家庭？那样搞，宣传部、钓鱼台岂不是也没有几个好人？

有的人搞人家唯成份论，但不查自己的家庭出身、历史。

重在表现不是说对历史出身成份一点不过问。对历史要注意，出身成份要注意，因为这对于一个人的思想是有烙印有影响的，对有些人甚至是有决定性影响的。不能说可以不注意。

历史上犯了错误，凡是已经解决了的，只要没有再犯，没有新问题，就不要再去翻。翻那个干什么！如果有的人犯了根本性错误，或一贯性错误总改不了，那就要翻翻历史，查查社会根源历史根源。如周谷城。

看一个人还是要看他的长期表现，长期实践。长期的表现就是一个人的简历表。中央、市委对自己的领导干部应当有一个基本的了解，也是要看长期的表现。

有人说重在表现与阶级观点有矛盾。这正是阶级观点。难道毛主席没有阶级观点了吗？

正是这个政策把一切愿意为社会主义服务的人团结起来，给一切人以鼓舞，这是唯一正确的方针。

使出身不好的人努力改造自己，背叛出身的阶级，到无产阶级方面来；

使出身好的人不背"出身好""自然红"的包袱，卸掉包袱，轻装前进，努力改造自己，不要成为特权阶层。

这是革命的、英明的主张。

出身不好的人只要背叛家庭，拥护党，拥护社会主义，够党员条件的可以入党。这给一切人以前途。

这个方针不是消极的。

对党员也是重在表现，已经入党表现不够党员条件的要努力改正，总是不够条件的请他出党。

我们党从来是重视阶级成份阶级分析的，有工会，贫下中农协会，工人、贫下中农一般讲他们的思想是革命的是拥护集体的，但是不能搞唯成份论，不能把成份当作唯一的决定的因素。

只看成份，不看表现，连恩格斯的党籍也要开除。如果搞唯成份论，英国工党没有几个不是工人出身的，你是不是承认他是工人阶级政党？赫鲁晓夫当过矿工，是否承认他是真正的无产阶级的代表？

一定要站稳工人阶级立场，有阶级观点，依靠工人阶级、贫下中农，团结城乡小资产阶级，以及资产阶级愿意改造的。资产阶级也有两个两重性：民主革命时有两重性，社会主义革命时还有接受改造和拒绝改造两面，接受改造的要团结他们。

没有阶级观点不成。但是又不能唯成分论，工人中有工贼，贫下中农中有地主狗腿子。

唯成分论过去在我们党内是有深刻教训的。

八、健全校系两级党的领导核心

这个领导核心应当是能够坚持政治挂帅，四个第一的核心；能够坚持在党的原则上统一的核心；能够把教学工作领导好的核心。

要有德有才，又红又专，德是无产阶级的德，才是能把事业办好。

要按照德才标准提拔年青的，要破格提拔。南方有许多县委书记和县长是南下干部，本地干部没有提起来，这不对。

主席这次在湖南湖北讲了这个问题，到浙江又讲了这个问题。

一九三八年晋察冀有的县委书记是候补党员。有人说不符合党章，我说你给我几个正式党员。

抗战八年出了多少干部，全国解放十五年了，难道我们掌握了全国政权以后出的人才更少，比过去更难出人才？

一九六二年我在一次会上讲过，人总是要死的，这是一个自然规律。六十岁不死，七十岁还不死，七十岁不死，八十岁还不死，八十岁不死，一百岁还不死？要注意提拔培养新生力量。有的人对自己儿女那么关心，对青年干部不注意提拔，一提就吃醋，他有德有才，为什么不可以提。那次讲话，惹起不少人不满意，但我还是至今不悔，还是要这样讲。提了年青的干部，应当高兴。那种认为"你走到老子前面还行"的思想，是个人主义的表现，是不顾大局的表现。有人说，过去他还是个娃娃，人家入党十几年了，还是娃娃？一九二一年党成立，一九二七年主席几年党龄，一九三七年几年党龄？毛主席一贯注意提拔新生力量。现在不但提拔新生力量不容易，提拔老生力量也不容易，可有那么一种落后的力量！我且不说是反动的。（我想让刘仁同志当第二书记多管些市委的工作，让万里同志多管些政府的工作，遇到很多困难；现在刘仁同志身体不好，想让天翔同志多管些市委工作，同样遇到很多困难。）

学校提拔干部要严格。北大的缺点之一是，领导核心没建立起来，陆平同志有相当严重的官僚主义，七年只听了四次课，各系的领导核心没有建立起来，存在不齐不全不力的问题，这是关键问题。

我讲了这么多，归结起来，当前的问题是：

（1）把大是大非弄清楚，把已成熟的问题解决；

（2）解决北大党（包括支部）在党的原则基础上的团结问题；

（3）抓紧教学。全国七十万大学生，上万人在北大。北大差不多一年教学有点瘫痪状态。

对北大所有党员，就每个党员干部个人来说是两个问题：一个是用马列主义毛泽东思想武装起来做得不够，不然，为什么问题老解决不了；一个是与工农兵结合不够。这不只是北大的问题，解放以后为什么知识分子干部成长得还不够理想？是因为相当一个时期知识分子下厂下乡下连队少了。这两条都没有，你处理问题那有那么多根据？不能只凭灵感领导。一定要好好学习毛泽东思想。但是毛泽东思想主要是从工农兵的革命实践中来的，不和工农兵相结合，就不能领会或不能完全领会毛泽东思想。与工农兵结合的具体方法还可以再研究。

　　北大有二百多人的工作队，都是全国各省市自治区的负责干部，北大本身干部也不少，只是因为思想问题没有很好解决，还没有形成一个强大的力量。这次运动把北大的问题提出来了，揭得比较深，就有可能解决得比较好，大家又能用毛泽东思想武装起来，与工农兵结合，北大会有一个新的飞跃，真正符合北大那个光荣的称号。各方面工作走得比较前一点，这样全国高等学校中有一批学校工作走得前一点，发展得比较健康一点，就可以把其他学校带动起来了，这就是我的希望。

　　具体工作由九人小组安排。

　　我的意见供参考。

二、陆平 1965 年 9 月 4 日的讲话

陆平同志 9 月 4 日在北大党员干部

整风学习会上的讲话

这次会议从 7 月 29 日开始，已经一个月零六天了。现在回顾一下这一段会议，对下一段怎么做，做个安排。

一、这一段会议有很大收获，主要是：

1、增强了党性，党内的原则空气比以前浓厚了。一个多月来的实践证明这次整风学习会中心放在解决增强党性的问题是完全正确的，必要的。许多同志认为：这次校系两级领导骨干认真地检查党性不纯的问题，在北大历史上是空前的，为北大全党增强党性、加强团结做出了良好的开端。不少同志谈到，这些年来，很少检查自己，对自己一分为二，看到了自己身上资产阶级思想还不少，个人主义、形而上学还不少。许多同志在丢掉了思想上的包袱以后，感到心情舒畅，从此可以轻装前进了。有些同志说，现在进一步懂得了怎样做一个共产党员。大家希望把这种批评精神坚持下去。

同志们经过自我检查，又听了几个常委的发言，对个人主义的危害性加深了认识，深感有了个人主义，遇到严峻的考验，就容易在政治上犯错误，给党带来损失，普遍提高了思想改造的自觉性。大家对阶级斗争在党内的反映，也看得比较清楚了；看到资产阶级思想在北大党内的影响相当大，相当严重，党的战斗力不强。张磐石同志所以能在北大搞浑一缸水，确实是因为北大党内本来就有淤泥，党内存在

着形形色色的个人主义和自由主义。在有些时候，有些地方个人主义、自由主义简直是合法存在，受不到抵制。党内流行一些错误的说法，如：我不积极工作是反抗你们的资产阶级路线，为个人主义合法存在制造借口。大家认识到今后必须在党内经常开展反对个人主义、自由主义和各种不良倾向的思想斗争，不断增强党性。首先是校、系两级领导干部要以身作则，只有这样，才能把北大的党逐步建设成为以毛泽东思想武装起来的、经得起大风大浪的有战斗力的党，这样办好北大才有可靠的保证。

  2、提高了对张磐石同志的错误及其危害性的认识。许多同志反映，民族饭店会议以后，对张磐石同志对抗二十三条、不执行中央书记处、中央文化革命五人小组指示的错误有了认识；但是，对张磐石同志在北大前一段社教运动中采取了一套违反党内生活原则的恶劣作法及其危害性认识很差。会议开始时，许立群同志，邓拓同志说，张磐石同志不仅起了搅浑水的作用，他还在水里放了毒，把资产阶级的作风带到北大党内来，不仅伤害了被批判的同志，也伤害了跟他走的同志，给北大党的团结造成了很大的危害。不少同志还认识不足，体会不深。通过这次整风学习，大家的认识都有了很大的提高，进一步和张磐石同志的错误指导思想划清了界限，并从张磐石同志所犯的错误中，得到了许多经验教训。在北大党内本来就存在着政治上、思想上、组织上不清的情况，这次张磐石同志利用、扩大和加深了矛盾，搞得更加不清，更为混乱了，这次会议中有不少问题已基本上或初步得到了澄清。还有一些问题有待进一步澄清。

  3、对学校过去几年工作中的缺点、错误作了初步的清理。一部分校、系主要负责人对工作中的缺点、错误作了初步检查，听取了同志们的批评。有些系还对系里工作中的一些重大问题进行了专题讨论，有所解决，有所前进。但是总的说来这方面做得是不够的。在清理张磐石同志的错误造成的影响以后，我们一定要严肃认真地继续检查我们的工作，解决北大本身存在的问题。不解决这些问题，是不能办好北大的。

  4、在学习和运用主席关于开展党内斗争的正确方针，继承党内斗争的优良传统，恢复正常的党内生活方面前进了一大步。

过去北大党内生活中有许多不正常的现象。平时，民主集中制执行得不好，批评与自我批评不开展，原则空气淡薄，甚至当面不说，背后乱说，自由主义严重。一到运动中又往往发生过火斗争。这次运动中，由于张磐石同志错误指导思想更造成了党内生活极不正常的现象，大家都感到这种日子是过不下去了的。

这次会议贯彻了团结—批评—团结的方针。绝大数同志互相交了心，开展了同志式的批评。总的来说，大家努力学习摆事实，讲道理，对错误进行实事求是的具体分析，对犯错误的同志采取区别对待的方针，从而体现了既弄清思想、又团结同志的精神。大多数人觉得虽然思想斗争是紧张的，有的同志还经过了痛苦的思想斗争过程，但是在提高思想觉悟，放下包袱以后，精神是轻松、愉快的。大家都受到了一次正确进行党内思想斗争的深刻教育，都希望回校以后，要把这次会议的精神贯彻下去，在全党逐步恢复正常的党内生活。

5、在增强党性、提高觉悟的基础上，团结增强了。原来彼此不讲话的，讲话了；面和心不和的，解开了一些疙瘩，隔阂减少了。总的看来，大多数同志思想比过去接近了。有的系领导骨干在运动中隔阂很大，现在团结有很大改进。

领导小组认为会议也是有缺点的，主要的缺点是这次会议分为二十二个组，各组的问题都不少，领导上抓不过来，对大家具体帮助不够。常委忙于自我检查，顾不上对各系进行具体帮助。

二、下一步怎么做？

经过一个多月的整风学习，我们取得了很大的收获。但是，各单位的情况不同，存在的问题有多有少，整风学习的进度也是不平衡的。有一些系问题解决得比较好；有一些系主要问题解决得差不多了，还有些问题需要进一步解决；有一些系问题解决还不够好，但也为今后解决问题打下了初步的基础；少数系原来问题多，虽然有所前进，但离根本问题还相当远。常委的问题也还没有得到完全解决。

一个多月的会议，要想彻底解决所有的问题是不可能的。现在看来，要解决常委和少数问题多的系的问题还需要一段时间，而大多数系的问题已经解决得差不多了，学校又已开学，各方面工作很多。因此，在这一段时间内，其他系可以先回学校。具体安排是：

1、常委、哲学系、技术物理系、经济系留下继续整风，直到把问题解决为止。问题解决以后，再请全体参加整风学习会的同志回来，向大家作报告。

2、其他系可以在下周内陆续回校。如果对常委的意见没有提完，还可以提，本系有哪些迫切需要又可能解决的问题，可以用几天时间进一步解决一下。其他还没有解决的问题，回校以后可以在总支委员会集体领导之下，在现有的基础上，继续解决。

三、回校后怎么办？

回校以后，要根据彭真同志6月29日报告和这次会议的精神，对全体党员干部进行教育，目的是帮助他们提高认识，在他们中间清除张磐石同志错误指导思想的影响，使他们正确接受前一段社教运动的经验教训，增强党性，加强团结。对于没有参加这次整风学习会的同志，不要求他们每个人都做自我检查。具体作法是：

1、向他们传达彭真同志6月29日报告，并组织他们认真学习。

2、组织他们学习这次整风学习会印发的开幕词和学习文件。

3、各系分别传达这次会议的精神，传达许立群同志、邓拓同志的报告和讲话。还有常委同志在大会上的自我检查。

4、在学习过程中，各系党总支正副书记、正副系主任要选择适当的时机在全系教职员党员大会上作自我检查，并召开小会，听取他们的意见。（不在大会上进行批评）

学校里的同志从讨论民族饭店会议四个录音报告以后，很长时间未参加运动，思想上与我们距离很大。因此需要先学习一段时间，以便提高大家的认识，但系的领导干部做自我检查的时间，也不宜拖得太晚，以免发生学习不能深入甚至争吵起来的情况。大家不要把检查理解为消极的还账。领导干部采取对党、对同志负责的态度，对过去的工作和运动中的问题认真加以清理，分清正确与错误，一定会对同志们有启发、有帮助。

5、在组织生活会中，讨论从前一段社教运动中应该吸取的经验教训。领导上不要求每个党员做自我检查，但党员在组织生活中，按照团结—批评—团结的方针开展批评自我批评应当欢迎。

对党员进行教育，是一项很重要而又相当艰巨的任务，需要进行耐心的细致的说服教育工作。各系总支要摸清思想情况，做好准备。最重要的是领导干部应当站得高。同志们思想不通，只能说服教育，不能采取简单急躁的办法，更不能搞过火斗争。刚才许立群同志讲这次会议开得是不是好，还要经过实践的检验。到会的同志党性究竟增强了多少？马列主义、毛泽东思想究竟提高了多少？能不能按照党内斗争的正确原则，运用批评与自我批评来解决党内的思想分歧？回校以后能不能搞好党员的教育就是一次考验。大家一定要站在党的立场上按党的原则办事。前一段运动中人为地造成的积极分子和被斗的人之间的界限，不要再保存下去。大家都是共产党员，都要按毛主席思想办事。现在，有些人怕挨整。整风是以毛泽东思想整资产阶级思想，以无产阶级党性整资产阶级党性。无论是谁，有资产阶级思想，首先自己就要起来整自己，也要欢迎别人帮助整。决不是以积极分子为一方，被斗的人为另一方，你整我，我整你。界限应该划在无产阶级思想与资产阶级思想之间。这次整风，我第一个在大会上检查，第一个整的是我，是整我的资产阶级思想，我很愉快。我犯了这么多的错误，给党造成这么大损失，还不该整吗？我首先要自我革命，同时欢迎大家帮助我整掉资产阶级思想。如果不整，病毒保留在身上，迟早总会犯错误。过去如果我们多整一整资产阶级思想，可能这次会少犯错误。希望参加这次整风学习会的同志回去以后，很好地帮助在校同志，同时也接受他们的帮助。常委还要在这里继续整风，这件工作主要由各系总支委员会负责领导，我们相信同志们会把这件工作做好。

关于参加农村四清的问题：因为校系领导干部的整风学习会还只是暂时告一段落，以后还要复会，因为各系还要对党员进行教育，决定除抽调少数骨干带队下去以外，大部分校系领导干部都留下，总支书记、系主任都不要走，等整风结束后再下乡。一般党员可以按原定计划去参加农村四清。

三、1965 年 9 月 14 日聂元梓的检查

1965 年 9 月 14 日哲学系总支书记聂元梓同志在哲学系教职员党员整风会议上的检查

这几年，由于没有很好的学习毛主席著作，又没有深入工农群众中锻炼，思想改造很不够，党性锻炼很差，所以，在各方面都存在许多缺点和错误。在哲学系的工作中，有不少缺点和错误。在这次运动中的错误更为严重，执行了张磐石同志的错误指导思想，对党的团结和工作都造成了很大的损失。

这次，我着重检查在运动中的缺点错误，工作中的缺点错误下次再检查。

一、首先讲一下我在运动前的一些思想情况。

（一）我是 1960 年 6 月到北大经济系工作的，1962 年 11 月又调到哲学系工作。到现在，在北大工作的时间，共为五年零四个月。其中在校外编写教科书九个月，前后生病十四个月，在两个系工作二十七个月，参加整风运动十四个月。

从这个情况来看，虽然来校工作已五年之久，但真正在校工作的时间短，又先后在两个系工作，所以，工作做得不多，对校系的工作和校系的主要领导干部的情况，都缺乏基本的了解。

（二）过去，我没在学校工作过，也没有上过大学。参加革命的时候，年纪很小，文化程度很低，虽然经过党的长期培养和教育，但工作起来仍然困难很多。所以，在实际工作中，很想有一个机会学

习，提高思想和理论水平。到北大来，就是想边工作边学习几年，再回到实际工作岗位上去的，没有长期在学校工作的考虑。这是我到北大来时的思想活动。

（三）由于长期在省市委机关工作，刚到大学来，很多方面感到不习惯。对资产阶级知识分子作风看不惯，对学校中党内同志关系、上下级关系也都有些不习惯。不象在党委机关中同志关系那么密切。对在工作中遇到的一些问题，不能随时和领导上交谈，得到及时帮助和解决。以后，在实际工作中，逐渐产生了对学校领导工作上的一些意见和看法：(1)认为校党委工作领导一般化，党的许多重要工作和政策，不能很好的贯彻执行下去，有严重的官僚主义和形式主义。比如：党委会、总支书记会质量不高，讨论布置具体琐碎的工作多，对校、系工作中重大问题讨论研究少，如教学、科研、学术中的重大问题，政治思想工作中的重要问题，都讨论的很少。领导方法也是一般化，不深入，不具体，大会（总支书记会）方式领导多，开会布置工作多，会后也很少深入检查。认为党委抓制定条例多，深入调查研究、做实际工作少，如制定贯彻六十条例、师资培养条例，等等。对贯彻学部会议精神、周扬同志报告、学习大庆等重要工作和政策，不能很好的执行下去。对学生工作从世界观教育入手进行阶级教育的总结、五反运动总结和领导检查报告等，都不实际，都反映出官僚主义和形式主义比较严重。对党委副书记冯定同志、史梦兰同志工作有意见。对冯定意见后面还要谈到。对史梦兰同志，认为他工作不认真努力，马马虎虎，开会拖拉等。(2)在干部工作上，认为学校领导同志很喜欢学校出身的知识分子干部，不仅表现在对这些干部的提拔、使用上，而且一般地都和他们关系比较密切，不喜欢提意见多的干部。认为不妥当的使用了一些历史上有问题，以及和家庭界限划不清的人。认为干部路线上有圈圈。在这方面，我列举了一些人，不便在会上具体谈。现在人事部门已经有人调动了工作。至于党委对我个人在学校工作上的安排，虽然让我做经济系总支副书记我认为不妥当，在这个问题上也有个人主义思想，但总的来说，党委对我是重视的。陆平同志对我也是好的。组织上调我到哲学系工作（党委负责同志几次谈话后我才去的，当时我不愿意离开经济系）及其他安排，都说明了这个情况。只是我个人在运动高潮中，由于把学校问题性质看错了，做了不正确的解释。而且，相反地是我没有把工作做好，是我辜负了党和陆平同志对我的希望和要求。

（四）由于我对学校的工作有这样一些看法，平时工作中，也容易看到听到有关这方面的一些情况和意见，看了，听了，就积累起来，记在心中。本来，这些意见都应当随时向陆平同志直接来谈的，但没有适当的机会，也错过了一些机会。从经济系调到哲学系工作的时候，陆平同志给我谈话时，我本来准备讲的，也没讲成。调到哲学系工作三个月之后，我请杜彩云同志约了陆平同志，想讲讲我到哲学系前后对工作上的一些意见。但因我生病了，又没谈成。有时，经过秘书约时间，也不一定约的上。又由于有个人的一些顾虑，觉得自己来校工作作得不多，经常生病，还向领导上提什么意见，也不准备长期在这里工作，领导同志不征求意见，也不一定要主动来谈。由于这些个人考虑，几次想谈没有谈成。

在这种思想情况下，对工作上有意见，又没有向领导同志及时谈谈，交交心，得到及时的指正和解决。在十三陵会议上，我发言批评了冯定同志在哲学系工作的思想和态度，在资产阶级争夺青年中他的状况。会下，听说陆平同志看到我的发言，大发脾气，并说："还批评党委副书记，叫冯定来看看。"后来，又听说，我在会上发言的简报，会议结束后所以晚出一个月，就是因为这个缘故。这样，我把这个情况和对学校工作上的意见，以及在十三陵会议期间我约陆平同志汇报冯定"合二而一"的思想和工作情况而受到拒绝的事，都联系起来了。在十三陵会议期间，我请杜彩云同志给我约时间向陆平同志汇报，明确提出是汇报冯定"合二而一"的思想等问题。但经过一个多星期后，杜彩云同志告诉我，她没有向陆平同志约时间。她说：你是否调查清楚后，再和陆平同志约时间谈。这样，就又没有谈成。这时，我对陆平同志的这些做法很想不通。想不通的是：为什么对冯定连这一点都不能在会议上批评？也不理解为什么常委会长期对冯定没有批评，没有斗争（也可能有，我不知道）？当时，我认为冯定在哲学系工作和编写中学教材中有错误，主要认为冯定的精神状态和政治思想上是蜕化腐朽的，已经变成一个不革命的"革命家"了。

当然，我到哲学系，并不是一下子就看清楚了。对冯定的认识也是有一个过程的。这个思想是1964年寒假和春天形成的。几次想向陆平同志讲，但怕根据不足，受到批评。因为我没看过他的著作，到哲学系也没来得及听他的课，所以，又想检查他的讲稿，又不敢大胆进行。当春天生病后刚上班时，要唐子介同志找他的讲稿，没有找到。这时我去听冯定的课，只剩下一次报告（讲理论联系实际的问题），听了也没听懂。后来又向施德福、陈志尚同志要笔记。

现在看来，作为系的主要负责干部，对校领导工作有意见，不应有个人顾虑。应该及时向领导反映，得到帮助和解决。积累起来，不仅使工作受到影响，也容易形成隔阂。

（五）中宣部工作组（先是调查组）到北大来，深入基层调查研究，帮助我们解决工作中的问题，给了我很好的印象。我向中宣部调查组汇报时，还谈到我的心情，说我到北大工作已经几年了，党委的领导同志没有一次能这样全面地来听取我的工作汇报，和征求对领导工作的意见。本来，我是总支书记，和党委书记之间应当是能经常谈工作谈问题的，但是有问题还得经过秘书约时间，还不一定能约上。所以，我对他们来深入基层调查研究很感动，我给予中宣部工作组的同志很高的尊敬和期望。希望他们能帮助解决校、系工作上的问题和哲学系党内不团结的现象，把校、系办好。在这样一个强烈愿望之下，我向中宣部工作组汇报了哲学系的工作党内生活状况，以及我到哲学系后工作中的困难。同时，向张磐石同志汇报了我对学校工作的意见和看法（如上所述的两方面意见）。因为这些看法不成熟，不一定完全正确，所以，我是要求向他一个人汇报的（有记录），供他参考。

后来，十三陵会议前，张磐石同志说，他已经告诉了陆平同志，他们想按照我提的两方面意见作些调查。这时，我听到以后，思想上没有别的想法，反而认为所提意见不一定正确，也没先向陆平同志谈谈，一下子就汇报给中宣部副部长，还有些害怕，觉得不如自己直接向陆平同志汇报为好。但是，又认为这是对工作上的意见，对不对供领导考虑，以后有机会还可以向陆平同志再汇报。在十三陵会议期间，请杜彩云同志约时间向陆平汇报也有这个原因，想把我向张磐石同志讲的都向他谈谈。我们在十三陵开会前和会议期间，中宣部工作组以哲学系为重点，进行了调查研究。当我从十三陵开会回来的时候，他们已经掌握了哲学系的情况。

二、1964年8月27日至1964年10月5日系内整风阶段我的主要错误和思想检查。

（一）哲学系的整风，是1964年7月中央宣传部召开政治理论课会议后，在政治课教员进行、贯彻会议精神的基础上，进一步开展起来的。政治课教员整风，是谢道渊同志直接领导的。这时我在十三陵开会。8月18日，我从十三陵开会回来，谢道渊同志向几个总支书记介绍了政治课教员整风的情况，说系内政治课教员开始了两周的整风，主要是检查个人主义、教条主义。冯定同志给做了动员报告，大家做了初步检查。哲学系在整风会上已经有人提出了1961年至1962年改选中的一些问题，但问题没有摆开。中宣部工作组意见要充分放开，进一步整风。

8月22日下午，陆平同志在研究哲学系整风问题的一个小会上，也讲了这个问题。陆平同志说：哲学系整风问题如何搞，开始还是贯彻政治理论课会议精神，但提出了许多党内的问题，这方面意见不少。因此，光反教条主义还是不行的，看来对哲学系情况还是估计不足。……看来1962年没彻底解决问题，……我感到党内问题看严重点好，牵扯到过去工作估计，干部政策问题，对党委、总支的意见，现在在会上提的问题和过去问题一样。干部路线问题，黄村工作报告，编书，反右倾批判和甄别的估计，总支干部领导作风和团结问题，哲学系先进单位认识问题等。……现在不解决，到文化革命时期还得解决。……不解决这些问题不行，过去工作已受到很大损失，问题看严重点好。陆平同志还提到根据张磐石同志的指示，要充分发动党员，把矛盾摆开，进一步在全系进行整风的意见。还说，在这个基础上，进一步讨论，开展批评与自我批评，真正达到一致，才能贯彻中央工作会议精神、政治理论课会议精神，开展文化革命。陆平同志并指出，中宣部、教育部派了工作组，也想把哲学系作为重点，直接领导。这一条是作为整风有利条件提出的。

在这个会上，陆平同志宣布了党委成立工作组及其成员，来领导哲学系的整风。

8月24日、8月27日陆平同志先后在总支委员会议上和全体党员干部整风大会上做了动员报告，在这次动员报告中提出了整风四项要求（没有提出冯定问题）。大家进行了讨论。从此，全系整风开始，谢道渊同志率领党委工作组参加会议，中宣部工作组派阮铭同志（有时也有其他同志）参加会议，在会上会下他们都对会议如何进行做了不少工作。

（二）在这次整风阶段中，我的主要错误：

1、整风会议是我主持的。主持会议应有倾向性是对的。但我在会议期间逐渐地把王庆淑的问题性质看严重了。所以在主持会议过程中，没有做到虚心听取不同意见，使持有不同意见的同志更感到有利于畅所欲言。所以，党内各种矛盾没有很好的充分揭发出来。

2、中宣部工作组张磐石同志、刘仰桥同志决定我在会议上发言后，我在会上做了不够慎重、不够实事求是的发言。第一，我不是过去哲学系党内问题争论的当事人，没有亲身经历一些事实，许多问题没有第一手材料，许多问题是听来的。第二，我到哲学系工作后，又没有对党内争论的问题进行调查研究，只凭我接了王庆淑同志的工作后，从系内工作中感到的一些问题和在整风会议上大家揭发的材料，作为分析判断问题的根据，是不充分的，也是不够实事求是的。因此，对党内长期争论的问题，对王庆淑同志的问题，在短短的会议期间，发表全面的、肯定性的意见是不够慎重的。

3、一次总支委员会议上，讨论如何进行专题辩论时，谢道渊同志和我及总支委员都同意当时石坚同志的意见和对问题的提法，但我主持会，重复石坚同志的意见，谢道渊同志就不同意。这时，我对谢道渊同志的态度不冷静，是不好的。这影响到不同意见的讨论，是不虚心的一种表现。

（三）形成以上错误的原因，主要是对校主要领导同志工作上有意见；对没有彻底解决1961年至1962年改选中的分歧原因不清楚；

对于党委能否彻底解决这些问题的信心不足；对形成哲学系党内不团结，干部互相谈话也要第三人作证，总支委员会开会就吵架，许多干部要求调动工作，对这样的党内生活状况，形成的原因不清楚。思想上过于要求前任总支书记承担责任。因此，在这种思想情况下，更加信赖中宣部工作组，认为有中宣部副部长、高教部副部长的领导，以及其他许多同志的集体调查研究，所提供的意见会是客观的、正确的。对他们能够解决我们系的问题，信心也是很高的。因而比较倾听中宣部工作组的意见。所以，当我听到张磐石同志批评："你不能够抱调和态度"，"主持会议客观主义，没有倾向性，当主席就是说你发言他发言"的时候，我是觉得很严重。这时在思想上也有怕受批评的个人考虑。但是，对整风会议如何进行，陆平同志还是很关心的，对我们做了不少指示，在重要的时候，都直接讲了话或参加了会议，我们也是按照这些指示精神来做的。当然，有些指示精神可能领会不深刻。我也应当主动多找陆平同志交谈，以便在主持会议的时候，得到及时的纠正和指示，这方面做的不够。关于陆平同志在大会上检讨中所谈到的，张磐石同志是通过我向陆平同志唱对台戏的问题，当时我没有发现谁和谁唱对台戏的问题，由于自己党内斗争经验不多，当时也没有想到这些问题。只是后来，在社教运动中，谢道渊同志揭发中说党委向中宣部工作组唱了对台戏，这时我才知道还有对台戏的问题。这次陆平同志能摆出他的观点很好。这个问题，以后大家还可以根据实际情况，进行讨论。经过讨论，如果事实证明在这个问题上我有什么错误，我一定认错，决心改正。

另外，思想上有主观主义、片面性，听取相同意见多，不同意见少，对党内斗争没有经验，作为总支书记站得不高，不超脱，没有从党给予总支书记的任务严格要求自己，在斗争中少犯错误。

三、1964 年 11 月 5 日社教运动开始至 11 月 17 日工作组到系。

工作组到系一周后，我主管系的日常工作，12 月又调到队部在政治部筹建组工作，没有参加系内的运动。这个阶段，系内成立了临时工作组，由我任组长，先学双十条、小站经验、王光美同志报告等文件，联系思想进行检查。这十几天，在我们系内，违背党内斗争原则，进行过火斗争是比较严重的，我应负主要责任。其错误如下：

（一）违背党内斗争原则，错误地引导揭发非组织活动。由于把北大所揭发的问题看严重了，对陆平、王庆淑同志的问题性质弄错了，又由于思想上主观片面，对事不加分析，听了就信，把谢龙等同志所揭发的和陆平、王庆淑同志的关系的材料，信以为真，认为揭发了重要问题。后来，随着全校运动的发展，有些问题在揭发中也越提越高，主持会中我有些插话，其他同志也有些插话，使会议的气氛紧张。队部也说搞出了个地下总支。弄得揭发问题的同志不知道问题有多大，不知道跟着陆平同志犯了什么严重错误。思想上、精神上受到了很大压力和创伤。形成这样的情况主要是我的错误。

由于错误的揭发，还想进行错误的分析，工作组不同意（这时临时工作组已取消），队部刘仰桥、庞达同志主持会进行讨论，决定不批不划，我们接受了这个意见。但我思想上没有完全解决问题，对这个问题仍不够慎重严肃（以后我离开系不知道详细情况了）。现在看，所揭发的非组织活动材料，有很多是混淆了是非界限，违犯了党的原则。如揭发党员分类排队，冯定说党委对哲学系干部要批判，是"五路进军"（当时我没在会场），我没有制止，反而在会上也说了许多错话，如说，陆平同志没有把党的优良作风带到党内来，带坏了一批干部；你们是受害者，只要你们揭发了就不是什么大问题（庞达同志告诉我的）。在揭发干部问题时，我插了话，把党委对我在经济系工作的安排，也作为一例。这是头脑发热，也是个人主义思想的表现。

（二）违背党内斗争原则，错误的对陆平、谢道渊、王庆淑同志进行了过火斗争。我主持了三次会都是错误的。陆平、谢道渊同志来参加会，是张磐石、庞达同志指示的。给王庆淑同志开的一次会，是工作组研究过，叫我主持的。张磐石、庞达同志指示，要动员大家不要怕，要坚决斗争，首先斗态度。磐石同志还说，随时可以宣布停止王庆淑的党籍。对他们的指示我是执行了的，向大家作了动员。我不敢主持这样的会，我希望工作队快到系里来主持。主持会是完全按照这个精神进行的，并且我在会上说了严重的错话。说陆平同志来，希望会开得更好，但如果态度不好应受纪律制裁。这完全违背了党内思想斗争的原则。也说明自己在政治上是幼稚的。稍有一点锻炼的同志也不会这样讲的。

这时，各系揭发了许多问题，未经证实而在同志中传播着，对我也有很大影响。认为北大问题太严重了，过去我对学校工作上的问题看得太不够了，不然为什么张磐石同志这样指示呢！我应积极向这些错误进行斗争。在动员会上，我把陆平同志来虚心听取大家意见，也解释成没有诚意，没有任何确切的材料，捕风捉影，主观猜测。这时，我脑子很热，不冷静，骄傲自满，自以为是，很以为自己是革命的，满以为自己做的一切，说的一切都是对的，岂不知正是离开党的原则、主席思想太远了，正是党性不纯的一种严重的表现。

谢道渊同志来参加会，是张磐石同志决定他来陪会的。陪会这样的做法，也是不符合党内斗争原则的，更不是对自己同志的做法。但当时，由于把问题性质弄错了，所以我没认为是错误的。

这个时期，虽对王庆淑同志开会批判不多，但对王庆淑同志完全作为党外问题来对待的。这个问题我同意工作组的检查。

四、关于批判冯定同志的问题。

整个 10 月份和 11 月初，哲学系的全体同志，全力以赴（所有其他一般的工作都停止了），对冯定同志的问题，进行了全面地调查研究和分析批判。从校内教学到校外讲学、报告、指导研究生的活动，每一个时期所有可以找到的著作（各种版本）和在报纸上（国外的也有）发表的文章，都做了调查研究，并整理出十几万字的材料，供批判和教学使用。对冯定同志在党内的生活和思想也做了调查研究。在这个调查研究的基础上，组织了党内外的各种讨论批判会。在学生中和党内也做了初步的检查和思想清理。这个时期，许多同志日以继夜的工作。找材料，写文章，开调查会，出简报等。写了二十多篇文章，先后在《红旗》《人民日报》《北京日报》《中国青年报》《光明日报》《前线》《新建设》《自然辩证法通讯》上，发表了九篇文章。

总支委员会的同志是积极地领导了对冯定修正主义思想的批判的，哲学系的同志是抓了冯定的大是大非问题的。

中宣部工作组开始对哲学系批判冯定的问题是重视的，要我们快结束系内的整风，抓紧时间批判冯定。在批判过程中，中宣部工作组没有派人来参加我们的会议，只看了简报。我们批判冯定的计划，是经过党委和中宣部工作组批示的。批判过程中，党委也给我们作了指示。但工作中的请示，后来没有得到及时的指示。因为开始党委有一位副书记负责直接领导我，后来，主要是经过钟哲明同志传达的。讨论批判冯定的各种活动和会议，党委没有一个负责同志来看过或参加过会议。仅根据这个情况，不能说党委是不重视批判冯定的。到底中宣部工作组（后来是工作队）和校党委对批判冯定问题重视的情况如何，我不应该随便来估计，这应当由领导上来共同总结。党委宣传部把哲学系同志送到报社的稿子要回来统一分配，致使不能发表，对彭珮云同志、钟哲明同志有猜疑是不对的。我认为陆平同志一次要冯定参加系内的批判会，态度不够认真严肃，应当及时向陆平同志谈谈，也不应该在会议上来讲，这都是错误的。

五、1965年3月8日至1965年3月19日，在第一次国际饭店会议中我的错误。

虽然经过学习二十三条，学习中央负责同志的一些报告，对张磐石同志工作中的问题，也听到了一些议论，也感觉到了一些问题，但对他的错误指导思想，特别是二十三条以后的错误，仍然没有发现，没有认识。

在第一次国际饭店会议上，仍然对一些问题认识不清楚，认为"三结合"有些系实行了，主要是学校一级没实行；对学校好的形势，也有片面的看法；认为有些会开得违背党内斗争原则，但有些会还是开得好的。被批判的同志对运动提的批评意见我也听不进去。这时，在我的思想上，一方面认为是中央书记处召开的会议是对的，但又对万里同志的讲话态度有意见。思想开始有些矛盾，在会议的第一个星期六晚上，我回校主动找了张磐石同志。我先说了万里同志报告的主要精神和中央书记处对北大运动的指示、小平同志的三点批评意见。我问他为什么我们不知道？中央书记处对北大运动的批评指示到底是什么？张磐石同志说，小平同志讲的，不是针对北大运动说的，是对所有四清单位说的。听后，我思想上更加重了矛盾。为什么张磐石同志和万里同志说的不一样？回来，我在国际饭店小组会上讲了这件事。还说，我感到张磐石同志和万里同志意见不一致，我希望张磐石同志和万里同志谈谈，领导的意见统一了，我们下边的同志就好执行了。

万里同志召开第二次汇报会时，才开始考虑对王庆淑同志问题的性质弄错了，并且进一步考虑了张磐石同志为什么对中央指示领会不一致的问题，才开始对张磐石同志的领导发生了怀疑。但还是计较万里同志讲话的态度和有些话的提法。所以在会下也参与了一些同志的议论。这些都是和会议的精神不相符的。总之，中央书记处的指示，给我敲了警钟，但是，在会议期间，还没有完全觉醒过来。这说明政治上迟钝，也是受张磐石同志影响太深。4月，民族饭店会议揭发了张磐石同志的错误，才开始觉悟过来，才认识到张磐石同志错误的严重性。二十三条前，他严重地违背党内斗争原则，搞了过火斗争，二十三条后，又不执行二十三条，不传达不执行中央书记处的指示，给北大的党造成了严重的后果。

六、产生以上错误的原因和思想根源。

（一）主要原因是，张磐石同志的错误指导思想对我的影响很深。我执行了他的错误指导思想，实际上对他的错误也是一种支持和助长。同时，由此，对全校运动的影响也是很大的，这是过去没有认识到的。

中宣部调查组刚到北大来的时候，我向他们汇报了校、系工作中的问题和我的看法，这应当说是我先给了他们影响的。后来，中宣部工作组调查之后，把北大的问题看严重了，如张磐石同志在全校工作队到校后的大会上说，经过调查后的结果，远远的超过了我向他们反映的问题。听了这个报告之后,对我影响很大,而且中央批准了在北大搞社会主义教育运动试点,也是在中宣部调查组这个调查报告的基础上决定的。这样,我不仅把北大和陆平同志工作中的问题,看得十分严重,而且相信中宣部工作组和张磐石同志是完全正确的。逐渐对中宣部工作组和张磐石同志产生了盲目信从的思想,并且认为许多问题可能都是和中央,中宣部某些负责同志请示或商量过的。在实际工作中,不再去思考、去识别哪是真正中央的精神,哪是张磐石同志自己的私货。

由于对北大、陆平同志的问题看严重了,性质看错了,所以,对张磐石同志违背党内斗争原则,违背主席所教导的团结——批评——团结的方针,对党内自己的同志进行过火斗争,当时都认为是对的,认为是革命的,并不认为是过火的,是错误的。因而,就积极执行张磐石同志的指示。比如对陆平同志到系里来参加会,我并不认为是错误的,才不敢主持,我只是觉得自己是总支书记,不应该主持这样的会。在这种思想下,越积极,受影响越深,犯错误也越大。

我对张磐石错误指导思想比别人容易接受。因为在中宣部调查组没有来以前,我对学校领导工作上是有意见的,而且这些意见始终没有机会向领导上来讲,得到及时帮助和解决。这样,他们来了以后,经过调查,又把问题系统化、严重化了。我比较容易接受,还觉得自己觉悟不高,许多问题没有他们看得清楚,应当努力赶上。另外,因为在学校工作时间不长,对校、系工作情况,对校领导同志都缺乏一个全面的基本的了解。在全国社会主义教育运动的高潮中,由于自己对社会主义革命认识不足,也很容易把问题看错,看严重。比较容易接受张磐石同志错误指导思想的影响而不自觉。所以,在接受中央负责同志、市委负责同志的讲话、指示上,领会二十三条的精神上,在纠正北大社教运动的过火斗争上,都表现了思想落后,觉悟迟缓,跟不上形势。由于中央负责同志和市委负责同志及时地,不断地教育,才觉悟了的。事后才认识到如果中央不纠正,跟着张磐石同志的错误指导思想发展下去,实在是不可想象。

(二)从以上所犯错误来看,我的思想根源主要是党性不纯。这几年党性锻炼很差,要求自己不严格,没有很好学习毛主席著作和党的政策，又没有到工农群众中去锻炼，脱离工农，生活优裕，思想改造放松了。这样，一遇到严重的、复杂的政治斗争，就会暴露出思想中的许多问题、党性不纯的形形色色了。党性不纯主要表现在：（1）思想方法上的主观片面，粗枝大叶，不能历史地、全面地、根据实际情况来看问题。对问题也不进行具体分析，不考虑所听到的材料是否经过核对，以及是在什么情况下所揭发、所提供的，不研究，不分析，听了就信以为真，信了就作为认识判断问题的根据。这种主观主义、粗枝大叶的思想方法，是反科学的。正如主席说的，是共产党的大敌、人民的大敌，是党性不纯的一种表现。（2）对事不加鉴别，认为张磐石同志是领导同志，都会是正确的，就盲目相信，不加鉴别其正确和错误。没有做到毛主席教导的，共产党员对任何事情都要问一个为什么，都要经过自己头脑的周密思考，想一想它是否合乎实际，是否真有道理，绝对不应盲从，绝对不应提倡奴隶主义。我认为，我的盲目和奴隶主义，也是党性不纯的一种表现。（3）在我的思想意识中，长期的存在着自以为是的个人主义思想。虽经过长期党的教育，它的根子并没有拔除，时轻时重，时隐时现。在工作顺利的时候，在运动的高潮中，容易骄傲自满，自以为是。这种思想意识如果和主观主义的思想方法相结合，就更容易在过火的斗争中，犯"左"的错误。

总之，虽然入党多年，但政治上锻炼很不够。没有经过严格的党内斗争锻炼，没有党内斗争经验。在党的生活中，是一帆风顺的。在党的历次政治运动中，没有受过批评。政治上幼稚，没有修养，思想意识、思想方法改造锻炼也很差。所以，在张磐石同志的错误指导思想下，在这次运动中，犯了严重错误，受到党的教育和同志们的批评，对错误的领会是深刻的，教训是难忘的。这是我入党以来受到的最深刻的一次教育。我决心改正错误，不再重犯，努力为党工作，来弥补这次对党所造成的损失。

四、北大哲学系党员干部整风学习会简报

1. 简报（1）

北大哲学系党员干部整风学习会议简报（1）

会议简报组
1965年10月14日

10月9日上午大会发言。

赵正义同志谈了自己对几次政治运动的看法。他说：

一、反右派斗争，打退了资产阶级的猖狂进攻，划了三十六个右派，教育了全党和群众，取得很大胜利。反右斗争中，有些成功的经验，除会议的引导外，对右派的处理工作是严肃、认真、慎重的；并且非常重视对干部、群众的政策教育；调查核对工作也做得很细致。但老教师鸣放不够，当然也就划得不够。有的学生鸣放的内容与教师一样，结果只把学生划为右派，而没有划教师。当时上面曾说学生因年轻，应掌握宽一些，结果却与此相反，是什么原因？关于《五月》和黄楠森问题可以讨论，暂不发表意见。

二、双反运动是正确处理人民内部矛盾较好的一次运动，掌握政策是稳当的。运动中成功的经验是：（1）明确了运动是正确处理人民内部矛盾，启发自觉革命。（2）党委提出的自觉革命、向党交心、引火烧身、火葬资产阶级个人主义等口号是正确的。（3）党内外、领导和群众一起自觉革命，在真理面前，人人平等；除一般口号外，还做了深入细致的个别工作；在自觉革命的基础上，选了一些典型发言向群众进行教育。缺点是：戴了一些"白专道路""粉红色道路"等大帽子。

以上这些好的经验没有认真总结，没有变成全体党员的财富。

三、反右倾整风，是保卫党、保卫毛主席、保卫三面红旗的斗争，是必要的，而且取得了很大成绩。但有比较大的缺点错误，没有借用反右处理工作与双反运动的经验，进行了过火斗争，错误地批判了一些同志，不适当地处理了一些同志。斗争面、处理面宽了。应该吸取的经验教训是：政策界限不清，斗争方式简单粗暴；组织处理上不够严肃慎重，哲学系的处理我不清楚，技术物理系的处理是相当仓促的。从每个党员思想来讲，是否有更多的教训值得吸取，如"宁左勿右"的思想是否存在？我自己当时思想是比较左的，简单地把大小事都当作两条道路的斗争。我当时对张恩慈的问题就看得比较严重，也可能提到过他教条主义、修正主义的问题，这方面我有错误。我记得，当时是先自我检查，后自报公议，重点帮助。有同志说先自报，领导确定重点，然后检查。如果是后一种情况，应当说还是在自我革命的基础上进行要好一些。反右倾整风有个弱点是，领导干部没有和党员在一起检查，带动大家自觉革命。另外，作为领导同志对自己严格要求也不够，如沈少周在课堂上讲"否定之否定"规律时有点毛病，这时就被批判为修正主义，同样，某领导同志的"论典型"一文，当时看起码应提到修正主义的角度来检查，但没有。这是否是平等对待？

此外，党委在考察了解干部方面是不全面的，总支、支部也有这个问题。因为了解不全面，好的就绝对的好，差的就绝对的差，反右倾中就有这种情况。

赵光武同志说：

我谈谈对1961、1962年总支改选时分歧的看法。改选时，对领导干部提出了批评是对的，由于长期没有改选，反右倾后，党内生活不够正常，总支领导不虚心，改选时，对领导提出了较多的意见也是正常的。但改选中也出现了一些无原则、错误的东西。当时的只要分歧是：（一）在党内斗争中，是以主席思想为指导，还是自觉、不自觉地违背主席思想。第一，很多同志批评了王庆淑的缺点错误，有的同志认为王一贯打击报复、家长式统治、排挤老干部、工作中弄虚作假，概括起来，就说是品质问题。另一些同志认为不能这么看，对王庆淑要一分为二，不能一棍子打死，要贯彻团结——批评——团结的原则。第二，认为反右倾中错批判、错斗了一些人，是王庆淑个人打击报复，另一些同志认为，不应着重个别同志的责任，而应着重于当时的历史环境，进行全面的分析和总结。第三，有的同志对持有不同意见的人讽刺挖苦、人身攻击，甚至违背组织原则，散布政治历史问题，我自己也讽刺挖苦过别人。有的同志则不同意这种做法。第四，改选一开始，有人提出干部路线、打击报复的问题，这些问题涉及到总支和党委内部研究干部的一些问题。因此党委主张先开总支扩大会，讨论清楚后，再开党员大会，不要一下子把问题捅到党员群众中去，这样做是有利于弄清是非、统一认识的，是有领导的发扬民主，而有些同志则认为不开党员大会就是"不相信党员群众"，就是"不民主"。甚至有人不顾党委意见，在选举党代表会上，把一些问题都捅到党员中去了，党员群众由于缺乏思想准备，一时摸不清头脑，造成思想混乱，以致表决王庆淑为候选人时，大多数同志弃权，这是不正常的现象。（二）对反右倾整风的估计。有的同志对反右倾采取了全面否定的态度，如说是"打击报复"。有的认为不是把什么思想问题当作政治问题搞了，而是本来就没有什么思想问题，甚至说"没有右倾反右倾"。我认为，反右倾主要是政策界限不清，把思想问题当成了政治问题。如果认为被批判的同志没有思想问题，实际上就是认为反右倾没有什么意义，把是非界限混淆了，这样就会削弱兴无灭资的斗争。把反右倾说成是打击报复，不仅不利于帮助犯错误的同志，也不利于增强党的团结。（三）对总支工作的估计。第一，对干部工作的看法上，分歧较多。有的人认为是排斥打击老干部、路线性的错误，那就涉及到整个总支的工作也是方针、路线性的问题，这实际上是通过否定个人而否定了全系的工作。说排挤老干部、任人唯亲的干部路线，不仅牵涉到王庆淑本人，还牵扯到一批干部的问题，这就等于说干部工作领导权不在无产阶级手里。第二，有的人在党委意见书下来后，仍概括地提出，哲学系的成绩不是第一位的，只能说是巨大的。第三，对具体工作的评价：（1）先进单位问题。哲学系的确取得了较大的成绩。全校平衡后，肯定哲学系是先进单位，这个称号，不是给某个人的荣誉，而是对整个哲学系工作的评价。有的同志却提出，先进单位的根据值得怀疑，是"浮夸汇报出来的"，这是否多少反映对哲学系大跃进时期取得的较大成绩的怀疑或否定。(2)关于黄村调查报告，从方向、意义和效果来看，认定它是红旗是对的，当然不是美玉无瑕。对王庆淑在这一工作中的思想意识作风提出意见是可以的。但有人认为它是不科学的，怀疑它是红旗，这是否反映了对报告成绩、意义的贬低，报告确有加强科学性的必要，但应作具体的、历史的分析。它与河南、河北调查组的报告相比，没有着重反映问题，但不能说是报喜不报忧。(3)关于编写教科书问题。毛泽东思想挂帅、反对修正主义的旗帜是鲜明的，但问题在于，冯定写的那章没有进行讨论，除第一章外，其他章节都不好，这是否贬低了编写教科书的成绩。(4)对冯定的教学检查，是必要的，在同学中肃清影响也是应该的，问题在于，对他的问题认识不够。但有的同志说，把冯定的问题当政治问题搞了，有的同志则对此进行解释，这反映很多同志当时的认识水平。有的同志认为，对冯定的教学检查是不必要的，是错误的，甚至认为是打击老干部，这都是不对的。

1958年到1965年哲学系主要是做了以上几件大事情。对这些工作，有的是否定了，有的是贬低了，有的是估计不足，仅管一般地讲成绩是基本的，第一位的，也就比较抽象了、空洞了。

为什么产生这些方面的分歧？为什么在党内斗争中自觉不自觉地违背主席思想？为什么对哲学系工作采取怀疑贬低或否定的态度？这需要联系到当时国内外形势和各人的思想意识、思想方法来分析。社会上确有"三风"，对自己究竟有什么影响？因为有的同志没有看过教科书，却发表否定成绩的看法，有的人对批判某人并不了解，也盲目同情，这需要从自己的思想状况来清理。

总支改选时，党委意见书是全体党员鼓掌通过的，说明绝大多数同志在思想上是同意的。但从1964年整风来看，原来表示同意的一些同志，思想上并没有解决问题，有人说意见书只有五分之一到六分之一的真理。因此，改选时的分歧是广大党员与一部分同志间的分歧。这个分歧，整风时没有解决，社教运动中又被张磐石利用和发展了。

2. 简报（2）

北大哲学系党员干部整风学习会议简报（2）

会 议 简 报 组
1965 年 10 月 14 日

10月9日上午大会发言。

高宝钧同志就冯定问题发言说：

自己长期不能发现冯定的问题，是有错误的。系里让我写了冯定的教学经验总结和在校刊上报导了他的教学经验，内容都是错误的，主要应由我负责。在1960年高级党校讨论教科书时，我对冯定的旧唯物主义观点、处世哲学有所认识，但说他抵制毛泽东思想、资产阶级世界观，我思想是不通的，也就是，只认识到他在理论观点上有错误，未认识到他有系统的修正主义观点，直到张启勋揭发冯定以前。

在教学总结中，我的问题是：①没有和冯定的旧唯物主义划清界限；②领导布置总结如何以毛泽东思想为纲，我从框框和字面出发，把冯定讲到毛泽东思想的几乎所有的句子都收藏起来，似乎他讲的都是如此；③总结时，对冯定总是从好的方面去想，把自己的体会加到冯定的身上。因此，我歪曲地总结与报导了冯定的教学经验，客观上掩盖了他的反马克思主义的思想，帮助他起了迷惑群众的作用，也更使领导上不了解真相。为什么写了这样的总结？①对辩证唯物主义学习不好，世界观改造不好，自己过去所学的东西，就有旧唯物论的观点。②有盲目崇拜权威的思想。③没有用毛泽东思想挂帅，没有用阶级斗争的观点看问题。此外，我还受到冯定其他一些影响：①与旧唯物主义划不清界限。②不能识别他的资产阶级人性论观点。④我只强调辩证唯物主义世界观的完整性，没有强调阶级性、革命性。⑤冯定讲过："理论联系实际是个战略任务"，实际上的对活学活用毛泽东思想的抵触，在高级党校讨论时，我不同意他的看法，但1961年讲课时，我又讲了这个观点。⑥我同意了冯定提出的教科书提纲的体系，他的体系缩小的历史唯物主义部分，是为他的修正主义服务的，这是个原则问题，说明我思想上没和他划清界限。

有同志说我推荐过《平凡的真理》，我没有推荐过。当时有同学问我是否可以看这本书，我说可以，缺点在于没有指出这本书中的问题。

1960年在高级党校开会批评冯定时，王庆淑同志递条子让我发了个言，说我们没有看到冯定写的那一章，是不对的，我讲了，也是不对的，书是集体编写的，王庆淑作为总支书记是有责任的，因此王让我那样讲，是推卸责任，但不是推卸政治责任。冯定是主编，他写的第一章的错误观点，应由他自己负责。我也不同意说，冯定是修正主义，王庆淑也是修正主义。

对冯定的教学检查是必要的、正确的。当时总支对冯的一些错误理论观点是认识的。教学检查对冯的资产阶级理论观点是一次交锋，对打破所谓"无产阶级专家"的迷信起了一定作用，对提高对冯定的认识也是有意义的。在方式上也没有问题。但缺点是：①检查不彻底，冯定不接受意见，就不了了之。党委、总支领导也是不力的。②由于对冯的问题认识不够，对总结和报导没有进行消毒。③《列宁主义万岁》等三篇文章当时已发表，如果进一步深入检查，有可能发现他的问题，我们不但没有发现他的问题，而且继续安排他讲毛选四卷和历史唯物主义专题课，这是不对的。

总支改选时，有同志对冯定的教学检查提出怀疑，说冯定写的第一章是全书最好的，甚至有人说王庆淑打击老干部，有人参加了对冯定的教学检查，并对他提了意见，但后来也对这次教学检查产生了怀疑。这种情况的出现，反映了：①对冯定的资产阶级理论观点的认识产生了反复，影响了以后对他提高警惕，发现他的问题。②反映领导思想也是不清楚的，如冯瑞芳检查自己向无产阶级专家学习不够，王庆淑也并不见得清楚，她认为张文俊批评冯定是修正主义的话是不妥当的。③从党委到总支领导不利，没有针对当时情况向大家进行教育。④有些同志较着重于揪住王庆淑的思想作风问题，而对与冯定的观点应划清界限，注意不够。⑤有的人存在盲目同情被批判人的情绪，不去了解在高级党校是怎样批判冯定的，就说王庆淑的打击老干部，这影响辨别是非。

在 1964 年整风期间，张启勋批判冯定的文章发表后，总支对批判冯定作了大量的工作，对大家认识冯定的修正主义起了很大的作用。但问题在于，后来在社教运动中应如何对待冯定。这牵涉两个问题。一个是，相对于陆平、王庆淑，张磐石没有把冯定的问题当作更大的大是大非来搞。另一个是，冯定在运动中有浑水摸鱼的情况，我们是否认识清楚了。冯定混淆是非，并且违反组织原则，在哲学系会上揭发所谓党委向哲学系的同志"五路进军"的问题，散布常委会讨论的情况，来煽动群众对党委不满，实行挑拨离间，起的作用很坏。但当时有人还相信他，肯定他。

孙蓬一同志说：

冯定的修正主义被揭发以前，我是没有认识的。我对他有迷信，觉得他是研究中国民族资产阶级的专家，因此对他丧失警惕。冯定的问题没有被北大、哲学系发现，大家都有一份责任，作为马列主义宣传员，自己感到惭愧。总支改选时，我认为王庆淑在冯定问题上是推卸政治责任，当然，这种看法，在分寸上是否恰当还可以讨论，但王庆淑的一些做法确是有问题的。我对冯定受批判的原因不了解，曾误认为是因冯在讲哲学时讲了怎样做人的道理，因此，在总支改选中，曾说"人生观"为什么不能讲，我还想不清楚。我当时认为，在王庆淑同志指使高宝钧同志在大会上推卸责任的当时，也未必就看出了冯的问题，不然，为什么不久前还将冯抬得很高呢？因此就讽刺王说，可能王的水平高，早已弄懂了。这种说法有两方面的错误：一个是不应讽刺，这不符合党内斗争原则；另一个更为重要的是，反映出我对冯定问题在总支改选期中还没有认识。

高宝钧同志说，在社教运动中，对批判冯定做了大量的工作，我是同意的。它在清除冯定修正主义的影响中的成绩是很大的。在社教运动中，有一次会上，冯揭了常委的问题。冯说完后，我说了一句话："冯定同志讲得很好"。这是个错误，因为我是这次会的主持人。我同意高宝钧同志讲的，张磐石在社教运动中对批判冯定是不感兴趣的。至于张磐石的意图是否是想联合冯定斗争陆平、王庆淑？我不知道。有的同志如果知道，可以揭发。因为工作队没有这种指示，既未明文，也未暗示过。至于我上面那句错误的话，表明我对冯定在运动中有捞一把的思想，是缺乏警惕的。当时我说冯定"讲得很好"的思想状况是：①冯定是常委，党委指定他在哲学系参加运动，而且也没有开除党籍，可以发言。②当时把陆平看作资本主义道路当权派，你揭他，他揭你，都可以。③由于冯的揭发印证了谢道渊同志在他之前的揭发材料，所以说"很好"。今天认识到：冯定的发言是违反组织原则的，如揭发"五路进军"问题，可能是他的捏造，也可能确有其事，即使有其事也不应当在哲学系党员大会上谈；更重要的是，我对冯定在社教运动中捞一把的思想行动警惕性是不高的。

杨克明同志说：

冯定问题被揭发以前，我也是缺乏认识的。总支改选时，自己提出的意见有一些是正确的，有一些是有毛病的。高宝钧同志说，当时有的同志主要注意了王庆淑的思想作风问题，而对冯定的问题注意去研究不够，这种分析是有道理的。我当时由于对王庆淑的一些做法感到气愤，确有感情用事的地方。

对冯定的教学检查，自己没有参加，也没有看他的书，在这样一个重大斗争中，没有象张启勋同志那样，自己有责任。

高宝钧同志说，高级党校批评冯定时，不能说王庆淑是推卸政治责任，这是可以研究的。说政治责任，不是说把王庆淑看成与冯定一样。集体编写的马列主义的教科书出了问题，第一章被批评为抵制毛泽东思想，作为总支书记，在此关头说与己无关，难道不是推卸政治责任？我过去说，如果冯定是修正主义，王庆淑也是修正主义，此提法过高，应与修正，虽然王对冯定的吹捧，仍是一个重大原则性的错误。至于王庆淑本人有没有修正主义观点，那是另一个问题，需另作研究。编书、总结和报导中的问题，高宝钧承担了责任，但王庆淑的责任是无可推卸的。

在社教运动中，张磐石对批判冯定不感兴趣，但哲学系和他是有区别的。有同志说，我们没有把冯定问题看成是大是大非，这是不能同意的。彭珮云同志指出，张磐石对批判冯定不感兴趣，冯定自己有捞一把的思想，同志们是否警惕了？我认为说得很对。我个人当时也缺乏警惕。但有人说，是联合冯定斗争陆平，这种说法没有事实根据，当时也没有人认为冯定有这样大的作用。

柯木火同志说：

"推卸政治责任"，还是"推卸责任"，是有区别的。所谓"推卸政治责任"，一是说它是政治性的错误，二是把政治性的责任推给别人，这样问题就比较严重。但从当时情况看，一个是没有把冯定的问题当政治问题搞，一个是，即使当政治问题搞了，也应由冯定自己负责。王庆淑肯定有错误，但只是工作上的问题。

李清崑同志说：

王庆淑确实是推卸政治责任，我完全同意杨克明的意见。第一，在教科书里，冯定的观点是政治性的错误，第二，教科书是哲学系集体编写的，主持编书的主要负责人没有发现书中冯定的错误政治观点，有没有政治性的责任？我认为有政治性责任。王庆淑授意高宝钧在会上发言说，第一章是冯定写的，我们没有看过。这是推卸政治责任。

关于冯定教学经验的报导，王庆淑修改过清样，这个报导是把冯定捧得很高。经验总结王庆淑是否看过，不了解；即使没有看过，但总结是哲学系搞的，不是高宝钧个人搞的。总结中把反马克思主义的东西说成是马克思主义的东西，这应该是政治性的责任。冯定在系里搞修正主义者，我们没有发现，也有政治性责任。应当共同吸取经验教训。

陈志尚同志说：

我不同意"推卸政治责任"的说法。①当时，高级党校把冯定问题是作为政治问题搞的，还是作为学术问题搞的？是给戴上了政治帽子呢？还是没有？我认为不是作为政治问题搞的，也没有戴上政治帽子。②哲学系当时参加会议的所有同志是同意了那些政治帽子呢，还是没有同意？大家并没有同意。所以，就不存在什么推卸政治责任的问题。

王义近同志说：

如果王庆淑同意冯定那些观点，而且把责任推给别人，就是推卸政治责任。但王庆淑不是同意冯定的观点的，所以只能说是推卸了作为总支书记的责任。

党委关于对待冯定问题，作了检查，我同意。冯定问题揭发后，党委是否没有很好地对他进行批判，我还不清楚。因为社教运动中有人有这种看法，说张启勋同志批判冯定的文章交到报社后，彭珮云同志通过李寄霞以总支、聂元梓名义要回来，不让发表等。这些事儿虽小，但结论很大，希望弄清楚。

张凤波同志说：关于党委是否批判冯定的问题，社教运动中提出了很多意见。建议有关同志出来澄清一下。

徐大笏同志说：

社教运动中，我也听说，党委在批判冯定问题上搞"政治陷害"，希望有人讲清楚。

3. 简报（4）

北大哲学系党员干部整风学习会议简报（4）

会议简报组
1965年10月15日

10月11日上午，柯木火、辛文荣、赵正义、孙蓬一、杨辛、任宁芬等六人作了发言。

柯木火首先发言，谈了三个问题。

一、关于对待总支改选时党委的意见书问题。党委意见书出来后，没有统一意见。一部分人基本上是同意的，但认为意见书对错误意见没有明确批评。另一部分人实际上对党委意见书是不同意的，如对干部工作、对工作中成绩和缺点的估计、对王庆淑的估计等等，保留了自己的意见。因此，一有机会就提出来，如1963年整顿支部和1964年讨论政治理论课会议精神时，都提出来了。有人说："意见书不是决议，对党员没有约束力。"还有人说："总支改选过程，是党委包庇王庆淑的过程，并按下钉子。"这反映了当时实际思想。这不仅没有解决对王庆淑的估计问题，也形成对党委不信任。整风中对党委的看法与总支改选后对党委的看法是有内在联系的，而且更加发展了。

二、整风时期，总支领导人，主要是聂元梓同志，不只是抵制党委整风方针，而且是公开批评了党委整风方针。首先在整风内容上，实际上与党委整风方针不一样，是集中搞王庆淑，当别的同志揭发系内其他的两条道路斗争问题时，有人就说："不要转移视线。"更重要的是，9月22日陆平同志讲话后，会上有一部分同志认为党委意见与张磐石意见有矛盾。以后又有人说："陆平同志的诚意也是大可疑的。在向全体党员作报告以前，曾先给总支委员作了一个报告，当时说是为了解决哲学系长期存在的分歧。可是给党员作的报告却换成了另一个基调，不管陆平同志还会作出什么解释，但是谁听了报告后心里都明白，不仅不是要与王庆淑的错误作斗争，而且也不是真心想解决哲学系的党内分歧，矛头所向是过去与王庆淑作过斗争的党员。……王庆淑发言激起大家的不满，陆平同志又以张磐石同志的名义，作了一次报告。可是，很显然，大多数同志都认为陆平同志讲话的精神，与张磐石同志的指示是根本不同的。"（见参考资料之二112页）还有人提出"党委是悬崖勒马的时候了。"这些事实都反映对党委方针不仅是抵制，而且是公开批评。原因是什么？有个人的原因，也有张磐石影响，可以具体分析。有一点值得重视，即党员对待党委采取什么态度？对民主集中制理解怎样？这事从组织上看是错误的。

三、总支改选中，有同志提出，王庆淑有没有打击、报复，主要指对朱泽浩、沈少周、冯定、张秀亭、张恩慈等有没有打击报复的问题。在整风阶段对这问题的看法又有发展。

认为对朱泽浩是打击报复的两个基本事实是：①朱要请假，不让请假；要扣他的工资；没让过组织生活。②把他下放劳动。这里说明总支在反右倾整风中批判朱后，工作中有缺点、错误，思想认识上有片面性。我认为，让当时被犯严重错误的同志下放劳动，多与工农群众接触，是无可非议的。至于说不准请假，就是打击报复，理由不充足。

再如，说对沈少周是打击报复，提出来的最基本事实就是怀疑王庆淑在反右倾整风中提供批判沈的材料是否包含个人动机。问题不在于谁提供材料，而在于这个材料为当时其他同志所接受。还应该看到，反右以后，对基层党的领导人与党组织的联系一面看得过多，加上反右倾时，有些政策界限不清，所以才搞错了。这里猜测个人的动机是不对的。

为什么根据这些材料能得出打击报复结论呢？有这样一个逻辑，认为向王提过意见，或与王有不同意见，而被批评，或批评错的，就是王在搞打击报复。这个逻辑很危险，党内同志之间不同意见是平常的，如果认为在运动中对有不同意见的同志提出批评，就是打击报复，这会造成党内混乱。这种想法也是主观猜测。为什么要有这种猜测呢？而且是绝对的肯定，这究竟反映了什么思想？

除此之外，认为对冯定进行教学检查也是打击、报复，是王要把强过自己的人搞下去。这种主观猜测就很容易把好人、坏人颠倒，这是值得吸取经验教训的。

关于批评张秀亭问题，王与总支其他同志组织那次会是错误的，是民主作风不够，不能听取不同意见，压制了批评。但说这是对张的打击报复，需要更多材料说明。在对张做鉴定时，还是比较客观地反映了张的基本情况的，王同意了这个鉴定。这个事实倒是证明王对张无所谓打击报复。

对反右倾中的错误的分析，要结合当时历史情况，不要假想别人是不可救药的个人主义者，然后从此出发把一切事情往上按，主观猜测别人的坏动机。这种分析方法是错误的。这实质上是资产阶级的分析方法。在整风、社教时，用对敌人的分析方法来对待同志，只能扩大矛盾，不能解决矛盾。这些分析方法是不对头、不妥当的，需要共同总结经验教训的。

总之，我不同意说王对某些同志是有意的、系统的打击、报复。

辛文荣发言，主要谈1964年整风运动的一些问题。

一、整风运动的指导思想问题。

（一）哲学系整风，当时存在着两种思想、两种方针的斗争。一种是陆平同志代表党委工作组的指导思想，体现在8月27日陆平同志的整风动员报告中。另一种是中宣部调查组张磐石同志的指导思想。现在看来，前者是符合主席思想的，符合党内斗争原则的，后者是违背主席思想，违背党内斗争原则的。

因为陆平同志提出的整风指导思想，第一，抓住了哲学系两条道路的斗争，提出四方面的大是大非问题，要共同总结工作中经验教训。第二，要充分发扬民主，绝不允许搞"一言堂"，要摆事实、讲道理，要和风细雨，要"惩前毖后，治病救人"，绝不能采取一棍子打死的办法。

张磐石同志的指导思想则相反。第一，把整风矛头指向王庆淑，认为王的问题就是哲学系的问题，解决了王的问题，哲学系的问题即可解决，这样就不可能全面地或真正抓住哲学系两条道路斗争，大是大非问题。第二，对王采用对敌斗争的方式，就是斗、斗、斗。根本没有团结的愿望，而是一棍子打死。

（二）哲学系整风贯彻了谁的指导思想。

聂元梓同志在自我检查中说："整风是根据党委的指示去做的。"我认为哲学系整风完全贯彻了张磐石同志的指导思想。

整风中的具体做法及后果是完全符合于张的指导思想。

第二，整风中，不仅总支领导聂元梓同志未执行陆平同志的指示，还在广大党员面前散布对党委的怀疑和不满，使陆平同志的指示无法贯彻。

第三，社教运动一开始，聂元梓同志及系领导小组其他一些同志都严厉批评我们在整风中顶中央工作组之风，顶毛泽东思想之风，正告我们要转变立场，要重新站队，如果说聂元梓同志在整风中也是按照陆平同志的指示去做，为什么当时只让我们转变立场呢？而且聂还不止一次地说，陆平同志在整风中搞阴谋。说自己识破了陆的阴谋，使其未能实现。

第四，聂8月20日对谢道渊同志说，哲学系的分歧，就在：王庆淑是好干部还是坏干部，1958年来哲学系成绩是否主要的问题，9月24日聂系统发言也说明聂在整风前和整风中都和张的看法是一致的。

以上几点可说明，整风指导思想的张磐石的，在社运动中工作组还问王庆淑知道不知道整风是中宣部工作组领导的。

二、哲学系领导，主要是聂元梓同志，是怎样贯彻张磐石的指导思想的？关于这个问题，我同意汤一介同志的发言。聂元梓同志如何搞"一言堂"。我补充一些意见。①对有利于自己观点的就鼓励支持，不利于自己观点的意见就压制、批评。②会上持不同意见的人，往往受人身攻击，聂是支持这种做法的。③对持相同意见的同志的缺点尽量保护。聂还作了理论上的概括，她说："党内斗争，错误的东西常常是在党的正确路线口号下所掩护着……正确的思想在斗争的表现形式上，又常常是在个人主义、自由主义，或其他缺点的形式掩盖着"（见参考材料之二54页）

三、整风造成什么样严重后果。

（一）虽然揭发了不少问题，但没有真正抓住系的大是大非，甚至陷入无原则斗争。如对冯定问题，有的同志由过去认为王打击冯，而转为王吹捧冯，而自己好像永远是正确的。

（二）整风中并非都是从原则出发，因而造成了一些是非不分，助长了个人主义、自由主义。

（三）另一严重恶果，是对王的问题定了性，为社教运动的更加过火斗争造成了条件。

整风也要一分为二，它揭发了不少问题，如黄楠森问题，我过去就考虑不够，但对张磐石错误指导思想要肃清。

赵正义发言说：

柯木火提到张秀亭问题，有些我是同意的，但说王对张不是打击、报复，我有些想不通。主席说，你在这次会上说了我，我就在下次会议上找岔子，报复你。这是报复情绪。张是向上级组织反映意见，有错误上级领导可进行教育，但让总支开会批判，起码是违反组织原则。会议的内容，王的发言，不是为了帮助教育同志，而是批判斗争，追动机、扣帽子。而且王还讲了很多干部的历史情况，也是错误的。另外，会前冯瑞芳对我讲过，张对总支有意见，在下面与几个人议论，很严重，开个会帮助帮助，澄清些问题；冯指的人与王在会上点过的人大致相同。这是否有想通过批判张秀亭压下别人的意见的想法。王在会上的发言，不是压制批评就很难说，说这不是一个严重问题，我想不通。我认为起码是压制批评和个别同志有报复情绪。

孙蓬一同志说：

张秀亭问题，过去我认为是压制批评、打击报复，现在我仍然这样认为。社教运动中我把问题提高了，说此事"今天看来不仅是压制批评、打击报复，而是未搞成的阶级报复。"这个提法现在看来显然是过头的，混淆了矛盾性质，是错误的，我已作了检查。我当时所以将此事看成是个未搞成的阶级报复，有两点根据：①事实；②与技术物理系问题类比。事实是：批判张秀亭是准备从张入手整一批人，会前有人这样布置过；会上王庆淑同志贬斥了一大批同志；会后王又布置召开支部大会，批判孔繁、黄心川，会上杨辛说黄的历史也是臭的，并说党内有股暗流，说黄、孔的情绪如遇有适当气候，就会像金志广、汪子嵩（金、汪当时都是右派）一样。王庆淑当时对杨的发言未表示反对。会后与孔繁同室的另一党员，吓得不敢与孔住在一起，急急忙忙搬了家。至于批判张秀亭的指导思想，据任宁芬讲，伊敏同志曾指示她：可参照技术物理系的经验，来解决张秀亭意见所反映的哲学系的工农干部问题。而技术物理系的问题，在社教运动中作为阶级报复的案例，似乎已成定论。现在连技术物理系的问题也构不成是阶级报复，我说张秀亭事件是未搞成的阶级报复，当然也应修正。

杨辛发言：

孙蓬一说我在一次支部会上批评黄心川、孔繁有反党情绪，这不是事实，我并没有说过这样的话。

任宁芬同志说：

张秀亭由留苏预备转来北大后，是哲学系1957级学生党支书，当时王与我对他印象比较好，1958年吸收他参加总支委员会。57级同学当时对他有意见，特别其他支委对他有意见，第二次下放黄村时，张进一步暴露了问题，如在恋爱问题上就处理得不好。1960年3月回校进行反右倾整风补课，对他批评过火，我首先要负责任。1960年要调他到石家庄师范学院，他思想不通，对我意见比较多。他向伊敏、潘乃穆同志提出总支工作的意见，伊敏同志找我，委托总支处理这个委托，说，通过这个委托可以辩论一下，技术物理系类似的问题已解决了，可以参照他们的经验。伊敏同志是不是说了"反党集团"我记不清楚了。但当时我知道技术物理系搞出了一个反党集团，所以可能是我把这联系起来了。在总支改选时我未说这件事，而在社教运动中我揭发了这个问题。

4. 简报（8）

北大哲学系党员干部整风学习会议简报（8）

会议简报组
1965年10月18日

10月12日下午和13日上午大会上，任宁芬同志作了发言，她首先谈到会议气氛有些紧张，这在党内是不必要的，她愿抱着随时修正错误的态度，谈谈各个时期工作的基本估计和一些有争论问题的情况。

一、1957年反右派斗争。

哲学系的反右派斗争取得很大成绩，学生中放得比较充分，反击得也比较彻底，教职员中放得不够，特别是老教师放得很不够。当时的总支委员会是起了领导核心的作用，领导全体师生对右派的反击是坚定、有力的。当然，工作上也难免存在一些缺点和错误，如组织老教师鸣放不够，学生工作中也有不够深入、细致的地方。

（一）关于《五月》的问题，《五月》创刊后明确排斥党的领导，第一期就登了"质问人民日报"等几篇反动文章，当时总支对《五月》已引起了注意，觉得它很偏激。由于支部委员进不去，王庆淑指派高宝钧以辅导教师的身份去了解情况。当我们还未来得及进一步深入研究《五月》的问题的时候，刘滨、叶朗等已发表了《谁背离了恩格斯》等正面文章，并同林希翎、谭天荣进行辩论，这就使我们放松了对《五月》的继续研究。由于刘、叶等的兴趣转向搞谭天荣，对《五月》控制不那么紧了，《五月》就在"六·八"社论发表后逐步转为反右刊物。这个转变是在张翼星向王庆淑汇报之前，而不是之后。1957年9月24日支部提出划《五月》为右派集团，经过反复讨论，总支于1958年1月同意划刘斌、叶朗为右派，报党委，党委没有批准，理由有二：①当时对划右派控制较严，可划可不划的不划；②刘、叶在反右中有立功表现。后支部不同意，经过反复讨论，党委仍决定不划，同时指出，刘、叶实质是右派，可以与本人讲清楚。后来在班上批判了他们的错误，并开除了他们的团籍。我在社教运动中，由于受张磐石同志错误指导思想的影响，同意了在《五月》问题上党委和王庆淑是包庇右派，使一批右派漏网的提法，现在觉得这些提法是不对的。我认为，孤立地就《五月》这些人本身看，划为右派是可以的，但联系全校情况，后期掌握严一些，不划，也不是什么错误。当然，从我们个人思想检查，对《五月》有认识不清的地方，应当检查，王庆淑同志也应如此。

（二）关于黄楠森的问题。黄的言论是在中央政研室放的，我们接到政研室转来的材料后，总支讨论过他的问题，当时我主张划黄为右派，其他总支委员的态度我记不清了。但王庆淑在会下对我说过，黄是在党内讲的，不是在党外散布；是退让型，不是进攻型；划黄为右派，党外一些资产阶级教授（老右派）会高兴。后党委主张不划，总支没划，但提出应开除黄的党籍。以后党委认为可考虑给黄以留党察看处分。总支征求了政研室支部的意见，又考虑到黄在检讨中的态度，最后决定留党察看两年。

（三）关于肖蒌父的问题，总支同意划肖为右派，报党委，党委先是同意，后经过复议又不同意，最后决定给肖留党察看处分。

（四）关于老教师中有几个人为什么没划右派的问题：总支讨论过，主张划他们为右派，后党委没批，主要是因为他们暴露得不够充分，但是否也有掌握过严的问题，我思想上还不太清楚。

（五）关于王庆淑在反右初期的表现：反右前，王的个人成名成家思想比较严重，所以对右派进攻的形势认识不够。她初期参加哪些群众性的活动我不太了解。她在辩证教研室鸣放会上对有人提到她1956年升讲师不合适，情绪较激动，急于辩解，并在会下发牢骚，说在北大站不住脚，要求调动工作。这说明她对当时阶级斗争形势认识不清，对个人问题有所纠缠。但我不同意说这就是王向右派退让、屈服。因为王在整个反右斗争中的表现还是积极的，认识也是比较清楚的。

二、1958 年至 1960 年三年大跃进。

紧接反右斗争胜利之后，全系开展的双反运动是搞得比较成功的，师生的政治思想面貌有了较大的变化，以后关于贯彻教育方针的大辩论搞得也比较好，这就为我们以后下放工厂、农村试行边耕（工）边读书、打下了一个比较牢固的思想基础。回忆三年大跃进，我系的工作是轰轰烈烈的，取得了巨大的成绩。但工作中也有缺点，主要是：①1959 年反右倾整风进行了过火斗争，伤害了同志，给党内生活带来了极为不良的后果；②工作中有些大轰大嗡，不够深入、细致，有些工作安排失当；③总支有些干部，包括我，有些胜利冲昏了头脑，不谦虚，不谨慎，有浮夸的毛病。

在这个时期发生的一些争论的问题，我谈谈情况和看法：

（一）关于张秀亭问题，基本情况上次已谈过，当时在两点上反映了总支同志的共同看法：①对张本人的缺点看得过重；②认为张的意见基本上是错误的，没有很好考虑他意见中的合理部分。至于王庆淑在批评张秀亭会上的发言应由她本人负责，这个发言有许多错误，对党内团结起了很不好的作用，在干部工作中也有严重违犯组织原则的地方。我们都应从中吸取教训，这个会效果很不好，客观上起了压制批评的作用，但还不能说王是有意地进行打击报复。另外党委也没有直接处理张秀亭的问题，也是有责任的。

（二）关于黄村公社调查报告，组织这项调查的指导思想是明确的，就是要热情地歌颂人民公社的必然性和优越性，搜集了大量材料，使参加调查的师生受到了一次深刻的三面红旗的教育。1959 年反右倾整风中批判了河南河北调查组的调查报告，陆平同志指出黄村公社调查报告是红旗，市委杨述同志指示北京出版社出版这个调查报告。随后市委彭珮云同志、人民日报记者一起来帮助我们总结调查报告的经验，王庆淑先抛了一个纲，大家参加讨论，最后由党委决定用五个人名义在《光明日报》《北京日报》上发表了。总支改选时杨克明同志提出王在抛纲时谈到整个报告是好的，只是个别人在个别章节上有原则性缺点。而这个个别章节是指整社以前那一章，这一章是由王庆淑、杨克明等共同研究，由杨执笔，王说个别人显然是指杨，因此杨认为是王推卸责任。后来党委调查时查对了赵光武、冯瑞芳和我三个人的笔记上面都没有"个别人"之字。以后争论便转向王是否对党报喜不报忧，有问题的这一章是否向党委汇报了，甚至赵臣壁提出这一章是否烧掉了，还有同志提出河南河北调查报告甄别后，黄村调查报告还能不能说是红旗等等。我认为黄村调查报告的主题思想是正确，方向对头，在右倾机会主义分子攻击人民公社的情况下肯定它是红旗，是没有错误的。至于河南河北调查组向党反映了一些情况和问题是好的，黄村调查报告反映的不够，是个缺点，这和我们当时对问题估计不足以及调查队伍本身的情况有关。怀疑王庆淑是否对党有隐瞒是缺乏根据的。至于扬言这一章是否烧掉了更是无中生有，应该受到批评。

（三）关于冯定问题，高级党校讨论教科书时，外地对冯定写的一章提出严重批评，王庆淑指示高宝钧发言说，我们事先没有看到这一章。这样做法是不妥当的。总支改选时有同志提出王庆淑这样做是推卸政治责任，现在有同志提出推卸责任，我过去曾同意是推卸政治责任，现在看来还是推卸责任比较恰当。虽然当时对这一章扣了许多政治帽子，王有些紧张，急于划清界限，但从王当时的情况看，主要还是属于工作上的责任。以后在校内多久冯定的教学检查是经过总支集体讨论并请示党委同意的。当时的缺点是对冯定的问题认识不够，没有当作政治问题搞，并且在讨论教科书时还力争给冯摘去政治帽子。总支改选时有些同志批评王是搞冯定的政治问题，是打击老干部，有的同志甚至对批评冯定的错误观点都表示怀疑，这些都是不对的。

（四）关于编写教科书，教科书是大跃进的产物，是许多教师辛勤劳动的结晶，应当加以保护。缺点是总支没有加强组织领导，审查得不够及时，以及在参加高级党校讨论后，发现了问题，又急于追究责任，弄得大家心情很紧张。在组织大家修改时没有向领导和兄弟单位讲清楚，显得不够光明磊落，引起外单位一些怀疑，参加修改的同志心情也不舒畅，这涉及到我们如何培养一种科学的老老实实的学风，作为当时具体负责这项工作的王庆淑同志，应当吸取教训。

（五）关于对冯友兰的教学检查，曾召开过100多人的大会面对面地批判冯友兰，这是不符合政策的。当时1956级对批判冯友兰的学术观点积极性十分高涨，准备了好长时间。一次，冯讲完课后夹着皮包要走，同学要求他留下听意见，孔繁同志不同意，1956级是许多党员找到总支，开始我还是说服他们背对背搞，他们不同意，我在这种情况下没有坚持党的政策，给邓艾民同志打电话商量，同意了他们的请求。这件事应由我和邓艾民同志负责，与王庆淑没有直接的关系。

（六）关于康庄事件，1958年下放黄村期间，1957级一个班住在康庄，发现康庄支部书记不走贫、下中农路线，生活上也有一些问题，写了一个材料经总支转公社党委，当时没找到总支的同志便到公社找该班原任支部书记杨克明（帮助公社工作），恰好碰见一市委的同志在场，拿走了这份材料。公社党委书记尹俊峰知道后十分恼火，批评同学不了解情况瞎反映。我和王庆淑当时都比较紧张，怕和公社党委搞坏了关系，而且觉得我们不了解当地的历史情况，有些埋怨同学们反映情况不够慎重。王要我召集57级同学开个会，请尹书记介绍康庄的历史情况，尹在会上讲到康庄解放前是一个土匪窝，许多贫、下中农历史上都有些问题，情况比较复杂，而且该村的干部曾几起几落，批评同学们不能从表面上看问题。会上我也批评了同学，并强调要尊重公社党委的意见。同学对尹书记的介绍和我的批评不满意。后来据说康庄支部书记确实有问题，改选时同学们又提出意见，我曾就这个问题向该班同学作过检讨。我们当时确实有些重关系，对原则问题处理不够慎重。另外为了搞好关系，参与了公社干部的大吃大喝，这个影响也是不好的。

（七）关于反右倾整风，反右倾整风对保卫三面红旗，批判资产阶级个人主义起了一定作用。我当时对这方面的作用估计偏高，没有看到过火斗争给党内生活带来的危害，因此积极主张把整风精神贯彻到学生党员的组织生活中去，集中批评了一些同志，结果扩大了整风范围，违反了党的政策，我要负主要责任。另外，对一些教师党员进行重点帮助，实际照搬了重点批判的做法，也伤害了一些同志。有同志提出，反右倾整风是先有了框框，确定了批判对象，再搜集材料。这种说法有一定根据，但不全面。当时总支确定批判对象是根据党委报告中提出的几个方面的问题和我们平时对同志们的了解，采取自报，领导决定的办法。问题在于我们平时政治思想工作不深入，对同志的了解不全面，确定要批判之后，又进一步搜集材料，把它系统化，加以提高，不是全面地，历史地去看待同志们的问题。在批判和处理时都强调打态度，不许申辩，这是造成错批错斗的一个很重要的原因。此外，政策界限不清，总支有些领导人存在着宁"左"勿右的个人考虑，这都是应当吸取的经验教训。但是在总支改选时，有些同志提出王庆淑利用反右倾整风实现个人的打击报复，根据是有些人过去批评过王庆淑，这次就作为反党的根据，有的甚至被开除党籍，如沈少周。我认为王对待批评的态度是不好的，常常是给她提了意见之后她总要挑你一点毛病，甚至反过来给你扣上一顶帽子。我也有些亲身的感受，因此当同志们提出这些问题时，也引起了我的共鸣，在一个时期内我也怀疑王是有打击报复行为。现在，我认为不能这样看，因为当时有些看法是反映了我们的共同认识，大家都不清楚。如对沈少周的批判，虽然有许多"反党"材料是直接与王庆淑有关，并由王庆淑提供出来，但并非是在反右倾整风时王才提出，而是早在这些问题发生的当时就都提出来了。也很难设想，王早就预料到有这次反右倾整风，因此事先造成一种舆论，准备对沈进行打击。但王对待批评的态度确实有错误，这种错误发生在一个领导干部的身上，就容易给人一种"穿小鞋"的感觉。因此说王不是有意地打击报复，是爱挑提意见人的毛病，并不意味着这个缺点不严重，确实值得王庆淑同志很好警惕，并努力加以克服。

三、1961年至1962年调整时期。

这个时期主要贯彻了八字调整方针、高校六十条，党内进行了甄别平反，工作是有成绩的。但较之1958年至1960年时期，总支工作中的缺点错误更多，首先我们对大跃进时期的工作没有进行认真的总结，因此哪些该肯定，哪些该否定，全党思想都不够明确，许多好的经验没有巩固下来，继续加以发展。总支领导思想上表现有右倾情绪：

（一）这个时期党内外群众对国内的认识上发生了混乱，有的公开攻击三面红旗，有的发生了怀疑、动摇。我们虽然在反右倾整风之后，对党外公开攻击三面红旗的反动学生进行了批判，对群众进行了这方面的教育，但总起来说教育工作进行得不力，全党的精神面貌也不够振作。

（二）党内甄别工作多是就事论事，从组织上做了许多工作，从思想上如何总结反右倾整风的经验教训，提高全党的认识做得很不够。有些批评的对的没有坚持，造成后来的是非不清。在经常的思想工作中兴无灭资的旗帜举得也不高，领导上表现比较软弱。

（三）总支主要负责同志对贯彻60条存在一些消极和抵触情绪，如何积极协助行政建立正常的工作秩序，首先对工作负责，做得不够，有些推的现象。这个时期党外资产阶级教授也有许多翘尾巴的情况。

关于总支改选的问题，目前有许多争论。我认为1961年至1962年总支改选是党内矛盾的总爆发。为什么形成那样的局面？原因很多，主要有下面几条：

（一）几年来总支工作确实存在不少缺点和错误，总支领导干部对此长期不自觉，特别由于工作取得很大成绩之后滋长了比较严重的骄傲自满情绪，喜欢听成绩，不喜欢听缺点，比较严重地缺乏民主作风和自我批评的精神，因此党员积压很久的意见在中央号召发扬民主的情况下爆发了。

（二）当时意见提得比较多的是干部问题，干部工作中是有缺点的，如对干部的了解不全面、不深入，对知识分子干部的长处看得多，对工农干部的困难关心体贴不够，等。特别有1959年反右倾整风中的错批错斗，1960年提拔干部时受到这方面的影响，1961年甄别后，调整工作做得不够及时等等。这样一些复杂的历史背景，对有的同志该提拔的没有提，或提得晚了些，不能归结为某个人个人的原因。因此把干部工作中的缺点提高为干部路线有问题，或说总支委员会的成员大多数出身于剥削阶级家庭，存在着阶级感情问题，我都不能同意。有些同志在提这方面的意见时除了有合理正确的部分以外，确实参杂了一些个人主义的情绪，闹了一些无原则的纠纷。如赵臣壁表现得比较突出，他对提拔了宴成书作副教授和教研室副主任而没有提拔他是不服气的，甚至捏造出晏转正没有经过支部讨论，是由于她请了总支干部吃过一顿饭就马马虎虎地转正了。事实上他不仅参加了讨论了晏转正的支部会，而且发言和举手赞成晏转正。像这样无中生有，拨弄是非的应该受到严厉批评的。我当时对这样的一些现象没有进行大胆的批评，实际上是对这些同志不负责任的表现。今天我们应该站在党的立场上，正视这些问题，诚恳、坦率地开展批评。

（三）联系当时国内外阶级斗争的形势，可以看出我们当时的头脑是很不清醒的，对这样一个阶级斗争的形势缺乏认识，全党对社会上刮起的"三风"都顶得很不够，相反，有些同志在有的问题上还有意无意地受到这方面的影响。如对工作中的缺点看得过多、过重，作为一种思想倾向，是否值得我们认真检查，吸取教训。

（四）领导上要负很大责任，首先总支委员会在改选中未能形成坚强的领导核心，其中很重要的原因是由于三个书记存在着严重分歧，许多问题纠缠在为个人辩解或意气之争中，不能站在党的立场上，从党的原则出发，把改选工作领导好。这是个很严重的教训，我每每想到这里，心中都很难过，感到对不起党。而王庆淑同志对待正确的批评也缺乏虚心、冷静的态度，多方辩解，在一定程度上使矛盾更加激化和复杂化了。

党委在哲学系的改选中做了大量的工作，帮助我们弄清了不少问题，在统一领导核心的意见方面也作了许多努力。由于我们觉悟低，思想方法片面，未能很好接受党委的帮助。主要应由我们自己负责。但党委在工作中也存在着一些缺点，如调和矛盾，对哲学系问题估计不足，等等，也是有责任的。

总之，1961年至1962年总支改选有许多重要的经验教训值得认真吸取，需要开展讨论。但目前对1961年至1962年改选时的分歧和产生的原因的分析上存在严重的分歧。一种意见认为，改选时的分歧是对王庆淑个人的估计，产生分歧的原因是党委及一部分同志对王的问题认识不足；另一种意见认为改选时的分歧是对哲学系几年来工作成绩与缺点的估计，产生分歧的原因主要是由于受到当时社会上"三风"的影响。我认为这两种意见都有一定的片面性，改选时的分歧是由于对王庆淑的估计引起的，大量的意见是对王个人思想意识作风方面提出的批评，但有些意见已涉及到对工作的估计，如怀疑哲学系的成绩是不是第一位的？黄村调查报告是不是红旗？哲学系成为先进单位是不是假的？等等。回避这样的事实是不对的，但把这方面的问题估计得过于严重，甚至当作当时提意见的主流也是不符合事实。对错误意见产生的原因要作全面分析，有认识上的根源，我认为哲学系的同志形而上学的观点比较严重，危害很大；有个人意识方面的原因，几年来，个人主义有了相当普遍的发展，这是党内无原则纠纷增多的一个重要的根源；另外社会上阶级斗争必然会在党内有反映，这是值得我们重视的，应当很好清理。对提过一些错误意见的同志应作全面、历史的分析，不能够根据他们一、两句话就对他们提出片面的判断，这是不利于团结的。过去我们对王庆淑同志缺乏全面、历史的分析，今天应该改正。

孙蓬一同志发言说：

我曾经听说过，中央郑州会议后，王庆淑曾布置正在黄村公社耕读的我系同学，到公社干部中当"坐探"、到社员群众中去"煽风点火"，收集公社化以来的问题。如果真是这样布置的，我说过，这是很错误的。我和任宁芬交换意见时，任说她听说这是市委布置的。我说我相信市委是决不会这样布置的；退一万步讲，如有其事，也顶多是市委个别工作人员非正式讲的。即使如此，我们也不应当那样传达。因为当时学生中不仅有党员，而且也有团员和群众，用这种办法去收集公社化初期的问题，是势必造成混乱。今天会上，彭珮云同志明确表示，市委没有这么说过，这证明我对市委的信念是对的。

有同志认为我在总支改选时否定哲学系1958年至1960年的成绩，我没有这种思想。我在总支改选时的总支扩大会上第一次发言中就说："哲学系这几年工作成绩很大，这是党委的领导及同志们努力的结果。"这就是我当时对哲学系工作的评价。至于有同志说我在改选期中另一次会上说:"成绩是巨大的,但不能说是第一位的",是否定哲学系成绩是主要的,其实并非如此。我当时是对《黄村调查报告》的"报告"说的,尽管记录上没有主语,但从我前一个同志的发言及我的发言的上下文中,也可看出,并非说哲学系的工作,更未说1958年至1960年哲学系工作。而且冯瑞芳同志前些日子还告诉我:赵光武的笔记中是这样说的:"成绩是巨大的,但是否是第一位,可以研究。"其中究竟有多大错误,同志们可以分析,欢迎大家批评。

5. 简报（11）

北大哲学系党员干部整风学习会议简报（11）

会议简报组
1965 年 10 月 22 日

10 月 16 日下午,大会由彭珮云同志主持。她说:大会已开了一周。今天上午领导小组和召集人开会商量了一下,希望大家按照许立群同志在座谈会上指示,与注意抓大是大非,不要纠缠小是小非的精神来讨论一下,怎样把大会开得更好。

汤一介同志说:几天的会议给我的启发很大。对怎么贯彻立群同志的指示,提些意见。我同意"放"的方针,但怎么放法,到底放一些什么问题? 应根据立群同志报告中提出的只能讲大是大非,不要搞小是小非的精神来做。孔繁同志的发言,有些内容是好的,提出的有些问题值得讨论,如和资产阶级教授进行两条道路斗争的问题。但也有一些不属于大是大非问题。我认为有些小是小非可以在会下相互交换意见,以便在大会上集中讨论非得解决不可的大是大非问题。孔繁同志以有的领导同志用公家的东西洗自己的照片来说明破坏党的民主集中制;用总支给某某人开条子订牛奶来说明干部路线问题;用对冯定教学检查后,冯定请王庆淑吃过一顿饭,来说明他们的私人关系很好;等等。我觉得这样在大会上进行讨论不大好。正如孔繁同志所说的，每个人都有不少缺点错误，如果一条条提出来，都可以提三天、五天的。象这些问题，可以让这些同志自己去考虑。我们应该集中讨论大是大非问题，为办好哲学系打下基础。我认为，应该抓住大是大非来"放"，达到弄清是非，团结同志的目的。要分析产生错误的环境和条件，不要过分追究个人责任。陈志尚同志发言中，把哲学系分歧的原因说成是：一部分同志贯彻党的原则，一部分同志违反党的原则。这样说是提得过高了，实际上两部分同志都有可以检查的地方。孔繁同志发言中，也有欠妥当的。他说，张秀亭决定调走后，未好好给他安排工作，是故意给他造成犯错误的机会。这种说法不切实际，无助于弄清思想，团结同志。我觉得，至少有两个大是大非问题可以先讨论。一个是马克思主义和修正主义斗争问题，在我们系，特别是如何从冯定问题中吸取经验教训；一个是和资产阶级教授进行两条道路斗争的问题，例如和冯友兰斗争的经验教训。当然，还有一些大是大非问题，如整风社教运动中应吸取什么经验教训，如何和张磐石同志的错误指导思想划清界限。在讨论中应开展批评与自我批评，特别是进行自我批评，在自我批评的基础上开展批评。

徐大笏同志说：我同意汤一介同志的意见，首先，开会应多快好省，抓住大是大非，如：对冯定修正主义界限是否都已划清？要不要进一步和张磐石的违反毛泽东思想的错误指导思想划清界限？在党内斗争中如何按照党的原则，站在党的立场去克服个人主义、自由主义。孔繁发言中大量的是小是小非，听了不知他想解决什么问题。第二，一定要站在党的立场上，按党的原则来摆事实讲道理。孔繁发言不少地方不是这样。如：孔繁发言中谈到党内生活不正常，举总支学毛选时谢龙记笔记向党委汇报为例。孔说谢记笔记不对，猜测谢是否向党委汇报了，并说这很可怕。总支学毛选大家暴露很多活思想应向党委汇报，怎么说向党委汇报很可怕呢？而且聂元梓当时插话说："就是谢龙一个人记了"，是否聂现在还认为谢龙记笔记不对，认为谢龙不应向党委汇报？聂自己如不汇报是不对的。又如孔把党内同志和上级党委对郭罗基、孙伯鍨过去对三面红旗认识上的错误所应该作的批评，说成是无缘无故对同志进行政治打击。这样不按原则讲道理会越讲越乱。

孙蓬一发言认为，这几天大家的发言总的讲基本上都是符合许立群同志指示的"放"的方针的，应该说会是开得好的，基本上执行了立群同志的指示。孙认为会可以这样开下去。孙认为孔繁同志讲得很好，是充分摆事实讲道理的，不同意说孔繁发言大量的不是大是大非。他说，有些问题其所以分歧一方认为不是大是大非，另一方认为是大是大非，是由于彼此观点不同所致。这样，就只好先让大家"放"，最后能辨明大是大非是些什么。

徐明发言同意汤一介、徐大笏的意见，"放"一定要抓大是大非。她认为孔繁发言中有大量的不是大是大非问题。罗列了很多现象，得不到要领。孔是把原则问题和非原则问题，大是大非和小是小非混在一起，有些问题是不是不非。她认为现在国内外形势很好，有许多事情等着我们去做，大家还要下去四清，因此，讨论应抓住最本质的、对办好哲学系最有关键的问题。她建议：有些问题已经摆了许多次了，也检查多次了，如无休止的辩下去没什么必要。如《五月》、黄楠森、张秀亭问题，建议领导开小会解决，大会讨论重大问题。有些问题党委也谈过，王也检查过，不够还可以提，但没有必要到大会谈。

李清崑说，彭珮云同志提出讨论一下前一段会议，下一段怎么开，是必要的。前一段会开得基本上是好的，基本上是摆事实讲道理的，基本上是抓住了大是大非的。所以，基本上贯彻了立群同志讲话的精神。前一段会有缺点，有些同志如陈志尚、施福德的联合发言摆了一些片面情况，讲道理不是根据党的原则具体分析，而是扣大帽子。孔繁发言是贯彻许立群同志指示精神比较好的一个，他所讲的大量的是大是大非问题，而不是象有些同志说的那样大量是小是小非问题；谈的事实比较充分，道理讲的比较清楚，比较令人信服。会怎么开？应当抓住大是大非问题继续摆。建议领导小组应提倡抓大是大非，大家也应自觉地注意尽量摆大是大非，不讲小是小非。不出题目，不要搞框框，让大家"放"，这样比较符合立群同志讲话的精神。

中央宣传部何静修同志在会上发了言，他首先指出今天提出讨论怎么把会开得多快好省一些，是必要的。他建议大家重新温习一下彭真同志6月29日的报告，这次整风学习会开幕词，领导小组几位负责同志的讲话，以便帮助我们提高党性，站在党的立场上来分清是非，达到弄清思想，团结同志的目的。他说，为了把这次会开好，我们大家应更好地体会和运用立群同志在座谈会上介绍给我们的主席的思想。前几天会议上同志们的发言是经过认真准备的，但也不是没有值得改进的地方。如：从团结的愿望出发够不够，事实摆得充不充分，道理讲得够不够；有没有烦琐哲学，都可以考虑。有的同志在会上对孔繁同志的发言提了一些意见，我感到孔繁同志多少有点紧张，这是不必要的。他希望在大会上应该讨论那些影响办好哲学系的重要的大是大非问题。

　　陆平同志在会上发了言。他说，大家都同意要抓大是大非，但什么是大是大非问题，看法不完全一致。我们应该根据中央关于社教运动的指示、彭真同志6月29日的报告来考虑这个问题。这次社教运动要解决的中心问题是两条道路斗争问题。我们在有限的时间里，特别是在大会上，应首先解决两条道路斗争中最主要的问题。最主要的矛盾解决了，其他矛盾可以迎刃而解。他提出，可以先讨论大家一致认为是大是大非的问题，比如冯定问题，是马克思主义与修正主义斗争的大是大非问题，就可以先讨论。讨论这个问题的目的，是为了总结经验教训，划清马克思主义与修正主义的界限，巩固毛泽东思想的阵地，办好哲学系。在讨论冯定问题时，大家对党委，对党委哪个同志有什么意见，欢迎大家提。抓大是大非和"放"不矛盾。"放"是为了解决党内思想原则上的分歧，就是要通过党内正常的思想斗争，在分清是非的基础上，达到新的团结。在原则问题上大家充分的放，这就是党内的民主。相反，如果不集中在大是大非问题上来放，不仅时间拖得很长，而且对解决最主要的问题不利。因此大会应该讨论关系办好哲学系、党内团结的最主要的问题。比较次要的原则问题，工作上的毛病和个别同志的毛病，我赞成解决，但不一定都在大会上解决。会议形式可以有多种。有些比较次要的原则问题和其他需要解决的问题，可以开小组会或专题会来讨论，必要时向大会提出报告。同志相互间的意见，可以会下几个人交换。最后陆平同志反复强调解决问题的关键是，大家要站到党的立场上来，端正态度，增强党性，按党的原则办事。

彭珮云同志说，今天会上，同志们开展了一些批评与自我批评，这是党内生活的正常现象。我们的会议要抓大是大非，开展原则斗争，不搞无原则纠纷。冯定问题是哲学系最大的大是大非问题，我建议下周集中讨论冯定问题，请同志们考虑。

6. 简报（12）

北大哲学系党员干部整风学习会议简报（12）

会议简报组
1965年10月22日

10月18日上午继续开大会。

彭珮云同志说，我们希望在大会上抓住大是大非问题讨论，发言要抓紧时间，不搞繁琐哲学。有些同志主张先讨论冯定问题，我们赞成。有些同志愿意谈其他大是大非问题，也可以。

陈葆华同志说：

对于上星期六的会议我有一点想法。对于这会的内容我感到很突然，半数以上的同志都感到很突然。立群同志的讲话规定了放的方针。说大家都有批评的自由，也有批评批评者的自由。又说不出题目。但上星期六的会议，我感到是急于出题目，急于收。上一周共开了十段会，分歧的一方有七个同志发言，而另一方只有一个人讲了，便要求只谈冯定的问题，说其它问题统一不了先挂起来，别的问题都不谈了。这样是不能解决问题的。我认为冯定问题是一个最大的大是大非，一定要谈。除此之外，还有许多大是大非，也应该谈。上次会上很多人集中批评孔繁的发言，但我认为孔的发言是符合立群同志讲话的精神的。他联系每一时期的阶级斗争，肯定了成绩，指出了问题，总结了教训，有自我批评，一分为二，摆事实讲道理，虽然对王庆淑的意见比较集中，那也是很自然的，她的问题就是比较多。集中批评孔繁，使其他同志很难发言，不利于放。特别是不要抓住一二个例子便否定他的全部。

刘文兰同志说：

上星期六的会议是为了更好地贯彻立群同志讲话的精神。我体会，那天陆平、彭珮云、何静修的发言精神是一致的。总的是两条：一条是要抓大是大非，一条是不要搞繁琐哲学。立群同志也说过，出不出题目由系领导小组决定，出题是放，不出题也是放。说要搞冯定问题，不是说别的问题便不能谈，只要你认为是大是大非问题都可以谈。这不是收，而是要求放得更好些。上星期六会上开展一些批评是正常的。允许批评和反批评，正是体现了放的方针。有的同志说，在党内生活正常的情况下，这都是不成问题的。但哲学系现在党内生活不正常。我认为应当使哲学系的党内生活逐步正常起来。也不要讲这边讲了几个人，那边讲了几个人，这是无原则的，而且会还要开下去，有话可以讲嘛。

陈志尚同志发言说：

葆华同志说，上星期六的会是领导上急于要收，这是她的主观感觉，我感到领导上不是不放，而是研究如何放。过去总支改选的教训就是未能抓住原则问题，分清是非，而是大是大非，小是小非，不是不非，纠在一起。我认为上星期六的会开得很好，是完全必要的，大家对过去的发言评论了一番，对我的批评也不轻，我表示欢迎。对孔繁的发言，要一分为二。他讲了许多原则问题，但确有许多地方未抓住大是大非，把大是大非和小是小非混为一谈；谈了两天，有繁琐哲学；而且有些是违背党的原则的。如孔说："过去就有人说过，总支改选时期郭罗基、孙伯鍨带头刮三风"，可是我问了许多人，没有谁这样讲过。为什么要这样不顾事实的讲呢？这对团结是不利的。郭在三面红旗问题上是有错误的，他又未检查过，同志们对他提意见，怎么能说是打击他呢？过去我们系就是只许一部分人批评别人，不许别人批评他们。我同意要坚决放，但要抓大是大非。

郭罗基同志说：

彭珮云同志代表领导小组宣布了新的决定。这个决定的好的。我很拥护。这是贯彻力"放"的精神,对于上星期六会上的某些说法作了纠正。上星期六的会上说,大家意见一致的问题就讨论,冯定问题是一致的,就讨论这个问题,其余不一致的问题就挂起来。把不一致的问题挂起来,怎么能"放"呢?只许在一个或两三个问题上发表意见,把其他许多问题挂起来,这是不能解决哲学系的分歧的,也是不符合立群同志讲话中所提出的"放"的精神的。现在领导小组重新决定:凡是大是大非问题都可以在会上讨论,冯定问题可以谈,别的大是大非问题也可以谈。这样就纠正了星期六大会上的某些说法,这是做得对的。彭珮云同志说,一要抓大是大非;二不要搞繁琐哲学。如果是这样大家都是能够接受的。但是,上星期六的会议上,有人提出要改变会议的开法,而且认为这是由于孔繁的发言所引起的。结果,争论很激烈。原有的分歧没有解决,有增加了新的分歧。我希望及时总结经验教训,不要再在会议过程中增加分歧。会上有些同志对孔繁的发言的评价,也是不公平的。有人说,孔繁的发言,大量的是小是小非,甚至是无是无非。看问题要看主流,不能抓住一、两个例证就全部否定。有人对孔繁的讲法有意见,其实,在孔繁以前好几个同志都是讲"通史"式的讲法,陈志尚、施德福的联合发言只讲了个提纲就占了两个半天,为什么单单对孔繁有意见呢?有人说,孔繁讲的东西,过去都讲过了,"没意思""会这样开下去不得了""赔不起"。孔繁发言中涉及的问题,在这次大会上都是别人提出的,如果这些问题没有讨论的价值,为什么不去批评首先提问题的人,而要批评在别人提出问题之后发表不同意见的人呢?以上,是不是表明有些同志对于不同意见不愿听、听不进去呢?请大家考虑。

刚才陈志尚同志又讲到我"刮三风"的问题,这个问题以后要详谈,现在先作一个简短的说明。过去,有人把我在1962年政治教员学习会上的发言,说成是"黑暗风""政治上的两条道路斗争",现在,大概觉得站不住脚了,又说,所以要这样提,是因为我从来没检讨。没检讨就应该乱提高、从政治上进行打击吗?从1962年8月到1964年8月我确是没有想到要专门为那次发言作检讨,因为学习动员时,党委副书记谢道渊同志说过:"这次会上讲过就算了,以后也不用检讨。"1963年谢龙把我的这次发言作为反对三面红旗的问题,向上级汇报，并把我列入党员登记的第三类。但是他们从未找我当面谈过，我一点不知道，当然也无从检讨。1964年8月整风时，冯瑞芳、施德福在会上谈了这个问题，我认为他们给我戴的帽子是不能接受的。当然，1962年的发言反映了我在认识上对于困难的估计过于严重，也是应该检讨的。当时，主要是辩论哲学系的分歧，所以我在《整风简报》第十二期中声明了一下，关于个人的问题，以后再谈。在社教运动中，冯瑞芳、施德福等纷纷交代，说把我和孙伯鍨当作反对三面红旗的代表是"抓辫子"，而且交代了怎样在一次会上的汇报中愈提愈高。这样，主要就不是由我来检讨了。但我仍然认为运动的第四阶段自我教育时，就对于困难估计过于严重这一点，还要进一步作检讨。谁知我们运动的第四阶段一直到现在还未到来，我也没有找到合适的机会来谈一谈这个问题，其实我的发言稿去年8月就准备好了。关于对困难估计过于严重，过去在组织生活中也检讨过，只是没有按照某些人给我规定的框框来检讨。特别是有人把这个问题同哲学系的分歧搅在一起，想要证明提意见的人都是受三股"黑风"的影响，这实在是令人很难理解的。我欢迎同志们善意的批评。

冯瑞芳同志说：

去年整风会上，我提出过，在1962年暑期学习会上，郭罗基、孙伯鍨同志在三面红旗的问题上发表过一些错误的看法，应该进行检查，总结经验教训。我今天仍然坚持这种意见，我并不认为这是对同志的一种政治打击。我从来没有说过也没有听说过有那一位同志（包括施德福和陈志尚同志）说1962年总支改选是郭罗基、孙伯鍨刮"三风"刮起来的。至于对总支改选的问题应如何分析，我以后再提出自己的看法。

7. 简报（14）

北大哲学系党员干部整风学习会议简报（14）

会议简报组
1965年10月23日

10月18日下午大会发言。

杨辛同志说：

上午有的同志提出上星期六领导小组的意见和今天上午领导小组的意见不一致，我不同意这种看法，我认为领导小组两次意见的精神是一致的，而且讲的很好。

我要讲的是有关冯定的一些问题。会前我重新学习了这次整风会议的开幕词，里面指出应当把社教运动中已经暴露的严重的四不清问题，主要是政治、思想上的四不清，认真系统地加以解决，以便达到增强党性的目的。而且在清理思想的内容中首先指出要抓住马列主义和修正主义的斗争。我认为在社教运动中如何对待冯定的问题是一个大是大非的问题。在这个问题上暴露了有些同志存在着严重的政治、思想上的不清，没有划清马列主义和修正主义的界限。在社教运动中曾经出现一种反常的现象，就是修正主义的冯定在一个相当长的时间内表现十分活跃，他先后在常委会上以及哲学系的大会、小会上多次发言斗争陆平、王庆淑同志。下面主要谈谈冯定在1964年11月13日、18日在哲学系党员教职员大会上两次发言中所暴露的一些问题：

一、集中地攻击陆平同志。冯定说陆平同志对哲学系的党员搞政治陷害，并且歪曲和捏造事实说"陆平偏爱、包庇王庆淑，系里有宗派情绪"，甚至说不是党委领导王庆淑，而是"王庆淑领导党委"。

二、挑拨、煽动哲学系党员对党委不满。如冯定捏造事实，说党委对哲学系党员是"五路进军"，并且说他在常委会上质问陆平同志："你以为王庆淑正确的话，是否把他们（指哲学系党员）都当作敌人了？"还任意歪曲彭珮云同志谈话的原意，把彭珮云说成是对社教运动不满。同时把自己描绘成在常委会中对所谓"被害者"最表"同情"的人，说他听见哲学系某某人在党员登记时要被划为三类，"真是心惊肉跳"，又说听见某某人被说成是反三面红旗的代表，他听了"很寒心"等等。

三、违反党的组织原则，把两次常委会讨论哲学系问题的情况在哲学系的党员会上讲了。还讲了党委讨论1962年总支改选意见书的情况和党委关于研究干部安排的情况，并且对这些情况作了大量的歪曲。

从上面所举的一些例子说明冯定为了实行他的趋利避害的处世哲学，在社教运动中大搞政治投机。他完全不顾事实，只要对他"有用"便是"真理"。这几年本来党委分工是由冯定联系哲学系，但是冯定为了攻击陆平同志，却说是："事实上这几年哲学系的事情都是谢道渊管的，一定和陆平有很多商量。"我认为冯定在社教运动中搞这一套并不是偶然的，因为冯定的资产阶级立场、世界观根本没有改造，他在社教运动中十分顽固地站在资产阶级立场，对党委进行攻击。这和运动中一般的过火斗争或者乱揭发、乱分析的错误在性质上是根本不同的。特别恶劣的是冯定利用了自己作为常委的地位从上下两头攻击陆平同志，冯定在常委会上自以为最了解哲学系的问题，而在哲学系的会上又以为他是最了解常委会的情况，因此可以"左右逢源"，进行政治投机。冯定发言后在哲学系所起的影响是很坏的。

但是在社教运动中张磐石同志对这种现象不但未加制止，而且利用了冯定来打击陆平同志。在哲学系聂元梓等同志积极地贯彻张磐石的指导思想。聂元梓等同志在会上肯定冯定的发言"很好"。这是很错误的。孙蓬一同志检查了自己在这个问题上的错误，这是应该欢迎的，但对错误的认识是不够的，而聂元梓同志对这个问题从没有作过检查。我们把社教运动中聂元梓同志对待陆平同志和冯定的态度作一个对比。聂元梓同志在会上对陆平同志是什么态度呢？聂当着陆平同志的面说："要态度要坚决斗争，再不改变要以党纪制裁！"（谢龙插话：在斗争陆平同志前的动员会上聂元梓同志还说过："陆平要是打击报复，要按十条以现行反革命处理。"）而对冯定的态度却是为他的发言叫好，而且说他"很好"。这说明聂元梓同志跟张磐石的错误指导思想跟得很深,在社教运动中由于一心想斗陆平、王庆淑同志,不惜支持、利用、鼓励修正主义者来达到这个目的。我认为这不是一般的错误,而是一个严重的政治性的错误。在社教运动中如何对待冯定的问题上需要吸取一个深刻的教训,就是在党内斗争中必须警惕坏人的利用,必须从党的利益出发来对待问题。在社教运动中对冯定的活动我也是认识不清的,最近又学习了少奇同志《论共产党员的修养》里面指出:"如果我们的党员在党内斗争中不顾到这一点,如果他只图一时的痛快,甚至不拒绝坏分子的援助,而和坏分子结合,或者假借党外的某种力量和援助来达到他在党内的某种目的,那么他就在政治上、党的纪律上犯了不可饶恕的错误。"我感到这段话讲得很深刻,需要结合社教运动中的这个问题很好地共同吸取经验教训。

赵光武同志说:

张磐石联合冯定斗陆平的指导思想,在哲学系得到可积极地贯彻。这是在冯定的修正主义面貌被揭发后,在社教运动中,与修正主义者政治界限不清的重大原则问题,值得认真总结经验教训。着重讲两点:

1、利用修正主义者冯定斗争陆平、王庆淑。

集中表现在1964年11月13日、11月18日两次全系党员大会上。冯定采取了歪曲事实、推卸责任、破坏组织原则等一系列手法分裂党,攻击陆平、王庆淑,说陆平搞"五路进军"整哲学系党员群众,说"陆平一贯手法是遇到不好办的事,先找市委,以市委名义在常委贯彻",煽动党员反对陆平,怀疑市委,迎合张磐石斗陆平、王庆淑的需要,充分暴露了他的资产阶级观点和"趋利避害"的处世哲学。这样恶劣的发言,却得到了先后主持会议的聂元梓和孙蓬一的肯定。两次发言之后,都说他讲的"很好"。据我记忆象这样两次发言两次获得喝彩是独一无二的。

聂元梓同志是总支书记,对冯定分管哲学系是清楚的,冯定在发言中,为了回答聂提出的"对台戏"问题故意说"过去哲学系的事一直都是谢道渊管的,谢与陆平商量的"。聂元梓是老同志,也知道上级党委研究的问题不能在党员群众中乱说。为了贯彻张磐石的指导思想，达到了不顾是非曲直、不顾组织原则的程度，让修正主义者冯定肆意攻击党委书记陆平同志，挑拨党员与党委、市委的关系，进行政治投机。聂元梓同志带头肯定了冯定的发言，最先叫好。起了很坏的作用。第一，支持、鼓励了冯定的政治投机。第二，为冯定的分裂党的活动涂脂抹粉。第三，使冯定的胡言乱语能起迷惑作用。

2、利用冯定事件搞党委。

第一件事：所谓工作队一直重视批判冯定，党委多方限制阻挠。

陆平、彭珮云同志在市委扩大会上，批评了张磐石在社教运动中不批判冯定之后，张磐石为了掩盖错误，匆忙决定停政治课批判冯定，聂元梓1965年2月17日给全校作了动员报告。第一句话就说："工作队一直重视批判冯定的。"张磐石对冯定问题不感兴趣聂元梓是知道的，哲学系利用冯定斗争陆平、王庆淑也是聂元梓亲自主持的，聂元梓同志却歪曲事实，在全校大会上，公开出来为张磐石的错误打掩护。

党委是不是不重视批判冯定呢？据我个人了解，张启勋文章登出后就组织全校师生讨论；以后利用每周形势与任务课的时间，结学习九评进行批判；公共哲学课为了结合批判冯定提前学《关于正确处理人民内部矛盾》；同时统一组织全校写批判冯定的重点文章。

张磐石同志不仅拒绝批评，反而说党委多方限制阻挠批判冯定，颠倒是非，倒打一耙。聂元梓同志也积极贯彻了张磐石这种做法，在动员报告中，影射党委不重视批判冯定。

第二件事：所谓政治陷害问题。聂元梓同志在社教运动刚开始不久，11月10日在哲学系全体党员会上，就说："陆平在批判冯定的文章发表前一个星期才告诉我，还再三叮嘱不要给任何人讲。……这里是两个政治陷害：整风中故意不使大家知道冯的错误，让大家为冯的问题辩护，好抓辫子；同时让大家只顾和王庆淑斗争，而不批判冯定，证明斗争方向是错误的。"

在聂元梓同志影响下，事隔不久，还有人讲过：党委从报社要回稿子，目的是不让批判文章发表，这也是政治陷害。

北大党委对冯定修正主义长期没发现有缺点错误，值得吸取教训。但在张启勋揭发之后，对批判冯定是重视的，对冯定修正主义进行了严肃的斗争。说党委对反修的同志进行政治陷害是毫无根据的。北大党委,如果对反对修正主义的人进行政治陷害,哪里还是共产党,岂不成了赫鲁晓夫的党。这种提法是极端错误的。把哲学系整风方向引向错误道路的不是北大党委而是张磐石的错误指导思想。聂元梓同志积极贯彻了张磐石的错误指导思想,制造一些什么"陆平在张启勋文章发表一星期前才通知我""哲学系要批判冯定的计划好久才批下来"等小事,说党委搞"政治陷害"。

哲学系从1962年总支改选以来,在对冯定的编书、教学检查问题上,就一直有争论。有的同志利用原则分歧搞无原则纠纷专门整王庆淑。

其一,1960年在高级党校讨论教科书时,外校同志揭发了冯定所写的第一章中的错误。在此以前一个月左右,系里曾写报道介绍了冯定教学,说他讲课贯彻党性原则坚持毛泽东思想挂帅。这种介绍是错误的。写报道的有责任,总支书记王庆淑审查过报道也有责任,反映大家对冯定认识不清和盲目迷信。高级党校揭发后,不久对冯定教学进行了检查。在高级党校讨论和教学检查时,王庆淑等同志修正了过去的认识,本来是应该欢迎的,但在总支改选时,有些同志认为这是投机,认为不该对冯定进行检查,说冯定是老马克思主义者,不会与旧唯物主义划不请界限,甚至把对冯定的教学检查说成是打击老干部。这种看法是错误的,有些同志却认为这是坚持原则。

其二,有些同志原来批评王庆淑对冯定进行教学检查是打击老干部,去年9月份整风期间,知道了冯定问题之后,又批评王庆淑做总支书记时总结过冯定的教学经验,因此"冯定是修正主义的话,王庆淑也是修正主义"。在哪里有原则精神、与人为善的态度。对于原则问题应站在党的立场,不能站在个人或派别立场,对不同人采取不同标准,搞无原则纠纷。哲学系在冯定问题上所以能积极贯彻张磐石的指导思想是有其内因的。

沈德灿说:

在冯定问题上,我们一些同志有缺点、错误,但在这问题上是不是想倒打一耙,这词一下还不能接受。

我觉得上星期会不错,尤其王庆淑检查,我感到有不少进步,内心很高兴，想以后与王交换意见，过去把一些问题看绝了，是不对的。

上星期六会不是要大家不放，而是讨论更好放的问题。既然大家同意对每人发言都是一分为二的，对怎么发言研究一下是合理的，理所当然。但这次会的缺点是事先让大家思想准备不够。

上星期的会说明党内隔阂很深。我愿本着共产党员的良心，为消除隔阂、增强相互了解，尽自己的一分力量。应珍惜两部分同志在原则问题上的某些接近，同时防止扩大无原则分歧。

我决定下星期一，就心专工作中一个问题谈谈对老教师工作这方面的经验教训。

8. 简报（15）

北大哲学系党员干部整风学习会议简报（15）

会议简报组
1965年10月25日

10月19日和10月20日上午，讨论冯定问题。
10月19日上午，王义近同志说：

一、冯定在社教运动中到底干了什么？

冯在政治上是反动的，矛盾的性质是敌我矛盾。冯在社教中的言行必须与一般同志的问题区别开来。冯在社教中装着一副批判的样子，在大会上发了两次言、插了一次话。（1）第一次发言（见参考资料之三，第16页），他说陆平对形势的估计是完全错误的，以为到哲学系向同志们道道歉就算了。这是挑拨性的言论，企图煽起大家对陆平的不满。（2）冯说：事实上这几年哲学系的事都是谢道渊管的。冯是分管哲学系的党委副书记，冯讲这话的目的是什么？聂元梓肯定冯的发言很好。过去聂对冯是有意见的,说冯工作上极不负责,现在又加以肯定,这说明什么问题?(3)第二次发言冯说陆平包庇王庆淑,把王维护为一贯正确的人,这不符合事实。在冯参与总支改选时,党委意见书批评了王的缺点错误,并没有说王是一贯正确的。冯在这场合讲这种话,第一的要激起大家对王庆淑的不满;第二,更重要的是要激起对陆平的不满,实际上是冯定也斗了陆平。(4)冯说陆一贯的手法:好办的事,他一说大家没意见就算通过了;不好办的事,就先上市委,在常委会说市委的意见如何如何。他竟把请示市委看成一种"手法",下级向上级请示有什么不对?他在这里是影射陆平的问题有市委支持他,要激起大家对市委的不满。还说常委中有什么唯唯诺诺的人,这是在右派那里才听到过的话。从以上四点,我认为冯的言论挑拨性很大。说明冯利用了社教运动中张磐石的错误指导思想把北大的水搞浑。浑水摸鱼达到自己不可告人的目的。这实质上是分裂党的言论,是离间广大党员与北大党委、市委的关系,斗陆平,通过斗陆平追市委。我们应把冯当作反面教员,划清马列主义与修正主义的界限。

二、社教运动中是怎样对待冯定的?

张磐石是不是联合冯定斗陆平?阮铭讲,社教运动的简报曾一度让冯定看,而不让陆平、彭珮云看。(彭珮云插话:他当时让常委看简报是为了动员舆论斗陆平,让冯看简报,也是让他在常委会上斗陆平。)

对冯定的发言,主持会议的人两次加以肯定,一次是聂元梓,另一次是孙蓬一。孙作了检查,应欢迎,但孙对问题严重性认识不足。聂作为工作组长,在社教运动中在公开场合下发表了很多关于冯的言论,有哪一句话是批评冯定的呢?没有任何的批评。在一次大会上,聂说,陆对冯是幸灾乐祸,我们对冯定是同志式的善意批评。那次会冯在不在?我记不起。如果冯在,更严重。二十三条公布后,冯还在干什么?(杨辛插话:我参加的一次小型座谈会上,他还讲"唱对台戏"。)社教运动中,聂在冯定问题上有严重错误,在这个问题上也反映了张磐石的错误指导思想，即利用冯定斗陆平。本来在社教运动中是要清四不清，而聂却犯了政治、思想的不清，因此问题更加严重。张磐石有张磐石的账，聂有她自己的责任。

三、有几种看法我不同意。

1、有人讲"冯还是党员，有权利在会上讲话"。问题是他是修正主义分子，更重要的是他讲了什么话，对他采取什么态度。

2、有人讲"在社教运动中，我们还在批判冯定"。张启勋的文章发表后，哲学系是做了大量的批判冯定的工作，应当充分肯定。社教运动中写一些文章，是前一阶段没有完成的任务。冯的问题本来是北大最大的问题，在运动中应该放在应有的地位。工作队不但不搞批判冯定，而且还利用冯定斗陆平，是错误的。

3、有人讲这不过是利用坏人斗坏人。但是，第一，现在事实证明，是坏人斗了好人。第二，当时陆平、王庆淑的问题性质没定，应先按人民内部矛盾处理，把陆、王看成坏人是错误的。第三，就算陆、王是坏人，冯也是坏人，对两种坏人也是两种对待。对陆是残酷无情的斗争，对冯定却是叫好，对冯在整个过程中是支持、利用、鼓励。我认为是利用了冯定斗陆平。

四、提出一个问题。

去年11月10日的会议上，聂提到陆搞两个政治陷害。希望党委把有关事实讲清楚：（1）聂说冯在我们系，错误在哲学系犯的，为什么不让我们知道？是否党委要设一个陷阱？（2）批判冯定的文章送到报社，党委彭珮云等通过李寄霞冒充总支和聂名义，几次把稿子从报社要回来，不让发表。这是不是事实？（3）说党委发出了通知，黑板报上不准登批判的文章。（王庆淑插话：第一次国际饭店会议上，聂还讲了一通，说党委派人到处轰报摊子。我听了很惊讶。）（5）党委不让外系的人来参加哲学系批判冯定的会议，是不是这样？

这些假如是事实，党委有严重错误；假如不是事实，就是有人利用批判冯定的问题打击党委。

五、两点感想：

1、通过冯定问题，可以证明：社教运动中，不仅仅是搞了过火斗争，而且利用坏人斗了好人，利用修正主义分子斗了陆平。如果有人认为只是搞了过火斗争，是不对的。过火是"左"，在冯定问题上是右的。这不是一般的社教运动中的错误，而是带有特殊性的问题，在怎样对待修正主义者的问题。（赵光武插话：社教运动中，宋一秀揭发右派的材料时，谈到右派也揭发王庆淑，这个材料是怎么来的？对右派的材料毫不怀疑是不对的。）

2、聂元梓同志是支持、利用、鼓励冯定斗陆平，犯了政治思想四不清的错误，这是与修正主义划不清界限。而这个错误是在社教运动中犯的。聂有不同意见可以提出讨论。聂在第二次检查中关于冯定问题讲了很长一段，讲到社教运动前曾批判冯定一个多月，这应肯定，但社教运动中你是怎么对待冯定的？却没有检查，这是个大问题，聂应正视这问题，你犯的错误是严重的，现在再不检查是不对的。

10月19日下午，王庆淑同志发言。她在检查自己在冯定问题上的一些缺点、错误以后，谈了两点意见：

一、聂元梓同志说，党委利用批判冯定对哲学系党员进行政治陷害。聂说党委故意不让哲学系党员知道批判冯定的事，好让大家去为冯定辩护，再去抓大家辫子。散布这种说法是极其错误的。是否为冯定辩护，这是对个马克思主义哲学工作者对马克思主义的认识和态度的考验。这里无所谓让不让谁去为冯定辩护的问题；如果你一定要为冯定辩护，那就是严重错误，应该进行严肃的批评，根本不发生抓辫子的问题。党委在张启勋文章发表之前一个多星期通知了聂元梓同志关于批判冯定的问题，并且叫她先不要往外讲这完全是工作安排上的一种正常情况。把它说成是陷阱，实在很奇怪。聂所说的第二个政治陷害，也是一种奇怪的道理。陆平明确提出哲学系整风中要搞的大是大非第一条就是马列主义和修正主义的问题，引导党员斗我王庆淑的不是陆平，正是聂元梓同志嘛！聂在张文发表后不立即组织大家在整风会上批判冯定，又继续把我斗了十来天。这种错误，聂不仅没有检查，反而把斗我的责任推给党委，而且说党委让哲学系故意斗王，不斗冯，又是一个"政治陷害"，这样颠倒是非，是极为错误的。聂这种错误的说法，挑拨和鼓动了党员对党委不满，严重损害了党员同党委的关系，影响很坏。

二、在哲学系社教运动中，冯以同陆平和我作斗争的"战士"姿态出现，令人不能容忍。这里有张磐石错误指导思想的影响，聂也有重大责任。她赞扬了冯在批判陆、王的大会上的发言，实际是支持了冯定在社教运动中浑水摸鱼，破坏党的团结的言论和行动，使他越来越猖狂。二十三条后，冯的做法还没有改变。在讨论万里报告的小组会上，他还在批判我。在2月12日的一次小组会上，冯定由于不满意常委会上对他的批评，他正式请求以后不参加常委会了，表示愿意只参加哲学系的会，又提到五路进军等等。这是继续挑拨哲学系党员和党委关系，并且明显地到哲学系领导人这里寻求同情。对于这个情况，难道不应该想一想吗？我在会上提意见对冯发言不满，但主持会议的人不仅没有批评冯，反而带头打我的态度，说冯可以讲，而是我的态度不好。以后又在2月15日的小组会上继续批判我对冯的态度不好。我认为，这个现象实在很不正常。

根据以上情况，我认为有以下教训值得吸取：（1）阶级斗争是复杂的，各种敌人总想钻我们的空子，我们应该时刻警惕，在党内斗争中更要尽可能不给敌人以任何机会破坏我们的党。聂元梓是抵制了还是支持了修正主义分子冯定的破坏活动呢？（2）应坚决贯彻主席关于两类矛盾的思想，不能为了个人目的，为了一时斗得痛快，就人敌为友，认友为敌，把阶级斗争搞乱了。张磐石在有的地方连右派分子、贪污分子、历史反革命分子、修正主义分子都用上了。冯定不仅得到哲学系总支领导人的肯定，工作队也支持他在社教运动中的活动，工作队负责同志甚至要有的同志向冯定学习。这些都是严重的事情。哲学系领导在这方面有没有错误？很值得检查。（3）这类错误性质是严重的，对此不能采取自由主义态度，更不能坚持错误，或为错误辩护。

朱泽浩同志接着发言，指出王庆淑所讲到的冯定在小组会上发言的内容，有一些是不符合事实。冯在小组会上还讲过"哲学系是批评过我的，而不是没批评"。他只提出能否再参加常委会，并请求哲学系领导转达工作队。总之，这次小组会情况可以再凑一凑，再全面讲。

10月20日上午谢龙同志说：

昨天朱泽浩同志对王庆淑同志揭发冯定在学习二十三条的小组会上挑拨性的发言，认为不符合事实，这令人很难理解，为何要作这种辩解？我参加了这次小组会，王的揭发是符合实际的，当时大家没有批评冯，反而打王的态度，是对修正主义政治敏感性差，而且是受了他的影响而不自觉。在教研室工作中，我执行过他的一些错误指示。比如在研究生工作上，冯提出的计划把毛选学习列在次要地位，我执行了他的意见。另外，冯散布在学校搞科研不好联系实际，说一本经典著作也值得钻研一辈子，这在方向上是使科研不为现实服务，而为个人名利服务，我没看出问题，还在教研室传达过冯这样的意见。冯对学术斗争，不感兴趣，象教研室组织关于"合二为一"问题的讨论，冯拒绝参加，对平时教研室学术讨论，冯起了促退作用，这也值得吸取教训的。1960年编写教科书，我没看出冯定提出的体系有问题，没看出其削弱历史唯物论是为修正主义服务的，反觉得新鲜，认为可以采用。1960年对冯教学检查我当时没看出他的修正主义政治观点，只觉得他的处世哲学、旧唯物论倾向是不对的，需要检查。总支改选时有人提出不应对冯教学进行检查，我不同意这意见，但也没有看到问题不是要不要检查，而在于检查不够。总结经验教训是两条：政治敏感性差，迷信权威。所以这样，是毛泽东思想没学好。我觉得冯散布修正主义观点手法是多种多样的，而对冯手法不能识别是我们不能识别冯的原因之一。

我过去对社教运动中冯的问题没有认识，现在我认为社教运动中对冯的分裂党活动采取了支持和鼓励的态度，是很严重的问题，对这个问题有分歧，应着重讨论。冯在社教运动中的言行不是一般的乱揭发、一般的违犯组织纪律、一般的想减轻自己的问题，而是利用张磐石错误指导思想积极搞分裂党活动。(1)冯定歪曲事实颠倒是非，对党委与哲学系党员的关系以及党委与市委的关系。(2)冯定以资产阶级观点歪曲地描绘党内的正常关系，冯定把陆平请示市委和在常委会上贯彻市委指示说成是"陆平的一贯手法"，加以攻击，这是攻击党的民主集中制原则。冯定还把陆平对王庆淑的错误、缺点所采取的原则态度，歪曲成为"包庇"王，"王被维护为一贯正确的人。好像她是一面'旗帜'，这面'旗帜'一倒，学校的成绩就会有影响"，即是说陆平"包庇"王是利用王维护学校"虚假的成绩"。这是用资产阶级眼光把党内的原则关系歪曲成为非原则的关系。总之，冯的资产阶级处世哲学在运动中既表现为"浑水摸鱼"，又表现在他对党内关系的极端错误的看法上，要从这两方面同他分裂党的活动划清界限。

现在我对聂元梓同志提出意见来商量。聂在社教运动中积极贯彻张磐石同志利用冯定斗争陆平的指导思想的，首先对冯分裂党的活动叫好。但聂在自我检查中回避了这个问题。(1)聂表白自己，曾对冯之思想蜕化早有认识。我认为作为总支书记应对不能发觉冯的修正主义问题作检查，聂说她检查过冯的笔记，但在去年10月批判冯定，检查冯的教学中聂未曾提供过一条意见。去年10月间哲学系批判冯定是做了不少工作的，有聂的成绩。然而也有不足之处，如对冯教学中问题批判不够，社教开始后，而聂把注意力集中在利用冯定和批判冯定的问题来斗争党委，甚至有一篇关于揭露冯定教学中问题的文章（党委统一计划的文章）交聂审查，聂当作材料借出，积压了八个月。(2)聂未检查在社教运动期间捏造事实说党委在批判冯定问题上对哲学系同志搞政治陷害，反而说"党委宣传部把稿件要回来统一分配，致使不能发表"等等，继续散布对党委的怀疑。(3)聂在检查中对冯乱揭发党委对哲学系同志"五路进军"等问题只说没制止，这是掩盖社教运动中的严重错误，因当时聂对冯的分裂党的言论确是叫好与鼓励的。希望聂正视这问题，与大家一起来总结教训。

9. 简报（17）

北大哲学系党员干部整风学习会议简报（17）

会 议 简 报 组
1965 年 10 月 25 日

10月20日上午大会发言。党委宣传部副部长钟哲明同志参加了会议，就冯定问题作了发言。他说：

冯定的问题是一个大是大非问题，也是这次社教运动中张磐石同志和在张错误指导思想指导下聂元梓同志把哲学系这一缸水和北大这一缸水搅得很混的一个重要问题。社教运动中到处传说党委包庇冯定，限制和阻挠哲学系批判冯定，许多同志因这个问题对党委发生怀疑，给党的事业带来损失。为了搞好哲学系的整风，有必要把这个问题弄清楚，以辨明是非，接受经验教训。

聂元梓同志在冯定问题上讲了许多话，归纳起来，有两方面的问题：（1）认为党委没有领导组织批判冯定。（2）认为党委不让哲学系的同志对冯定问题进行批判。聂元梓同志说，党委利用冯定问题对哲学系的同志进行"政治陷害"。事实是否是这样呢？下面我分三个方面谈谈情况和一些看法。

一、党委批判冯定的情况。

长期以来，冯定在他的著作、文章和教学中大量宣扬修正主义观点，党委和党委的一些领导同志过去对冯定在工作中极不负责是有所察觉的，但有自由主义，没有认真对他开展批评；1960年高级党校讨论哲学教科书时，对他错误的理论观点提出批评，接着我校进行教学检查，对他的资产阶级处世哲学和错误的理论观点也是看到了的，但思想麻痹，没有追查下去，以致对他的严重的修正主义思想，长期未能发现，这是一个严重的错误。同时党委把冯定这样一个政治思想上有严重问题的人放在重要岗位上，这也是严重的错误。希望党委认真总结经验，接受教训。

冯定问题公开揭发后，党委对冯定的修正主义思想和资产阶级世界观是进行过严肃批判的：

第一，去年9月初，市委大学部通知党委将要揭露冯定的修正主义。9月13日党委进行研究，9月18日向市委、中央宣传部写了"关于批判冯定同志的修正主义观点的请示报告"。报告中讲到必须对冯定的修正主义观点和资产阶级世界观进行严肃的批判，这是一场严肃的马克思列宁主义与修正主义的斗争，无产阶级世界观与资产阶级世界观的斗争。这场斗争的意义是重大的。表示决心在中央、市委的领导下，尽力量把这场斗争搞好。报告检查了党委在冯定问题上的错误，表示要从中吸取经验教训，并提出了在全校党内外如何批判冯定的意见。

第二，在报刊公开批判冯定之前，党委就组织了一个班子，在陆平、彭珮云同志领导下，抓紧进行批判冯定的准备工作。这个班子广泛地查看了冯定1932年起所写的书、文章和报告稿，计书九本、文章八十八篇，共百多万字，编写了有关冯定的错误论点的资料，收集师生在批判冯定问题上的思想动态，出了二十期左右简报。

第三，《红旗》在发表揭露冯定修正主义的文章后，党委立即组织全校师生采取多种方式进行批判和讨论。后来又普遍结合"九评"学习，批判冯定的修正主义观点。全校的公共哲学课——结合毛主席的《关于正确处理人民内部矛盾的问题》，对冯定的错误观点进行了比较深入的讨论，搞了一学期。为了批判的需要，还广泛地印发了冯定的三本书和摘引，增订了刊载张文的报纸一千多份。

第四，党委曾开过一次常委会，两次党委会，面对面地对冯定进行了批判。党委领导同志还对冯定个别进行了批评教育。工作队说"学校只开了一次常委会和半次党委会批判冯定问题，在党委会上只有少数委员发了言，就草草了事，从此一直没有继续再开会讨论批判这个问题。"这是歪曲事实。常委会、党委会对冯定的面对面的批判是严肃认真的，仅9月25日第一次党委会上，发言的就有十五人。10月29日，党委会第二次开会批判冯定。11月2日，常委开始整风，斗争锋芒很快转向陆平等同志，冯定倒成了常委会上斗争陆平等同志的活跃人物,在这种形势下,叫党委和陆平等同志怎么再去开会批判冯定呢?

第五,由于冯定在哲学系工作,党委提出,当时哲学系正在开展的整风,应把批判和讨论冯定的问题放到第一位。9月18日请示报告中就谈到这一点。哲学系的同志用了一个月的时间批判冯定,做了很多工作。

第六,组织文科几系教师为报刊写了一批批判冯定的文章,党委有专人负责组织工作,几位常委直接审查和修改过稿子。

以上六方面情况说明,党委批判冯定的方针是明确的,决心是大的,领导全校师生对冯定的修正主义和资产阶级世界观进行了严肃的批判。当然,批判的工作还做得很不够,在具体工作中也存在不少缺点。11月社教运动开始后,由于张磐石的错误指导思想,没有把批判冯定的问题放到应有的地位,主要斗了陆平等同志,党委原订关于批判冯定的计划也就无法继续实现。即使这样,在社教运动中,陆平、戈华、彭珮云同志,仍然在12月开会研究过一次批判冯定的问题。这次会,几次约请工作队同志参加,他们没有来。1月23日、24日,陆平、彭珮云同志在市委扩大会上对张磐石同志在社教运动中不批判冯定提出了严肃批评。怎么能说他们不想批判冯定和包庇冯定呢?

二、聂元梓同志提出党委不批判冯定和不准哲学系批判冯定的几个根据,究竟真相如何?

1、工作队的简报说,全国公开批判冯定,学校却不让在黑板报报道、广播台广播批判冯定的情况。聂元梓同志在公共政治课教研室会上讲党委不准黑板报登批判冯定的情况,不准群众买刊载张启勋文章的报纸,甚至在第一次国际饭店会议时,还说陆平要魏自强轰走购买刊载张文的报纸的群众,以此证明党委阻挠群众批判冯定。运动中这两件事在全校引起轩然大波。实际情况是:1964年10月12日,党委办公室曾给各总支一个通知,原文是:"目前我校正在学习'九评苏共中央公开信'和结合讨论冯定同志的有关错误观点。凡属这方面的讨论情况，一律不在黑板报上登载，不在广播台广播。希各总支（直属支部）和团委注意检查、掌握。"当时，党委和陆平等同志主要考虑北大外国人多，担心校内宣传工具登载结合学习"九评"批判冯定政治上的修正主义观点的情况，掌握不好，会出毛病，因为中央规定报刊登载这方面的问题必须有领导有控制。当时的缺点是没有加以区分，没有说明批判冯定资产阶级世界观的文章和消息可以报道、广播。党委在12月2日的总支书记会上对上述通知作了修改，纠正了这个缺点。

说党委不准在校内出售刊登张启勋文章的报纸，甚至说党委派人轰走买报的群众，更是歪曲事实，混淆视听。首先，报纸是党委向报社预定的，增订一千多份报纸，就是为了发动群众参加批判冯定。其次，为了使各系都能得到报纸，党委办公室前一天通知各总支都到红旗送报组去买。但当报纸来后，红旗送报组的同志把报纸拿到别的地方去卖，办公室的同志怕各系同志到原通知地点买不到报，便要红旗送报组按原计划办事，根本没有轰走买报群众一事。这完全是一个方法问题，怎能说是不准出售批判冯定的报纸呢？

2、去年11月10日，聂元梓同志在哲学系教职员党员大会上说："陆平在批判冯定的文章发表前一个星期才告诉我，还再三叮嘱不要给任何人讲。但同时，却布置法律系写文章。冯在我们系错误在我们系犯的，何以不肯让我们知道？而且党委钟哲明等早就关起门来写文章，外边都知道，就不让我们知道……这里是两个政治陷害：整风中故意不使大家知道冯的错误，让大家为冯的问题辩护，好抓辫子；同时让大家只顾和王庆淑斗争，而不批判冯定，证明斗争方向是错误的。"

事实是，9月13日常委会第一次研究冯定问题。当天下午，陆平、谢道渊同志就告诉了聂元梓同志，并要她考虑找哪些人写批判冯定文章，但暂不要告诉哲学系的其他同志。这时，除常委和聂外，其他党委委员和总支书记都不知道将要批判冯定的消息。这样做本来只是工作步骤问题，因为常委关于批判冯定的计划还没有报经上级批准，为什么聂元梓同志把它说成是政治陷害？这段时期，《红旗》和《北京日报》先后来党委约稿三篇，考虑到当时只有常委才知道冯定问题，不便让别的同志写稿，便由彭珮云、陈守一同志（常委、法律系主任）指导党委机关和法律系几人承担写稿任务。当《红旗》发表张启勋文章后，10月初，党委统一向各系布置写批判冯定文章时，便把哲学系当作重点，党委组稿计划中共十八篇文章，哲学系占六篇，十八篇中，《红旗》约稿四篇，哲学系占两篇。所以根本不存在不让哲学系同志写文章的问题。

聂元梓同志还讲党委把张磐石批的《文汇报》记者关于冯定对批评的反映，压了很久不给她看，认为这也是党委不让哲学系批判冯定的一条。工作队第六十六期简报在这件事上大做文章。事实是，10月5日，磐石同志在《文汇报》记者反映的材料上写了批语："阮铭同志，冯定如此胡说八道，请告陆平同志并告哲学系批驳他。"10月6日，陆平、彭珮云看到这个材料。10月7日清晨，陆、彭找磐石同志请示哲学系批判冯定计划时，谈到如何运用这个材料批驳冯定。磐石同志同意讲这个材料印发党委委员，并告诉哲学系同志，让大家了解冯定的思想情况，好批判他的态度，但不要把这个材料上冯定的原话拿出来斗他。当天上午，彭珮云同志就到聂元梓同志家，把磐石同志批的原件交给她，并把磐石同志意见转告她。下午才派人去取回这个原件，以便印发党委委员。10月8日，就把这个材料翻印好，发给党委委员，包括聂元梓同志。这样一件事情，怎么竟然成了阻挠批判冯定的根据呢？

3、去年11月10日聂元梓同志在哲学系教职员党员大会上说："总支批判冯定的计划，好久才批下来。整个批判过程中，党委没一个人下来过。对我们的工作情况陆平等也压住不向上面讲。"

实际情况是，10月6日，聂元梓同志向彭珮云同志谈了总支批判的计划。10月7日清晨，陆平、彭珮云向磐石同志请示后，上午八点多钟，彭珮云同志就把意见告诉了聂。党委工作不深入，同志们可以批评。但说整个批判过程中没一个人到过哲学系，那也太夸大了。党委机关有几人根据书记的指示参加过哲学系批判冯定的一些活动，回去又向书记汇报了。聂说党委不向上面反映哲学系批判冯定的工作情况，也不合事实。仅举一例，哲学系总支写了关于批判冯定错误观点的汇报，党委将这个汇报专出了一期简报向上反映。

去年11月14日聂元梓同志在哲学系教职员党员大会上说："直到后来彭珮云还不让我们对冯定的问题做全面的调查研究，只叫我们搞一个问题。她叫钟哲明来传达，我未同意。"情况是，当时党委有一个班子正在对冯定的著作进行全面的调查研究，但冯定在教学中的问题我们不清楚。揭发这方面的问题很为重要，只有哲学系的同志才能承担这一任务。我传达彭的意见，就是建议哲学系把这个问题重点抓一下，我没有说过只准哲学系搞这一个问题，不准进行全面的调查研究。

4、去年11月10日，在哲学系教职员党员大会上，聂元梓同志还说哲学系的文章写成了，送出去，又要回来。这个问题在运动中也搞得满城风雨，说成是党委阻挠哲学系批判冯定。

首先，党委为什么要把哲学系的三篇批判冯定的稿件要回来？10月6日，彭珮云同志召集文科各总支书记开会，布置写批判文章的工作，会上说明了写稿的意义和统一组织重点稿件的必要性，，强调必须保证重点报刊的约稿，规定这些稿件需交党委审查，统一分送约稿单位。哲学系参加这次会议的是总支副书记孔繁同志，他领回写稿任务。10月15日，党委的统一组稿计划最后落实。这三篇文章分别由张恩慈、孙蓬一、孔繁等同志负责。两篇是《红旗》，一篇是《北京日报》约稿。张恩慈同志负责的那篇后来发现已答应给《中国青年报》，我们便同总支商量同一题目从不同角度写两篇文章分寄《红旗》和《北京青年报》。这些都订入了计划并经过总支同意。但后来这三篇文章都不按计划办事，自行投寄别的报刊。为了保证《红旗》和《北京日报》的约稿，党委要哲学系总支将三文索回，按原定计划寄给约稿单位。

其次，稿件是否如工作队第六十六期简报所说是盗用哲学系总支名义要回的呢？10月27日聂元梓同志找我谈工作。我问及这些稿件写好没有？聂告都寄走了，再问寄到哪些单位，才发觉三篇文章都不按计划给了别的报刊。我当即对聂说，请总支一定把稿子要回来，首先要保证《红旗》约稿。聂嗯了一声，并抄去哲学系几篇文章的原约稿单位，并未表示不同意。当天《红旗》编辑部来电话说，请你们一定取回列入计划的稿子。10月28日彭珮云同志要我通知哲学系总支把稿子索回，我打电话先找聂元梓继找孔繁同志，他们都不在，就请哲学系总支干事李寄霞同志转告聂，要总支赶紧索回文章，交党委转寄《红旗》。后来据李说，她接到我的电话后，就打电话找聂，聂说要王凤林（总支干事）办理，恰好王不在，李便自己同报刊联系，把张恩慈和孙蓬一负责写的两篇文章索回了（孔繁同志负责的那篇文章则由钟哲明打电话给《前线》编辑部，请他们直接寄《北京日报》）。为了这事，李来党委说："聂元梓训斥我半个钟头，问我为什么要代表总支把稿子拿回来，你在中间搞什么鬼？我说这是问过你的，你并没有表示不让拿回来呀！"（彭珮云同志插话：李寄霞来找我时很紧张，说聂把问题提得很高。我说这是我们的责任，你别紧张。）索回稿件的经过就是这样，怎么说这是盗用总支名义呢？

再看这些稿子是否因党委耽误，不能发表了呢？10月28日，李寄霞把稿子送给我，29、30日我看了稿子，31日即送到《红旗》编辑部。11月2日，《红旗》回信说孙蓬一等写的文章有基础，修改后可以用。张恩慈写的文章不用。我打电话将这情况告诉聂元梓同志。聂说，张恩慈希望把文章送到《哲学研究》去。我打电话和《哲学研究》联系，他们不采用。11月4日，又把这个稿子寄给了《新建设》。孔繁同志的文章，索回后寄《北京日报》也发表了。三篇文章发表了两篇。工作队第六十六期简报说"有些稿件由于党委追回后长期压着不送，失掉了时效，浪费了作者的精力。"完全不合事实。

对取回稿件的问题，聂元梓同志采取什么态度呢？10月30日下午，聂元梓同志到党委宣传部来对我说："中午孙蓬一找我，说你们为什么要把他的文章拿回来，他对你们很有意见。""你把稿子寄到《红旗》去，能保证发表吗？如果不能发表，看同志们给你们提意见吧！同志们说，党委把他们的心血开玩笑！"10月3日上午，孙蓬一同志来宣传部，情绪很激动地对我说："你们是剥夺作者权利，你们有什么权利把稿子取回？""你们党委是领导我们批判冯定还是破坏我们对冯定的斗争？你们搞的是阴谋还是阳谋？""你们明知我们的文章不行，有意寄到《红旗》去，拖来拖去，不合要求，就发表不了了。你们党委太仗势欺人，欺人太甚！"我说你有意见可以提。孙说："三级干部会再见！"下午孙又来说："你把文章寄给《红旗》的谁了？把电话告诉我。党委对我们干的这种事情太多了，我们很难相信你们所讲的。""陆平的当面一套，背后一套。"11月2日，张恩慈同志的文章，《红旗》决定不用，他打电话质问我："谁要你把稿子拿回来的？"我告诉他说，我们正在同别的报刊联系，他生气地说："给你们耽误了，我的文章不发表了！"就挂上了电话机。以上孙、张对我讲的话，我都原原本本告诉了聂元梓同志，聂说："报刊发表批判冯定的文章，首先应保证让哲学系的文章发表，这点党委考虑不够或没有考虑。""孙蓬一个别的话不很妥当，态度不好，但总的方面，党委可以考虑。"聂自己是党委委员、总支书记，孙说党委破坏批判冯定和搞阴谋，你当时究竟怎么看待党委呢？

5、聂元梓同志在9月14日的自我检查中说，她在十三陵党委扩大会议上发言批评了冯定，听说陆平同志看到她的发言，大发脾气，并说"还批评党委副书记，叫冯定来看看。"登载她的发言简报因此压了一个月才发。事实是陆平同志既没有发脾气，也没有说过这样的话。他只是说聂发言中讲到许多资产阶级教授的情况，要核实一下；对常委的批评，出简报前要跟本人打个招呼，把事实核对一下。当时对冯定也是这样。为什么聂的发言简报晚出了呢？那是简报组的同志考虑这期简报太长；有些内容同已出的材料有重复；有些内容会上没有讲，是本人后加的，觉得不好处理，便拖到会议结束后，才同另一些简报一起补印出来，这期简报印出的时间是9月7日，并非出在张启勋文章发表以后。运动中流传这种说法：早在十三陵会议上，聂元梓同志就揭发了冯定问题，陆平扣压聂的发言简报包庇冯定。这是不符合事实的。

聂元梓同志说党委不批判冯定和不准哲学系批判冯定的几个根据，真相就是这样。究竟有多少符合事实，能站住脚？聂元梓同志把其中一些问题说成是党委搞政治陷害，究竟能不能成立？如果不是，她为什么硬要这么说呢？

三、张磐石同志在冯定问题上的错误，聂元梓同志在这方面干了些什么？

中宣部调查组来北大后，对冯定问题作了一些调查，对北大党委批判冯定的计划也是同意的。但在去年11月社教运动正式开始后，磐石同志混淆了矛盾性质，主要斗了陆平同志。党委七个书记中，五人挨了批判。冯定问题是北大最大的大是大非，磐石同志却不把批判冯定放在应有的地位，运动中没有开会批判他，工作队的简报在六十五期以前，没有反映过冯定的问题和批判冯定的情况。为了斗倒陆平同志，磐石同志一开头就给他扣上对抗工作队、搞阴谋的罪名，甚至在常委会上利用冯定斗争陆平。在这期间，聂元梓同志也在哲学系开会斗争陆平同志，又利用冯定的问题给党委和陆平同志加上搞"政治陷害"的罪名。在哲学系的社教运动党内会上，冯定不但没有受到批判，反而恶毒地攻党委和陆平，在党内制造分裂。作为总支书记的聂元梓同志带头为他叫好，这究竟是什么问题？

二十三条公布以后，张磐石抵制二十三条，不听中央的指示，继续贯彻斗——斗——斗的方针。陆平、彭珮云同志1月23、24日在市委全会扩大会议发言，对张在社教运动中不批判冯定的错误和其他错误提出严肃批评。张不但听不进去，反而给陆、彭加上三条新的罪名：（1）否定运动成绩；（2）阴谋挑拨工作队和市委的关系（3）多方限制和阻挠批判冯定。在冯定问题上，磐石同志为了掩饰错误和加罪于人，一方面匆忙赶印一期简报（即工作队第六十六期简报），大讲自己如何抓了批判冯定的工作，大攻北大党委如何限制和阻挠全校特别是哲学系批判冯定。这期简报在积极分子中广为传阅，煽起很多人对党委和陆平同志的极大不满。另一方面，匆忙决定停开政治课，专批冯定。当中央书记处批评这种做法后，又推卸责任，极不老实。

在这两方面，聂元梓同志干了些什么呢？首先，工作队简报中的许多问题，是聂元梓同志在运动中早就讲过的，那些歪曲事实的材料，这时就成了磐石同志抵制二十三条，攻击北大党委和陆平的炮弹。2月10日，聂在公共政治课教研室会上说："《红旗》揭发冯定问题后，我校除哲学系对冯定进行过较全面的批判外，各系都没有认真进行。""外面批判很热烈，北大没怎么做。党委还不准黑板报批判冯定，不准学生买报纸"等。2月18日，聂在全系师生大会上作关于批判冯定的报告，一开头就说"工作队一贯重视批判冯定"，同时影射北大党委不让大家批判冯定。她在会前对我说，这一段话就是要批判党委不让大家批判冯定！这些讲话和报告使很多人思想混乱，说："党委太不像话了。"

在听课批判冯定问题上，聂元梓同志也积极贯彻了张磐石的错误指导思想。2月10日，她和曾德林同志匆忙找谢道渊同志和我去谈这件事情，我提出结合三门政治课批判冯定，聂听不进不同意见，说昨晚磐石同志讲要打破框框，还是听课，当晚曾、聂就向政治课教师作了部署，而党委是在此以后才知道的。3月3日中央书记处批评了磐石同志这一做法，当天晚上，聂元梓同志又让谢道渊同志紧急通知政治课教师，再一次改变讲课计划，搞得大家莫名其妙，意见很大。3月4日，聂找政治课各教研室主任说："磐石同志讲，批判冯定花时间太多，主要是学习毛主席著作，联系批判冯定；不联系，就学主席著作也行。""开始时磐石同志就强调不要安排太死，不要官办，不要强求一律，下面搞四段，都看冯定著作，离磐石指示太远了。"聂元梓同志在这里把自己洗刷得一干二净。接着聂所在的工作队政治部筹建组又用党委宣传部名义（经过我）向全校发通知，改变批判冯定的计划。当时许多人本已听说党委不批判冯定，一见这个通知，又流传开了这样一种说法："工作队聂元梓动员全校停政治课批判冯定，学校党委发通知不批判了。"我向聂反映，希望工作队出面讲讲，但谁也不讲。聂原在全校大会上宣布，哲学系的同志要举办一系列批判冯定的讲座。这些都搞得我们很被动，群众中也更造成错觉，以为党委把批判冯定"全吹掉"了，政治影响极坏。

最后，我讲一点感想：

在冯定问题上，我同聂元梓同志因工作接触较多，本以为她是老党员、老干部，应当多体现一些党的优良作风，但越接触，越感到许多事情一到她那里就变样了，复杂化了，她的作风和很多做法使我不能理解。比如，共产党员应当是唯物论者，应当尊重事实，实事求是。

聂的党委委员，总支书记，党委批判冯定的许多事情她是知道的，但她硬说党委不批判冯定。为了说明党委阻挠哲学系批判冯定，哲学系的计划，党委明明过一天就批了，她硬说好久才批下来；张磐石批的《文汇报》的材料，党委明明第二天就亲自送到她手里，她硬是说："没看到。"共产党员难道可以为了一时的需要，不顾事实，歪曲事实，甚至捏造事实，无中生有，有中生无吗？还有广播台、黑板报的问题，党委有缺点，后来改正了。但聂元梓同志在二十三条之后还要大做文章，说党委不准批判冯定，党内斗争难道容许利用缺点，尽量夸大，攻其一点，不及其余吗？

特别使我不解的是，关于将要公开批判冯定的消息，常委会第一次研究之后，当即通知了聂元梓；关于组织写批判文章和索回稿件的问题，常委一切都经过总支，聂本人也知道。然而正是她，带头到党委来质问这件事，也是她把这些事情主观联在一起，在党员大会上带头攻党委进行"政治陷害"。在当时的政治形势下，抓住冯定问题这样一个严肃的政治问题，毫无根据地给党委和陆平等同志加上搞"政治陷害"的罪名，这究竟是为了什么？二十三条之后，磐石同志为了抵制二十三条，迷惑中央，欺骗北大党员群众，继续斗争陆平等同志，要工作队专出一期关于批判冯定的简报，上面讲的材料，许多是聂元梓同志在运动中提的，登简报时，又更加歪曲事实，颠倒黑白，简直到了令人难以置信的地步。这时聂元梓同志已去工作队，她究竟是怎样向上反映的？在这个问题上，她同张磐石同志究竟是如何相互影响的呢？

党内斗争应当区别原则问题和非原则问题，坚持原则斗争。聂元梓同志一方面在社教运动中，不把批判冯定放到首位，不开会批判冯定；另一方面却抓住党委在批判冯定问题上的一些具体工作问题大做文章，把具体工作问题提高到为政治原则问题，以此攻党委、斗陆平。甚至当冯定在会上大攻党委和陆平时，聂元梓同志带头叫好。这究竟又是为什么和说明什么问题呢？

共产党员应当坚持真理，修正错误。聂元梓同志在冯定问题上做了那么多文章，讲了那么多不合事实的话。但我看不出她有什么自我批评。直到这次整风检查中，仍看不出她在这个问题上有什么深刻认识，对有些事情，还继续说了一些引起思想混乱的话。为了弄清冯定问题的真相，帮助聂元梓同志认识自己的问题，总结经验教训，增强党性，我讲了上面这些情况，供大家讨论。事实有出入或意见不妥之处，希望指正、批评。

10. 简报（20）

北大哲学系党员干部整风学习会议简报（20）

会 议 简 报 组
1965 年 10 月 25 日

10月21日下午大会继续发言。

钟哲明同志说：我们对冯定这个大是大非问题都应严肃认真来对待。聂元梓同志对我的发言发表了意见，我就有些问题再谈一些情况。

一、写批判文章的组稿与退稿问题

这本来是一个具体工作问题，但聂元梓同志把它说成了允许不允许哲学系批判冯定的大问题。下面摆几点基本事实：

去年10月份以前，党委个别地组织了三篇稿件，由于昨天所讲的那些考虑，没有找哲学系写。10月初全校统一组织写文章，就包括了哲学系，并作为重点。因此不存在不让哲学系写稿与是否把哲学系的稿件纳入计划的问题。

党委布置写稿任务时，是强调要保证重点的。《红旗》杂志的稿是重点的重点，应首先保证（当时没讲是邓力群同志圈的，那是后来听说的）。又规定重点稿件必须交党委审查，由党委统一分配。以后又引发了组稿计划，哲学系总支也有。

哲学系几篇稿子，我和孔繁同志几次讲要保证先给《红旗》杂志。

去年10月12日，我参加哲学系总支委员会时又讲过。我和杨永源同志也向作者本人催过。但他们还是不按计划办事，把稿子寄到别的地方了。

（徐明同志插话：张恩慈同志提出，他的文章第一次是谁要回来的？我在哲学系看见唐子杰把张恩慈的文章交给他说：报社不登了，说写的不好。张说党委要讨论这篇文章。张给我看稿子，是打印过的。究竟是党委还是总支拿回来的呢？）

（张恩慈同志插话说：因为《中国青年报》要先发表工人农民写的文章，所以我们的文章先不登。当时不是党委要看，是总支同志要看。）

聂元梓同志说，她没有讲过"稿子寄给《红旗》，能保证发表吗？"的话。

（连虹同志插话说：聂到党委时，我和其他人也在场，聂说，稿子寄了没有？钟说正在看，还没有寄走。聂说，你们寄给《红旗》能保证发表吗？如《红旗》不要，时机错过，发表不了，你看同志有意见不？孙蓬一就要来找你们提意见的，等等。第二天孙蓬一来找钟哲明，吵了之后，钟向党委写了书面报告，我们还帮助钟回忆了聂来宣传部提意见的情况。聂确实是讲了那些话。）

那三篇稿子是不是我要李寄霞盗用总支书记名义要回的？不是这样。

（岳田插话说：那天快到中午，总支没有人，李寄霞找聂没找到。她在电话中谈到文章的事，我没听下去就走了。后来问报社，报社说是总支一女同志要回稿子来的。）

实际上，早在退回稿件的头一天，我就对聂说，请总支把稿子拿回来。聂昨天说，去年11月2日，钟没有同她说过退稿的事，她也没有答应把稿退回来。聂说错了。11月2日，是我向她说了孙蓬一因退稿到宣传部质问的事。那是稿子早拿回来了。我向聂讲，请总支把稿子拿回来，那是10月27日，当时聂找彭珮云同志谈工作，未遇，来找我。我问及稿子情况，聂说寄走了。我问寄到哪里去了？一打听，三篇稿子一篇也没寄到党委计划中约稿的单位。我当时就对聂讲，一定要把稿子要回来。聂抄了个稿件名单，嗯了一声，并未不同意。去年10月28日，李寄霞向报社要稿子，那是我先打电话找聂，找不到，才让她转告聂，请总支把稿子拿回来。聂昨天也说，她当时对李表示同意稿件由党委统一分配，又把退稿单位告诉了里。聂并为说不让李打电话去要。这样，李把稿子要回来了，究竟有什么错误？党委布置写稿任务是通过总支的，退稿也是通过总支的，而且一而再地同聂本人说过，聂并未不同意。这又有什么直接指使李寄霞盗用总支书记名义追回稿件的问题呢？

（聂元梓同志插话：去年10月27日，钟哲明只和我讲了哲学系写政治小文章的事，没有问我那三篇稿子寄到哪里去了！）

聂讲的不合事实：我那天听你说稿子都寄错了地方，事后即找杨永源同志说：糟了，哲学系的三篇都没按计划寄。杨当即打电话给《红旗》，谈了这事，晚上又汇报给彭珮云同志。第二天彭又让连虹打电话给我，一定要哲学系总支把稿子取回来。有杨、连等同志可以作证；去年11月2日下午，张恩慈同志打电话质问我，说：谁要你把我的稿子拿回来的？我的稿子寄到《哲学研究》去，你是听谁说的？我答：听聂元梓说的（念当时记录）这又是一证。

（张恩慈同志插话说：我打电话时你记录了吗？）

早在两天前，孙蓬一同志就说党委搞阳谋阴谋，问题提得这么高。因此张打电话后，我就追记下来了。我有责任把事情经过向党委汇报。

（聂元梓同志插话：李寄霞和我讲是彭珮云要稿子，没讲让总支要稿子。）

（彭珮云同志插话：去年11月2日李寄霞找我，说她把党委要稿子的事告诉聂，聂并没讲不让她要稿子，后来她就要回来了。这里不发生盗用总支书记名义的问题。）

退回的三篇稿子，发表了两篇，只有张恩慈那篇没有发表。原因张恩慈同志本人已讲了。因此不存在稿子给党委耽误不能发表的问题。

以上四点，是组稿、退稿的基本事实。只有弄清它，才能辨明是非，总结经验教训。

还要提一件事：孙蓬一同志因退稿质问党委的搞阴谋还是搞阳

谋。我在去年 11 月 2 日向聂反映了。昨天聂说，当时她没有讲孙提意见"态度不好，但从总的方面党委可以考虑"等话。这又不符合事实。聂当时一边给党委提意见，我一边记，准备给彭珮云同志详细汇报。她讲的话都在我本子上（念记录），这难道还错得了吗？

二、关于哲学系批判冯定的其他问题

1、聂元梓同志昨天说，钟转达彭珮云同志意见时，不是一定不让哲学系对冯定问题进行全面调查研究；但又讲，钟如果说可以全面搞，她就不必提这个问题了。事实上当时我是从搞资料谈起，说希望哲学系重点搞冯定的教学问题，又说冯定的书可分若干问题，把错误观点摘录出来。这些聂昨天也是承认的。很清楚，我当时讲的重点和全面的关系问题。教学问题是重点，也说要搞冯定的书。谁不让你们全面搞呢？但聂元梓同志在运动中，把这个资料工作上的重点和全面问题，说成了"不让我们对冯定的问题做全面的调查研究，只叫我们搞一个问题"，以此说明党委阻挠哲学系批判冯定，这就改变问题的性质了。

（聂元梓同志插话：如果你同意我们全面调查研究，我就不会提出不同意你的意见和说明我们必须做全面调查研究的意见了。而且你回去向彭反映了这个意见。我当时提了这个意见，你记不记得？）

我现在记不得了。如果当时你提了，我会向党委反映的。但无论如何，我当时没有说过不让你们全面搞调查研究的话。至于你如何理解，我不清楚。

（彭珮云插话：当时是要哲学系把重点放在教学问题上，没有不让搞其他的。）

2、聂元梓同志说，"对我们的工作情况，陆平等也压住不往上面讲。"我上次发言举了一期简报说明是往上报过的。实际上，党委从去年 9 月 29 日到 11 月 18 日前后共有五期简报专门反映哲学系讨论批判冯定的情况。聂说陆平"压住不往上面讲"，这究竟符不符合事实？

（聂元梓插话：去年 10 月 10 日以前唐联杰问："哲学系的情况，

我们怎么不知道。这样我才认为党委没有反映我们的情况。"哲学系后来才写简报给工作组和党委，前几期是追补整理的，否则哲学系是不会出简报的。）

（钟哲明念五期简报的编号与简报的时间。最早的两期是 1964 年 9 月 29 日印的，30 日就发到工作队去了。）

现在清楚了。在这些问题上，工作队有些同志起了很不好的作用。还有一些问题，如报纸在哪里卖，哲学系批判会的大小，外系同志参不参加和党委领导同志下不来等，本来是工作作风或工作方式方法问题。在具体工作上，党委是有这样或那样的缺点。如组织文章、思想工作就做得不够，对问题估计较简单，工作不深入等，我本人主要经手这事，愿意检讨。但总的来说，党委批判冯定的方针是明确的，是积极领导哲学系的批判的。运动中，一般同志不明真相，听了一些不负责任、不合事实的话，把问题看重了，容易理解。工作队的一些同志和聂元梓同志对许多事情明明了解情况，为什么要那么说呢？

三、关于二十三条公布后的两个问题

1、聂元梓同志昨天说，她因身体不好，对全校的动员报告，全部是要钟哲明写的。钟是做具体工作的，有不妥当的，我替钟负责。

事实不是这样。那天聂元梓同志上午八点叫我去，要我十一点前写出稿子。她不是身体不好，而是说工作忙，不能亲自动笔。我在那里写，她在一边看报。报告的第一部分和最后讲批判计划的部分都是聂自己讲的。我只写了中间一部分，讲批判冯定现代修正主义和资产阶级世界观的意义等问题，如有不妥我自己检查，不必聂元梓同志代为负责。我上次发言，是说聂元梓同志在第一段说工作队一贯重视批判冯定，不合事实，又影射批评党委，更不应当。这一段是聂元梓同志的亲笔，她要我不要动，我是照抄的，有原稿可查。聂元梓如何看待这一段，也只有请她自己考虑了。

2、聂元梓同志昨天说，3 月 3 日中央书记处会议批评张磐石停政治课批判冯定以后，她没有对政治课教研室的干部说过"一开始磐石同志就强调不要安排太死,不要官办,不要强求一律,下面每周学四段,都看冯定的著作,离磐石同志指示太远"等话。这又不符合事实。我当时一字一句记,准备给政治课教员传达,你就是这么说的(念笔记)。今天早晨我还问王俊彦同志(政治经济学教研室副主任),她有没有这个印象?王说:"有!聂元梓说不要官办,离磐石指示太远,我就奇怪,是工作队和聂让大家这么搞的,怎么又怪我们呢!"

(聂元梓插话:钟哲明说我讲过离张磐石指示太远,这句话我没有说。)

(冯瑞芳插话:聂讲这些话时,我也在场。)

我摆出以上情况,供大家讨论,供聂元梓同志考虑。

孔繁同志说:更正上午说的一个情况。我说孙蓬一没有把稿子给党委,寄走了。我不知道。经核对,寄稿子的事孙蓬一和我说过,我是同意的。

孙蓬一同志说:

工作队出的第六十六期简报,有不少失实的地方。更重要的是把问题的性质搞错了,有的是颠倒了。当时我对党委有怀疑,甚至有对立情绪,所以产生这样的问题。一方面是接受了张磐石同志的错误指导思想;同时也由于自己的党性不纯。我想在冯定问题上,从上到下都有经验教训可总结。我对党委一些同志的看法、作法是有严重错误的。我认为有下列事实在会上已得到澄清。

1、在公开批判冯定前,陆平同志于去年9月2日就向冯瑞芳了解冯定在教学中的问题(为找哲学系的同志了解),并拿出《共产主义人生观》一书,问冯瑞芳对"正义的冲动"怎么看。冯瑞芳当时即预感到冯定出了问题。

(冯瑞芳插话:陆平同志找我了解冯定的教学情况,但没告诉我要批判冯定。)

2、杨辛曾揭发王庆淑,在批判冯定之前对他说,现在要批判冯定了,对"我们"的斗争有利。

(杨辛插话:王庆淑讲过这话,没有错。王说揭露冯定问题对斗争有利，因为过去有些人一直把批判冯定说成是打击老干部，公开揭发批判冯定就有利于澄清是非，划清马列主义和修正主义的界限。问题是我自己接受了聂元梓的错误观点的影响，把王庆淑这句话当作是政治陷害，这是我的错误。）

（王庆淑插话：我不是从任何党委负责同志那里听来的，是一个做一般工作的同志送工资到我家，我无意中从他那里知道的。）

3、在公开批判冯定前，陆平同志两次指示聂元梓暂不要把批判冯定的事告诉其他人，聂，也没有告诉大家。

4、在张启勋发表批判冯定文章之后，《中国青年》记者到党委去组稿。彭珮云同志对她说："哲学系现在乱糟糟的，不要去约稿。"

5、钟哲明同志此次会上讲给《红旗》写文章的一系列重要性，说是陈伯达、邓力群同志负责圈定的等等，但我们当时一点也不知道，曾认为只是一般性的组稿。

6、既然给《红旗》写的此文，如此事关重大，但党委却从没有一个负责同志来直接抓过我们一次。

7、朱正直同志揭发的党委赶走卖报的一事，当时是把问题提高了，但朱当时写过材料是事实。

8、评《平凡的真理》的稿子，我们答应给《中国青年报》在先，以后党委才要我们给《红旗》写一篇。经工作队的阮铭同志同意，我们先给《中国青年》写一篇，随后，经过较严格加工修改，再给《红旗》写一篇。

9、张磐石关于文汇报记者反映的批示，我记得好像是在去年10月18日左右，阮铭问我，我说不知道。我问聂元梓，聂也说没看到过。

10、社教运动中，虽未在党内将冯作为主要斗争对象搞，但在师生中通过教学、科研，对冯定的批判仍继续做了一些工作。

关于写"简报"的经过，我知道如下一些情况：可能在康老批评张磐石之后，工作队让哲学系写一期批判冯定的情况简报。第一次是高宝钧写的，工作队说不行。第二次是由孙伯鍨写的，也说不行。又让我写一份，还说不行。一天晚上，庞达同志找我到专家招待所去。庞达同志说：人家说我们不批判冯定，我们写简报要说我们批判冯定。继之,庞达同志口授简报应写的内容,阮铭在庞之后作了补充。我根据口授记录,写成文字,只有两个小标题:(1)张启勋文章发表之前;(2)张启勋文章发表之后。有些具体数字是我提供的。如哲学系写了多少文章、开了多少次会议等。我写完后,随即交给庞达同志。庞修改了一下,改不下去了,就于深夜将周其湘同志找来,让他在我写的口授稿基础上改写,周直写到天明。周写完后给我看了一下,我当时感到周的水平确实比我高。至于简报付印前,未找我核对过。

阮铭同志说:关于写"简报"的过程,我的记忆与孙蓬一一致。第六十六期简报第二页关于常委会情况的材料,是我提供的,我写过这个材料。简报上说,陆平与冯定一唱一和,要整张恩慈,最后的稿子是周其湘完成的。我在简报中提供了三点情况,由我负责。彭珮云当时讲"哲学系乱糟糟的,自顾不暇"。我当时认为哲学系团结得很好。现在看,这种看法是不对的。

(彭珮云同志插话:《中国青年》记者曹琰找我是在去年9月13日或14日。她讲了该社关于批判冯定的组稿意图。我介绍了校内有关的思想情况。这一次没有落实组稿。她问到哲学系的情况。我讲哲学系现在党内正在整风,情况很乱。10月初,党委统一组织写批判冯定的文章时,把哲学系当成重点,可见党委并没有阻挠哲学系的同志批判冯定,没有对哲学系不同待遇。阮铭是怎样把曹琰对他说的我讲的话对哲学系同志说的?我认为阮铭在中间起了挑拨的作用。)

阮铭同志说:曹琰讲的那些情况,是在去年9月30日晚上到我家讲的。但她找彭珮云可能在张启勋文章发表之前。曹对我说,彭珮云同志讲哲学系乱糟糟的,自顾不暇,不让她去组稿。但她没有谈到落实组稿,也没有谈到彭珮云只让她去别的系组稿。我当时是对北大党委不信任的,认为党委不让哲学系批判冯定。我同意彭珮云同志对我的批评。我传播了曹的话,实际上起了挑拨党委和哲学系关系到作用。我准备检查这个错误。

柯木火同志说:

1、上星期六,领导小组提出讨论冯定问题,有些同志同意讨论这个问题,就作了一些准备。有一些同志对这个问题重视不够,对别的问题准备多一些。这反映我们对什么是哲学系的大是大非的看法不一致。

2、冯定的问题是最大的大是大非。讨论冯定问题的重点应该是和冯定是否划清了界限的问题。这大体可分两个阶段：一个阶段是在张启勋文章发表之前，大家都有思想认识不清的地方，需要清理；另一个阶段是在张启勋文章发表之后，在社教运动中新表现出来的政治思想界限不清的问题。我认为重点应放在后一阶段。因为这时再发生问题，就比前一阶段更为严重。社教运动中冯定搞了分裂党的活动，可以作为最好的反面教员。由于在运动中，张磐石同志事实上利用了冯定斗争陆平，张磐石同志的错误指导思想，在哲学系得到了积极的贯彻和执行，哲学系还给他提供了材料。这个问题就其性质来讲是严重的，应吸取的教训比前一阶段大得多。所以我认为清理重点应放在这一阶段。

3、哲学系贯彻了张磐石同志利用冯定斗争陆平的错误思想，究竟是什么原因造成的？一般同志主要是受张磐石错误指导思想的影响。但作为总支领导的聂元梓同志政治上的错误，应与一般同志有区别。首先，聂积极贯彻了张磐石的错误指导思想。其次，聂提供了一些情况，有很多事是聂直接了解的，但她却偏偏把它说成另一种东西，到处传播，造成严重后果。因此我们在讨论冯定问题中，对聂的问题应首先注意，并通过讨论她的问题来提高大家的认识。不能笼统说，大家的问题都一样。我们对冯定的问题，当时没有看出来，应当检查。但"政治陷害"从何而来的呢？冯定那样嚣张，聂还表扬了他。聂不能把一切都说成是张磐石影响的结果。张没有叫你讲"两个政治陷害"；张一到北大来，你就向他讲党委在干部政策上"宗派主义、山头主义"。

4、钟哲明讲的基本事实证明"两个政治陷害""六十六期简报"都是错误的。既然事实不是这样，为什么又要那样去说？这就值得分析、检查。

宋一秀同志说：

关于批判冯定，存在的几个基本事实是：

1、陆平同志去年9月13日口头通知聂元梓同志不久要批判冯定,要她考虑一下写批判文章的人选,但又不让她告诉任何人,说只有党委常委知道。事实上并非如此。三天后陆平同志打电话给聂说可以通知了,紧接着又打电话说不要通知。聂忠实地执行了陆平同志的指示。钟哲明同志说,党委是把哲学系当作写文章批判冯定的重点,但又不让知道要批判冯定的消息;而法律系早已知道,当年10月初党委布置我系写文章时,法律系赵震江等写的文章清样我已看到了。这和钟哲明同志说的显然是一个矛盾。

2、组稿、退稿问题。据我所知,张恩慈同志写的那篇文章确实在党委计划之前应《中国青年报》约稿写的。我也看到了文章的清样。据说,青年报接到指示,先刊登工农青年的文章,后刊登大块文章,叫张恩慈把文章稍作修改寄给他们。至于如何从青年报要回稿件的事,我不清楚是怎么回事。关于李寄霞从报刊杂志要回稿件的事,经过讨论,事实是:张恩慈等同志的文章寄给原来约稿的报刊后,钟哲明同志把党委的分配稿件计划告诉聂元梓同志,当时聂元梓也同意这这个分配计划。后来李寄霞告诉聂党委要稿件,但聂当时并没有授权李寄霞把稿子从报刊杂志要回来,而李却以总支书记的名义把稿子要回来的。

(孟昭兰同志插话:聂没有授权叫李寄霞把稿要回来!但是,李是请示了聂的。聂并没有说不让她要回稿子,而且还告诉他稿子送到哪里了,并把电话号码告诉了李。)

3、关于《中国青年》记者来校了解情况一事,彭珮云同志曾对记者说:"哲学系现在搞得乱糟糟的……。"去年9月30日,记者找阮铭谈关于约稿事,阮铭同志介绍她到哲学系约稿。这是一个重要事实,还可以进一步核实。

4、此外,关于黑板报、广播台、卖报等等,这本来是党委工作中的缺点,但由于当时运动的情况,把这些事情提高了。如卖报问题,朱正直同志是把它当作袒护冯定的问题提出来的。

上述这些情况说明,党委一些同志在批判冯定的组织领导工作中存在着一些缺点、问题,如果在党的生活正常的情况下,是很容易得到解决的。但当时正在运动之中,客观下形势加上主观因素,引起一些怀疑、猜测,以致得出搞"政治陷害",这是错误的,而且是严重的错误。聂应当进行检查，总结经验教训。

冯定问题是哲学系也是北大的最大的大是大非，我主张好好讨论。一方面要继续揭露批判他在社教运动中的活动和企图；另方面也必须进一步揭发和批判长期以来他在北大、哲学系所散布的毒素、影响。这样才能真正清除他的影响，进一步和他划清界限、总结经验教训。

最后，宋发言中提了几点意见：（1）要划清一些必要的界限，张磐石同志有他自己的错误，聂元梓同志也有她自己的错误，而其他同志也各自有自己的缺点、错误，不能混淆；（2）要历史地全面地看问题，分析和讨论问题，既要看到一般性，又要看到特殊性，这对每一个同志都适用，不能只适用于某一部分人，不适用另一部分人；（3）要有团结的愿望，要有真诚的态度，摆事实，讲道理，要站在党的立场上，按党的原则办事，不要根据个人的特殊爱好办事。

11. 简报（22）

北大哲学系党员干部整风学习会议简报（22）

会议简报组
1965年10月25日

10月22日下午继续讨论冯定问题。

彭珮云同志说：

今天上午张恩慈同志提出对会议内容不明确，感到迷惑。系领导小组交换了意见，认为冯定问题是一个大是大非问题。上星期六我们就建议讨论这个问题。本星期一我们说，冯定问题应当讨论，其他大是大非问题也可以讨论。经过这几天讨论，许多同志都认为在社教运动中，在冯定问题上，有许多经验教训值得总结。聂元梓同志在这个问题上是有错误的，错误的性质、程度，产生错误的原因，应吸取什么经验教训，大家可以讨论。每个同志应当站在党的立场上参加讨论，有不同的意见都可以讲。其他同志在冯定问题上有错误，也要开展批评和自我批评。张恩慈同志在这个问题上有什么意见也可以讲。希望大家都积极参加这场严肃的讨论。

冯瑞芳同志说：

听了几天会，受到很大教育。对冯定修正主义的本质，对张磐石的错误指导思想在哲学系社教运动中所起的坏作用，认识上都提高了一步。听了钟哲明及其他同志的介绍，弄清了有关的基本事实：（1）张磐石在社教运动中没有斗争冯定，而是利用冯定斗争陆平；（2）党委在冯定问题揭发后，积极进行了对冯定的批判，也领导了哲学系的批判工作，没有阻挠和破坏批判冯定。

社教运动中许多同志受了蒙蔽，上了当。我同意大会首先讨论冯定问题，对这个问题要全面讨论，重点应放在张启勋同志揭发以后。我同意汤一介同志的意见，再作一些补充：

一、讨论冯定问题，首先要注意几个区别：

首先要区分张启勋文章发表以前和以后。冯定问题长期未发现应吸取教训，领导首先要检查工作，每个同志也要总结经验教训。我在个人清理中谈了一些，在小组会上系统谈了自己的错误，还可以揭发。陈葆华认为我检查得有不够之处，还可以揭发。大家可进一步自我批评。张启勋揭发冯定问题之前，我们的错误（包括王庆淑）主要是政治敏感性差的问题，是认识问题。而揭发批判以后仍划不清界限，问题则更加严重。冯定问题揭发后，哲学系在党委领导下做了大量工作，成绩很大，是全体同志努力的结果。聂元梓同志起了自己的作用，成绩有她一份。但是党教导我们理论要联系实际，言行要一致。在社教运动的实际斗争中表现我们对冯定的认识是很不够的。很多同志包括我在内，未划清界限。这个问题我们应严肃对待。在这次现场考试中，我们考不及格，未看出冯定的分裂党的活动。所以目前的讨论本身也是肃清冯定影响的问题。

第二个区分：张磐石的错误指导思想、冯定的分裂活动，与同志们的错误要区分开来。同志们主要是认识不清，警惕性差，不明真相，相信了许多当时流行的说法。

第三个区分：聂元梓的错误与一般同志的错误不同。聂在社教运动中积极贯彻张磐石的错误指导思想。冯定在会上挑拨离间，浑水摸鱼，搞分裂活动，聂不但不制止，而且肯定、鼓励他，用他的材料斗陆平。冯定在会上发言实际上是回答了聂在会上提出的追问常委会上研究哲学系的事。冯说了有关"对台戏的事"。聂立即表示"冯说的很好"，而且用冯的话压谢道渊。以后冯更多更放肆的发言与聂的这种态度有关。聂鼓励冯把常委内部整风情况在党员面前公开，这是什么性质的问题？聂应考虑。

许多情况说明聂制造冯定事件攻党委。提出"政治陷害"，"党委阻挠哲学系批判冯定"；这是分量很重的分析，很严重的政治帽子，居然出自总支书记、党委委员聂元梓之口，而这些结论是没有根据的。

二十三条发布以后聂积极帮助张磐石掩盖错误。

聂的错误是严重的，与一般同志不同。其他同志对聂领导了错误的党内斗争没有识别，对冯定这个活靶子没有识别，也应总结。但不能认为当时大家都认识不清，因而问题不大；也不能以大家都不清楚来低估、掩盖聂的严重错误。聂的问题不是一般认识问题，而是政治立场性错误。

二、有人说，对社教运动中冯定问题应作全面的历史的分析。我同意。但怎样才能作到全面的历史的分析呢？有人说，当时把北大看作夺权单位，把陆平看作"走资本主义道路的当权派"。有人说当时对党委不信任。这样似乎从当时历史条件看，一切都可以理解，可以原谅了。按照这样分析，张磐石的错误也是可以理解、可以原谅的了！这就没有是非标准了。这不是总结经验的态度，不是全面地历史地分析问题。全面地历史地分析应当从当时社教运动、社会主义革命、党内斗争来看，假如离开了当时的政治任务，不站在党的立场上，不按照党的原则，就无法总结经验教训。这里有一个如何端正对待错误的态度问题。

三、陈葆华提出，问题搞错了是因为对方同志乱揭发，积极分子乱提高之故，我不能同意。在冯定问题上带头乱揭发的是聂元梓同志。但经常听到对我和谢龙等的上述指责，我不能同意。我们有错误，对搅混水起了不好作用，但有的同志把责任一方面推给张磐石，另一方面推给我们，这是缺乏自我批评的态度。

下面补充一些二十三条后，聂积极帮助张磐石掩盖错误的情况。

第六十六期简报是工作队写的，工作队有责任，首先是张磐石的责任。但许多情况是聂提供的。当陆平、彭珮云同志在市委扩大会上提了意见之后，这份简报上送中央，并发至各系，起了鼓动大家与陆平进行大辩论的作用，帮助了张磐石倒打一耙。

聂在第一次国际饭店会议上的发言也支持了张磐石。聂回避了这方面的错误。聂在那次会上说，她与陆平有根本分歧，其中讲到冯定问题：(1)她说，党委放弃对批判冯定的领导，找不到彭珮云，听不到张磐石的指示等。听钟哲明介绍后，明了了真相，聂所说不符合实际。(2)她说党委阻挠哲学系批判冯定。轰报摊的问题，黑板报的问题，《文汇报》的材料问题，十三陵会议简报问题，都提了。肯定和传播了六十六期简报所列举的错误结论。(3)聂说，"批判冯定，把冯定调走，北大问题也不能解决"。这就是说北大的大是大非不是冯定问题，党委问题、各单位的问题，比冯定问题更严重。这是论证张磐石在社教运动中不批判冯定是正确的。聂对此应认真检查。

政治课停课批判冯定是张磐石决定的，不能推到聂身上。但聂是积极帮助了张掩盖错误。而当决定恢复政治课后，又把责任推给我们，这是和张磐石一样的不老实、不正派的作风。

聂两次检查很不够，第二次比第一次后退。在冯定问题上，基本上没检查。聂受党多年教育，运动中犯了严重错误，应往前看，认真检查，改正错误，还可以很好地为党改正。希望聂好好考虑。

徐大芬同志说：

对陈葆华发言有些意见，提出供参考。陈认为目前对冯定问题的讨论没有抓住中心实质，认为冯定问题未被揭发以前，大家都认识不清，是更重要的问题。这是否反映了葆华同志没有看到社教运动中聂元梓同志在冯定问题上所犯错误的严重性。陈对目前的讨论这样反感，是否到今天为止和张磐石错误指导思想仍未划清界限。

我不理解葆华同志为什么不顾事实真相为聂辩护！她认为聂在民族饭店后检查过了，而事实是，聂在第一次国际饭店会上仍攻击党委，聂基本上还未检查。9月14日的检查仍然缺乏一个共产党员应有的老老实实态度，连明明是自己颠倒了是非的事实也没有澄清，而且还安了党委不批判冯定的钉子。

陈为了替聂的错误辩护，有很多不科学的说法，似乎由于张磐石的影响，由于党委不信任，因而许多问题的发生就都是可以理解的。陈把一般积极分子的错误与聂混同起来，以自己当时对问题的感受替聂设想，这是不科学的。聂是总支书记，许多事是她做的，情况她都知道。但她却故意颠倒是非、拨弄是非，如组稿计划、批判冯定计划、《文汇报》材料等问题。今天事实真相已经摆得这么清楚，陈有什么根据否认聂是颠倒是非？陈今天还以为自己当时对问题的模糊感受为聂的错误辩护，这是不好的。希望陈认真严肃地从党的立场出发考虑问题。

陈强调要联系当时的历史条件，我同意。我们看到聂早在去年11月10日就提出党委搞两个"政治陷害"；而张磐石提出党委唱对台戏还是去年11月12日，在这以前，党委还未被斗垮。这时社教运动刚开始，聂有多少根据给党委扣这样大的政治帽子？把这种情况完全推到张磐石指导思想的影响上是说不通的。聂有首创性。我认为这就是历史地分析。陈至今不顾基本事实为聂辩护，不是真正帮助同志的态度，也不是对党负责的态度。

阮铭同志说：

参加冯定问题的讨论，很受教育。我检讨自己在这问题上的错误。第六十六期简报把张说成绝对正确，把陆说成绝对错误，这是不符合实际情况的。简报中有三件事是我提供的，我已说明了事实。现在按照党内斗争原则检讨我的错误。我在北大、在哲学系整风中犯了许多错误，准备一一检讨。我没参与哲学系和北大党委批冯的过程，对全面情况，在听钟哲明发言后才了解。但我提供的三件事在这个问题上起了很不好的作用，今天检讨这三件事。现在想到的就是这三件事，如果还有，我都检讨。把自己的错误推到别人身上，不能有助于分清是非，自己不能吸取教训。不是自己的错误，瞎检讨，同样不能有助于分清是非，吸取教训。这都不是对党负责的态度。我愿检讨到彻底深刻为止。

第一件，关于《中国青年报》记者曹炎的话，我的错误是：（1）

把话讲给工作组领导,给张提供了炮弹;(2)把话讲给哲学系的同志,使他们加深了对党委的不信任,实际上起了挑拨哲学系同志与党委的关系的作用。这种作法是违背党内斗争原则的。

我所以犯错误的原因:(1)对形势估计错误。对系的形势认为是王庆淑同志与广大党员的斗争,到去年9月30日,大家意见趋于一致,孤立了王,形势很好。我的这种错误看法与彭珮云的话有分歧。我向曹讲了,并建议她可以到哲学系去约稿。对全校形势,去年9月27日调查组开会,张提出要攻王与党委、陆平的关系,打乱党委阵脚。会上还有人提出,要用"集束手榴弹"。当时张磐石已形成打倒陆平的指导思想。因此,当时我已经不是把党委和哲学系党组织看成正常的党内关系了。我认为这个党委是要打倒的,这个总支是要依靠的。在这种错误思想指导下,我把听到的情况告诉哲学系。主观上不是有意挑拨,而是为要打倒陆平提供一颗子弹。不仅是使哲学系不信任党委,而是要哲学系把火烧到党委陆平同志。(2)党性不纯,没有按党内斗争原则来处理问题。主观主义的猜测,随意传播,这首先反映我对待党内斗争不是采取严肃的、实事求是的态度。这是党内斗争所不允许的态度。我主观主义地认为彭珮云自己积极批判冯定,但彭不相信哲学系同志,不让哲学系的同志批判冯定。这是主观主义党性不纯的表现。我的党性不纯还表现在处理这个问题不是从维护党的团结出发。当时没有维护党的团结的思想。对陆平、彭珮云没有团结的愿望,而是要打倒,这样作是党内斗争所不允许的,破坏了哲学系与党委的团结。是主观主义还是实事求是,维护团结还是破坏团结,这是党的生活、党内斗争、党员休养的重大原则问题。我在这问题上犯了严重的原则性错误,掩盖引为教训。

第二件事,把去年8月8日常委会问题放到批判冯定的材料中,是牵强附会的。这时还不知道冯定是修正主义。会上谈到对张恩慈的意见。我把会上冯定的一句话和陆平的一句话摘出来,说他们一唱一和整张恩慈是不对的。

第三件事,十三陵会议上聂的发言不登简报,也是在批判冯定之前,没有直接联系,不能说明党委不批判冯定。这件事列入简报,是由于张磐石受到康老批评,急于掩盖错误所致。当时听说写了几稿都不行，可见根据不足，把牵强附会的东西都列进去。这是党内斗争所不许可的，是一个原则性错误。我提供了材料，增加了简报的内容，也是错误的。

李真同志说：

过去对冯定问题的许多情况不清楚，听了介绍以后有启发。但应如何分析，谈出来和大家讨论。

冯定问题是个比较复杂的问题。怎样讨论，自己想法是：作为社教运动的内容，应全面考查。领导小组提出着重讨论整风、社教时期冯的问题，我同意。这不排斥冯的问题其他方面在今后的讨论。对冯瑞芳同志提出要划清几个界限的意见，也基本上同意。哲学系在社教运动中是否抓批判冯定以及冯定在社教期间活动的态度，这是一个问题；张磐石利用所谓"党委阻挠批判冯定"来攻击北大党委，这是另一个问题。根据这个精神谈自己一些看法。

哲学系批判的冯定没有？看一下基本事实：张启勋文章发表以后，在去年10月份全系集中进行了批判；社教运动开始以后（1964年11月起），仍然继续进行了一些批判工作。社教运动期间，由于张磐石错误指导思想，把冯定问题搁在一边，对哲学系有影响，没着重抓，但不能说哲学系没进行任何批判工作。据我所知：（1）继续写了批判文章（不是10月份计划之内的，有六篇，已发表五篇）；（2）继续结合教学进行批判，期末考试出了批判冯定的题目；（3）参加四清的同学回来后，总支正式讨论过如何补这一课的计划，并集中地搞了一段批判（谢龙插话：那是今年6月的事）；（4）今年2至3月未参加四清的研究生有组织地专门批判了冯定（陈葆华插话：集中搞了两个月）。若认为这些工作并未列入社教计划，不能算数，这就难说了。

（岳田插话：工作组分了一个副组长专管教学。）

（高宝钧插话：社教中主要问题之一就是没抓教学。）

（孟昭兰插话：我搞教学工作，不知工作组谁分工搞教学。）

如果认为社教期间没批冯定是说不通的。张对冯不感兴趣搁在一边，是严重的错误，哲学系受了张的影响，也有错误，这是应当承认的；但系里仍进行了上述一些批判冯定的工作，应当看到，我们是唯物主义者。

把整风、社教截然分开，我也想不清楚，过去明确说过整风是社教的一部分。

工作组六十六期简报作了根本歪曲，说党委未批判冯定，这是不对的。党委领导系做了工作，工作组也抓了。当然不是已经批判得很够了，应该深入批判，进一步划清界限，肃清影响，吸取教训。

12. 简报（23）

北大哲学系党员干部整风学习会议简报（23）

会议简报组
1965 年 10 月 25 日

10 月 23 日上午，庞达同志就工作队第 66 期简报问题发言。他说他的发言是把 66 期简报作为对立面进行批判，同时也是自我检讨。

他说，66 期简报，不是孙蓬一同志原来写的稿子，是重新整理了的。他谈了四个问题：

一、简报到底有什么错误？他认为简报没有全面反映学校党委批判冯定的情况，在主要问题上歪曲了事实真相。学校党委是不是积极开展对冯定的批判，是不是多方阻挠哲学系批判冯定？会上提供了大量事实证明，学校党委是有领导、有计划的开展了对冯定的批判，也并未阻挠哲学系批判冯定。可是简报在主要问题上歪曲了事实真相：①简报提到张启勋文章发表时，"工作组立即建议哲学系党总支把辩论暂时停下来，以便集中力量批判冯定的错误。"昨天陆平同志说的是事实。事实是陆平同志向张磐石同志建议哲学系立即批判冯定，而是磐石同志阻拦，不同意。在这个问题上简报颠倒了是非。这个问题磐石同志是亲自答复的。我了解这个情况。聂元梓同志也了解这个情况。阮铭可能也了解，请阮铭考虑。②简报说"陆平和冯定一唱一和要整张恩慈"。在这期简报上这样提出问题，意思就是说陆平同志和修正主义的冯定合二而一。这是严重的政治问题。昨天阮铭同志也说是大家议论，不是一唱一和。③简报说"陆平等阻挠哲学系开展对冯定的批判"，基本上不符合事实。聂元梓同志曾看过磐石同志关于要文汇报记者反映冯定动态的内部材料的批示的。李寄霞也没有盗用总支书记名义。所以，简报歪曲了事实。学校党委本来是积极开展对冯定的批判的。

二、磐石同志很重视这份简报。除简报外，还特别搞了一个材料。同时要我在五人小组会上用这个材料和陆平同志辩论。磐石同志利用这份简报是别有用心。这与他要斗倒陆平、王庆淑同志的指导思想是分不开的。为了达到这个目的，他可以不同意哲学系立即转入批判冯定。他把王庆淑同志的党内是非问题放在首要的地位，而把批判冯定的修正主义问题看成次要的。磐石同志的错误不仅在于没有把批判冯定的问题提到社教运动的议事日程上来，更严重的是放纵、利用冯定斗争陆平同志。记得哲学系哪个同志问我冯定在运动中是否参加会？我请示磐石同志。他说冯定问题还未做结论。磐石同志就是利用冯定斗争陆平同志。陆平同志提出批评后，磐石同志不是根据《二十三条》精神检查自己的错误，而是相反，抓住批判冯定问题，歪曲事实，对陆平同志倒打一耙，打击陆平同志。

简报在主要问题上颠倒是非，欺上瞒下，造成极端恶劣的影响。张磐石同志利用这份简报：第一，掩盖他在社教运动中不批判冯定，反而利用冯定斗争陆平同志的极端严重的错误；第二，给陆平同志扣上和冯定合二而一的政治帽子，来制造舆论打倒陆平同志；第三，更恶劣的是还埋下一个钉子，抵抗中央领导同志的批评。康生同志在《二十三条》发布前夕，曾指出工作队在冯定问题上有错误。磐石同志不但不接受批评，却利用简报的内容另外搞一个材料上报，来顶康生同志的批评。

三、这份简报所造成的严重后果，我负有严重的责任。如果说磐石同志的责任是第一位的，我应是第二位的。这期简报是磐石同志授意搞的，是我直接组织简报的稿子，而且经我同意发刊的。我所以犯了这样严重的错误，主要是由于没有认真学习《二十三条》，没有领会《二十三条》的精神，用《二十三条》的精神检查运动中的错误，特别是在这个问题上，完全忘记了康生同志的正确批评，说明自己的党性不纯，觉悟不高。所以就不能正确对待陆平同志在市委扩大会议上的发言，检查运动中的错误，反而认为这个发言对运动成绩否定太多，积极参加和陆平同志辩论。当时我在思想上根本没有去考虑磐石同志的错误，还自以为我们对批判冯定是积极的。并没有经过慎重的调查研究，只要抓住学校党委的缺点，就盲目相信，用来为磐石同志的错误辩护。我的更不可容许的一个错误，就是对陆平同志建议立即转入批判冯定的问题这个重要的情节，我应该看出来的，而我没有发觉。不管是什么原因，这实际上是弄虚作假，应该引为我自己终生难忘的教训。简报说陆平和冯定一唱一和的问题，当时只是要说明陆平同志从来不敢对冯定进行批评，甚至冯定在常委会上攻击写反修文章的张恩慈同志时，也不批评冯。今天才认识到这个问题的严重性。

四、对阮铭同志的建议。

阮铭同志也参加与编写这期简报工作。"陆平和冯定一唱一和要整张恩慈"，这个标题是阮铭改的。另外，民族饭店会议上唐联杰说张磐石同志对批判冯定是不积极的，阮铭同志还不同意。提供这些情况请阮铭同志考虑。

最后，庞达同志建议聂元梓同志考虑：简报给聂看了，聂还补充了一些情况，所以聂是知道情况的，当时未作更正。

阮铭同志接着发言谈了以下几点：

一、昨天我发言说："简报把张磐石说成绝对正确，把陆平同志说成绝对错误，这是不符合实际情况的。"有同志提出还应表明态度，究竟谁基本正确，谁基本错误。我接受这个批评。我认为在批判冯定的问题上，陆平同志、北大党委是基本正确的；张磐石不仅基本错误，而且是严重错误，而且是掩盖错误，颠倒是非。

二、我并没有参与哲学系和北大党委批判冯定的工作，也没有看到哲学系和北大党委批判冯定的简报，不了解批判冯定的全面情况。

三、我没有说过我没有参加工作队66期简报的工作。但详细过程没有完全记忆起来。我为这期简报提供的材料，错误应由我负责。周其湘写了这期简报以后，给我改过。"陆平和冯定一唱一和要整张恩慈"这个标题，是我改的。昨天未想起来。庞达同志只念了标题，未念内容，我到底修改内容没有，我不记得（后来我看了原稿。简报原稿中就有："冯被迫参加十三陵会议后，在8月8日的常委会上和陆平同志一唱一和，想整在校外参加写反修文章的张恩慈等同志。"——阮铭注）写这个简报的指导思想究竟是什么？怎么来的？我也希望庞达同志能够认真回忆一下。

关于庞达同志提出的阮铭曾不同意唐联杰在民族饭店会议揭发张磐石对批判冯定不积极的问题，阮铭同志承认是事实。

孙蓬一同志说：

在小组会上阮铭就说过这份简报是他和周其湘两人写的，可查记录。庞达第一次布置我写简报是在一院，在场有张恩慈、聂元梓，要我晚上就交。晚上送去，庞、阮在场。庞说："写得不行，他们说我们不批判冯定，我们就要说我们是批判冯定的。"他们讲，由我记下来。有些情况是我提供的。庞、阮讲完了，我就按他们口授的整理。庞看了说不行，叫周其湘写。以后的情况我就不了解。印简报未找我核对过。简报我是看见了，材料我也看见了。

13. 简报（24）

北大哲学系党员干部整风学习会议简报（24）

会议简报组
1965年10月26日

10月23日上午，庞达同志对上午的检查作补充发言。他说：上午何静修同志的发言，我当作对自己的一个很好的批评，完全同意。工作队第66期简报所造成的恶果，我负有严重的责任。我还有如下一些错误：我上午的检查说到，磐石同志没有根据二十三条的精神检查运动中的错误，反而抓住批判冯定问题，歪曲事实，打击陆平同志。这一条也适用于我。北大社教运动的严重错误主要是磐石同志的指导思想所造成的。但是我自己不能正确的反映情况，反过来影响磐石同志错误的发展，也是有责任的。我同意孙蓬一同志的提法，我组织这期简报的意图是为了证明我们积极批判冯定，而陆平同志是不积极的。

任宁芬同志说：最近几天开展对冯定的讨论以来，受到了一次关于党内斗争、党的生活、党员修养的生动、深刻的党课教育。进一步认识了主席教导我们做老实人、讲老实话、做老实事的道理。下面我讲两个问题：

一、在社教运动中我们在冯定问题上犯了什么错误及其原因。

去年11月初我回校参加运动，没有赶上对冯定的批判，但从系里对冯的态度没有使我感到有什么根本的变化，而冯定却有变化，他很活跃，参加会"积极"，发言多了，等等。

我在这场政治斗争中丧失了警惕性，会议主持人肯定了冯定的发言，我也接受了。在张磐石的错误被揭发后，我认识到对陆平同志是根本搞错了。对冯定的态度当然也很错误。但对很多问题不清楚，如党委对哲学系是否封锁批判冯定消息，是否阻挠哲学系批判，等等。前几天听钟哲明谈了后，基本事实澄清了，我心情很沉重。

从基本事实出发，运动中我们在冯定问题上犯了两个较严重的错误：（一）对冯浑水摸鱼、讨好工作队、逃避对自己的斗争，是采取了纵容和支持的态度。在整理资料中，对冯定揭发的材料，不加怀疑地引用，作为斗争陆平的武器。这是一个不可饶恕的错误。（二）我认为确实利用了冯定问题攻击党委。可以从以下几方面看：（1）去年11月10日聂元梓同志提出两个"政治陷害"。上午庞达同志发言说，张启勋文章发表后，陆平同志立即建议哲学系停止对王庆淑批判而转向批判冯定，张磐石不同意，聂对此是了解的，说党委搞"政治陷害"，这完全离开了基本事实。（2）工作队第66期简报提供的一些材料，直接与聂有关，可能是聂提供或传布的。简报责任由谁负，我同意何静修同志分析。孙蓬一同志说简报是失实的，我认为不仅如此，而且是歪曲、颠倒了事实。把这样一个严重的政治问题扣到陆平头上，而且简报要上报中央，这是否对陆平的"政治陷害"呢？

怎么能对同志、对党这样不负责任呢？在党内怎么能允许这样做呢？我对此感到气愤。这个问题首先由张磐石负责，我们系提供情况，也应负责。这个问题错误性质十分严重。

为什么会产生这样严重的错误？

1、首先与张磐石指导思想分不开（何静修插话：应该是首先和主要的由张磐石同志负责），混淆了两类矛盾，把敌我性质矛盾，如冯定问题掩盖起来，而对陆平当作敌我矛盾斗争。在社教运动中没有把批判冯定放在首位，而且还利用冯定批判陆平。张磐石就是要孤立陆平，我系执行他的指导思想是积极的，在冯定问题上也是积极贯彻的。

2、从我系提供的材料开看，对张磐石形成那套思想是起了作用的。在冯定问题上，更为张提供了倒打一耙、斗争陆平的武器。提供材料的情况要具体分析。有的是由于不明真相，听到一些情况后对党委产生猜忌，以讹传讹，这是很不负责任的主观主义的党性不纯的表现；还有的是明知真相，故意歪曲，颠倒是非则更为恶劣，在这方面聂元梓是否应更多考虑。有人说聂身体不好，记忆不清。但这么多材料，用记忆不清是解释不通的。简报发出前，如聂未看，发出之后，聂看了未作更正，而且将简报写成另一材料时，聂又在上面加了材料。（彭珮云同志插话：据庞达同志说，工作队准备在第66期简报的基础上写一个材料上报，聂在这期简报上面作了不少补充。现在把聂元梓同志所作的修改和补充在会上念一念，目的是帮助聂元梓同志回忆，也让同志们了解一下这个情况。彭珮云同志念了聂元梓同志修改的全文，其中重要的补充有两处：一处说"冯定参加了中央政治理论课会议，在陆平的指示下，不仅没有揭发和检查北大工作和教师队伍中存在的严重问题[如陈哲夫为陈独秀翻案，大肆攻击毛主席的严重问题]和自己的严重修正主义错误，攻击批判杨献珍的张恩慈同志"；一处说，"从团委系统还正式向全校学生传达过不要随便批判冯定的通知"。彭珮云同志提出，这两个说法都与事实不符。）（聂元梓同志插话：当时我不知道这个材料是做什么用的。）根据这些情况，说每人错误都一样，没有好处。不仅聂作为党委委员、总支书记，其错误有其特殊的作用，而且错误本身也有特殊性。聂要很好检查。

二、用什么态度讨论对待冯定的错误。

1、首先要端正态度。目前还有不同看法。有的同志说，目的不明确。冯定问题是大是大非问题，这是意见不同的同志都表示同意的，并认为要展开讨论。上星期六领导小组提出要讨论冯定问题，本星期一领导小组又重申这点，钟哲明同志谈了以后，大家都来讨论，这是很自然的。如果说准备不足，我认为主要是反映了对冯定问题认识不足。我很拥护对冯定问题的讨论，因为真正体现了总结经验教训的精神。是否有人认为是"转移目标"呢？认为把王庆淑问题搁下，而讨论聂元梓问题呢？彭真同志、立群同志都说要我们抓大是大非，既然大家认为冯定问题是大是大非，就应该讨论。因此这不牵涉到搞某个同志的问题。这是不是整积极分子？如果这样看也是不正确的。这牵涉到对待领导小组的态度。今天的领导小组是彭真同志委托立群、邓拓同志为首的十四人领导小组。立群、邓拓同志又指定了具体领导哲学系整风学习的领导小组，并亲自听取汇报、讲话。我们应该取消一切不必要的顾虑和猜忌。对领导小组采取信任的态度。领导小组的领导是正确的。（何静修插话：应区别一下，如对我们几个人工作上有意见，只要是诚恳的批评，我们都应考虑。）我们要采取严肃积极热情的态度。对任何人都要公平，要有共同的尺度，统一到党的原则上来，不能说同样一件事，在王庆淑身上就严重，在聂元梓身上就没什么。聂元梓同志也应正视自己的错误。列宁说，聪明的人不是不犯错误。我认为只要是认真改正错误，党是欢迎的。

2、讨论冯定委托，重点应放在哪里？

有同志说，冯定长期以来对我们有影响，应全面总结。谁也没有排斥这点。问题是在全国揭发冯定问题后，我们又在社教运动中发生新的错误，性质比以前更为严重，我认为应该先讨论这个问题。有同志说，冯定问题揭发后，我们做了大量工作，聂也做了大量工作，这是应当肯定的。但在社教运动中，从实际行动上没与冯定划清界限，这值得我们重视，认真吸取教训。

怎样理解全面地历史地分析？有同志说，运动中大家都一样犯了错误，是可以理解的，不必追究。我认为这几天的发言就是历史地全面地分析。今天上午何静修同志的发言本身就是很好地回答了这个问题。正因为我们把问题摆在当时历史条件下，即社教运动中，在张磐石错误指导思想下，大家对党委都有些怀疑、猜忌、不信任，造成这种局面首先要由张负主要责任。聂作为党委委员、总支书记，应很好总结教训。为什么当时我们对党委不信任，我们都应很好检查。象我在总支改选时对党委有意见，在社教运动中发展到对党委不信任，最后甚至对市委、对中央书记处的意见也持怀疑态度。有的同志可能说，党委工作中有缺点，对我们不信任，所以我也就不相信党委。我们对党委有意见可以提，但为什么可以采取不信任态度呢？我们是不是可以从思想上检查一下？聂元梓同志应更好检查。在运动中，有的顶住，有的没顶住，有的表现更坏，我们就应根据各自情况来检查总结。检查张磐石的错误，不能代替检查自己的错误。能否说让我们每人检查就不是历史地全面地总结分析？不能。在社教运动中，我听到聂对党委对她自己的安排很有意见，是否还有什么更内在的东西在起作用？聂的自我检查只是说有资产阶级个人主义，自以为是，没有暴露什么内在的思想活动。我发现聂和党组织关系是不正常的。在运动中聂究竟在冯定问题上起了什么作用？大家对党委猜忌、不信任，聂起了什么作用？第一次国际饭店会议期间，我给主席写了一封信，觉得中央对北大情况是否了解不够，但后来没有发出。为什么没有发呢？因为当时有几位同志一起议论说，信寄不到主席手里，会送到彭真同志那里去。于是提出了一些办法：有的说可通过在历史系念书的毛主席的女儿转交；有的说聂元梓同志可通过江青同志转交，这话是陈葆华同志说的。但证明聂是知道发信的事情。这就说明不仅对党委、市委不信任，而且牵涉到对中央、彭真同志不信任，在这点上应当猛省。聂应联系当时的思想状况检查。（陈葆华插话：任宁芬你刚才说的可由江青转交信的事，你说清楚是谁说这话的？）我本来不愿指名，希望这些同志自觉检查，既然葆华同志问我，我就说一下情况：在第一次国际饭店会议期间，在专家招待所，那天起码有陈葆华、张恩慈和我在场，陈葆华说的。

现在是到了醒悟的时候了，错误是多大就多大，搁在任何人身上都要采取严肃态度。

彭珮云同志说：本星期对冯定问题的讨论有很重要的意义，牵涉到许多原则性问题。究竟有什么经验教训，希望同志们严肃考虑。

过去对冯定的修正主义长期未发现，还让他散布了很多余毒，责任首先在党委，市委大学部也有责任。过去让冯定管理论工作，作反对个人主义的总结报告和反修学习的总结报告，对他的报告，事先不研究，事后不检查，有时听到一些反映也未深究。对他在教学、著作中散布的毒素更没有过问。1960年在高级党校讨论哲学教科书时批评了冯定，也未引起党委足够的重视。当时冯定对批评有抵触情绪，党委没有严肃教育他，对冯定平时工作中和思想上的问题不是没有觉察，但是采取了自由主义的态度，没有认真进行批评。这些都是严重的教训。

冯定的修正主义揭发后，我们认识到这是意识形态领域中两条道路的斗争，是马克思主义与修正主义的斗争，下了决心要通过这场斗争教育自己，教育广大党员、群众，肃清冯定在北大的影响。我们曾经做了一些工作，但工作做得还很不够，工作中有不少缺点，当时具体工作由我负责，讨论中同志们提出的工作中的缺点，我接受批评。但社教运动中，党委批判冯定的计划被冲破了，这是张磐石的责任。冯定曾经公开地大量地系统地散布过现代修正主义观点，他才是真正反对中央路线。他在全国、在北大有很坏的影响。在北大要大抓大是大非，应该把彻底批判冯定当作一件头等的大事来认真地抓。但是张磐石同志混淆了两类矛盾的界限。他为了个人目的，一心斗倒陆平同志，而且不择手段，利用一切可以利用的力量来斗陆平，最大限度地孤立陆平。在这种情况下，不仅冯定，有的贪污分子、历史反革命分子见有机可乘，也活跃起来了，右派分子许世华也出来闹翻案。这是一个严重的教训。幸亏中央英明，及时纠正了张磐石同志的错误，不然，北大运动发展下去，将不堪设想。

二十三条发布后，张磐石同志坚持错误，抵制二十三条。关于不批判冯定的问题，康生同志指示过他，陆平同志提过意见，他不但不接受批评，反而倒打一耙。为了掩盖错误，顶二十三条，顶中央的批判，他不惜歪曲事实，颠倒是非，工作队第66期简报就是一个例证。

聂元梓同志起了什么作用？聂元梓同志是不是拿不符合事实的

材料，不负责任地给同志扣上政治帽子呢？希望聂元梓同志很好考虑，深刻反省。今天讨论这些问题，再三说明党是欢迎同志们修正错误的，鼓励同志们回到党的正确立场的，希望同志们抛弃个人考虑，站到党的立场上来，自觉革命，切实吸取经验教训。

14. 简报（25）

北大哲学系党员干部整风学习会议简报（25）

会议简报组
1965年10月28日

10月25日上午，陈葆华同志说：

上星期六下午，任宁芬同志在发言中谈到，要一些同志端正态度，快快醒悟，悬崖勒马！说已发展到对中央书记处、中央文化革命五人小组、彭真同志都有怀疑和不信任的地步，很危险。还提到她自己要给中央写信，说我当时说过这信不一定能到主席手里，中途会卡住，叫她可以通过江青同志转到主席手里。这些话，我认为不是一般的问题，而是一个严肃的政治问题。因此，我表示以下几点，是我的错误我以后还可以检查。

一、我在任何时候，也没有对彭真同志、中央文教五人小组、书记处有不信任的想法，我更没有对任何人散布过对中央不信任的言论，也没有和任宁芬说过那些话。

二、退一步讲，假如我说了，而是我现在记错了，我记得当时有张恩慈、杨克明二人都在场，建议领导及任宁芬可以问张、杨二人。如果张、杨都听见我讲了，我承担这个责任，并做检讨。

三、由于对张磐石同志的错误未揭发，我不明真相，当时头脑很热，假如我有这种想法，决不会只同任宁芬一个人讲，有必然向其他同志流露出来此类言论。因为我当时和任宁芬的关系还不是最好的，我当时也不会有顾虑，只同她讲，不同别人讲。我当时也不会想到今天会开大会来揭发。如果我讲了，当时同我共同搞资料的十几位积极分子如果听到的话，希望揭发，帮助我回忆。

四、任说是在一小屋子里讲的。确有一次她来了，没有搞资料，在资料室的外屋给中央写信。杨克明同志先进小屋子里来同我谈工作问题，后来任也进来，并且很激动地把信念给我听了，叫我就其内容提些意见。我只对其信的内容笼统地提了点意见，当时张恩慈同志也在屋里。我不否认，当时头脑很热，思想很混乱。对张磐石同志的错误一点未觉察，相反还是很信任的。我的错误我已经做了初步的清理，但是，还很不够，还愿意做进一步检查。

罗蔓同志说：

关于聂元梓同志叫我去党委要冯定的材料一事，情况是这样的。社教运动前，批判冯定，我是分工搜集他在工作和生活方面的资料。有一次邓艾民同志叫我去党委要关于这方面的材料和冯定在全校作的报告。党委魏自强同志说，要请示一下才作答复。后来我又去党委，魏告诉我说，关于冯在党委工作中的问题，由党委处理。

现在谈几个问题：

一、参加这几天的会，对我说来，收获很大。主要是在冯定这个大是大非问题上，特别的对冯定在社教运动中的表现，澄清了一些事实。聂元梓同志说的"两个政治陷害"，使得我对党委和陆平同志在冯定的问题上究竟抱什么态度，哲学系和党委之间是怎样的关系，弄不清楚了。对"政治陷害"也不理解，现在在一些基本事实上澄清了。

在明辨是非方面，张启勋同志的文章发表前，对冯定的问题不了解，未发现，对他认识不清，总支改选中我也说了一些错话，因此，我同意对这一段我们应认真总结清理，这是深刻的教训。但另一方面，为什么在张启勋同志的文章发表以后，还让冯定在社教运动中，在大会上发言，攻击党委和陆平同志，调拨离间，把自己打扮成为正确的，倒打一耙，浑水摸鱼。主持会议的人不仅没制止，还说很好。这更应该进行总结、清理，更应该吸取经验教训的。在这个问题上，我也有和冯瑞芳同志基本上一致的看法。

讨论冯定问题的中心是什么，什么是历史地分析问题，以及聂元梓同志的责任,等等,会上存在严重分歧。我同意冯瑞芳等同志的意见。希望持有不同意见的同志很好的考虑这些意见。我认为冯定问题的中心,是社教运动中如何对待冯定,确实是利用坏人斗了好人,这是更为严重的大是大非,更为深刻的经验教训。我们要正确的运用历史的、全面的分析问题的方法进行总结、清理,作为系的主要领导聂元梓同志更应该进行总结和清理。

总之,我认为我们的会议是开得好的,贯彻了党内斗争的原则。有的同志提出了有关会议程序的问题,领导小组已作了解释:在讨论冯定问题的时候,假如还有其他大是大非也可谈,对冯定问题有不同意见也可谈。同志们基本上是摆事实讲道理的。当然有些同志摆得好一些,个别同志可能有过头或不及的。因为各人水平不一样。有的同志发言激烈一些,有的同志缓和一些,这都是正常的。提意见同志应该尽量考虑如何使被提意见的同志接受。但被提意见的,就不要计较这些,对于凡有严重错误的同志有时大喝一声是必要的。通过这次党内斗争,我们应该学会,也应该习惯于正常的党内斗争。

二、对聂元梓同志的检查提些意见。有同志说聂已在民族饭店会议期间检查了,我不清楚,再说那也是初步的。这次开会,我感到她的检查,与她在社教运动中的问题距离较大。对冯定问题基本上没有什么检查,我笔记上只有几句。她只是说,冯定说党委和陆平同志对哲学学"五路进军"这话她未制止。认识会有个过程,有时认识错误也不容易,希望聂元梓同志作进一步检查。我认为聂对错误检查很不够,距离较大,表现在:

(一)明显的事实没有认账。如说两个"政治陷害",根据和材料都成问题;登在工作队第六十六期简报上的乱揭发材料也没有更正;又如党员排队问题,是聂同别人一块研究的,她鼓励谢龙同志揭发,聂检查时只说谢揭发时,她没有制止等等。首先应该把事实认下账来。聂脑子不好,有些事情,不像脑子不好,如《文汇报》记者反映的材料问题,批判冯定的计划问题等,应该本着一个党员对党应有的实事求是态度认账,起码的事实要承认。

(二)没有接触问题的实质。当时思想是怎么想的,现在是如何看的。我从侧面了解,聂比较多的是纠缠在一些具体事实的考虑上。

但是否可以回忆一下当时自己总的思想状况？这样又有助于对事实的回忆。

（三）聂对自己错误的严重影响和后果认识不够，这方面没有什么检查。

聂没有进一步与张磐石同志划清界限。一方面应该认识张的错误，另一方面应当清理张磐石同志给自己什么影响，自己给张磐石同志什么影响，如哲学系是如何被张磐石同志打开缺口的。以及第六十六期简报一些问题，这都是带关键性的问题。如实反映情况是党政干部的三大纪律之一。不如实反映情况就已经是很错误的了，歪曲事实就更不应该了；同时在没有充分根据时也不应该乱提高、乱扣政治帽子。聂元梓同志要好好想想。

聂应该站到党的立场上来，排除各人考虑，与自己的错误划清界限。我和其他党员同志一样，对聂来哲学系工作是抱有希望的。她也做了很多工作，有些工作也还坐得比较深入细致。但作为老同志，应严格要求自己，不要把老干部当成包袱，老干部不是不犯错误，犯了错误要勇于改正。

会上有的发言，几次涉及我提供的材料。整风中我有一次发言说，辛文荣对黄楠森佩服得五体投地，这点不准确，应当说是系资料室的一些人对黄楠森佩服得五体投地。

张文俊同志说，谈几点感想：

一、通过对冯定问题的揭发讨论，对张磐石同志的错误有了进一步的认识。现在看来张的错误应该说有三条：①违背《二十三条》和中央书记处会议精神及中央一些领导同志的指示；②过火斗争，"残酷斗争、无情打击"，把党内矛盾当作党外矛盾甚至人民外部矛盾来斗；③把北大一贯走资本主义道路的当权派冯定放过了，斗了走社会主义道路的当权派陆平同志，这是方向的错误，是对社会主义革命对象——地、富、反、坏、右、修的根本态度问题。它发生在张启勋的文章发表，揭露了冯的修正主义面目以后，因此是不可饶恕的。张磐石为什么这样呢？根子在于他的严重的资产阶级个人主义。一开始张也不痛不痒地批了冯定一下，在全校开始斗陆平时，就放纵、利用冯定斗陆平。陆平、彭珮云同志在市委全会上指出来以后，张又掩盖错误，倒打一耙。张的根子是资产阶级个人主义，但在这个问题上又明显地表现出实用主义倾向，怎么有利就怎么做，只有个人的原则和是非，没有党的原则和是非。通过这几天同志们提供的材料，澄清了事实，看来党委和陆平同志是重视和坚持要批判冯定的，说党委和陆平同志不批判冯定是错误的。党委和陆平同志的指导思想是明确的，行动是积极的。我有一个问题搞不清楚，党委在批判冯定问题上有无缺点？有什么缺点？由于过去对哲学系的传统看法，有没有影响这次对哲学系批判冯定的领导。我的看法，党委和陆平同志批判冯定的方向是明确的，但不能认为工作没有缺点。由于过去对哲学系的传统看法，所以对哲学系批判冯定工作的领导不是坚强有力的，具体工作中有缺点。

二、对冯定在社教运动会上发言的看法：

冯定发言中的错误非常明显：①分裂党的组织，破坏党的团结，挑拨党内关系，攻击党委某些同志，说什么党委有些同志不同意开展社教运动。②实际上的对坚持中央反修方针的一次反扑，具体就是修正主义对马克思主义的反扑。③掩盖自己的错误，把自己的修正主义错误说成的个人主义错误。实际上冯定是修正主义分子，是敌我矛盾当作人民内部矛盾来处理，是社会主义革命的对象，所以根本不应让他发言，若要他发言，要看他发的言是什么内容。关键在于对冯定采取什么态度。

从讨论冯定在社教运动会上的发言受到的教育：①冯的发言充分暴露了他的修正主义本质。按照他的哲学就是"生活就是对付环境"。环境怎么有利，就怎么对付。根本抛弃了社会主义革命的根本利益。张磐石同志在运动中没有批他，他就利用这种形势想捞一把，利用党内矛盾浑水摸鱼，是他的世界观、人生观、处世哲学更大的暴露。②应该提高警惕，防止坏人浑水摸鱼。少奇同志在《论共产党员的修养》一书中指出，"混入党内的阶级异己分子和敌对分子高兴我们党内有缺点、错误和不好的东西。他们幸灾乐祸，乘隙而入，并想一切方法利用和扩大我们的某些缺点、错误和不好的东西，来达到破坏我们党的目的。有时甚至采取反对某种错误、拥护党的路线的形式,把错误弄到另一个极端去。"③从冯定的发言中,也反映了对冯的斗争不坚决、不彻底,在政治上还没有完全把他孤立,我们应该把他搞臭。

三、自己对冯定修正主义的认识:

我自己在冯定问题上有错误。张启勋同志的文章发表前,对冯的问题没有认识。在教学检查时,也只是感到他讲的有些东西与党的政策精神不符合。我对哲学又是从头学起的,对无产阶级哲学与资产阶级哲学的界限也不清楚。冯定讲的课,自己也听了,觉得收获不大,但不听吧,又觉得他有些好的提法,迷信权威。我对阶级斗争在党内的反映,特别是在老干部身上的反映,没有认识,也不敢想象他有修正主义,丧失了警惕。冯在运动中的态度,当时自己的思想界限也是不明确的,搞混了,政治嗅觉不灵。

四、对聂元梓等同志在冯定问题上的错误怎么看法?

肯定聂元梓等同志有错误,不是一般的错误,是在马克思主义与修正主义界限上的错误。这是严重的问题,是原则性的错误。说的无足轻重,就是"合二而一"。聂应深入检查,这是原则问题,是涉及今后在运动中如何对待地、富、反、坏、右、修的态度问题。这一点我与大家的看法无分歧。但错误的性质是什么,是联合冯定呢,还是政治思想上的严重四不清?联合冯定的提法是否恰如其分?这个问题我还没有考虑成熟。这个问题我没有考虑成熟,有以下几个因素:①对聂在运动中对冯定的态度应当采取"一分为二"的看法。一方面,在批判冯定时聂做了一定的工作,成绩很大;另一方面,聂又犯了原则性错误。这两方面的比例关系应如何分析,哪方面是主要的?从错误的影响来看是严重的,还要看比例如何?许立群同志也说过,在真理面前人人平等。真理在谁手里,就应该拥护谁。不论是谁,他有一部分真理,就应该说他是对了一部分。不论是谁,他有一部分错误,就应该说他是错了一部分。②聂的错误如何根据当时的环境、当时错误的内容、社会根源、历史根源和思想根源,进行具体分析。如果只强调客观原因,不重视主观原因,就不能清理思想;如果只强调主观原因,忽视客观原因,就不能对错误作科学的分析,就容易造成过分追究个人责任。聂的错误有特殊性:总支书记,工作上有特殊性；运动前对陆平同志工作上的看法有特殊性。要看历史观点与阶级观点的统一。对有的同志的分析，我还正在考虑过程中。③对犯错误同志的态度。许立群同志说：第一要揭，第二要看，第三要帮。聂本人还未进一步发表意见，我还不能有确定的看法，只能留有余地。这是原则问题，慎重一点，不是为聂元梓同志辩护。我想等一等再作具体分析。

　　五、参加这次会议的一些想法。我参加会议以来，深感哲学系的问题再不解决不行，也有消极情绪，觉得"一分为二"算了。这不是负责的态度。哲学系的问题长期不能解决，要靠我们讨论。我认为：①要站在党的立场上，不要把个人或少数几个自己熟悉的人的利益，摆在党的利益之上。这值得争论双方好好考虑。从发言来看，不能说一部分人绝对正确，一部分人绝对错误。过去几年来都是这样，运动中和运动前双方都有错误。运动中有一部分人搞了过火斗争是错误的；运动前是否一部分人完全正确。我感到王庆淑也有错误。聂作为总支书记也有错误。争论的一方把自己看成完全正确，就是把少数人的利益放在党的利益之上。许立群同志讲话的精神怎么贯彻？运动中的积极分子可以考虑，我是积极分子，对王的看法也有不正确的地方。②立场对了，大是大非就容易区别。运动中有大是大非，运动前有没有？有人说："五月问题""黄楠森问题"就不是大是大非了，"讨论问题我可以不参加了"。许立群同志讲，大是大非一定要分清。不论是谁，不能含糊。把大是大非说成无足轻重，是调和矛盾，是合二而一，应当反对。上面这些问题不是大是大非，是来自个别同志的意见，还是来自什么别的地方。运动前，一部分人认为自己一贯正确，我想不通，哲学系长期的分歧到底怎么来的？③对人对事的分析要用唯物辩证法。过去对王庆淑同志分析不够实事求是，现在对聂元梓和积极分子也要防止形而上学。事实没有弄清，容易产生主观主义；事实弄清楚了，在分析的时候，如果随意加以夸大或缩小，也还会产生主观主义。有些同志的发言可以接受，有些同志的发言不能以理服人。希望通过这次讨论，能学会说服人，否则老不解决问题。

　　任宁芬同志说：

　　我想对陈葆华同志刚才的发言，再说明一些情况。23日下午我说的那个事实，不是针对陈葆华同志，而是针对聂元梓同志。因为聂说过可以通过江青转信给主席。刚才陈葆华同志很激动。我原来想与她交换意见，现在我再摆一些情况。

当时的背景：中央对北大社教运动已有指示。第一次国际饭店会议正在开。工作队说我们反映情况太慢了，认为市委已把材料反映了。虽然集中了很多人在搞材料，但已很被动。所以我想以积极分子的身份写信反映情况比较好。信的内容主要是从哲学系的角度反映学校党委的一些问题。那次张恩慈同志也写了一封信，针对万里同志在国际饭店会议上的报告和一些插话进行批判，基本内容他后来在积极分子会上讲了。工作组冯毅、陈振武同志会下表示他们都坐不住了，说对市委负责同志这样的态度是很错误的。

张念了他的信后，我接着念我的信，后来的议论是从阮铭同志的信引起的。说主席收不到，会转到彭真同志那里去。张恩慈同志说，可以通过主席的女儿，可是她已不在学校。陈葆华同志说，聂元梓同志讲可以通过江青。当时我们在专家招待所搞资料，对国际饭店的消息是天天收听，天天议论。当时对一些领导干部在国际饭店会议上翻案很气愤。有一次冯瑞芳同志也来了，谈了会议上的一些情况。阮铭同志对冯瑞芳同志说，你可以写一篇文章，"一次鼓动翻案的会议是怎么流产的？"

还有一次，陈葆华、付世侠和我几个人在议论。陈葆华同志对我们说，昨天晚上张磐石同志、阮铭与我议论了很久，精神是要积极分子顶住。还有一次我把从乡下调回来参加运动遇到的一些情况和当时自己对市委的情绪给陈葆华同志讲了。陈说，市委就是很糟糕，聂元梓也生气，她哥哥也被市委抓住辫子整得很厉害。这次整风会议我是主动要求参加清理的，我来这里以后，聂元梓同志还批评我说，吃了饭没事干了。上次休会期间，陈葆华同志告诉我她家的住址，并没有明确表示要我到她家去交换意见。我没领会她的意思，我一直是希望和葆华交换意见的，虽然曾经遭受到她的拒绝，现在我还是很愿意继续和我在运动中接触较多的一些同志交谈，互相帮助。

我认为当时的问题是严重的，不揭发更严重。对一级组织、对市委都产生了怀疑和不信任，这样发展下去是可怕的。张磐石同志的错误对我们的损害是很大的。我们受了他的欺骗和蒙蔽，现在觉悟起来，认识到他是要把我们引向何方呢？党是英明伟大的，为什么在北大问题上就认识不那么英明伟大了呢？我们受了骗了。主要责任是在张磐石同志，我们应该醒悟。通过运动，我全面深刻地认识了自己，我思想的发展确实是很危险的，要不断清理。

陈葆华同志说：

任又谈了我与她接触过程中的一些问题。我刚才发言没有把话说绝。第一，没有发生对中央的怀疑。但是如我讲了，别人也听到了，我可以承认错误。如我记错了，别人可以帮助我回忆。此外，我当时脑子是很热的。有些情况根本不了解。我与任讲聂元梓同志哥哥的事是事实，有我的错误，也有聂的错误。我看了工作队的几份简报后，对彭珮云、宋硕同志是不信任的。当时觉得宋是北大社教运动五人小组的成员，对运动采取什么态度？对彭珮云同志有意见是在更早一些的时候。但我没有对市委一级组织有怀疑。谢道渊他在揭发问题后，我对大学部的一些同志是有意见的。有一次任回来发了一通情绪，说市委有"衙门"作风，我没有感到她的情绪是不对的。还把聂讲的她哥哥的事也随便给任讲了，还向任透露了一些简报中的问题，这是错误的。但我从来未散布过对中央不满的言论。任讲的有些事我回忆不起来了。如说张磐石、阮铭同志夜里与我谈关于要积极分子顶第一次国际饭店会议的事，我一点印象也没有了。任、阮可以帮助我回忆。当时万里同志报告中讲到，有人踩着别人的肩膀上往上爬，我很有意见。我在会上也公开讲了。任宁芬同志这次自己虽然作了检查，但她不要以自己在运动中的情绪来猜测别人。有一次任说，彭真同志可以出来讲讲话嘛！孙蓬一同志批评她，她的情绪还很大。在小组会上还追根子说，追到哪级算哪级。孙也批评了她，她很有情绪。又一次任说，谢龙同志到国际饭店开会（指第一次国际饭店会议），是"和平演变"去了。孙也批评了她，她还与我唠叨。我说孙的批评的对的。我当时有情绪，但没有象任那样，发展到怀疑中央。

任宁芬同志说：

葆华同志讲的关于我的情况基本上都是事实。我说市委有"衙门"作风，我的认识是错误的。我自己的问题，由我自己对党负责。

在过火斗争中,我是比较突出的,对党应当老实,认识了错误就改。

孙蓬一同志说:

葆华同志讲我批评过任两次,确有其事。当时我并没有认识到任是对中央的话有"选择性"或怀疑,但认为是错误的。在工作队指出陆平、彭珮云同志在市委扩大会上挑拨工作队与市委关系后,一次吴重光告诉我,在小组会上任谈到追市委、追彭真、刘仁的问题时说:我们根本没有追,即使追了也没有什么,少奇同志就说过,追到那里算那里。事后我批评任,本来是没有追,你怎么承认追了呢?(王庆淑同志插话:孙蓬一同志自己就追过根子!)再说怎么可以追到中央负责同志头上呢?!怎么能这样理解少奇同志的话呢?你太楞了!第一次国际饭店会议以后,在专家招待所搞资料时,任又说过:彭真同志应出来讲讲话嘛!我当场顶了她,随后又严肃地批评过她。在讨论工作队的清理时,任还对市委作过错误的指责(我未在场)。事后,庞达同志曾让我批评她,我忘记在她走前我是否批评过她。

15. 简报(27)

北大哲学系党员干部整风学习会议简报(27)

会 议 简 报 组
1965 年 10 月 28 日

在 10 月 26 日上午的大会上,张胜宏同志说:我提供几点情况供阮铭同志和有关同志考虑。

一、昨天下午刘隆亨同志给阮铭同志提的意见是符合事实的。我补充一下:大约在第一次国际饭店会议快结束时,听说龚理嘉同志最后也"翻了案",阮铭同志很激动,在工作队资料组办公室里说(有张恩慈、陈德华、张文增、刘隆亨和我等在场):国际饭店会议是一次"反革命大会""反攻倒算大会"。我在旁说了一句:不能这样说吧!阮铭说,就是这样嘛!他们反对革命,反攻倒算积极分子嘛!还说，北大群众是要革命的，市委就是派兵来镇压，用机关枪来扫射也不行。听他越说越不像话，我们就没有搭理他了。这是一个非常严重的错误。在民族饭店会议前夕，刘隆亨同志曾写了一个材料交给常溪萍同志，刘和我、陈德华在一起核对了这个问题，情况是属实的。请阮铭同志认真回忆一下。

二、在第一次国际饭店会议期间，阮铭同志还曾鼓动哲学系一部分同志和资料组的同志直接向中央和毛主席写信，并说，把信直接寄给定一同志，刊登《宣教动态》，就可以通天。在国际饭店会议刚结束的时候，孙蓬一同志曾到资料组来问杨文娴同志给中央写信没有。这时，杨文娴同志和郑桥同志商量过联名给中央写信的问题。我记得，好像张恩慈、张文增同志也准备给中央写信。他们的信是否发出去了我不知道。在第一次国际饭店会议初期，我也曾想给中央写信，还和刘隆亨同志商量过。那时，听到参加国际饭店会议的同志回来谈到万里同志的报告，我对报告中有些提法，如把北大和旧燕大相比，感到不满，特别是觉得万里同志传达小平同志三点指示和定一同志在3月5日的报告中说的不完全相同，因此思想上很混乱，产生了给中央写信的念头。但是，后来冷静地想了一下，我没有参加国际饭店会议，对情况不了解，也不知道万里同志究竟是怎么说的，所以就打消了这个念头，让他们参加会议的同志去写吧！这说明我自己在当时对万里同志、市委是不够信任的，我应作检查。

三、在第一次国际饭店会议初期，聂元梓同志曾把万里同志的报告拿到工作队来。阮铭同志立即很紧张地组织我们几个同志赶紧抄写，当时很注意万里同志作报告时的情绪。后来听说又组织抄写万里同志在召集人会上的插话，我没有参加这个工作，具体情况不了解。

唐联杰同志说：

我在北大社教运动期间，积极贯彻了张磐石同志的错误指导思想，错误严重，教训深刻，我准备作检查，希望大家帮助我，毫无保留地揭发我的错误。

刚才张胜宏同志谈到阮铭同志的情况，刘隆亨同志向常溪萍同志反映过。民族饭店会议前夕，常溪萍同志和我谈了，当时我也感到很惊讶！

昨天阮铭同志发言中说，今年3月16日张磐石同志到中宣部汇报，回北大说，部里要他对北大社教运动写个总结，不要受市委召开的国际饭店会议干扰，差一点上当。阮并说，好像部里当时对国际饭店会议是不支持的。我认为阮铭同志的这些话，与事实不符。据我了解，中宣部领导同志，对中央委托市委召开的国际饭店会议，一直是支持的。3月16日前后，中宣部领导同志，对张磐石同志迟迟不检查他在北大社教运动中所犯错误，很有意见，为此，子意同志曾找磐石同志个别谈过，问他在这个问题上，有没有个人患得患失思想。所以3月16日张磐石到部汇报时，部里要他很快写出总结。至于"差一点上当"等话，磐石同志从部里回来后，在北大一院和我也说了，但我当时就认为这是磐石自己的话，不是部里的意见。我记得在这期间，子意同志曾召集工作队党委书记开过一次会，会上，子意同志突出讲了两点：①要设身处地的为陆平同志想一想，过去我们把他整过火了，他现在处境艰难，我请求同志们做工作队和积极分子的工作，说服他们，使陆平同志能够下楼，使他第一书记能够当下去；②支持市委召开的国际饭店会议，支持万里同志在这个会议上的讲话。磐石同志等对子意同志的讲话，态度冷淡，只是说回去研究研究。我当时对他们这种态度很不满，并立即找刘仰峤同志提了意见。磐石同志是中宣部副部长，工作队党委书记，又亲自参加了中央书记处会议，理应由他向北大工作队做社教运动检查报告，由于他迟迟不肯检查自己的错误，子意同志不得已才于3月19日根据书记处指示，对北大社教运动作了总结报告，着重检查了北大社教运动中的错误。子意同志报告后，磐石同志还不满意。因此，昨天阮铭同志说部里不支持第一次国际饭店会议是不符合事实的。

阮铭同志说：

我根本没有说部里不支持第一次国际饭店会议。我昨天说，张磐石从部里回来后，不向我传达部里的意见。他把我写的意见退还给我说："你的意见我向部里反映了，现在不要上当！不要受干扰！"唐联杰同志说的部领导同志的意见，如要设身处地地为陆平想一想等，张磐石和庞达同志一直对我封锁。张磐石说不要上当，不要受干扰，是张磐石自己的思想，这种思想对我是有影响的。到4月2日，我听了子意同志的报告，才知道磐石同志封锁消息，对抗部的领导。关于抄写万里同志在国际饭店会议上的报告，是磐石同志让我组织人抄写的。张胜宏同志谈的情况属实。

关于动员向中央写信，这是事实。2月下旬，唐联杰同志讲过，磐石同志不让写信，所以我3月1日写的信，自己写了只告诉过徐非光同志。过了一些时候，庞达同志对我讲，不要阻拦写信，北大的情况要通过各种渠道反映到上面去，中央办公厅专门有人研究北大的问题。庞达同志还给我看过周培源给总理写的信。说总理对北大工作有意见，写信能起作用，估计很多人会写信上去，形势会有转变。过去我写信是秘密的，庞达同志对我谈过后，我就动员参加国际饭店会议的同志写信，说可以写信给定一同志。

至于谈到我曾说过国际饭店会议是"反革命大会"的问题，我说过国际饭店会议是反对北大的革命群众运动，反攻倒算积极分子。刘隆亨同志写了材料以后，杨文娴同志告诉我，我当时就和资料组几个同志回忆了，没有讲"反革命大会"的话。

庞达同志说：

我在北大社教运动中积极执行了磐石的错误指导思想，犯了很严重的错误。我的错误也肯定对阮铭同志有影响。阮铭同志对我提的意见，我应该很好的考虑。这里仅就阮铭同志昨天发言中提到的一些重要问题，说明一下实际情况。

一、阮铭同志说，3月5日定一同志对工作队所做的报告没有批评磐石同志和工作队的错误，我认为阮铭同志这样说，不符合事实。定一同志的报告全面传达了中央书记处指示的精神，批评了磐石同志的错误。我们没有领会报告的精神实质，是由于我们自己的党性不纯、觉悟很低。

阮铭同志还说我对他封锁消息，事实也不是这样。磐石同志向仰峤同志和我传达中央书记处的决定，但不是严肃的原原本本的进行传达，而是有意的说得含糊不清。磐石同志传达后只委托仰峤同志向工作队的副书记传达，并交代不往下传。要说封锁，磐石同志对工作队都进行了封锁。

二、阮铭同志还说，我布置他搞陆平同志的材料。阮铭同志这种说法，好像在部领导直接抓工作队和召开民族饭店会议以后，我还要布置他去搞陆平同志的材料，同陆平同志进行斗争似的。事实是这样的：部领导指定仰峤、溪萍同志和我三人负责核实运动中揭发的材料，核实后向部汇报。核实材料的任务和要求，都对整理材料的同志作了说明，绝不是还针对陆平同志搞什么材料。

开始整材料时，就以原有的材料为基础，分为方针政策、教学、党的建设和干部工作三个部分整理，以便分别进行核对和综合。为了研究如何核对和整理材料，由仰峤同志主持召开过两次会。我在会上首先说明现有的材料不齐全，也未经核对和研究，各自发表个人的意见。在讨论中，阮铭同志提出了陆平同志是好人犯错误的论点，溪萍同志批评这个论点超出了中央所做结论的界限，阮铭同志不服，还论证陆平同志有托洛斯基观点。仰峤同志当即反对，我也接着说不对。阮铭同志说他对陆平同志是好人犯错误路线的看法，发言前后都得到我的同意。这不符合事实。对阮铭同志负责整理的材料，我始终未发表过看法，这由于当时材料未经核实，自己对材料又没有仔细研究，而且自己还带有一些"左"的情绪，怕犯错误，对待整理材料比较慎重，想听听仰峤和溪萍同志的意见后，再仔细研究。因此，我在讨论前后，对学校存在什么问题，都没有形成一个准确的看法，就无从表示看法。

三、关于阮铭同志向主席写信问题，我事前不知道这件事。部办公室电话通知我说阮铭同志有一封信，彭真同志批示印发工作队和学校各级党组织，要我统计印发的数字。我接到通知后向磐石同志汇报过程中，可能有别的同志听到了。我当时以为既然印发，就没有注意还要保密。部办公室的同志没有告诉我阮铭同志的信是写给谁的，我问阮铭同志才知道信是写给两位主席的。我就顺便说，作为中宣部的工作人员，对北大运动有什么意见，应该通过部里、定一同志、彭真同志上报主席。当然直接写信给主席也没有什么错，总使人觉得不相信定一同志和彭真同志似的。我当时提这些意见，也不是肯定了阮铭同志有这样的思想，如果看到信的内容，也不一定认识清楚，我只是认为这个信件这样处理不妥当。

阮铭同志还说，我对他讲过不要阻拦别人向中央写信，北大的情况可以通过各种渠道反映到上面。我确曾对阮铭同志说不要阻拦别人向中央写信，但仅仅是这个用意，并没有可以推动别人向中央写信的用意。阮铭同志这样理解，这是阮铭同志本人的事。

16．简报（28）

北大哲学系党员干部整风学习会议简报（28）

会议简报组
1965年10月28日

10月26日上午，任继愈同志说：冯定问题是个大是大非问题，这一点大家看法都一致，因此充分讨论冯定问题来总结经验教训很有好处。我对冯定长期迷信，没有想到他是修正主义。校、系两级没有人比张启勋同志更早看出冯定的问题，盲目地交给冯定以重任，这是由于领导上很少蹲点，深入教学实际，很少抓教学中实质性的问题，这是一个值得吸取的经验教训。

下面谈三个问题：

一、关于工作队第六十六期简报问题。简报说党委没有批判甚至阻拦批判冯定的结论是不对的。党委在冯定问题上，有些是属于技术上出的错误，如卖报的事。但不能认为这是封锁批判冯定的消息，不让同学知道。这期简报，张磐石同志不择手段歪曲事实真相。有的同志了解事实真相，不指出来，跟着张磐石走是错误的。一般同志不明真相，相信工作组，跟张磐石走，不能说就是错误的，因为工作队是中央派来的。阮铭同志说，要看实质，不要看招牌。我觉得要看什么招牌。中央的招牌我们不能怀疑。不能说中宣部工作组来到学校，我们对他得考察一个时期，先看看再相信。问题在于：《二十三条》公布后，还在顶《二十三条》，这是不可饶恕的罪过。第六十六期简报很明确的是对抗中央的。是否听党的话，听毛主席的话，对待《二十三条》的是衡量的尺度。（何静修同志插话：对待《二十三条》的态度如何，是一条很重要的经验教训。因为《二十三条》规定了如何开展社教运动一系列的方针政策，对待《二十三条》的态度问题，也就是对待中央政策的态度问题。）张磐石错误的严重性就在这里。我们每人应从这里检查自己在社教运动中所起的作用。我同意有的同志所说的，应放在一定的历史条件下考察。聂元梓同志是老同志，看问题应更全面、周到。对一个负责同志来讲，只要有一点主观倾向性，反映在工作中就会产生很大的偏差。

二、关于让冯定在整风、社教中发言的问题。我们在农村参加"四清"，有一次在会上找一些敢于讲话的人来揭发。后来发现参加揭发的群众中，一个是叛徒，一个当过国民党壮丁队。后来我们总结经验时，认为这样做是错误的。冯定是修正主义者，让他在会上揭发，这是不对的。有人说，冯定斗争陆平，当时认为是资产阶级斗资产阶级，我认为即使情况如此，这样做也是不对的。李真同志说，关于冯定能否在会上发言，曾请示过工作组，没有得到答复。前天庞达同志说，张磐石说"冯定的问题，组织上还没有作结论"，意思是说可以让他在会上发言。冯定虽然没有受到党内处分，但经过揭发批判，他是坏人，就应当和他划清界限。坏人提供的线索只能作为参考，不能相信。因此，在运动中肯定冯定的发言，原则上是错误的。即使当时认为党委已烂掉了，也不能这么做。

三、对张磐石同志的看法。张磐石反对党中央、反对《二十三条》，我们应该正视这个问题。张为了替自己辩解可能说，"运动中的材料是你们揭发的"。他为了个人的目的，不是如实反映情况，而是蒙蔽中央。他来校后，找我谈问题，说要到我家里来看我，这是拉拢一些人为他服务。他问了我教学改革的情况和对王庆淑问题的看法。我谈了哲学系的干部路线问题。现在看来，这种说法要更正。什么叫干部路线，我是在农村"四清"中才了解的。在执行干部政策中有一些缺点错误，不能说成是干部路线问题。当时我那样说，也起了不好的作用。因此，如何实事求是，不夸大，不缩小，是一条很重要的经验教训。

邓艾民同志说：

经过这几天的讨论，对于冯定在社教运动中浑水摸鱼的手法，对于张磐石利用冯定问题倒打一耙的具体情况，有了比较详细的了解，同时也提高了自己的阶级觉悟和对党内斗争的认识。

对冯定的修正主义思想，不是由北大而是由校外的同志最先揭发出来，暴露了我们工作中极大的弱点，值得系统地认真总结经验教训。特别是1960年高级党校讨论教科书期间，外校已经发现教科书中一些原则性的缺点，向我们敲响了警钟，我们还没有发现，更是重大的缺点。在回校后的教学检查中，当时总支贯彻了上级党委的指示，对党员干部的教学内容也坚持进行检查，在同学中肃清其错误观点的影响的，这是完全正确的。在当时的情况下，根据中央负责同志的指示，在讨论中不要急于戴政治帽子，也是可以理解的。但我们当时的检查工作仅限于高级党校讨论时已揭露的问题，而没有对冯定的教学内容和著作进行系统的检查，及时发现冯定的系统修正主义观点，致使冯定的错误观点继续在北大流传。我是当时教学行政工作的党内主要负责人在这方面负有重大的责任，暴露了我的政治嗅觉的迟钝和工作上严重的官僚主义，这个经验教训是值得认真总结的。

社教运动期间，冯定在哲学系的发言更具有挑拨作用，企图分裂党来掩饰他的错误。冯定在发言中曾揭露常委讨论所谓"五路进军"的事。彭珮云同志指出，伊敏同志的发言原意与冯定的揭露完全不符，就已说明事实的真相。在当时的条件下，常委会也在斗争陆平同志，伊敏同志从哲学系会议的情况向陆平同志提出这个问题是完全可以设想的，这里不代表陆平同志本人的意见。根据谢道渊同志运动中在哲学系的发言，他做动员报告提出四个问题，即政治上、组织上、业务上和成长道路上的是非问题，总的锋芒是指向提意见的同志们，后来陆平同志的动员报告仍旧如此，这里也不存在用敌我关系对待同志的问题。谢道渊同志也提到翻案风的问题。这样考虑问题是不是值得商量的地方，了解情况是否全面和确切，当然可以研究。但讨论翻案风的问题也不一定就是敌我关系的问题。我们这次会议不是还在讨论翻案风么？没有什么值得紧张和奇怪的。在当时的情况下，中央工作组已到学校调查研究，陆平同志对哲学系的具体情况了解不够，对哲学系的一些同志对他有意见也感到不安，有些工作的安排不一定完全恰当，当时这种心情是完全可以理解的。但若说陆平同志企图通过党内整风的口号将一部分同志整成敌我矛盾,在中央调查组已来校的情况下,这就完全不合乎常情。因此,冯定所说的,陆平同志曾说:"立场错了,敌我关系也错了",他就点了一下:"当时以为王庆淑是正确的话,是否把我们都当作敌人了?你们对他们是五路进军嘛!"显然,这是一种迎合张磐石指导思想企图浑水摸鱼的话。在哲学系把这些话提出来,更破坏了党的团结。所谓"五路进军"中也包括对我这一路在内,过去自然也在我心中产生一些疑虑。根据上面的具体分析,根据中央所说的陆平同志是好人犯了一些错误,我认为这个疑虑是不必要的。当然,党委负责同志过去领导哲学系的整风工作中有没有缺点,根据一分为二的精神,也值得检查。但无论如何,这是工作问题,而不是经常想用敌我关系来对待同志的问题。因为过去没有完全肃清冯定的话在我们思想中的影响,这个问题就不明确。我认为明确这一点,才能真正为哲学系今后的团结,奠定稳固的基础。也只有彻底分析冯定浑水摸鱼的企图,肃清冯定的话在哲学系的影响,与冯定彻底划清界限,才能完全明确这一点。在这方面,过去思想不明确,我是有错误的。

关于张磐石利用批判冯定问题倒打一耙的事,集中表现在第六十六期简报上。我完全同意何静修同志前天对这个问题的分析和意见。从责任说,这首先是张磐石负责;而哲学系的一些同志也负有一定的责任。例如聂元梓同志在去年 11 月 10 日的发言就是错误的,这些错误的发言也构成简报的一些内容,应该进行检查。何静修同志也说得好,我们进行检查的主要目的还是为了总结经验教训,而不在于追究责任。在这件工作中,我也有错误。陆平同志是一直重视和坚持批判冯定的,其中并没有不支持哲学系批判冯定的问题。而党委组稿的事,我没有直接经手,但也是知道的。虽然我也以为这只是一般地统一组稿,而不知是上级交下的任务。后来有些同志没有将稿件交给党委,我不但没有提出意见,而且还是同情的,也认为党委有些同志不支持甚至暗中阻挠哲学系批判冯定。现在看来,这个怀疑是荒谬的。而且自己在这项工作中还存在着没有积极遵守组织纪律的错误。

正是由于当时有这些猜疑,因此,聂元梓同志在去年 11 月 10 日的发言中说党委有两个"政治陷害",就没有引起我对聂元梓同志发言的怀疑，认为情况可能就是如此。为什么得出这样的结论也没有引起我的怀疑呢？因为在 11 月 10 日以前，已经从工作队传来：党委与工作组唱对台戏，查哲学系同志的档案，通过李寄霞拿去哲学系总支的全部记录，并秘密动员许多同志连夜抄录，这些事都是背着中央工作组干的。在当时情况下，我怀疑这就是党委一些条罪状在搞阴谋。同时也传来技术物理系有打击报复的案件。既然技术物理系有打击报复的事，现在怎么不可能在哲学系搞打击报复呢？也正是在这个时期，又由工作队传来不让报社到哲学系约稿等事情，也了解到陆平同志过去又不让哲学系的同志及早了解冯定的修正主义观点；同时也传来机关总支和常委会已揭发了这些问题，进行了斗争，陆平同志也在常委会做了检查。因此，聂元梓同志将"政治陷害"与写批判冯定的文章的事联系起来，我就没有进行推敲，也就没有觉得奇怪。现在看来，我这种思想是完全错误的。不管当时有这些传闻，从这件事情本身是完全不能得到这个结论的。庞达同志对工作队第六十六期简报在会上已作了检查。虽然从责任说，聂元梓同志没有庞达同志那么重；从指导思想说，聂元梓同志没有庞达同志那么明确。然而是不是也有一些思想与庞达同志相近，值得检查呢？是不是在有些情节的提供上是捕风捉影，道听途说，在分析上是乱提高，乱批判，完全违反毛主席讲的"说话要有证据，批评要注意政治"的教导呢？因此也有一些庞达同志所没有的经验教训呢？聂元梓同志说还要再检查，我认为这都是值得聂元梓同志再进行检查时想一想的。

关于党内斗争，我几次都没有及格。在 1959 年，我在党内斗争中犯了过火斗争的错误，有些后果到今天还没有能完全挽回。这一次社教运动我又犯了过火斗争的错误。根据这几天讨论的问题，现在做了这个发言，认识还是不深刻的，错误一定很不少。许立群同志告诉我们在党内斗争中要避免自由主义、调和主义和绝对主义的错误。由于长期党内斗争不正常的影响和自己思想意识上的毛病，我这次的发言或多或少可能不免有这三个主义的错误，希望同志们批评。我本着坚持真理、修正错误的精神，不断纠正，提高自己的觉悟。

罗蔓同志说：昨天张凤波同志提出，党内分歧长期没有解决的原因，是值得很好讨论的问题。这也是我长期在脑子里转的问题。刚才邓艾民同志谈到在冯定问题上的疑虑。我觉得，社教运动中由于张磐石的错误指导思想，我们发的"参考材料之三"中揭发的问题给大家印象很深，使分歧不易解决，是否是原因之一？如果是，我们就要分析，首先材料的可靠性究竟如何？很值得研究。揭发的问题有三种情况：①颠倒了是非，起码冯定揭发的一些事情是这样；②很多事实都有出入，而且有的事实有很大出入；③基本是属实的。因此，我们对无中生有的事就不应相信，如冯定颠倒是非，应当划清界限，不要上当。有很大出入的要核对。至于是事实的也有应该如何看、如何对待问题，特别是谈到党委对干部的问题，其中有同志们应该检查的，应该清理的。有的同志，如郭罗基、孙伯鍨也确实存在问题，过去说了些错话，应该清理，接受教训。党委或总支作为一级组织，了解研究干部和教育管理干部是它职责范围内的事，在了解研究过程中，对干部有这样那样的看法很自然。即使组织对自己有不妥当的看法或作了不妥当的处理，你还有民主权利，可以提意见，对不妥当的处理甚至可以上诉。如果因为干部问题（何况社教运动中所揭的材料很大部分不可靠），老是耿耿于怀，是不应当的。这牵涉到对党组织的看法和关系问题，是否信任党组织的问题。不能很好对待这个问题，就影响我们解决存在的分歧。今天冯定问题摆得那么清楚，领导又是那么正确，我们应当醒悟起来。应该相信党委、市委、中央。

17. 简报（29）

北大哲学系党员干部整风学习会议简报（29）

会 议 简 报 组
1965 年 10 月 29 日

10月26日下午，阮铭同志说：对于庞达同志上午的发言，需要说明几点：

第一，我没有说定一同志报告没有批评张磐石和工作队的错误。

我是说，书记处会议批评了北大的社教运动，张磐石和庞达都不传达。定一同志的报告，是正面指出，我觉悟低，没有领会，继续受张磐石同志蒙蔽。

第二，庞达同志说，在搞资料工作中，我认为陆平同志是托洛茨基观点，他批评过我。我听了大吃一惊。我当时对陆平同志的看法很错误，认为他是好人犯路线性的错误，没有以为陆平同志是托洛茨基观点。

关于搞资料，庞达同志说，他是既不赞成，也不反对，我难以理解。我要说清楚，张磐石同志是资料组组长，庞达同志是直接领导。到3月下旬，民族饭店开会前，在资料基本上搞出来了之后，庞达同志要我和徐非光同志帮助整理出来。3月27日、28日开了两次会，我、徐非光、张恩慈分别汇报我们各自整理的一部分。我的发言，事先向庞达同志请示过。现在，庞说他对我的发言既不赞成也不反对，我不理解。

第三，我对中宣部的领导、定一同志，一直是信任的。庞达今天上午说他批评过我写信给两位主席就是不信任定一同志。根本是无中生有。我不同意庞达同志的这种观点。我3月1日写给两位主席的信，观点是错误的。我检查过，还要继续检查。但怎么能够说给两位主席写信，就是不信任主席以外的领导同志了呢？我是作为一个共产党员给主席写信，这里不存在不信任定一、彭真同志的问题。我昨天检查到在运动中自己的错误一直发展到怀疑彭真同志是否了解北大的全面情况，以为彭真同志只听了宋硕、彭珮云等同志的片面反映。这是我的党性不纯的表现。

我的错误，是在4月2日以前，没有认识到张磐石同志反对中央和中宣部的领导，因此把张磐石同志的一些错误指导思想，错误地以为是部里的意见。4月2日以后，才知道张磐石同志是欺上瞒下，歪曲封锁，打着部里的牌子，贩卖私货来毒害下面同志。

沈少周同志说：

由于自己比较长时间脱离哲学系，不很了解情况，表现在考虑问题有动摇，这固然是由于自己思想水平低，同时也说明对情况拿不准。

对冯定问题自己是有罪的。许多同志说,过去没有看过冯定的书,对他不了解。而我对《平凡的真理》看过两次,写过两次书评(1955年、1957年),但没有嗅出问题来。说明自己政治嗅觉十分低下(1957年书的第二版比1955年版还差一些),应吸取教训。

关于社教运动中对待冯定态度的问题,从今天看来有两点可以肯定:①确实是坏人斗了好人,修正主义者斗了马列主义者;②社教运动被冯定利用了。冯在社教运动中是有他的目的和企图。现在要研究造成这种情况的原因何在,要总结经验。

一、要总结工作就有一个如何看待这一错误事件的问题,即怎样回到当时历史条件下来考察,怎样理解历史地看问题。一个错误的发生总是与具体历史条件相联系。若不这样看,就无从理解事情的全貌。回到那时的历史条件中去,目的也无非是要弄清产生错误的主客观原因,避免不恰当地追求个人责任,以主观因素代替客观因素,也避免不恰当地用今天的水平要求过去;但假如只强调回到当时的历史环境,仅仅是停留在当时的历史环境而不前进一步,那就不是历史的看问题,那就不能站得高,看得远,也不能分清是非,总结经验,提高认识的。例如冯定的发言,在当时被认为是"坏人斗坏人",当时确是这样理解的。但我们的认识通过实践,总是要提高的,这就必须要站得比当时历史环境更高。因此我觉得既要回到历史环境,分清主客观原因;又要超出当时的环境,以便站得更高来总结经验。

二、社教运动中关于冯定问题产生的主客观原因。冯在社教运动中的活动得到了聂的支持,这是严重错误。但严重到什么程度,我想要听听聂自己的意见后,再说。

关于错误的性质,有人说是与修正主义划不清界限,下这样的结论是否完全恰当?因为聂及其他同志和冯定的修正主义观点,特别是和冯的政治观点,如"三和""两全"的思想,界限是清楚的。假如在社教运动中冯在会上再发表"三和""两全"的言论,一定会遭到迎头痛击,但这样也不是说和冯定的界限就很清楚了。不清楚在什么地方呢?第一,对修正主义的顽固性估计不足;第二,更重要的是对当前阶级斗争的尖锐复杂性丧失警惕。我同意在这个意义上说是划不清界限,在这点上大家都值得引为教训。因为对修正主义的处理，对我们大家来说都是一个新的课题，没有经验，再加上当时还没有给冯戴帽子，没有开除党籍。当然看冯的问题要看实质，但这两条也是实际情况，很容易使人麻痹。尤其又受"对冯要和风细雨"和"冯还参加了党委常委"这些现象的影响，所以在估计聂元梓同志的错误时是要考虑这些因素。

关于"坏人斗坏人"，何静修同志说张磐石同志要负主要责任。我体会是否就是说张磐石同志把陆平同志的形象在广大党员群众中给歪曲了。诚然当两类矛盾分不清时，应先按人民内部矛盾处理，但我们常常容易在这方面犯错误，特别是运动期间，总是容易犯"左"的错误。社教运动在北大的主要错误就是把矛盾性质搞错了。这是一个经验，应当大家认真总结。我这样说不是原谅错误，不是认为"坏人斗坏人"无可非议、没有是非曲直，而是在分析研究错误时，要考虑到这些因素。

关于当时的具体环境，汤一介同志说得对，我同意。但也有另一面，即当时多数人对情况估计严重了些。由于对形势估计错了，也可以把好事变成坏事，把好的愿望说成是动机不纯。1960年7月我自己在十三陵劳动时对此有体会。对同志问题的性质估计错了，就会犯严重错误。然而不管客观原因有多少，聂犯错误有其内在原因，外因通过内因起作用，聂应该去深刻检查。

第一，聂应该考虑一下自己与党委的关系。有些事情本来向陆平同志和党委问一声就可以解决了的，但没有问，而是主观推测，竟把误会当作两个"政治陷害"的根据。在个人和党委的关系上聂是否有个人考虑。当然党委可能也有缺点，如聂几次要找陆平同志，陆未与她谈，也是问题。但聂要从自己方面考虑，老干部也会成为包袱。

第二，聂在运动中的情绪和思想方法是否有问题？今天春节我去找聂，聂说，运动很好，搞的痛快，平时工作搞来搞去，考虑重重，不好办事，运动中一下子就解决了。其实恰恰在运动中要冷静，这是对党的事业和群众高度负责的问题。

最后，有个提议，哲学系在社教运动中起了搞浑水的作用，聂给中宣部的汇报，究竟是什么内容，建议把该材料拿出，便于大家分析。

我没有参加北大社教运动,并不是说自己就没有错误,愿意今后清理。

孙伯鍨同志说:

上星期以来集中讨论冯定问题,是完全必要的,这确实是北大和哲学系最大的大是大非问题。冯定来北大来哲学系十年了,散布的错误影响很大,确实有很多东西要清理。建议除了开大会也还可以开小组会让大家都有机会来清理。这不只是牵涉一、两个人的问题,而是多数人都要做这项工作。

我个人感到过去在对冯定的认识上,有这么几个问题:

一、1960年在高级党校讨论教科书时,外校同志批评了冯定写的那章在理论观点上的错误,使自己大吃一惊。原以为他写的那章不错,文字也好。当时自己的思想未跟上去,对若干结论和帽子接受不了,并未从此吸取教训,提高警惕。以后也还是信任他,觉得他是老党员、老专家。特别是在三年困难时期,冯带研究生,培养重点师资,开历史唯物主义专题课,得到了重用,更使自己忽视了冯定的问题,完全丧失了对他的警惕。过去听冯的课不多,但在我的印象中他的"权威"未打倒。今天应引为教训。

二、1962年,教育部要冯定编写中学政治课本。组织上叫我与郭罗基同志一起去给他帮忙。在一年多的时间内,与冯定的接触次数比在学校要多,也感到冯定有一些问题。但在理论观点上还未发现他的系统的修正主义。只觉得他在领导编书时,爱玩弄新花样,独出心裁,而找不到一句引用主席的话,甚至编写辩证法、认识论时,都不主张引用主席《实践论》和《矛盾论》的原文。弄得我们没办法,只好用主席的原话而不加引号(在他过去的著作和文章中也都很难找到引用主席的著作)。而且他对工作极不负责任。

我们哲学系很多同志都在不同方面不同程度地受了冯定的影响。今天看来还需要进一步清理。

有同志提出在冯定问题上应划出一个界限,认为张启勋同志的文章发表以前大家所犯的错误要轻些,以后犯的错误则要重些,这是对的。在张文发表后,聂及其他同志在这方面肯定有以下三点错误:

一、在社教运动中,没有把冯定问题当作哲学系的第一个大是大非来处理，没有继续对他进行严肃的批判，摆到第一位来进行斗争。虽然也进行了一些工作和作了一些斗争，是不够的。在社教运动中，把这样一个原则问题疏忽了。而当冯定在会上发言以后，有同志又肯定了他发言很好，这更加是错误的。有的同志认为这是利用冯定。我认为与其说是利用冯定，还不如说是被冯定利用。冯在运动中浑水摸鱼，企图捞一把，想减轻一些对他批判的压力。我们一些同志对此丧失警惕，没有看到他的发言中有毒素，起了挑拨离间的作用。当然，也不能过高地估计他发言的作用。因为经过批判以后大家也并非是完全相信冯的，我自己当时就是这样。这在多大程度上上了冯定的当，是如何上当，每个同志都应该检查，有多少，检查多少。我们上了坏人的当，使冯有机可乘，捞了一把，这是重要的经验教训。但冯当时还是党委常委，没开除党籍，又参加了会，究竟该怎么处理，自己思想也不明确。经过这几天讨论，看来只应当让他在运动中受教育。

算不算是联合冯定修正主义斗争陆平马克思主义？还是先不要下这样的结论好。先讨论经验教训。如果说是联合，是谁去联合呢？去联合的人又是什么人呢？我们系已经过两次党内过火斗争的教训，在还没有充分的事实和足够的根据来说明是有计划有目的去联合冯定的时候，不要下这样的政治结论为好。

二、在运动中，不应利用冯定问题作为斗争党委的材料。聂说到两个"政治陷害"时，我在场，听了后心里也打鼓。不仅是提高了，而且也没有多少事实来支持这个结论。当时和现在都没有事实和理由说明党委是利用冯定问题对哲学系的同志进行"政治陷害"。聂元梓同志作为总支领导人说这样的话是不好的，没有考虑这话的严重后果。

三、工作队第六十六期简报上说陆平和党委阻挠批判冯定是没有根据的。党委领导了批判冯定的工作。工作中有缺点，如工作不细致周到等，这是具体工作中的问题。过去由于对党委提了意见，系与党委之间有隔阂也是事实。但这些都谈不到党委阻挠破坏哲学系批判冯定的问题。即使彭珮云同志对《中国青年报》记者说了"哲学系乱糟糟，你们不要去"，也只是彭当时对哲学系出现的一些现象有一种看法，也不能说是阻挠批判冯定。

我非常同意何静修同志说的，在批判冯定问题上所反映出来的问题，是涉及到党内斗争原则和党性修养的问题，这些同志自己应该进行清理。其他同志是否也要一看、二帮，耐心等待。政治性结论先不下，先听听这些同志自己的检查，不管对任何同志都要抱耐心态度。应吸取过去党内斗争的经验教训，用真诚耐心的态度对待。

谈到冯定问题时，附带给陈志尚同志提点意见。有同学曾向我反映：张启勋同志的文章发表后，陈向三年级部分学生说过：你们不要跟别人走，还是自己先看看冯的书再说。学生对此有意见。我还感到陈是冯的助教，负责历史唯物主义的专题课的辅导，如果受了冯的什么影响，应划清界限。

上午一些同志发言，从冯定问题联系到如何对待事实的问题，即如何向是上级反映情况做到实事求是的问题。何静修同志说，哲学系的问题有时往往争论半天后，对基本事实还未弄清。这确实是我们哲学系长期存在的一个问题。哲学系的问题所以长期解决不了，和事实没有搞清楚很有关系。我曾经建议过党委先就一些原则问题核对好事实再来讨论。今天还可以这样做。冯定问题现在是清楚了。但黄楠森问题、《五月》问题等究竟怎样？问题如何看？在事实未弄清楚前，对王庆淑的问题也不好下结论。我至今脑子里还是乱烘烘的，弄不清楚。

我同意沈少周同志的提议：中宣部调查组来北大后，找过哲学系两方面的同志了解情况，当时这两方面的同志是怎样反映情况的，是否可以给同志们谈谈。这样更可以帮助我们澄清一些是非，对北大和哲学系问题的错误估计究竟主要由张磐石同志负责，还是由于哲学系的同志错误地反映了情况，是不是耍了什么花样？

关于对党委信不信任的问题，就我个人来说，哲学系整风前我没有不信任党委的问题。到整风后期，对党委有些具体意见，觉得党委是否袒护了王庆淑同志，特别是听到唐联杰同志在会上的揭发，据说"当时在座的就有党委组织部长"。不过这时我思想上还没有产生对党委的怀疑。在社教运动中就慢慢跟上了张磐石同志的指导思想，动摇了对党委的信任，只相信工作队了。似乎对党委的话都要从反面去推测。这次清理张磐石同志错误影响，应该端正态度，相信党委。当然相信党委也不是说今后不可以给党委的具体工作提意见了。但是从根本上来讲，相不相信组织的问题是个很严肃的问题，发展下去是很危险的。

现在问题澄清了，陆平同志基本上是对的。对运动中冯定揭发党委"五路进军"，其中有我一路，我可以打消。对于在运动中造成对党委的怀疑，我都可以打消或已经打消。

有同志说，对党委的态度，是否相信党委，是哲学系分歧长期得不到解决的重要原因。我想也可以作为一个方面来考虑。除此之外，是否还有其他。

总之，我盼望哲学系的问题能很快解决，把原则问题搞清，真正达到统一。不论是那个阶段出现的问题，涉及到任何人，都应该站到党的原则立场上来，首先揭发事实，说明真相，而后检查错误。承担责任，光明磊落。在党的面前，对自己的缺点错误不肯检查，躲躲闪闪，那是不好的。即使错误很少，也是不好的。我过去对王庆淑同志的检查不满意。她对检查错误躲躲闪闪，形容词很多，像学了法律的人讲究用词。其他的人检查错误也不应该这样。最近讨论的问题中，社教运动中担任领导工作的同志的错误会多一些，这也是很自然的。也希望这些同志出来说明真相，承担自己应有的责任。这样会使我们的整风学习可以快一点，但也不希望草草了事。

整风发展到今天，已有了条件，领导小组是否可以把整个进程大体安排一下，以便大家心中有数。

18. 简报（31）

北大哲学系党员干部整风学习会议简报（31）

会议简报组
1965年10月29日

10月27日上午，赵正义同志说：

关于冯定问题，自己还没有想成熟，愿把意见提出来和大家讨论，因自己的水平不可能一下子认识很清楚。我抱着交心的态度发言，如有界限不清，请大家提出批评。我认为在运动中应从冯定问题上总结经验教训，肃清张磐石的影响，肃清冯定的影响。检查总结运动中对待冯定活动的错误和经验教训，是件严肃的事，要认真对待。

在冯定问题上同意孙伯鍨所说，我们有三点严重的错误。分析错误原因，要全面的历史的分析。当时运动确是在大好形势下进行的，大家都有革命的要求，都遇到了张磐石的错误领导，而我们是在双十条精神指导下进行的社教运动，对双十条的精神未学好，也没有贯彻好。在第一次国际饭店会议期间，工作队在学校召开三级干部会（名为三结合大会），霍遇吾同志代表工作队作的报告中，不但未检查工作队问题，反说党委不检查。我认为，运动缺点错误是严重的。

在冯定问题上的错误首先是张磐石的责任。在二十三条前，他是抱着个人目的来的，是想孤立、打倒陆平。张磐石给中央写的报告，说北大干部队伍严重不纯，中层以上干部40%有问题，这样陆平同志的问题自然严重了。张训练干部时，对工作队是有影响，因每个人并不了解北大的全貌。本来搞阶级斗争应有阶级队伍，应警惕坏人，不能混淆阵营，而张只要你参加斗争就行，这样非乱不可。而且不管是谁揭发的，轻信一面之词，就作为情况向中央汇报。在我系最大的错误在于运动中未抓住冯定的大是大非，也未向群众说明冯定参加系整风只是受教育，反而使冯从中浑水摸鱼。我是跟着张磐石走的，也同意写关于批判了冯定的情况，因我们集中批判了冯定一个月，觉得陆平同志说我们没有批判冯定不符合事实，但并没有了解到张磐石借口党委不批判冯定来斗争陆平，而要搞简报。我没有考虑在运动中应当怎样对待冯定问题。现在认为，运动中应继续揭发、批判冯定，让冯定检查，特别要揭发其在哲学系散布的毒素。张是利用了、联合了、还是依靠了冯定，究竟怎么认识？现在我还不清楚。根据现有事实，目前我认为，张磐石是利用了冯定搞陆平、王庆淑同志和党委。如果张磐石不想利用冯定，就会告诉哲学系对冯定要提高警惕，发现问题立即斗争。

张的错误对哲学系每个人是有影响的，肃清他的影响很重要。

冯定在社教中是起了挑拨作用。从三次发言看，他是想浑水摸鱼，投机、钻空子，并利用大家对党内斗争缺乏经验的弱点，加深了党员对党委的怀疑猜忌。但对冯定发言所起的作用也不能夸大。他的发言确是下了苦功的。他装出要检查自己批评别人的样子，实际是引伸夸大，有些是针对"需要"发言的。我们当时没有向这方面想。我听到冯定的一次发言，但当时没觉得有什么错误。他说"陆平是想到哲学系来道歉，把形势估计错了"。当时我也有类似的感觉，没想到他正是唯恐天下不乱。这是错误。

冯在我系党内斗争中，利用了党内分歧，加深了党员对党委的猜忌，这是拨弄是非的作法。他还提到不让李清崑当科研秘书的问题。本来有些同志对这个问题就有意见，经冯定一夸大，就更扩大了矛盾。尤其可恶的，是捏造事实，说王庆淑领导了陆平，不是党委领导了王庆淑。提出所谓"五路进军"，易加深大家对党委的不满情绪。

在对待冯定问题上的错误，我认为责任首先在张磐石，其次冯定，再次是哲学系。不能否定在主观动机上挑拨党内关系，党员和党委、市委的关系，客观上也不能说没有影响，但不能说分裂北大党、哲学系党主要是冯定搞的。当然这里有冯定的作用。究竟如何分析，我很难做出正确的回答。

冯定的发言有两点是有影响的：(1)印证了"陆平包庇王庆淑"这一点；(2)把谢道渊同志提出整风四个方面的是非问题和伊敏同志在常委会上的发言引伸夸大为"五路进军"。斗争王庆淑时，我记得准备过几方面材料：(1)王庆淑搞非组织活动；(2)在干部政策上，王庆淑打击了一些同志，重用了政治上不好的人。如果利用了冯定的材料,是错误的。冯定违反了组织原则,而且把事实加以歪曲,在党内制造混乱,没有遇到抵制,包括我自己在内,都有错误。

在党内斗争中,哲学系在对待冯定问题上是有错误的:(1)在社教运动中,没有建议工作队对冯定继续揭发和批判。但在当时号召全面揭阶级斗争盖子的情况下,不能说哲学系的大是大非就只是冯定问题,就只搞冯定问题,其他方面阶级斗争的盖子就可以不揭。(2)对冯定揭发的事情加以肯定,这是缺乏警惕。(3)工作队第六十六期简报把在党委领导下对冯定进行的批判说成是阻拦批判冯定,这是对党对同志不负责任的态度。故意捏造事实,颠倒黑白,反映给中央,斗争陆平,这是张磐石的思想。聂元梓同志自己的错误应该检查,但是否犯了四不清的错误?是否与冯定划不清界限?在冯定发言中,我还看不出有"三和两全"的问题,因此,说是与冯定修正主义划不清界限,我还要进一步地想一想。对哲学系党员来讲,是缺乏党内斗争经验,被冯定所利用,在搅浑水方面起了不好的作用,当然也由于毛泽东思想学得不好。而给冯定发言加以肯定的聂元梓、孙蓬一同志来说,是警惕性不高的表现,是有缺点错误的,应该检查。

工作队第六十六期简报的问题是很严重的,我同意何静修同志的意见,首先应由工作队负责,提供情况的哲学系也要负责。

我目前的一些思想情况:

在社教运动中没有作为运动的对象来抓冯定问题这是事实。我想,张磐石在北大时,没有抓冯定问题,张走后,我们是否抓了冯定问题呢?没有抓。照我的想法,现在我们正在讨论冯定问题,应当叫冯定来参加会,检查思想,接受批评。仅仅就冯定在社教运动中的发言加以批判,就算是抓了大是大非问题么?我认为不能这么说。有的同志说,抓社教运动中如何对待冯定的问题是最大的大是大非,抓张启勋文章发表前如何对待冯定的问题就不是最大的大是大非?我没有想通。冯定带研究生的工作中没有影响吗?在青年教师中没有影响吗?毕业生反映,有的年轻教师在辅导解答问题时,总说某某问题是我请示过冯定的。而且有的同志过去听杨献珍的课是表现很积极的。如果这些影响不肃清,就难免不出问题。因此,肃清冯定的影响还是个大是大非问题,如果说它是个次要的问题,那就不能提出社教运动中没有抓冯定的问题。我认为在社教运动中对待冯定的问题是重要的，应当讨论，也可以先讨论；在社教运动前的冯定的问题也应当讨论：（1）对冯定犯错误的阶级根源、思想根源、冯定的错误理论应进行面对面斗争；（2）应揭发批判冯定在师生中所散布的毒素等。

有的同志说，对张磐石、冯定的影响是否认识够了？是否对这次会议的领导不信任？我对整个领导是信任的，但对工作有意见。但有意见不等于对领导小组不信任。我认为对不同意见的双方都应当加强个别工作，抓好活思想。党委陆平同志等参加了我们的会很好，希望他们加强细致的个别工作，对聂元梓同志也应当做些工作。

陈志尚同志说：

冯定问题确是大是大非问题，对这一点大家没有分歧。在这个问题上，确有经验教训值得吸取。过去在组织生活中自己检查过。冯定问题揭发前，我没有看过他的书，但听他的课较多，受他的影响多一些。自己没有发现冯定的问题，一方面是毛泽东思想太少，对修正主义的政治敏感性太差；同时由于盲目迷信权威，认为应当好好向他学习，对他的讲课总是从好的方面去理解它。冯定问题揭发后，对冯定在社教运动中的发言自己也没有识破，今后希望有机会进一步清理。昨天孙伯鍨同志向我提了个问题，过去我已向他说明过，今天我再说明一次。在张启勋文章发表后，当天中午我到三十八斋同学宿舍去，和三年级和二年级一些同学议论。当同学问我看法时，我向他们表示了三点：（1）冯定问题是个大是大非问题；（2）我同意张启勋文章的观点；（3）大家应积极投入这场意识形态的阶级斗争。我没有和王佩英个别谈过。但记得当时二年级有一个小组有同学反映书很少，过去又没有看过冯定的书，讨论不热烈，有些着急。因此我就说，你们不要急嘛！先看冯定的书再说。（孙伯鍨插话：王佩英说你对三年级说：批判冯定感到很吃惊，现在不要跟着人家跑，先看看冯定的书再说。）这说明我是没有和王谈过。你对我说后，我当时就跟三年级同学和在二年级蹲点的团委杨永庚同志核对过。事实不是这样。不久我就负责了二年级同学批判冯定的工作，在这工作中如有原则性错误欢迎大家批评。

下面我就谈谈这一段讨论冯定问题的看法。经过这一阶段的讨论，大家受到了不少教育，对冯定问题的认识有许多是共同的：（1）党委不是不批判冯定，而且是积极地、有计划地对冯定进行了批判。（2）党委不是多方限制和阻挠批判冯定，而是张磐石不批判冯定。（3）所谓党委利用冯定问题对哲学系进行"政治陷害"是错误的，是无中生有、没有根据的。另外，（1）大家都同意在社教运动中，张磐石没有把冯定问题当作大是大非提到日程上进行批判，而是把他放在斗人的地位，利用他斗争陆平、王庆淑同志。昨天孙伯鍨同志讲："说利用了冯定，不如说被冯定利用了。"我认为，既利用了冯定，也被冯定利用了。把冯定放在斗陆平的地位；会议主持人为冯定的发言叫好。昨天领导小组发了北京大学调查小组写的"北京大学调查工作的第二次报告"中有关哲学系的部分的材料，其中"陆平对王庆淑的支持和包庇"一段与去年11月18日冯定讲的那段话是一样的，是否利用了冯定的材料我不知道，但两者说法是一致的。因此，我认为，确实是利用了冯定。（2）冯定的确钻了张磐石的空子，浑水摸鱼，挑拨离间，违反组织原则，进行分裂党的活动，掩盖自己的修正主义错误。（3）聂元梓同志积极贯彻了张磐石的错误指导思想，在冯定问题上的确犯了错误。（4）大家政治警惕性不高，受到蒙骗，需要从中吸取教训。

从讨论中看出，分歧在于：聂元梓同志在社教运动中所犯错误的性质和程度是和一般同志一样，还是有她的特点？是象聂自己所说是由于政治上幼稚，还是犯了政治立场性质的错误？在这个问题的分析上，不少同志提出很多理由，主要的是认为对聂元梓同志应当作全面地历史地分析，不应追究个人责任。

我们总结经验教训，是应当全面地、历史地分析问题。既要考虑张启勋文章发表前的经验教训，也要考虑张启勋文章发表后的经验教训。在张启勋文章发表后，对哲学系批判冯定的工作要一分为二。应当充分肯定成绩，也包括聂元梓同志的一份成绩在内；但也要看到批判冯定的工作还不够，首先没有把他最后打倒，对肃清他在哲学系教学、工作等方面的影响也重视不够。要全面看问题，既要看到成绩，又要认真对待缺点、错误；不能贬低、否定成绩，夸大缺点、错误，也不能只谈成绩，回避缺点、错误。

对冯定问题，要具体分析。从指导思想看，张磐石不但不批判冯定，而且利用冯定斗争陆平、王庆淑同志，这是在四清运动中犯了四不清的错误。刚才有同志讲，冯定发言中没有讲到"三和两全"。如果他讲到"三和两全"，聂叫好那起码是半个修正主义分子。我说如果那样再"叫好"，那和冯定还有什么区别呢？但冯定发言讲的是大是大非问题，充分暴露了他的资产阶级世界观，而我们没有识别，就是在这方面和修正主义者界限不清。但直到今天，负有严重责任的聂元梓同志没有正视这个问题。因此，有必要在肯定哲学系批判冯定的成绩的同时，着重研究社教运动中在冯定问题上所犯错误的经验教训。只有这样，才能分清是非，团结同志。

有同志说，不能用今天的认识去看待过去。我认为，应当以今天的认识站在党的立场上、用党的原则去认识过去。对问题要作历史分析，这是对的。但对待历史有个立场、观点、方法的问题，要作阶级分析。什么是去年9月到11月哲学系的形势呢？8月份政治课整风，大家都有自觉革命的要求，要求克服教条主义，克服自己成长道路的个人主义、自由主义，如果当时领导正确，就会引导到正确的方向。可惜后来发展不是这样。回顾历史要估计到当时的形势。的确有些同志对国内阶级斗争形势的认识是看得过于严重；要充分估计到张磐石的错误指导思想是主要原因。他是来露一手的，是来制造大鲨鱼的。但是整风开始时我们并没有对党委有什么怀疑、不信任。哲学系、北大这缸水究竟是怎么搞浑的，党委烂了这个概念在哲学系究竟是怎样形成的呢？这里还有它的内因。去年9月至11月在哲学系实际上贯穿了两种指导思想的斗争：一种是张磐石错误指导思想；另一种是党委正确的整风方针。最后到11月12日以哲学系开全系大会斗争陆平而告结束。去年7月16日聂元梓同志向张磐石作了汇报，认为北大干部路线有宗派主义、山头主义，为张的错误指导思想提供了材料。反过来又接受了张的错误指导思想来领导整风。9月24日聂系统发言论证王庆淑在哲学系工作中违背了中央的方针、政策、路线。整风阶段最后，一些同志的系统发言就提出王的根子"是党委某些负责同志对王庆淑的袒护、包庇"；哲学系问题上，陆平同志是带头打着"兴无灭资的旗帜"。哲学系的水就是这样开始搞浑的。"党委烂了"的思想也是这样产生的。以后 11 月 10 日全校社教运动开始不久，聂就首先提出党委利用冯定问题对哲学系进行"政治陷害"的问题；11 月 17 日又在聂主持和指挥下，违背组织原则揭发"党员排队"问题，提出党委阴谋对一些同志进行"政治陷害"的问题；以后又制造出党委通过"地下总支"来贯彻错误路线的问题；11 月 12 日斗陆平会上又提出党委和工作组唱对台戏，对抗中央的问题。哲学系的水就是这样在张磐石错误指挥下，在哲学系通过聂元梓的手，一步步搞浑的。北大的社教运动是从哲学系开始的，哲学系搞乱了，对搅浑整个北大的水起了很坏的作用。当然整个北大搅浑了，反过来也影响哲学系。这就是去年 9 月到 11 月的历史。有的同志说，"当时传北大党委烂了，所以把问题提高了"，这是颠倒了因果。

还要考虑到聂在冯定问题上的错误不是因为斗争经验不足、政治上幼稚，而是党性严重不纯，有些问题是丧失了党性。如党委组稿的问题，这是党交给的战斗任务。如把党的利益放在第一位，就应说服同志保证完成党的任务。可是聂不但不是这样反而倒过来责问党委能否保证文章的发表，还为此训斥并在运动中对李寄霞进行残酷斗争。这反映他对待党、对党委交给的任务采取什么态度。聂在对待党委的问题上，所谓对党委有猜疑、不信任究竟是些什么内容呢？根据运动中聂自己的发言我记得有这么一些情况：(1) 聂对党委对她的工作安排不满；(2) 她在十三陵会议上的发言简报没有及时刊登，对党委结了疙瘩；(3) 她对党委的干部路线进行了长期斗争，她要按她的意见改组哲学系党、政干部，没结果；(4) 党委组织部副部长批评聂提拔了一批对王庆淑提意见的有功之人，她大为恼火。任宁芬上次发言还谈到她对市委的不满。这反映聂对组织关系是极不正常的。此外，聂在冯定问题上是有不能如实反映情况，隐瞒、歪曲事实真相的问题。如：李寄霞"盗用总支书记名义"破坏批判冯定运动的问题；不让聂看张磐石对《文汇报》记者反映冯定情况的材料的批示原件问题；党委迟迟不批哲学系批判冯定计划问题等都是这样。所以聂在冯定问题上的错误和一般同志缺乏经验是不同的。

我感到聂缺乏自我批评。直到 9 月 14 日聂自我检查，对冯定问题上的错误不但基本上没有检查，而且还按了钉子。如说"党委宣传部把稿子从报社要回来统一发稿，致使一些稿件没能发表"等。聂是老同志，希望能正视事实，在改正错误方面为大家树立一个榜样。

汤一介同志说：

有的同志对我上次的发言有同意的地方，也有同志提出了意见，但我认为我的发言基本上没有什么错误。今天，我想把问题再讲清楚一点。

一、在冯定问题上，如何历史地、全面地进行分析？有些意见比较一致，如社教运动前，系里批判冯定是有成绩的，社教运动中，在对待冯定的问题上是有缺点错误的。但有同志说，在冯定问题上，提到所谓党委搞"政治陷害"的高度，是与当时客观情况有关。我认为，应当把客观与主观联系起来考虑。当时客观情况是，阶级斗争确实尖锐复杂，大家普遍对阶级斗争形势估计严重了一些，对校内阶级斗争形势也可能估计严重一些，如不考虑到这一方面，就会把主观作用估计高了。客观情况是那样，但每人的主观思想并不都是一样，有的犯了错误，有的是犯了严重错误，有的是基本正确。如果一律归之于客观，则犯错误也就没有事了。如从张磐石同志的指导思想看，中央并没有让他抱着个人目的到北大露一手。少奇同志说，不要带框框。张磐石同志带了框框：搞夺权斗争。这是他的主观因素起作用。哲学系社教运动是在张磐石指导思想下进行的，但出现了错误，有哲学系的主观原因。如在整风中，只是提出党委包庇坏人王庆淑，后到去年11月10日，又提出所谓党委搞"政治陷害"，后来又提到"政治迫害"，这种提高又是比一般形势提得高，这种提高就与我们主观上的原因有关了，如果我们不从主观方面检查，就很难总结经验教训。

有的同志说，当时大家认为利用冯定斗陆平，是坏人斗坏人，这是客观情况。这是否在原因与结果的问题上有些颠倒？冯定是坏人，这是客观情况。陆平是好人，但把他当作坏人这是有些同志当时的主观认识，不是客观情况。似乎不能认为我们在运动中把党委和陆平同志问题提到那样的高度是因为当时已经普遍提高了引起的。把党委和陆平同志问题性质搞错了，主要的、第一位的原因是张磐石同志的错误指导思想，但我们哲学系一些领导同志，特别是聂元梓同志，由于自己当时的主观原因而把党委和陆平同志的性质搞错，由于哲学系这样的一些错误，对全校把党委和陆平同志的性质搞错了，起了坏作用，是不是也是当时搅浑水的一个原因呢？影响了全校呢？而且有些我们提供的不符合实际的材料和一些乱提高的结论是不是也对张磐石有一些影响呢？比如说，聂元梓同志提出的党委搞两个"政治陷害"，是不是对张磐石同志和哲学系的运动有影响呢？我认为是有的。因此，我认为不能把我们应负的搅浑水的原因，都说成是客观情况的结果。

有的同志提到，要历史地分析问题，不要用今天的认识去要求过去。要吸取教训，正要站在今天的高度，以党的原则去看过去，今天从党的原则出发，提高了认识，就应以今天的认识对待过去。否则，历史是搞不清楚的。

有人说，这次整风会上，好像是针对人。事实不是这样，因为我们是提出冯定问题进行讨论。在讨论过程中，涉及到对某些同志的批评是必要的。少奇同志说过，先对事，后对人，并没有说只对事，不对人。

二、在社教运动中是否与冯定划清了界限？说没有划清界限是正确的。一个是和他的"三和两全"的修正主义观点是否划清了界限？一个是，在党内斗争中，对冯定耍的那套手法是否划清了界限？冯定在整风、社教中散布了挑拨离间的言论，分裂党的言论，但为他叫好，这说明对冯定作为修正主义者是认识不清、界限不清的。

三、张磐石同志的错误是利用冯定斗争陆平同志，而冯定是浑水摸鱼，这点大家意见都一致。问题在于：聂元梓同志作为总支书记，是了解情况的，但肯定了冯定的发言，表扬了他，为他叫好，同时却批评了谢道渊同志。难道这仅仅是警惕性不高吗？聂第二次、第三次插话都是顺着冯定的话头下来的，这是否说明聂是积极地贯彻张磐石的指导思想，而且甚至还有所创造呢？这是严重的政治立场性错误。

其次，利用所谓党委不批判冯定的问题斗争党委，我们很多同志是不了解情况的。聂明明知道情况，反过来却说党委搞两个"政治陷害"，又说没有看到磐石同志批示《文汇报》记者反映冯定动态的内部材料。聂元梓同志看了工作队第六十六去简报后，对其中歪曲事实的材料不但不加修正，而且还增加了两条：一条是说让团委系统通知学生不要随便批判冯定；一条是说陆平同志指示冯定在政治课会议中攻击批判杨献珍的张恩慈同志。因此，说聂党性严重不纯是完全说得过去的。

四、赵正义同志提到，我们现在是否抓了冯定的问题？现在整风，提高大家觉悟，是为了和冯定划清界限，肃清冯定的思想影响。如果在我们这次谈的关于冯定问题的两个方面，大家认识不统一，能否进一步开展对冯定的批判，我是怀疑的。而且也不能保证不会出现象运动中和冯定划不清界限的问题。我认为，我们现在是抓了大是大非问题的，这样会为今后进一步批判冯定打下基础。

孔繁同志说：

听了汤一介同志的发言，谈到因果关系，他说：社教运动搞得这么乱，哲学系领导人对张磐石同志汇报情况起了"因"的作用，而张磐石的错误是"果"。我是总支副书记，是哲学系的一个领导干部，但在运动中我是普通的积极分子。中宣部工作组来到学校，我也不了解他们的意图，他们找我了解情况，我根据我当时的看法向他们讲了，我讲的情况由我负责。至于他们根据我讲的情况做什么结论，不能由我负责。现在工作队的庞达、唐联杰、阮铭同志都来参加会了，我向他们汇报了什么情况，希望他们彻底揭发，弄清楚我这个"因"与张磐石那个"果"的关系。以便分清在北大社教运动中的错误哪些是上面的责任，哪些是我的责任。那时我谈的情况是反映当时的认识。汤一介同志笼而统之说我是反映了错误的意见，我还不能接受。因为我认为我汇报的情况并不全是错误的，我希望把这些情况了解清楚，不要把我的错误与张磐石的错误混为一谈。我对张磐石的影响，是由于我向他作了汇报，他利用了我的材料，但我并没有向他作假汇报和捏造材料。我认为分清以上责任，对于我认识自己的错误有好处，最近我参加会议，听了一些发言，我思想上确有上述包袱。

19. 简报（36）

北大哲学系党员干部整风学习会议简报（36）

会 议 简 报 组
1965 年 11 月 1 日

10月29日上午，唐联杰同志发言说：我想就潘乃穆、高宝钧两同志的发言谈一点自己的感想。

听了两位同志的发言感到很受教育，也很感动。李寄霞同志的日记对于总结运动、吸取教训很有教育意义，是活的教材。过去说残酷斗争、无情打击感到很抽象，通过念李寄霞的日记感到很具体，特别是对一个一般工作人员还那样的追逼，如果说这还不算是残酷斗争、无情打击，什么才算呢？当然有人可能说：过去运动中类似情况也有。我想正是由于过去运动有，没有吸取教训，这次又发生，就更应当注意，应当更好吸取经验教训，使今后避免重犯这样的错误。对于李寄霞同志的情况我过去不知道。当然运动中的错误总的与张磐石的错误指导思想有关，但对这个同志过火斗争的错误有其特殊性。北大当时主要是整领导干部。对具体工作人员那样搞法，确实应当很好吸取经验教训。有些事情我在北大时是有所闻的，有些事做得比较荒唐，如我听到陈葆华同志向我反映冀增同志说过，×××同志走路不像女同志等类似的话，我感到无聊，搞这些干什么，当时我虽然偏激，但对这一点很反感。李的日记总的来说，是符合当时情况的。

高宝钧同志的发言很好，贯彻了这次会议的精神。尽管有些事实可能还会有些出入，有些事是旧事重提，但很有必要。高宝钧同志对张恩慈同志的问题抓得比较准，讲得比较透彻，对同志的态度是诚恳、热情的。特别提到张恩慈骄傲自大、背包袱，我也确实有此感觉，他听不进不同意见。过去我也和他个别谈过，但直到这次会议，我仍然有此感觉。张恩慈同志应当很好考虑高宝钧同志的意见，虚心接受意见，对张恩慈今后会帮助很大。如果还采取那种态度，在枝节问题上纠缠，没有好处。领导同志的表扬应作为前进的动力，还是作为包袱？我也觉得张是有些作为包袱背着的。

我在运动中犯了严重错误，从对党的损失来讲，是痛心的。但是从吸取经验教训来说，确实一直没有灰溜溜的情绪，没有像有的同志讲的革了窝囊命的情绪，而是感到运动对自己的教育很大。我个人参加工作、参加党以来，真正受到这样深刻教育的还是第一次。我很希望利用这个机会，把自己在运动中的错误彻底清算一下，并希望同志们严肃帮助。民族饭店会议期间主要是清算张磐石的问题。领导上花了这么大的精力，给这么好的机会，集中这样长的时间来总结经验教训，我确实很感动。所以这样做，首先是从党的事业出发，使我们今后更好为党办事，避免重犯这些错误，不是为了整哪个人、哪方面人。有人说反右倾的问题更严重，如果读读那时的日记更要严重，我说正因为过去未接受经验教训，这次应当认真接受教训，避免再犯。有些同志说历次运动不整积极分子，积极分子不负责任，我不大同意。从工作队来讲，首先检查领导，但每个人应积极吸取教训，很好清理。这不是整哪一个人、哪一派，谁输谁赢。要真正在党的人民的利益上团结起来。这个会很有必要，这说明党对我们是热爱的，我认为要我回来参加会是对我很大的热爱、很大的帮助。开始我也有点急，我想会能否开得快一点？现在看，花一点时间是很值得的，这对党的事业和每个人都有好处。当然，时间长短不是根本问题，关键是要采取正确态度。

唐联杰同志发言后，冯瑞芳同志发言。她主要谈了以下两个问题：

一、关于第一次国际饭店会议的问题。

社教运动中我接受了张磐石的错误指导思想，形成对北大党委的很多错误看法。二十三条下来后，我没有领会中央精神，相反在一些讨论会上还论证运动如何好，说运动基本上符合二十三条精神。二十三条下来以后，工作组未引导全党认真学习二十三条，根据二十三条认真检查工作，据说有的小组谈了对工作的意见，还受到批评。工作组继续执行张磐石的错误指导思想，特别是执行了张磐石抵制二十三条、掩盖错误的思想，积极准备材料和陆平同志辩论。当时分配我搞对台戏的材料，我也是积极的。经过两个月的过火斗争后，系里许多同志对市委有怀疑。曾追问谢道渊，陆平到市委找了谁，给了他什么指示，回来后是怎么传达的。我原来以为是彭珮云包庇了王庆淑，以后认为不仅是彭珮云，是市委。去年 11 月 20 日左右，我去找聂元梓同志辞职。我问聂：说市委有根子，是不是宋硕和市委大学部？聂说当然不只是他们。我想不仅是大学部，那就恐怕是比较大的干部支持陆平，思想上认为是个大案件。我是带着这些思想和对运动的看法，带了对市委的怀疑来参加第一次国际饭店会议的。

去国际饭店会议前，一天晚上，孙蓬一来找我把工作队总结给我看。第二天临走时冯毅找我和孙蓬一、谢龙到他屋里看常委许多人不同意吸收陆平、彭珮云参加领导小组的简报。这两个材料实际上是要我们按工作队的口径在国际饭店会议上发表意见。显然这两个材料是在张磐石抵制二十三条、抵制国际饭店会议的思想指导下搞出来的，是对我们的思想武装。另外，开会前在南阁门口见到孙蓬一，谈起这次会。当时我对参加这次会感到很紧张，怀着戒备心情。心想，经过几个月的思想斗争，好容易斗争过来了，这次去开会，千万不要反复，要经得起考验。孙蓬一也是按照张磐石的思想与我谈的。他说：会为什么到城里开，不在家里开？为什么让这些人参加？你去参加可以理解，为什么要谢龙去，而邓艾民不去？孔繁去还是我们争取的。不知道他们把你和谢龙当作哪方面的人，我们把你们当作我们方面的。我错误地表示我决不动摇。这时我是完全接受了张磐石抵制国际饭店会议、抵制二十三条的思想。

开会第一天下午听了万里同志的报告，根本没有听进去，很多地方自己想不通，有的说法还引起我思想上反感。开会的第一周因小孩生病我回学校两次。第一次回去找了陈葆华。（因孙蓬一要我找陈要与王庆淑辩论的材料）我按照自己当时的错误认识，对陈说了万里同志报告的情况。陈也说，万里同志的报告不像话，这样对待积极分子！第二次回去，陈葆华来找我。我向她介绍了我们小组会议情况，也介绍了别的小组的情况，这是从孙蓬一、孔繁那里听来的。那时消息特别灵通，别的组讨论的情况我们很快就知道了。我按当时的认识对陈讲了。她问到××人表现怎样时，我也按我知道的谈了。当天晚上我到专家招待所，又对系里在那里整理资料的同志谈了会议情况，向他们散布了自己的错误认识，起了很不好的作用。这次还遇到阮铭同志，阮问我××人怎样，我也说了。阮问，你们讨论了八个小组名单没有？我说，未谈这个问题。阮问我的意见，并说：这不是最后决定的名单，是讨论名单，你们可以提意见。阮还告诉我，你可以这样说："我经过几个月的运动，从为王庆淑辩护的立场转过来，现在才参加了四清小组；陆平包庇王庆淑，没有检讨，却参加八人小组这公平不公平？"他还说：你是否写一个通讯——"一个鼓动翻案的会是如何流产的？"（当时会刚开不久，翻案的人还不多）阮铭叫我和燕京大学的老同志多谈谈，如龚理嘉、庄守经。我说，几年来和庄守经没有接触，不好谈。我还告诉阮铭，龚理嘉说市委大学部庞文弟同志对她说了一些话，意思是让她翻案，她思想不通。阮要我对龚理嘉说，要她揭发市委的人在底下活动。阮铭对市委、对万里同志开这个会是抵触的。我问他：听说中央书记处研究了，指定万里同志开这个会，是否书记处对我们的情况了解很够？阮铭说："中央主要听了市委的反映，我们反映情况不及时，这里彭珮云起了很不好的作用。"我思想上接受了这些看法，回去以后和孙蓬一说过。

会议期间，有一个星期六早饭后，在孙蓬一房间，聂元梓来了。当时聂很有情绪，很激动。她说昨晚召集人会议开得很晚，万里同志发火了，拍了桌子，最后把"王牌"（指中央书记处对北大社教运动的指示）拿出来了；还说谢道渊思想不通，说运动完了要离开北大。当时我没有意识到聂的这个说法是错误的。传达召集人会议上万里同志的插话后，哲学系几个同志思想上并未觉悟，抵触情绪比较大，在底下有许多议论，如：孙蓬一、孔繁、谢龙、聂元梓和我议论过学校里开三级干部会，对台戏越唱越大，唱到市委来了；对一些同志揭发运动中的缺点错误有情绪，说××人翻案了，看他们回去怎么和群众交代？我们经常议论中央书记处到底是否全面了解情况。孙蓬一谈过多次，聂元梓也谈过。聂说中央书记处的三条意见不是针对北大讲的，张磐石讲的与万里讲的不一样，希望原原本本传达书记处意见，并说最好按书面的传达，实际上是对万里同志传达书记处的意见有怀疑。小组会上我们五人发言是执行了张磐石抵制国际饭店会议的错误指导思想的，特别是聂元梓的发言值得很好检查。聂说她与陆平有根本分歧。她谈了几个问题，如对北大的形势的看法、对台戏问题、冯定问题、三结合等。特别是谈到冯定问题时，聂在发言中再一次肯定了工作队第六十六期简报的内容，帮助张磐石掩盖错误。发言中聂还论证为什么社教运动中没有批判冯定？说批判冯定，调走了冯定，也不能解决整个北大和各系的问题。这话意思是说冯定问题不如陆平问题大，不如各系问题大。这完全是针对中央的批评，针对陆平、彭珮云在市委扩大会议上的批评讲的。在这次会上我们对王庆淑的态度是错误的。我们听说王庆淑和宋硕同志谈了十几个钟头。在小组会上王庆淑发言时拿了一叠发言稿。王刚发言不久，聂元梓就说是不是可以把发言稿印出来，改为书面发言。我们也跟着说是否简单一点，等等，这种做法很不好。

（王庆淑插话：我还未发言，聂就提出两个办法：一是用书面发言，说讲这么长谁受得了；另一办法是简单讲，其他内容书面发言。聂还说你讲三小时，我们五个人每人也得讲三小时，会怎么开？为了让不让我发言，吵了半小时。当时肖永青等同志对聂元梓的这种做法不满意，徐淑娟说了句公道话，好不容易才让我讲了。我尽量讲快一点，刚讲不久，聂元梓又打断我，说讲这么快怎能做记录？当时肖永青对她提出了意见。会下肖永青、赵宝煦都讲：没想到聂元梓是这种态度，斗了人家几个月，不让人家讲话！肖蔚云说，有真理不怕，为什么不让别人讲话？聂的这种做法引起一些同志包括运动中的积极分子巫宇苏、杨紫煊的不满。我讲这些情况只是说明当时聂元梓是怎样对待中央、市委的指示精神。在市委正式通知我参加的会上，竟然出现这样的事情，压制民主，这些不是党的作风。）

当时是怕你讲得太多，不是一点也不让你讲。这样做是错误的。这件事聂元梓是做得不好的。

我很奇怪，回想当时各小组会上提的问题都差不多。开始时各组都提出为什么要到国际饭店来开会的问题；以后又都提出所谓否定运动成绩的问题；再后都对简报提意见。另外，各系消息非常灵通，会下接触频繁。戈华同志、白晨曦同志经常来串门，一看他们来，我们就走开。张磐石是通过积极分子来抵制会议的。以后运动中的问题揭发多了，简报登了很多。其他组提出这些问题给我的印象很深刻。如刘昆提出夺权问题，孔繁批驳说，张磐石来后不但未夺权反而更加巩固了你们的领导权。他们还说刘昆表现不好，被工作队开除。又如无线电系的追查电台事件、杜彩云揭露工作队追陆平的情况，他们都说不是事实。

国际饭店会议结束，回校后继续顶牛，思想未转过来，认为各系都翻了案，只有我们系很好，好像是很大的胜利。不少同志说我们不简单，在那种情况下坚持斗争不容易。我虽然参加了国际饭店会议，但在会上会下仍坚持错误看法。

回来以后病了两周，陈葆华来看我，说彭珮云找谢龙谈话，做了他的工作，谢龙已动摇了。（谢龙插话：实际上是我在食堂碰到彭珮云，谈了几句话。）又说彭珮云也可能要找你，你抱什么态度？我说若找我，我要和她辩论。陈说，你的态度好，现在正在开积极分子会，你能不能来参加，多做些工作？我当时虽然病没有好，也去了。在会上我发表了错误看法，如说万里同志丑化运动，不讲成绩，是对革命群众运动的态度问题；也散布了对市委的一些不满情绪，说会议期间市委同志与一些同志谈话施加影响。另外，谢龙说，在王庆淑问题上，应当争取彭珮云。我说，彭很顽固，争取不了。我发言后，陈葆华以四清小组副组长身份肯定了我的发言，并说要和谢龙辩论。以后我在外系组谈了一些看法，也起了不好的作用。我的错误应当由我自己负责，但当时系工作组是积极贯彻张磐石的错误思想的。所以民族饭店会议以后，全校顶牛最厉害的是我们系，与这一系列工作有关。

回来后，一天晚上张恩慈来看我，我问他第一次国际饭店会议简报揭发运动中的问题是不是事实？他说都不是事实。杜彩云的揭发，经杨文娴一条条核对，都是假的。张恩慈还说了一些王庆淑和其他"犯错误"同志的家庭、历史问他，都是我过去不知道的，起了不好的作用。

民族饭店会议期间，一次讨论党委工作总结。休息时，聂元梓说，这次对陆平是保护过关；还说听到官方消息，运动以后学校主要领导干部都要调走，并说这事绝对不能告诉别人。这到底是哪里来的？既是官方消息，聂为什么对我们说，起什么作用？这是不对的。主席说陆平是好人，犯了一些错误，聂的说法给我的印象是陆平有严重问题，不过北大是有名学校所以保护过关。

从会议前后情况看，哲学系的同志，特别是聂元梓同志应很好检查。我们积极贯彻了张磐石的错误思想，抵制第一次国际饭店会议，起了很不好的作用，我也起了不好的作用（当时我和谢龙被工作队认为是顶得最好的）。

聂元梓同志对自己在第一次国际饭店会议期间的问题检查很不够。民族饭店会议后，我对冯毅同志着重谈了对聂的意见，她讲什么如"王牌""保护过关""官方消息"等。冯说，聂是老同志，说这些话的犯了原则错误，要我在适当场合向聂提出。系工作组清理时，我想聂会有所检查，但她没有表态。这次会议上我第一次清理自己的思想时涉及到了聂元梓同志的这些问题，但聂的态度不够端正。我清理以后，过了几天，聂找我说，什么"王牌""官方消息""保护过关"等，都不是她说的，而是我说；说是一次在湖边我对她讲的。我当时很激动，毫无思想准备，怎么老同志会这样不顾事实？我很难过。我又对聂重新讲了当时的情况，聂说：你不承认，我包下来了。她还说：我对第一次国际饭店会议是拥护的，只是觉得万里同志说的与张磐石同志说的不一样。聂当时对国际饭店会议的抵触情绪是很明显的，许多同志都了解，她这样说不符合实际情况。今天我在哲学系全体党员同志面前表示，我是实事求是的，的对党负责的。聂说是我在湖边对她说的。我回忆运动开始以后我到她家找过她两次：一次是我辞职；一次是民族饭店会议以后，她生病，我送她到中医医院看病。此外，我从来没有和她在湖边谈过问题。希望聂元梓同志重新考虑当时情况，实事求是、对党负责。

（谢龙插话：第一次国际饭店会议期间，哲学系有六人参加。除王庆淑外，五人都抵制这次会议。我们相互之间有不好的影响，特别是聂元梓同志在会议期间的表现，应当检查。当然我也需要进一步检查。当时聂元梓、孙蓬一等同志的表现有以下几点：（1）聂元梓、孙蓬一对万里同志传达的中央书记处对北大社教运动的三点意见是散布了一些怀疑：说中央书记处对北大运动是否全面了解；说万里同志是否原原本本的传达；说"三点意见"是针对北大社教运动讲的，还是针对全国讲的，等等。聂还把万里同志传达中央书记处意见说成讲话时发脾气，最后把"王牌"端出来了。(2) 对当时顶国际饭店会议的同志表扬，对"翻案"的同志进行反击。当传达了万里同志在第一次召集人汇报会上的插话后，"翻案"的人多了。孙蓬一同志对我与冯瑞芳说：我对你们两人是更了解了，过去对你们的问题看严重了，哲学系的问题都是王庆淑的问题，你们没什么问题。聂说：估计龚理嘉同志不会翻案，掌握了她的硬材料，料她不敢翻。对王庆淑同志在会上发言，我们分工作了回击。聂等认为胡寿文在会上发言很坏，由孔繁做了反驳。对我和冯瑞芳没有翻案进行表扬，说经住了"考验"。(3) 继续散布王庆淑的政治历史问题。孙蓬一同志在会议期间仍向我议论王的"政治历史问题"，后来才知道这些问题是不符合事实的。国际饭店会议回来后，哲学系仍然没有贯彻二十三条和中央书记处的指示，继续抵制国际饭店会议的精神。在积极分子会议上，歪曲地批评万里同志讲话，万里同志的报告与子意同志报告的精神不一致；张恩慈同志还说过，万里同志不是马克思主义者。我在会上只是说王庆淑的材料整理的不好，要把材料整理好，"说服"陆平、彭珮云同志。我并没有讲什么不同意见，但陈葆华同志立刻说，要准备就我提出的问题进行大辩论。有一次我找工作组长冯毅同志，想谈谈对"非组织活动"的不同看法，他没等我说完就说过去曾认为有个"集团"，不过在运动中瓦解了。还有一次，孙蓬一同志同我谈王庆淑问题的性质。我说如果政治历史无问题仅现实表现不够敌我矛盾。孙不同意我的看法。他认为不管王的历史有无问题，她都是坏人、敌我矛盾。这些情况都表明哲学系工作组没有以二十三条精神认真检查总结工作，不听取不同意见。在这种情况下，再加以自己党性不纯，就不敢全讲出自己的想法了。关于聂元梓同志整理万里同志在小组召集人第一次汇报会上的插话问题，我认为有不符合组织原则的地方。参加整理记录的四个同志[张恩慈、陈葆华、张文增、夏剑豸]都没有参加国际饭店会议，有的人也不是工作队员，整理记录时添加了不准向下传达的内容，不仅不应让这四人知道，也不应让我知道。整理万里同志插话记录时，聂还根据自己的笔记补充了万里同志的"姿态"，添枝添叶。看来聂当时是站在张磐石同志错误方面，恐怕张不知万里同志讲话时的"情绪"，给张提供抵制国际饭店会议的材料。聂在运动中把我们整风期间正常交换意见当作非组织活动追查，说"陆平同志带坏了一大批年轻干部"；说"你们没有见过真正的共产党作风"。但聂本人作为一个老同志却不能以党的作风和党的组织原则要求自己。我提出这个问题不是追究个人责任，而是希望聂正视这个问题，从中吸取教训。）

谢龙插话完了以后，冯瑞芳同志继续讲。她说，有些同志对自己在第一次国际饭店会议期间的错误，确实检查得不够。聂说，她当时是拥护的，对会议没意见。孙蓬一同志也说当时主要是对万里不讲运动成绩、对会议简报有意见。当时他们是不是真对国际饭店会议没意见，他们的情况究竟是怎样的，他们自己应当深刻检查。

二、社教运动中提出有关精简工作的问题。

讨论冯定问题时，很多同志都谈到了聂元梓同志在运动中违反事实，利用冯定事件来斗争陆平和党委。从这里我联想到在整风和社教运动中还有类似的情况。例如聂为证明党委、哲学系总支干部路线有问题，在精简工作问题上，也有违反事实的情况。

去年整风期间，许多同志提出，党委、王庆淑、谢龙和我，利用精简打击排斥异己，说给系总支提意见多的十个同志已调走了五个。聂元梓去年9月24日在发言中谈到精简工作时说："精简名单是原总支委员会确定的，我当时不了解情况。"这种说法是不符合实际的，是不负责任的。我当时发言就不同意对精简工作做这样的分析，并要求总支委员会讨论这个问题。会下也曾对聂作过多次建议。但当时我没有在会上说明精简工作的详细情况，因为党委说过，一级组织讨论干部问题不要在会上谈。聂元梓同志当时不同意我的看法，没有接受我的建议。后来经过过火斗争，我承认了自己执行了王庆淑的错误干部路线，打击排斥异己。这是对党的事业不负责任。现在我想谈有关精简工作的情况。

总支改选后精简工作是聂亲自做的。1964年1月，聂作总支工作报告时，是把精简工作当作总支工作成绩向全系党员作报告的。事隔半年之后，聂又把这一工作当作党委、王庆淑的错误干部路线进行批评，这是党员应有的老实态度吗！

精简工作是1962年党委统一布置的，当时我们系正在总支改选期间，把这项工作积压下来了。后来在一次系的党政干部会上酝酿，确定了大部分党外干部的精简名单，党员干部只确定精简吉廷爱同志，这样做是经过调查研究的，当时会上也没有争论。这是王庆淑同志离开哲学系前唯一确定了要精简的党员。

聂来系后，很重视精简工作。在总支工作计划中提到要配合系行政搞好这一工作，并提到过去确定的精简名单要重新研究。当时聂的态度是比较谨慎的。

最近我翻阅了那个时期总支委员会的记录。从记录上可以看出在聂的主持下，当时起码开过四次会研究精简工作：

1、1962年11月26日总支委员会，邓艾民同志介绍了过去酝酿精简名单的情况。聂提出要进一步仔细研究这个问题，究竟精简多少人，精简什么人都要再研究。

2、1962年11月27日，总支委员会着重研究了精简工作。很多人发表了意见。邓艾民同志说各教研室的精简名单已经确定，但过去辩证唯物主义教研室意见很多，需慎重研究。会上确定由聂元梓、谢龙、曹琦三人商量提出初步意见，下次总支委员会再研究。

3、12月3日，总支委员会讨论了聂、谢、曹三人提出的辩证唯物主义教研室的初步精简名单。会上未确定，决定征求该教研室支部书记的意见。（当时聂说她考虑到总支改选后，谢龙的处境处理这件事有困难，表示由她自己找支书朱泽浩同志研究。）

4、由此可以说明，精简工作当时是作为新的总支委员会的一项主要工作来抓的，聂重视这项工作，亲自处理这项工作。在她亲自主持下，经过了反复酝酿，才确定了辩证唯物主义教研室的精简名单。聂也在党员中做了工作。包括精简过去给总支提过意见的谢家林、赵臣壁，也都是聂来系后确定的。当时吉廷爱同志精简了尚未走，聂也和吉谈过话，进行过工作。

这次精简名单上没有曹琦和朱泽浩同志，当时总支也未讨论过他们两人的问题。我记得聂来后不久对我说过，他们本人要求调动工作，为了更好地发挥他们的作用，可以调动。当时我未表示意见。以后确定调走朱，是聂与党委组织部研究后确定的，不是老总支委员会确定和强行通过的。

我认为1964年1月总支工作报告中谈到对精简工作的估计，现在看来还是正确的（这个报告由聂元梓同志起草，经总支委员会讨论通过，由聂向全系党员报告的）。报告认为："完成了精简调动干部工作。总的来说基本上是做得好的，贯彻了学校关于精简工作的精神，多数同志很好地接受了党的分配，愉快走上工作岗位，思想上组织上表现了党员的风格，使我们很好完成了党交给的任务。"报告中讲到精简工作的缺点和问题是："（1）思想工作不是很深入细致，……对干部的错误思想批评不够。（2）从精简工作中反映出，由于党的日常思想工作做得不够，显得个别党员干部组织纪律性较差。（3）这次精简调整干部任务比较大，对是否应留一些干部作储备和下放农村考虑不够，可能将来不能满足形势发展的需要。"

对精简工作的这一估计是符合实际情况的，但在半年以后，张磐石同志来学校调查工作后，聂又为什么要否定自己所作的这个估计呢？这一否定是违反事实的。

（许政援插话：社教运动中，当有人在会上揭发这个问题时，我就觉得不符合实际情况。这项工作是在聂主持下进行的，对辩证唯物主义教研室的精简我也很清楚。当时在会下我就向聂表示了这种说法不符合实际情况。聂说，以后有机会可以说明。但以后一直把精简工作视为打击报复。）

（聂元梓同志插话：我是讲了："基本上是过去的精简名单"，也不是讲完全是过去的名单。我的错误是：虽然讲了"基本上是"，但未说也是经过讨论研究的。我当时应该说清楚。我来系后对精简名单是经过讨论研究的，我应该负责任，有什么错误应该检查。这个问题我以后再作检讨。当时会下许政援、冯瑞芳同志都给我提过意见，我当时也没有对他们说清楚。这次我本来准备谈这个问题，但由于会议内容转了我未谈。关于精简名单是否是过去的名单，以及精简的过程情况，我准备谈一次。但涉及一些人，不知应该怎么谈，我准备向领导小组谈。）

（谢龙插话：精简时，聂找我和曹琦同志逐个地研究了名单，不是根据原有的名单研究的。总支讨论后，聂又找支部，再次进行酝酿，提出修改意见，最后总支通过，不能说"基本上是过去的名单"。）

（伊敏同志插话：1962年党委布置精简工作时，正值哲学系同志对总支改选有分歧意见时，王庆淑和总支其他一些人对做这项工作有顾虑，因此推迟未定下来。我也考虑系里实际情况，对哲学系这项工作抓得比较松。聂来系后，对这项工作比较重视，亲自抓，这是好的。我当时对系里讲过，这工作要慎重研究，一定要经过总支委员会充分讨论，一致通过，不同意见要考虑，还要做好思想工作。在精简工作中，我与聂有过几次接触，我的印象是她做了很多工作，抓得比较紧，以后进展也就快了。名单也是聂来后确定的，还经过各教研室的酝酿。整风和社教运动中有人提出精简工作是打击排斥异己，是把过去给总支提过意见的人调走了，这是错误的。衡量精简工作主要从执行精简政策上看，不能说把提意见的人给调走了就是打击排斥。聂说名单是原来确定的，把自己的责任往前一届总支推，是不对的。）

（徐大笂插话：聂说，运动中她只是说"精简名单基本上是过去的"，实际情况不是这样。聂当时对"精简是打击排斥"的提法是同意的。当宋一秀同志发言讲了精简是打击排斥以后，聂说宋的发言是摆事实、讲道理，谈得很好。）

徐大笂同志插话以后，冯瑞芳同志继续说：今天我仍然认为当时精简工作是做得比较深入细致的。辩证唯物主义教研室的精简名单是经一个多月的酝酿才确定的，总支委员会讨论时没有什么争论，更不是什么强行通过的。但为什么在半年之后的整风中，聂元梓同志竟把它作为攻击党委干部政策的一颗炮弹，我想不通。说精简谢甲林是我和谢龙对他的打击报复。其实他调动工作首先是曹琦提出来的。曹当时提出也还是从工作需要出发的。我和谢龙参加了这一事情的讨论，也表示同意。但为什么就成了我和谢龙执行资产阶级干部政策的一个例证？谢甲林曾问曹琦，调动他的工作总支是否讨论过，曹琦作为总支委员，不向谢甲林说明真相，进行解释教育，只是说在总支委员会备过案的。这一点，我批评过曹琦，而聂元梓同志对他却采取了自由主义的态度。赵臣壁调动工作的事，是在总支改选后、他担任支部书记后才确定的，我认为应由新的总支委员会负责。朱泽浩、曹琦调动工作是没有经过总支委员会讨论过，但聂曾说是根据工作的需要和他俩的愿望考虑的，而整风中却说是越过了总支、越过聂元梓同志确定的。为什么聂把责任推给别人呢？又如柯木火、张凤波的工作调动未谈，在总支委员会上，聂说过，调动工作问题，首先考虑各种需要，然后照顾本人意见。但当别人提出错误意见时，她却不出来讲话，反而以此作为论证党委和王庆淑在干部政策中有路线我问题的一个炮弹，这难道是一个共产党员老老实实的态度吗？

20. 简报（41）

北大哲学系党员干部整风学习会议简报（41）

会议简报组
1965 年 11 月 2 日

11 月 1 日上午，经济系前政治经济学教研室副主任王俊彦同志在大会上发言。

最近经济系在讨论过程中，大家感到有些事需要给聂元梓同志提点意见。事虽然不大，但起了不好的作用。

在 1964 年 10 月，张磐石同志领导的调查组到经济系，调查期间和社教运动刚开头的几天，经济系多数同志提的意见主要是针对系的各个领导同志工作上的意见，有不少意见还是对聂元梓同志提的（因为聂在经济系工作过一年多到两年的光景）。多数同志比较实事求是。当时经济系有一批同志到湖北参加"四清"，总支委员只留下两、三个人。龚理嘉同志还是认真听取群众意见，态度还是好的。

但是，社教运动开始几天以后，有一天盛皿同志突然揭发了一件事情，使经济系的同志对龚理嘉的看法发生了重大的变化。

那时龚理嘉的爱人许邦仪同志患白血病刚死不久。盛皿说，在许邦仪同志生病期间，医院说需要吃水果，但龚理嘉连水果也不给买，高级党校只好从许邦仪同志的工资里每月扣20元给他买水果。盛皿说，许邦仪同志是老干部，又是龚理嘉的爱人，生病时龚理嘉连水果也不给买，他质问龚有没有无产阶级感情（这个问题盛皿来国际饭店开会后作了清理）。许邦仪同志是1964年6月去世的，死了才四个月，龚理嘉听到盛皿揭发这一材料，当然很受刺激。当时她马上气得站起来，拿起书包想走，但又坐了下来，把书包往桌子上一摔，说："你造谣，越揭越没边了。"龚连问了几次，"你这些话从哪里来的？"盛皿未具体说，只是反复说这是有根据、有来源的。

会后工作队员王德生、王茂湘同志为这件事直接向张磐石同志请示，张说，龚理嘉是对整个社教运动的不满，不过是借这件事发泄，要斗龚理嘉的态度。以后在全体党员会上集中两天打态度，使大家对龚理嘉的看法起了变化。过去只对龚理嘉工作上有意见的人，现在对她的品质也发生了怀疑，认为龚品质恶劣。我起初怀疑盛皿的揭发是不是事实，但以后盛皿一再表示有根据、有来源，加上工作组不批评盛皿，反而一再打龚理嘉的态度，以为工作组调查过确有其事，我想龚理嘉为什么做出这种事来？有封建道德的人也作不出来，个人主义自私自利到了这种地步，连亲人也不顾了。当然当时大家的看法发生变化，不只是由于这一件事。由于大家对龚理嘉的品质发生了根本怀疑，对她很不信任，所以以后斗争中揭发的许多过头的、不符合情况的问题，也就逐渐信以为真。这件事煽起了大家对龚的气愤，有人说是起了转折作用。

盛皿说有根据、有来源，到底是从哪里来的？盛皿最近向组织上谈，许邦仪同志未死前，聂元梓告诉他：许邦仪病得那么厉害，龚不拿钱给他买水果，结果是聂元赏拿了五元钱给他买水果吃。（聂元赏是聂元梓的哥哥，中医，高级党校请他给许邦仪看病）王茂湘说聂元梓在运动刚开始时，就告诉过他这件事，还让他揭发。

为了弄清事实真相，最近组织上派人到北京医院党委作了调查。据该院护士长柳纯安同志（中共党员）证明："许邦仪同志从1963年

5月住院，直至1964年6月死，我一直在病房工作，据我了解，他爱人龚同志对他照顾的不错，病重时经常住在这里，每天白天都来陪病人。许邦仪同志是重点重病人，他爱人照顾的很耐心，有了症状时能及时发现告诉我们，配合的较好。当时他的家庭情况还是困难的，但没有对病人不耐烦。总的印象是照顾的好、耐心。吃东西的问题，要什么给什么，伙食费花的很多，相当贵，吃特别饭。没听到许邦仪同志对饮食上提什么不满意的意见。后期医院给了她一张病床，必要时陪住。病人吃水果由家属通过医院订购，每周两次，水果费的多少，可以从住院处了解。"从北京医院住院处查到水果费情况：1963年4月13日至5月31日——14.14元；6月——6.72元；7月——12.63元；8月——5.76元；9月——11.48元；10月——10.34元；11月——17.32元；12月——16.19元。1964年1月——18.40元；2月——15.16元；3月——11.15元；4月——17.09元；5月——12.52元；6月——15.94元。

以上情况可以说明：

一、龚理嘉对许邦仪同志的照顾是耐心的，病危时龚住在那里，医院给了一张病床是要付房费的。但运动里居然有人造谣说：龚理嘉没有在那里陪病人，是陪朋友玩去了。

二、许邦仪同志生病期间是没有缺过水果的。

三、并不是高级党校每月从许邦仪的工资里扣20元水果费，而是医院每月开账单，由龚理嘉亲自向医院订，向医院付钱，并不是聂元赏给了五元买水果。据龚理嘉说，有一次，她与高级党校一同志一起陪聂元赏到医院，路过王府井，龚要买一些水果带去，但身上带的钱不够，向聂元赏借了五元。第二天龚把五元还给聂元赏时，高级党校的同志说他已还给聂五元，因此龚理嘉就把钱交给党校的同志了。借钱一次竟被夸大成龚理嘉连水果也不买给病人吃！

与龚理嘉熟悉的同志都知道，龚与许邦仪同志感情不错。

无论从调查的事实看，还是从龚本人说明的情况看，都证明这件事是无中生有，是捏造的。退一步，即使揭发的材料是真实的，聂元梓同志这样作也不对。聂是老干部，如果龚理嘉对病人照顾不周，不耐烦，应当提出意见，劝劝她，如果不愿对她当面提，也可以向上级党委反映。而聂是向龚理嘉领导下的干部散布。据了解聂不仅对盛皿讲过，而且对系办公室的姜明同志也说过。这究竟是出于什么动机？

在社教运动高潮时，我听说聂元梓在政治部筹备组负责领导政治课工作。当时我正在搞政治课教学大纲，因此去找聂元梓同志谈。未谈之前，聂突然问我："龚理嘉结婚没有？"我很惊奇，我想，龚理嘉斗成这个样子还结婚？聂说："龚早就有朋友，许邦仪死以前就有朋友"；"高级党校许多人都知道，谁不知道？"这根本不是事实。据龚理嘉说，许刚死不久，聂元梓对龚理嘉说："你赶快找个朋友、对象。"聂曾两次对龚谈到这个问题。明明聂元梓知道龚理嘉没有朋友、对象，为什么这样说？当时经济系下面散布关于龚理嘉这方面的流言蜚语比这个还更不像话的多。聂是工作队员，对经济系的斗争情况是了解的，当时对龚的斗争正激烈，在这个时候聂对我（龚理嘉领导下的干部）谈这些，究竟是为什么？老实讲，这话对我起了很坏的作用。我听了以后，确实对龚理嘉很反感。

希望聂元梓同志好好想想，这样做是出于什么动机？在搅浑经济系的水当中，聂起了什么作用？

汤一介同志说：

我的父亲也是在这一时期住在北京医院（3月至5月）。我经常去看他，在医院不止一次地碰到龚理嘉同志。听到刚才王俊彦同志的发言，感到很气愤。这完全是造谣，怎能这样对待同志？确实很难使人理解。聂元梓同志利用这些办法在社教运动期间整一个同志，确实是缺乏共产主义道德，应当认真检查。为什么要用无中生有、造谣的办法把党内斗争搞得很乱。这到底是什么问题？

任宁芬同志说：

这件事我不是第一次听到，但是今天我听了很难过。运动中我也听到过这种传闻，当时我很气愤，觉得龚这个人很糟糕。最近听说这不是事实。我对人说应当在适当时候把问题讲清楚。我觉得这种作法很不道德，想不到聂会对同志这样伤害！我不明白为什么聂元梓同志这样恨龚理嘉？有必要请聂元梓讲讲为什么要这样作。

我补充一点情况：聂元梓同志在动员斗陆平时，在积极分子会上讲过：要作好各种思想准备，有人可能会耍无赖。她说有人就倒在地上大哭大闹,她指的是龚理嘉。(王俊彦插话:这也不是事实。)龚并未倒在地上大哭大闹,为什么这样诬蔑。如果这些不是事实,聂元梓可以出来说明;如果是事实,我觉得是不可饶恕的。如果有共产党员的同情心,也不会做出这种事来。

王俊彦说:再补充一点,不仅聂对我说的话不是事实,下面散布的其他流言蜚语都不是事实。

汤一介同志提出:聂元梓同志应直接出席这样的会议,让她直接听到这些意见,可以澄清事实,也可以受到教育。希望领导小组转达。

经济系副系主任胡代光同志发言:

我想把经济系的同志对聂元梓同志的意见转达一下。

去年社教运动开始前,庞达、阮铭、王德主三同志组成调查组来经济系调查情况。当时不少同志对聂元梓同志在经济系的工作提出了一些意见,但阮铭、王德主同志听不进去。听说阮铭同志听到李志远给聂元梓提了意见以后,向庞达同志作了汇报。过两三天庞达同志找李志远谈话,当面指出李志远,态度不明朗,是"各打五十板"。并说:"经我们了解,聂元梓是个好同志,在政治上大是大非是清楚的,她所依靠的一批人大是大非也是清楚的。"由于调查组不大听取这方面的意见,大家对聂元梓的意见没有能畅所欲言地提出。社教运动开始以后,张磐石同志在积极分子大会上两次公开讲:有人提聂元梓也有问题,我们掌握情况,聂不是走资本主义道路的当权派。所以当时好多对聂元梓同志有意见的同志不敢提出对聂的意见。这次清理运动中的问题,大家一方面对阮铭、庞达同志的态度提出了意见;一方面对聂元梓同志也提出了一些意见。我不可能全面介绍,举些例子来说明。

一、聂元梓同志来经济系以后,在个人与党组织的关系上存在问题。

1960年6月聂来经济系担任第一副主任,对党组织有不满情绪。她曾向系的不少负责同志这样讲:"我在哈尔滨市委宣传部起码兼两个以上处长职务和一个理论刊物的编辑,比一个宣传部副部长所做工作也不少。后来调到一个学院担任党委办公室主任,每次开常委会都参加，而宣传部长是个十二级老干部，也未参加常委会。来北大以后，不知北大党委对我怎么看法？"

聂刚来经济系时，看到周围的负责同志比她年轻、资历比她短，对当第一副主任不高兴，流露出不满情绪，毫无根据地散布一些话，如说龚理嘉只不过是家政系毕业生（事实上龚是燕京大学社会学系毕业生），瞧不起龚理嘉；说新提拔的副系主任徐淑娟是小姐，为什么从苏联回来就担任副系主任？对其他同志也看不起。

聂讲话不分场合。在一次系主任碰头会上当着党外人士陈岱孙的面前说："龚理嘉1960年提工资不应当，龚是总支书记，又不是教员，为什么提工资？"（因那次提工资只限于教员），实际上龚理嘉一直是教学级，当时龚理嘉也兼一部分教学任务，1960年提工资时是经总支讨论通过，学校批准的。聂提出后，我们都感到不妥当。聂是老同志，怎能在党外人士面前散布这些言论？

聂来系以后，经常提出不愿干经济系副主任，愿意只搞教学工作，如果不行，要求调到别的单位。她经常向龚理嘉提这个问题。1962年龚理嘉对聂讲："你的工作安排，总支无法决定。"要她直接向陆平同志谈谈。聂说："我够不着。"意思是指她不是总支书记、党委委员，没有资格直接找陆平同志谈话。

本来我们考虑聂是第一副系主任，要求她多照顾系里工作。她不愿意，有情绪。说："党内有总支书记龚理嘉，龚又是党委委员、校务委员，全面情况也了解，党外，行政上有陈岱孙，用不着我管系里全面工作。"因此她一直未管全面工作。

不久，聂调到哲学系工作。调走以前，先由史梦兰同志找她谈话。回来以后她向龚理嘉说："史梦兰找我谈话了，要调我到哲学系，我不去，我要作党的工作，也不在这里作。有的省委还要调我去呢。"以后陆平同志找她谈话，回来以后她向龚理嘉说："陆平同志谈得很诚恳，我答应了。"但刚离开经济学到哲学系不多久，她却向经济学教学秘书张纯元同志说："陆平对我说，你不到哲学系，也不能在经济系"。意思是说陆平逼她离开经济系。因此，她调走不久，系里传出流言蜚语，说聂元梓是被经济系排挤走的。樊弘也说调走聂元梓是为了多给龚理嘉几张选票。这次运动把这些流言蜚语当作确实根据，说聂是被排挤走的，说陆平保护龚理嘉。我们希望聂元梓同志应该说老实话，如实反映情况，把问题澄清。

二、聂元梓同志来系后，不愿抓全面工作；对她分工担任的教学工作、人事工作和一般行政工作，也慢慢推掉。1962年以后她不愿担任教学工作，把这个任务分给了陈岱孙担任。事先未经研究，聂就在一次系主任碰头会上说："陈先生，你的工作经验丰富，我们不行，希望陈先生多出来领导全系的工作。"陈岱孙虽然担任过旧清华大学法学院长、经济系主任二十多年，但他那套办学经验，乃是资产阶级东西，早已陈腐过时了。他的所谓丰富经验，还有多少可适用于我们今天的社会主义大学经济系呢？！现在陈担任经济系主任不过是出于统战工作上的安排，聂在资产阶级教授面前说我们不行，要陈岱孙把工作抓起来，这是有问题的。以后聂对分管的人事和一般行政工作也不愿作，她没有同总支商量，也没有向党委请示，就直接只写信给翦伯赞副校长请假（翦分工联系经济系工作），声明身体不好，不愿管人事和一般行政工作，翦同意了。但另一方面，这时聂又主动去搞教学工作。对系里分给她的工作，就这样慢慢地几乎都推完了。

聂对资产阶级教授有严重右倾。聂离开经济系时，好多老教授对她恋恋不舍。可能聂元梓同志同他们的关系搞得好，但是聂对又团结、又斗争，以斗争求团结的统战方针是否执行得很好？聂离开经济系时，有些老教授流露了一些不正常情绪。老右派周炳琳向来对系里党员负责同志有反感，但对聂却很有好感，常称赞聂很不错。在欢送聂元梓的大会上，陈岱孙说："聂元梓同志是个好领导，我们是有舍不得他离开经济系的心情。"樊弘同志且在大会上公开说："聂元梓同志是经济系的慈母。"当然应当肯定聂作统战工作有好的一面，但他们流露这种心情表明聂对老教师的工作恐怕是有问题的。

三、聂元梓同志对待讲师厉以宁的问题。

厉以宁是个漏网右派。反右时与《百花学社》互相勾结，幕后出谋划策，贴匿名小字报，有反动言论。当时没有发现，下放斋堂劳动时自己交代了。聂元梓来系后，总支向聂交代过厉的情况。当时厉刚教课，聂常称赞厉说："厉以宁真了不起，身体那样瘦，但精力干劲那样大，又搞教课，又搞科研，又搞翻译，又经常跑学生宿舍，还到处找老教师请教，积极性真高。"实际上厉以宁的这种积极性是受他的资产阶级个人主义名利思想支配的。他自己也曾检查了，表现积极是想在群众中树立影响，以便在经济系站稳脚跟。获取名利，为个人主义奋斗。厉以宁是一个新生的资产阶级知识分子，有整套的资产阶级世界观和资产阶级作风，他的资产阶级名利思想，个人主义极端严重。他在学生中和在青年教师中散布了不少资产阶级思想影响，有些学生跟着他跑，资产阶级老教师也精心培养他；而聂也很欣赏他。1962年聂亲自领导总结了三门课的教学经验，其中就有厉以宁讲的课。聂认为三门课教学经验总结中，以厉写得最好。我们最近检查过这个总结，完全是资产阶级教育思想挂帅，厉在总结中宣扬的是资产阶级教育思想的一套。聂在当时把厉的经验当作标兵树立。但这次社教运动中，却说成是龚理嘉把厉以宁当作标兵树立，推广厉的经验，作为青年的方向，把责任放到了龚理嘉身上。当然，在处理厉以宁的问题上，龚理嘉和我都有右倾错误。但把厉以宁扶植起来，树立为标兵，聂元梓同志要负很大责任。实际上当时龚和我没有管总结教学经验的工作。希望聂元梓同志好好考虑一下，树立什么人作为青年的榜样？

聂元梓同志对樊弘在1962年5月在党委组织的关于贯彻中央七千人大会的学习会上的发言加以肯定，是不妥当的。我们看了樊弘交出的日记。1962年5月7日、8日他写道："找了聂元梓，她对我在学习会上的发言，说没有错，并且加以鼓励。"樊弘在反右倾中受到的批判，基本上是正确的，仅个别的有夸大。这次我们作为专题，重点讨论了樊弘的问题，大家认为对他是甄别过头，当初反右倾对他的批判不是过火，而是批判不够，对他的问题性质认识不够。1962年的学习会上，樊弘带有很大的不满情绪，对1959年批判他的材料加以辩解，讽刺党组织和同志，说了许多错话，想翻案。从这时起，以后系里一直刮翻案风。樊还提到给右派平反问题。在这种情况下，聂元梓同志说这样的话，是否有不妥当的地方？

这些意见过去由于工作组封我们的口，不能畅所欲言，这次大家提出来，请聂元梓同志考虑。

胡代光同志发言后，张胜宏同志说：

刚才听了王俊彦同志的发言,感到非常气愤,聂元梓同志这样无中生有,恶意中伤一个同志,确实应很好检查。对于聂的个人名位思想,我提出一个补充印证材料。1960年聂到经济系,那时我还在经济系工作,在市委党校参加编书(政治经济学社会主义部分)。当时市委还委托聂真同志负责领导编写政治经济系的资本主义部分,具体负责的是人民大学的徐禾同志,聂元梓同志也参与具体领导。在编了一些资料和写出一些初稿后,摊子就散了。以后,人民大学一部分同志和北大张友仁、胡志仁同志在这个基础上继续编写。书编写出来后,在署名问题上发生了很大的争执。人大要署徐禾主编,北大张友仁要把聂元梓署名为主编之一,说不然回来交不了账。人大的同志不同意,认为聂元梓同志一章也未写。争论很久,最后未署名,在内部发行。据说这个问题曾反映到市委、中宣部。我未亲自参加这项工作,谁在这个问题上负主要责任,不要作判断。但这可以作为一个旁证,说明聂元梓同志在个人名利思想上的问题。

谢龙说:

胡代光同志讲聂元梓对经济系一些政治上不好的人态度上有问题。我回忆起一件事。1963年秋党内碰头会研究干部安排,聂提出打算把经济系右派侯建儒调来我系作管理员,会上未通过。记得下面聂还对我讲过,侯来找过她,想把他的爱人姚光曙(右派)调来哲学系作资料工作。聂要调右派来作管理员,而且侯找聂要求给他的右派老婆找工作。我认为聂元梓同志可以考虑一下,究竟你对政治上不好的人,包括右派在内,采取的态度有无问题?

杨辛说:

胡代光同志讲,聂元梓对樊弘在1962年学习会上的发言说没有错。当时我参加了这个会,记得会议是由聂元梓主持的。樊弘在会上曾说:"我觉得毛主席领导正确,但下面报告的材料不对,影响毛主席看问题";"党说反对右倾,就把党员扣上一个右倾机会主义,向上面去邀功";对右派问题,他认为"绝大多数右派都定了,如果个别方面发生了偏差,还是应当纠正的。……当然这不是平反,这是党的优良传统。"当时樊还花了相当多时间攻击陆平同志。聂对樊弘的发言表示那种态度是非常错误的。

21. 简报（43）

北大哲学系党员干部整风学习会议简报（43）

会议简报组
1965年11月4日

11月1日下午大会发言。任宁芬同志说：

原来哲学系就有一部分同志不安心工作，到民族饭店会议后有了发展，很多同志都想法调离北大。同志们不愿在北大工作的原因很多，其中一个重要原因是运动中的积极分子怕遭受"打击报复"。聂元梓同志对这些同志不仅没有说服教育，反而采取了支持和鼓励的态度。例如：当时要求调动工作的同志很多，有傅士侠、吴重光（他们有照顾爱人关系的问题）、孔繁等，我也要求离开市委系统，不愿去市委党校工作。傅士侠要求照顾爱人关系已好几年了，原来一直想争取把她爱人调来，这时她想走，聂元梓同志是支持她走的。一次傅士侠很高兴地告诉我，总支有好几位同志已同意她走了。她并且说：聂元梓同志掩护我们积极分子先撤退，她最后走。陈葆华同志也要求离开北大。她说已和聂元梓同志谈好，等聂走后，聂再想法把她调到聂工作的单位去。后来听说孔繁要求走，聂元梓也同意了。我当时曾经想过，聂把这些人都放走，将来哲学系怎么办下去呀？我当时不愿去市委党校工作，但对去国家体委工作有很犹豫。聂批评我对体育工作有旧思想，鼓励我去，还说，将来也不是死在一个部门，言下之意是以后还可想法调动。这话正合我当时把体委当作跳板的极其错误的思想。在这次谈话中，聂还谈到她很想去中央组织部工作。我主动答应帮她去打听一下。后来中央组织部不需要，我也没回复聂元梓同志。我爱人出差回来后，听说我要求去体委工作，很不同意。一次在南阁碰到聂元梓同志，我告诉她了。她给我出主意，要我向党委请求把她的档案送高教部，由高教部分配我的工作。她并且说，她就准备要求把她的档案送中宣部，由中宣部分配她的工作。我当时对这样做法有些犹豫，曾对葆华表示我愿意先去党校工作两年再说。葆华认为可以。后来她对孙蓬一说了，孙表示不同意。有一次孙对我说，去党校还不如在哲学系，这里有群众。你到党校去孤零零地一个人更不好。当然这些同志当时都是从关心我出发的，我当时也很感激。但是现在看来，这些观点的错误的。我后来意识到在个人工作问题上，和组织的关系处理得不好，常常是强调个人的兴趣、志愿，不能很好地服从组织的分配；特别是企图通过熟人、老上级调动工作的做法，更是十分错误的。我清理时检查了这个问题，希望其他同志也能很好地检查一下。这里还牵涉到对北大党委和市委的看法。尤其聂元梓同志，作为一个老党员、老干部，对其他同志有比较大的影响，更应该很好地检查。

另外，还有两件事情，我认为聂元梓同志的做法也是错误的：

一、1962年我在党校学习期间，曾两次回校向党委汇报学习、思想情况。去年我回校参加社教运动时，孙蓬一同志告诉我说，"下面流传很广，说我曾去党委哭哭啼啼，承认总支改选自己有错误，对不起王庆淑"等。我听了很生气，要去质问张学书同志，聂元梓劝阻了。后来听说这是聂元梓同志传出来的。

二、聂元梓同志对我说，党委向她介绍情况时说，任宁芬不能做组织工作。党委对干部怎么考察是党委的事，我个人不应计较。聂把这话告诉我是无原则的，当时曾引起我情绪上的波动。

像这样一些无原则的事情在哲学系的比较多的。有些观点相同的同志，常常是互相包庇或掩盖自己的错误。如赵臣壁同志在总支改选中起了很不好的作用，说黄村调查报告有问题的那一章烧掉了，宴成书转正没有经过支部讨论，这都是无中生有，拨弄是非。另外，他对提拔了宴成书作教研室副主任和副教授而没有提他是不满意的。直至这国际饭店会议期间，张恩慈同志还和我有争论。他说他亲自问过赵臣壁，赵说没有这事。我实在没有办法了，只好问张是相信组织还是相信个人。张马上顶了我一句说："你就代表组织吗？"我说："我当时在总支工作，听过支部的汇报，不信，你去问支部书记罗蔓。"张恩慈同志这样的观点是错误的。我希望我们的团结是建筑在原则基础上，这样的团结才能巩固。我正是抱着这样的希望提出上述意见。

高云鹏同志说：任宁芬同志说吴重光要求调离北大，聂元梓是鼓励支持的。据我了解，这与事实不符。吴重光从未要求调走，而是他爱人要调离北京，按照规定他也应当跟去。他本人一直表示去、留都服从组织分配。我们考虑他走后对教学工作有影响，同时他去新的地区也不一定能搞心理学工作，因此，争取他不走。许政援同志曾去电子所联系，想把吴的爱人留下来。后来因为该单位规定一律都走，所以吴重光才没留下。据我所知，聂元梓并未找吴重光谈话。只是一次在电话中聂通知吴走的消息，并在他要走的头一天晚上去送他谈了一会。当时有几人在场，聂元梓讲话还是很有原则的。（任宁芬同志插话：对吴重光同志我显然没有高云鹏同志了解清楚。但我们和吴重光接触的方面不全一样。一次在食堂吃饭时，吴重光说他和聂元梓谈了，聂元梓同意，而且，聂元梓同志对所有要走的同志的态度是一样的。）

许政援同志说：关于吴重光调动工作的问题，联系其他同志的调动，我是有些疑问的。我觉得张磐石同志的错误被揭露以后，运动中的积极分子调走或想调走的较多。如总支原来讨论决定不调走傅士侠，过了几天，听她说要走了，总支也同意了。我觉得很奇怪，总支不是决定不走吗？后来才知道又开过一次总支委员会，决定同意傅走。总支还讨论同意孔繁同志走。后来又听说孙蓬一也要走。我当时想，为什么这些同志都一个个调走，哲学系如何办下去？关于吴重光同志走的问题，后来根据中央指示的精神，是应该走的。但在当初，中央的精神还没有下来。吴重光同志在第一次告诉我他爱人要调离北京，并说他爱人机关也说要调他走时，告诉我他已和聂元梓同志谈过，聂表示她个人没有意见。我当时奇怪聂元梓同志为什么这样说，我觉得从心理专业工作出发，应当把吴重光留下。他1958年留校后一直是作为教学骨干来培养的。他走后普通心理学开课有困难。聂元梓同志应该积极争取吴重光同志留下。当时我想是否聂元梓同志对心理专业需要考虑不够，但我又觉得聂元梓同志对心理学专业情况是有所了解的。后来总支讨论决定留下吴重光同志，并争取吴的爱人不走。第二次总支讨论改为，如果吴的爱人调走，希望吴能留下；但若本人要求走，则同意他走。我把总支的意见告诉了吴重光同志。吴重光同志说，前一天晚上陈葆华同志已和他谈过。他觉得我们两人对总支意见的说法不一致，陈葆华同志谈的是倾向他走，而我谈的是争取留下，他觉得有疑惑。他自己表示服从组织决定。我觉得这些同志虽然都有实际问题，后来又有中央的精神，但有的同志是有可能留下的。有的同志在中央精神没下来前是可以留下的，工作也都是有需要的。而聂元梓同志却倾向于这些同志走，或至少可以争取留下而没有去争取。联系任宁芬同志谈的情况，运动后期，有些积极分子是有怕党委"打击报复"的思想，所以想走。我觉得聂元梓同志应当从自己处理这些同志调动问题的倾向性中很好检查对党委和市委究竟怎样看，对党究竟怎样看？

陈葆华同志说：许政援所说的那次我和吴重光的谈话，并不代表组织的意见，是他到我屋里闲谈时谈起的。那时中央指示已经下来，大概是夫妻如一方由中央系统调离北京支援外地的，另一方如无特殊情况也必须调离。而心理学专业的普通心理学如吴重光走的话，就无人讲课。在思想上希望他能多留一个时期培养一个能代替吴的课的同志。当吴重光问我他到底走还是留的问题时，我说，还是做两手准备，如果爱人调走的话，你就可能走。但也很希望晚走一年半载，能带个接班的同志，或者能否长期先这样分开，寒暑假可以照顾他回去看爱人。现在也正在争取他爱人留在北大，但可能希望不大。我绝没有鼓动吴重光走的思想。把我当时意思完全说颠倒了。

宋一秀同志说：关于傅士侠、吴重光调动工作的事，任宁芬同志说，聂元梓同志是加以鼓励和支持的。据我了解，这种说法根据不足。在整风和社教运动后期，因为爱人不在京或其他原因，我系调走了一些人。傅士侠调走的问题，我有三次接到人事处抄送哲学系的公函。既不肯定能调，也不肯定不能调。后来，我向总支赵正义同志反映，他让我转告人事处罗宏述同志，我们不同意调走傅士侠，是否能把傅的爱人调来北京。根据这个意见，人事处发了一个复函给对方。另外，公函是同意傅士侠调动工作，并建议她可去省哲学研究所工作。

关于吴重光调动工作的事，是根据中央指示的精神：属于外地的机关、单位，爱人调离北京，本人必须同时调走。原来我们向人事处反映过，吴重光是普通心理学的教学骨干，最好争取他爱人不调走，或采取两个单位调换人调动办法。一次，程光裕告诉我，两个单位调换人不可能，能否把他爱人留下，系里是否可以主动找电子所联系。后来，我和许政援到电子所去联系，说明我系吴重光是教学骨干，调动工作会给教学带来很多困难。因此，我们建议：他爱人的工作可由北大设法安排。他们答应考虑。后来情况如何，我不清楚。这就是说，傅士侠、吴重光调动工作问题，总支曾力争把他们留下来。我也执行总支的指示，做了一些工作。至于聂元梓同志是否说了像任宁芬同志所说的那些话，我不清楚。但最基本的是，凡是人事调动都是经过总支讨论的，对他们两人，总支都曾力争留下来。

谢龙同志说：民族饭店会议后，哲学系同志要求调动工作的人是比较多的。有一次，我问聂元梓同志，要求调动工作的同志是否有思想问题？聂元梓同志说，有实际问题；过去有，现在更尖锐了。但她又说，这与运动中的问题也有关系。当时我说，希望她多做些思想工作。听了任宁芬同志发言后，我认为聂是做了思想工作还是起了相反的作用呢？值得考虑。

22. 简报（65）

北大哲学系党员干部整风学习会议简报（65）

会议简报组
1965年11月23日

11月20日上午大会，宋一秀、刘路同志发言。

宋一秀同志说：

这两天，不少同志对会议怎么开好提了一些意见。这说明如何开好会既是领导上的殷切期望，也是广大党员的要求，是大家共同关心的问题。

参加国际饭店会议两个多月以来，受到不少教育，进一步认清了张磐石错误的严重性；也认识到党内搞过火斗争，决不能够弄清是非，团结同志，不仅不能加强思想上、政治上、组织上和行动上的一致，而且会加深分歧，不但不利于团结，反而会加深分裂。要解决分歧，增强团结，只有按真理办事，按党内斗争原则办事。从团结的愿望出发，摆事实、讲道理，这样才能达到弄清是非、团结同志的目的。

这次整风学习会，总的指导思想是正确的，取得了不少收获。为了把会开好，在会议进程中出现的一些情况是值得注意的。我只就这个时期以来自己的一些感想、感觉和存在的问题，提出来跟同志们讨论。目的无非是为了更好地总结党内斗争的经验教训，弄清是非，团结同志。这些意见、感觉可能有不少错误的地方，欢迎同志们提出批评。

一、是否充分贯彻了"放"的方针？

立群同志在10月7日座谈会上提出，我们的会议必须采取"放"的方针。我们是否充分贯彻了这个方针？有没有做到放手让大家讲意见，充分讨论，以理服人？对发表了不同意见的同志采取什么态度？从会议进行的情况可以得到解答。

现在回过头来看，具体引导会议进程的先后有三种不同提法：一是彭珮云同志9月8日动员报告提出的，按历史阶段总结经验教训，不出题目，有什么总结什么，有多少总结多少；二是先集中讨论认识一致的冯定问题，把其他不一致的问题挂起来，后来说当然要谈也可以；三是先解决整风社教运动中的问题，然后再解决历史问题。

随着会议进展，提出不同的具体指导会议进行的原则，改变会议的议题不是不可以的，但是否让大家明确会议应如何进行更好一些呢？然而会议开法的改变，由一个开法转变到另一个开法，加上在讨论中常常由一个问题突然跳到另一个问题，使得参加会议的许多同志感到迷惑，把握不住中心，对此同志们会上、会下提过不少意见，但未明确地加以解决。这样使得一部分同志在比较长的时间内陷入被动的、盲目的状态，而另一部分同志对会议的进展是明确的，有计划、有目的、有准备的。这种情况是否有利于不同意见的发表呢？

9月25日以前的小组会情况是比较正常的，执行了彭珮云同志提出的原则，历史地总结经验教训。10月7日到15日前也基本上执行了立群同志讲话的精神，执行了"放"的方针。但自此以后情况就发生了变化，会议上发生的一些比较突出的情况，使自己感到难以理解。

10月14、15两天孔繁同志作了比较系统的发言，谈了五个大问题。第二天突然以会议如何开好为理由，对孔的发言进行了批评。开这样内容的会，一部分人事先是知道的，有准备的，另一部分人是不知道的，感到很突然。孔的发言被说成是"大量的是小是小非，不是不非，甚至是无事生非"，是"繁琐哲学"，"陪不起"，"不得了"。其实孔的发言大部分是针对分歧的另一方提出的问题，发表了不同的意见而已。奇怪的是，批评孔的发言是小是小非、不是不非的同志，你们在孔之前对同样问题的发言怎么就是大是大非呢？孔的发言是繁琐哲学，你们就是唯物辩证法？同样，在孔发言前，对方有好几个同志分工对不同的问题都发表了"通史"式的意见，花了五、六天时间。仅施德福、陈志尚的联合发言，只一个问题就讲了两个半天，而且只讲了提纲。这些发言就"陪得起"，就"了得"，而孔繁对此发表了不同意见，就"陪不起"，就"了不得"？批评孔繁的发言大量的是小是小非、不是不非、无事生非的同志，除了一再重复诸如：牛奶问题一、二个例子外，再也举不出其他的例子，这是否抓住一点，否定别人的全部意见呢？事实上，牛奶问题也不能说不是问题，当然与最大的大是大非比较，可以说是小的。

由于孔繁的发言突然引起改变会议的开法时，领导同志提出：先集中讨论认识一致的冯定问题，其他不一致的问题挂起来。集中讨论冯定的问题是必要的，而且应当彻底讨论，总结经验教训。但把其他不一致的问题挂起来，是否符合"放"的方针？问题很清楚，不一致的、有分歧的问题，不通过辩论怎能达到一致呢？挂起来到哪里去放呢？真理愈辩愈明，不正是有分歧，才需要通过充分讨论，求得一致吗？

当时有同志建议，为了使大家发言有步骤、有计划地进行，大家可以把要发什么言、需要多少时间，写成条子，以便领导上统一安排时间，分别问题进行讨论。领导小组同意了这建议，同志们也报了名，但报名以后，会议一直开到现在，并未看到安排这方面的发言。是什么原因搞不清楚。会议进行中有的同志事先报名发言，但未及时得到发言权，没有被安排上（如李存立、杨克明的情况就是如此）。

冯定问题的讨论展开以后，是否双方都能充分阐明自己的观点呢？张恩慈同志就冯定问题发表了不同的意见，结果被批评了一整天。批评可以不？批评是可以的，有不同意见完全可以反驳对方。如张凤波的做法是好的，是针锋相对摆明观点，有利于弄清问题。但出乎我意料的是高宝钧同志的发言，抓住张恩慈说的"我们在四清运动中的错误，基本上做了清理"这句话作了一篇文章。也许有人感到难以理解，张恩慈发表对冯定问题的意见，为什么高宝钧作出这样一篇文章？这是容易理解的。高宝钧同志的发言就是要证明：直到今天，张恩慈同志和张磐石的错误指导思想还划不清界限，一直扭不过弯来，不认识张磐石错误的严重性，是由于存在着严重的个人主义、个人英雄主义，等等。对张恩慈本人存在的思想意识问题，实事求是批评，是完全可以的，但在他对冯定问题发表了不同的意见之后，来了这样的发言，这是否有利于发表不同意见呢？如果在每个人的发言之后，都这样来一通，会议会发生什么情况呢？

对其他同志又怎样呢？陈葆华同志在讨论冯定问题时讲了一点意见，就被说成是"为聂元梓的错误辩护""直到今天仍然对张磐石的错误划不清界限"；对会议的开法有的同志感到迷惑、不明确，提出一些意见，就被有些同志判定为"对冯定的问题认识不足""对彭真同志委托的以立群同志为首的十四人领导小组的态度问题"；对有些积极分子不承认加在自己头上的"莫须有"的事情作出解释，有人就提出："现在是到了醒悟的时候了！"是"悬崖勒马"的时候了！并发出号召："要回到党的立场上来！"更加奇怪的是在严肃的党内斗争的大会上，竟然有不少人起哄，甚至嘲笑；在会下有人在争论问题时骂人。这些是否有利于讨论的气氛？会议越开越大、引进经济系参加会议是没有多少道理的，使人感到有压力。这不利于问题的讨论。这些情况的存在能否说充分贯彻了"放"的方针？是否符合二十三条中的第二十一条呢？是否作到了好话、坏话、正确的话、错误的话都要听呢？可能是这样：对一部分人来说是贯彻了"放"的方针，作到了畅所欲言；对另一部分人来说，却没有充分贯彻"放"的方针。会议气氛使人不好说话。对一部分人的意见听了，而且有的听了就相信，而对另一部分人的话没有很好听。这样做的结果，是有利还是不利于发表不同意见呢？是有利于增强团结，还是不利于团结？

二、是否在真理面前人人平等呢？

彭真同志说在真理面前人人平等，许立群同志在座谈会上更具体地讲了同样意见。在党内斗争中只有作到一个真理、一个原则、一个标准，才能有利于解决问题。不能对自己是一个原则、一个标准，对别人是另一个原则、另一个标准。

哲学系党内斗争有历史问题，也有整风、社教运动中的问题。这次会议是社教运动的继续。既然这样，整风、社教运动中存在的问题和错误要清理，过去历史问题也要清理。这里原则只有一条：谁有错，谁就应当清理；错误有多大就是多大；是什么性质就是什么性质；大是大非一定要分清，不能含糊。经过一段时期的迷惑以后，我才明确地认识到，现在是要搞聂元梓同志的问题。我认为聂在整风、社教运动中是有错误，而且有的比较严重，应当检查清理。如果错误严重，自己不认识，同志们进行揭发批判，着重帮助也是必要的，但同样的是王庆淑同志在哲学系长期工作以来，也存在着严重的错误，有很多明显的错误她不承认，不检查，现在对她进行揭发、批判，着重帮助她也是必要的。但现在有这样一种说法：认为王庆淑的问题，就是揪住一个人不放，不利于总结经验教训；反过来，说揭发批判聂元梓的问题，就是解剖一个麻雀，有利于共同总结经验教训。这是不是执行了同样的原则呢？

1959年王庆淑同志具体领导下哲学系搞的反右倾运动，犯了过火斗争的错误，现在与王庆淑同志持相同意见的同志认为，1959年反右倾运动虽然搞了过火，但这只是方法问题，只有一般性，没有特殊性了；而在整风、社教运动中聂元梓同志由于执行了张磐石的错误指导思想，搞了过火斗争、犯了错误，现在在一些同志的分析中，就只强调聂的特殊性,而忽视、甚至撇开一般性,似乎聂的错误只有从她的特殊性中得到说明,但直到现在,这些同志也未说明到底聂有哪些脱离一般性的特殊性。我认为不论是聂元梓的错误,还是王庆淑的错误,既有它的一般性,又有它的特殊性,这样的原则应当适用于每个人所犯的错误。然而,上述说法是否遵守同一的原则来解决类似的问题?

批评和自我批评是党内生活准则,有批评的自由,也有反批评的自由。在社教运动中积极分子有错误,有的为了"保全自己,牺牲别人"的人,也犯了错误,但错误是不一样的。积极分子的错误是为了革命而犯的错误,是积极参加社教运动而犯的错误;而有的人为了"保全自己"而犯的错误,当然这有一定的客观条件,受到一定的压力,但对共产党员来说,应当坚持真理不怕任何压力。为了革命犯了错误要检查,要清理,要批评,纠正错误是为了更好地革命。但为了"保全自己",犯了错误的同志,要不要认真检查、清理、批评?我们在社教运动中的发言都印成了资料,白纸黑字。现在,存在着这样的现象:对积极分子在运动中,由于头脑发热而发表的一些错误言论,哪怕你承认了错误,作了检查,大会小会一再重复、引用,进行批判。当然,为了帮助同志认识错误,提高觉悟,应当这样做,但现在已出现追究责任的情况。有人还说积极分子批评不得。相反,为了"保全自己"而犯错误的同志,别人引用他说过的言论批评他时,就说引用时给我打个招呼,说这是在压力下乱揭发、乱检讨的,就算完了。有错误就是错误,有错误就得批评,但不能说了同样的话,在批评别人时说是政治立场问题,有特殊性;而对自己就是一般的乱揭发、乱检讨问题,无所谓特殊性,这里是否按同一原则互相帮助、互相批评呢?

还有,向组织汇报情况,谈自己的意见、看法,是党员的权利。这次会议期间有好几个同志曾经向组织建议,为了弄清是非,是否有必要把王庆淑向市委宋硕同志的汇报,印发给大家以供讨论。领导上认为,向组织汇报这是党员的权利,不得本人允许公开印发是违反党章的。但同样,聂元梓同志向组织上的汇报,不知道是否得到了本人的允许,就在大会揭发,公开印发呢?这样做是否符合党章?

（聂元梓：事先我不知道，我没有同意过。）

（彭珮云：是你自己在会上提出要求的。）

（聂元梓：不是，你们既然用了一段，我要求印全文。）

（王庆淑：是在之前你提出要求的。）

（聂元梓：不是，是在庞达同志在会上念了我的汇报记录以后我提出的。）

不是不印发符合党章，就是印发不符合党章，在这里原则只有一个。

（张文俊插话：有个界限问题搞不清楚。哲学系张秀亭问题向党委反映后，党委告诉了王庆淑，王开会批判了他，以后党委认为这个作法是错误的，党委组织部也认为把党员向上级反映的意见直接交给总支处理是不妥当的。同样一个道理，聂向张磐石反映情况是作为向中央工作组反映的，按照组织原则来说，没有什么错误，至于反映的内容是否如实，反映者应当考虑。如果确实发现反映的情况有政治上的陷害、捏造性质的，确实证明这个人的政治品质有严重问题，我认为应当拿到会议上讨论。如果反映的不是这类问题，而是属于其他性质的错误，应当由组织上对他进行教育比较好。党员向上反映情况是党员的义务，应当如实反映，反映后拿到党员大会上讨论、分析、批判，是否符合党的组织原则？我不太清楚这个问题，希望大家帮助。）

三、是为了弄清是非、团结同志吗？

要弄清是非、团结同志，就必须实事求是、摆事实，讲道理，不能缩小，也不能夸大，不能捕风捉影，道听途说，也不能偏听偏信，无中生有。立群同志在讲话中曾说：把不是系统的错误，夸大为系统错误，这是扩大矛盾，应当反对。我觉得，搜集被批评者的片言只语，某些错误、缺点，把它孤立起来，尽量提高，也是扩大矛盾，不利于弄清是非，团结同志。我们会议上有些同志的发言是怎样的呢？

在冯定问题的讨论中，有些同志说：聂元梓同志在社教运动中，在冯定问题上犯了联合冯定斗争陆平、联合坏人斗争好人、联合修正主义斗争马列主义者的政治立场的错误。根据只是聂元梓同志对冯定发言说过"很好"的一句话，而撇开聂整风、社教运动中组织对冯定批判的全部过程；根据只是冯定在哲学系开会感到舒服，等等，就做出联合冯定、利用冯定的断定。这是没有充分根据的。很明显，这种断定恰恰是歪曲了最基本的事实：哲学系的同志是在聂元梓的具体领导下，积极地开展了对冯定的批判，而把领导批判冯定的人说成是联合冯定的人，说成是在四清运动中犯了四不清的错误，与修正主义划不清界限，等等。这是实事求是的态度吗？

有的情况是属于扑风捉影、无中生有的。诸如：王庆淑说聂元梓是工作队的党委委员呀！有人说聂鼓励、支持积极分子调动工作，保护积极分子撤退呀！还有所谓张恩慈、陈葆华对中央书记处彭真同志不信任，说给中央写信可以通过江青或主席的女儿转交呀，等等。

有的同志把道听途说的东西不等进一步核对，就断定是事实。如有同志不只一次地讲张恩慈说过"不是我们全军覆没，就是他们全军覆没。"

有的是属于主观猜测、主观引伸的。如：把社教中一些积极分子参加政治课一些问题的研究，说成是改组政治课领导核心问题；关于政治部筹建组要利用寒假三天时间贯彻政治课会议精神、揭发问题一事，在钟哲明同志的笔下，把揭发问题换成了揭发党委、揭发陆平的问题，为揭发党委开辟新的战线——第二十一条战线的问题。

有的说法是属于无原则斗争的。有人这样说："为什么张磐石这样喜欢你？"还有像少奇同志在《论党内斗争》中所说的："为了一时的痛快，为了发脾气、舒感慨，而要骂人和气愤，也是一种无原则斗争。"

在党内斗争中存在着这些情况，能否达到弄清是非，团结同志呢？我不是说每个同志的发言必须百分之百的正确，必须分析得完全恰当。但我觉得有些同志不是实事求是，这样不利于弄清是非，团结同志。

四、是从团结的愿望出发吗？

从团结的愿望出发，通过批评或者斗争，达到新的团结，是处理人民内部矛盾，也是处理党内矛盾的唯一正确的原则。要从团结的愿望出发，是为了惩前毖后、治病救人，弄清是非、团结同志。但我们的会议上是否出现了一些值得注意的情况呢？

社教运动中，在张磐石的错误指导思想引导下，犯了过火斗争错误的积极分子，应当说大部分同志或主要的同志在民族饭店会议期间及以后在系里的大会、小会上和这次国际饭店会议中作了原则的清理。有些检查得还相当具体。这种清理够不够，当然还可以提出批评意见。但有些同志认为这不能算作基本上作了清理，不能算作和张磐石划清了界限。高宝钧同志批评张恩慈就是这样提出问题的。他认为张恩慈的清理"很原则、很抽象，不作具体的清理"。怎样才算具体呢？是否越具体越好？怎样才算具体到了头呢？越具体越好这种清理是否有利于团结呢？立群同志讲过，社教运动中犯的错误，清理具体一点好，还是原则一点好？他认为还是原则一点好，具体了不利于团结。这些同志提出问题是从团结的愿望出发，还是有什么爱好呢？

一个同志犯了错误，作了清理，表示愿意改正错误，就不能再揪住不放，甚至借口未作清理。和张磐石划不清界限，而借题发挥，大做文章。这里我不是说不能批评，不能帮助。如果这个同志真有划不清界限的问题，批评帮助是应当的。这里的批评帮助应当针对这个同志在运动中所犯的错误，有哪些没有清理、没有认识来进行，而不应当借题发挥。这种作法很难说是从团结的愿望出发。许立群同志在座谈会上的讲话中也说："犯了错误，有了愿意改正的表示，就不能死揪住不放，证明口头上讲的是'从团结的愿望出发'，实际上并不是从团结愿望出发。这就不可能达到团结的目的。"

可见，能否从团结的愿望出发，来提出问题，讨论问题，是能否解决问题、加强团结的极其重要的方面，没有这一点是不可能的。

五、采取什么论证方法？

从事实出发进行论证，还是从主观出发进行论证呢？这是两种对立的方法论。很明显，要进行论争，明辨是非，就必须提倡前者，反对后者。但奇怪的是，在我们会议的进程中，恰恰存在着不少从主观出发进行论证的方法。

1、真理是不怕重复的，但重复不一定是真理。我们在做出一个严肃的政治论断的时候，必须有充分的事实根据，不要轻易地下结论。但有些同志给聂元梓及其他同志做出：联合、利用冯定，斗争陆平的断定时，就是缺乏充分根据的事例之一。这些同志在大会、小会上一再重复地分析批判，尽管缺乏必要的根据和理由，一再断言聂元梓等同志是联合冯定，斗争陆平；联合坏人，斗争好人；联合修正主义者，斗争马克思主义者；在四清中犯了四不清的错误，等等。真理是不怕重复的，但难道一再重复就能把不是事实的东西变成真理吗？

2、要弄清是非，必须从事实出发。但有些同志不是这样，而是从私人本本出发，从主观猜想出发，断定：我说的是真的，因为我本本上有。这种方法已成了一种流行品。尽管有不少同志认为不是事实，但却一再根据自己的本本加以论证。比较典型的事例就是：孙伯鍨、郭罗基同志被当作刮"黑暗风"的代表，所谓根据就是 1961、1962 年整风改选的言论，和一次暑假学习会后，施得福对他们的发言所追记的本本，而不顾真实的事实，不考察他们整个的精神面貌和实际行动。实践是最能考验人的。哲学系有没有"三风"的影响？有，有的还很严重。我没有记本本，但我可以从有些人的实际行动表现上得到不少不可辩驳的事实。

有的同志在自己的本本上，不是记了这个同志有严重的个人主义、自由主义，就是那个同志有发狂的名利思想。我不否认我系有些人个人主义、自由主义相当严重。但能不能根据某些人的本本，就断定只有另一些人有个人主义、自由主义，而自己以及和自己意见相同的人，就没有或很少有个人主义、自由主义？事实上，在自己本本上记别人有严重的个人主义、自由主义的人，自己的个人主义、自由主义比别人有过之而无不及。在社教运动中为了"保存自己，牺牲别人"的人，难道不正是有着严重的个人主义的表现吗？

现在有的同志居然还说：过去有很多问题搞不清楚，可惜的是个人本本记得太少了。据说，很多问题是靠个人本本搞清楚的。事情是怎样的呢？事情恰恰是，由于记本本的人不实事求是，断章取义，片面地把别人的言论记上私人本本，抓住"小辫子"，到一定的时候才给你算账，这就使得本来很简单的问题，弄得复杂化，而难以解决。他们不是从事实出发，而是从私人的本本出发。这些人的本本既不具有会议记录的公正性，又不具有正式文件的准确性，怎么能够作为论证真理的唯一根据？如果这能够成立，那么完全可以把别人不存在的东西记在本本上，需要的时候拿出来，尽管你不承认，但我本本上有。这样发展下去会走到什么地步呢？这里，我并不一概否定那种如实反映情况的本本，有它的参考价值。

3、要辨明真理，就必须虚心听取对方提出的确有根据的事实。但有些同志却不这样做，他断言自己的记忆是事实，别人说的不是事实，那就是：我的是肯定的，你的是否定的。在辩论中，少不了对重要事实进行核对落实，这就要求对方虚心听取不同的意见。但在会议上，出现过不少这种情况：当分歧的一方提出答辩时，不作什么考虑，就从否定的前提出发，说对方说的不是事实，自己说的才是事实，并以此为论证的根据，如：对中央书记处信不信任问题，通过主席女儿转信问题，尽管对方说不是事实，并有同志证明张恩慈同志那时根本不知道主席有女儿在北大念书一事，这就根本无从谈到他说通过主席女儿转信的问题。但任宁芬同志仍然说自己说的是事实。

仅凭自己的记忆，而不顾有根据的事实，这能成为论证的根据？

4、论证问题，不能采取绝对主义的态度，不能采取"非此即彼"的方法，而应当根据事实进行分析。但有些同志在论证聂元梓等同志是联合冯定、斗争陆平时，就是采取了"不是就是，非此即彼"的论证方法。在他们看来，在社教运动中，既然没有斗冯定，就是联合冯定；没有大会斗争，就证明是联合，即：不是斗争，就是联合。这是把复杂问题简单化的办法。事实怎样？事实是在整风社教中批判了冯定，也斗争了陆平。我们在冯定问题上有缺点、错误，应当检查、揭发、批评；而斗争陆平更是严重的错误，也应当清理、检查。这是两种不同的错误，应分别总结经验教训，而不应当采取简单化的办法。

5、要判明事物的本来面目，就必须按照客观的辩证法办事，而不应当主观地加以运用。一般与特殊本来是既矛盾又统一的。但有的同志根据不同的需要，为了论证不同的问题，就从不同的方面加以人为的割裂。如上面所说的：谢龙等同志说王庆淑1959年犯过火斗争的错误，只有一般性，没有特殊性；而对聂元梓犯过火斗争的错误，就只强调特殊性，而忽视、甚至撇开一般性。这样，在某些同志那里，一般就是一般，特殊就是特殊，按需要而定。难道这是辩证法？能够求得问题的解决吗？

以上种种论证方法，是违反唯物主义，违反辩证法的。采取这些方法是不能弄清是非，辨明真理的。

立群同志在座谈会上的讲话，同志们都认为这是以主席的思想来指导我们的会议，都表示要认真地加以贯彻。但在我们会议上，在有些同志的言行中存在着相互矛盾的奇怪的现象，就是：一方面说坚决拥护"放"的方针，要做到畅所欲言，另方面却又对发表不同意见的同志扣上这种或那种帽子；一方面说必须在真理面前人人平等，按同一原则办事，另方面实际上却又存在着用不同的原则对待不同的同志；一方面说一定本着既弄清是非团结同志的态度进行讨论，另方面却又一再发表不利于弄清是非团结同志的言论；一方面表示要从团结的愿望出发，另方面却又出现不是从团结愿望出发的追究责任；一方面说要尊重唯物论，尊重辩证法，另方面却又采取不少主观的违反辩证法的辩证方法，等等。

这些现象，表面上看来是奇怪的，但却可以理解的，就是，这些同志没有认真地贯彻党内斗争的基本原则。

我再次说明，我的发言一定有不少错误，希望同志们提出批评。我的目的只有一个，就是为了使我们的会议开得更好，创造良好的条件，以达到弄清是非、团结同志，增强党性，加强团结的目的。

刘路同志说：

长期以来由于会议气氛不利于问题的讨论，所以我未在大会上发言，我报名想谈冯定问题，也未安排。最近几天气氛稍有好转。我本着追求真理的精神，以党的利益为重的态度，谈谈自己想不通的问题，和同志们商量，向同志们请教。由于自己水平不高，觉悟很低，在社教运动中犯了一些错误，自己过去有了一定的认识，也希望同志们批评帮助，我愿听取意见，自觉革命。

我想谈谈自己对会议的一些感觉，请同志们批评。我谈这些意见，并没有怀疑领导小组的指导思想、整风方针的意思，领导小组的指导思想是正确的。最近反复学习了许立群同志在座谈会上的发言，我认为是贯彻了彭真同志的指示，也是符合毛泽东思想的，是马克思列宁主义的态度。对此我没有任何怀疑，也相信在中央、市委的直接关怀和领导之下，北大的社教运动一定会沿着正确、健康的道路发展，不管有多么严重的分歧、困难，总会有所前进，社会主义教育运动是历史的潮流、历史的要求；是任何人阻挡不了的。我相信领导小组、相信市委、相信中央。

最近集中批判了聂元梓同志。聂有错误应当讨论，应当批判，在我们党内就不允许有不能批评的特殊人物。我认为应本着实事求是的精神讨论聂的错误。如果不是实事求是的，而是过火的批评，我以为还是暂且不参加为宜，等这些问题有所澄清之后，我再发言。

为了达到既弄清思想，又团结同志，解决分歧的目的，必须实事求是地分析造成分歧的原因，对症下药，提出切实可行的办法，认真解决历史的分歧，现在的争论，将来的工作安排问题，等等。希望党委负责同志设身处地来为我们这些同志想一想。我过去有急躁情绪，现在想通了。许立群同志说，时间有的是，可以充分讨论。一方面既要慎重稳妥地解决问题；另一方面也要尽量迅速地解决问题，总不能无休止地争论下去吧。自己对此也很苦闷，我希望比较好地解决问题。

其他同志提出的问题有一定道理，当然我不认为是绝对真理，有些基本精神我同意，我认为可以讨论、可以研究。

许立群同志在座谈会上提出哲学系的争论为什么长期得不到解决的问题，要我们自己回答。经过几个月党内斗争的实践，我试图谈谈我自己的看法和大家商量。

有的同志提出根本原因在于一部分同志对中央、对市委不信任，有怀疑，我有不同看法。我认为这种看法缺乏分析，缺乏事实根据，未免武断了一些，也是比较突出的扣帽子的作法。对问题应该采取分析的态度。我觉得原因有两方面：一是历史的原因；一是现实的原因。历史的原因简单地说，归根结底是一个领导核心问题，是以王庆淑为首的领导核心的问题。至于以聂元梓为首的总支委员会有什么问题，也应当清理。有什么问题，应当清理什么问题。谈到历史分歧时，应声明一点：我不是否定哲学系工作的一切，哲学系的工作有成绩，也是主导的。我只谈问题的一面。领导核心问题无论在理论上或是在哲学系的实践上，都是带关键性的问题，当然也有由此产生的一切其他问题，还有下面同志本身的问题。领导核心中的一个突出问题表现在有的领导同志把个人得失和个人权势看得高于共产主义事业和党的利益。比如当有人对领导提出意见和批评时（如张秀亭问题），开了那样的会对他进行打击报复，却没有一点自我批评。支部改选期间，为了争夺领导权，采取不大正确的作法，提出的候选人本来有病，却自己说没有病能做，结果当选后，长期回家休养。对大家要选的同志则马上采取措施，甚至叫党外系主任对他谈话，要他不要做支委。派张恩慈去写反修文章时，谢龙却无原则地提出，一定也得派高宝钧一同去，不派高是不行的，等等。领导核心问题没有得到正确公道的解决，是哲学系分歧长期不能解决的重要原因。

现实的原因就是几个月来党内斗争的实践。会议目的是很明确的，就是既要弄清思想，又要团结同志。那么为什么没有达到这个目的而分歧越来越大呢？是否像有的同志说的那样，根本原因是对中央不信任、抱怀疑呢？我认为这论断不符合实际，也不利于团结。对会议中是非的判断应当有个尺子，我认为许立群同志在座谈会上发言，可以作为判断是非的标准，因为在发言中大量的主要的是引述毛主席的论断。以下我就用这个精神观察一下会议中的问题。

一、关于贯彻放的精神问题。

这次会议上尽管领导同志强调"放"的精神，但会议的气氛仍然不符合"放"的精神的倾向。几个月来在会上发表一方面意见的人非常多，不同意见难于发表。许立群同志引用了主席的一段话，需要同志们重温："要人家服只能说服不能压服，压服的结果总是压而不服，以力服人是不行的，对敌人可以，对朋友绝对不能用这种方法。"

二、关于分清是非问题。

分清是非的根本原则是从实际出发，实事求是。否则很难有助于是非的澄清。如有的同志讲"四个第一"，"三个怀疑"（对中央、市委、领导小组等），"为错误辩护"，"回到党的立场上来"，"联合冯定、利用冯定"，自己的追记可以叫做基本事实，而别人的记录则被视为感觉，如此等等，不一而足。还有所谓"改组领导核心"问题。作为领导同志，部长、副部长、教研室主任、副主任，在党内斗争中应当作我们的表率，应有坚持真理、修正错误、实事求是的精神。政治课教研室是否根本改组了领导核心？是改组了钟哲明同志的领导核心，还是改组了冯瑞芳同志的领导核心？既然根本性质没有变化，夸大为改组是否实事求是？是否有利于团结？从现在看来，有几个同志未参加进来是不合适的，应当吸取经验教训，但当时未必是什么了不起的严重的错误。这种不符合实际的提法的后果是什么？是否不会引起其他同志的顾虑呢？好像谁是什么"核心"了，谁夺了谁的权，谁有野心。坦白地讲我没有这个意思，没有野心，也不想成为核心人物。我就是参加了两次会。本来哲学组就存在分歧，不实事求是谈问题，以后怎样在一起工作？有利于团结吗？我感到很苦恼。实事求是分析问题是加强党的团结，增强党性的基础和前提，也是公道的做法。不实事求是，不从实际的材料出发，只会引起混乱，无助于问题的解决。建议为了进一步开好会议，应从准确的材料做出判断。我感到现在说党委整风方针是完全正确的还缺乏足够的根据，根据阮铭的去年8月8日常委会记录判断，不能说没有问题，是有整人的味道。十三陵会议上党委负责同志提出抓大鲨鱼，这是什么意思？如果没有这种情况我可以收回。如果有，认识了也就完了。为了弄清事实真相，既然无所谓内幕外幕、前台后台，最好把有关材料全部端出来。把整风期间全部材料，包括党委工作组的全部材料摆开。如果全部事实摆开了，的确说明没有不符合党内斗争原则的东西，那我就完全信服。关于总结如实向领导反映情况的经验问题，如聂元梓同志去年7月23日的汇报，庞达同志发言说明未和本人核对，作了说明也不能认为庞达同志的作法是正确的。批判了张磐石不核对，在这一重要问题上核对一下不更好吗？再征求一下聂本人的意见，同意了再发表就更好一些。要尊重党员的权利。既然已经印发了聂的汇报，根据同一标准比较公道的作法是否可以把王庆淑向宋硕同志十九小时的谈话印发？当然也要取得本人同意，大家共同总结向领导如实反映情况的经验教训。

应当如立群同志讲的"摆事实，不能夸大或缩小，不能捕风捉影、按主观框框，不是两条道路、三股黑风就不能说是两条道路、三股黑风"。哲学系的问题长期不能解决恰恰违反这个原则。从总支改选以来，有人说哲学系的乱就是由于党员刮三股黑风，最近以来，提法又有点变化。我欢迎这种变化。但共产党员应当坚持真理，修正错误，如果认为这种说法不大合适，应当承认错误才是正理。三股黑风是有的，如翻案问题哲学系顶住没有？如对《五月》成员的结论改了一些结论提法，把黄楠森的右派言论改为错误言论；我班的周文正留党察看处分，绝大多数党员没有同意甄别（只有一人同意），领导同志没有听取群众的意见，这些是不是顶住了风呢？是不是正确呢？

另外，对别人马列主义，对自己自由主义。有的同志批评别人"联合、利用冯定"，在讨论冯定这一根本性大是大非问题上，不应当自己也做做检讨吗？当时有人围着冯定团团转，的确有人把给冯定做助手当作甜活。甜活、苦活是你们自己分的。对待冯定的问题是与修正主义者能否划清界限的问题。我们搞马列主义的同志不应该好好总结一下吗？哲学系领导长期以来与冯定和平共处，划不清界限，是什么问题呢？有人把杨献珍课的旁听证当作宝贝。为了去听课，和同志们吵架，不做工作，回来以后也曾向同志们做过传播，至今未作清理，好像没事一般。这样作难道对吗？

立群同志讲，重要事实应当核对。聂元梓的问题应一条条地核实。大家批判、总结、提高，对性质问题要具体分析，不要提高，也不要降低，也应该指出改正方向。对聂元梓同志的错误究竟特殊到什么程度，我还感到不明确。

三、关于从团结愿望出发问题。

从以上的事实看很难说是从团结的愿望出发的。（1）是否完全贯彻了为了救人，而不是把人整死的精神？（2）对聂的错误是否有不大团结的态度，有过于追究个人责任的情况？（3）有没有乱扣帽子的现象？如高宝钧对张恩慈的批判，把张恩慈描绘成利欲熏心的小人，说他闹工资，闹地位的问题是不是真的？有的同志了解情况可以作些澄清，也可以听听张恩慈本人的意见。如果是，应当老老实实地检讨，如果不是，可以提出申辩。唐联杰同志对高的发言笼统采取完全肯定态度，这不够实事求是，应当具体分析，哪些对了，哪些错了。（4）是否和风细雨？少奇同志讲：尽管思想上对立很尖锐，形式上、方法上尽量做到不对抗。有人形式地、片面地理解大喝一声。立群同志讲大喝一声是发汗、是治病，不是把人吓得要死。

对聂元梓同志是否真正做到了既严肃、积极，而又热情呢？据说除陆平同志和她作过一次简短谈话以外，其他工作不多。我觉得正确的作法应当是：（1）贯彻实事求是的精神。（2）公道，一个标准。（3）和风细雨。

四、关于立场态度问题。

许立群同志讲不能把自己看作百分之百的布尔什维克、真理的化身……。会议上没有人公开这样说，但实际上问题是存在的。如：我说的不对也是对的，你的对的也是不对的；有些领导同志在有关哲学系问题的发言上，没有做到应有的自我批评。庞达同志在某些问题上有不够实事求是之处。如把斗陆平问题说成是事先未请示，事后未汇报，这是不妥当的。以后唐联杰同志就这个问题做了澄清，这是实事求是的。

最后谈一点建议。正确的作法应当是进一步贯彻毛泽东思想。具体地说，应进一步按许立群同志的发言中所引述的毛泽东思想办事。讨论聂元梓同志的问题应当逐条摆事实，核实事实，讲清道理。一条条搞清楚，一个个问题澄清，这才有助于问题的解决。在开会的步骤上，不要一部分人有计划、有目的、心中有数地参加会议；另一部分人感觉心中无数，被动茫然。不但要考虑会议问题的解决，也要考虑今后工作问题如何处理。负责同志应以各种不同形式了解同志们的正当要求和愿望。以上发言，是否有当，请大家批判。

23. 简报（67）

北大哲学系党员干部整风学习会议简报（67）

会议简报组
1965年11月24日

11月22日上午，大会继续发言。

赵正义同志说：

经过一段学习，有所收获，但觉悟不高，需要进一步思考。

先对会议的开法谈一点想法。

哲学系的会开了三个多月，没有解决。首先总支思想工作未做好，自己作为总支干部，心里又着急又伤心。着急的是还在这里开会，不能很好做工作；伤心的是没有把工作做好。但是，现在我想到一个问题：哲学系的问题是哲学系的问题，但从整风社教运动中反映出的情况看，哲学系的问题也牵扯到党委，与党委有关。运动中把问题提高了，性质弄错了是不对的，有些情况与事实应弄清楚。哲学系的问题和牵扯到哲学系两部分同志之间的关系问题。所有这些问题都障碍了哲学系的工作和团结。因此，我建议：这次会议既是哲学系的会，也是上下沟通思想、谈心的会，大家都交心，希望党委负责同志把自己过去对哲学系某些同志怎么看都摆出来。如果是这些同志的问题，他们好检查；如果看得不恰当，可以做一些交心式的自我批评。另外，哲学系两种意见的同志也将问题观点摆出来，按党的原则进行同志式的讨论，统一认识。这样回去后，才真正是革命的大团结，真正是天安门上写的大团结！

这次会议，希望领导小组同志不仅提倡摆不同意见，而且应找不同意见的同志谈谈，有利于沟通思想，解决问题。我上次提了意见后，好一些了，希望能坚持这样做，加强这方面工作。最近，我很想听听另一方面的意见，所以没有发言，也有些紧张情绪，大概是我没有一不怕死、二不怕苦的精神。最近听了一些不同意见，但还不多。基本事实虽清楚了，但有些情况和环境还不清楚。因为有情况、环境，好考察产生问题的原因。例如对李寄霞进行了过火斗争，这是基本事实，如果不看当时的情况和环境，把它放在正常时期来看就很难理解，因为李寄霞有缺点，而斗她是怨她不揭王庆淑和陆平；用平时正常时看运动中的问题，也会感到很多事做得是荒唐的，弄清事实，弄清当时的环境、情况，以后再遇到这样复杂的情况，就知道该怎么做了。因此，我觉得不同观点，包括情况、原因，都可以摆，也希望有不同意见的同志不管在什么情况下都坚持摆自己的意见。

会怎么开好？我认为先把整风社教运动的基本经验教训，对、错和责任弄清楚，然后看聂元梓同志有什么问题，对她的错误进行系统的批判。有同志主张先把聂元梓的问题搞清楚，这样做也可以。不过根据哲学系历史的经验，如过去对王庆淑同志的批评，这样先对人后对事，不容易总结经验，可能要走回头路。应根据《学习和时局》和少奇《论党内斗争》的精神做。

有些同志对会议的开法提了一些意见，有意见摆出来是应该的，不管提什么意见都应从团结的愿望出发，态度应该是诚恳的、同志式的，希望注意。

下面谈谈对整风的看法。

从整风结果看，违反了主席指示和党内斗争原则，对王庆淑进行了过火斗争，也没有按照党委提出的四个方面的问题和原则充分揭露矛盾，在后期讨论王庆淑问题的性质未请示党委，而且有混淆矛盾的性质的错误。

如何总结这一段的经验教训?

整风准备工作是不充分的。哲学系的问题比较复杂,既有历史因素,也有现实因素。改选总支中遗留一些问题,在执行党委意见书方面也有缺点,虽是个别问题,但影响很大。如王庆淑离开哲学系后,对李清昆当科学秘书和对其他干部的看法都谈了一些意见,党委部署采取教育批判的态度,而且认为李清昆的问题严重。李清昆有缺点错误,党委可以教育,但他的缺点并不能影响到做科学秘书。任命系秘书都要拿到党委讨论,如果全校都这样做,那就麻烦了!由于系里有些干部在王庆淑离开系以后和王庆淑一起交换工作的意见,不是在系总支和领导内部交换意见或提出不同意见,这样做不利于团结。这方面的意见,在王庆淑给我谈了后,我向张学书同志反映过,并希望党委对干部进行教育。王庆淑说过,党委就是不批准李清昆当秘书,张学书也说党委在研究,这说明王庆淑的说法有一定的根据。这个问题牵扯到对干部的看法,牵扯到哲学系的团结问题,影响比较大。王庆淑在对待支部干部上也有一些问题。这说明对意见书的执行上是有缺点的。有些同志因此对党委产生一些看法,这些看法未向党委提出来,有自由主义,是不对的。

在精简工作上,谁走都应该。但从哲学系情况看,相同意见和不同意见的人都走一些是否好些呢?实际上相同意见的人不容易走,而且一提出调走的问题,有些领导同志就发火,不同意见的走得比较多。在已走的人中不能说都不适于教学工作。党委是了解哲学系的情况的,在处理这个问题上有无缺点呢?

所以,在整风中重新提出这些问题是难以避免的。事实上另一部分同志也提出自己对总支改选的看法,谢龙和王庆淑的观点基本一致,他们认为改选没有解决问题,工作难做!所以,在政治课整风中,两种意见又都提出来了。有同志提出精简问题,1958年抽出的十八个政治课教员已调走了十二人,只剩下六人,这合不合适?有人提出王庆淑问题;有人提1961、1962年总支改选是对三面红旗看法的分歧。

政治课整风是可以着重解决理论联系实际问题和教师成长道路问题,但只能揭发学校上上下下理论脱离实际等问题,光要下面检查解决不了问题。如理论联想实际问题，学校提联系实际是为了说明或阐明理论，这个提法和林彪同志的提法不符。在成长道路问题上，学校提出的师资培养办法问题也很多。如果从上下两方面抓，政治课会议精神可以贯彻得较好。

这时决定在系里进行整风，应估计到会提出历史问题，因此应认真学习一些文件，抓抓两方面的活思想。这方面工作没有很好去做，加上张磐石错误领导等复杂情况，即使聂元梓不是总支书记，让赵正义主持会议，也会对王庆淑搞过火斗争。所以，在这样的情况下，靠几个人解决方向问题是不可能的。

所以，准备工作很重要，到了出了问题才弄，事情就难办了。

整风以前，哲学系确实有一部分同志对党委解决哲学系的问题不是满怀信心的。党委不和一部分同志谈谈心，做一些工作，整风很难搞得好。事实上存在两种不同意见，如果不做大量工作，端正整风态度，就是按另一部分同志的意见那样办，也会搞过火斗争。

党委不仅应提出四个方面的问题，而且应具体落实，先抓什么，后抓什么。这四个方面的问题很原则，放在哪个学校都合适。社教运动也不过是解决这些大问题。党委在事实上对哲学系的问题是有看法的，应向哲学系同志交心，或者先在总支委员会上谈，先统一领导核心的思想。

在整风过程中，关系也比较复杂。既有党委工作组，又有比党委更高的由两个副部长领导的中央调查组，两个工作组都亲临指挥，而且是在总支委员会不一致、准备工作不够的情况下进行整风。张磐石在党内耍两面手法，公开说不干涉内政，背后进行干涉，加上一些党员对党委的动员报告表示怀疑，时间只有一个月，要解决四个方面的大问题，究竟怎么揭发，是光揭发总支领导的问题，还是揭每个人的，是从哪方面入手，如教学、科研、师资培养、党内生活等，全面揭也得揭两个月。

哲学系有两种意见，张磐石支持了一种意见。党委对此有不同的意见，但发现后并未及时纠正，是在整风中犯了一些错误。整风中聂元梓是没有按陆平同志动员的四个方面内容去揭发，是贯彻了张磐石的通过斗争王庆淑来搞陆平的错误的指导思想。但是否一开始聂元梓和一部分同志就有这个指导思想，我未想清楚，还想听听大家的意见。

　　党委的整风指导思想是正确的，但不具体，内容多时间短，要解决那么多大问题，不切合实际。当时党委参加哲学系整风的同志究竟怎么想的，准备怎么贯彻党委的指导思想？也应向大家交交心。是不是有整一些人的想法？我听了阮铭前些天谈到常委记录和谢道渊在运动中的揭发，感到党委对一些同志的问题估计是过重了，是想整一整。当时估计重了是可能的。但现在会上的一些解释不能使我心服。特别是谢道渊说阮铭的记录感觉成分多。这种说法不妥当。现在也在做记录，能说感觉成分多吗？为了准确，可以把常委会记录印出来对照核实一下。

　　会上还有一些同志认为自己就正确，别人就错误。我看如果按这些同志的意见，也会搞过火斗争。

　　整风中搞了过火斗争，聂元梓应负责，哲学系一部分同志应负责，另一部分同志也有缺点，党委也有值得考虑的地方。如阮铭揭发党委负责同志说杨献珍是大标兵，张恩慈是小标兵。希望党委摆明情况，交交心。

　　在组织上，谢道渊说张磐石通过聂元梓和总支一部分同志抵制党委的整风方针，同党唱对台戏。我不知道对台戏是怎样对的，是不是张磐石和聂元梓等同志一台戏，党委和另一部分同志一台戏？我认为不提唱对台戏的好。当时有两个领导参加哲学系整风，是不是听了张磐石的就叫唱对台戏？他错了是唱对台戏，假如他对了，或者是正确的领导，是不是也叫唱对台戏呢？我认为从组织上不好这样说。中央两个副部长领导一个工作组，党委也有一个工作组，两个工作组都参加了。在这种情况下，聂元梓应征求谢道渊的意见，如没有向谢到渊请示，在组织观念上应检查。如果请示了，你不提出意见，以后又说是和党委唱对台戏，这是什么问题？有同志说，聂元梓和总支有组织错误，而党委副书记参加了并发现有方向错误，应向常委汇报立即纠正。如果纠正了聂元梓不听，是聂元梓的错误。既未纠正，后来又说是唱对台戏。当然，有的领导同志说，对张磐石的错误不是一开始就认识清楚了。

聂元梓对汤一介的发言的态度，是未按党委精神充分让大家揭发，有缺点。

关于调整步骤问题，虽然陆平同志在报告中说是按张磐石的指示进行调整，但保留了意见，这些意见又未公开讲出来。我看，虽是步骤调整，实际上是对张磐石要搞王庆淑、对哲学系一部分同志要搞王庆淑的让步。陆平同志在检查中也说未顶住，对台戏未唱下去。这时关系复杂，中宣部、高教部副部长对党委是上级。既然这样做了，现在要不要说党委完全正确？要不要说聂元梓和一部分总支委员和党委唱对台戏。

步骤调整后也有错误。从讨论王庆淑问题的性质和聂元梓的发言上都可以考虑。聂元梓对历史问题也没有详细调查研究，不了解情况，作为总支书记，虽不代表一级组织，发言的影响很大，应慎重，应请示领导，和党委交换意见。我认为聂元梓这时的缺点是脑袋发热，不谦虚，自以为是，也是组织观念不强的表现。讨论王庆淑问题的性质，聂元梓也应请示党委，如果未请示是错误的。在这个问题上，张磐石应负主要责任，他要了一些花招，退出会场，但聂元梓也有错误。

为了更好地吸取经验教训，我认为张磐石首先应负责任。同时，在整风中揭露了大量矛盾，揭露了一些不正确的东西，这些成绩也要肯定。但整风未搞好，总支应吸取什么经验教训，党委应吸取什么经验教训，不能把责任推给某个个人。

孙蓬一同志说：

张磐石指示我们对王庆淑的问题进行分析，对党委有意见也可以提。他没有直接和党委打招呼，这是错误的。但是，赵正义刚才说聂元梓未请示党委，这与事实有出入。聂元梓告诉了谢道渊，谢道渊告诉了陆平同志。陆平同志在前几天与我个别谈话时还说：谢道渊来问我，我说，既然磐石同志出了题目要讨论，那就讨论吧。

24. 简报（71）

北大哲学系党员干部整风学习会议简报（71）

会议简报组
1965年11月26日

11月24日开大会，李清崑同志说：

对高宝钧同志的发言里批评了张恩慈的一些缺点错误，有合理的、正确的部分。对于这些，张恩慈应当很好地接受，应当根据同志们的批评改正自己的缺点，增强党性。但高宝钧的发言也有一些缺点。我本着知无不言的精神谈几点看法，和高宝钧同志商讨。

一、高宝钧是在张恩慈对冯定问题比较系统地谈了自己的看法后发言的。发言内容没有针对张恩慈对冯定问题的意见，而是敞开冯定问题，转向对张的揭发和批评，这种作法值得商量。我觉得在张恩慈对冯定问题发言后，尽可以不同意他的观点，系统地反驳他的观点；但是撇开他的观点，而去揭发他在北大十一年来的问题，而且有许多地方把问题加以夸大，这种作法不利于讨论问题，也不利于党的团结。会议上有很多同志发表了不同意见。如果每当一个同志发表了不同的意见，我们不是就他的意见和他进行讨论，而是转向揭发他过去的表现，这样会议就很难正常进行了。

许立群同志号召我们，要抓大是大非进行讨论，不要抓小是小非。高宝钧同志在发言中也声明，他不认为张恩慈的问题是大是大非。既然认为张恩慈的问题不是大是大非，为什么高宝钧同志还要作那样系统的发言呢？这能说是符合许立群同志的指示精神吗？

二、高宝钧同志发言的内容也有许多地方不那么实事求是。张恩慈有个人主义、个人英雄主义、骄傲自满等缺点错误。实事求是地批评这些缺点错误是完全应该的。但是高宝钧对一些问题的批评并不够实事求是，有些情况被夸大、歪曲了。这样的批评不利于帮助同志，不利于达到党内团结。也许高宝钧同志在主观上是想帮助张克服错误，但是由于他夸大了某些情况，把张恩慈说得不像样子。这就会使人想到高的发言是否有一点在往张恩慈的脸上抹黑。

（一）高宝钧说，1961年、1962年张恩慈把自己在反右倾中的检查和同志们对他的批评"全推翻了"，并说这时张恩慈"计较级别待遇，向党伸手的个人主义思想表现得十分露骨、十分突出。"我认为这样说，是过分地夸大。

首先，据我了解，1961年、1962年张恩慈并未"全部推翻"他自己在反右倾期间的检查和同志们对他的批评。据我所知，1962年甄别时，张恩慈一方面承认自己有个人主义、骄傲自满，教学中有教条主义等缺点错误，另一方面也确实推翻了反右倾中给他扣上的错误帽子，如"白专道路""修正主义""汪子嵩第二"，等等。说他"全部推翻"了自己的检查和同志们对他的批评，是不符合事实的。因为他承认大家对他的个人主义、骄傲自满等缺点的批评是对他有帮助的。至于这时张是否着重地考虑了对他的错误批判，而未着重地考虑自己的缺点错误；是否在否定对他的错误批判的同时，忽视了对缺点错误的检查，这是值得张很好考虑的。如果高宝钧实事求是地这样提出意见，是合情合理的，但是他并未这样做，而是给张扣上"全部推翻"的帽子。事实上1961年、1962年甄别期间，张恩慈对大家的正确批评并未"全部推翻"，就是到现在也未"全部推翻"。昨天张恩慈发言中检查了自己的个人主义、骄傲自满等缺点错误，这就证明他对自己的缺点是有一定认识的。起码不象高宝钧同志所说的那样，"全部推翻"了自己的检查和同志们的批评。

我认为反右倾期间对张恩慈的重点批判是错误的。其所以错误，并不是说张本人没有缺点错误，也不是说对他的错误不应当实事求是的批评。其所以错误，是因为对张恩慈同志这样一个在政治上、业务上都比较好的同志扣上了"白专道路""修正主义""汪子嵩第二"等大帽子，进行了重点批判和斗争。特别是当时的总支书记王庆淑同志，不仅不对自己文章中的系统的修正主义文艺思想作认真地检查，反而组织人到处查张恩慈的修正主义，给没有修正主义思想的张恩慈扣上了修正主义的大帽子，对他进行了重点批判，这就更加错误。当然，从张恩慈本人来说，应当积极吸取反右倾中的正面、反面的经验教训，增强党性，不抱埋怨情绪。但是，从我们全面地总结经验教训来看，不能不承认对张恩慈的批判，缺点错误确实是比较多的。据我了解，张恩慈政治上一贯比较好。肃反、反右派斗争中表现积极，立场坚定。1958年响应了党的号召第一批下放，下放中也有积极表现。从乡下回来后，接着就到工厂搞半工半读。据邓艾民同志反映，他在这期间的表现很好，工作、教学都认真负责，得到1958级学生的好评，同学们对他很有感情。张恩慈同志在反对修正主义的斗争中是坚定的，表现比较出色，曾得到中央负责同志的表扬。第一个发表文章批判"合二而一"观点的，也是张恩慈。总的说在政治上张一直是紧紧地跟着党走的，而且一直表现较好。在业务上张恩慈成长的比较快，教学认真，教学质量较好，肯于钻研，对哲学系培养学生和帮助其他年青教师的成长，发挥了一定作用。在哲学系的教师中张恩慈是业务上比较快的一个。当然，对张也应一分为二。他在思想意识上有个人主义、骄傲自满等毛病。实事求是地对他进行批评是应该的。但决不能象高宝钧同志那样，把他的缺点加以夸大。

其次，高宝钧说张恩慈1961年、1962年"计较级别待遇、向党伸手的个人主义表现十分露骨、十分突出"，这也是夸大的。在甄别时，张恩慈是否有某些个人情绪流露，是值得他好好检查的，但是高宝钧同志把他描绘成那个样子，我看很缺乏实事求是的精神。

高宝钧同志根据张恩慈在甄别时曾讲过自己作了哪些教学工作、政治工作，写过多少文章，因此就说他向党伸手，要级别、待遇，而且"十分露骨、十分突出"。这不符合事实。张当时确实说过他作过哪些教学工作、政治工作，写过哪些文章。据我了解，张谈这些的目的并不是向领导上要什么级别、待遇，而在于证明1960年批判他走"白专道路"是错误的。这和闹级别、待遇是两回事。张讲这些话时，邓艾民也在场。高发言后，我问过邓艾民同志，他说实际情况并不象高宝钧所讲的那样，张提出这些意见为的是说明对他的重点批判是不正确的。

据有的同志反映，1960年和1963年两次调级时，张恩慈并没提出任何意见；而恰恰是另外一些同志，如谢龙、高宝钧同志，表现并不怎么好。1963年调级时，我们教研室十年、八年未调过的人很多，但当领导上要调整他们的级别时，他们多次表示让给那些级别比较低的同志，如赵光武、孙伯鍨等，虽然他们1960年已经调过，谢龙、高宝钧同志是1960年刚提过级，而1963年调整级别时，他们身为教研室的负责干部，却在会上你提我，我提你，相互提，而且提出许多奇奇怪怪的理由，这难道是集体主义？这些年来我确实还没有看到张恩慈闹什么级别待遇，也许是我孤陋寡闻？

（二）高宝钧发言中说，张恩慈不愿当教学小组长，多次想辞职，是因为张对他工作安排不满，想弄一个比小组长更高的职位。事情也不是这样。张恩慈要求辞去小组长是事实。但辞职是否因为小组长的职位低，要谋求一个"主任"的职位？不是。是因为他对谢龙、高宝钧有些意见。教研室有那么两三次开教学小组长会研究问题，没有通知张恩慈参加。据他说，有一次正在开会，他碰上了，就对他解释说不是开会，有解释说是开行政小组长会，等等。张对此有意见，认为这是教研室领导上在排挤他。于是就要求辞去小组长的职务。因此，不能根据他不愿当小组长这一点，就硬说他对安排不满，想当教研室主任。这种说法是很不负责任的。

高宝钧说，郑昕曾说过：张恩慈不愿当小组长，是否因为把他的职位安排低了？连郑昕都这样反映，可见张是在闹地位了。能否根据郑昕的这个反映就断定张恩慈是闹地位呢？不能。因为这仅仅是郑昕的反映，郑昕的反映不等于张恩慈的思想。事实上，张并没有闹地位，闹安排。

过去有的同志还说过，张恩慈看不上谢龙当教研室副主任，这就说明他在闹地位，想当教研室主任。这样推断也不合适。张恩慈对谢龙有很多意见，是否就是想取而代之，想当教研室主任呢？教研室中对谢龙有意见的人是很多的，包括我在内。无论从德、才哪一方面谢龙领导这样一个教研室是比较困难的。谢龙在教研室的威信是比较低的。对谢龙有意见并不等于想取而代之。如果对教研室领导干部有意见，不满意，就被笼统地扣上"闹地位"的大帽子，那么谁还敢提意见呢？

（三）高宝钧发言中批判张恩慈在欢送谢甲林的会上，把精减工作比作流亡，比作在反动政府下的流亡，这更不是事实。高宝钧的主观引伸是相当严重的。当时大家一方面联欢，吃东西，一方面临别赠言，对被欢送的同志说一些鼓励的话。根据我的回忆，张恩慈在讲话中说，这些同志到哪个岗位上去，都是革命，到新的岗位上更要好好地干。马克思从德国被赶到法国，从法国被赶到英国，仍然坚持革命，我们更应好好干，还说，到了新的岗位上要好好走群众路线。张恩慈的话没有什么原则性错误，革命者四海为家，到哪儿也要好好干，更不能说明他是把精减比作流亡。（郭罗基插话：说张恩慈把精简比作流亡，这样主观引伸是不对的。当时他讲话是随便讲的，他翻来复去说到处要革命。后面讲的话是有些影射，说如果当了领导，不要搞官僚主义，不要给人小鞋穿。当然，张恩慈对领导有意见，不应在这种场合说。会后可以向他提意见。但谢龙当场给他回了几句，说到了新的岗位上不要搞个人主义、自由主义，要注意和组织的关系，等等。弄得大家不舒畅。谢龙的态度也不对。我当时就向他提了意见。）（张文俊插话：张恩慈的比喻，严格说来是不妥当的。因为马克思是受反动政府的迫害而被流放的，而我们党员是调动工作中的问题，两个性质不同。但不是针对整个党的精简政策，而是对谢龙有意见，有情绪而发的。谢龙在会上发表了一通，是影射张恩慈的。他是总支副书记，对党员有意见没有在会上公开谈出来。张恩慈的讲话也是影射。）

（四）高宝钧发言中说，张恩慈这个人批评不得，老虎屁股摸不得，只对他开展了一次批评，就被顶了回来。这个看法有对的地方，也有不对的地方。张恩慈的确有个人英雄主义，不容易接受意见，而且容易把别人的意见顶回来，这是事实。不对的是，说过去很少批评张恩慈，只是在一次小组会上批评过他，被他顶了回来。实际上，他们的党小组会开起来是经常批评张恩慈的。和他一个小组的王湘波对这点就不满意。1963年整顿支部时，王湘波曾提出：你们一批评就是对着张恩慈的，难道你们没有缺点吗？而且王湘波说，因为他没有批评张恩慈，有些同志对他不满意。（李存立插话：这个问题，张恩慈提过意见，说每次都批评他。这也不是事实。但确实对他批评较多，这是事实。我和张恩慈在同一个小组，有一个时期，高宝钧到外地休养去了，在这个时期，对张的批评是较多的，可能高宝钧不知道。当时赵光武对张提意见是比较多的。1963年整顿支部时，王湘波提的一个意见可以印证这一点。王说:为什么在小组会上经常批评的是张恩慈,也常常捎带批评我一下?别的同志没有什么好批评的了么?)(王义近插话:总支改选前后,在不长时间内,我担任本系课党小组长。那时小组的组织生活是不正常的。据我现在回忆,没有正式批评过张恩慈。以后的情况我就不了解了。如果说不同意见的争论是批评也可以,如果说有专门批评张恩慈的小组会,希望摆出事实来。不要把两者混淆起来。)

总起来说,无论在政治上、业务上,张恩慈是教研室比较好的同志,但在思想意识、组织修养上,张是有些缺点的。为了帮助他克服缺点,就应当时对他严格要求,实事求是地批评他的缺点。如果在批评时,把有些情况夸大了,有些情况歪曲了,对帮助他克服缺点,对党内团结,是不利的。我们批评一个同志,目的是为了治病救人,而不是为了把人整死。当然,有的同志提意见过重了,情况有出入,作为听取意见的人来说,不要去计较;但批评的人要注意实事求是。

我不是说高宝钧对张恩慈提的意见都不对,其中有合理的,正确的东西,但也有不少是夸大、引伸。我讲的材料不一定都合乎实际情况,了解情况的同志可以提出来。我讲的不一定都是正道理,可能有不对的地方,同志们也可以提出来。凡是错的我可以纠正。

夏剑豸同志说:

欢送谢甲林的会我是参加了的。张恩慈在会上讲到,无论到哪里都要革命,要坚持革命,我没有听出他对精简工作流露出不满情绪,也没影射谢龙。但在谈到"要走群众路线""不要给人穿小鞋"时,是有些影射,有些情绪。谢龙接着也发了言,谈到要尊重领导,不仅上级领导,也要尊重同级领导,不要自由主义。是针锋相对的。

总支改选前,党的组织生活是不正常的。大家在会上不大发言,闲扯。支部改选时,我向张凤波提过意见。总支改选后,情况有转变,敢于开展批评与自我批评。王义近说,改选前后,他参加本系课小组,这个情况还可以搞搞清楚。1962年底支部改选时团总支也改选,后来王不做团的工作,调到外系组教课,编到外系组过党的生活了。(王义近插话:我是1963年上半年教外系课时调到外系课组的,刚才我说的是总支改选前后这个时期。)

25. 简报（98）

北大哲学系党员干部整风学习会议简报（98）

会 议 简 报 组
1965 年 12 月 15 日

12月14日下午继续开大会，由彭珮云同志主持，她说：聂元梓同志在给中央的信中谈到，经济系斗争了积极分子王茂湘，党委宣传部斗争了积极分子杨文娴，人事处小组斗争了积极分子白晨曦。为了让大家了解事情真相，今天请经济系党总支委员李如英同志、党委组织部副部长判乃穆同志介绍一下情况。

张恩慈同志说：

今天经济系总支来讲王茂湘同志的问题，我建议让王茂湘同志来参加会议，这才符合组织原则。

彭珮云同志说：

今天主要是请两位同志来介绍情况。如果王茂湘同志对经济系对他的批评有什么不同意见，他可以直接找组织上谈。

李如英同志说：

最近领导上告诉我们，聂元梓同志在写给中央的"关于北京大学四清运动现阶段的情况和问题"的材料中，说这次国际饭店整风学习会斗争四清运动的积极分子，听说经济系也存在这种现象，斗争了积极分子王茂湘，说他有个人主义野心，会议领导人还骂他："你跑可以跑掉，耍赖是赖不掉的"，像骂印度反动派一样。

我认为聂元梓同志向中央反映的上述情况与我们经济系这次党员干部整风学习的情况是不相符的。聂元梓同志在信中也承认，她对"这些单位的情况不了解，是听来的"。聂元梓同志既没有参加经济系的整风学习，又对经济系的情况"不太了解"，那么为什么根据自己"听来的"只言片语就向中央做这种不符合实际情况的反映呢？既然聂元梓同志已经作了这样的反映，我认为就有必要把这次经济系整风学习的全面情况向同志们做一个简单的介绍，以恢复事物的本来面貌。

这次北大党员干部整风学习会从 7 月 29 日开始，经济系当时参加会议的党员干部共十四人。以后，随着整风学习的进展，全系教职员党员相继在 9 月 9 日和 18 日全部参加了整风学习会。

绝大部分参加会议的同志都认为这次会议开得很好，主要的是大多数同志都不同程度地在一些重要问题上划清了无产阶级思想与资产阶级思想的界限，增强了党员的思想觉悟，基本上澄清了经济系资产阶级思想的界限，增强了无产阶级党性，基本上澄清了经济系的一些大是大非问题，提高了党员的思想觉悟，增进了同志间的团结。目前已经开始出现了一些可喜的新气象。

多年来，经济系党内在一些原则问题上存在着是非界限不清的问题，思想相当混乱。社教运动中，在张磐石同志错误思想指导下，有的同志颠倒是非，就更增加了混乱。如：（1）如何估计经济系党总支这几年来工作的成绩和缺点？运动前，樊弘同志就说："经济系是三类队。"运动中还有人说，总支这几年"基本上没有执行党的方针政策，放弃了无产阶级专政，实行了资产阶级专政。离开了社会主义轨道。"（2）如何估计 1959 年的反右倾整风运动？1962 年讨论工作总结的时候，有人就说："反右倾该批判的没批判，不改批判的批判了。"社教运动中有人说，反右倾是"借运动整人"，"进行打击报复"，并且把资产阶级世界观根深蒂固的樊弘同志说成是"坚持社会主义方向"，是"无产阶级的代表"。全面否定了 1959 年对他的批判。（3）在党内生活中，许多是非原则的界限不清，资产阶级个人主义、自由主义相当严重。在运动中流行一些歪道理，为资产阶级个人主义、自由主义辩护，曲解了党的生活的基本准则。企图进一步把一些资产阶级个人主义思想合法化。如有的同志拒绝接受党组织分配的工作，在运动中却说成为怕领导上有意给小鞋穿；有的人争级别，闹工资，却振振有词地指责领导上定级"不合理"，"打击工农干部"；有的人把党组织对党员进行考察了解，说成是"整人"；把正常的批评与自我批评和整风学习也看成是"整人"，或说"压抑有不同意见的人"，实际上是拒绝接受批评；有的人把干部分成听（领导）话和不听（领导）话的，讽刺挖苦一些积极肯干听党的话的同志，有的人因为自己没有得到提拔就说总支执行"干部路线有问题"，是"任人唯亲"，指责龚理嘉同志提拔使用干部以"听我的话"为标准等等。对这样一些基本的原则问题，过去党内思想十分混乱的，分辨不清经济系主要矛盾在什么地方？在运动前有的同志说："经济系主要矛盾是领导和被领导的矛盾。"在运动中，甚至在这次干部会议进行了相当一个时期，有的同志还坚持说什么"经济系的主要矛盾是龚理嘉与广大党员之间的矛盾，只要撤换龚理嘉，经济系的问题就解决了"。

面对以上情况，我们根据十四人领导小组的指示，整风学习以反对资产阶级思想，增强无产阶级党性为中心目的，坚持"团结——批评——团结"的方针，抓住大是大非问题，摆事实，讲道理，以求达到弄清思想，团结同志的目的。

经济系这次整风学习，大体可分为两段：

第一阶段：7月29日至9月18日，中心是：总支主要负责同志作自我清理和相互开展批评。龚理嘉同志先后作了三次自我检查。首先她检查了自己过去对系内阶级斗争形势缺乏清醒的认识，毛泽东思想的红旗举得不高，兴无灭资的斗争进行得不力。第二，她检查了在贯彻执行党的教育方针和其它方针政策中的缺点错误。第三，她检查了干部工作中的缺点错误。第四，她检查了党内斗争方面的缺点错误。第五，她检查了自己在前一段社教运动中的错误。第六，她检查了自己的资产阶级思想，严重脱离群众，和在某些尖锐的阶级斗争中表现出立场不够坚定等方面的缺点错误。最后，她从剥削阶级家庭出身、受资产阶级教育、没有到工农群众中去扎根、以及思想改造又抓得不紧等方面检查了犯错误的阶级根源和思想根源。她表示：今后要努力学习毛主席著作，投身到三大革命运动中去，和工农结合，彻底改造自己的世界观，克服自己的缺点错误，依靠群众，努力把党交给自己的工作做好。

到会的同志对龚理嘉同志的几次检查都进行了讨论，并对她在工作中以及思想作风上的缺点错误提出了批评。绝大多数同志对她的检查表示基本满意，认为她检查了几年来工作中的主要缺点错误，她的态度是老实的、诚恳的，思想觉悟也有显著提高，她对于克服缺点，做好工作是积极的。

会上还有其他一些同志对自己的工作和前一段社教运动中自己所犯的错误进行了清理，相互间也提了一些意见。

第二阶段（自9月18日至11月中旬）：中心是对樊弘同志进行重点批判。樊弘同志在运动中在颠倒是非方面表现得是十分突出的，我们对他进行重点批判，并不是因为他是积极分子，而是批判他满脑子的资产阶级思想，批判他的地主、资产阶级立场和世界观。如果说为了保护积极分子，就对樊弘同志这样的积极分子的严重的资产阶级思想都要保护，而不能进行批判，那么我们就无法理解社教运动的兴无灭资、反修防修的伟大意义了，这种看法，我们认为是不正确的。在这里，有必要把我们批判樊弘同志的问题作一个简要的说明：

我们这次批判樊弘同志，是由于他坚持错误，继续散布他的资产阶级思想，混淆是非，企图以他的地主资产阶级的世界观顽强地来改造我们党。我们过去对他的错误没有坚持原则，开展斗争，已经后悔莫及，这次再不进行批判，将会是历史性的错误。我们批判樊弘同志的资产阶级思想主要有以下几方面：

一、他以地主、资产阶级的世界观看待党的性质。1959年曾把党的领导比作封建皇帝刘邦、康熙，认为党组织是自私自利、争权夺利的统治集团。1963年他还说党执政以后，就不大关心群众利益，也不按客观规律办事，想做什么就做什么，不听群众意见，把客观规律放在脑后，领导说的就是法律，就是规律。

二、他闹名誉地位，个人欲望不得满足时，对党就怨气冲天。1958年他在日记中用了韩信被杀戮之前作的"飞鸟尽，良弓藏；狡兔死、走狗烹；敌国破，谋臣亡"等诗句，1962年他又用莎士比亚诅咒反动统治阶级的一些作品，含沙射影，借古讽今，以抒发自己对党不满的情绪。

三、1962年对他作了过头的甄别，他趁机刮翻案风。自命"我的历史是鲜红的"。经常在会上会下，党内党外，散布对当党的不满情绪。后来，他向中央申诉，进一步歪曲事实，全部推翻了甄别结论。甚至不承认自己有个人主义思想。社教运动中，更颠倒是非，说反右倾批判对他是"打击报复"。直到这次整风学习会上，他仍然顽强地为自己辩护。

四、1962年以来，他从否定干部工作成绩入手，否定校、系工作成绩。民族饭店会议以后，他还反对中央、市委关于北大是社会主义大学，陆平同志是好同志的基本估计，认为这是个"框框"。直到这次整风学习会上他还说："北大只有社会主义的躯壳，没有社会主义的灵魂。"

樊弘同志上述一系列的严重错误是极其明显的。但在社教运动中，却颠倒了是非，把他当作是"坚持社会主义方向"的"无产阶级代表"。吸收为积极分子，安排作"四清"领导小组成员。他在搅浑水中起了很坏的作用。

为了划清无产阶级思想与资产阶级思想的界限，分清大是大非，增强党性，经济系到会的三十多个同志，高举毛泽东思想红旗，根据"弄清思想、团结同志"的整风方针，摆事实、讲道理，着重讨论和批判了樊弘同志的这些问题。同志们引用了充分的论据，既严肃认真而又和风细雨地批判了樊弘同志的种种错误观点。

在批判樊弘同志对待个人与党的关系的错误观点时，同志们认为樊弘同志的资产阶级思想所以能够自由泛滥是因为他的思想并不是孤立的，是有一定的市场和影响的。同志们特别指出王茂湘同志也是存在着比较严重的资产阶级个人主义思想，他把樊弘问题是非搞颠倒的过程中起了突出的作用。这次整风学习会进展了两个多月，王茂湘同志对自己的资产阶级思想和在社教运动中的错误虽然作了一些清理，但是清理得很不够。许多同志对他都有意见。因此，在批判樊弘同志个人与党的关系这一问题时，也批评了王茂湘同志严重的个人主义、自由主义。我们认为，这对促进王茂湘同志本人与资产阶级思想划清界限，认真改造自己是非常必要的，同时也有助于澄清系内的一些大是大非问题。教育广大党员增强党性。

因此，聂元梓同志简单地向中央反映说：经济系"斗争了积极分子王茂湘"，这与我们的实际情况是不相符的。我认为，一个积极分子如果有着严重的资产阶级思想而又不肯认真进行自我批评，是应该进行批评帮助的。

聂元梓同志还说："这次党员干部整风学习会，实际上重点还是对积极分子提意见。批评的主要内容还是运动中过火斗争的缺点错误。"这个说法也不符合我们系的实际情况。运动中，经济系先后确定的积极分子共十六人，参加这次会议的有十三人，我也是其中一个。我们大多数同志认为这次会议并没有重点对我们提意见，我们和其他到会同志一样，清理了自己思想，开展了批评与自我批评。我们批评樊弘、王茂湘的主要内容是他们的资产阶级思想。由于王茂湘同志对自己的工资、级别、党内职务安排有不满情绪，运动前就对有的同志说过："我做了总支书记，就（提）拔你。"社教运动中，他又对我说："龚理嘉肯定当不了总支书记了，外面不可能来人。某某同志做总支书记不行，他不干具体工作。某同志太老实，原则性不强，总支书记她顶不起来。你（指我）可以做组织工作。"他还说："当总支书记没有什么，不要被它吓唬住。"因此在批评王茂湘时，有的同志提出王茂湘究竟有没有想当总支书记的思想，希望他自己检查，会议对此并没有作结论。个别同志曾表示怀疑他是否有个人野心，但这不是会议领导人的意见。

在批评王茂湘同志的过程中，他的态度是不好的。对同志们提出的有些确凿的重要事实也不承认，在这样的情况下，领导小组有的同志曾说："不检讨是可以的，赖掉是不行的。"当王茂湘同志对此话提出意见时，领导小组在的同志已多次在会上说明当时讲这句话的目的在于帮助王茂湘同志采取正确的态度认真地检查自己的资产阶级思想。但是话可以不这样讲。我认为这样讲了，也不能就说骂王茂湘同志"像骂印度反动派一样"。我们始终是采取"严肃、积极、热情"的态度来对待他的。会议期间，系领导小组同志和他个别谈话进行帮助就有九次。始终都对他抱有热切的期望。

王茂湘同志在同志们的批评帮助下，对自己的问题有了一定的认识，他表示今后愿与同志们搞好团结，搞好工作。对于个别想不通的问题，他也作了说明。同志们对他的认识有所提高是衷心表示欢迎的。

11月中旬，在对樊弘同志的问题全部批判结束以后，全体同志用一周时间座谈了思想收获，同志间广泛地进行了交心，有十四个同志在大会上谈了收获体会。绝大多数同志都认为这些整风学习会开得是好的。首先,批判了资产阶级个人主义思想,进一步划清了资产阶级思想与无产阶级的思想界限,增强了党性。其次,基本上澄清了系内的大是大非问题,如对总支几年来工作的估计,对龚理嘉同志的估计,对樊弘同志的看法等;第三,在学习和应用主席关于党内斗争的正确方针,继承党内斗争的优良传统,恢复正常的党内生活方面迈进了一大步。第四,在增强党性,提高觉悟的基础上团结有所增强。

我是经济系三个工作队员中的一个,后来并且被选为"四清"领导小组任副组长,在这次整风学习会上,并未对我和其他十二个积极分子进行批判。我们在批判樊弘同志的资产阶级世界观和批评王茂湘同志严重的资产阶级个人主义思想的过程中,我和绝大多数同志一样,深深感到:一个共产党员,必须坚持兴无灭资斗争,坚决地彻底地改造自己的资产阶级世界观,才能树立全心全意为人民服务的革命的共产主义世界观,才能树立全心全意为人民服务的革命的共产主义世界观。不管出身如何好,不管革命经历多么长,不管马克思列宁主义的理论书读得如何多,如果不理论联系实际,放松世界观的彻底改造,就不可能成为一个名副其实的真正的共产党员。

我所讲的这些情况,供同志们参考。

潘乃穆同志说:

聂元梓同志在给中央的信中说:"听说人事处小组也斗争的积极分子白晨曦,追他有个人主义野心。党委机关宣传部小组也这样斗争了积极分子杨文娴。"聂元梓同志并不清楚这些单位的情况,但却向中央反映了这种不符合事实的意见。我在机关工作,对机关的整风学习情况有所了解,我想有必要在这个会议上摆一摆事实真相。

聂元梓同志说斗争了白晨曦和杨文娴同志的这段话是跟着9月4日大会告一段落以后的情况讲的。看起来是指从国际饭店回学校去以后的事。据我了解,大会告一段落以后,机关一总支和多数总支一样,开始了一般党员的整风学习,行政各处的党员学习都是党员处长和党支部一起来抓的。人事处的党员学习,由于伊敏同志没有回去,是由白晨曦同志和支部一起抓的。在9月下半月,用两段时间传达报告，并进行讨论。十一国庆节以后，由白晨曦同志作了学习动员报告。10月19日白晨曦同志作自我检查，以后党员提意见两段。10月26日，高秀宏自我检查，党员提意见一段。这就是截至11月15日聂元梓同志向中央反映意见时的情况。以后又有其他科长同志等作过一些自我批评，学习还没有进行完毕。从党员同志给白晨曦同志提的意见来看，大家都肯定他对自己在前一段社教运动中的错误的认识比国际饭店会议前有进步，但比较普遍的意见是，谈运动过程多，许多问题没有提高到原则上来认识，很少触及自己思想，说自己有个人主义，但没有检查个人主义表现在什么地方。会议中根本没有哪个同志追白晨曦同志有个人主义野心，也没有斗争白晨曦同志的情况。关于一般党员学习的要求，9月4日领导小组在报告中布置过："根据彭真同志6月29日报告而后这次会议的精神，对全体党员干部进行教育。帮助同志提高觉悟，清除张磐石错误的影响，正确接受前段社教的经验教训。规定除了传达领导同志的报告、国际饭店会议的精神进行学习讨论外，对一般党员不要去每个人作自我检查，但欢迎党员进行自我批评，应该进行相互批评和自我批评。不是整人，而是以无产阶级思想整资产阶级思想。为了整好而不是整坏。对领导干部要求在适当时机，在全系教职员党员大会上作自我检查，小会提意见。对领导干部的检查，别了解作消极还账，而是对党对同志有责任，有启发帮助的作用。要求领导干部站在党的原则、党的立场来教育自己，帮助同志。希望回去经得起考验，对党员进行教育，也接受党员的批评。"人事处的党员学习进行情况是符合9月4日领导小组的指示的。

至于杨文娴同志，从国际饭店回校以后，因病住院，病好以后下乡四清，一次也没参加党小组生活，也没到宣传部上班。宣传部党小组学习，除了三次讨论报告精神以外，10月29日钟哲明先作自我检查，11月2日党员提意见。以后又开过五次小组会，小组其他同志陆续进行了自我批评和相互批评。在会议中除了有的同志在谈到自己问题时，联系提到杨文娴同志一下而外，没有一个同志对杨文娴提出批评意见。因此根部没有党委机关宣传部小组斗争了杨文娴的事。

也可能聂元梓同志听说的是国际饭店会议当中的情况。国际饭店干部整风学习会中，我和白晨曦、杨文娴同志同在第二小组。小组会从 7 月 30 日开始，到 9 月 11 日结束。除了讨论领导同志讲话和会议精神、给党委提意见、进行专题讨论而外，在 8 月 9 日至 13 日之间共用了八段时间个人进行自我清理，8 月 17 日至 23 日之间共用八段时间，开展相互之间的批评。整个小组会议是按照干部整风学习会开幕词的精神进行的。开幕词说："要办好北大，必须把兴无灭资的社会主义革命进行到底，彻底改造北大。当前，应该进一步深入开展社教运动，把已经暴露出来的严重的四不清问题，主要是政治、思想上的不清，认真系统地加以解决，其关键是整党。这一次整风学习会，就是整党的一个重要步骤。""希望每个同志都自觉革命，首先清理自己，清政治，清思想，去掉自己头脑中的资产阶级东西，增强党性。在这个基础上再互相帮助。"并且指出这次整风学习会的中心目的是要解决增强党性的问题。只肯检查认识问题、主观主义、形而上学，不肯检查思想意识问题、个人主义问题，是不对的。按照这个指示精神，我们对小组里每个人的个人主义思想表现都开展了批评和自我批评，事实上每个人都存在个人主义思想，只不过程度不同，表现不同而已。白晨曦同志、杨文娴同志也不例外。在小组当中，白晨曦同志个人主义比较严重，大家对他提的意见比较多，也是很自然的。但在小组会中并没有追他个人主义野心的情况，更没有斗争他或杨文娴同志的情况。连白晨曦同志自己在国际饭店会议后都表示过："我本来以为这次会一定要整我，所以开始时抱着被动挨整的态度，结果感到并没有整我。"

所以无论在这次国际饭店会议中或回校以后，都根本不存在斗争白晨曦同志和杨文娴同志的事实。

26. 简报（100）

北大哲学系党员干部整风学习会议简报（100）

会 议 简 报 组
1965年12月20日

12月15日上午大会，许政援、赵光武、张文俊、陈葆华同志发言。

许政援同志说：

聂元梓同志表示要进一步做检讨，挖挖思想，我欢迎聂元梓同志这样做，希望真能做到。看了聂元梓同志的两封信，感到聂提出了许多原则性的问题，因此，讨论这两封信很有必要。同意何静修同志的意见，要分清延安和西安、主流和支流。我认为聂元梓同志这两封信的基本观点是错误的，基本事实是不符合实际的。我现在就她在信中的一个问题——关于她对自己检讨的估计，再提些意见。

聂元梓同志在信中提到她的第三次检查，她说："我在大会上又作了一次检查，对他们提出的问题，据实说理，提出了确切材料，作了实事求是的检讨。"这样说是不符合实际情况的。

聂的第三次检查我觉得有这样几种情况：

一、不顾全面的基本事实，摘取片断材料，加以曲解，尽量掩盖错误。

明显表现在聂对整风中的问题的检查中。聂在整风问题上摆了大量材料，从形式上看好像是据实的。但是联系到整风全部实际情况作分析，就可以发现：

（一）抹杀基本事实，片面摘取可以为她观点服务的材料，对她不利的则避而不谈。例如，聂否认整风期间存在两种不同的指导思想和她积极贯彻了张磐石的错误指导思想这样一个基本事实，以及与之有关的许多重要的事实，如：去年8月20日聂向党委的汇报；9月13日总支委员会陆平同志指示揭得不平衡，须全面深入揭发；19日的总支委员会，聂元梓同志提出要以王庆淑的问题为中心，与谢道渊同志意见发生矛盾；9月22日陆平同志发言强调是党内斗争，是人民内部矛盾；9月22日陆平同志发言后，聂找张磐石谈陆平同志发言和张指示的分歧，对阮铭同志提意见，说补充几点不够明确，因此有人听不出分歧来；对王庆淑问题定性；和张磐石同志的谈话，等等，聂都避而不谈。

（二）谈到的一些材料也不是全面、客观、本质地进行分析，而是按照自己的需要来做解释。如陆平同志动员整风的四个原则，聂就解释为落实到解决1961年、1962年的分歧。实际上陆平同志在报告中谈到1961年、1962年的分歧时，只是说其中有些和这四方面有关，并不是说四方面问题就是1961年、1962年的问题，陆平同志强调要全面揭发问题，解决四方面的原则问题。另外，聂在整风中贯彻张磐石的错误指导思想，中心是通过斗王庆淑引火烧陆平，而聂在检查中掩盖了这一实质，说成张也是要解决1961年、1962年的分歧，这样把党委的指导思想说成和张磐石是一致的了，聂因此也就没有什么错误了。

（三）聂这样做是为了什么呢？是为了做实事求是的检讨吗？不是。去年整风期间，张磐石同志采取两面手法，公开说"不干涉内政"，背后却另搞一套，聂也是表面上还听取党委一些意见，实际上完全贯彻张的一套。党委在后期也有把对张磐石的不同意见摆得不够明朗的缺点。聂正是利用这一复杂情况来掩盖她积极贯彻张磐石的错误指导思想、抵制党委整风方针所犯的思想上、组织上的错误。

由此可见，聂并不是提供确切的材料，作实事求是的检讨，而是摘取片断材料，作片面解释，不顾基本事实，掩盖错误。如果聂据实说理，实事求是，首先应当承认这个基本事实，即整风有两种不同的指导思想，她自己贯彻了张磐石的错误指导思想，并应当根据党的原则来检查自己在贯彻张磐石错误指导思想中犯了哪些原则性错误？犯错误的原因是什么？

二、聂元梓同志把已经澄清了的证明是在过去运动中歪曲夸大、猜测、无中生有的东西，和党委工作中的一般性缺点混在一起，继续使真相不明，而掩盖错误。

例如聂对冯定问题的检讨，用了大量篇幅，列举了七件大事，论证了自己怀疑党委限制、阻挠批判冯定看法形成的由来。把已经澄清的运动中歪曲、夸大、猜测、甚至无中生有的事情和党委工作上一般缺点混在一起，不加说明，结果只能使真与假、事实与歪曲混淆不清，这怎能是据实说理，提出确切材料呢？聂这样做的目的是什么？是实事求是地作检讨吗？聂这样做的目的并不是用事实来说明对党委的怀疑不对，而是造成假相，似乎对党委的怀疑还是有根据的，是应该的。聂对自己的错误只简单地提了提思想方法有问题，反而抓党委的毛病。对党委的工作有意见是可以提的。但应认真检查自己的错误，同时诚恳地实事求是地提出意见，而不应抓人家毛病，掩盖自己错误。这样做是不是为了掩盖自己在批判冯定问题上搞党委的错误，掩盖自己的严重的不实事求是、不老老实实的毛病，并进一步掩盖对党委的不信任、怀疑及关系不正常，聂说："当然有当时形势与张磐石的错误指导思想的影响和工作队其他同志的影响，是起了很重要的作用，因为在工作组来以前我对陆平同志和党委没有任何成见和不信任，关系是正常的。"其实聂主要就是要说明这一点。把自己对党委的不信任，与党委关系不正常，说成是工作队来后，种种客观因素造成的，是党委的错误造成的，而不是聂自己的问题。在这个问题上聂是用了苦心的。聂在第二次检讨开头用大段说明整风前她的思想状况，也是为了说明对党委只有一般的意见，没什么怀疑、不信任，而且还是由于党委的缺点，不和她谈话等造成的。

聂所用的大量材料仍是过去歪曲、夸大，不符合事实的材料。根据这些材料的道理，也必然不是共产党员应当讲的道理，不是正道理。如果聂元梓同志真是据实说理，实事求是的进行检查，首先应把运动中歪曲、夸大、无中生有的问题澄清，把自己的基本错误摆清楚，首先要把自己在运动中说党委搞"两个政治陷害"，这个错误提出来，然后根据一个共产党员应有的老老实实、实事求是的态度，根据党员对个人和组织、下级和上级应遵循的组织原则，根据说党委搞"政治陷害"所造成的严重危害，来认真地检查自己在思想上、组织上以及党性修养上的错误。

三、任意乱联系，把一些无关的、甚至是相对立的东西，说成是相同的，用以掩盖错误。

如：为冯定发言叫好的问题，冯定的发言是针对陆平同志的发言，说陆是想过关才来哲学系的会的。但聂却说冯定的话未超过陆平的话，因此说冯的发言很好。聂把无关的甚至相对的东西拉在一起，用以掩盖自己的错误，很难说是据实，也很难说说是真正的说理。如果是实事求是的检查，应当摆出自己在社教运动中对待冯定问题上的错误言行，然后根据在社教运动中应如何对待具有系统修正主义观点的人，应如何划清两类矛盾等基本原则，来好好地检查自己的错误，吸取经验教训。

四、有些明明是无中生有，聂说成是"思想方法问题，有点左，不细致。"讲了一些实在无法令人信服的"道理"。

如第六十六期简报中聂提供了一些材料是无中生有的，而聂解释为："不是正式汇报"；"没有要我核对事实"；"如果我当时认真细致看，也可以发现错误"；"由于主观片面与左的思想结合，因而对文件中的意思未深思，对文件中的问题视而不见，未看出问题。"这是很难令人信服的。如果过去不是正式汇报，那么周其湘同志拿了简报来要你提意见，就应该认真对待了吧！如果周其湘同志没有要求核对简报上的事实，因而没有更正，那么聂新加上的三条材料也是无中生有，不合事实的，这又怎样解释呢？聂又说如果自己文字工作上有经验，不会这样作，这也很难成为一个理由。

聂元梓同志如果真的要实事求是地作检讨，首先应澄清事实，然后应该很好地挖挖自己的思想，到底为什么这样的不实事求是？

五、聂对一些重要问题采取简单否认的办法。

聂在检查中肯定地说她从未怀疑过市委，只是怀疑过宋硕、彭珮云同志。但是看了聂在3月26日的发言很清楚，她的检查是很不实事求是的。又如樊弘问题，聂说对樊是什么问题，到现在为止还不清楚，所以未支持他翻案，这也不符合实际。龚理嘉同志曾两次向聂讲过樊的问题。共产党员对自己错误应当是老老实实的态度，是就是，非就非。对自己的错误采取这样一种不老老实实的简单否定的态度，又怎能说是据实说理，作了实事求是的检讨呢？

六、明明已知道自己歪曲不对，又找人帮助核对过，理应澄清情况，检查错误，而聂仍继续掩盖错误，混淆是非，模糊事实真相。

如水果事件，聂在运动中散布龚理嘉爱人病重期间，不给爱人买水果吃。但聂这次检查却解释成是当时她对经济系的同志说：你们是否没给龚假期，她让龚到党校去看看那些照顾许邦仪养病的同志，表示感谢。根据宋城同志所谈，聂这样改换说法，明显是因为她自己找人去核对过情况，知道自己原来谈的不符合事实，在这种情况下，聂理应在会上澄清是非检查自己的错误，而聂不是这样，相反却说高级党校周逸同志怕事不敢承认她过去讲过的话，好象人家现在不敢讲真话了似的。这到底是聂不老老实实面对事实检查错误呢，还是周现在怕事不敢讲了呢？从这个情况看，也很难说聂元梓同志是据实说理，作了实事求是的检讨。

从以上六个方面可以看出，聂是怎样据实说理的呢？据的是什么"实"，是讨论中已澄清了的过去运动中歪曲、夸大的"实"，而否认了基本事实、重要事实。是说的什么"理"呢？聂根据这些"事实"，来讲道理，讲的不是正道理，有些地方是不讲道理。聂这样做，显然不是实事求是的检讨，而是想尽办法掩盖自己的错误。总的我觉得聂不是实事求是、老老实实地对待自己的错误。她对中央反映自己对错误的态度和自我检查的情况，也是不符合实际的。对错误的认识是会有个过程。但作为一个党员，特别是聂作为老党员，首先对待自己错误应采取老老实实的态度。这是完全应该做到而且是可以做到的，但聂却没有这样。上星期六聂元梓同志自己也检讨了过去态度不好，表示要端正态度。希望聂在今后的检查中能端正态度，认真检查。

赵光武同志说：

听了何静修同志的发言很受启发。聂元梓同志的两封信的确涉及到一些重要的原则问题，我们应当对中央负责，做出答复，不能含糊。

聂在信中讲到：会议上斗争了积极分子，对积极分子进行打击报复。根据我个人感受，这种看法是不符合实际的，根本错误的。

在信中，聂对她的错误及她做过的检查，也隐瞒了事实真相。

聂对自己的错误不但不老老实实检查，反而把党和同志们对她的批评、教育说成打击报复，向中央歪曲反映情况。这说明她对这次整风的态度是抵触的，抵触情绪甚至发展到倒打一耙的地步，给会议加上了对积极分子施行打击报复的严重罪名。对四清运动中的积极分子进行打击报复是什么罪名,聂元梓同志是知道的。为什么偏偏这样歪曲的反映情况呢？是与人为善吗？

同意徐大芴、高宝钧、张风波等同志对聂元梓同志的原则问题的分析,我仅就其中的两个问题,作一些补充：

一、聂元梓同志对张磐石同志错误的态度问题。到底聂元梓同志与张磐石同志的错误是否划清了界限？

（一）聂在信中提到会议是斗争积极分子,对积极分子进行打击报复,到底事实怎样？聂为什么要这样提出问题？

整风会议从提出冯定问题以来,的确比较集中地讨论了整风、社教运动问题,进一步揭发批判了张磐石的错误指导思想及其在哲学系的贯彻和影响。由于在贯彻张磐石的错误指导思想的过程中,聂元梓同志起了重要的作用,因此,批判张磐石的错误及其在哲学系的贯彻和影响时,必然较多地对聂元梓同志提出意见和批评。这次会议的指导思想是正确的,具体贯彻了彭真同志的报告和开幕词的,是按党内斗争原则进行的。会上比较充分的摆了事实,摆了比较确凿的、大量的材料,在这些材料的基础上大家作了一些分析,这些分析是在吸取了过去运动中过火斗争的经验教训的情况下进行的。尽管同志们的一些分析难免有这样那样的缺点,但会议的主流是健康的,是好的。

聂元梓同志本来应当对党、对同志们的帮助采取欢迎的态度。同志们的个别意见不合适,也应抱着有则改之、无则加勉,言者无罪、闻者足戒的态度。但聂元梓同志不分主流与支流,说会议对积极分子实行打击报复,这除了反映聂元梓同志对错误的态度、对整风会议的态度外,是否也反映了聂对揭发批判张磐石的错误及其对哲学系的影响的态度呢？前一段根本不是斗争积极分子,更不是对积极分子进行打击报复而是着重弄清了张磐石同志错误指导思想对哲学系的影响。而聂元梓同志硬把它说成是打击报复积极分子,那么,对张磐石的错误,对聂元梓的错误要不要揭发批判？

（二）聂元梓同志说整风的领导权掌握在被批判的人手里。这一观点是根本错误的。这样提出问题,是不是反映了聂还在坚持张磐石同志错误的框框？是不是还认为过去运动中的过火斗争是正确的呢？

（三）聂对被批判的人和积极分子的两个概念很感兴趣，聂对信中提到的人几乎都注明谁是被批判的，谁是积极分子。张磐石同志的错误被揭发后，本来不应当再区分积极分子和被批判的人。应该用党的原则作为衡量是非，观察问题的标准，在原则基础上，消除分歧，而聂仍然利用张磐石人为地制造的两部分人的分歧做文章，是否也反映了聂与张磐石的指导思想和错误作法未完全划清界限呢？

（四）聂对哲学系分歧的看法与第二次调查报告对照，也未完全与张磐石的错误划清界限。从信的整个倾向来看，我体会聂还是认为哲学系的历史分歧是以张恩慈为首的一方，以王庆淑为首的另一方；还是认为哲学系问题的根子在王庆淑。

二、聂对冯定问题的错误的态度问题。

聂在信中提到讨论冯定问题的情况时说："奇怪的是，不讨论冯定问题的本身，也没让冯定到会检讨，只是抓住我在四清运动中我说的一句不妥当的话，即：在一次会议上，冯定发言后，我说：'讲得很好'，冯定说什么呢？冯定在谢道渊讲话后，说你不要和陆平同志的错误分的清清的，各管各的（大意），因此，我说讲得好，谢道渊应该揭发陆平同志。他们由此得出结论说：'利用、联合冯定，打击陆平等好人。'这完全是抓辫子。"

（一）我认为聂元梓同志隐瞒歪曲了事实真相。我们说聂利用冯定斗争陆平，是否只抓住了一句不妥当的话？这句话具有代表性，影响比较大，因此对它作了较多的分析，但聂元梓同志在冯定问题上的错误不只是一句话，反映了在整个对冯定的态度上，如：让冯定参加斗争陆平的动员会，让冯定在大会、小会上发言，而且不仅一次加以肯定，除了11月13日肯定冯定讲得好以外，11月17日的会上冯定插话后，聂元梓同志接着作了肯定而且提高了。何况利用冯定斗争陆平是有关张磐石的指导思想问题，冯定在哲学系没有继续受到应有的批判，而且受到肯定，就是贯彻了张磐石指导思想的结果。

对聂的一句话本身，聂也作了歪曲。是否冯定只说了不要分得清清，各管各呢？实际上冯定当时还讲了常委会内部的情况，说陆平同志对形势估计错了。说陆平所以下来是意见书通不过了,冯还以了解情况的身份出现,歪曲事实地说:"过去哲学系的事都是谢道渊管的,一定与陆平有很多商量。"实际上为聂追陆平、谢道渊的阴谋活动提供了"情况"。所以聂称赞说:"冯定同志讲的好!陆平唱对台戏,谢道渊是出场的,不一定准备好稿子,可以马上讲。"利用冯定提供的材料追谢道渊。

(二)聂元梓同志掩盖了冯定的错误。

聂引用冯定的话,根本无任何分析批判,而且去掉了其中重要的挑拨离间的内容,实际上是掩盖了冯定的错误。

(三)聂对自己在冯定问题所犯的错误也进行了掩盖。前边只承认讲了一句不妥当的话,后边又说大家完全是抓辫子。这么一来她自己似乎没什么问题,而是大家故意与她作对,对积极分子进行打击报复。

从以上分析可以看出这样一个逻辑关系。聂元梓同志为了说明会议对她进行打击报复,必然掩盖自己的错误,而为了掩盖自己的错误,必然要掩盖冯定的错误。

聂元梓同志信中涉及到的对待张磐石的错误和对待冯定的错误是两个重要问题,就个人认识提了一些意见,是否妥当供聂元梓同志参考,与聂元梓商量。

张文俊同志说:

我解释一下赵光武同志发言中提到我上次的发言。我认为说会议的主流是斗争积极分子,对积极分子打击报复,是不妥当的。至于会议是四六开、三七开还是二八开,可以研究。中央规定,对四清运动积极分子打击报复,要作为现行反革命处理。我这样讲,是为了提请聂元梓同志注意,提问题要考虑分寸和分量;批评要恰如其分,要有根据。但是,我不认为聂元梓同志已给一部分人扣上了"现行反革命"的帽子,倒打一耙。

陈葆华同志说:

我就聂元梓同志给彭真、刘仁同志的信发表几点看法,有些看法可能不对,请同志们批评帮助。在讨论这封信的内容之前,想先明确以下几点:

一、同意许多同志提出的，聂元梓同志向中央写信反映我们目前整风会中的一些问题，是一个党员的权利，在组织上没有错误，是正当的，应得到保障。

二、我理解聂元梓同志的信不是对会议的全部做评价，而是她认为有问题的地方向中央反映，因此她对会议的成绩就没全面的讲。

三、聂元梓同志这封信是在 11 月 15 日写的，她写这封信的时候正是哲学系重点批判聂元梓大会连续搞了三十几段，和经济系合开的一百多人的大会批判共六段（包括聂检查两段），会议的气氛是紧张的，温度是很高的，在比较长时间里有没有人同她交谈，是受到冷淡、孤立的，因此，我认为，在这样一种情况下写的信有情绪，她的心情可以理解，但这是不对的。对会议情况的反映是不够冷静和不够客观的，对会议中的一些问题估计过于严重；有些问题提得很高；有些观点是不妥当的，有些情况了解得不够确切，也有个别材料不符合实际；对会议缺乏一分为二。这些都是不妥当的。聂元梓同志应该检查。另一方面，聂元梓同志也反映了会议中存在的缺点或错误，是值得领导小组重视、研究和改进的。

哲学系的整风会开了四个半月，尽管分歧仍然很大，我认为对自己还是有不少教育的。在党内生活、党内斗争和党员修养等方面都学到了不少的东西，党性是不断在增强，对一些问题的认识也有提高。会议开到现在认识上还有相当的距离，自己也是有一份责任的。感到来国际饭店以后，自己对许多问题的认识还是很不够的，愿意继续深入检查自己，向党交心。另外我也想到聂元梓同志的前两次检查稿，事先我都看过，也没有认真地给她提出意见，当时觉得检讨得还差不多，大的原则都提到了，这主要是由于当时自己的认识水平不高，有怕检讨过头的思想。现在看来，她的检查还是很不够的，自己也感到在帮助同志方面有一份责任。最近以来和聂元梓同志认真地交换了意见，我也坦率地给聂元梓同志提出了一些批评，我认为她的态度还是好的。表示愿意做进一步检查，不受其它因素干扰，严格地、实事求是地检查自己。我也诚恳地希望聂元梓同志进一步端正自己的态度。是自己的错误，应该正视，应该承认，严格地，实事求是地检查自己，更进一步挖挖思想根源，向党交心，对党负责。下面我就聂元梓的信及我对会议的看法谈一点感想,但也不是对整个会做评价。

一、首先应该肯定自10月8日开大会以来,会议中进一步揭露了磐石同志的错误指导思想,使同志们包括我个人对于磐石同志的错误及其危害有了进一步的认识。在会上也进一步揭露了矛盾。在有些问题上还是做到了摆事实,讲道理。在11月中旬以来,领导小组在会下也做了许多个别工作,找一些同志交谈,开小型座谈会听意见,或个别谈话等,对我也是有帮助的,会议中的气氛也有所改进。聂元梓同志本人有一些合理的要求,如身体不好请假,希望何时发言给予安排等,领导小组都能予以照顾。最近以来陆平等同志也找聂谈了话,这些都应予以肯定。至于哲学系四人领导小组是否完全贯彻了开幕词的精神和立群同志讲话的精神,我认为有的贯彻了,有的没能很好地贯彻,也有些地方是违背了。

二、谈谈聂元梓同志哪些观点我认为是错误的。第一,她认为这里的会是斗争四清运动中的积极分子,施行打击报复。这一说法是缺乏充分根据的。因为这次会议还是党内整风会,7月29日至9月8日这阶段,校、系两级干部都做了自我清理,开展批评。尽管有些同志的发言给积极分子扣了过高的帽子,如有人说以聂元梓为首的一部分总支委员暗中与张磐石勾结搞阴谋;也有人说同张磐石划清界限,要对张磐石有阶级仇恨;扣一些同志刮"三风";怀疑猜测有非组织活动,出现追组织关系的苗头等问题。但这阶段总的来说,还不能说是打击报复积极分子,人人都不同程度地受到了教育,对我个人来说,也受到了教育。自9月8日至10月8日,全系教职员党员都来了,分成三个小组进行讨论。这时各小组情况不够平衡,主要还是针对历史分歧和运动中的问题摆看法。有的小组对运动中的问题讨论较多,也出现过扣大帽子的情况,或气氛比较紧张。但我所参加的第二小组的讨论,总的气氛是好的。自10月8日开大会以来,特别是在孔繁同志发言之后到现在,是比较多地清算社教运动中的问题,应该说是主要清算整风、社教运动中的问题。大会上批评了一些积极分子,但并没有一个一个地对积极分子进行批判,而是比较集中地,连续地重点批判了聂元梓同志。我认为这个阶段的会问题是比较多的。在这两个月中,会议的引导实际上使运动中的大部分积极分子处在一种受批评的地位，而分歧的另一方是很主动地处在批评者的地位。共同总结教训的气氛是较缺乏的，积极分子的心情也是比较紧张的。有一段在大会上不太能畅所欲言。尽管如此，也不能笼统地说是打击报复积极分子。

第二，聂元梓同志提出"哲学系整风领导小组现在受谁领导，""实质上是领导权掌握在四清运动中被批判的人手中，"我认为这种看法是错误的。因为四人小组的领导是合法的，是经上级批准的，它受以立群、邓拓同志为首的十四人领导小组的领导是明确的。我同意李清昆同志的意见，领导权在谁手中，不能以在运动中是否受过批判做为标准，现在的领导小组，是好同志，不是四不清的干部，我是拥护的，但领导小组不应该把总支一级组织抛在一旁。

第三点，聂元梓提到《二十三条》规定："这次运动的重点是整那些走资本主义道路的当权派，……"而现在哲学系的运动，斗争对象是四清运动中的积极分子，斗争的是走社会主义道路的一般干部，聂元梓同志这样认识也是不妥当的。因为这次是党内整风学习会，要求人人增强党性，清理社教运动中暴露出来的缺点和错误，也清理校、系两级存在的几个方面的四不清问题。聂元梓同志在社教运动中也暴露出来一些缺点和错误，有些错误还是比较严重的，也应该认真严肃的清理。

第四点，还有一些用词不妥，如"捏造"，"恶毒"，"围攻"……等，反映出一些情绪，也有些情况不太确切或讲得不清楚，都值得聂元梓同志认真考虑的。

三、结合自己的认识谈一谈我认为聂元梓同志提出的问题，哪些意见我是同意的，或认为合理的，值得研究的。

第一，整风学习会搞了四个半月，是把总支委员会抛在一边，这是一个基本事实。虽然领导小组做了一些说明，但是这样一种做法，我认为在原则上是不妥当的。上级为了加强对哲学系的整风领导，组成了四人小组，我也是拥护的，但我认为领导小组进行领导仍然应该以《二十三条》三结合的精神把总支委员会这一级组织作为依靠的对象，或整好风的力量。尽管在总支委员会内部对许多问题的看法存在分歧，但也不能以此为理由。愈有分歧，愈应该加强这一级组织的工作。谢龙说依靠这一级组织，会使整风更不顺利，阻力更大。这种观点是错误的。除非这个总支委员会是烂掉了，才不需要依靠，那也应该讲清楚。这次整风学习中的积极分子，他们对于领导意图，都了解得十分及时，而总支委员会中的七个总支委员却基本上出于一种十分被动的状态，对会议的引导和意图了解很迟缓，思想也跟不上。由于这样一种做法，又没有讲清楚，在批判聂元梓同志最紧张的一段时间里，这些同志心情也是十分紧张的，不知领导上究竟怎样看待我们这些同志的，在那时我的心情是处在一种等着挨整的状态。我也感到一些同志是摆着一付批人的架式。虽然聂元梓同志是总支书记，心中也想同她交换意见，但是不敢接触，怕万一把聂元梓搞成一个什么"分子"，再增加一些新的矛盾。最近听到一些领导同志明确说聂元梓同志的问题还是作为党内思想问题来搞，不是要搞成什么"分子"。心中才有了底。但过去思想并不太明确。产生这种思想和心情是否也反映当时会议进行中存在的一些问题呢？请领导考虑。

第二，大会集中地对聂元梓同志批判了四十五段，扣了许多不妥当的帽子。虽然没有把聂元梓同志当敌人来整，但对她的许多批评还是过火的。应该承认会议对她的许多批评也是正确的，作为她个人，不应该过分计较会议的气氛和扣的帽子，首先应该把自己的缺点检查够，在这一点上聂元梓同志做得是不够好的。但是当她的思想修养尚未达到很高的情况下，根据我的了解，她那种顶的情绪是与对她的许多过火的批评和一些做法有一定的关系，像在会上提出了"联合、利用冯定斗争陆平、联合修正主义斗争马克思主义"，"联合历史反革命批判冯定"，说"与磐石同志暗中勾结搞阴谋"；说"首先向党委开了第一枪，有创造性"；说是"四个第一"；"耍两面派"；"给某某人最后通牒"；"资产阶级律师的手法"；"反党委的活动"；"追和磐石同志的组织关系"；"四清运动中又犯了政治上的四不清错误"；她和张磐石同志"谁影响谁的问题"；也用了一些伤害同志的字眼，如"捏造"，"狡辩"，"恶劣"，"极不正派"，"中伤"，"诬蔑"，"十分气愤"，"违反党纪国法"，等等。在一段时间内，对聂元梓同志的批判，使我感到同少奇同志《论党内斗争》一书中关于党内的机械过火斗争形式第二点讲的有些类似。"……斗争得愈凶就愈好，问题提得愈严重愈好，搜集别人的错误愈多愈好，名词用的愈多愈好，给别人戴的帽子愈大愈好，批评的语句愈尖刻愈好，批评与斗争的方式和态度愈严峻愈粗暴愈好——讲话的声音愈大、面孔板得愈凶，牙齿露出来愈长，就以为是愈好，……不讲求分寸，不讲求适可而止，毫无限制的斗下去……。"会议中不断地出现类似这种情况时，哲学系领导小组并未及时指出纠正；没能引导大家，注意温度，注意分寸。这样，就使我们许多同志（特别是运动中的积极分子）感到聂元梓同志所犯的错误比张磐石同志的错误还严重。虽然领导也明确过磐石同志错误是第一位的，但是对待聂元梓同志的错误有些做法和提法几乎已超过了张磐石同志了。不仅是开大会集中批判，而且会议愈开愈大，各方面的人愈来愈多。这样一些做法究竟有无问题，是不是过火，还是工作中的一般缺点，或是这样做是正确的，完全必要的？我在思想上未能很好地想通这个问题。

　　第三，没能很好地贯彻共同总结经验教训的精神，存在着过多地追究聂元梓个人责任的缺点。主席在《学习与时局》一文中已指出：对待总结历史经验应采取何种态度的问题，提出了不应过分追究个人责任的思想。过去也有许多同志批评了我们不应过分追究王庆淑同志的责任，应首先总结历史教训，而现在我感觉又出现过分追究聂一个人责任的倾向。我认为赵正义同志曾在大会上提出这个意见，认为清算整风及社教运动，首先应当把我们应吸取的几条基本经验教训总结出来，哪些是共同应负的责任，哪些是个人应多负的责任，这样做，人人有提高，提倡人人联系思想进行自我批评，然后再比较集中地对主要领导人进行一些批评，如对聂元梓同志多进行一些批评帮助，也可以要求她比一般同志的检查更严格一些，都是可以的，这样做是共同总结经验教训的方法和态度，聂元梓同志的错误，特殊性也容易分辨得更清楚。但是领导小组并未采纳，而是在后来严格地把一般积极分子和她区别开来，首先强调她的特殊性，凡与她有关系的材料尽量的揭发、搜集来，一切都是大会上见面。甚至把工作队政治处筹建组工作中共同研究的一些问题也都一股脑地推在她一个人的身上，而她的领导增德林同志也不在场。这样把许多情况串起来，把当时许多复杂的因素都抛开，把共同应承担的责任也未分辨清楚，这样做就势必夸大了她的问题，而就不能够很好地做到实事求是。

第四，在相当一段时间内，没能很好地贯彻《二十三条》的第二十一条，对犯了错误的同志要严肃、积极、热情。我认为严肃有余，热情很差。在相当长的一段时间内对被批判者是冷淡、孤立的。领导也没能找她谈一谈（最近以来领导上在此方面是有所改进的）。虽然一些同志也建议领导和她谈谈，希望在下面多帮助一下，领导表示"不是时候"，"谈话也没用"，"大会上批评一样是教育"。

第五，会议的引导，有些做法发扬民主不够。比如哲学系领导小组最初是要我们按照历史的线索发言，孔繁同志系统地发了言，做了认真地准备，摆了许多事实，以总结经验教训的态度谈了自己的看法，只是时间用得长了些。在他发言后，分歧的一方把孔繁同志批评了一通，说讲了大量"小是小非"，还有许多"不是不非"，或"无事生非"等，说"时间用这么多，赔不起"，"怎么得了"，是"繁琐哲学"，对他发言没有一分为二的精神。我认为有些批评是不太讲道理的。会议的引导很快就转到清算社教运动中的问题，转得很急，使会议一方毫无思想准备，没有和同志们很好的商量，致使我们许多同志已准备了的对哲学系历史分歧的发言没能很好地讲，对社教运动中的问题又尚未来得及系统准备。而另一些同志极为主动，反而批评过去运动中的积极分子对于社教运动的问题不感兴趣，说我们专对过去的历史分歧感兴趣。我认为这种批评是毫无道理的。尽管这里有七个总支干部，但也一样不了解这个意图，而对方却十分清楚。对于会议的引导，一步步的，我们都只能跟在后面跑。而另一些同志一个一个的却拿出了早已准备好了的发言提纲。使我们许多积极分子实质上是出于一种极为被动的状态，出于一种挨批评的地位，在一段时期内绝大多数的积极分子是不讲话了，我觉得在那一段的会形成了实际上的"一言堂"，是像郭罗基同志所讲的，一方畅所欲言，一方不敢讲话，直到对方的发言说得差不多了，我们许多同志对会议中的一些问题提出了意见，四人领导小组向我们表示，"什么话都可以讲"，持不同看法的一些同志们才又开始发言。

第六，有些做法是不够妥当的。例如党委组织部副部长潘乃穆同志把李寄霞同志的日记根据需要摘下来，在大会上宣读，日记里有许多情况不符合实际，未经核实，有些情况是李寄霞本人的错误也未分清，日记中点了十二个积极分子的名字，而当时斗争李寄霞时非积极分子也斗得很凶，却一个也未提。她在日记里有许多对过火斗争的描写，在会上宣读，实际上起了渲染的作用。这样做，只能激起运动中被批判的一些同志对积极分子的愤恨情绪和报复心理。是否一定要这样做才能起到批评教育的作用？是否不读这份日记，把斗争李寄霞同志这一错误指出来，进行批评不是也是可以吗？又如会愈开愈大，经济系的同志并不了解哲学系的情况，会上许多同志的发言是重复的，再给经济系的全体党员重说一遍。百多人的大会，我认为是起到增加压力的作用。把简报散给经济系的党员看，而那时的发言又多是一种意见的发言。这样做是否妥当？

第七，这次整风会有两个任务：一是要清理社教运动中的问题，把是非弄清；二是把历史分歧问题搞清楚，分清是非。而会议已经四个半月了，历史上的分歧没有解决，是否领导还准备解决？我期望领导还应本着这次会议的宗旨、任务，也应解决过去的分歧问题。

27. 简报（108）

北大哲学系党员干部整风学习会议简报（108）

会议简报组
1965年12月31日

12月25日，哲学系第一小组讨论了聂元梓同志在12月24日的发言。上午在会上发言的有聂元梓、徐明、郭罗基、许政援、王义近、施德福六位同志。下午在会上发言的有冯瑞芳、谢龙、李康林等六位同志。

聂元梓同志说：我对李康林同志昨天的发言表示一下态度，谈以下两点。

一、昨天李康林同志谈到，有人向康生同志反映过我的一些情况，康生同志曾提醒张磐石同志注意，这是完全可以理解的。但李康林同志在这次大会上引用康生同志的话是不恰当的。接着把她所了解到的关于我十几年来生活、工作的情况加以介绍,是否说明康生同志同意李康林同志讲的一些意见呢?如果没有这些事实,或者不完全是这样,对中央负责同志将会是什么影响呢?轻易引用中央负责同志的话在这个场合来讲是不对的。

据我所知,是刘沙同志向康生同志谈了我一些情况。但刘沙并未和我一起工作过,过去我也不认识她,只是我调到北大后才和她见过面。她是否了解我的真实情况?听到一些流言蜚语就向康生同志讲是不对的。康生同志听了关于我的情况后,要张磐石注意,是完全可以理解的。但在这样一个会上引用中央负责同志的话是不妥当的。

二、我是一个共产党员,在任何一个地方工作和生活都有党的组织。在每个工作阶段都有组织鉴定,如果我有问题,也会附上组织结论或意见。在档案材料中,除了鉴定,没有什么其他问题结论和当时组织的意见,就是没有问题。档案材料是认识一个同志的依据。对一个同志必须从政治上去认识。每一个人在如何地方工作,都会有一些人有意见,就是我现在在这里工作、开会也会是这样。如不以档案材料作为依据,而到原单位收集意见,会收集很多。把收集到的非政治原则问题的意见拿到会上讲,我不知道是什么意思?这与我们会议上共同讨论的问题有什么关系呢?有些具体材料是不确切的,是否要我在同志们中间澄清呢?如何澄清呢?是否要长期把会开下去,允许我一条一点地加以说明呢?即使一条一点地讲了,对同志们来说又有什么意义呢?从党的团结和党的利益来说又有什么用呢?(当然,我不是说李康林同志调查的材料有些问题不可以供我参考,而且我已经向组织表示,是可以考虑的。)又有何必要在这个会上讲呢?讲这些是什么意思呢?这样的做法是不对的,只能说明为了搞臭一个人,没有别的目的。

我提的上述意见供领导参考。

徐明同志说:昨天听了聂元梓同志的检查和李康林对聂元梓同志过去思想、工作、生活的介绍,以及刚才聂元梓同志表示的态度,我有些看法。聂元梓同志昨天的检查,虽在某些方面有所进步,但总的态度是不够好的，对自己错误的认识是很差的，没有检查实质性的问题。对领导小组的意见，根本上采取否定的态度。我对聂元梓同志的检查是不满意的。

一个同志犯错误不可怕，可怕的是不能采取严肃认真的态度，甚至坚持错误。聂在整风、社教中并不是没有错误，而是错误很严重。特别李康林同志发言后，我对聂产生错误的原因有了进一步的认识，对她犯错误的历史根源和思想根源体会得更具体了。从她过去的表现看，对比起来，是与犯这次错误的表现相符合的。

刚才聂所表示的态度，没有说明对李康林同志所谈的哪一点不同意，也没有说明哪一点不实事求是，但我是相信组织上的意见的。张磐石说北大党委重用了一大批政治上不纯的干部，市委大学部为了深入了解干部，作了调查，是认真负责的态度。调查聂元梓同志的情况不是向一般的同志去调查，而是向哈尔滨市委的负责同志调查的，是经过组织上介绍作调查的，的完全合乎组织原则的。调查的情况与聂平时和运动中的表现是吻合的，所以我是相信这个调查的。

根据李康林同志的介绍，聂的个人主义是相当严重的。聂过去所工作的单位反映，聂对待工作不认真严肃，不经常上班，对自己的生活享受、待遇、地位，是相当计较的。由于对工作安排不满，在一个地方待不下去，就自己想法联系工作，来北大也是通过私人关系来的。来北大后，对在经济系、哲学系的工作安排也是不满的。这说明过去在这些问题上就有根子，但没有在党内受到批判，而现在仍然没有认识，发展下去会犯更大的错误，组织上在会下和她谈了这些意见，聂说可以考虑，但这次却没有检查。李康林同志在会上介绍情况，就是为了便于聂元梓同志联系历史根源和思想根源来检查自己犯错误的原因。

在整风、社教运动中，聂元梓同志在组织上也是有错误的。李康林同志的介绍中，谈到聂过去在组织性、纪律性方面也是很差的，如到马列学院学习，可以自己通过私人关系进来，又可以不请假就离开。党员应当服从组织的调动，聂却通过自己哥哥、姐姐的关系联系工作、学习，这是不正常的。此风在党内决不能存在。运动中，聂所以在组织原则方面犯了错误说明也不是偶然的，但聂并没有联系自己过去的错误进行检查。

这些方面说明聂和组织的关系一直是极不正常的,过去如此,现在也是如此。过去组织上对她提点意见,就大哭大闹,批评不得,一定要按自己的意志办事。聂到北大后,由于闹个人主义,和党组织的关系也是极不正常的。所以,聂在整风、社教犯这样严重的错误有其历史根源与思想根源。

另外,聂说她过去从来没有犯过错误。听了李康林同志的介绍后,我很吃惊。难道不请假离开马列学院的事不是错误吗?过去在对待爱人的问题上难道就没有一点错误吗?特别在对待爱人所写反党剧本的稿费问题上,错误更为严重,也可以说是政治性的错误。

最后,对聂元梓同志刚才的发言提点意见。

领导上为了帮助聂很好认识自己这次犯的错误,提供一些情况,是完全正确的,不是为了搞臭你,而是为了挽救一个同志。为什么李康林同志要在这个场合讲呢?因为这次是整风学习会,除了领导上的帮助外,也希望得到同志们的帮助。李康林同志在介绍开头讲的那段话,是很诚恳的。原来领导上对聂是采取耐心等待的态度,如果聂能认真严肃对待,领导上也就不必介绍这些情况了。但聂元梓同志没有这样做,因此倒是需要这样对她进行帮助的。

聂说,每一个人在任何地方工作,都是有一些人赞成,一些人反对的,就是她现在在这里工作、开会,有的人会说很坏,有的人会说很好。但好和怀是有客观标准的。作为一个共产党员,就要用党员的标准来衡量。李康林同志谈的那些情况,反映了聂的严重的资产阶级思想。能否说这是好的吗?不是错误的东西吗?如果有人认为这些思想是好的,那整风是错误的。聂又说,李康林同志谈的不是政治原则性问题,因此没有必要讲。我认为聂对自己要求不严格,如果是政治原则问题,就更严重了。难道过去在生活上那么追求享受不算错误吗?不能把生活问题看成小问题。有些同志之所以在政治上犯错误,就是从生活上打开缺口的。我认为,在运动中,聂在政治上还是犯了错误的,不过对她的问题留有余地罢了。如果聂认为李康林同志谈的不是政治原则问题,好像就没有什么问题了。这不是高标准要求自己，而是低标准要求自己。希望聂元梓同志正视事实，认真检查思想。

郭罗基同志发言说：昨天聂元梓同志发言后，征求我的意见。我说要想一想。过去她也征求过我的意见，有时我反应比较快，有意见都对她说了。这次，我确实感到这是关键时刻，发表意见要郑重。如果马马虎虎表示意见，过几年，将会后悔。回忆1959年反右倾整风时，很轻易地把一个同志整成反党分子，开除出党，自己受了蒙蔽，举了手，对党、对同志、对自己都是不负责任的。过了若干年想想，是很后悔的。

刚才彭珮云同志说明，领导小组几个人的意见，就是结论性的意见。在清理哲学系社教运动中的问题时，归结到对一个同志提出"结论性的意见"，这种做法究竟正确不正确？"结论性意见"的内容是否符合实际？聂元梓本人的申辩是否符合实际？这些问题都应很好考虑一下。这是严肃的问题。不能维护错误的东西，不能拒绝正确的批评，也不能轻易赞成不正确的东西。特别是在对聂元梓问题的结论中牵涉到哲学系党内的分歧问题，在聂犯错误的名义下，对哲学系的问题作了结论，这更需要严肃考虑。

刚才徐明同志的发言，我有一点感想。徐明说聂元梓昨天和今天的发言，"态度是很不好的，是不够好的。"具体内容是"对领导小组提的意见是根本否定的"。我想，对领导小组的意见是肯定或否定，不能作为态度好不好的唯一根据。刚才彭珮云同志说，上次谈的意见是领导小组结论性的意见，可以同意，也可以不同意。不同意就是否定，那么否定就不能说是态度不好。同意的人可以说服不同意的人，不同意的人可以说服同意的人。应当先把道理讲清楚，别先打态度。如果说聂的"态度是很不好的，是不够好的"，可以举出事实，进行批评。不能认为，不同意领导小组的意见，就说她态度不好，打态度；就只能同意，不能不同意。还是在平等的基础上讨论为好。

徐明同志说：我刚才是指聂检查未涉及实质性的问题，并且认为她对领导小组的意见采取否定的态度。我认为领导小组的意见是有大量材料作为根据的，是扎扎实实的，但聂在大量事实面前还表示不同意，态度是不好的。态度问题是有客观标准的。党内整风是兴无灭资，整资产阶级思想，但聂对待自己的资产阶级思想采取什么态度？我并没有讲其他同志不同意领导小组意见也都有态度问题。希望郭罗基不要引伸。但是，对领导小组的意见每个人应该表示自己的态度；对聂元梓同志这样严重的资产阶级思想每个人应该表示态度。如果认为聂元梓的错误不严重，我也同样认为有一个态度问题。

许政援同志说：聂元梓同志的检查和过去的检查相比，有些地方有所进步，如承认自己在整风、社教运动中有组织错误，组织原则性不强，有个人患得患失的思想。但她的检查和她在本月 11 日所表示的态度差距还是比较的，对一些重要的事情没有很好检查，把一些原则性的错误降低为具体的错误。比如说，她在谈到组织方面的错误时，只说自己在发现党委和张磐石有不同意见时，没向领导提出并要求统一领导思想，是组织原则性不强，而没检查自己抵制党委整风方针中的主要组织错误。说整风方针应是主席的团结——批评——团结的方针，分歧只是具体问题上的分歧，这样似乎她就没有贯彻张磐石的错误指导思想，从而抵制党委整风指导和组织错误了。这是不对的。党委和张磐石在整风上不是某个具体问题上的分歧，而是整风究竟怎样进行，解决什么原则问题的分歧，是牵涉到是否正确贯彻党内斗争原则的分歧。聂元梓同志还说，在运动中，搞王庆淑的问题是对的。但张磐石在哲学系的错误主要表现在搞王庆淑一个人的问题上。聂那样一种看法，不知对张磐石的错误是怎么认识的，所以我认为聂对整风期间自己在思想上和组织上的错误检查是很不够的。

其次，聂元梓同志说她向张磐石的汇报及向中央写的信基本上是对的，只是某些具体提法上有些错误。这也是把有原则性错误的东西或基本上是错的东西，说成只是具体错误。聂元梓同志向张磐石汇报情况，向中央写信是符合组织原则的，但问题在于反映的内容如何。一个党员向上级汇报和反映情况，不应只要求没有组织错误，还应力求正确如实地反映。张磐石想在北大捞一把，把北大的问题估计错了，而聂元梓同志也把北大的问题估计严重了，正符合张的需要。而在对北大基本形势的估计上，和张磐石"一拍即合"，但聂没有从原则问题上、从思想深处来认真作检查，反认为这样提法不对，并说将来还要不要向领导汇报？聂这样提出问题，我认为不是从原则出发，而是从个人出发，而且容易使认识不清的人产生模糊的看法，认为对上级汇报是不大好办。其实从党的利益、党的原则出发则很简单。每个党员都有权利和义务向上级汇报，应尽量使自己汇报是如实的、正确的。如果有错误，就应认真吸取经验教训。错误的汇报如万一遇到错误的领导，为害就更大。聂正应该从自己汇报中吸取严重的教训。聂检查中认为向中央反映这次会议的情况也基本上是对的。她说这次会议是打击报复积极分子，这种看法能说基本上是正确的吗？聂元梓同志应当很好检查自己到底犯了什么原则性的错误？

再次，聂元梓同志在11日说要端正态度，但刚才聂元梓同志对昨天李康林同志的意见所持态度，我觉得还没有做到这一点。李康林同志所以要谈过去聂元梓同志的问题，是为了帮助聂元梓同志认真来挖犯错误的思想根源；同时也为了使其他同志能进一步认识聂错误的历史根源及思想根源，从而吸取有益的教训。而且这些意见事先都和聂元梓同志谈过，并等待聂能自我检查，而聂没有这样做，所以才谈的。还是为了进一步促进聂思考自己的问题。而聂说是为了搞臭一个人。这提法是不对的。证明聂还没有从积极方面接受批评和教育。聂元梓同志刚才说，对干部的了解应当根据档案中的组织结论，认为除此以外再向组织上征求意见是不对的，不能作为根据。还说，每一个人在任何地方工作，都是有一些人赞成，有些人反对的，就是我现在在这里工作，开会，有的人会说很坏，有的人会说很好。这样说，好像没有一个客观标准，是不对的。一个人的工作如何，组织上和广大群众必然会有一个基本正确的估计，即使一时一地估计有出入，但终究会清楚的。何况这次市委去哈尔滨是征求组织的意见，而且是认真地征求了聂元梓同志的上级、同级和下级同志的意见。对组织的意见，作为党员，是应该相信的。希望聂元梓同志能认真考虑这些意见。

总的我是希望聂元梓同志能真正像她所说的那样端正自己的态度，挖挖犯错误的根源，认真对待自己的错误。不要把自己原则性的错误降低为具体的错误。这样对党、对同志们、对自己都不利。

王义近同志说：聂元梓同志检查后，李康林同志谈了一些情况。

我认为李康林同志这个代表领导小组的发言是必要的，领导上是慎重的。这些情况，领导上事先和聂交谈过，帮助聂深入检查自己的错误。但昨天聂的检查中并没有谈到。因此，领导小组为了让大家很好帮助聂认识自己的问题，这样做是必要的。

刚才聂元梓同志对李康林同志的发言提了两点意见。其中谈到，每一个人在任何地方工作，都是有一些人赞成，一些人反对的，她现在在这里开会，有的人会说很坏，有的人会说很好。我认为，这个提法是不对的。李康林同志谈的情况是组织上的意见，而且很多是哈尔滨市委负责同志的意见，是不是说这些市委负责同志反对你呢？说一部分人赞成，一部分人反对，要看他赞成什么，反对什么。就以这次会上的情况来说，是否有一部分人认为聂很坏呢？不是，只是认为你有严重错误。是否有一部分人认为聂很好呢？也没有人认为她很好，也是认为你有错误的。因此我认为聂元梓同志那种说法是不对的，希望她很好考虑领导小组的意见。

聂在本月11日表示了要很好检查的态度，我们是欢迎的。昨天的检查虽在一些具体问题上比过去有点进步，但对一些实质性问题、重大原则性问题没有检查，是使我失望的。如对第一次国际饭店会议，聂说是拥护的，只是对会议的开法想不通，而3月26日座谈会聂却说市委召开这次会议"指导思想不纯"，是"鼓动翻案"，明明是抵制这次会，怎能现在还说是拥护这次会呢？聂说不是不信任市委，而是对陆平、宋硕、彭珮云等同志有意见。但她想离开市委系统，难道仅仅是由于陆平、宋硕、彭珮云等同志有意见的缘故吗？第二，聂说，向中央写信反映这次会议的情况基本上是对的，个别的有错误，有些话说错了。但我认为聂写的那封信的内容基本上与事实是不符的，基本上是错误的。如她认为这次会议是对四清运动中积极分子，进行打击报复，从四点来论证。难道这叫个别的错误吗？聂说基本上是对的，是否还认为这次会议是对积极分子打击报复呢？第三，谈到第六十六期简报中张磐石对《文汇报》记者反映冯定情况材料的批示问题，聂这次检查中说，张磐石的批示是看到了，但简报所以那样写，是由于误会。过去她却说，没有看到"批示"，党委很久才将"批示"翻印出来，翻印后不让摘抄，要立即收回。难道这是误会吗？聂还说自己加在简报上的两条材料后来没有用上，因此不应受到批评。我认为，不采用这两条材料是工作队决定的，但仍然反映你当时的思想，还是应当检查的。第四，关于制造龚理嘉流言蜚语的问题，聂说她没有捏造。是否是捏造，还请聂元梓同志考虑。我认为聂的检查是不能令人心服的，聂应当面对事实，有什么想法就谈什么想法，本着对党负责的精神，深挖自己的思想。

施德福同志说：领导小组对聂元梓同志在去年整风和社教运动中所犯错误的意见，我是同意的。这些意见以可靠的事实作为根据，并对问题作了具体分析，考虑到当时的客观因素，特别是考虑到张磐石同志错误指导思想的影响，考虑到聂是在运动中所犯的错误。我认为领导小组的意见是慎重的，体现了坚持原则、留有余地的精神。聂在思想上、组织上的错误，在有些问题上也有政治性的错误，而领导小组意见中是作为思想意识、组织修养问题来处理的。从有利于党的团结出发，我完全同意领导小组的意见。

本月11日，聂元梓同志曾表示要进一步检查自己的错误，并和大家一起来批判自己的错误，对此我抱着欢迎的态度。但是听了聂昨天的检查，我感到失望。聂在检查中在某些具体问题上比以前有所进步，尽管进步是微小的，也应当欢迎。但是，从基本方面来说，仍然是缺乏自觉革命的精神和老老实实检查错误的态度。

聂元梓同志对领导小组意见中关于在对北大基本形势的估计上，聂同张磐石"一拍即合"的提法作了申辩。我认为，这种申辩是没有道理的。聂向张磐石同志汇报情况，这在组织上是没有错误的，在领导小组意见中，已指明这一点，因而不存在聂说以后还能不能向中央领导同志汇报情况的问题。问题在于聂汇报中对北大基本形势的估计，根本观点是错误的，歪曲事实的。和中央对北大的估计以及北大党委在运动以后所作的检查对照一下，问题就更明显。如果张磐石是一个正确的领导者，对聂的错误汇报是能够发现问题，并给以批评教育的。但是，张是本着"露一手"的错误思想来北大的，聂的汇报正合他错误指导思想是需要。因此，不仅没有指出聂的错误，反而十分赏识。聂的错误汇报对张磐石的错误指导思想的形成起了重要的作用。张根据聂汇报的线索进行"调查"后，对北大基本形势的错误估计又反过来上，影响聂元梓同志。聂和张磐石同志，对北大基本形势的估计上，很早就有一致的看法，而且相互影响。正因为如此，"一拍即合"的说法是符合实际的。聂说她当时也不知道张磐石的思想是错误的，这不能说明不存在"一拍即合"的问题，而只能说明不仅是"一拍即合"，而且可以说是"不谋而合"。我认为聂对北大基本形势的估计是个严重的错误，是政治性的错误，表面上是"左"，实际上是右的。（李真插话：为什么是政治性的？希望阐述一下。孙蓬一插话：为什么是右的？）因为聂不是把某个问题或某个个人的问题看重了，而是对一级组织有根本错误的观点，而且聂的错误观点是由严重个人主义情绪引起的，不同于一般对问题估计过于严重。使我感到吃惊的是，聂这次不是认真检查自己的错误，而是把自己的错误缩小，并认为她汇报的基本精神领导上仍值得考虑，这是坚持错误，错上加错。

关于第一次国际饭店会议，聂的检查是很不实事求是的。聂说，她对中央委托市委召开的这次会是拥护的，只是对会议的具体开法有抵触情绪，计较万里同志讲话的态度。事实上，聂在3月26日积极分子座谈会上的发言，明明说："这个会不应由市委召开"；说这个会的指导思想是不纯的，错误的；会的领导和市委的工作人员都是站在错误立场，支持、包庇有严重问题的人甚至是坏人，鼓动他们翻案；说万里同志指责、攻击四清运动，骂积极分子等等。这不是"对会议具体开法有抵触情绪"，而是严重不满；也不是"计较万里同志讲话的态度"，而是攻击市委对会议的领导。聂的检查是没有正视问题的。

聂向中央写信反映对这次会的意见，从组织上说，没有错误。但从内容来说，我认为基本上是错误的。而聂在检查中却说，只有个别问题上看得过重，有的提法不确切，但基本上是对的。我不能同意这种看法。聂这样说，是否仍然坚持认为会议是"斗争积极分子，施行打击报复"呢？是否仍然坚持认为会议的领导权掌权在运动中被批判的人手中呢？这两点，会上比较多的同志，包括一些不同意见的同志，都认为是错误的。聂说，这次会议对积极分子进行了过火斗争，压制民主。我也不能同意。因为：第一，对聂的错误始终是作为党内问题看待的；第二，对聂是坚持"一分为二"的，从来没有对聂扣过什么"分子"的帽子；第三，对聂所犯的错误是注意了联系历史环境作具体分析的。有的同志认为会上有过火的提法，我认为也要作分析。有的提法可能欠妥当，有的提法是属于看法上的分歧。

总之，我认为聂元梓同志在一些重大问题上还是缺乏自觉革命精神和老老实实的态度来检查自己的错误，甚至是坚持错误。

冯瑞芳同志说：听了聂元梓同志的检查后，我感到在有些具体问题上比过去有进步，如承认在整风期间组织原则性差，社教运动中违反党内斗争原则，对第一次国际饭店会议有抵触情绪，并且承认自己所犯错误由于有个人患得患失情绪。但总的说，是令人失望的。她对一些明显的错误没有检查，反映自觉革命精神差。

关于向张磐石汇报的问题，聂仍然坚持认为自己所汇报的问题是值得学校领导认真考虑的。聂汇报的问题不是关于学校领导的一般缺点，而是认为学校领导实际上未执行中央的方针政策。聂所提的需要进行"组织上的变革"，不是像她昨天所解释的，是指机关革命化的问题，是对学校形势和工作的根本估计问题，牵涉到路线性的问题。聂元梓同志是否还坚持这种看法呢？我们说，聂元梓和张磐石"一拍即合"，是指他们对北大基本形势估计的观点一致。如果聂不同意，可以提出意见，但为什么说"将来还要不要向领导机关的同志汇报呢？"聂对北大形势的错误看法也是她把北大其他问题看错了的出发点。聂应当对自己的错误作实事求是的分析。

从大量材料看，聂对第一次国际饭店会议是极为不满的，这种情绪不仅在当时的会上有反映，而且在3月26日积极分子座谈会上也反映出来。而这次检查中，聂却说自己对这次会议是拥护的，这样检查是很不实事求是的。

关于给中央写信反映这次会议情况的事，聂的检查也是令人失望的。通过会议的讨论，包括持有不同意见的人在内，也认为不能说这次会议是打击报复积极分子，不能说这次会议的领导权掌握在被批判的人手里。聂却认为她的这种观点基本上是正确的。我认为聂信中反映的基本观点、材料和倾向性是错误的。

关于第六十六期简报和张磐石的"批示"问题,这个材料的提出,是从聂元梓同志那里来的。我记得去年11月在全系大会上有同志提过这个问题,好像说,党委把"批示"压了很久,不让哲学系同志知道。我认为聂对这个问题的检查也是不实事求是的。

关于说党委"搞两个政治陷害"的问题,聂承认这个提法是不对的,这和我们的看法是一致的。但聂说,她所以这样提,是因为听到常委和机关一总支提了的缘故。是否有这情况,我不知道。即使有,聂也不应强调客观原因,应从自己思想上进行检查。

在检查自己犯错误的根源方面,聂从思想意识上检查个人主义是个进步,但只承认有患得患失的个人主义,是很不够的。聂和党委不正常,是否与个人因素有联系呢?聂所以犯错误,思想意识的原因在主观原因中是最主要的。李康林同志的发言是为了帮助聂联系历史根源来认识自己的错误,态度是积极的,不是要把聂一棍子打死,搞臭。陆平同志在会下对聂谈了一些情况,聂没有接受。领导小组为了对党负责,派两位同志去进一步调查了解情况,这是对的。李康林同志谈的情况的通过组织了解的,通过负责同志了解的。是可靠的,是可以相信的。而聂上午却说,每一个人在任何地方工作,都是有一些人赞成,一些人反对的。这是否意味着哈尔滨市委负责同志是反对聂元梓同志的呢?聂这种说法是很不妥当的。聂还说,就是我现在在这里工作、开会,有的人说我很坏,有的人说我很好。我认为聂的错误是严重的,但会上没有人对聂作全面的估计,而另一部分同志的看法虽有不一致的地方,但也认为聂是有错误的,我对聂上午的发言是不同意的。

谢龙同志说:听了聂元梓同志的检查,我认为聂对某些具体问题的认识是有进展的,但总的看来,对她在12月10日所表示的准备认真检查自己错误的态度没有得到兑现。从她今天上午对李康林同志发言提出的意见来看,更使我有这样的感觉。

聂元梓同志在检查中仍坚持自己所犯的严重错误,如聂在检查中说,她去年7月向张磐石的汇报,内容是正确的,是为了办好北大，有些话说得太绝对了。我不同意这种解释。在这个问题上，我同意领导小组的意见。聂汇报中的问题不是对党委具体工作有错误看法，而是对北大形势作了根本错误的估计，包括对党委领导核心和第一书记陆平同志及对几年来党的工作和北大干部队伍都作了根本错误的估计。这和聂存在着严重的资产阶级个人主义，计较名利，对党委不满有密切关系。因而不顾党的原则，不顾客观事实，对党委作了根本否定的估计。现在，聂如果真的接受了中央书记处对北大和陆平同志的估计，就应当正视自己的错误，认真检查自己的严重个人主义思想，从中吸取教训，增强党性。但聂检查中仍然坚持过去的错误看法，实际上是仍然坚持个人主义的立场。这更清楚地说明了聂向张磐石同志汇报中的问题，不仅是思想认识上的错误，而且主要是立场错误。是站在资产阶级个人主义立场上对党委持否定态度。

聂元梓同志在检查中还回避了自己所犯的极为明显的严重错误。如聂对第一次国际饭店会议极为不满，并攻击市委对这次会议的领导。这在第一次国际饭店会议期间和3月26日哲学系部分积极分子座谈会上的发言中都有表现。但聂在这次检查中却说对第一次国际饭店会议是拥护的，只是对陆平、宋硕、彭珮云同志不信任。这能说是正视事实吗？再如，整风和社教运动中有大量事实说明聂元梓同志作风不正派，甚至发展到用无中生有的材料给党委领导乱加罪名、攻击党委的严重程度。而领导小组的意见中仍很慎重地作为思想作风问题来对待。聂不同意这意见，能说有起码的自我批评精神吗？

上午聂对李康林同志的发言提出了意见，说是想把她搞臭，我是根本不同意的。李康林同志的发言是体现惩前毖后，治病救人的方针的，他所谈的情况与聂在运动中所犯的错误是有密切联系的，李康林同志提出聂的历史表现并没有算老账和加重聂的错误的意图。而是为了帮助聂联系历史根源深入检查。这样做是必要的。领导上向哈尔滨市委负责同志作了反复的调查了解，情况是可靠的，而聂却说任何人在一个地方工作，总有一部分人赞成，一部分人反对，这是否意味着领导上是向"反对"聂的人搜罗材料呢？这种指责，说明聂元梓同志对党组织采取了十分错误的态度，也说明她的自我批评精神很差。组织上对聂这样耐心帮助教育，而聂元梓同志却反过来一再对组织采取这种错误的态度，是令人难以理解的。我仍希望聂元梓能够抓住这次整风的时机，认真检查自己的错误，不要辜负党的教育。

李康林同志说：今天中午听说聂元梓同志对我昨天的发言提出了意见，我想谈谈我的意见。

聂元梓同志说我把调查了解的她的过去的情况拿到会上讲，不知是什么意思？与我们共同讨论的问题有什么关系？我认为聂元梓过去的工作、思想表现和她这次犯错误，以及对待错误的不正确的态度，是有着密切联系的。聂元梓同志在这次整风学习会上，对错误不是采取严肃认真的态度。她的检查中有不少矛盾。比如，她曾说，我对北大党委从来没有任何怀疑，实际上，从她去年7月向张磐石所作的汇报看，情况就不是这样。又如，工作队第六十六期简报中她提供的有关《文汇报》记者反映的内部材料问题，不久以前她说忘记了，而在昨天检查中却又作了另外的解释。由于聂元梓同志的这种态度，使我们的会议拖得很长。她今天对错误所采取的态度和她过去的表现是有联系的，她在运动中犯错误不是偶然的。我谈那些情况是希望帮助聂元梓同志深入地挖一挖自己的思想根源和历史根源，端正态度、检查错误，找到自己改正错误的途径。本月10日，聂元梓同志表示要认真检查，虽然谈的比较空洞，但我们还是欢迎的。领导小组经过再三考虑，先和聂元梓同志本人谈了这些情况，希望她认真检查，而她昨天的检查却没有考虑这些意见，领导小组才不得不让我发言。我认为聂元梓同志对自己的错误，应该联系过去表现，分析产生错误的思想根源和历史根源，而不是像聂元梓同志所说的，她过去的表现与这次会议毫无关系。在会议过程中，不止一个同志问我：聂元梓同志是老同志，受过党的多年教育，她自己说从来没有犯过错误，为什么在社教运动中却犯了严重错误呢？为了回答这个问题，为了帮助同志们联系聂元梓同志过去的表现来分析她今天犯错误的原因，也需要把这些情况谈一下。

聂元梓同志说，我介绍的一些情况不是政治原则性问题。我们要问：这些年来，聂元梓同志的革命意志是否有所衰退？对待批评和自我批评的态度究竟怎么样？对待组织的态度如何？工作表现又是怎样的？所有这些，是不是属于原则性的问题呢？

聂元梓同志还说，我谈的一些材料不能作为根据。我谈的情况是通过组织介绍，找哈尔滨市委第一书记、主管文教工作的书记、部长、处长等负责干部和曾在聂元梓同志领导下工作的一般干部调查了解的，最后经过组织签章，怎么能说这些意见不能作为根据呢？

聂元梓同志还说，我们提供这些材料是想把她搞臭。我不同意这种说法。比如说，关于聂元梓同志在生活方面的表现，我只是抽象地、原则地谈的。如果为了把聂元梓同志搞臭，我就不会仅仅选择所提到的那些事例，还可以谈些其他的情况。

我的发言中提到康生同志，是为了说明我们尊重康生同志的意见，感到对北大党员干部的情况应当进行调查了解，其中也包括调查了解聂元梓同志的情况在内。

我最后表示，我不同意聂元梓同志上午对我的发言提出的意见。

28. 简报（109）

北大哲学系党员干部整风学习会议简报（109）

会议简报组
1965 年 12 月 27 日

12 月 25 日，第二小组开会讨论聂元梓同志在 12 月 24 日的发言。上午发言的有赵光武、张恩慈、辛文荣、陈志尚、任宁芬等同志。下午发言的有赵光武、辛文荣、陈葆华、张凤波、沈德灿等同志。

赵光武同志说：

听了聂元梓同志的检查，感到她对一些具体错误的检查，比以前有所进步。如：承认在社教运动中追查了"地下总支"是错误的，承认对陆平同志宣布由大会纪律制裁未请示工作队等；在犯错误的思想根源中检查拉个人主义、患得患失。

但聂对领导小组的意见基本上是否定的态度，仍然认为她给中央、彭真同志的信基本上是正确的，认为她去年 7 月对张磐石同志的汇报基本上是对的，因此，聂的检查与她所犯错误比较，还距离很远，态度还很不端正。

有些问题聂元梓同志越解释离事实越远。如：对第一次国际饭店会议，聂说对于中央决定由市委召开这个会，让被批判的人提意见是拥护的，只对具体开法有抵触情绪。3 月 26 日聂元梓同志在座谈会上说这次会议指导思想是不纯的，主导方面是错误的，显然不只是对具体开法有意见。这次检查中，聂元梓同志仍然说这个会应当由中宣部和市委合开，这怎能说对于中央让市委召开这个会的拥护的呢？聂在 3 月 26 日还说"市委有一套工作人员包围被批人鼓动他们翻案"，怎能说对于开会被批判的人提意见是拥护的呢？

又如关于张磐石同志对《文汇报》记者所写材料的批示问题，聂说不是有意捏造，只是一种误会。按照聂讲的情况，好像彭珮云同志交给她这一批示时，没有明确告诉她是张磐石同志的批示，又说当时只注意了材料本身，未注意批示，因此说明误会的产生是可能的，后面又作了两条逻辑推论，无非是说明工作队既未核对、纠正，又未解释，因此，是张磐石的错误。首先，聂是看到了张磐石的红字批示的。即使聂发生了误会，认为可能有其他批示，当孙蓬一问到时，也应当说明我看到了这一材料了和批示，并再问工作队是否有其他批示。聂元梓同志并没有这样做，而是回答孙蓬一说没看过张磐石的批示。如果确有误会，到修改第六十六期简报时，已事隔三个多月，也早应揭晓。早应传到聂元梓同志手中，即使被陆平、彭珮云同志压下，也早就被揭发了，因为聂元梓同志经常与校工作队有直接联系。怎么能在聂修改六十六去简报时还不知道呢？可见，聂的解释是不坦白的。

又如，聂在陆平与冯定一唱一和的标题下加的两条材料，聂认为不是无中生有、伤害同志，只是主观猜测，聂说钟哲明的发言不可能不请示陆平同志，因此把陆平同志扯了进去。说是陆平指示的。当时把陆平同志的问题看重了，作这种猜测好像还可以理解。但是聂为什么把冯定也扯进去呢？聂元梓同志明明知道在政治课会议上是钟哲明发的言，而不是冯定，如果是猜测问题，为什么不说：陆平指示钟哲明攻击张恩慈，偏说：陆平指示冯定在政治课会议上攻击批判杨献珍的张恩慈。显然是想利用冯定做文章，证明陆平同志与修正主义者冯定一唱一和，攻击写反修文章的人。这不是有意的，无中生有的伤害同志是什么呢？聂的解释是对党、对同志诚恳坦白吗？聂对唯成分论的解释更是奇怪。聂说因为自己出身不好，所以注意别人的出身。当时聂元梓同志的思想深处真是这样想的吗？我有怀疑。从聂的汇报中看不出现身说法、总结经验教训的思想来，而是想方设法证明党委干部路线有问题。聂把家庭出身不好作为政治上不纯的主要根据，不看这些同志与家庭界限如何，在革命斗争中的表现如何，怎能说明聂没有唯成分论的观点呢？

关于去年 7 月份向张磐石同志的汇报，聂说至今认为反映的意见是对的。聂的汇报已成客观事实，是改变不了的。聂说北大未执行中央的方针政策，北大的领导应当改变，……。可是，现在聂说：汇报基本内容只是认为党委有官僚主义、形式主义，工作一般化，干部工作中有宗派主义情绪。显然是隐瞒了事实的真相，企图把她的汇报内容缩小到接近合理的程度，继续坚持。这对清理思想、增强党性没有好处，也不是向党坦白承认错误的态度。过去聂元梓同志没有说老实话，现在应当在事实面前，向党交心。不应当用继续说假话的办法，来证明过去的假话是真实的。这样有负于党和同志们的耐心教育和帮助。

前些日子，听了聂元梓同志的表态，我衷心希望她的态度有所转变，聂元梓同志这次检查，态度很不端正，使我很失望。听了李康林同志对聂元梓同志过去工作、生活、思想方面表现的介绍，感到聂元梓同志的错误，不是偶然的，是根深蒂固，由来已久。个人与组织关系长期不正常。对待批评和自我批评长期采取不正确的态度。聂在检查中说会议集中对她进行批评是不对的，这只能反映她对待批评的态度，仅就聂在来北大以前长时期内的严重缺点错误，就应当在整风中进行认真的批评帮助。何况聂整风、社教运动中犯了严重的错误呢？作为同志，我由衷地希望聂元梓同志猛省，不应当继续采取这种态度对待组织和同志们的批评。我仍然认为领导小组的意见是正确的。

张恩慈同志说：

聂元梓同志前几次的检查有不够的地方，这次检查有很大进步，态度是比较好的。根据我在整风、社教运动中的了解，聂谈的情况基本上符合实际，态度是比较老实的。基本的错误都谈了，如对陆平、王庆淑的过火斗争，整风中的错误，承担了责任，说明对基本错误有认识。

就争论的问题谈谈我的意见。我只了解聂在社教运动中的情况，整风以前我对她不了解，联系不多。至于李康林同志谈的北大之外的情况我更不了解。对于那些情况，我不需要表明态度，我认为那些情况对于解决哲学系的分歧、解决社教运动中的问题没有意义。对于聂过去的生活上表现我也不了解，如果李康林同志谈的是真的，我认为聂个人可以检查，但对哲学系争论问题的解决也没有意义。我认为这些问题不是社教运动的内容，不应当在社教运动中整这些东西。

我对领导小组的意见有的同意，有的不同意。我认为领导小组意见中有一些不实事求是的东西，如所谓纵容利用冯定，这不是事实，是抹杀了基本事实。哲学系的同志和聂元梓同志一起，认真、系统地批判了冯定，和冯定修正主义思想作了斗争。不能把聂元梓同志的一句错话提得那么高。

在领导小组结论性的意见中有一些是扣大帽子，有一些是牵强附会，所以我不能全部接受。如所谓"捏造、无中生有"都是提高的、夸大的、不实事求是的。运动中提供不准确的材料，现在看来，多得很，不只是聂一个人有，能都用这种概念来总结经验教训吗？聂的解说是比较符合当时情况的。当时比较乱、脑袋热，很多问题提的高，有的不准确，即使提供情况有错误，也提不到那么高。这种情况在北大社教运动中是一般性问题，不值得对某个个人做结论。如果需要作结论，那么党委许多领导干部也应当作这样的结论。

我也不同意说聂元梓同志在对形势的估计上与张磐石一拍即合，张磐石来北大，谁也不知道他动机不纯，不知道他会犯错误。谁的汇报能一点错误没有？这样下结论，将来谁还敢向上级汇报？聂当时汇报不是为了搞社教运动，主要是为了搞好工作，她也说是为了把北大办成社会主义的大学。至于汇报中有的问题看严重了，有的事实不大符合，哪个人的汇报都有这种可能。王庆淑向宋硕同志的汇报也有许多不符合事实的，起码我记得有几条是哲学系不存在的，而且印成文件，发得很广。王庆淑也是向上级汇报，是否也可以说是一拍即合呢？张磐石犯了错误，回过头来追汇报情况的人是一拍即合，这到底为了什么？实际上只能起副作用，即以后上面来人，没有人敢汇报了。因为汇报就可能有错误。这样做只能增加上级了解情况的困难。只能堵塞向上级反映情况。张磐石判断错了，应当由张磐石个人负责，而且，张磐石做出结论是根据多人的调查，经过与许多人谈话、看档案的结果。正确的做法应当教育党员在如何正确反映情况方面吸取经验教训。每个人站在不同角度，会有不同的认识，总不能叫大家认识完全正确了，再反映情况。我认为这样追究向上级汇报，是不好的。大家都应当相信上级。张磐石这样的上级是很少的，个别的，上级领导人一般总是可以信任的，我们反映了情况，汇报中的问题上级领导同志自己可以判断。判断错了，应当由他自己负责，不应追究汇报同志的责任。

我感到领导小组对聂元梓的意见中有许多不实事求是。准备以后作详细的发言。

辛文荣同志说：聂元梓同志这次检查比过去的检查，在一些具体问题上有所进步，承认了一些事实，但与实际情况还是有不小距离的。如聂只承认对第一次国际饭店会有的具体开法有抵触情绪，这是与实际情况不符。国际饭店会议一开始，张磐石就召开了全校九百人的"三结合"大会，抵制这次会议。当时哲学系积极贯彻了张磐石抵制国际饭店会议的思想，极力掩盖社教运动中的错误，大谈成绩。聂元梓同志当时的情绪也很清楚，把万里同志插话记录送给张磐石，起了煽动作用，聂在3月26日的发言也说明对这次会议的态度不是拥护，而是抵制情绪很大。因此我认为聂元梓同志的检查是很不实事求是的。

聂承认了一些事实，但未结合当时的思想活动来总结经验教训。如聂承认整风中知道张磐石与党委在解决哲学系分歧上有不同意见，但未结合思想检查自己的错误。聂不仅了解有分歧，而且极力贯彻张磐石的指导思想，抵制党委的整风方针，聂不是不了解党的组织原则的，如果不从思想上检查，不能很好的总结经验教训。

听了李康林同志的发言，聂犯错误确实不是偶然的，有其思想根源。聂只承认有患得患失情绪。应当结合解放后，受资产阶级思想影响，深入检查。

关于一拍即合问题，聂说向张磐石汇报组织上、政治上没有错误，我认为如果下级干部向上级领导汇报情况这件事本身来说，当然没有什么错误。但聂元梓同志撇开了她向张磐石汇报的具体内容，这样不能说明自己的错误。聂还说汇报的内容基本是对的，只是认为党委有官僚主义、形式主义，应当革命化。当时聂的汇报内容，不只是这些。聂提出北大未贯彻中央方针政策，干部工作中有宗派主义、山头主义，重用了一大批政治上不好的人。不是像聂自己说的，她向张磐石汇报了情况，张犯了错误，因而就把她和张说成是一拍即合，而是说聂汇报的具体内容确实有严重错误，她和张磐石在对北大形势的基本估计上有一致之处，聂向张的汇报对形成张的错误指导思想确实起了作用，而后来聂又是积极贯彻张的错误指导思想。聂曾在一次小组会上说过，过去对党委就有意见，而张磐石提得更高，所以乐于贯彻张的思想。这样说还比较合乎实际。聂元梓同志为什么当时对北大做出那样的估计？在张磐石的指导思想形成中究竟起了什么作用？聂应当从这方面检查。

张恩慈插话：按照你的说法，许多积极分子都成了"一拍即合"。我们对哲学系分歧、对王庆淑问题的看法也有与张磐石一致之处，所以也是"一拍即合"了。是不是说她的汇报适合张磐石的需要，张磐石用了，就是一拍即合？那么其他同志向张磐石汇报对王庆淑问题的看法，张同意了，也是一拍即合？反过来，如果有人同意另一种的意见，也是一拍即合吗？根本不能那样提。对王庆淑问题我现在还认为她的问题很严重。那么现在我与谁拍，与谁和？如果不是张磐石来，另外的领导同志来，我也这样看。如果我们的认识有错误，可以检查，但说是一拍即合，我不同意。那些地方聂元梓看错了，可以检查。但当时聂并不知道张磐石要搞社教运动，要把陆平搞成资本主义道路的当权派。一般说，反映情况有错误，澄清了就完了，追查没有个完，有什么意义？聂元梓可以检查反映情况中的问题，但不同意所谓一拍即合。当时其他系的领导同志汇报也会有这样的情况。（辛文荣同志说：张磐石恰恰只对聂元梓的反映感兴趣，对其他系的汇报不感兴趣）。那是开始，以后张磐石对其他系也感兴趣。我们对王庆淑的看法，张磐石同意了。但不能因为张磐石有了错误，就说我们对王庆淑的看法也都错了。我现在还认为对王庆淑的许多看法是正确的。

陈志尚同志说：

张恩慈的发言很多观点我是不同意的，他的一些论证方法是否科学，我表示怀疑。

聂元梓同志的检查，勉强承认了一些事实，如说党委在冯定问题上对哲学系同志搞两个政治陷害；宣布纪律问题；追地下总支问题等。在检查思想根源上也进了一步，谈到个人患得患失对整风、社教运动中错误的影响。这都是好的。

但是，聂元梓同志基本上未接受领导小组的意见。我认为领导小组的意见是实事求是的，聂对这一批评的回答是不实事求是的。

聂没有检查她对北大形势基本估计上的错误，说什么她7月份向张磐石汇报的基本思想是认为学校领导存在较为严重的官僚主义、形式主义，工作一般化，干部工作有宗派主义情绪。并且她现在还是这样认识。我认为这种态度是很不正派的，因为7月份汇报的基本思想并不是这样。如果聂是正派的，至今仍想坚持自己的观点，那就应当明确说明自己是不是现在仍然认为北大党委实际上没有执行中央的方针政策，党委在干部问题上是宗派主义、山头主义？是不是仍然坚持北大已经到顶头，再拖下去要垮了。仍然坚持只有改变领导才能根本解决问题？而不应该回避这些问题，把自己汇报的基本思想改为仅仅是"认为学校领导存在官僚主义、形式主义，工作一般化，……。"这只能说明聂不正派，不实事求是。事实上聂汇报中列举的许多是歪曲夸大、道听途说、无中生有的材料，而且根据这些对党的一级组织对北大党的工作，做出了全盘否定性的结论，我认为这是政治性的错误。领导小组提出，考虑到当时的客观形势，张磐石的错误，张磐石的影响，（张恩慈插话：这些问题上当时聂未受到张磐石的影响，而且张磐石还听了她的。）因此留有余地，我是同意的。但是在纠正张磐石的错误八个月之后，在这次整风学习已经开了五个月之后，不但中央对北大党的工作，北大领导核心和陆平同志已作出估计，而且党委也已经对北大存在的主要问题作出清理，领导小组又正式批评聂元梓在这个问题上的错误以后，至今聂仍坚持自己的错误看法，拒不检讨，我认为已不是一般思想认识的问题。

聂元梓为自己辩护的说法也很奇怪，如说："当时不知道张磐石来北大是想露一手，更不知道以后会犯错误，如果知道，就不会向他汇报，……。如不是张来，别人来也要这样反映，因此这里不存在一拍即合的问题。"我认为问题不在于聂是对谁作了反映，而是在于聂作为党委委员、总支书记，无根据地向上级对北大党的工作和党委一级组织提出了这样根本错误的结论性的意见（张恩慈插话：个人的汇报怎能说是结论？而且她在汇报中还说了"你们可以考虑，……"的话。）不对，聂在汇报中非常肯定的说她谈的"基本方面不会错。"所以我认为对聂来说，发表这些意见，是她对北大形势基本估计带有结论性的看法。反映情况是共产党员的权利但也是共产党员的义务，聂隐瞒，歪曲事实真相，违背了党员的义务，违背了党政干部三大纪律。该不该检查呢？

中央机关下来的领导同志的意见，一般的说比较正确的，应当相信，如果不是张磐石，是中宣部的其他领导同志来调查，我想聂的反映不但不会被接受，相反，聂的错误可能比较早地被揭发。说聂元梓在北大形势基本估计上和张磐石一拍即合，是指张磐石来北大的动机是不纯的，带着框框，一来北大就有露一手的思想，很快就形成了他的错误指导思想，认为北大烂了。

陈志尚同志继续发言：希望张恩慈不要打断我的话，不要骂人，有不同意见等我讲完了再说么！

我认为张磐石来北大的动机不纯，就是想露一手。聂的汇报所以受到张磐石的赏识，也不是偶然的。因为聂的汇报正是符合张的需要，对他的错误指导思想的形成起了重要作用，而聂也正需要张这样的领导来支持她，她说："你们来得非常及时，来得已经晚了。"他们有共同的思想基础，因此应当说是一拍即合或是不谋而合。所以我认为，领导小组这样提是正确的。聂的错误确实与一般积极分子不同，有特殊性。

聂还说，"如果这样看待问题，今后中央领导部门下来还反映情况不反映？"张恩慈说，这样批评聂有副作用，今后谁也不敢向领导机关反映情况了。我认为，指出聂的错误，根本不存在以后谁也不敢向领导机关反映情况的问题。我们不能苛求汇报百分之百正确，但应力求如实反映情况。可是像聂那样严重歪曲夸大事实真相的汇报，为什么不应当批评？我认为聂这种汇报不值得提倡，这种汇报还是少一点好！从讨论聂的这次汇报中，我受到了教育。今后向上级汇报情况，一定要严肃、慎重、认真负责，在任何情况下也要如实反映情况，决不能歪曲事实，无中生有。我想如果凭党性汇报，决不会发生什么今后不敢汇报的问题。

聂对整风中的错误的检查，比过去有一点进步。过去她矢口否认知道张磐石与党委有分歧，这次检查承认知道有分歧，承认自己在组织修养上有错误。但聂仍未面对事实，仍否认自己积极贯彻了张磐石的错误指导思想，抵制了党委的整风方针。只说"对张磐石施加影响，不正派作法，未识别，未抵制。"可是所谓张磐石的"影响"、"不正派作法"，它的内容就是背着党委通过聂贯彻他的通过搞王庆淑斗陆平的指导思想，聂不是"未抵制"，而是积极贯彻了。聂一方面承认张对她施加了影响，承认张的不正派手法，一方面又否认抵制党委的整风方针，否认贯彻了张的错误指导思想，这就陷于矛盾，这说明聂仍然想回避问题的实质。

聂否认自己有利用歪曲事实、无中生有的材料伤害同志的错误，这也是不实事求是的。我仅举一例。就是聂在六十六期简报中加上的一条关于团委正式通知不得随便批判冯定的材料。这是无中生有的，聂这次回避了这个问题。据我了解，张启勋的文章发表后，当天团委就专门来哲学系组织了两个年级开座谈会，团委副书记桂智贞、团委宣传部部长杨永庚亲自到哲学系蹲点，组织对冯定的批判，以后杨永庚一直在二年级同我一起抓同学中对冯定的批判。我们一同向聂汇报过情况。杨还为组织十六届学代会发言稿事，专门请示过聂，聂还曾指定张恩慈、夏剑豸帮助修改发言稿。这些情况聂都是了解的，怎能说是团委正式通知不让批判冯定呢？聂说是同学向她反映的，我建议领导小组问聂，是哪个同学反映的，可以作调查。我相信不会有这样情况。

聂到现在还说自己对第一次国际饭店会议是拥护的，这难道是实事求是的吗？3月26日聂的发言是白纸黑字，这样错误的言论都不算对市委领导这次会议的反对和攻击，那么还要怎样才能称得上是反对攻击呢？聂说会议的指导思想是不纯的，是错误的；说万里同志是指责、攻击运动，市委的工作人员立场是错误的，是鼓动翻案，这是对具体作法的意见吗？对于主动给张磐石送万里同志插话的记录，聂只说了一句"这样的做法是不对的"，但又说当时未考虑到会起什么作用。那么这种做法不对在哪里呢？如果真的以党性来对待自己的错误，就应当检查这种作法的不正派，承认它起了挑拨离间的作用。聂不这样检查，说明她怕疼，不实事求是。

听了李康林同志的介绍，感到很吃惊。组织上提出这一问题，不是像张恩慈说的，是毫无意义的。我认为不应当抱着怀疑态度，应当相信组织。难道这些单位的组织都是片面的，唯独聂是实事求是的吗？相信个人超过相信组织是不对的。而且聂来北大后的实际表现相印证，聂确实是有这些问题的。

我认为北大的干部工作在聂元梓问题上是有严重的缺点和教训的。聂存在如此严重的个人主义，组织上过去究竟对她做过多少工作？安排在这样重要岗位是否妥当？聂在整风、社教运动中的错误是有一贯性的，不是偶然的。张磐石错误清算已经八个月了，这次整风会也已五个月了，组织上如此耐心教育等待，尽了最大努力，可是聂元梓同志仍是坚持错误，甚至向中央歪曲反映会议情况，攻击这次会议的领导，倒打一耙，这种态度是十分恶劣的，这与当对老干部的要求是不相称的，而且聂的错误已给党的事业造成严重损失，已经造成很坏的群众影响，为了党的原则的严肃性，因此我建议组织上对她的错误给予严肃处理。

任宁芬同志说：

聂元梓同志对自己的错误长时间内采取了错误的态度。上周聂表示态度后，我是抱有希望的，希望她能按照自己的表态，作第四次检查，但聂一再拖延。

听了聂的第四次检查后，感到第一部分的检查有比较大的进步，如承认有组织上的错误，承认跟张磐石的思想走得很远。但是，有些解释不大能使人信服。如对国际饭店会议的解释，聂说对会议是拥护的，但对具体开法有抵触。但是，市委就是按中央的意见召开的会议，定一同志也肯定了这次会议。聂的说法是不符合当时的思想情况的，对《文汇报》批示问题的解释，似乎不是聂自己的问题，客观地作推论，实际上是聂自己的事，当时究竟在怎么回事，应当说清楚。我认为聂元梓同志没有真正放下包袱，正视自己的错误。

使我感到失望的是后两部分，与第一部分有矛盾。聂对领导小组的意见基本上否定。看来聂在第一部分有进步，有提高，而第二部分是原地踏步，兜个圈子，又回来了。

领导小组的意见是经过反复考虑的，是慎重的。经过几个月的讨论，领导小组对双方的观点有比较深入的了解，心中是有底的。我对领导小组的意见是重视的。我认为，聂作为老干部，领导上对她提出的批评是很严重的，但事实本来的面貌如此，如果不肯定下来，就会模糊了界限，混淆了是非，这个意见是符合聂的实际情况的。会上有些意见，领导小组没有吸收，不能说就是不正确的，领导上是为了更留有余地，更有分寸。

听了聂的检查，还应当肯定领导小组的意见是正确，聂不能很好考虑这一意见，与她对错误的态度有关。

听了李康林同志的介绍，我不感到奇怪，这些问题聂在北大期间也有反映。在我与聂接触过程中，感到她在生活上不大好，政治性不强。听哲学系学生反映，认为聂不像老干部、党的干部，是否和平演变？外系也有反映。共产党员应当首先看政治，不要过多看生活细节，但是，这些也在一定程度上反映了她的精神面貌和思想状况。

我认为组织上对聂的帮助，一切能做到的都做到了，十分重视，不惜人力物力，弄清了聂的问题。我认为组织上的介绍是可以相信的。老干部、老党员进城以后发生这样的变化，还是比较少的。全面地介绍历史情况，不能说与今天的讨论无关。如果聂元梓同志吸取经验教训，按照中央要求的精神振作起来，还可以很好地为党工作。如果不认真吸取教训，今后能否很好地为党工作，我很担心。

社教运动中聂是全面系统的暴露。每个单位都要搞社教运动，每个党员都应当积极参加。问题是聂抱了什么态度和目的来参加运动？怎样看待党的一级组织？聂有错误，组织上应不应该教育？不能说这就是追究责任。如果不清理，今后聂会犯更大的错误。如果是一个有自觉性的党员，应当主动要求清理，要求组织上的帮助、教育。这次如果聂能认真吸取教训，我认为是个转机，但我到现在为止，还未看到聂有这一转机。

这次是党组织对聂的挽救，如果聂吸取教训，我们欢迎。如果仍然不吸取教训，不正确的东西在党内会到处碰壁的。

恳切希望聂元梓同志通过这次社教运动，全面地清理一下自己。作为老党员、老干部应当怎样对待主席指示和中央工作会议的精神？希望聂元梓同志确实做到自己表示的那样：和大家站在一起，共同批判自己的错误，今后更好地为党工作。

赵光武同志说：

补充两点意见：

一、关于整风方针问题。聂元梓同志在前次检查时说，去年9月22日，阮铭同志的发言和陆平同志的发言有无分歧，她不知道。她在昨天的检查中承认知道张磐石和陆平同志有分歧，这是一个进步。但是，她昨天的检查还很不够，她不仅没有检查为什么不老老实实向党交心，为什么把知道的事情说成不知道，而且还在为张磐石的错误打掩护。她说，整风的方针应当是毛主席提出的惩前毖后，治病救人，方法是团结——批评——团结和共同总结历史经验的精神，陆平同志提出领导四个方面的内容和一些精神原则是对的，这就是整风的方针。张磐石没有反对这个方针，只是在实际工作中没有完全执行。解决什么问题也没有分歧。只是在落实到什么人身上才有分歧。聂元梓同志做这样的辩解，是违背事实的。似乎张磐石在整风方针上是对的，只是在实际工作中没有完全执行！张磐石同志在哲学系整风中是不是贯彻了主席的惩前毖后，治病救人的方针呢？是不是贯彻了团结——批评——团结和共同总结历史经验的精神呢？事实上，张磐石同志是违背了主席的这些指示，把哲学系的问题看作是王庆淑一个人的问题，而且对待王庆淑不是惩前毖后，治病救人，团结——批评——团结，而是一棍子打死。他认为揭了其他问题就是" "转移中心，提到有三风影响就是"打棒棒"。聂元梓同志说张磐石只是没有完全执行，难道不是为他的错误打掩护吗？

二、关于一拍即合问题。聂元梓同志在这次检查中说，向张磐石汇报在政治上、组织上没有任何错误，汇报时没有想到张磐石有露一手的思想，也没有想到以后要搞社教运动，因此不同意说和张磐石一拍即合，如果承认下来作检查，是对党不负责任。聂元梓同志的这种说法对不对呢？向上级反映自己的意见是无可非议的，但是你反映的意见的内容有原则性的错误，要不要弄清是非？要不要负责？应不应当清理？张磐石同志一进北大就想露一手，把北大的问题看严重了。至于他要斗争陆平同志，进行夺权，则是逐步形成的。而聂元梓同志把北大的问题说得那样严重，也主要是由于个人主义的原因。可见聂元梓同志和张磐石同志对北大形势的估计基本上是一致的，思想基础也是共同的，张磐石想个人露一手，把北大形势估计严重了。聂由于比较严重的个人主义，也把北大形势估计严重了。看法基本一致，思想基础也基本一致。当然可以所不谋而合或一拍即合。这和应不应该向张磐石同志汇报没有关系，也不能用知不知道以后要搞运动来辩解，只能根据实际情况、问题的性质下判断。是一拍即合，为什么不能提呢？

辛文荣同志说：

听了聂元梓同志的检查，又看了一遍领导小组的意见，我还是完全同意领导小组的意见。领导小组的意见概括了会上提出的最基本的事实，都有充分的根据，在提法上也留有余地。说领导小组的意见不实事求是，我不能同意。

张凤波同志说：

彭珮云代表领导小组发表了意见，昨天又听了聂元梓同志的检查，我把这两种意见作了比较，想了一想，我完全同意领导小组的意见。

领导小组的意见中对聂元梓同志所犯错误的概括和分析，是符合实际的。只是对聂元梓同志所犯错误的分析，讲得比较简单，昨天听了李康林同志的发言，就比较具体了。聂元梓同志是经过长期锻炼的老干部，她犯这样的错误，看来似乎不好理解，但听了李康林同志的发言，也很容易理解。

聂元梓同志上次在会上表示，过去检查不够，要深挖思想根源，这是值得欢迎的。但是，她昨天的检查，和她上次表示的态度有很大的距离。应该肯定，和过去几次检查比较，她在昨天的检查有所进步，如承认有组织错误，承认说党委搞"两个政治陷害"是错误的，对第一次国际饭店会议的态度也承认了一些错误；但和她所犯错误相比，距离还很远，有些会上揭发并经证实了的错误也没有承认下来。如她认为整风指导思想没有分歧，而她过去在刘仰峤同志召开的座谈会上，谈到对台戏问题时就说过，张磐石同志的整风指导思想和陆平同志的整风指导思想是"针锋相对"的，并且在运动中当作斗争陆平同志的一个重要内容。阮铭同志也多次说过，这是无可回避的事实。聂元梓同志继续采取这样的态度是很错误的。又如，她说对第一次国际饭店会议让被批判的人提意见是拥护的，只是对开法想不通。事实上，她那时连一个意见也听不进去，这是拥护的态度吗？还有，她向张磐石同志汇报，在会上谁也没有说她在组织上有错误，而是批评她汇报的内容有严重错误，"一拍即合"。昨天聂元梓同志提出以后还能不能汇报？作这样的辩解是没有道理的。

所以，我认为聂元梓同志这次检查的态度仍然是不好的。她表示要留在哲学系努力工作，弥补损失。这样的表示是好的，但要拿出行动来。如不认真检查自己的错误，不深挖思想根源，不很好地总结经验教训，怎么能领导、团结哲学系的同志一起搞好工作呢？我希望聂元梓同志进一步考虑自己的问题，把言和行结合起来。

沈德灿同志说：

先对领导小组提几点意见和要求：

一、关于自我清理需要领导上很好地加以组织。哲学系的同志彼此隔阂很深，自我清理有助于增强同志间的了解和团结，有助于巩固前阶段讨论的收获，也有助于为讨论历史的问题共同总结经验教训创造好的条件。所以我觉得自我清理是个转折点，这一步如做不好，整风学习怕很难做到善始善终。

二、领导小组对会议的安排抓得时松时紧，前一段比较松，现在又忽而要那么紧。抓紧一些我总是赞成的，但要注意适当安排，应给同志们的自我清理以必要的准备时间，否则自我清理也不容易做好。

三、希望领导小组把会议的最后期限定下来，并公布整风最后阶段的议程，以便每个同志据此主动安排和配合。我有个希望，会议结束后再留两天时间，让我们心专的同志和陆平同志专门谈谈心专的问题。

四、领导小组对大家的会外时间安排不够，抓得不紧，老何同志还带头使大家打牌成风，这不好。此外，领导上也不够注意给大家创造一些读读写写的客观环境。我觉得在哲学系应逐步树立起一些好的风气。对于培养批评自我批评的风气，这一段有所前进，领导上也比较注意。还应当从领导上重视树立哲学系的好的学风，包括理论联系实际何为革命勤奋学习两个方面。希望领导小组在最后的时间里很好抓一下，使大家把收获尽量总结到手。

下面对聂元梓同志的检查说一些想法。

我觉得聂元梓同志这次检查比过去有进步，主要是接触到了自己犯错误的思想根子。但挖得不深，又感不到沉痛，与我希望她做到的还有不小距离。她没有说要再做检查，但表示愿意继续听取大家的意见，这一点也应该欢迎。

她的发言分两部分，第一部分是检查，表示她所接受的；第二部分是意见，表示她所不能接受的。这两部分在我印象里份量几乎一样多，使我觉得有点思想准备不够，也可以说，对她的检查在这一点上首先就使我感到了失望。

她说她给中央的信反映是情况基本上是正确的，个别之处不恰当。我认为这正好把话说反了。我们的会议基本上是正确的,尽管工作上有一些具体缺点。如果说她写信时有情绪,会议气氛也有点紧张。那么后来会议气氛好转了,她又表示过当初她态度不好,但今天做检查,她仍然不能正视这次整风学习会议的全面事实,说明她缺乏一种严肃的战斗的科学态度,缺乏面对事实的勇气和严格的自我批评精神。通过最近的学习和考虑,我认识到任何一个党员只要没有严格的自我批评精神,就不可能有面对事实的勇气。自我批评的精神多一分,面的事实的勇气也就增一分,两者是一致的。希望聂元梓同志和我们大家一起,努力做一个无所畏惧的彻底的唯物主义者。

前次聂元梓同志检查后,我在与经济系合开的大会上作了一次发言,我曾把自己的发言搞交给聂,表示想跟她交换交换意见。但我感到她的反应不是那么认真热情。这以前,我老觉得领导小组应找她多谈谈,这以后我不完全这样想了,因为事情还有另外一方面,不能只要求领导上作单方面的主动。我希望聂元梓同志站到党的原则上来,采取积极正确的态度对待领导小组。我认为不应该从根本上否定这次整风学习会,而聂元梓同志今天还是坚持原来的看法,这就使我怀疑她对同志们的帮助究竟吸收了多少?对领导小组的意见究竟认真考虑了多少?我认为聂元梓同志还是应当从根本上来划清这次整风学习会议的成绩与缺点的界限。

李康林同志的发言,对了解聂元梓同志犯错误并非出于偶然,对我们警惕资产阶级思想的侵蚀,都有教育意义。我希望聂元梓同志能正确地理解李康林同志的发言,把它看成是党帮助自己认识错误的一个重要方面,赶快重新认识自己,不要为自己的错误进行掩饰和辩解,拿出老干部的实事求是的革命气概来。在党的多年培养下,聂元梓同志有一定的工作能力和水平,只要能认真吸取这次犯错误的经验教训,化消极为积极,今后是可以为党做更多的工作的。

总起来讲,我仍然如前次小组会上所谈,同意领导小组对聂元梓同志的意见。

关于上午讨论一拍即合问题,我认为提一拍即合这首先是合乎实际的。因为聂元梓同志在去年 7 月份就对北大的形势估计过于严重了,和张磐石同志原来的想法不谋而合,因而独有她能为张磐石所赏识。虽然我们之中的一些调整在运动前也向上反映过一些情况，但并不是反映全校的情况，只是反映了王庆淑和哲学系的问题。而聂元梓同志是反映全校的情况，特别是反映了全校干部工作的情况。再则，提出一拍即合也不是没有意义的。一拍即合说明聂元梓同志有易于接受并积极贯彻张磐石错误指导思想的内因，并对张磐石错误指导思想的具体形成起了重要的作用。聂元梓同志作为北大的一名党委委员，对北大党的工作不能说一无了解，但 7 月间对张作了如此不合实际的反映，今天应从汇报所产生的后果来考虑自己当时的思想情绪，吸取教训，以便今后正确地严肃地对待上级的汇报。聂元梓同志是作为积极分子犯的错误，但有它的特殊性。用一拍即合，唯独对她来说，才是合适的。今天我认识到聂元梓同志的错误的特殊性，基本上不能用她的总支书记地位、社教工作队员的身份，或用积极分子的大小来解释，对它的特殊性的说明，得从组织修养、思想意识根源上来入手。

29. 简报（110）

北大哲学系党员干部整风学习会议简报（110）

会议简报组
1965 年 12 月 28 日

12 月 25 日，哲学系第三小组开会，讨论聂元梓同志 12 月 24 日的发言。会上杨辛、孟昭兰、王庆淑、徐大笏、张文俊、邓艾民、汤一介、高宝钧同志发言。

杨辛同志说：我同意领导小组的意见。领导小组对聂元梓同志的错误，作到了积极、热情、耐心等待，帮助认识她错误。李康林同志的发言介绍了聂在哈尔滨市委工作以及在高级党校学习期间的工作、思想、生活的表现，这些材料是各级组织提供的，是可靠的。通过这些材料，对聂的思想以及她犯错误的根源，有了比较深刻的认识，认识到她在整风、社教运动中，犯这样严重的错误不是偶然的。聂资产阶级个人主义比较严重，入城以后，没经得起资产阶级思想的侵袭，工作不艰苦，贪图安逸，计较名位，有些作法不正派，如到积水潭医院，要求半休或全休，并说现在学校开会，我可以不参加。这不是老实态度。通过对聂错误的批判，对我也是教育，要警惕资产阶级思想的侵袭。只有加强自己的思想改造，才能经得起战争的考验和和平环境的考验。

孟昭兰同志说：听了聂元梓同志的第四次检查，她在有些问题上有一些前进，如承认自己有个人主义患得患失，在整风、社教运动中有违反组织原则的错误。但是，讲的比较抽象，所以，前进的地方也是十分不够的。聂的这次检查，是在5个月的整风学校之后进行的，这和聂是个老干部、总支书记的要求，相差很远，令人失望。

聂检查给我的印象，是不认真的，对领导小组的主要意见，她都解释掉了。这么长时间，大家苦口婆心地帮助她，但是聂吸取得很少，昨天检查前进不大。聂为什么作这么一个检查，我难以理解。她的检查使我产生有应付的感觉。前些天，在会上念了聂给中央的两封信，聂当时表示了态度，说最近准备进一步检查，要挖思想，找根源，表示和大家站在一起，对那两封信进行批判。大家对她的态度，表示欢迎。但是，昨天的检查和那天表示的态度有很大的距离，反而说她给中央的信基本上是正确的，只是个别提法不当，认识上有错误。难道这就是和大家站在一起对信进行批判吗？聂的信的基本精神是错误的，怎么能把"会议是对积极分子进行打击报复"，"会议领导权实际上掌握在被批判人的手里"等极端错误的意见说成是个别用词不当呢？认识上有什么错误也没检查。聂还检查会议对她是进行了过火斗争。说明聂表示的态度不是诚心诚意，不是言行一致的，聂还有进一步端正态度的必要。

聂是在彭珮云同志发言和陆平同志和她谈话之后，进行这个检查的，说明她拒绝接受两位领导同志对她的帮助。聂说要挖思想，找根源，但是，看不出个她作了多少努力，对自己犯错误的思想不肯深挖。从聂整风、社教运动中所犯的错误，以及她解放后十几年工作的表现来看，问题很明显，一个老干部在和平环境里抵制不了资产阶级的影响，借口身体不好，长期不好好工作；为了贪图享受，在重要问题上不能坚持原则；不好好工作，计较待遇，养病期间表现太差，问题十分严重。聂对待这次整风学习，对自己的错误采取回避的态度，积水潭医院的来信已经说明了情况。聂应清醒，在整风、社教运动中犯错误不是偶然的，如果这次不吸取教训，认真检查自己的错误，今后还会犯更大的错误。

对于聂的错误我不想再谈了，领导小组已有了结论性的意见，我完全同意。希望聂面对现实，正视自己的错误。

王庆淑同志说：我同意领导小组的意见，聂元梓同志应该认真、严肃地考虑领导小组的意见，作深刻的检查。可是，我们等待了好久，12月11日聂表示要进一步检查，中间好多天没参加会，准备了十来天，到12月24日作这样一个检查，令人很失望。

聂的检查，也要一分为二，在有的问题上略有进步，但是对很多实质性问题，作了辩解，没有检查；在几个重大问题上存在着原则分歧；许多基本事实没有承认；对于自己犯错误的思想根源也没有很好挖掘。说明聂对待检查，没有采取十分严肃的态度，没有认真吸取教训，这样做，对自己的思想改造没有任何好处，辜负了党和同志们这么久的帮助。

李康林同志的发言，就聂解放后十几年工作、思想、生活的表现，对聂元梓同志犯错误的根源作了说明。根据我自己在整风以前对聂的了解，我认为李康林同志的意见是值得聂认真考虑的，前些天我对聂提过一些意见，关于她处理生活问题所反映出来的资产阶级观点，我还曾经表示过愿和她个别交换意见，今天我仍然抱这样的态度，不打算在会上谈了。

聂解放以来，长期脱离实际，很少下去，生很不艰苦，计较生活享受。在北大工作期间，有一个时期，生活水平超过她的实际收入。以致李寄霞没调走以前，聂经常找李借钱，弄得李寄霞也很紧张、几次和我谈起此事。这虽然是生活小事，但和其他方面联系起了观察，反映一个老干部革命意志衰退，是值得警惕的。聂正在壮年时期，自己有一定的工作能力，应该是大有作为的时候，可是，却把自己的精力过多地花在生活问题上，平时不能严格要求自己，资产阶级个人主义日渐发展，运动中犯了这样严重的错误。有如此坚持错误，这和党组织对一个老干部的要求是不相称的。我建议领导安排聂参加四清，接触实际，如果可能，这对于聂会有很大的好处，是对聂的最大的爱护。在干部问题上除了唯成分论的错误之外，张磐石同志也还有搞实用主义的地方，不管是谁，只要积极斗争陆平同志，就依靠、就利用，据说，运动中哈尔滨市委有个来参加北大社教运动的同志，曾写过书面材料，反映聂过去的问题。学校党委的一些同志和经济系的同志也都对聂当积极分子有意见，可是，张不但不听，反而在全校工作队员大会上，对聂加以肯定，张磐石同志这样做，对同志没什么帮助，是害了同志。影响也是相当严重的。

徐大笒同志说：聂元梓同志的检查，使人失望，个别地方有所前进，多少承认了自己有个人主义。聂检查分三部分，讲了差不多三小时，第一部分是自我检查，只讲了四十分钟，二、三部分都是给领导小组提意见。这两个部分我基本上都不同意，我仍然同意领导小组的意见。

彭珮云同志代表领导小组讲的意见，很诚恳，很多提法，聂应很好考虑和深思。可是，聂没听进去，做这样一个检查。我感到不理解，聂前次表示要进一步检查，好像态度较好，可是表示态度的第二天，就请假不参加会议，准备自己的检查。我们耐心等待了十几天，结果作这样一个检查，四思想斗争没胜利，还是在长期党内斗争中，没学到好的东西，反而吸取了错误的东西，来应付党？聂前后两种作法，是在和党打太极拳。

听了李康林同志介绍聂十几年的表现，使我对聂犯错误的思想根源更清楚了。哲学系同志对聂犯错误，都有一份责任。过去我对聂就有些意见，同学们对聂的作风也有反映，可是我没认真给她提出，聂思想意识、生活作风毛病很大，但来哲学系后，我们对她没有什么批评帮助，赞扬她的却很多。这不是爱护老干部的态度。这也是一个应吸取的教训。

张文俊同志说：对聂元梓同志有些意见，过去谈过了，不重复了。聂好吃、喝、玩，过去道听途说知道一些。昨天李康林同志讲的，聂可以考虑。

聂政治上没有问题，这次对她的错误，也主要是作为思想意识问题来搞的。昨天李康林同志讲的，不是聂一个人资产阶级思想严重，在知识分子成堆的地方，比较普遍，所以，根据李康林同志讲的，在给聂提意见的时候，每个人也应照照自己，知识分子党员应如何防止资产阶级思想的侵蚀。

在我们党内，有些参加革命较久的老干部，入城以后，到知识分子成堆的地方，资产阶级思想抬头，追求资产阶级生活方式，和平演变；另一方面，有些解放后入党的，把资产阶级生活方式、思想感情带到党内来，这两部分人的问题在党内都和重要，都要重视，仅局限在聂一个人的问题，很难讨论。长期的和平演变，长期脱离实际，不是革命化，而是一天一天资产阶级化，使党不可能保持纯洁，要充分估计，一个老干部到这里来也够受，很难不受影响，这是目前北大存在的问题。为什么有这些问题，主要是党不管党，教育与生产脱离。现在要解决问题，党就要管党，贯彻主席教育思想，挖掉修正主义根子，把教育与生产融为一体，才是根本解决问题的办法。

对聂的问题，我们过去也有议论，但感到要从政治上看人，所以，不是和她和平共处。我们批评聂，自己也应该清理，不能光对别人马列主义。我感到北大现在议论生活待遇、老婆孩子问题比较多。困难时期，从领导到群众，是什么精神面貌？大家可以考虑一下。李康林同志发言，介绍聂的情况，我不回避。不过，通过聂问题应站得高，看得远，每个人都应照照自己。

会上是否有过火斗争，可以对照一下少奇同志讲的。我认为会上有些问题是过火斗争，现在不是追究过去一些同志发言，而是如何认识。过去有些同志发言我不同意。什么是毛泽东思想，大家可以照照！

邓艾民同志说：聂元梓同志的检查，与过去比较，有显著的进步。例如对第一次国际饭店会议市委的领导，检查过去有不信任的思想，例如社教运动期间对老婆同志的斗争，检查有组织上的错误等等，但有些部分的检查，只着重从当时条件及环境来检查，这些检查虽然基本符合当时情况，但还应从现在的标准来认识。例如整风期间对王庆淑同志的问题，当时思想上是看高了，从现在了解的情况来看，实际上是贯彻了张磐石的企图，斗争王庆淑同志是为了斗争陆平同志打开一个缺口，聂元梓同志这次检查虽然比较实事求是，但对这一点谈得不明确。又如提陆平同志有"两个政治陷害"，从当时的情况，这种想法有当时的背景，如技术物理系所谓阶级报复问题的传出，党委有同志没让报社直接到哲学系组稿批判冯定，引起猜疑，也是综合当时有些群众的意见，等等，但从现在看来，从一两件具体工作就提高到政治陷害的高度，无论如何，是一个值得深刻认识和检讨的问题。这种轻率的提法和认识，如果不严肃对待，彻底肃清，就一定会在党内斗争中犯比较大的错误。关于这类问题，哲学系这几年是有经验教训的。例如59年批判沈少周同志，只根据王庆淑同志所提出的材料，就提到反党的高度，最后对沈采取开除党籍的处分。这样过火的提法与这次也有类似之处。这件事在59年的情况下却也有当时环境和条件的影响，但根据正常的标准衡量，这种提法当然是荒谬可笑的。所以，要考虑到当时环境，又要用现在的标准提高来看，二者结合得好，从可以使人口服心服，真能治病救人。聂在运动里面作的事，的确和当时条件不大好区分。所以，我认为她检查基本上还是符合当时情况的。不过作为思想认识问题，有些问题还可以根据今天标准深入分析一下。

李康林同志的发言是组织上了解的情况，聂元梓同志应该认真考虑。有些问题在知识分子中有普遍性。我们哲学系，除少数人以外，大多数人在生活上都不艰苦，值得检查。我自己生活上和目前备战形势也不适应，应从反修防修的高度来认真对待，自己过去站的不高，认为下放劳动比本系许多同志不算少，1960年至1961年最艰苦的时期就在农村，而不是从知识分子劳动化、革命化来考虑。所以，李康林同志讲的，值得聂考虑，我也争取早日下去，在这次整风后向知识分子劳动化、革命化前进一步。

汤一介同志说：昨天聂元梓同志检查，在具体问题上还是有进步的，如她承认在组织上有错误，当然检查得还不够；另外，对犯错误的思想根源，个人主义患得患失，还是有所检查。对骄傲自满，她检查说在心里比较严重，别人帮助比较困难。确实如此，我和她交换过意见，给她提意见，她还是听你的意见，表面上看不出不同意，但看来心里是不同意的，真正接受的很少。

聂检查对自己严重错误，认识不够，如对北大形势的估计，她还认为自己看法是对的，使人难以理解。中央对北大和陆平同志的看法已经讲明了，聂为什么不检查一下自己的看法是否符合中央的看法？因此，我想到两个问题：一是聂为什么在社教运动中，会犯这么严重的错误？二是，犯了这么严重的错误，而又为什么长时间不认识？这是否与自己世界观的改造有关系。一个人资产阶级世界观没很好的改造，很多看法与党的看法就不一致。聂对待自己的错误，就是这种情形，有些明明是她的错误，可是，她却认为自己是对的。这次整风会议，是按党内斗争原则办事，她认为是对积极分子打击报复。会议有缺点可以讨论，可以提意见，但无论如何也提不到"对积极分子打击报复"。聂把明明是正确的，说成是错误的，这是她资产阶级世界观在起作用。李康林同志的发言，也反映了聂资产阶级世界观没很好改造。聂资产阶级世界观改造不好，和她十几年的生活状况、思想状况有关系，生活不艰苦；个人与组织关系不正常，有些问题不依靠组织解决，一些作法不是无产阶级应有的作法，党的干部的作法。生活上受资产阶级思想影响，政治上也就容易丧失警惕。聂十几年的表现，应从政治上很好检查一下，不认识，不克服，今后在政治风浪中，还会犯更大的错误。所以，我感到聂昨天的检查，和大家的要求差距很大。

通过聂问题的讨论，对大家是一个教育，资产阶级生活方式、思想影响，对我来讲，也是一个大问题，自己出身在资产阶级知识分子家庭，在我身上家庭影响还存在，自己需要很好改造，需要警惕资产阶级思想的侵蚀。可是也要看到，聂应该坚持的不是一般的受资产阶级思想影响，而是革命意志衰退，资产阶级生活方式比较突出，打扮突出，不深入群众。我本希望她经过这次运动，能有一个改变，可是，听了她昨天的检查，令人失望。聂当前应该更多的考虑自己的错误，不要老自以为是。按照无产阶级党性改造思想，不是没有痛苦的，为了党的利益就要下决心。如果聂愿意的话，还可以作第五次检查。

邓艾民同志讲的，聂检查符合实际情况。有些是符合当时情况，但是，要认识那是不对的，当时那种思想和作法就是不对，不仅现在看是不对，如聂对第一次国际饭店会议的态度，3月26日的发言，是反映了聂的实际情况，这个发言，当时看也是不对的。使北大的水搅浑了，当时张磐石要负主要责任，庞达、刘仰峤也要负责。可是，从我们学校内部看，也是有内因的，不少人党性不纯，聂在运动中也表现恶劣严重的党性不纯，有她的特殊性，在不少问题上，她是很突出的，对搅浑北大的水起了重要的作用，这是客观存在。

高宝钧同志说：聂元梓同志前次表示态度，要再作一次检查，很好挖思想，找根源。因此，我对聂的这次检查抱很大希望。可是，听完以后却很失望，也很不满意。聂是老同志，在这次整风学习过程中，没有给我们年青同志树立一个正确对待批评和自我批评的好榜样。在聂的检查中，有些问题到现在竟然还是这么认识，使我很吃惊，如对第一次国际饭店会议的态度，聂承认是错误的，并且说要好好检查，可是，下面就没话了，根本没有作什么具体检查。聂说她对待市委没有不信任，只是对陆平、彭珮云、宋硕同志不信任，以此说明自己不是对一级组织不信任；聂3月26日的发言，讲了很多对万里同志不满的话，可是，她的检查就是没有提万里同志的名字，即使不是对市委一级组织不信任，为什么不提万里同志的名字呢？而聂又明明是对万里同志很不满意的，这不是有意回避重要事实吗？事实并不是像聂所讲的那样。很明显，如果仅仅是对个别领导同志不信任，为什么提出一定要离开市委系统呢？从这里可以看出，聂没有检查自己的真实思想。聂昨天的检查与她前次表示的态度不符，说明她的态度是不诚恳的。

又如，聂检查中竟然认为她几次给张磐石的汇报基本上是正确的，只不过个别提法太高而已。这也是很不实事求是的态度，回避了自己的真实思想。在汇报中，聂认为北大党委没有贯彻中央的方针政策；党委领导有"小圈圈"，下面的干部也有"小圈圈"；陆平同志和这些"政治上不纯"的干部气味相投等等，这难道是个别提法太高吗？难道这仅仅是有官僚主义、形式主义和宗派主义情绪吗？聂的汇报中的个别意见，作为领导，可以考虑，但是，聂应该检查自己汇报的基本观点是错误的。现在中央对北大已经有了基本估计，聂仍然固执己见，坚持自己的错误，就更值得检查。聂不同意说她在对北大基本形势的估计上是与张磐石一拍即合，并且说，如果这样讲，以后谁还敢汇报。但是，聂为什么不想一想，难道一个党员可以随便对一级组织发生怀疑吗？一个党员在汇报时，就可以这样不实事求是吗？就可以这样轻率地对一级组织做出这样原则性的结论吗？再如，聂讲她给中央的信基本看法是：对"积极分子"施行打击报复。聂是不是还是认为这样的看法是正确的？我认为这种看法的违反事实的，是极其错误的，是聂主观地加个这次会议的罪名。聂说她对会议有抵触情绪，是因为会议对她搞了过火斗争。其实不然，聂的信，很清楚地表明了她对民族饭店会议以后，北大社教运动和整风运动的抵触，实质上是对肃清张磐石错误的抵触，也反映了她对待批评和自我批评的错误态度。

再如，关于哲学系整风的指导思想问题现在看来很明显，是存在两种对立的整风方针，可是，聂检查时连这样一个最基本的事实都不承认，说只有一个方针，只是在具体落实上，党委和张磐石有分歧，而且认为搞王庆淑的指导思想还是正确的，这只能说明聂已经陷得多么深了。据庞达、唐联杰、阮铭等同志揭发，张磐石的错误指导思想，在哲学系整风时已形成，就是要通过斗王庆淑，斗争陆平同志，聂为什么直到今天还认为张磐石的指导思想的正确的呢？

聂这次检查中提出的基本观点，我是不能同意的，总的讲，没什么进展，还是在为自己的错误辩解。我还是同意彭珮云同志代表领导小组的关于聂错误的看法。

30. 简报（120）

北大哲学系党员干部整风学习会议简报（120）

会议简报组
1966年1月15日

最近，罗蔓、李清昆、高宝钧、汤一介、张文俊、杨辛、邓艾民等同志在小组会上的发言摘要

罗蔓同志说：我对陆平、伊敏同志的报告满意。党委在哲学系问题上作了认真、深入地自我批评，站得高，澄清了是非，指出了我们如何吸取经验教训。这方面党委给我们树立了榜样，承担了应当承担的责任。对我有教育意义。在报告中对王庆淑的批评分量是不轻的，但也是恰当的。

报告体现了从团结的愿望出发，注意了一分为二，对问题是原则的态度，既注意了严肃性，又注意了留有余地。

史永源提供的材料，党委拿出来是慎重的。我认为材料反映了实际情况。我们这几年党内斗争搞不好的重要原因，就是存在着程度不同的自由主义。我认为朱泽浩在这方面的问题更严重，他背地议论的关于江隆基校长调走一事，1962年上半年，在学习中央工作会议精神的会上就有反映。朱背地议论，有些问题已经超出了一般自由主义的范围，但党委是留有余地的。

通过几个月的整风学习，看出这几年阶级斗争在哲学系党内反映是强烈的，自己在这几年问题也不少，无论在执行党的政策或思想意识的修养上，都存在不少的问题：

一、在三年困难时期，对有些问题认识不清，如对包产到户是"权宜之计"对生产有促进的说法有些半信半疑。自由市场问题，特别在很多大城市都开放了自由市场，自己的认识也模糊了。为什么全国都有北京没有？自己也曾到自由市场买过二次东西；61年甄别以后，怕再犯"左"的错误，怕踩线，怕关系搞不好，影响团结，在不少工作上，反映自己右，旗帜不鲜明。

二、在工作态度上，这几年也有不少问题。自己感到工作有困难，政策水平不高，要求能有机会到校外学习或在系里听听课，进修一下，可是，一直也不能解决，自己就有意见，有些计较。因此，对工作要求不严，满足于一般完成任务，上班也常迟到，认为我在家也可以看看文件等再去。

三、对组织、同志的关系也不是无所不谈；主要是觉得组织、一些同志对自己困难关心不够、理解不够。埋怨组织为什么不根据我的情况，考虑一下我的学习问题，照顾一下我的工作。另外，对系里一些同志对社会工作不是很热情，自己不满意，认为大家对工作讲价钱，我为什么不可以讲？自己不是起模范带头作用，而是斤斤计较。

四、在党内斗争问题上，自己个人主义、自由主义也比较严重。62年总支改选，没有把自己所有的意见讲出来。当时，一方面对王庆淑严重的缺乏自我批评有意见，另一方面也对一些同志不是同志式的态度有意见，可是，当时自己并没有坚持原则的立场，采取正确的态度对待党内斗争；又如晏成书转正问题，自己原则立场也是不够的。这次整风学习，自己决心克服个人主义、自由主义，但做得也有不够的地方。这些问题应该吸取教训。哲学系这几年党内严重分歧，也有我一份责任。

以上说明自己个人主义思想没有很好克服，世界观没得到很好改造，以后要自觉革命，不断革命，根本问题要活学活用主席著作，进行世界观的根本改造。

我对几个同志提点意见。

王庆淑同志应该从这次整风中吸取教训。王对伊敏同志的意见，应该不仅是同意，而且要付诸于行动，要改正。

王领导哲学系多年，在具体问题上，可以从多方面总结教训，如心专的问题，总支也有责任，对王甦的看法上，王是否也有吸取教训的地方？

对谢龙同志的意见，有些是同意李清昆的。我也感到谢不虚心。如在五反运动中，大家揭不下去了，他硬要揭。为什么不可以从实际出发，考虑一下大家的意见呢？另外在工作上，谢的宗派主义情绪是比较明显的，他作了一些检查，但在会议的初期，有时还有流露。有一次有些同志对他的发言提意见,他说,"又被他们抓住了!"这样说是不妥当的。坚持真理,修正错误,怎么说又被抓住了呢?

对冯瑞芳同志,冯工作还是辛辛苦苦,是努力的,要求自己也比较严。不过,在过去的几年工作中,讨价还价、斤斤计较、患得患失,还是比较严重的。如人事工作,她和邓艾民都不干,让郑昕管起来,又是当着郑昕的面讲的。怎么能把人事工作推给党外人士,这样做是毫无原则的。

对邓艾民同志,我 58 年来哲学系,邓就是系的领导,平时工作我对他的要求高一些,事实也应该这样。

我认为邓革命热情、干劲是不够的。说邓对工作不负责任,那是不好这样说,但说老邓负责任,也不完全是这种状况。他对大的工作还是抓了,但满足于一般完成任务,没有考虑如何结合系里的情况,进一步开展工作,确实有些照抄照转。对有一些工作能拖就拖、能推就推的情况。有些事情我找他,他总是不慌不忙,结果有些工作我们就常不能按时完成,总拖在其他系的后面。有些事情他是大事化小,小事化了,是多一事不如少一事的态度,工作能少做就少做。在工作作风上,缺乏亲自动手的精神。另外有时向他请示汇报,他不大耐心听取。希望邓要从思想上检查自己的问题,深入的挖掘自己的思想根源。我在大会上提的高官厚禄、养尊处优,目的就是帮助老邓找找这个根源。

对孙蓬一同志,孙在 62 年总支改选时,表现出非同志的态度是明显的,以后以及在这次整风学习会上,也表现出来。如果说过去是对王庆淑的看法,大家争论不休,现在是整风,有这样强的领导,而且有些同志已经作了自我批评,王庆淑同志也作了检讨,比起过去也有较大进步。应该欢迎吗?为什么还有那么大的情绪,这是不正确的。这只能说明孙宗派主义情绪严重。

史永源同志提供的材料,反映孙自由主义还是比较厉害的,应该很好地清理。

对孔繁同志提一点,孔检查过宗派主义情绪,但在这次整风期间并没有很好克服,而且还有表现。希望他认识到这个问题,而且应该在行动中克服。

对陈葆华同志，我原来印象还是比较好的，不知道她怎么变成这个样？有时不大理人，挺别扭。陈是有宗派主义情绪。

李清昆同志说：对哲学系的领导同志提点意见。

对王庆淑同志的意见：

王庆淑在领导哲学系的工作期间犯了不少严重错误，有些意见我过去已经说过了，今天只想就她离开哲学系以后的几个问题提一些意见。

一、王庆淑同志调离哲学系以后，经常背着党组织与哲学系同她关系比较密切的一些同志，私下广泛地议论哲学系的干部问题。从总支委员会的分工，到精简干部、调整级别、提拔干部等等，几乎没有一件事，她未在背后干预过，甚至违背党的纪律，议论哲学系一些领导的历史。这种做法，说明王庆淑的宗派主义情绪是严重的，同时也助长了哲学系一部分同志的宗派情绪，十分有害于哲学系的团结，给新的总支委员会造成了不少困难。更严重的是她还把党委研究哲学系干部的一些情况，透露给一些同志，造成了很坏的影响。王对哲学系的干部或干部工作有意见，可以直接向党委反映，在背后乱议论，是违背党的组织原则和组织纪律的。王庆淑同志本来知道哲学系党内存在严重不团结现象，也了解自己在哲学系严重不团结的问题上起了什么作用，负有什么严重责任；但是她为什么在调离哲学系以后还要一再这样做？应当好好检查。

二、1961年至1962年哲学系总支改选期间，同志们给王庆淑提了很多意见。党委肯定了大多数同志的意见是好的；王对自己的错误也进行了检查。但是，到了1964年哲学系党内整风前后，王不认账了。她私下同一些人说：哲学系的同志对她的批评，是"黑暗风""翻案风"，反对她就是反对大跃进；还说党委对她的意见也有错误，声称要在这次整风中要"翻案"。这说明王庆淑不仅没有接受1961年至1962年总支改选期间许多同志对她的正确批评，反而想借着党内整风的机会给同志们扣上"黑暗风""翻案风"等政治帽子，加以打击。这是十分错误的，也应当好好检查。

三、在1964年的整风期间，王庆淑叫哲学系总支干事李寄霞背着总支把哲学系的有关材料偷着拿给她看，还不让李向党组织交待这些情况，说："这件事只有咱俩知道，你若说了不得了。"

以上列举的事实，都是社教运动中有关同志揭发的。这些事实，至今还无人否定过；至于我的看法，可能有不对的地方，仅供王庆淑同志参考。

对聂元梓同志的意见：

一、聂元梓同志是一个老干部，但是思想意识的修养和锻炼上还有不少问题，主要是个人主义，骄傲自满，背老资格包袱。这些毛病，在整风和社教运动中暴露得比较突出。例如，在谈到党委对龚理嘉的安排时说，她是什么人，我是什么人，为什么对她那样安排，而对我这样安排？这就暴露了聂对党委的安排是有意见的，计较组织上对自己的安排，甚至有不满情绪。这种个人得失的考虑，和她的党龄很不相称。再如工作组刚刚进系不久，和他们的关系就搞得不协调，这里有工作上的分歧，但也反映了她的个人得失和骄傲自满情绪。参加工作队以后，有时也计较什么会让什么人参加了，而没让她参加等等。我希望经过这些整风学习，聂元梓同志要好好地考虑并接受同志们的正确意见，吸取经验教训，更好地加强党性修养。资格越老，党性修养应该越强才是。

二、聂元梓同志在社教运动中由于接受了张磐石同志的错误指导思想，也犯了许多错误，有的错误是严重的。例如在会上肯定冯定的发言，说党委搞"两个政治陷害"，主持会议斗争陆平并说如陆态度不好要给纪律制裁，给其他一些与王庆淑接近的人宣布纪律等等，都是错误的。对第一次国际饭店会议的态度也是错误的。这些都应很好地检查。

聂元梓同志在这次来国际饭店第一、二次清理整风和社教运动中的错误时，有些地方态度不够实事求是。例如她说她不知道哲学系党内整风期间张磐石同志和陆平同志有两个相互对立的指导方针，她自己贯彻执行了陆平提出的整风方针；说她对市委召开的第一次国际饭店会议是拥护的等等。这些都不符合当时的实际情况。事实上，聂对第一次国际饭店会议的抵触情绪是比较大的。至于为什么有抵触情绪，可以联系到当时的具体情况进行分析。但她是"抵触"而不是"拥护",这是实际情况。聂在最后的一次检查时承认了这个错误,这是好的。

三、聂元梓同志在生活上不够艰苦朴素,延安老干部的朴素作风在她的身上少了一些。有些同志说她入城以后有些养尊处优,我看确实有道理,值得她警惕。对于这一点,哲学系的教员、学生中都有反映,外系的同志也有反映。一个老同志,衣着应该朴素一些。看起来这是一个生活问题,其实这里面也反映了一定的思想问题。

对邓艾民同志的意见:

一、邓艾民同志在工作中缺乏一个革命者应有的蓬蓬勃勃的朝气,缺乏那种兢兢业业的高度的革命责任感,暮气多了一些。对于工作,虽然他并不是不负责任,但往往只是满足于一般的完成任务,缺乏大刀阔斧、雷厉风行的作风,缺乏创造性,有时也有应付"差事"的表现。是否有"不求有功,但求无过"的思想?我看是有的。工作中顾虑多,缩手缩脚,有时表现出怕负责任。有时处理工作象例行公文似的,上边布置下来,转手布置下去,大毛病出不了,可工作也没有什么起色。

二、邓在处理日常行政工作方面是有一定经验的,但是不大关心群众工作和思想工作。在处理行政工作时,抓思想工作不够。这是一个很大的缺点。

对冯瑞芳同志的意见:

一、冯瑞芳同志的个人主义、宗派主义情绪比较严重。这一点,在整风和社教运动中得到了暴露,希望接受教训,踏踏实实的抓紧思想改造。

二、往往不从政治上看干部,批评人不大重视政治。看起来她对别人的要求很严,其实很多情况下抓的并不是大是大非;如果别人按照她的意见行事,恐怕就要变得谨小慎微。在对待张恩慈的问题上,我觉得她这个缺点暴露得比较突出。

三、看问题主观、片面的毛病也比较突出。有时比较固执。经常和谢龙吵架,群众影响很坏。据有些同志反映在这个问题上谢应负更多责任。

对谢龙同志的意见：

一、个人主义、宗派主义情绪比较严重，在处理干部问题和工作安排方面都有所表现。个人主义在这次运动中是个大暴露，影响很恶劣，但是他过去在组织生活中却很少暴露这方面的思想。自己有问题遮遮掩掩，不能及时得到组织上和同志们的帮助，帮助了也听不进去，怎么不犯严重错误？

二、严重不负责任和严重脱离群众。谢龙同志的不负责任，主要表现还是他饱食终日，无所用心。他是做了不少工作的，有时也很辛苦，但是，他工作中很不踏实，应应付付，认真抓到底的工作没有做几件。如贯彻出席春节教育工作指示、批判"合二而一"，都未认真去抓，对教员的政治、业务情况也了解很少。

三、自我批评精神差，很少听得进同志们的批评意见。这是他严重的脱离群众的一个重要原因。

以上意见，不一定都对。谈出来和同志们交交心。

高宝钧同志说：我对几个同志提些意见。

对谢龙同志：

一、谢龙同志比较突出的一个缺点，是很缺乏自我批评的精神。他在工作中听不进不同意见，比较固执。何静修同志给王庆淑提的三条意见，后两条也适用于谢龙。每次给他提意见，总是辩来辩去，最后辩没有了，甚至可能在你的话里抓住点问题，反过来给你提意见。作为教研室领导，这是致命的缺点。他对教研室工作有经验不足问题，但是，也有工作态度问题。他对工作不是很严肃认真，因此，引起一些同志对他有意见。他心胸狭窄，对一些人有戒心，认为王庆淑走了，该整他了。他对一些同志有意见，有的意见又当面不提，背后嘀嘀咕咕，也有宗派主义情绪，这样，很影响同志的团结。

二、谢龙对自己在社教运动中的个人主义表现要很好地认识，虽然作了检查，但问题是比较突出的，他有时为了表现自己，对别的同志说一些很不恰当的话。

对张恩慈同志：

本来我不想再谈了，因为我在大会上对张恩慈提意见后有人说我的发言不利于团结，有"特殊爱好"，张本人也对我进行了反批评，因此我感到有必要再简单讲一讲。我上次说 61 年、62 年时张对他自己检查的成名成家思想，完全推翻了。这样讲是绝对了一些，但我的根据是：60 年反右倾整风中谈到他想出书成名成家时，说《实践是检验真理的标准》一文，就是该书的一篇。61 年、62 年要求甄别时，却又说他写这篇文章，"丝毫没有个人动机，不是为了名利"。到现在我也不清楚张讲的两种情况，到底哪一个是真实的。

我认为张对我的反批评的态度是不好的。我对他提了意见，他就在大会上发言几次提到王庆淑、谢龙、高宝钧排挤他，就是在社教运动中也没有把我的名字和王、谢并列，在肃清张磐石影响之后，张竟然这样提。如果我是排挤张的，这就是个原则问题。可是，在简报中张又把这些话全去掉了，这种做法是不好的；又如，张对我批评他在欢送被精简同志的会上的发言，可以作反批评，但是不应该抹杀事实，在简报中，张把自己在欢送会上的话说成："马克思从德国到法国，从法国到英国，但马克思始终是坚持革命的"，对他说过"被反动政府赶走"的话，竟一字也不提，这说明了张自己也感到讲这样的话有问题，不敢正视自己的错误，这种提法也是很不好的。

我上次对张提的意见，除了提法高或低可以研究、讨论外，基本事实和基本看法我仍然保留，我对党对同志负责。

附带说明两个问题：①张说我写反修文章时犯了泄密的错误，把一次不应外传的会的内容讲给谢龙听了。这与事实不符，我从来没有违反反修小组的纪律，从来没有把不该讲的东西乱讲。②63 年调整工资时，我没有提过谢龙的名，也没有这样的思想。谢龙是提过我的名，我也一再向他表示过不要提我。

对孙蓬一同志：

一、孙自我批评精神很差，62 年总支改选，孙明明白白地说："我提几个问题：①关于成绩和缺点的估计，全国成绩是第一位的，但不能拿来套，我认为哲学系成绩是巨大的，但是否是第一位的？②黄村调查报告，提了七个问题。这次整风开始，当有些同志给他提出这件事后，他在自我清理时说，'我记不清了，不过根据当时的情绪，是很可能讲的，如果讲了，是不对的。'可是，等到看到总支改选记录记得不完整,孙就根本否认有这件事了,而且在大会上说,从记录上看,没有这话,这样也可以说我讲的是国际共产主义运动的成绩和缺点的问题"(大意),这样辩解,我是很有意见的。对自己的缺点和错误不是老老实实的态度,是否缺乏自我批评的精神。又如社教运动中明明是作为党委上面的根子追了市委,孙在大会上却否认此事,这也不是老老实实的态度。

二、孙宗派主义情绪是较突出的,过去有,这次整风也还存在,从孙对任宁芬的态度就可以看出。任第一次检查后,孙没有提什么意见,任征求孙的意见,孙还说任的检查提得太高了。可是,等到任逐步提高了认识,揭发一些问题后,孙的态度变了,就给任提了很多意见,而且态度很不好,情绪很大,说的一些话也很刻薄。我们对一个同志的思想进步应该抱欢迎的态度,不能因为和自己意见相同就什么意见也不谈,等到和自己意见不同时,就意见大到势不两立的程度。

孙作为总支领导之一,在这次整风中,没有以高标准要求自己,他总是批评领导小组如何如何,可是忘了自己也是一个领导。在开展批评和自我批评时,孙的态度给同志以"怕"的感觉,我就是这样。你给他提意见,他反过来就给你提意见,提得很高,对同志提意见,指责的多,孙应该注意这个问题。(罗蔓插话:孙蓬一对同志提意见,指责的多,不是同志式的态度。)

对陈葆华同志:

一、社教运动中,陈和我讲,教研室工作安排中有宗派主义,她过去就讲过课,但教研室领导没有安排她讲多少课,是不对的,等等。我认为这里反映了陈有个人主义的东西,计较教研室对自己的工作安排。刚调陈作脱产干部时,陈思想上也不通,说明陈有患得患失个人考虑。

二、这次整风学习会,陈有些表现很不实事求是:①起初不肯承认自己在小组会上谈过王庆淑的历史(后来才承认,这是好的);②在大会发言中,只是指责谢龙揭发党员登记问题,谢龙揭这件事是有错误的,但把这件事的责任就推在谢龙身上,这是很不实事求是的。事实上,64年11月17日,聂元梓是会议的主席,她明确说这次会

"着重谈党员登记准备活动中的问题",陈是当时工作组领导小组成员之一,应该很清楚当时是工作组要谢龙揭发的,现在却把账算在谢的一个人身上,是很不实事求是的。

三、在批评聂元梓时,陈在大会上的几次发言,我认为是没有站在党的原则立场上。陈对领导小组提了很多意见(这当然可以),而且带有情绪(这就不对了),可是对聂究竟提了多少原则性的意见?陈说在会下谈了,既然是大会讨论,为什么不愿意、不放在大会上谈,却采取私下了的方式呢?我认为这不是一个党员应有的原则态度。我还想给陈提一个问题,请陈考虑:在这次学习会中,陈究竟是听组织上的话听得进还是听聂元梓和另一些同志的话更听得进?如果有这个问题,这反映什么问题?

四、陈葆华的情绪很大,意见不同的同志和她谈话,也不搭理人,神情冷淡严肃,使人望而生畏。这是不是宗派主义情绪仍然在作祟?我认为,在当前国际国内形势下,每一个党员都应该在加强党的团结问题上,尽自己的一分责任。作为总支委员,更应该以接班人的五项标准要求自己。葆华在这方面,对自己的要求是太不严格了。

五、葆华在给张恩慈鉴定的支部会上,对张的优缺点作了全面的介绍,给我一个总的印象是:对张的优点估计过高,不实事求是;对张缺点则估计过低,也不实事求是,还有与事实不符之处,如谈到张在三年困难时期在自由市场上买了两只鸡,接着说张在五反时就自觉检查了。事实是五反时张没有自觉检查这个问题。直到64年整风中的一次组织生活会上,徐明给他提了这个意见,他先否认,后来才承认下来。这里有没有和自己相同意见的同志看优点多,看缺点少,对和自己意见不同的同志则看缺点多,看优点少?有没有宗派主义情绪?在这一点上,我对支部会上极力主张在张优点上写上"张对待同志坦白,直率,作风朴实",而对张主要缺点只提"有骄傲自满情绪"的同志,都有这个意见。我认为不能说张作风是朴实的,因为张对人、对己都极缺乏一分为二、实事求是的态度,因此我建议这一条在鉴定中不必写上;张骄傲自满也不是一般的"有骄傲自满情绪",而是比较突出的(我认为张骄傲自满十分严重,到了狂妄的地步,但我为了尽可能有一个统一的鉴定,只说他骄傲自满情绪比较突出)。

因此我建议在鉴定中写上张骄傲自满比较突出,在充分肯定张优点的同时,也应抱着对党对同志负责的态度,严肃地、明确地指出他的主要毛病。这才是对同志的真正爱护。在我看来,这两点应该是很清楚很明显的,但是有些同志竟连这两个意见都不能接受,坚持一定要把作风朴实作为张优点写上,拒绝张的骄傲自满比较突出的提法。我认为这是宗派主义情绪在作怪。李清昆同志说,在他和张接触中,感到张还是听得进别人对他的意见的,张的问题是不易听取不同意见的意见和过火的意见,以此来说明张骄傲自满不太突出。其实张的骄傲自满不仅表现在听取意见的问题上,在社教运动中的一些会议上,有些发言表露了张在受到中央同志表扬后极不谦逊的态度,也表露了对万里同志的极其狂妄极其错误的态度。这都是明摆着的事实,同志们都是有目共睹的。我感到,李对别的同志的缺点还是比较敏感的,可是对张的这个缺点却估计不够。在第一次讨论时,宋一秀同志在发言中也说张骄傲自满比较突出,在第二次在一些同志同意"有骄傲自满情绪"的情况下,竟也同意了后者。我是本着知无不言、言无不尽、言者无罪、闻者足戒的态度,把意见提出来,是否正确,欢迎批评。

对郭罗基同志:

一、我感到郭罗基同志很缺乏自我批评的精神,自以为是,批评别人时尖酸刻薄,这样,不易团结好同志。

我认为郭在三面红旗的问题上,有错误的认识,但他一直没有自觉检查,而且并不认为自己有什么问题。不仅自己没有检查,而且还说是没有机会检查,这不是什么理由。如果真正对党负责的话,我想总不会连自我批评的机会也找不到。

郭在"合二而一"的问题上,也是有错误思想的。当时,郭和我说过:①其实,"一分为二"和"合二而一"本无多大差别,只是在现在的情况下这样讲,不大合适(大意);②事物总是"合二而一"的,任何事物都不可能孤立存在,它总是和另一事物相联系("合二")而存在的(大意),这个思想和孙伯鍨同志的思想是一样的。对于这些问题,郭罗基没有很好作清理。

在谈到受冯定修正主义思想影响的时候,郭总是批评别人,自己却没有作一点检查。郭过去教学中，也用过冯定讲课中的讲的例子，如讲主观唯心主义时，以小孩吃药为例；63年曾和我谈到冯定认为矛盾有两种：一种是以斗争为主的矛盾；一种是以统一性为主的矛盾。郭是同意这种错误说法的。

二、郭在社教运动中的表现反映了郭在思想意识和思想作风上的一些问题。

（一）郭在运动中以自己一贯正确的、一贯坚持"原则斗争"自居。如在批判钟哲明的会上说，总支改选时，你们说我们搞非组织活动，我们无产阶级就是要组织起来，就是要扎根串连。其实，郭在总支改选中，态度并不是很明朗的，在运动中这样讲，把自己说成好象是一贯坚持"原则斗争"似的。又如，在谈到党委贯彻教育方针中的问题时，郭说他自己从大政治课教研室到哲学系，一直是联系同学活思想的，对党委理论脱离实际的说法，一直是反对的，我认为这不符合事实，使人有要表现自己一贯正确、抬高自己的感觉。

（二）在一次开会时，郭发言中谈到，各教研室揭发出来的问题，应带有自己的特点。党史教研室的陈哲夫就是为陈独秀翻案，我们在教研室就要搞修正主义问题。言下之意，要在教研室领导中搞个修正主义思想的代表，当时我和谢龙都比较紧张。这种分析方法是从类比、联想出发，而不是研究了谢龙和我的全部言行作出的判断，如按郭的这种指导思想搞下去，运动会搞得更乱。

三、请郭考虑对这次整风学习会的态度有没有问题？郭给领导小组提意见时，说领导小组没有实行"三结合"，并说"如果你们再这样下去，今后的会不会开得比过去更顺利。"对领导小组提意见是可以的，但采取这种要挟的口吻，是极其错误的，这句话是不是也反映了郭对这次会的态度有不正确的地方。

汤一介同志说：我对邓艾民同志提些意见：

邓担任哲学系领导工作比较久，这次整风作了一些检查，有些问题检查得不太够。邓到北大以来，工作不十分积极和不够负责任，有官僚主义作风。这方面意见党内外都有反映，郑昕对邓的工作不积极就有意见。现在我想提几点具体意见：

一、邓在历次政治运动不够积极。

1957年反右派，开始一个阶段，邓不够积极，很少参加反右的活动，双反时有的同志给他贴过大字报。

1958年双反，邓虽然作了一些自我检查，但对运动也不很积极，总支让他写一个红专问题的报告，他关门搞了一个月，没更多地参加群众运动，等报告写出来了，运动也快过去了，不能很好的配合运动。

1960年批判巴人的"抽象人性论"时，邓是领导，但他很少抓政治思想工作，只是找了几个人去写文章，而不是发动群众参加斗争，教研室的批判会他也很少参加。

1964年上半年贯彻主席的对教育工作的指示，本来是一件重大事情，邓也不大关心，不积极。当时各教研室向系汇报，通知了邓，邓也不来参加。

邓为什么在这些重大问题积极性不高，是什么问题？我感到邓在处理政治与业务、红与专的关系上有问题。邓认为行政工作、党的工作做得太多了，吃亏了，说早知如此，不如不到北大就留在高教部。

二、邓受资产阶级教育思想影响比较多，有些问题值得检查。

中国哲学史教研室冯友兰安排研究生学习，第一年要学习1900多页史的古典著作；第二年要学得更多；第三年的毕业论文就是要对一本古书作校注。邓对这些现象认识较迟，是不清醒的，几次在教研室的会议上对冯友兰培养研究生的办法加以肯定，并说："这是中国哲学史教研室的一条经验。"这对研究生的培养是有影响的。

对资产阶级教授开唯心主义课程，邓也认识不清楚，因此并没有很好的注意批判。

这几年对哲学系研究生管理是不严的，他们受资产阶级教授影响是严重的，邓对此也应检查一下。我曾提出是否不要让每一个教授都招研究生？邓说："这些教授如果在其他学校早就招研究生了。"在培养师资队伍上，邓也可以考虑一下，我看到两份材料，把我和冯友兰对比，把晏成书和王宪君对比，要求我们沿着资产阶级知识分子的道路去追赶。材料是总支搞的，王庆淑有责任，可是，材料上的字是邓的。

三、邓对党的知识分子政策怎么认识？

冯友兰宣传自由、平等、博爱，1963年冯在扩大的学部会议上和关锋同志争论，给别人扣了一大堆帽子，可是邓在自己的文章中掩盖矛盾，说普遍形式的问题，经过双方争论，观点有所接近。邓说这样讲是为了照顾统战。

冯友兰有一个研究生金春锋（党员）想写文章批评车载，冯支持金写，因为车载的文章是批评冯的，并且冯愿意帮助他将文章寄给《文汇报》。金去找邓，邓说：如果不让冯寄，会不会影响统战？金的文章出来后，冯要在金的文章上加注，说：冯著《中国哲学史新编》的新版有重大修改，改变了一些看法。金找我，我说不能为冯宣传。后来金又去找邓，邓说：不加会不会影响统战？这两件事说明，邓在对资产阶级教授问题上，就怕和他们搞坏关系，不能坚持党的原则，对党的统战政策作了不正确的理解。希望邓检查一下。

四、邓在学术观点上是否可以检查一下？邓这几年一些文章，根据我的认识，其中都有一些原则性的错误，反映了邓在学术思想上存在不少问题。

希望邓认真考虑这些意见，从中吸取有益的东西。

对辩证唯物主义教研室提点意见。辩证唯物主义教研室应该在哲学系起火车头作用，应该是政治空气浓，参加政治活动积极，因为党员人数最多。可是相反，在某种意义上起了消极作用。有一部分人政治热情不高，一到"五一""十一"游行报名的人很少，相反党外群众去的比党员多；假日派值班也很费劲；1963年底下去四清，报名的也很少，很多是因故不去，等等。希望今后能严格的要求自己。

另外，辩证唯物主义教研室有些同志业务抓得不紧，浪费了不少时间，有些同志晚上在一起吹、聊，占了很多时间，有些同志乒乓球打得过多。

张文俊同志说：我对朱泽浩同志提点意见：

一、朱缺乏革命朝气，从他嘴里吐出来政治是很少的，经常谈吃吃喝喝，这是革命意志衰退的表现。

二、朱有严重的个人主义，不分场合背后乱议论，讲一些不恰当的话。

对王庆淑同志的很多意见，过去提过了，不重复了，只提点希望。希望王冷静下来考虑同志们几年来对你提的意见，在王身上有些问题确实是突出的、严重的。王有一定的工作能力和经验，在政治上又经过一些锻炼，自己的毛病不改掉，会给工作带来损失。犯了错误，应该吃点补药，即认真学习主席著作和到三大革命中去锻炼、改造自己。今后可以更多的为党工作。

对谢龙同志提点意见：

我同意李清昆的意见，在谢身上反映出政治上不成熟，思想意识有相当的毛病，表现出个人主义、自由主义、宗派主义。作为领导干部不能有亲疏，和一些同志说私房话，是不公道不正派的。谢的群众观点、群众路线是比较差的，意见相同的同志可以交换意见到深夜，对意见不同的同志就不接近。谢对工作也抓一些，但拖拖拉拉不负责任。希望谢今后切实改正，为党做更多的工作。（高云鹏：我补充一点，63年五反，总支赵正义、谢龙负责，我参加工作。谢一直不关心五反，赵身体不好，让谢抓。在一次讨论会上，谢坐在墙角看书，会议没开完不知什么时候蹓走了。五反是政治斗争，这样严重不负责，应引起重视。）

杨辛同志说：对几个同志提些意见，供参考。

对孙蓬一同志：

图书馆学系史永源同志提供的材料，反映的问题是相当严重的，孙应该很好的检查，究竟当时议论了一些什么？现在怎么认识？孙在整风、社教运动中对陆平、谢道渊同志进行过火斗争，态度非常不好，对王庆淑一些问题也是提得相当高。在这次整风期间，我和他商量问题，态度非常粗暴，斥责同志，孙在这方面应该很好检查一下，孙确实让人有些害怕。

对陈葆华同志：

以前我感到陈还是很好接近，这个时期她见人不说话。陈是总支委员，怎样按接班人的五条标准要求自己，加强党性修养，团结不同意见的人。希望陈通过整风真正从情绪上扭转过来。同志间有些不同意见，毕竟是党内是非问题，有什么问题可以交谈，看到我的缺点可以批评，今后为了搞好哲学系的工作，互相间都需要有团结的愿望。

对邓艾民同志：

希望邓从政治思想方面提高觉悟，邓这几年生活是养尊处优，脱离群众，很少深入到师生中去，他住在我后面，关系也是冷冷清清，他对同志不够关心。

在工作中责任心差，对教学行政中的一些重大问题抓的很不够，例如在学术上两条道路的斗争，资产阶级教授争夺青年，邓很少主动和教研室的同志研究这类问题。邓在经常的组织生活中也缺乏严格的自我批评，希望今后在政治上严格要求自己，特别是听到批评意见时，需要很好考虑。

对王庆淑同志提点意见：

伊敏同志对王的意见是一分为二的，既肯定优点、又严格批评了错误。这些意见我是同意的。王对待自己的优点也要有个客观的估计，要清醒地认识自己是在党的教育下，才有可能在大是大非问题上基本是清楚的，同时，更应该认识自己的骄傲自满给哲学系工作带来的损失。党处在执政的地位，有党的正确方针、政策的指导和群众的努力，各种工作都会不断取得成绩，在这种情况下能否保持谦虚谨慎，是对我们每一个同志的考验，特别是作为一个领导同志更要警惕自己的骄傲自满，不能背包袱。王曾认为自己过去有实际工作的经验，又有在学校里搞学问的经验，似乎二者兼而有之。我认为王应该看到自己在实际锻炼不够，不能对自己估计过高，不能突出个人的作用。一个人离开党和群众，任何事情都是做不好的。

邓艾民同志说：

伊敏同志发言中谈到我过去在党内斗争和工作中的缺点，我基本上同意。在改选期间，党委的意见书曾指出我有回避矛盾的缺点，在这次伊敏同志的意见中，进一步指出我纠缠在无原则纠纷中，没有完全站在党的立场，使当时的领导核心缺乏战斗力，我接受这个批评，并就几个方面做一些初步检查。

一、无原则纠纷。总的来说,当时总支核心讨论下面同志的意见时,只就几个具体问题进行分析,而没有区分那些是原则性意见,那些是非原则性意见,这样的讨论就使问题陷在具体事实和无原则纠纷中,最后不得不由党委直接出面处理。有些问题的争论,如个别干部的评价,不一定十分准确,但也争论不休,使讨论气氛不好,影响团结和战斗力。在这些无原则的争论中,我都是积极参加的,这是错误的。

二、繁琐哲学,讨论下面同志提出的意见时,本应着重从批评和自我批评解决。我当时的认识并不是如此,认为事实的情节有出入,应当进行调查,总支不调查,党委就应进行调查,弄清基本情况,分清是非。因此我对党委强调进行批评和自我批评很不满意。后来党委进行处理时,就从调查事实入手,但实际上也陷入繁琐哲学中,没有解决问题。我在整个讨论过程中,总是反复强调查事实,表明我的繁琐哲学的缺点比较突出。

三、自由主义。自由主义在改选过程及这几年的党内斗争中情况是比较突出的,危害是比较严重的,我过去未充分认识到这一点,应深刻吸取这个教训。在改选期间,我当时住在高级党校,与校内群众接触不多,但也将总支讨论的一些情况与一般同志闲谈,影响一些同志对王庆淑同志的看法。例如王庆淑同志在别人提意见时,说是"打落水狗",翻档案时发一些牢骚,挑提意见的人的毛病,我都与任继愈、孔繁等人谈过。后来党委向任宁芬同志交待为了团结,不要提翻档案的事,任宁芬征求我的意见时,我支持任提出,认为这是思想问题,王庆淑同志既不做自我检查,就应该揭露。这都是犯了背后乱议论和不尊重领导意见的自由主义。又如有些同志提的意见过高,如张恩慈同志提打击报复,有些同志提干部政策问题,我都没有对这些问题及时表示原则意见,也是自由主义的一种表现。

四、个人主义,我在改选中也表现许多个人主义的思想,暴露了我党性的不纯,现在举几个例子:

(一)没有及时承担应负的责任。例如黄楠森的行政职务的确定,是共同研究确定的,冯友兰的教学检查是我主持具体工作并与王庆淑同志共同决定的,但当同志们提出意见时,没有表示或没有及时表示我应负的共同责任，避免将矛盾引向自己。

（二）对王庆淑夸大个人成绩，贬低我的成绩，有个人情绪。例如反右期间许多问题的处理是她找我共同商量的，但后来都突出她个人的作用。59年下放黄村、长辛店半工半读，成绩很大，但后来她很少重视长辛店的工作成绩。又如到高级党校参加辩证唯物主义教科书讨论，我极力支持她全力带一部分同志参加。但我被调到高级党校编书时，她却采取非原则的不诚恳的态度，不加支持。还有她对我的一些不正当态度，社教运动中揭发不少在工作中我已有所感觉。这些情况使我产生对王庆淑同志一些看法，影响我对一些原则问题及时表示意见，缺乏积极团结的愿望，都是我个人主义的表现。

以上这些党性不纯的错误，对改选的正常进行是极为不利的，对哲学系党内团结的影响是比较深远的。几年的事实就证明这一点。但我过去认识很差，认为改选时间拖长，主要原因是王庆淑同志不认真进行自我批评，党委有意袒护；认为总支改选的条件是总支报告通过就可进行，不能等得在批评与自我批评上取得一致意见再举行改选大会。这都是从形式上看问题，而不是从实质上看问题。实质问题是全系同志不同程度党性不纯造成的结果，党委工作上的缺点，也负有重大责任。

伊敏同志批评我改选以后迴避矛盾，工作不负责任，对自己的缺点认识差，改进少，我基本上同意。关于迴避矛盾，也可以举几个例子。例如张学书同志要我在新总支成立后回校抓行政工作，我没有同意，强调高级党校编书的任务没有完成，实际上是迴避矛盾。又如行政分工，我一方面抓人事工作，一方面一再提出这是临时的安排，应增加行政干部，不愿正式担任这项工作，因此有一个学期将人事工作挂在郑昕头上。这时期自己对待党内斗争的主导思想仍是迴避矛盾，所以才有上述表现。因为感到这时党内分歧仍然存在，并且在人事工作中集中表现出来，这是从个人主义考虑对待工作的结果。但是批评我不负责任，我还有委屈情绪。上次我检查过这一点。认为自己这几年工作陷在多头和党内纠纷中，弄到手忙脚乱，焦头烂额，系内分工应承担的工作都是积极完成任务的，比其他总支工作同志所做的工作并不算少。有许多工作有推托的现象，这是冯瑞芳同志等宣传我是专职行政人员,她是兼职人员的结果。当然从我做为第一副系主任,应多考虑全面工作,深入群众,深入实际,政治挂帅,团结同志,将哲学系办好。以这个标准衡量,批评我不负责,我也是可以接受的。

总之,听了昨天伊敏、何静修同志发言,是上了党内斗争的一课。念的中央文件和引的马克思的一段话,很好。哲学系党内长期存在分歧,绝不是少数几个人,或领导上的问题,而是大家都有问题。所以,伊敏同志讲的几点教训,我完全同意。至于具体问题,可能还有这样或那样的不同意见,我认为不要再纠缠了,都从大是大非的问题多考虑一下。我表示,根据党委意见办事,不再纠缠具体问题了。反右倾运动我参加了过火斗争,后果比较严重,造成同志间的隔阂。甄别以后,自己又产生另一偏向,坚持原则不够。系内自由主义、个人主义的现象比较普遍和严重,自己在这方面有缺点,许多问题感到自己无法解决,对这方面的斗争当然也很差,造成几年来党内生活不正常的严重现象,心情是沉重的。以后一定加强党性的锻炼,逐步克服这些缺点,扭转这种局面。

以上的初步检查是不深刻的,请同志们继续提出批评。至于在这期间许多同志对我提出的批评,大部分意见对我有很大的帮助,其中汤一介更系统地对我提出意见,值得我重视。汤一介同志有个意见书,是在哲学系整风期间写好后交给工作队的。过去哲学系社教运动期间有同志提到这件事。这次意见可能仍是以那个意见书做基础,其中有些问题使我感到提得太高或不符合实际情况:①例如对我历届政治运动的表现提出一些缺点,情况基本上是属实的,我承认工作上有些缺点,但却得出一个对历次重大政治运动采取不积极态度的政治性结论,我认为缺乏足够的根据,提得太高,不符合当时的实际情况。②例如说我的文章中对陈独秀评价有错误,与冯友兰抽象继承法没有划清界限,混淆资产阶级所谓平等和无产阶级平等的涵义,我还不能接受。由此得出我个人不积极参加学术批判的判断,我当然也不能同意,这些文章的马列主义水平不高,有许多缺点,但是否有这样原则性的缺点?这些文章都在,希望领导上及同志们能看看,帮助我提高认识。③57年我是积极主张唯心主义课程要批判的。汤一介同志过去和我交换意见时,我曾说明这一点。但这次仍坚持这个意见,使我失望。其实，我在双反运动中曾写一张大字报批评党委未明确支持哲学系这项意见，其中提到我的意见，也是一个旁证，因此，这条意见是不符合事实的。当然，我对汤一介同志许多合理意见过去曾吸收到我的检讨中，对我是有帮助的。我的不同意见也不一定都对，但我应该坦白谈出来，与汤一介同志商量。最近与汤一介同志又比较诚恳地交谈过一次，意见似乎也比较接近了。

　　有些同志说我生活不艰苦，我同意这个批评。争取在劳动化、革命化方面前进。顺便说一句，有同志批评我有次发言对聂元梓同志生活上的缺点估计过低，这个批评没有弄清我的原意。我那次发言强调要聂元梓同志正视李康林同志代表组织所提供的材料，郑重考虑，不要迴避，我并没有对聂这些缺点的性质进行分析。关于聂的缺点的性质的分析，我基本上同意领导小组的发言，早已表示了态度。我当时认为不符合我的原意的批评不必多解释，看看我的发言就清楚了。

五、原北京市委干部的揭发材料

1. 庞文弟的揭发材料 1967.3

向北大革命同志揭发旧北京市委反革命修正主义集团镇压北大社教运动的罪恶活动 检查交代我参加这一罪恶活动的严重罪行

从一九六四年下半年到一九六六年初，旧北京市委反革命修正主义集团疯狂地镇压北大社会主义教育运动。我积极地自始至终地参加了这一罪恶活动，充当了他们的帮凶、打手、黑参谋，对党对人民犯下了严重的罪行。文化大革命以来，经过市委机关革命同志长时期的耐心的教育和帮助，对自己的罪行有了一些认识，心情十分沉重，感到对不起党，对不起人民，对不起北大革命同志，愿意认真检查交代自己的罪行，积极揭发旧北京市委的阴谋活动。但是我的觉悟仍然很低，认识仍然很差，现在只是向北大革命同志作一个初步的揭发和交代，希望得到同志们的帮助，我愿意作进一步的交代检查。

旧北京市委反革命修正主义集团镇压北大社会主义教育运动的阴谋活动，大体可以分为四个阶段，即：二十三条公布之前；二十三条公布到第一次国际饭店会议结束；第一次国际饭店会议结束到第二次国际饭店会议开始；第二次国际饭店会议。现在我按这四个时期揭发交代如下：

二十三条公布前

这一时期北京大学开展了轰轰烈烈的社会主义教育运动，北大党内一小撮走资本主义道路当权派陆续被揪出来，旧北京市委反革命修正主义集团非常震动。他们一方面公开地利用职权千方百计地保护包庇以反革命修正主义分子陆平为首的北大党内一小撮走资本主义道路当权派（均未得逞）；一方面采取按钉子、派坐探等阴谋手段，窥测情况，收集材料，准备伺机进行反扑。我的主要罪行是：积极参与按钉子、派坐探的阴谋活动，协助反革命修正主义分子宋硕收集情报；在二线帮助旧北京市委反革命修正主义集团准备材料，以便伺机进行反扑。

旧北京大学是旧市委长期盘踞的反动堡垒。一九六四年七月初，张磐石到北大进行调查。反革命修正主义分子吴子牧、宋硕、彭珮云闻讯后非常紧张，议论猜测张磐石到北大进行调查的目的是什么。他们从反革命立场出发，一致认为张磐石到北大来是"不怀好意"，是来"整人"的。我在他们的影响下，也附和议论过，张磐石到北大是"来者不善"。当时旧北京市委正在开扩大会议。陆平也参加了这个会。他们特别关照陆平这个反革命修正主义分子要"多加小心"，还建议他回学校后"安排"一下。他们一直不主动向张磐石汇报北大情况，而等张磐石通知他们汇报情况时，反革命修正主义分子吴子牧又同彭珮云精心策划，由彭珮云执笔写了一个提纲向张汇报。张磐石听了汇报后很不满意，认为他们根本没有提出什么问题。他们在汇报时还想摸摸张磐石到北大调查的目的是什么，结果什么也没有摸到。

八月，反革命修正主义集团头子彭真突然决定派反革命修正主义分子彭珮云到北大"蹲点"，兼北大党委副书记。彭珮云是旧北京市委反革命修正主义集团的"掌上明珠"，旧北京市委一直把她留在机关，从来不肯把她放出去。这次不早不晚，偏偏在张磐石到北大进行调查是突然决定她下去"蹲点"，而且急如星火，要她马上下去，一次彭真见到她，还亲自催她下去，显然这是一个大阴谋，所谓"蹲点"，实际上是去当坐探。她到那个系去"蹲点"？当时陆平主张她到哲学系，因为张磐石正在哲学系进行调查，彭珮云去可以直接刺探情报，控制局势，便于将来反攻倒算。后来吴子牧也同意这个意见。而宋硕更狡猾，主张她绕开哲学系，到中文系去，当哲学系出了问题时，再回来反攻倒算。当时我参与议论过这个问题，那时我还不理解宋硕的反革命意图，而比较同意吴子牧的意见。

九月，张磐石写出第一次调查报告，揭发北大干部队伍严重不纯。干部队伍问题是旧北京市委反革命修正主义集团的致命问题。因此这个报告送彭真后，彭真立即送刘仁，刘仁看后十分紧张，急忙将吴子牧、宋硕、任彬（旧市委组织部副部长）、陆平、彭珮云等找到国际饭店，并派汽车连夜将旧市委大学部干部组长赵斌从顺义接回来，问他们旧北大主要干部的政治情况。他们回答不出来。最后刘仁要宋硕以他刘仁的名义向旧中宣部借报告中提到的旧北大领导干部档案，要吴子牧亲自到北大将学校保管的其他有关干部档案借回来。与此同时，刘仁又指使他的秘书、反革命修正主义分子张天太把廖叔俊、庞文弟等叫到国际饭店另一房间，连夜将第一号报告偷抄下来。第二天吴子牧到北大找到旧北大党委副书记张学书。吴子牧作贼心虚，害怕在调查组借档案以后大学部又来借档案会引起管档案同志的怀疑，更害怕调查组发觉大学部去借档案，因而他和张学书反复商量后决定由张学书去借档案，由他自己带回旧北京市委机关来。

档案借回后，反革命修正主义分子宋硕指使庞文弟、廖叔俊、赵斌、张学书、朱忠信（旧市委组织部审干办公室主任）等进行审查。宋硕、陆平也看了两、三个人的档案。（当时看过的档案我记得有谢道渊、王学珍、伊敏、龚理嘉、王庆淑、王孝庭、贺剑城、潘乃穆、潘乃遂、石幼珊、郑必俊、雷崇立、夏自强、程贤策、陈凯、张颂华、高秀芳等人的档案。这些都是第一号报告点了名的。另外反革命修正主义分子吴子牧、宋硕还把聂元梓同志的档案借来，妄图进行政治迫害）。审查干部档案工作是在严格保密的情况下进行的。开始在吴子牧办公室。后来为了"保密"，又搬到市委大楼五楼的一间屋子里。宋硕还向庞文弟、廖叔俊交代，张学书没有见到第一号调查报告，不要在张学书面前随便议论北大干部问题。几天后，吴子牧、宋硕害怕张学书离开学校太久可能被革命同志察觉，又要张学书赶快回学校去。张学书问，回去后是否向调查组汇报看档案这件事。宋硕同吴子牧商量后告诉他：不要向调查组汇报。看完档案后，由庞文弟、廖叔俊等分别写出每个干部的简单材料，包括简历、主要政治历史问题及初步审查意见等。然后由廖叔俊和张学书电话联系，在一天晚上坐小汽车将档案送回北大交给张学书。

宋硕亲自看了王庆淑、高秀芳的档案，还要张学书到科学院向王庆淑的妹妹作了"调查"。宋硕包庇反革命修正主义分子王庆淑，扬言她的政治历史"没有什么问题"。

聂元梓的档案是廖叔俊看到的，没有发现什么问题。我当时站在反动立场上，认为哲学系搞得最"乱"，她是哲学系党总支书记，我不放心，又看了一遍，结果也没有发现什么问题。后来廖叔俊将聂元梓同志档案中有关生活作风上的一些问题向宋硕作了汇报，宋硕很注意，让他摘录下来。

以后宋硕将审查结果向彭真作了汇报，宋硕是怎样汇报的，彭真给了他什么黑指示，这些情况我不了解。

我在国际饭店抄第一号报告时，看到报告揭发北大干部队伍那样严重不纯，感到很紧张："想不到问题这样严重"。后来又想，报告揭发的北大校系两级干部中有不少人（主要是原北大、燕京那些知识分子干部）我比较熟悉，过去没有听说他们有什么严重问题，恐怕不会一下变得这样坏吧！反动的资产阶级本能驱使我根本不问事实真相，不考虑广大革命干部和革命群众的义愤和要求，毫无原则地同情他们，支持他们。后来发现报告有些部分是阮铭起草的。阮铭过去和旧北大许多干部也很熟悉。当时我很生阮铭的气："北大这些干部，别人不了解，你还不了解？""过去都是差不多的干部，为什么现在你革命，别人都不革命了呢？"事实证明，我的这些想法是完全错误的。当着社会主义革命日益深入的时候，我不仅不加紧改造自己的立场、世界观，反而指责别人走得太快了。这只能说明自己的资产阶级反动立场多么顽固。正因为自己持有这种反动观点，所以后来在看北大干部档案过程中，宋硕大肆攻击张磐石，说什么张磐石到北大是来"找岔"的，北大这些干部的政治历史问题大部分已经作了调查，只是有些该作结论的没有正式结论。而且只看死档案，就能断定一个干部有没有问题？等等。我也附和表示不同意第一号报告的论断，诬蔑这个报告有唯成份论思想。还攻击阮铭骄傲自满，自以为是，等等。

对第一、二号报告彭真都作了批示。在批示中彭真按了许多钉子。例如在第一号报告批示中他胡说什么有些干部虽然和剥削阶级家庭划不清界限，但仍然是革命的。这实际上是表示他不同意第一号报告的观点。在第二号报告的批示中，彭真要调查组对学校情况作全面的系统的调查研究。这实际上是表示他认为调查组所了解的情况是不全面不系统的。在作这些批示时，可能都和宋硕商量过。至少关于成立调查组五人小组问题是找宋硕商量过的。对于第二号报告，张磐石曾要宋硕提意见。在此期间，宋硕一直谨言慎行，在旧中宣部调查组开会时很少发言。这次他对第二号报告提了一些意见，主要是认为对旧北大党委问题估计得"严重"了。张磐石按照他的意见作了一些修改。但是二十三条公布后，旧北京市委反革命修正主义集团进行反攻倒算时，宋硕又表示后悔，说那时连一点意见也不应该提，应该让张磐石"错上加错"，"更彻底的暴露出来"。这是多么恶毒呵！宋硕这个反革命修正主义分子的狰狞面目完全暴露出来了。

十月九日，陆平、彭珮云匆匆跑到市委大楼向叛徒邓拓汇报哲学系整风情况。因为这时北大的严重问题已经逐渐暴露出来了，邓拓、吴子牧、宋硕一再为陆平"打气"，要他一定要坚持反动立场，顽抗到底。叛徒邓拓一再强调什么"要全面地历史地辩证地看问题"，"任何时候都要实事求是"等等，意思是说，调查组看问题不全面不辩证，不是历史地看问题，要他们坚决进行抵制。吴子牧胡说什么王庆淑这是第一个麻雀，要好好解剖。他出于反革命的嗅觉，意识到如果王庆淑被揪出来，哲学系被突破，旧北大党委难保，旧北京市委也将被毁灭。因此他要陆平一定死保王庆淑，保护王庆淑这个党内走资本主义道路当权派。宋硕则胡说什么《五月》他都看过了，《五月》是中间刊物，不是右派刊物，等等。以后陆平、彭珮云又约宋硕到邓拓家密谈了一次，据说这次谈得更为露骨。邓拓讲了许多黑话，陆平拍大腿表示一定要坚持反动立场，顽抗到底。这次密谈我没有参加，详细情况需要宋硕、陆平、彭珮云彻底交代。

十月下旬，彭真为了保护陆平这个北大第一号党内走资本主义道路当权派，要陆平到校外去参加四清，实际上是让他到外面去"避风"。这个阴谋没有得逞。以后他又亲自找宋硕、陆平、彭珮云密谈，要宋硕、彭珮云帮助陆平写一个假检查，由他分送中央负责同志，以便欺骗中央，保护陆平"过关"。宋硕、陆平、彭珮云在市委大楼紧张地活动了三、四天，搞出了一个假检讨（就是在第一次国际饭店会议上的那个由陆平署名的假检讨）。可是还没有等他们送给彭真，陆平就向工作队承认自己和工作队唱对台戏了。

彭真贼心不死，在陆平承认和工作队唱对台戏，和旧北京市委反革命修正主义集团暂时中断联系以后，他仍然经常探听陆平的情况，了解在社教运动中揭发出陆平什么问题。一次彭真的老婆张洁清亲自给宋硕打电话，了解陆平情况。在一九六四年底技术物理系开大会揭发阶级报复事件时，彭真还特地派了他的秘书张道一去参加。张道一到技术物理系后以彭真办公室名义向系工作组借回有关沈钟事件的大字报稿。宋硕让我找人抄下来，以便将来反攻倒算。

这一时期的"情报"，主要是从彭珮云和由宋硕派到工作队的大学部干部夏瑜处得来的。彭珮云、夏瑜经常回旧市委大学部，由宋硕直接和她们联系。彭珮云还经常到刘仁家，由刘仁"面授机宜"。她们写的"情报"（什么北大常委会上追彭真、刘仁的情况、张磐石动员斗争党内走资本主义道路当权派的报告摘要等），一部份是由我组织大学部机关干部抄写的，小部分是由我综合整理，然后送彭真、万里、邓拓。此外，在春节期间，我还背着我的爱人徐淑娟，将她所作的崔雄昆、戈华对参加湖北四清干部的讲话记录抄送给宋硕。当时我站在资产阶级反动立场上，认为徐淑娟刚从湖北回来，"认识糊涂"，"比较动摇"，我对她不放心，怕她向工作队报告，所以我背着她将戈、崔的报告抄送给宋硕。从这点也可以看出，当时我对旧北京市委反革命修正主义集团多么忠诚，反动立场多么顽固。（注：当时宋硕、彭珮云问我，徐淑娟从湖北回来表现如何？我站在反动立场上回答，说她"认识糊涂"，"比较动摇"。）

在十月，夏瑜被宋硕派去参加调查组，实际上是去当坐探，以前宋硕曾给她看第一号调查报告。我看到后和她议论过，第一号报告有"唯成份论"思想，报告中提到的干部多数是好的，只有石幼珊、高秀芳等二、三个人有比较严重的问题。向她散布毒素，以后夏瑜在工作队受到批判。宋硕闻讯后让我把她找回机关来。她和我住同院，我到她家去过两次，没有找到，后来打电话到石油学院她爱人处才找到她。有一次回到机关问我，对自己应该如何看？我对她说，自己对自己总应该有个基本了解，自己是走社会主义道路的，还是走资本主义道路的，自己总应该心中有数。意思是要她坚持反动立场。在北大革命左派开始批判彭珮云时，一次彭珮云回机关时突然问我："我是什么人？"我说："你是什么人，自己还不知道。"意思也是鼓动她坚持反动立场。

在此期间，旧北京市委修正主义集团为了准备材料，伺机进行反扑，她们还组织力量进行了查看北大文科教材和教授档案的阴谋活动。

一九六四年十月，北大社教运动开始后不久，叛徒邓拓召集反革命修正主义分子宋硕、邢湘生（旧北京市公安局长）、张文松（旧市委教育部长）开会密谈。十月十一日，宋硕、彭珮云向我和旧北京市公安局九处副处长李建林作了布置。宋硕传达彭真或邓拓的意见说，现在就是要搞资产阶级。有些人就是资产阶级。教育战线先试点。要摸大学资产阶级教授。系统地摸他们的情况。要把老教授与国民党、CC的关系清理出来。要看他们的讲义，究竟讲了些什么东西。要从历史上政治上学术上系统地了解他们。小范围搞。要先搞北大文科。调档案，由九处以摸底、排队名义调。教材由大学部以作调查研究名义调。一部分一部分地调。过去旧市委大学部从来不看讲义教材，从来没有系统地了解过资产阶级教授的政治历史情况，为什么现在突然积极抓起这件工作来？宋硕在会上透露说：高等学校四清如何搞还没有经验。现在大批人到第一线参加四清，我们在第二线研究一些问题，准备将来参加战斗。一语道破他们的狼子野心。原来他们查教授教材档案是为了将来伺机进行反攻倒算。可以设想的方式是：在适当时机，将这批材料抛出去，转移社教运动斗争目标，将火烧到资产阶级教授身上，从而保护包庇党内一小撮走资本主义道路当权派。在会上宋硕还布置：写出的材料一律送《前线》编辑部李笳，由他负责出版一种简报（即《教育界动态》）送旧市委反革命修正主义集团极少数成员参考。对这件事，宋硕要求极端保密，不告诉学校，也不告诉机关其他同志，甚至对做这件工作的同志，也不能透露整个意图。以后宋硕决定：文科教材由大学部负责审查。教授档案由公安局九处负责审查，大学部也可以抽二、三个人搞这件工作。以后他还一再督促我从学校和高教局等有关机关抽调干部，组成了审查教材和审查档案的两个班子（共九人，教材六人，档案三人）。还督促我迅速提出一个计划，报叛徒邓拓批准。在宋硕作了部署，组成班子，制订计划以后，日常活动主要由我负责：

一、帮助做具体工作的同志拟定一个时期的具体计划，例如看那些教材，写些什么材料等。材料的题目有些是宋硕提出的，例如反动的十八教授到何处去了？北大教授和胡适的关系，北大文科党员教授情况等。多数是我帮助拟定的，如燕京哈佛学社的四大金刚，解放前夕钻进高等学校的国民党政客等。

二、站在反动立场上，向做具体工作的同志作思想工作，实际上是向他们散毒。如二十三条公布后，片面强调大好形势，反对形而上学，毒害了同志。

三、检查贯彻保密制度。把两个小组彼此隔离起来，互不来往。

四、和公安局九处联系，了解他们的工作进度和工作情况。

五、写出材料后由我送交李筠。李筠修改后送叛徒邓拓审查定稿，登《教育界情况》。第一次国际饭店会议后，李筠提出，高等学校重要动态是否可登《情况》。我很同意。当时我负责旧大学部办公室工作，曾将学校送来的一些简单材料送李筠选登《情况》。《情况》中攻击机械学院实行《语录教学》的材料和攻击林学院园林专业进行教学改革的材料都是由我提供的。李筠看后又找人了解情况，作了补充修改后才登《情况》的。关于敢峰在人民日报上发表的关于教学改革的文章，当时我站在反动立场上，认为有些"偏激"，也曾建议李筠稿要登《情况》。这些《情况》都起了很坏的作用，我负有重大责任。

此外，我还搞过其他一些材料：

一、十月底，邓拓向宋硕要北大反右派材料，内容很繁琐。宋硕要我向彭珮云要，彭珮云表示有困难。以后我要李筠直接向彭珮云要，大概没有要到。

二、技术物理系阶级报复案揭发后，宋硕让我查此案是否报过大学部。我查了大学部档案目录和反右倾整风领导小组会议记录，没有发现这方面材料，即告诉宋硕。

在此期间，宋硕还经常同我议论北大社教运动，除上面揭发的以外，我记得一次我问他，张磐石到北大究竟想干什么？他污蔑说，想当北大校长。我说北大校长有什么好当的，他不是中宣部副部长吗？他说你不知道北大在国际上有威望。艾森豪威尔就是先当大学校长，后当总统的。他就是用这样一种极其反动极其卑鄙的观点来看世界。还有一次我问他，北大许多干部我认为没有什么问题，可是张磐石老是斗来斗去，这样下去怎么得了？他说寄希望于外地调来的老干部，老干部中总会有人看不下去，不同意他的做法的。另一次他回答说，总会有解决问题的办法。这一时期，他最怕到中宣部或工作队五人领导小组开会。一听到通知开会，就反复考虑可能谈些什么问题，他应采取什么态度。一般他表示沉默。所以张磐石说他三个月一言未发。一次从北大开会回来，说在工作队党委会上叶方为龚理嘉当家简直是胡闹，实际上是斗他。参加技术物理系会回来以后，他认为技术物理系问题是反右倾扩大化，不是阶级报复。我总的同意他的观点，但对石幼珊有保留，认为对她来说，如果不是阶级报复，至少也是打击报复。因为此人狂妄自大，品质不好，过去我是知道的。当时我认为，如果查出她平时思想反动，即应定为借机报复，否则也应定为打击报复。

从二十三条公布到第一次国际饭店会议结束

这一时期旧北京市委反革命修正主义集团的阴谋活动主要是，大肆歪曲、篡改二十三条的革命精神；鼓动北大右派翻案，重整队伍；从思想上组织上准备全面进行反攻倒算。我的主要罪行是积极参与了第一次国际饭店会议的准备工作和国际饭店会上的阴谋活动，鼓动北大右派翻案。

一九六五年一月中央公布二十三条。二十三条是毛主席亲自主持指定的。它大长了无产阶级革命派的志气，大灭了党内一小撮走资本主义道路当权派的威风，在关键时刻，为社会主义教育运动明确地指出了航程。旧北京市委反革命修正主义集团极端害怕二十三条的公布。他们利用窃取的权力，极力歪曲、篡改二十三条的革命精神，以抵制和破坏伟大的社会主义教育运动。开始，反党头子彭真在人民大会堂河北厅向中央各部和北京市领导干部作了所谓传达二十三条的报告。以后反革命修正主义分子万里又向全市十七级以上党员干部作了所谓传达报告。在报告中他们片面强调大好形势，抹杀严重的阶级斗争，夸大渲染运动中发生的一些缺点，大反所谓唯成分论，影射攻击北大和其他单位的社会主义教育运动，为他们进行反攻倒算做了舆论上思想上的准备。

一月二十日前后，旧市委召开扩大会议，借传达贯彻二十三条之名，大刮翻案风。会上反革命修正主义分子项子明、宋硕积极鼓动陆平翻案。开始陆平不敢翻，怕被扣上反对中央的帽子。后来宋硕问他，谁代表中央？意思是说，彭真就是中央，中央就是彭真。陆平"恍然大悟"，立即翻了案。旧市委马上上报中央。按照惯例，反革命修正主义分子彭珮云是不能参加这种会议的，因为参加会议的大都是各单位的党委书记，而她只是副书记，而且正在检查交代问题。可是旧北京市委反革命修正主义分子为了达到翻案的反革命目的，竟不择手段，破例要她来"列席"会议。她在经过紧张准备以后，也在会上翻了案，大肆污蔑攻击北大社教运动。她的发言旧市委也立即上报中央。陆平、彭珮云在这个反革命会议上的发言，就是邓小平在以后胡说什么"意见是对的，态度是好的"那两个发言。从这里可以看出邓小平的反革命修正主义面目，可以看出他和刘少奇一样，是旧北京市委反革命修正主义集团疯狂镇压北大社教运动的大后台。我没有参加旧北京市委这次会议，这些情况是我以后听说的。

在陆平、彭珮云翻案以后，为了进一步鼓动北大党内其他走资本主义道路当权派翻案，彭真又同宋硕紧张策划召开第一次国际饭店会议。在他们初步商定方案以后，为了形式上通过一下张磐石，宋硕又找张磐石商量。张磐石问这是不是彭真的意见？宋硕避而不答。这是反革命修正主义集团经常采用的两面三刀，阳一套，阴一套的阴谋手段。后来旧中宣部几个部长商量，有不少人表示不同意召开这样一个会议。蒋南翔这个反革命修正主义分子列席了中宣部的会议，会后立即打电话给反革命修正主义分子万里，透露了这个消息。从这里可以看出蒋南翔同旧北京市委反革命修正主义集团有着多么密切的关系。以后反党头子彭真伙同邓小平在三月三日召开了中央书记处会议，会上邓小平、彭真恶毒地攻击污蔑北大社会主义教育运动，并决定由北京市委负责召开北大党员干部会议（即第一次国际饭店会议）。

在第一次国际饭店会议上（从三月九日到十九日），开始东风倒西风，左派义正辞严，右派无言以对。以后夏瑜又从北大跑到国际饭店向宋硕报告，北大工作队准备召开三结合会议，同陆平展开辩论。彭真鉴于形势对他们很不利，决定由反革命修正主义分子万里向到会干部传达所谓三月三日中央书记处会议精神。传达后左派受到打击，右派活跃起来，纷纷翻案。

当时反革命修正主义分子刘仁对这次会议也极为关切。他除了找宋硕、陆平、彭珮云直接向他汇报外，还派他的秘书张天太每天到会听汇报。张天太上窜下跳，来往于刘仁同宋硕、陆平之间，成为显赫一时的神秘人物，他除了向刘仁汇报情况外，有时也带刘仁一些黑指示给宋硕。我记得有一次是谈对谢道渊、石幼珊的处理问题。谢、石在社教运动中揭发了陆平、旧北大党委和旧北京市委的一些严重问题。旧北京市委万里、宋硕、彭珮云等对他们恨之入骨，万里认为一定要把他们开除出党，要让他们长期在劳动中改造。刘仁这个老狐狸闻讯后，为了招降纳叛，特意要张天太带讯给宋硕：对谢道渊、石幼珊，不一定要开除么，可以把他们留在党内，改造他们。

在这次会议后期，一天下午大学部突然打电话到国际饭店找宋硕，说有一个北大工作队的干部找他。他立即赶回大学部。后来了解此人就是大叛徒、反革命修正主义分子常溪萍。他同宋硕会见了万里。他告诉万里，上海市委告诉他，有什么事情可以找北京市委，因此他到这里来了解一些情况。以后宋硕和常溪萍不断有联系。常溪萍给宋硕写信也非常诡秘，信封上不写地址，也不让宋硕写回信。一次常溪萍住医院，宋硕指使干部找了好久才找到他。肯定地讲，他们之间是搞了许多阴谋活动的。常溪萍向中央告张磐石，肯定是同宋硕、万里等预谋过的，这些需要宋硕老实交代。

据我了解，在第一次国际饭店会议前后，彭真同陆定一多次密谈，对他作了许多"工作"。一天晚上，宋硕接到通知，第二天要到旧中宣部开会。宋硕心怀鬼胎，顾虑重重，赶紧向彭真办公室打听旧中宣部召开的是什么会。深夜彭真的秘书王林打电话给宋硕说，不要紧，去吧，问题已经解决了。（大意）果然，在第二天会上，陆定一态度大为缓和，说什么他经过"调查"，认为陆平是个"好同志"等等。以后在一次工作队干部会上，他也讲过类似的话。从此以后，旧北京市委和旧中宣部这两股黑帮逐步合流。

我在这一时期的主要罪行是：

一、积极参与第一次国际饭店会议的准备工作。

（一）由我和李康林、吕桓甲把北大社教运动简报中揭发出来的问题加以汇编。宋硕本来准备发给参加国际饭店会议的人员，每人一份，以便煽起右派的反革命情绪，进行反攻倒算。后来可能考虑这样做未免太露骨，没有发下去。

（二）参与确定出席会议的名单等预谋活动。

宋硕、陆平、彭珮云等竭力设法使右派尽可能来参加会议。现在回想起来，他们的手法主要是：第一，在谁参加会议，谁留校照顾工作这个问题上大做文章。例如校一级确定由崔雄昆等负责照顾工作，陆平、张学书等党内走资本主义道路当权派倾巢而出，参加会议。技术物理系也是这样，郑必俊、刘元方等党内走资本主义道路当权派来参加会议，留虞福春照顾系的工作。第二，有些右派不能经常参加会议，也给予特殊照顾，列为出席会议人员，但可以经常请假。如陈守良、钟哲明等。第三，有的人不是校、系两级负责干部，本来不应参加这次会议，也别立名目，把他们拉来做会议工作人员，必要时出席小组会进行反攻倒算。如杜采云。这样便造成右派在数量上的优势。

在确定小组召集人方面，大体也有三种情况：(1)右派可以作召集人的小组，他们当然即指定右派作召集人。如党委机关小组指定魏自强、刘文兰作召集人。(2)如果从各方面看，都不能不由左派担任召集人，则尽量设法再找一右派同时担任召集人。如技术物理系、化学系小组，无论从那方面讲，都应由戴新民同志任召集人，他们就另外指定王孝庭也任召集人。(3) 如果右派中没有什么合适人选担任召集人，他们就索性也不让左派担任召集人，而另外指定一个似乎是中间一些的（实际上也是右派）担任。如哲、经、法小组本来应由聂元梓同志担任召集人，但右派中实在没有人可以担任召集人，于是他们就指定肖永清担任召集人。

出席会议的名单和召集人的名单主要是彭珮云和学校中右派商量后提出，最后经宋硕同意。我帮助抄写名单，也提过一些意见，做了他们的帮凶。

二、会议开始后，我负责联络员的工作，每天听汇报，了解动向（听汇报时，宋硕、彭珮云一般都参加）

所谓了解动向，一是了解右派动向。如什么人翻了案，什么人没有翻案，还有什么顾虑，等等。当时联络员中了解情况较多的，一是化学系、技术物理系、无线电系小组梁思粹（旧市委研究室干部），她原来是北大化学系学生，和黄文一等都比较熟悉，经常从他们那里了解一些情况。另一个是生物、物理、数学、地质地理小组殷佩云（旧大学部借调干部），她同潘乃遂等混得比较熟，而潘乃遂、胡寿文等又比较猖狂，反动思想容易暴露出来，因此从他们那里了解情况比较多。根据这些汇报，宋硕指使联络员或其他人去鼓动翻案。如当时赵国栋迟迟没有翻案，宋硕认为这是因为他在参加会议前不久被张磐石"解放"了的缘故，曾要陆平去做他的工作。当时会议分七个组，除上边提到的两个组外，还有党委机关组，联络员是李筠（《前线》编辑部干部），行政机关组，联络员是乔世佶（旧组织部干部），哲、经、法小组联络员是李康林，中、西、俄、史小组联络员是宋柏（旧市委宣传部干部），党委常委组，由彭珮云兼联络员。当时宋硕怕被左派抓住狐狸尾巴，曾交代，联络员要谨慎些，一般不要主动去做"工作"（即不要主动去鼓动翻案）。我知道鼓动过右派翻案的，除我自己以外，联络员中还有李康林、梁思粹。李康林自己讲，她曾鼓动龚理嘉翻案。梁思粹曾鼓动黄文一翻案。其他人一是宋硕有过交代，一是他们对北大干部不很熟悉。我没有听说他们搞过什么翻案活动。

联络员除汇报右派动向外，还汇报左派动向，如什么人今天回学校去了，什么人和什么人在一起谈话，等等，大都是一些表面现象。会议开始时，在联络员会上议论过，为什么几个组的左派发言步调是一致的，怀疑他们之间是否有什么组织上的联系，但也找不出什么根据。

从联络员了解的情况，有些不便于登会议简报的（如右派的动向等），由会议工作人员顾永珍负责编写《动态》，经我修改，最后由彭珮云定稿，印发旧市委反革命集团有关人员。主要是登一些思想动向、翻案情况等。我记得有一期登的是刘元方翻技术防护一案的情况，一期登的是会议整个翻案情况和思想动向，这期是由彭珮云拟定提纲，由我编写的。

三、鼓动右派翻案。

对右派翻案起作用最大的，是万里在第二次召集人会上传达所谓中央书记处对北大社教运动的意见。这些"意见"传达下去以后，右派纷纷翻案。而在会议进行过程中，一些会议工作人员也曾个别做过一些右派的工作。和我有关的主要是：

1. 北大经济系原总支书记龚理嘉。一九五二年上半年我曾任燕京大学总支书记。当时她是燕京总支宣传委员。会议刚开始时，我曾主动找她谈话，问她对在运动中的检查如何看？她说她所检查的都是她真正认识到的。我又问她对经济系工作如何看，是不是抵制了毛泽东思想，是不是没有贯彻党的教育方针？她讲了她的一些看法，承认过去工作中存在严重问题。我看她没有翻案的意思，就没有谈下去。会议后期，她主动找我谈，说有些问题想清楚了，有些问题还没有想清楚。例如她主观上不是打击别人，可是客观上却是打击了别人，这怎么解释。又如，为什么樊弘在高级党校表现好，到北大后表现不好，是否与自己的领导有关，等等。我站在反动立场上，对她胡乱作了一些解释。还对她说，前市委一些反革命修正主义分子，如张大中、王汉斌等都了解她，对她都很关心，意思是说，都希望她翻案。以后她在小组会上翻了案。

2. 技术物理系原副主任刘元方和原总支副书记郑必俊，在会议开始时躲着会议工作人员走。万里传达所谓中央书记处精神后，刘主动来找我，翻技术防护一案。我鼓动他在小组会上谈。

以后郑必俊也来找我，谈她在社教运动中被斗情况和她的认识变化过程，意思是说，她是被迫承认搞阶级报复的，她问我，阶级报复属于什么性质？我说当然属于敌我矛盾性质。她说过去她以为阶级报复也可以属于人民内部矛盾，所以就承认了。现在了解阶级报复不属于人民内部矛盾，而属于敌我矛盾，那她就不能承认她的问题是阶级报复。以后她在小组会上翻了案。

3. 旧北大团委书记刘昆想在小组会上揭发白晨曦同志，但有顾虑，想找彭珮云谈谈。彭珮云很狡猾，不愿出面。一天中午，刘碰到我，和我谈。我告诉他，在党的会议上，有什么意见都可以谈。这样就解除了刘昆的"顾虑"，在小组会上大肆污蔑攻击白晨曦同志，起了很坏的作用，我负有重大责任。

4. 会议期间，旧北大校长办公室副主任杨汝佶找我谈过两次，主要是发牢骚，攻击丑化社教运动。他还讲了社教运动中追刘仁的情况，我写了一个材料交宋硕，宋硕转给了万里、刘仁。

四、鼓动我的爱人徐淑娟坚持反动立场，并为龚理嘉翻案。

一九六四年下半年，她在湖北参加四清时，曾写信问我北大社教运动情况，我没有跟她谈什么，只告诉她要实事求是地看待学校问题，意思是让她坚持反动立场，不要动摇。

一九六五年初，徐回校后即参加经济系揭发龚理嘉的大会。听了一些发言后，她思想有些动摇，开始怀疑龚理嘉究竟是不是好人。当时我鼓动她要"实事求是"，要"坚持真理，修正错误"，"对人对事都要有一个基本估计"，"龚理嘉是不是抵制毛泽东思想，是不是反对教育方针，自己心里应该有数。"我还告诉她不要在会上揭发，看一看再说，等等。

在第一次国际饭店会上，哲、经、法小组开始时东风压倒西风。我曾建议她找龚理嘉谈谈，她没有去。后来我跟她讲，现在没有人出来讲话，是否你要出来讲话，后来她在会上讲了几个问题（经济系是不是抵制毛泽东思想，是不是没有贯彻党的教育方针等），为龚理嘉翻案。

五、第一次国际饭店会后，万里要大学部写一个给中央的报告。

这个报告是宋硕授意，吕桓甲执笔的。我参与了报告起草工作，提过一些意见。报告后面附有石幼珊等人的典型材料，企图通过这些材料进一步攻击、丑化北大社教运动。石幼珊的典型材料是由我编写的。后来这个报告没有报送中央。

[二十三条公布后，还有几件事需要补充揭发交代：

（一）二十三条公布后，原北大数学系总支书记、吕正操的老婆刘沙也跳了出来，向彭真告状，彭真把她指使到康生同志那里（我怀疑这是彭真搞得鬼，故意让刘沙到康生同志那里去）。刘沙向康生同志提了三条：（1）陆平是好人，（2）北大社教运动有些积极分子品质不好，第三条是什么，我记不清了。当时宋硕闻讯后欢欣鼓舞，认为有人讲话了。

（二）当时铁道部有人（我估计可能就是吕正操）见到了万里，非常恼火，说：你看，把我们陆平整成什么样子了，这个问题如果你们不能解决，还是把陆平调回铁道部吧！

（三）文化大革命开展以后了解，陆平翻案是反革命修正主义分子郑天翔一手策划的。彭真在河北厅报告后，郑天翔洋洋得意，在汽车上对项子明说，怎么样，这次陆大哥该"解放"了吧！指使项子明等鼓动陆平翻案。

（四）宋硕在北大工作队党委会上反攻倒算，彭珮云同阮铭核对笔记等情况，过去北大革命同志就很不了解，我也没有什么新材料，不再揭发交代］。

从第一次国际饭店会议结束到第二次国际饭店会议开始

这一时期，彭真、陆定一等反革命修正主义分子纠合在一起，夺了张磐石北大工作队长的权，赶走了社教工作队，紧张地策划召开第二次国际饭店会议。我的主要罪行是：在吴子牧、宋硕指使下，起草了一批包庇陆平和北大其他党内走资本主义道路当权派的黑材料；编写了所谓"教育大事记"；为宋硕出谋划策，在民族饭店会上攻击左派同志。

一九六五年四月，在第一次国际饭店会议后不久，旧中宣部即召开了民族饭店会议，会上重点批判斗争了张磐石，最后罢了他的北大社教工作队长的职务，派彭真的得力干将、反革命修正主义分子许立群任北大社教工作队长，陆平、彭珮云参加工作队领导小组，彭真、陆定一反革命修正主义反党集团完全篡夺了北大社教运动的领导权。在会议后期，在给张磐石问题定性时，我知道许立群请示了彭真。许立群问是否扣上反党帽子，彭真说还是提对抗二十三条，对抗中央为好。

这次会议宋硕自始至终参加了的。这是彭真指定他参加的。他实际上是以彭真代表的资格来参加这个会的。他除了了解动向，向彭真通风报讯外，还参加会议领导小组，出谋划策，打击张磐石及社教运动中的积极分子。这次会议开始时，右派也是很不得力，他们打击张磐石的阴谋遭到很多人的抵制。一天许立群特地给宋硕打了一个电话，说他现在感到很困难，清宋硕帮忙。宋硕究竟帮了什么"忙"，我知道一件事，就是宋硕曾要陆平了解对会议抵制最厉害的几个人（如白明等）的情况。陆平汇报白明等同志情况后，宋硕又干了些什么坏事，需要他老实交代。在这次会议以前，阮铭曾上书毛主席，揭发宋硕、陆平、彭珮云三只黑手，扼杀了北大革命群众运动。彭真要民族饭店会议"讨论"阮铭的信，实际上是要大家围攻阮铭。宋硕把信拿给我、李康林和夏瑜看，密谋如何攻击阮铭。我提出，阮铭的意见实际上是代表了张磐石的意见，应"站得高些"，讲应如何对待中央书记处指示精神，即攻击张磐石、阮铭抵制中央书记处精神。宋硕更狡猾，也更心虚，说他根本不准备直接回答阮铭提出的问题。后来他好象没有采纳我的意见。在这次会上，陆平有一个发言，这个发言是宋硕帮助准备的。当时我在场，没有讲什么话。有一点我记得很清楚，就是宋硕帮助陆平准备发言时，提出过两条意见。一是要陆平空洞地肯定一下社教运动的成绩，说什么社教运动的成绩必须坚决肯定等等。听起来很好听，实际上什么也没有肯定。一是要陆平空洞地对运动中群众对他的揭发批判表示一下态度，说什么群众对他的揭发批判，无论对的错的，对他都有很大教益等等。表面上看起来态度很好，实际上是按了钉子。这些地方充分暴露了反革命修正主义分子的阴险狡诈。

民族饭店会议以后，反革命修正主义分子许立群走马上任，亲自到北大去坐镇镇压北大社会主义教育运动，但很不得力。当时大批工作队员在校，许多人对他们的阴谋活动进行抵制。他同彭真密谋以后，决定把工作队赶出北大去。为了避免太露骨，他们决定用"工作队放假"的名义，彭真还在放假后面加了一句：暑假以后还要回来。其实他们早就下定决心，再也不让工作队回来了。为了进一步镇压左派，许立群还动用了他们的"战备武器"，把反党头子彭真搬出来，让他亲自出面进行镇压，这就是一九六五年六月二十九日彭真在人民大会堂小礼堂向北大工作队员和北大干部所作的报告。这个黑报告是宋硕、许立群、龚育之等参与起草的。起草过程中，宋硕匆忙把过去看北大文科教材的几个同志找来汇报教材中的问题。彭真报告中谈到教材中有许多问题，还问：难道法律系教材中没有问题？好像他很了解情况似的。我估计这些都是宋硕向他汇报的。

彭真报告以后，宋硕、彭珮云等主张"趁热打铁"，立即召开第二次国际饭店会议，全面进行反扑。彭真同他们进行了多次密谈，最后由彭珮云执笔起草了一个给旧市委书记处的报告，经旧市委书记处同意，立即召开第二次国际饭店会议。

我在这一时期的罪行，除上面交代的以外，主要是在吴子牧、宋硕指使下，起草了一批包庇陆平和北大其他党内走资本主义道路当权派的黑材料，参与编写所谓"教育大事记"的阴谋活动。

（一）起草关于陆平的基本情况，这是彭真、许立群要的材料。一九六五年年三月反革命修正主义分子吴子牧、宋硕、彭珮云等议论了一次，定下基调（吴子牧说：陆平来的时候是什么摊子？北大资产阶级思想严重，反右不彻底，并受修正主义教育思想影响。突出的是一九六〇年以后，陆平对贯彻主席教育思想不够。这一段陆右倾，怕犯错误，怕暴露缺点。干部问题上，德才考虑偏了一点。宋硕说：陆平官僚主义，对阶级斗争认识不清，民主作风不够，知人善任差一点。彭珮云说：陆革命积极性高，但对如何办学缺乏经验。民主作风不很突出，不是个人说了算），然后由我执笔起草，经宋硕大加删改，最后由叛徒邓拓定稿的。这个材料极力美化陆平，为他辩护，说他主要是思想认识上有些问题，并没有犯路线性错误，和调查组第一、二号报告完全是针锋相对的。

（二）起草陆平问题的所谓核实材料。这是许立群为了帮助陆平翻案而要的材料。他提出，不能把所有问题一一都加以核实，是否选择几件有代表性的事例加以核实。一九六五年四月，宋硕带我到北大，选了两件事，亲自找人谈话"核实"，然后由我写成材料，经他修改定稿后送许立群。

1. 关于经济系反动学生李法文的材料。社教运动中揭发，陆平政治界限不清，把李法文政治上反动的问题也当成一般思想认识问题。宋硕找了李克刚、徐淑娟、王茂根等"核实"情况（李、徐是一九六二年带李法文班同学下乡的领队教师，王是当时李法文班上的党员）。李克刚反映，当时发现李的反动思想后，向陆平作了汇报。可是后来陆平向该班同学作报告时，给他的印象是，反动学生的性质还不能定，现在还要从认识问题来分析处理。在这种情况下，宋硕不去认真检查对陆在报告中到底是怎么讲的，而只是一再追问陆是否把反动思想当成认识问题。徐淑娟说，向陆汇报时，陆肯定李的问题是政治观点问题。王茂根说，他当时并不觉得陆平不是把反动思想当作认识问题。于是宋硕得出"结论"说，陆平不是把反动思想当作认识问题，而是报告讲法有毛病，讲的笼统，只讲了多数人是认识问题，没有把个别人的问题点出来讲一讲，宋硕就这样把问题掩盖起来，包庇了陆平。

2. 关于一九六二年陆平反复强调学习苏联的问题。宋硕是找陈守良、刘隆亨"核对"的。刘是原检举人。陈是原北大自然科学处副处长。刘介绍当时揭发的情况后，陈强调：①一九六三年以后陆平的认识逐渐有所改变，一九六四年十月提出，文科学苏联完全是错误的。②一九六二年首先是教育部副部长周荣鑫提出学习苏联的。然后陆平才提出学习苏联。（当时旧市委大学部也有这种提法）。这完全是诡辩，是完全站不住脚的。而宋硕却由此得出"结论"说：陆讲话，一是讲的不全面，一是（对学习苏联）认识有个过程。

对于以上两个问题，当时我都同意宋硕的观点，而且错误地认为李克刚、刘隆亨在社教运动中是"乱揭发"，讲的话不可信。因此我回机关后，按照宋硕的观点写出材料，包庇陆平。

此外，根据宋硕意见，我还要原北大教学行政处副处长孟广平写了一个关于招生情况的材料，也是为了包庇陆平，掩盖陆平打击排斥工农学生的严重罪行。

（三）参与起草北大二十个总支书记的材料。这也是许立群要的。在二十三条公布前，在看北大干部档案时，我和廖叔俊已经写了一部分人的初步材料。这次在三月底，又有宋硕、彭原云、李康林和我到北大分别找了一些人（主要是右派）谈话，写成送去。这些材料也是包庇右派，污蔑攻击左派的黑材料。以我所写的几份材料为例：

庄守经（原北大总务处总支书记），打击左派，包庇右派孙宗鲁，说什么孙年轻，技术好，虽然家庭出身不好，但是在新社会长大的，主要是个人英雄主义（可以不划右派）。而当时我和张学书却认为他只是对一些政治上不太好的人界限不清楚。看干部不全面，看才能多，用阶级观点看干部不够。并用这种观点写出庄守经的材料，包庇了庄守经。

贺剑城政治立场、思想意识问题都很严重。在反右派斗争的紧要关头，向肃反对象涕涕哭哭，赔礼道歉。工作一直消极疲沓。而我同张学书交换意见后，也是轻描淡写，包庇了他。

为什么要包庇这些坏人？主要是因为自己的立场世界观没有得到改造，同他们都是同一类型的资产阶级知识分子，因此，总是同情他们，支持他们，甚至为他们的错误、罪行辩护。

（四）关于北大工作总结。这是彭真指定吴子牧、宋硕帮助陆平搞的。目的是为了包庇陆平，欺骗群众，进一步反攻倒算。四月初，吴子牧、宋硕连续找陆平谈了三次，我都参加了。吴子牧、宋硕的基调和过去差不多，我都同意。我在会上主要提了一个意见，就是总结不要搞成答辩式，运动揭发了什么问题，就回答什么问题，而应该"站得更高些"，从几个根本问题上加以检查总结，意思就是要陆平从一些根本问题上反攻倒算，彻底翻案。这个所谓总结是由彭珮云主持起草的，后来曾发到各系总支讨论。

（五）在此期间，叛徒邓拓还要过两个材料。一个是张恩慈的材料。他指定王庆淑写。王写了两遍，他都不满意，主要是王当时认为张除在一九五九年编写教科书中有类似一次认识论的错误外，其他文章没有发现什么错误，而邓拓却认为对张的问题揭发得还不够。另一个是关于陆平、王庆淑和技术物理系的材料。陆的材料就是前面讲的那个材料。王的材料就是王在第一次国际饭店前到旧市委来访，宋硕同她作了长达十九小时谈话材料的摘要。技术物理系材料就是刘元方关于技术防护问题翻案的谈话摘要。邓拓看后即打印送彭真。

大学部同志揭发，在此期间，我还起草过一个万里讲话稿，我回忆确有此事。但是为什么要起草这样一个讲话稿，讲话主要内容是什么我记不太清了。可能是当时彭真要召开十万人大会，镇压面上的革命群众运动，万里要主持会，为万里起草的开幕词。以后这个会议没有开，所以这个讲话稿也没有继续修改就放下了。

关于编写《教育大事记》，宋硕在一九六四年下半年布置审查北大文科教材和教授档案时就提出来了。当时他讲得很简单，只是说要搞一个一九五八年以来党内党外教育工作会议的材料，排个大事年表。说这是邓拓要的。当时忙于其他事情，一直拖下来，没有搞。一九六五年上半年邓拓又催，由我和李筠、吕桓甲一起搞出来。因为当时不了解他们的反革命意图，开始时是按问题搞的（如招生问题、生产劳动问题等），李筠送给邓拓，邓拓不满意，退回来让按时间顺序搞。吕桓甲按时间顺序搞出后，李筠（可能问过邓拓）认为问题不突出，又让我和他一起作了删减，结果这个所谓大事记主要是突出了陆定一、周扬、林默涵等反革命修正主义分子在教育方面的反党反社会主义反毛泽东思想的言论。我印象最深的是陆定一在一次会上恶毒地大喊大叫：今后永世也不要再提半工半读，林默涵、周扬在另外一些会上大肆贩卖修正主义教育路线，鼓吹艺术院校要搞"大""洋""古"，散布阶级斗争熄灭论等等。如上面所交代的那样，对这项阴谋活动，当时宋硕布置得很简单。为什么要搞这样一个材料，怎样搞法，当时都不明确。他们始终没有告诉我们搞这个材料的目的是什么。后来在搞的过程中，我看到陆定一等人问题很严重很突出，我猜想可能是旧市委为了将来向中央揭发陆定一等人的问题，为了向陆定一等作斗争。但这也只是我们猜想而已。而大事记搞出以后，邓拓把底稿也要走，当时很奇怪，邓拓为什么这样不相信大学部，为什么搞得这样鬼鬼祟祟。直到文化大革命开展以后，我才了解到，这原来是旧北京市委反革命修正主义集团反党阴谋的一个组成部分。在一九六六年五月旧市委全会上，反党集团为了保护包庇彭真，曾由宋硕抛出这个材料，妄图转移斗争目标。我参与了这项阴谋活动，对党对人民犯下了严重罪行，心情感到十分沉重。

第二次国际饭店会议

这一时期在旧北京市委反革命修正主义集团直接指挥下，对北大革命左派全面进行反攻倒算，组织围攻，轮番作战，残酷斗争，无情打击，竟长达七个月之久。这就是一九六五年发生的极端严重的北大反革命事件。这个事件大体可以分为两个阶段：第一阶段，各系各总支普遍进行反攻倒算。第二阶段，哲学、经济、技术物理、中文等重点系继续进行反攻倒算。六月二十九日反党头子彭真的报告是贯彻这次反革命事件始终的黑线。当时他们打出的破烂旗号和以后在文化大革命初期打出的什么"错误言论人人有份"，"在真理面前一律平等"的旗号一模一样。什么"在党性原则面前一视同仁，一律平等"啊，什么"每人都有错误，有错误都要检查"呵，什么"清理思想时不要分谁是批评人的，谁是被批评的，不分界限，一视同仁"呵，等等。抹杀广大革命干部、革命群众同党内一小撮走资本主义道路当权派的尖锐矛盾，抹杀北大存在的严重阶级斗争，保护包庇北大党内一小撮走资本主义道路当权派，把攻击矛头直接指向革命左派，指向伟大的社会主义教育运动。

彭真报告中提出要总结工作。后来他们考虑总结工作，矛头势必指向校系两级党内走资本主义道路当权派，对他们不利，所以在这次会上他们又强调要"清理思想"，"清理张磐石错误影响"。七月三十日叛徒邓拓在召集人会上透露了他们的这个罪恶意图。他说：先总结工作很容易走过场。因为真正思想不容易拿出来，各种观点不容易交锋。先把政治思想问题清理了，原则上取得一致（按：邓拓讲的是黑话，他的意思就是说，先把左派镇压下去，右派暂时取得优势，表面上看好像原则上取得一致了）。总结工作才能总结好。他们的狼子野心，昭然若揭。

为了在"清理思想"中对革命左派施加压力，经过邓拓、许立群、彭珮云等密谋，并经彭真同意，决定把工作队档案中一些材料抛出来，印发到会干部。在八月四日会议领导小组会上，许立群假惺惺地说，工作队材料，本来不想理它了。（可是）看了十八次常委会记录，大吃一惊。再仔细一想，这些人都是领导，这样不实事求是，就是严重问题了。所以十八次常委会记录准备印发常委，彭（真）也主张发。重要系的重要材料适当选编一些，拿出来，有助于解决这些系的矛盾（按：应读为，有助于这些系进行反攻倒算）。就在这次会上决定，组织几个人到中宣部把工作队一些档案拿到旧市委机关。

在八月十九日会议领导小组会上，反革命修正主义分子蒋南翔、吴子牧、宋硕、彭珮云一致主张进一步对运动中的积极分子施加压力。吴子牧杀气腾腾地说，对原来（运动中）积极分子仅仅保护是不够的，斗人的被斗的都应以高标准要求自己，能够达到高标准的就是真正的积极分子，否则就不是真的积极分子。彭珮云接着说，对积极分子要等待，也要进一步提高他们的觉悟么。意思就是要进一步施加压力。

在各系普遍"清理思想"大体告一段落以后，在八月下旬，叛徒邓拓把会议领导小组中旧市委的几个反革命修正主义分子吴子牧、宋硕、项子明、张大中、彭珮云等召集起来密谋下阶段对策，决定由旧北大党委常委在大会上作检查。这从表面上看来好像体现了"重点整领导"的精神，实际上这也是一个大阴谋。因为这样做的结果是，反革命修正主义分子陆平等进一步进行了反攻倒算，把他们的主要罪行都翻掉了，而且欺骗了一些群众，打击了革命左派。大会检查以后，宋硕、彭珮云非常兴奋，认为这种会开得稍晚了一些，如果早一点开，可能更有利于他们反攻倒算。

九月上旬各系普遍反攻倒算告一段落。除哲学、经济、技术物理、中文四系留下继续进行反攻倒算外，其他系和党委、行政两个总支都陆续回校。

在这一阶段（即会议第一阶段）我的罪行主要有以下几方面：

（一）参与会议的准备工作。

1. 起草提交会议领导小组审查的会议计划。主要是根据彭珮云给旧市委书记处的报告和她笔记本上记的彭真谈话要点（很简略，主要是讲什么要划清马列主义与修正主义界限等等）整理的。

2. 帮助修改会议开幕词。开幕词是彭珮云起草的。开会头一天晚上邓拓找不到彭珮云，便把草稿送来，要我把段落调整一下，并在文字上作了一些修改。

3. 和各有关单位联系，帮助借调会议工作人员。

（二）负责汇总面上各系动向。

当时三个重点系（哲学系、经济系、技术物理系）由彭珮云直接掌握。其他系分四片，由我、徐非光、毕风和刘怀杰分别听汇报（徐、毕是高教部干部，刘是原石油学院党委组织部长，都是北大工作队员）。最后名义上四个片向宋硕汇报，实际上，很多时候宋硕忙于其他反革命活动，而由我负责汇总情况。汇总情况提出的问题，如果宋硕不在时，一般是请示他以后再答复。由我直接听汇报的几个系（生物、化学、历史等系），有些问题我和联络员商量后就去做了。这个时期我到生物系去的次数比较多，化学系、历史系也去过几次。总的都是帮助北大右派进行反扑，但是具体做法各系有所不同。关于这三个系的情况和我的罪行另外专题交代。我汇总情况以后由我或宋硕、彭珮云向邓拓汇报。当时他关心的还是几个重点系的情况，面上的情况他过问不多。

在我负责汇总面上情况期间，有两个比较重要的问题需要交代一下：

一个是东语系原总支书记贺剑城威胁白锐的问题。白锐在社教运动中揭发了贺剑城一些严重问题。八月初,贺在国际饭店威胁白锐说,这次社教运动和一九五七年反右派一样。这次提过头意见的,在一九五七年都要划成右派。这次运动后要进行党员登记。贺还对白锐进一步进行反攻倒算说,你在运动中说我和平演变,是否收回?白很坚定地说:我不想收回。八月十八日我听到这个情况后,我站在反动立场上,感到事情不妙,一方面把贺找来,要他作检查,一方面向宋硕作了汇报。宋硕急忙找贺剑城来,耍了一套假批评,真包庇的鬼把戏,又花言巧语地对白锐作了一些"解释",把这样一件威胁运动积极分子的严重事件掩饰过去了。事后宋硕让我轻描淡写地写了一个材料登在《动态》上,包庇贺剑城,掩饰罪行。

另一件事,是宋硕听说会议工作人员、原农大团委书记何玉芬对会议有些抵制,要我注意了解她的动向。我曾向会议联络员段佩云(也是农大干部,当时借调旧市委大学部工作),何玉芬情况如何。她告诉我,听万里关于二十三条报告时,何认为万对群众运动泼冷水,认为旧市委大学部有些右倾,我将这些情况告诉宋硕。听说以后宋硕对何作过分化瓦解工作,但没有收到什么效果。

(三)参与查看工作队档案的阴谋活动。

在八月四日许立群、邓拓决定从旧中宣部要工作队档案后,第二天彭珮云和我、李筠到旧中宣部取回哲学、经济、技术物理系和机关总支的档案材料。材料拿到国际饭店以后,叛徒邓拓怕暴露出去,又连夜送回机关。彭珮云让我组织几个干部看材料,看到重要情况摘录下来(所谓重要情况,一是有关追旧市委情况,一是工作队内部情况和右派交代的重要材料)。我组织朱传朴等去看。看后摘录的材料我都交给了彭珮云。彭珮云如何向邓拓汇报的,要她老实交代。以后她还想要我到旧中宣部取中文系材料,我拒绝了。

(四)帮助陆平修改自我检查。

这个检查是陆平自己起草的。邓拓看后,要我把他所检查的几个问题适当合并一下,并把关于干部问题的检查突出出来。邓拓特别强调要陆平检查什么"用人不当","不能做到知人善任"等。举例子除冯定外,特别强调要把聂元梓同志和谢道渊、石幼珊等写得具体一些。这名为检查,实际上是为了掩盖陆平的修正主义干部路线,并为以后迫害聂元梓同志写下伏笔。我根据叛徒邓拓等平日的反革命议论，用了恶毒的语言攻击丑化聂元梓同志，污蔑她平时不做工作，到运动开始后突然活跃起来，和张磐石一拍即合，在搅浑北大一缸水中，起了极其恶劣的作用，等等。所有这些都是造谣中伤，攻击污蔑革命左派同志。想起来十分痛心，十分惭愧。这个所谓自我检查，邓拓本来准备和会议纪要等其他材料一并上报。可是后来还没有等他们上报，姚文元同志就在文汇报上发表了论海瑞罢官的文章，吹响了文化大革命的号角。他们就遭到了毁灭性打击，被广大革命干部和革命群众揪了出来，暴露在光天化日之下。

（五）九月中旬，反党头子彭真找宋硕、彭珮云密谈，要他们考虑解决北大问题到底应该以什么为"纲"？要他们"快刀斩乱麻"的办法尽快解决北大问题。宋硕、彭珮云回来以后议论解决北大问题到底以什么为"纲"？我参加了，觉得宋硕讲的以反对个人主义、主观主义、宗派主义为"纲"，似乎有些道理，我自己没有提出什么意见。

（六）其他罪行。

1. 彭珮云要王孝庭、徐淑娟整理出戈华、崔雄昆的春节讲话以后，要我拿给他们核对。崔雄昆无可奈何没有提什么意见。戈华说他自己有一份记录稿，是否印他自己这份记录稿。后来请示叛徒邓拓，他表示同意。

2. 会议初期，李筠要我帮他借北大学报和经济系、哲学系讲义笔记，我都一一照办了。我记得他告诉我要借孙蓬一等同志讲义，并让我考虑怎样去借才比较"稳妥"等等，我懂得他是为了查左派同志的问题，所以嘱咐机关同志以了解教材名义向毕业班同学借，要特别注意"保密"等。以后李筠、李光远（都是《前线》编辑部干部，邓拓手下的爪牙亲信）等看了这些讲义教材。一次邓拓嘲弄李志远说，李志远的所谓国际水平的论文实际上是东拼西凑的大杂烩。这大概就是李筠、李光远向他汇报的。

会议第二阶段，即几个重点系继续进行反攻倒算阶段，是对革命左派斗争最激烈、最残酷的阶段。我大部分时间在哲学系，开始有几天参加了常委小组会和中文系的反攻倒算。

对哲学、经济、技术物理等几个重点系，叛徒邓拓是一直主张抓紧的。早在八月四日的一次领导小组会上他就说过,领导要花力量帮助重点系。若干重点系如果不把大是大非问题谈清楚,把摆到桌面上的东西摆出来,不可能达到真正团结。他讲的是黑话,意思很明显,就是说,如果几个重点系不彻底进行反攻倒算,不把运动中揭发的那些极端严重的问题彻底的翻过来,就不能维持他们反革命修正主义的统治。所以会议刚一开始,在八月一日一个星期天,邓拓在上午、下午便分别召开了研究在经济系、哲学系如何进行反攻倒算的黑会。在经济系会上,邓拓多次为党内走资本主义道路当权派龚理嘉"打气"要她"站起来",进行反攻倒算。并确定首先重点打击樊弘。说什么樊弘是经济系最大的大是大非问题,是经济系一切祸害的根源,不解决樊弘问题就不能解决整个经济系的问题,等等(大意)。这实际上是个大阴谋:一方面以樊弘作为"替罪羊",转移斗争大方向,包庇党内走资本主义道路的当权派,一方面根据对樊弘揭发斗争情况,在适当时候把火直接烧到王茂湘等同志身上,进一步打击革命左派。参加这个会的,旧市委、旧团市委机关的有宋硕、彭珮云、李康林、吕桓甲、李筠、蔡次明、宋诚和我。北大有龚理嘉、徐淑娟。因为会议室靠近马路,我怕阴谋泄露出去,曾到外面看窗外有没有人逗留。在哲学系会上,我印象中主要是邓拓给王庆淑"打气",没有提出什么具体反革命策略来。在这个会或经济系会上,邓拓提出可能有反党小集团问题,当时我听了感到很紧张,有些毛骨悚然。参加哲学系会议的旧市委机关有宋硕、彭珮云、李康林、李筠、吕桓甲和我。北大有王庆淑、刘文兰。

到了会议第二阶段,哲学系专门成立了领导小组,组长彭珮云,副组长何静修,成员有李康林、刘文兰。

开始,按照彭珮云的意见,按时间顺序讨论历史问题,结果搞得右派被动。邓拓批评彭珮云"贻误军机"。

以后宋硕从技术物理系抽身出来,转到哲学系,陆平也亲自出马,到哲学系镇压,这时叛徒邓拓反复强调"放",说什么放得越香,越烂,越好。妄图抓左派的小辫子,进行反攻倒算。宋硕为了扭转对右派不利的局面,强制会议由讨论历史问题转到讨论冯定问题,妄图把火烧到左派身上,对整风、社教运动进行反攻倒算。陆平亲自到哲学系会上进行镇压，胡说什么冯定问题是哲学系的大是大非问题，在这点上大家意见一致，因此，应首先讨论冯定问题。

从此以后，在一个时期内，他们利用冯定问题，李寄霞问题，整风指导思想问题等，围攻左派，首先把矛头指向聂元梓同志。

为了达到这个反革命目的，他们动员了一切可以动员的力量。彭珮云特地把旧北大党委宣传部副部长钟哲明找到国际饭店，要他就冯定问题攻击左派。她还个别动员张胜宏、刘隆亨等在会上进行反攻倒算。宋硕、陆平还派旧北大党委组织部副部长潘乃穆到西安找李寄霞作调查。潘乃穆回来后向宋硕念了李寄霞的反动日记，宋硕说，好，就照这样讲。

这一时期，左派没有怎么发言回击，邓拓主张"刺"左派，妄图让左派"跳起来"，再给予还击。但实际上他非常心虚，当左派开始回击时，他又很害怕。他早就找高宝钧等谈话，要高宝钧事先作好准备，等左派一发言，就要想法设法堵住他们的嘴，"绊倒他们"。他特别仇恨聂元梓同志，经常谩骂聂元梓同志"狡猾"，"像一条毒蛇"等等。他很早就提出，适当时机，经济系、哲学系要联合起来开大会斗争聂元梓同志。他经常埋怨对左派斗争得不狠，没有坚定贯彻执行他提出的反革命主张。他还经常用一些阴森森的词句恐吓我们，说什么你们年轻，不懂事，党内斗争也很残酷，你们太天真了，等等。这实际上是他的反革命黑灵魂的大暴露，并企图用威胁手段让我们跟他反革命到底。

以后围攻左派的"炮弹"几乎打光了，左派岿然不动。叛徒邓拓把徐明、陈志尚、赵光武、冯瑞芳等右派找到他的办公室，鼓舞他们的反动"士气"，并要他们放开手，让王庆淑出来疯狂反扑。当时从总的方面讲，邓拓、宋硕、彭珮云等对王庆淑的估计是一致的，都是在积极保护包庇这个走资本主义道路当权派，在一些具体问题上，他们之间也有些小分歧。叛徒邓拓一再强调王是一个"了不起的英雄人物"，"要树立王庆淑的高大形象"，要让她出来冲锋陷阵，要树立她的"威信"。彭珮云则比较强调王在思想意识上有严重缺点，不宜过分突出她，以免过分脱离群众。邓拓过去就觉得他的反革命主张有不少不能完全贯彻下去。现在，在他的反动队伍士气比较低薄的时候，他就不顾一切，直接把他的反革命主张拿出来，贯彻下去。他要他的亲信李笃直接帮助王庆淑准备反攻倒算的发言，有一次他还约王庆淑到他家去，直接向她布置发言。但这些都是临死前的挣扎，最后仍逃脱不了死亡的命运。

这时邓拓、宋硕等还极力设法搜集攻击左派的材料。一方面逼中宣部拿出材料，一方面派李康林、黄希到哈尔滨去搜集聂元梓同志的"问题"。李康林、黄希把他们所掌握的情况都作了汇报。何静修听后摇头，觉得没有什么有分量的材料。当时我不懂得开这个会的目的是什么。事后宋硕透露，这是邓拓的主意，把旧市委的底亮给他们，逼他们拿出材料来。果然，过了些时候，许立群、何静修等看着邓拓、宋硕的日子太难过了。他们便一个接着一个地送来几份黑材料，什么七月初聂元梓同张磐石的谈话，一九六五年三月国际饭店会后聂元梓同志在工作队召开的座谈会的发言等等。这些谈话，发言都是具有高度马列主义水平，矛头都是指向旧北大党委，旧北京市委的，充满无产阶级革命造反派的革命精神。可是当时旧北京市委却认为这是"大逆不道"，几次对聂元梓同志实行围攻。

以后紧跟着就是一系列"收兵"的反革命措施：

紧张地拼凑了一份聂元梓同志的所谓"定案"材料，由彭珮云在会上宣读。

陆平在会上讲了所谓对哲学系党内斗争的意见。

伊敏在会上讲了所谓对哲学系历史问题的看法。

宋硕在医学科学院会议室对右派作了一些安顿。告诉他们，现在形势紧迫，会议不能再拖下去，拖下去就要犯错误。并且动员他们对聂元梓同志不要揪住不放，因为掌握不到很多材料，等等。这是一次布置退却的会。

一九六五年年底我即离开旧市委大学部。这次反革命事件是同一天结束的。结束时有一次会议领导小组会，宋硕通知我列席，我本来想去，因为一再改期，我没有能够出席。以后我很少到大学部去。文化大革命以后回到市委机关，才知道在会后，宋硕、彭珮云等对左派继续进行迫害，曾通知各区、县委，革命左派一律不能担任工作队领导工作等等。

[补充交代两个情况：一个是宋硕转到哲学系不久，就借所谓冯定问题对左派展开猖狂进攻。他的矛头主要是对准聂元梓同志。所谓"四个第一"（第一个和张磐石一拍即合，第一个为冯定叫好……）就是宋硕制造出来的。一个是在就冯定等问题围攻失败后，宋硕还妄图对左派进行分化瓦解。他和陆平、彭珮云曾分别找了一些人（孙蓬一、陈葆华等）谈话，结果都失败了。当时宋硕分析，陈葆华同志年纪比较轻，过去和聂元梓同志关系比较浅，从刘文兰偷出的她的日记看，她思想上曾经一度有过动摇。因此宋硕决定重点做陈葆华的工作。他和刘文兰曾连续和陈谈了一夜和一个上午，后来又长期跟她谈话，但结果是失败了，陈葆华很坚强，毫不动摇。在会议的前一时期，刘文兰和陈葆华住同屋，一天陈葆华出去，日记本丢在房间里。刘文兰就偷看了陈的日记，并把一些段落偷抄下来，送给彭珮云，彭珮云又送给邓拓、宋硕看。以后才决定重点做陈的工作。]

在会议第二阶段，我在哲学系的罪行主要是：

（一）出谋划策，参与研究如何对革命左派进行反攻倒算。

1. 参与制止关于哲学系历史问题辩论的密谋。

我当时同意宋硕意见，认为辩论历史问题，旷日持久，对右派不利。认为彭珮云过于书生气，过于听信中间群众意见，而这时中间群众是动摇的，只有敢于向左派斗争，才能争取中间群众。这就是说，要更激烈地向左派斗争。从这里也可以看出，当时我的立场多么顽固，多么反动。

2. 参与转入整风、社教问题辩论的密谋。

当时宋硕积极主张转入整风、社教问题的辩论。因为哲学系整风，从组织上讲，是由旧北大党委领导的，张磐石当时是工作组，对哲学系整风不能实行领导。这样就容易抓住左派的辫子。他们不听党委的话就可以污蔑他们和党委唱对台戏。社教运动也是由左派领导的，辩论社教问题，斗争矛头也容易指向左派。我当时也主张转入整风、社教运动的辩论。同时我也主张上冯定问题。这也是抓辫子的一种恶劣手法。

3. 参加对王庆淑估计的辩论。

我在开始一个时期，认为彭珮云看王的缺点多，看优点不够。后一个时期，又觉得邓拓一意孤行，孤注一掷，做得太过分了。特别后来他绕过宋硕、彭珮云，直接向王庆淑布置发言，要李筠和他直接联系，我觉得这种做法不正派，对他更有意见。

4. 同意宋硕重点对陈葆华进行分化瓦解工作。

（二）积极帮助右派准备反攻倒算的发言。

一部分最重要的发言，是由邓拓、宋硕、彭珮云亲自布置，亲自审查，亲自帮助准备的。例如汤一介关于"四个第一"的发言、潘乃穆关于李寄霞问题的发言是由宋硕帮助准备的；钟哲明关于冯定问题的发言、冯瑞芳关于第一次国际饭店会议问题的发言以及任宁芬、张胜宏的发言都是由彭珮云帮助准备的；高宝钧关于张恩慈个人主义的发言、王庆淑攻击污蔑聂元梓同志的发言则是由邓拓、李筠帮助准备的。而其他发言，有不少是我帮助准备的。例如对整风、社教进行反攻倒算的发言，对聂元梓同志给中央的申诉信进行反扑的发言，攻击聂元梓同志对抗第一次国际饭店会议、对抗三月三日中央书记处会议精神的发言，许多是由我帮助准备的。我的活动，一是看一些有关材料，帮助右派出题目；二是经宋硕、彭珮云同意后，向右派布置，向他们说明反革命意图，确定分工；三是右派写出发言提纲后，和他们一起研究修改。我当时站在资产阶级反动立场上，处心积虑地想整左派，思想反动，用心恶毒，想起来十分沉痛。

1. 在选择题目时，我注意选一些比较重要而又对右派有利的题目来组织发言。有些题目虽然重要，但对右派有不利的地方，我尽量不选。例如关于整风问题，我尽量多选，"大做文章"。关于党员排队问题，因为是谢龙自己在社教运动中揭发出来的，扯下去，对右派不利，所以我不主张选。

2. 在研究右派的发言提纲时，我比较注意的是：①抓住反攻倒算的要害问题没有？例如关于整风指导思想问题，当时我认为要害问题是哲学系总支同旧北大党委唱对台戏，要紧紧掌握这一点。②是否摆了一些被歪曲了的"事实",是否讲了一些歪道理,能否欺骗迷惑一部分群众。③在他们提得不够"策略"的时候,我也出些坏主意。例如关于整风、社教问题,根据邓拓、宋硕意见,一再提醒他们把一般同志和聂元梓同志区别开来,即强调聂元梓同志的所谓错误的特殊性。对聂元梓同志的申诉信的反扑,我一再嘱咐,讲话首先要肯定申诉从组织上讲是允许的,是没有错误的,然后再转过来进行反扑。

(三)关于简报工作。

简报过去一直由彭珮云负责。十一月以后,宋硕要我负责简报工作。简报分两种,一种一般简报,实际上就是大会发言记录稿,发到会人员每人一份。另一种是《动态》,只往上报,发刘少奇、邓小平及旧北京市委反党集团。一般简报(即会议上的发言),我看过后即印发,有些重要的《动态》,我仍送彭珮云审查。

审查一般简报,我沿袭彭珮云的做法,对左派同志的发言稿一般不作修改,而右派发言稿,如果发现有对右派不利的地方,即作修改或建议他们自己修改。如徐大笏在发言中喜欢用"炮弹""大鲨鱼"一类字眼,我多次帮助她作了修改。又如陈志尚把左派比做右派分子,我感到不妥当,不能把左派比做一九五七年的右派,同时也感到这样容易被左派抓住辫子,曾建议他作修改,可是他很坚持,不肯接受我的意见。

在编写《动态》方面(具体文字工作主要由吕桓甲负责),我积极贯彻执行邓拓、宋硕、彭珮云等反革命修正主义分子的反革命意图。例如对聂元梓同志申诉信进行反扑后,邓拓要立即反映。一个时期《动态》中左派意见反映多了一些,邓拓马上要加以改变,多反映右派意见,借以颠倒黑白,混淆视听,我都一一照办。

(四)这一时期,我还起草了和整理了以下几份黑材料。

1. 综合整理诬陷聂元梓同志不愿担任召集人的材料。这是左派同志批评哲学系整风会议不实行三结合以后,邓拓、彭珮云要我写的。素材是刘文兰提供的，我又查阅了过去的《动态》，综合整理出来的。这完全是一个颠倒黑白的材料。明明是邓拓、宋硕黑帮不执行二十三条，不实行三结合，却诬陷聂元梓同志不愿参加哲学系整风领导工作。

2. 整理攻击污蔑朱泽浩同志进行所谓地下活动，实际上是暗示他们进行反对党委活动的材料。这是图书馆原系主任助理石永源提供的材料。原来彭珮云要听他的汇报。可是石到国际饭店后彭珮云有事，临时指定我和张学书听汇报。听完汇报后我即整理出来送给宋硕、彭珮云。听说后来伊敏在会上把这个材料也抛出来，起了很坏的作用，我感到很不安，感到对不起革命左派同志。

3. 参加起草所谓聂元梓同志的错误的材料，即定案材料。前言和几个大题目都是邓拓通过宋硕口授的，我和吕桓甲分别写了两三段，以后经彭珮云多次修改才定稿。定稿时宋硕、彭珮云又同何静修、庞达等讨论过两三次，我参加了。我主要提了一点意见，就是原来彭珮云起草的材料中讲，聂元梓同志在搅浑北大一缸水中起了兴风作浪的作用，大家感到这样提得重了一些，我建议改为起了推波助澜的作用。

4. 宋硕、彭珮云还要我和黄希负责汇总会上揭发的有关聂元梓同志和张磐石的材料。聂元梓同志的材料就是前面揭发的，准备送中监委议处的材料。会上王庆淑、任宁芬揭了一些材料，当时站在反动立场上，认为很重要，但都没有旁证。为了使这些材料能够落实下来，以便加重聂元梓同志的罪名，我请黄希到机械学院任宁芬的姐夫处及其他地方调查，结果都不能证实王庆淑、任宁芬揭发的材料。

（五）参与对左派和中间派进行分化瓦解的阴谋活动，协助宋硕、彭珮云等带右派队伍。

对左派和中间派的分化瓦解，我参与的阴谋活动主要是：①宋硕企图通过陈葆华的爱人做陈的工作，让我设法打听陈爱人工作地点。我通过旧市委教育部陈非打听到陈的爱人在东城区教育局工作。宋硕要东城区原副区长胡聚长（原来在旧市委大学部前身学校支部工作科工作过），设法从陈的爱人处了解陈的情况。一天，宋硕要我打电话给胡聚长，问他了解到什么情况没有，他说还没有了解到什么情况。以后即由宋硕和胡聚长联系，我没有再插手这件事。②原哲学系副系主任邓艾民的入党介绍人是旧市委统战部干部吴维城，一九六五年12月宋硕要我找吴维城，要吴对邓做些分化瓦解工作。我因为对邓的情况不很了解，便约谢龙一起到旧市委统战部向吴介绍过邓在社教运动中的一些表现，希望他对邓做些分化瓦解工作。后来吴找邓谈过一次，当时从会上看，邓的态度似稍有改变，这我要负很大责任。

哲学系右派队伍，主要是由宋硕、彭珮云带。他们每天午饭、吃饭后几乎都要把他们全部或一部分找到彭珮云房间，分析形势，研究对策，布置任务，进行阴谋活动。我也协助他们做过一些工作，主要是在帮助他们准备反攻倒算的发言时，统一他们的思想认识。有时他们内部发生一些分歧或不团结现象，我也对他们做些工作。例如有些人（如徐明）对王庆淑思想作风很有意见，我做过一些工作，希望他们之间加强"团结"。一九六五年底，宋硕在医学科学院会议室对右派交"底"，布置退却（前面已经揭发）。他讲完后有事走了，由我主持讨论。讨论中意见纷纷，谢龙表示不同意宋硕意见，认为一定要继续同左派斗争，要斗到底（大意）。我当时对谢龙不满意，认为他们太不听话。

除哲学系外，这一阶段，我还参加过中文系、常委会的反攻倒算活动。

一九六五年九月中旬，中文系的反攻倒算本来即将结束，彭珮云约邓拓听程贤策汇报了一次，认为前一段反攻倒算还没有达到他们的反革命目的。所以决定让中文系留下来，再搞一段。结果从九月十五日到二十五日又搞了十天，才让他们回学校。这十天斗争矛头主要是指向杨晦和张仲纯。这实际上是转移斗争目标，包庇党内走资本主义道路当权派，打击排斥异己的一种手法。因为重点批判斗争了杨晦以后，就可以转移对程贤策的斗争目标（而程贤策恰恰是中文系党内走资本主义道路当权派，是中文系的罪魁祸首），同时可以进而批判张仲纯及其他一些同志。当时邓拓曾亲自打电话给旧中宣部文艺处要杨晦的其他材料。后来邓拓、许立群嫌参加中文系会的人少,又从学校调来七、八个人(共十几人),集中对杨晦批判了几次(否认学校中有资产阶级知识分子,否认教学学术领域中存在阶级斗争,……)。按照许立群、邓拓意见,本来还要把火烧到张仲纯身上,程贤策不敢。最后邓拓要他点一句:"(张仲纯)你有问题,你的问题以后还要解决",他也不敢讲。最后不了了之。当时宋硕要我参加了中文系这次反攻倒算活动。我帮助程贤策组织了对杨晦的批判。他提出分几个题目,由谁发言,我都表示同意。我帮他分析,杨晦是一个世界观没有得到改造的资产阶级知识分子,虽然民主革命时期是爱国反蒋的,但在社会主义革命日益深入的情况下,却公开站到革命的对立面,公开为资产阶级知识分子辩护。帮助他准备发言提纲。当时华秀珠对批判杨晦思想有些不通,我还个别做过华秀珠的工作。会议结束后,许立群要中文系写一个会议纪要。程贤策始终没有搞出来,最后也不了了之。

在一九六五年九月上旬,宋硕还让我参加了几次常委的小组会。我参加的那一段(约一星期),正在翻干部路线的案。我和廖叔俊曾向张学书、史梦兰、伊敏介绍过去我们在看北大干部档案时所了解的北大干部情况。曾建议陆平督促张学书等,作反攻倒算发言要作充分准备。当时张群玉找我谈话,主要是想摸摸旧市委大学部对北大干部到底有些什么看法。因为当时宋硕讲,张群玉反攻倒算不坚决,态度不明朗,所以我对她有戒心,对她没有深谈。在我参加这几次常委小组会以后,看到谢道渊在社教运动中的揭发材料,当时站在反动立场上,认为他揭发得很不像话。后来听宋硕讲,彭真、邓拓意见,要他把他在运动中揭发的问题,在常委会上一一加以清理。由他自己一一加以否定,然后印成材料发有关单位,以防止张磐石借谢道渊的揭发翻案。

2. 李筠的揭发材料 1967.3(节选)

彭真反党集团一手阴谋制造的北大反革命事件,残酷镇压革命左派，反攻倒算北大的社会主义教育运动，实行资产阶级专政，企图继续霸占北京大学作为自己的顽固堡垒，进行修正主义复辟的阴谋活动。我参加了这一极其严重的反革命事件，犯下了一系列不可饶恕的罪行。我愿意重新做人，向党向人民低头认罪，交代自己的罪行。现将北大事件的反革命活动基本上按时间顺序交代如下：

一、"教育界情况"的阴谋活动（略）

二、第一次国际饭店黑会和我的反动活动

一九六五年三月九日，反攻倒算北大的社教运动的第一次国际饭店会议开始。会前，大学部向各部委要工作人员。庞文弟找我说，你们那能不能去两个人参加工作，北大要开会讨论社教运动的问题，你能不能去？我说，这我可没法自己决定，你要人得通过编辑部，你去找编辑部主任肖远烈吧。庞文弟后来找了肖远烈，编辑部决定我和徐关禄去参加工作。庞文弟曾找各部参加会议工作的人员开会，确定分工，我被指定为第二组（党委机关）的联络员，徐关禄做该组的记录，并说明联络员的重要任务是参加小组会，注意听，向上汇报情况，不要把重要情况漏掉了；收集会下反映。

有的联络员提出说不了解北大的情况，希望给介绍一下，于是就召集一次联络员会议，庞文弟、彭珮云介绍，介绍的主要内容是大学部写的一个稿子，我记得当时没有参加这个会，会后由庞文弟那里把稿子借来看的，记得调子就是陆平、彭珮云在旧市委扩大会上翻案的调子，说什么不抓冯定这个大是大非问题，揪住陆平不放，混淆两类矛盾等。在会前，我想对北大的情况了解得具体些，曾在刘玉梅处借了王庆淑的一部分材料（北大党委简报），由于我分到机关党委组，与哲学系没关系，所以这些材料也没怎么看。这次会议前，我没有与邓拓、万里、宋硕有过接触，不了解事先策划的阴谋，由于我参加这次会是做一个组的联络员，与第二次国际饭店会议跟邓拓的作用不一样，我同其他的联络员差不多，没有参与核心的阴谋策划。

一九六五年三月九日下午，在市人委会议厅举行了开场会，万里假借总结工作为名发动了反攻倒算。

三月九日晚上，宋硕向联络员传达了一九六五年三月五日陆定一对北大工作队和旧北大党委的黑报告，和二月二十二日陆定一在中宣部直属工作队负责同志会上的讲话的一部分，内容是为陆平翻案，攻击工作队搞过火了。记得当时宋硕传达时的情绪是还嫌陆定一攻击的不够。陆定一说他交代要抓大是大非，宋硕表示不以为然。

这次黑会首先是借歪曲二十三条，制造思想混乱，抓住形势大好一句话，孤立地突出出来，把北大也说成是社会主义的大学，否认尖锐复杂的阶级斗争，否认北大是烂了的单位，这是总的翻案。三月九日晚上宋硕听完汇报时传达万里的黑指示说，先学二十三条，先议一议学校的阶级斗争，不要以感性代替政策，有个人主义不行，后一段要自觉革命。这就是开始时的布置。在联络员汇报到小组里讨论什么是走资本主义道路的当权派搞不清时，宋硕说：谁知道什么是走资本主义道路的当权派？连陆定一也说不准，冯定可以算，别人谁是？不要随便扣帽子。这样就把所有的走资本主义道路的当权派都包庇下来了。

三月十二日晚万里在小组召集人汇报会上讲话。会前记得宋硕去找万里汇报，回来说万里今晚要召集会传达中央的精神。当晚万里在会上疯狂攻击工作队，诬蔑革命左派，借中央书记处的大帽子压人，鼓动大翻案。这次会，联络员和记录都没参加（汇报当天小组讨论的情况）会后，宋硕、彭珮云大为得意，彭珮云、李康林给联络员做了传达，绘形绘色，大加渲染。宋硕说，万里不直接传达中央书记处的意见，用插话的形式，针对活思想来讲，这个办法好，马列主义水平高！这段黑话实际是这样做更便于肆意地攻击诬蔑工作队，否定整个社教运动。

在翻案过程中，宋硕布置联络员说，如果被斗的人要求谈话，可以根据万里讲话的精神，作有倾向性的引导，也要注意不要讲得太明显；如果看到思想真动了，也可以主动找谈话。第二组的张启永要求谈话，我就根据宋硕的黑指示，鼓动他翻了案。这样上下鼓动，就掀起了翻案风，记得到三月十八日，被批判斗争的五十九人，就有五十二人翻了案。当议论到谢道渊、石幼珊还没有翻时，宋硕说，别理他，不翻才好呢！

关于这次会的总目的，到这时宋硕才说出来，他说，下段会怎么开？翻了案就走人，我的任务就完成了。我这时才完全领会了这次会的黑意图。十六号晚上万里召集第二次召集人会议前，宋硕去找万里，回来说，万里定了，这次会上讲团结。这就是说翻案得差不多了，讲一下团结作收场，麻痹和软化拉拢革命左派。

宋硕在听联络员汇报和平时议论中，发了许多反动谬论，我听到的有：宋硕在传达陆定一的三月五日的报告后说：把北大当夺权的单位搞，岂只是张磐石一人的事？张子意、陆定一也是批了的，白纸上写着黑字呢。这一方面是攻击张磐石同志，另一方面当时还在狗咬狗。三月十六日宋硕向联络员传达张磐石同志在工作队党委会上的讲话时说，看，还不是那个调子，没有改变。宋硕还攻击说，张磐石急急忙忙开六百人大会，拿出工作队总结，就是为统一口径的，积极分子讲话，后边有人指挥，他们每天有人回学校，干什么，这还用讲？当汇报到有的过去已承认了错误，已被工作队"解放"，这次会上不愿翻案时，宋硕攻击说，张磐石就是拿解放作手段来收买，这次会前，大批解放，玩的就是这一手。

三月十八日，宋硕从外边开会回来说，中宣部召集会议，陆定一让张子意、许立群抓北大运动，万里和他参加了会，在会上讲开了，意见都谈了。看来，这时旧市委旧中宣部合流的买卖已成交了。

会议结束时，宋硕说，结论怎么做，咱们不管，叫工作队自己去做吧！

三月十七日，宋硕就布置整理材料，他说，这次会不写总结报告了，前边简单写几句开会的经过，再附几个典型材料，报送中央就完了。他指使我和梁思翠整理黄文一的翻案材料，他说，这个材料最典型，最能说明过火斗争。我和梁思翠根据宋硕的黑指示，找了黄文一谈话，只根据他提供翻案材料，整理了一个东西，对工作队大肆诬蔑攻击。彭珮云还叫我把刘昆的发言记录加以删改，也当成了一个典型材料。后来怎么上报的，会后我没再过问。

彭珮云在这次黑会上，主要是负责简报，（包括"简报"和"动态"）我同她直接接触不太多，见她忙着修改简报的时间比较多。记得会议后期，她对我说，我同杜彩云谈了，她要求到会上发言，她虽然不是正式出席会议，但也算是党委机关的工作人员，我答应她到你们第二组去讲了。当时我已不参加小组会，在整理黄文一的材料，听彭珮云说后也没再过问。还记得彭珮云说，刘文兰表现不错，可以吸收她参加工作了。（刘文兰当时是第二组的召集人）。后来，就见彭珮云常抓刘文兰。

会议快结束时，宋硕传达工作队党委会上张磐石同志的几点意见（成绩要估计够，指导思想没有错，工作队先停三天不讲话，听听大家的意见。）当时大家都对此不满。在会议结束的会上，张磐石同志也说过类似的话。记得彭珮云转述魏自强的不满反映说，那第四天呢？以此来攻击张磐石同志。

会议结束时，宋硕对我说，你把这次会议的情况向邓拓汇报一下吧。我说，我只了解一个组的情况，汇报不来，还是你汇报吧。我当时怕汇报不好，没有敢答应。宋硕还让联络员大乔（乔增鉴？）向组织部长余涤清汇报，大乔答应了。记得回大楼后，在电梯上碰到宋硕，他又叫我给邓拓汇报，我说不行，不行，汇报不了。以后宋硕如何给邓拓汇报的，我不清楚。

在第一次国际饭店黑会中，我忠实地执行了万里，宋硕的黑指示，完成了联络员的反动任务和整理翻案材料的工作，并且在汇报中诬蔑左派刮西风，赞扬刘昆和钟哲明的翻案发言，说什么钟哲明这个"理论打手"就是不错。还在小组会上帮助补充传达万里在第一次召集人会上的黑话，生怕漏掉了，此外还整理过一期简报（一段简短的对话），诬蔑左派对这次会有抵触情绪，加上前边谈的鼓动张启永翻案等，犯下了一系列严重的罪行。

三、第一次到第二次国际饭店黑会之间我所了解和参与的反动活动

第一次国际饭店会议后，我站在反党集团的立场上，对北大仍然

是关心的，常向大学部打听一些情况。后来知道召开了民族饭店黑会。四月，庞文弟告诉我：工作队在民族饭店开工作队干部会议，约四五十人，庞达开始揭问题了，张磐石说，大家都不理我了，要斗我的样子，感到有压力。揭发说国际饭店会议开会前夕，急急忙忙印发工作队总结简报，一天印了三十六期，刘仰桥说，我最怕磐石、胡沙，常剋我。现在表现不好的是胡沙、阮铭。由此，我了解到北大的问题还没有解决，同时感到旧中宣部也认为北大社教搞的有毛病，还是旧市委的意见对。在民族饭店会议后期，我在刘玉梅（邓拓的秘书）那里看过一期民族饭店会议的简报，诬蔑说张磐石同志搞错了，有个人动机等，这时庞文弟也告诉我，说中宣部已经对张磐石有结论性意见了。但我对具体情况不清楚。

一九六五年五月三日，吃过晚饭后，我在大学部看他们打扑克，打完后说开部务会议，庞文弟说宋硕传达民族饭店会议，我对宋硕说，我参加听听行不行？宋说可以。于是我听了这次传达。在会上，宋硕传达的有许立群的报告、张子意、陆定一的讲话和彭真的黑指示。宋硕说：彭真讲北大的中心问题是解决正确开展党内斗争的问题，要把党的优良传统，根据主席思想贯彻到全国知识分子中去，不只是解决张磐石问题，其次，社教运动必须落实在生产上、教学上。宋硕说，五月三日下午，许立群向彭真汇报，[彭真在汇报中插话说：北大的社教秩序要解决，过去教学不会没问题，把陆平围在楼上打了三岔口，学校要有个正常教学，现在反映松了，学的少了。运动的问题结束一下，自己给自己结束，有错自己讲，有的带两条道路的问题，也不是走资本主义道路的当权派，自己清理，别人帮助，斗人的积极分子戴新民、聂元梓，陆平也一样，党内要讲公道，不能见机会就整人，只要当党员，就要放在天平上称一称，自己定性定量，应自己审查自己，真争起来一个字可以争半天，首先陆平要讲，自己有那些对的、错的，运动对的错的，讲个把钟头，批人的、被批的，多数是好的，就是有一些人与我们不一条心，说错了不追究责任，谁还没错？但冯定问题不一样。二十三条不由你们负责，由我、陆、康负责，二十三条后，……要调整干部，管教学的干部不要缠到外事活动中去，应搞个副校长专门管这件事。教学问题，社会科学十五年了，就是没有解决，怕批判，学生提了意见就是批判吗，鲁迅就自我批评嘛。让马列学院帮助搞文科教材，自然科学三年就学得差不多了，专业到专业部门去学习，工科到工厂，工程师做报告，还有老工人，可以带几个人。我们怎么学马列主义？马恩是从旧的批判中学来的，列宁是先掌握了马克思主义，批判了一些人，主席也讲过去不是马克思主义者，他对中国历史懂得最透，不懂历史怎么搞马列主义？对青年教给马列主义的基本东西，不要文科都搞成讨论，政治经济学基础，三四年就行了，工厂可以带徒弟，学社会科学可以到党的工作中带徒弟。五六年吸收的党员，多数没改造好，入党反而改造党，有的当了驸马爷，主要是政治思想，不能让统过去，业务不懂的还得他们带，我们带就是带他们走社会主义道路，讲义发下去后，讲义错了要改，不要搞在报纸上批评，杨献珍不全是合二而一，他是反党的。活动多，身体坏，为何青年就头疼？浮肿那么多？有的说从小学到大学没松过一天，学生总要有三分之二的时间自己活动，也玩一玩。负担过重，包括课业、课外，活动多要控制，如民兵活动等。诸福棠的儿科学就每年改一道，不要当敌我矛盾搞。

在这个黑指示中，彭真恶毒地攻击毛主席，宣扬了一整套反革命修正主义的教育路线，企图把社教运动纳入他的修正主义轨道，制定了以后反攻倒算北大社教运动的黑纲领。公然包庇走资本主义道路的当权派，把打击的矛头指向了革命左派。后来的反攻倒算活动基本上是按这个黑纲领行事的。这是我在北大反革命事件中听到的彭真的最完整的黑指示。

一九六五年六月二十九日，彭真亲自出面在人民大会堂的小礼堂作报告，公开地抛出了反攻北大社教运动的黑货。这个黑报告我也去听了。

在这一段时期，五月，我被编辑部派去参加宣武区的黑会，没有开完就病倒了，由于肝炎后胃功能失调不能吃多少东西，全休了一个月，七月中开始半日工作。但在这一段，我曾向夏瑜打听过北大的情况。她告诉我，在学校里，两方面的意见仍不一致，关系仍然紧张，后来工作队做了清理，好一点也没解决问题。有一次星期日我碰到她（我们住同院）她说她到颐和园去了，欢送工作队的，他们在暑假中要暂时回去，以后来不来再说。另外，她还曾经对我说过，社教运动期间，她在北大工作队很不好处，受到封锁，什么也不告诉她。我记得同庞文弟在一起也议论过当时的紧张情况，庞说，那时徐淑娟（庞文弟的爱人，北大经济系副主任）被批判，她想向我打听点精神，我也不敢说。总之，由于自己顽固的反动立场，对北大的反攻倒算的进展很关心，参加上述活动和打听消息都是很主动的。

第二次国际饭店黑会中的罪恶活动

一九六五年年七月我的病有些好转，开始半日上班，主要做些编辑工作。当时编辑部的人员绝大多数下乡参加四清，部内留的人手不多。我开始参与第二次国际饭店的罪恶活动是从一九六五年七月二十七日参加第一次领导小组会开始的，会前的准备策划我不清楚，在这之前，邓拓也没有向我谈过反攻北大社教运动的事。在会议第一段（即全部校系两级主要干部出席的阶段）我绝大多数是因身体不好只去半天，主要是干了为邓拓整理编辑材料的工作，会议的汇报、研究是邓拓直接找宋硕、陆平、彭珮云的。到了第二阶段，即反攻倒算重点系的阶段，我由于得到邓拓的进一步赏识和重用，成了邓拓的得力助手，起了上串下跳，极其恶劣的作用，犯下了更加严重的罪行。

在会议期间与彭真是邓拓直接联系的，邓拓这个家伙很狡猾，我从来没有听他原本地完整地传达过彭真的黑指示，都是通过他自己的话指挥会议的。会议初期记得邓拓曾找宋硕、陆平、彭珮云到他家里谈过一次，我没有参加，在第一阶段，多是邓拓到饭店来听宋硕汇报各组的情况，并做出黑指示。与旧中宣部的联系，许立群和邓拓是直接联系，常是邓拓在饭店听完情况后回家打电话找许的，我同旧中宣部的人没有直接联系，邓、许、宋等在一起开会我也没有参加过。当时我认为旧市委和旧中宣部意见仍不一致，我就没有同他们打过交道。现在把我所了解和参与的反动活动，按时间顺序交代如下：

一九六五年七月二十八日，在市委大楼第三会议室召开第一次领导小组会。许立群说，这次出席的有二百五十人，准备开一个月，今天开始集中。彭真说，北大形势大好，关键是干部问题。开会条件很好，彭真亲自抓，有万里及南翔同志抓，下了决心有走到前面的愿望，思想问题不能要求太急，太细，主要是增强党性，方针是说服教育，洗手洗澡，争取做到六又局面，自觉革命，向党交心。提几个问题：（1）几年来反修斗争、两条道路斗争等大是大非问题上是否鲜明？（2）国家困难时期是否高举三面红旗？是否受三风影响？（3）教育方针（4）个人与党的关系（5）形而上学繁琐哲学等等。邓拓接着讲了会议开法，他说：领导核心要在政治思想上一致，包括校系两级。会议怎么开法？明天请许立群讲话，然后学文件、开小组会、小小组会、个别交谈、互相交心，对谁的意见都可以提，也可以找领导小组谈话。会议进展可以分几个阶段，走着看，主要是清理问题，然后开若干次大会发言，校级领导人要带头检查。学习文件要少而精，不在多，在于真正解决问题。对于邓拓提出的让许立群在开会头天讲话，许没有答应，许说，没有什么好多可讲的，就是开幕词印的那些，把开幕词发下去大家讨论就算了。最后决定不开大会讲话了。接着彭珮云汇报了她收集的对开这次会的反映。她说，开会的决定传达后，许多同志表示赞成，北大得天独厚。少数同志思想准备不够，说写个自我检查就行了，哲学系的同志希望加强领导，张恩慈说自己好多事，不一定去，有的感到会期长，没时间备课，有的系矛盾较少，用不了一个月，哲学系来了十几个人问题较多。记得陆平还谈了陈守义的反映，内容记不得了。最后许立群说，明天不一定开大会，可开召集人会座谈一下，让去鼓舞信心，或者把会议意见发下去，大家讨论会议如何开法，来民主一番，开大会也没什么好讲的，大家对开会也开疲了，大家讨论后再开召集人会，首先要解决疲沓情绪，大家放一放，然后讲。邓拓表示同意许的办法，说有个准备时期，也不是会议有一套。宋硕也说了两句，会议的技术、准备工作，记得其他人都没怎么发言。开会后不长就散了。

这次黑会主要是透露和策划了会议第一阶段的开法：旧中宣部、旧市委、旧高教部合流共谋镇压北大社教运动，彭真亲自挂黑帅，许立群、邓拓具体掌握；以自我清理为名，增强修正主义的党性，反攻倒算革命左派。邓拓讲的会议开法"走着看"、"也不是会议有一套"更是黑话，予伏下第二阶段反攻倒算重点系的阴谋。

会议开始那天，我到国际饭店，邓拓说，你就在我的办公室吧，我也不常在，可以帮助我做点事，又多一把人手。记得会议前几天就按许、邓的预谋，先叫各小组讨论开幕词，学习文件，特别还印了刘少奇的论党内斗争作为反攻倒算的理论武器。

一九六五年七月三十一日，邓拓到国际饭店，在他的办公室（二楼）听取宋硕、彭珮云、庞文弟等人的汇报。各组讨论会议开法等情况，主要是谈了技术物理系、哲学系、中文系、生物系、数学系的情况。这次邓拓开始透露了搞重点系的阴谋，他说：这几个系鼓励他们好好放，过去没有发过言的要发，要研究这个系的主要问题是什么，这次会要解决什么问题，从哪里解决起，非重点系也要解决一下，准备一天研究一个系，合适的人参加，明天上午研究经济系。会后邓拓又嘱咐，开会要找个"安静"的地方，并决定下午研究哲学系。关于什么人来参加这个会，经过研究，经济系叫龚理嘉、徐淑娟参加，哲学系就叫王庆淑、刘文兰参加，其他的只是旧市委的几个主要人物，这个秘密黑会没有通知中宣部的人参加。

一九六五年八月一日上午九时，在国际饭店旧楼的一个小会议室召开这次黑会。参加上午会的有：邓拓、宋硕、陆平、彭珮云、庞文弟、李康林，我和北大的龚理嘉、徐淑娟，记得管会议简报的吕桓甲、白波也来了（或者是一个人参加上午的会，一个人参加下午的哲学系的会）。开会前李康林还到楼外窗前听一听，看是否能听到屋里的谈话，说听不到才放心开会了。邓拓让龚理嘉汇报系里的主要问题和社教运动的情况。龚理嘉歪曲系里情况，做假检查并进行反扑，她说，工作中主要问题是：毛泽东思想的旗帜举的不高，对反对毛泽东思想的斗争不够；在贯彻党的方针政策上，一九六一年至一九六四年对双百方针的理解有自由化，不全面，开了当代资产阶级经济思想批判，但没有组织批判消毒，一九六二年到一九六四年经济学说史教研室教师组织读书会每月一次，自由认题目，实际是由漏网右派厉以宁主持的，总支也没有研究过，开了二十多次会，有四次不好，介绍资产阶级经济学家的生活琐事和繁琐考证等。徐淑娟补充说，这个读书会有两个介绍人才能参加，赵靖和李德宾发起的，主持人是陈岱孙，最早是聂元梓管这件事，由她批准、支持，记得聂还参加了第一次会。邓拓当时对这个材料很重视,他插话说,这就象裴多菲俱乐部,自由化,认为又捞到了整聂元梓同志的一根稻草,后来在反攻倒算重点系阶段,他还提出过这件事。龚理嘉还说,一九五九年到一九六二年一直坚持社会调查,但参加实际工作少,批判了马寅初,但参加学术斗争没有始终坚持下来,六三年以后比较注意参加阶级斗争,在教学中,理论联系实际不够,教师出题目不灵活,脱离实际,但六〇年搞过教学小整风,实行五段教学法。而运动中却说是贯穿了资产阶级的方针路线。在谈到干部路线问题时,龚大肆反扑,为她反对毛主席思想进行辩解,诬蔑社教运动搞错了。她说:运动中说我打击报复,任用坏人,排挤干部,打击工农兵。樊弘一九五九年提出教学以毛泽东思想为纲,我在党内会议上表示,主席谦虚,没这么提,当时中宣部指示说,提学习毛主席著作,不提以毛泽东思想为纲。樊弘提出坚持党校十六字方针,当时江隆基、陆平不同意,包括中宣部都不支持他,一九五六年他带头搞副博士,写文章弄稿费,他的联系实际是开座谈会,昨天樊弘还说,一个人应荣华富贵,苦辣酸甜都经过才好。他们说我打击知识分子干部。邓拓对这段材料很注意,并鼓动龚翻案,邓拓插话说,有些事要承认就要检讨,没与樊弘、陈岱孙作斗争,依靠新老资产阶级办学,我和陆平都倒了霉,这是关键问题,干部路线不提高到整个办学方针上,就说不清楚,你的检查就是把两条道路斗争摆开了,承认自己应该承认的责任,坚决与资产阶级划清界限,没包庇坏人坏事,就说没有。宋硕也说,就是与他们和平共处了。龚理嘉还攻击说:他们昨天还说我打击工农兵,包庇反坏右,其实李志远是出身富农,却算成革命知识分子,王茂湘算成工农干部,樊弘说王茂湘是天生的领袖。龚还为自己包庇坏人坏事百般辩解,详细谈了洪俊彦、鲁达、周振华、李振亚、厉以宁的情况,企图说明没有包庇他们。龚又大肆攻击革命左派,说什么王茂湘有些野心好当领袖,六二年与聂元梓一块编书,没重视他,就说有专家路线,聂整了他一下,直到社教运动才结合在一起。邓拓插话恶毒地说,有些问题积得久了,有问题就应从头到尾地处理彻底,问题一发生就要抓紧,系统地解决,该开刀就开刀,不然就积下了满身脓包。龚理嘉在攻击李志远同志时,邓拓说,就是没有划他右派,错就错在这里,要把李的右派言论拿出来，此时不兜底更待何时？樊弘说李的文章有国际水平，就把这些名人的文章拿出来拜读。龚还攻击李志远同志在暂时困难时期，精神不振，买高价商品，而工作队的王德主说，李可以当总支书记。在谈到系总支的领导时，龚否认自己破坏民主集中制，总支之外没有以徐淑娟、洪俊彦、胡代光和龚的小集团，否认在培养青年上打了败仗，完全推翻了经济系基本上烂了的正确结论。龚在汇报时，一肚子委屈不满，还落了眼泪，邓拓马上安慰她，要她挺起腰杆来，不要那么软弱。

龚理嘉汇报后，大家没有讨论，紧接着邓拓就抛出了经济系的反攻倒算计划。他说，看来，你这系里，对立面占压倒优势。你（指龚）准备怎么检查？是否准备摆出矛盾？看来你的检查决心不大，勇气不够，敢不敢揭矛盾？他们出的六个题目不一定都做回答，要考虑的中心问题，就说两条道路斗争，没站稳无产阶级立场，没向形形色色的资产阶级思想开火，搞个一九五六年以来大事记，谁都讲了些什么，以两条道路为中心，主要是思想，资产阶级经济思想泛滥自己有责任。不管你什么天生的领袖，国际水平，实际上是樊弘搞自己的一个经济系，我看真正的中心是樊弘，不是李志远，他用各种方法拉拢李志远等，应把这伙人全部揭开，特别是读书会的问题要揭出来，还有聂元梓的责任，自己老老实实地承认自己是党性不纯，不能再抹稀泥了，你的自我批评就是进攻性，不是只想脱自己的六顶帽子，那你脱不了，干部路线没什么了不起的问题，这样的问题那个机关都会有，不要按他们的题目来做，自己用我们的观点把矛盾重新排队，最后把樊弘集团搞出来，可能是反党反毛泽东思想的集团，现在让他们去搞沙龙，去吹，放出来，一周十天后再放这一炮，彻底揭底，然后扩大会议范围。研究系里的材料很重要，你现在就去鼓励他们放，哲学系也要采取这个方法。从原来的圈子跳出来，采取高姿态，要制造条件，让他们说的都说了，要找出毒瘤，决心开刀，不然将来没法搞。自己在运动中乱承认要做深刻检查。

这样，反攻倒算经济系的阴谋计划就基本上确定了，目标是打击樊弘同志，方法是假检查真进攻，反戈一击。后来在策略和步骤上有些改变，如说只重点搞樊一人，龚的假检查和攻击樊的发言分为两步走,但基本上是按邓拓策划的方法做的。

会后,邓拓曾说,龚理嘉就是有些软,怪不得人家叫她小猫,到现在系里只剩下她和徐淑娟两个人了。

八月一日这天是星期日,大会休会,差不多都回学校了。中午开完会吃饭的时候,碰到几位左派同志没有回校,宋硕攻击说,他们就是专门留下人看动静的。

八月一日下午继续开会策划哲学系的反攻倒算计划。出席会的还是上午那些人,只是龚理嘉、徐淑娟换成了王庆淑和刘文兰。会一开始,邓拓先讲了一通,他说:系里的大是大非问题究竟是什么?打了一仗,他们找王庆淑的目标算找对了,要找一找这一仗的经验教训是什么。有人说要把矛盾双方都拿出来各打四十大板。有错就改正嘛,如是各打四十大板,是否就团结了?你们打算检查什么,是自己打四十,求团结,这是委曲求全的团结,王庆淑说对过去提的意见不计较,这要看是否从委曲求全的态度出发,我们应该采取共产党员应该采取的原则态度。挨斗后,如何求得团结?是抓大是大非,毫不迁就,错了就改,错到什么程度,自己最大的帐一定要认,只抓小错不行,自己对自己要坚持斗争,那样委曲求全的团结,达不到,先分裂才能团结,现在要清醒地分裂开,不是糊涂的分裂和和稀泥的团结。要站在更高水平上,回头看过去的纠纷,重新排队,抓住主要问题决不放手,不是话已讲了收回去算了,还是讲彻底。另一方面的人还有话讲,也要听完,然后再做总的回答,进攻式的,不是委曲求全的求通过,现在新的战斗还刚刚开始,还没交手呢!接着邓拓就叫王庆淑谈。

王庆淑汇报中,讲的就是她运动前和以后一贯顽固坚持的那一套,百般为自己辩护,攻击革命左派,把自己说得几乎是一贯正确。她说:(一)反右派斗争时期的问题:学生放得透,划的右派占十分之一,后期主要是可划可不划的问题,不是放得透不透的问题,当然工作上可能有疏漏,但不是政治上的问题,教师放的不透,当时手忙脚乱,只顾管学生和青年教师,他们放得不够,有几个人如沈乃章等虽然向党委报了,没批准。自己在大是大非问题上比较清楚。运动中认为我包庇五月。反右后自己检查五六年不愿当总支书记。(二)双反问题，对老教师的政治学术思想批判，等于五七年反右补课，学术上的批判有过火之处，政治、学术界限不清楚，心专讲师以上都批判了，是与师大合搞的，也清理了一些老教师的教育思想，党内清算了汪子嵩；下放黄村问题也不大，劳动多了些，现在他们的看法是下放劳动过多是阶级路线问题，工农学生劳动，是不培养。（三）五九年反右倾问题，有过火斗争，批判了人民公社调查组和严重个人主义，重点批判了汪子嵩、沈少周、朱泽浩，自报出后当重点帮助的有沈德灿、张恩慈等，任宁芬又推到学生中去了，在党内组织生活中批判了几个学生，没经总支委员会研究，孔繁六二年在学生中鼓动说就是王庆淑要批他们，后来甄别时留了尾巴，现看仍有甄别过头的地方。有人认为是打击汪子嵩，抬高自己。沈少周有严重个人主义，长期对组织不满，与孙伯睽散布拥护杨献珍平反，骂艾思奇，沈与孙定国很好，到人民日报泄露批判杨献珍的机密，人民日报不要了。鸣放时逼我承认有宗派集团。这时邓拓插话说，必要时要把人调回来算清楚。王庆淑说，朱泽浩在课堂上讲，大跃进说粮食增产，出口却完不成，五九年是当消极疲沓批判的。五八年下放斋堂，说是人为的制造艰苦，六二年有人说朱在抗日时是坚贞不屈的战士，由新四军回江苏家乡，是否自首，待查，运动前朱找潘乃穆交代自己以文工团身份登记了，说没暴露党员身份，运动中孙蓬一与他谈话后全部翻掉，这件事说成是我打击老干部。这次运动中他们自招，任宁芬说的，说我们六二年就扎根串连了，无产者联合起来，搞夺权斗争，过去他们不承认有非组织活动。孙蓬一还是个主要人物，串一帮子人，包括调干学生，李清昆是大积极分子，邓艾民出了很多主意。任宁芬斗争很厉害，现在市委党校学习。邓艾民、任宁芬与冯定有一定关系，运动开始前，任宁芬说张恩慈、邓艾民威胁他，从合二而一出来后，张恩慈成了精神领袖，说是反对王庆淑的健康力量，这次运动的头是聂元梓，起作用最多的是孙、任、张，孙说对王坚持了七年斗争。张说这次不是你们全军覆没，就是我们全军覆没，张恩慈平时表现狂妄自大，批评了两次，非让给他甄别不可，要追究责任，说我是打击报复。（四）六〇年教学检查冯定问题，对冯定全面研究不够，给高教部编书写序言发现有问题才检查，一九五六年我与姓朱的谈过《平凡的真理》有问题,写了个提纲,没有写文章,五八年听过一次课讲基础与上层建筑,感到有问题,只给他谈了,说备课不认真,提法不确切。六〇年初编教科书,他是主编,提出一个体系,把主席思想放在第九章,书的尾巴上,后提到常委会讨论,不同意他把历史唯物主义部分削弱,二月后讨论第一章,发现认识论中有机械论和资产阶级处世哲学;在市委党校编书时,议论北大的书介绍了这中间的问题,要大家不要迷信,陆平指示要对冯定进行教育,教学检查以上问题,当时当成学术问题搞,不戴修正主义帽子,六〇年他讲课中已有三和一少的观点,张恩慈作辅导,却没有揭发,我们也没有全面研究他的著作,对三和一少的政治问题没发觉,当时冯的态度很不好,拍桌子,说把他当成反革命了。我支持了青年教师对冯的批评,我和谢龙、冯瑞芳三人找他提过意见,在教科书体系争论之后,高级党校批评冯之前,教研室总结交流了冯定的教学经验,校刊上登了,这次运动中说我是吹捧冯定,当时我看稿子时,还把对冯的估计提得高的地方修改了,如说他以毛泽东思想为纲等。一九六一年至一九六二年张恩慈等说我打击冯定,即打击无产阶级理论家,甄别时,问题全部暴发,说我一贯斗争过火,打击冯定老干部,是品质问题。在谈到冯定问题时,邓拓插话说:你们就是不敢把冯定的表现向中央写报告,就是想盖着,冯定问题上教训不少。在谈到干部问题时,王庆淑也大肆诬蔑,她说,社教运动中说我提拔的都是坏的,有的质问,为什么我下放他不下放?在干部问题上,过去唯成份论已有暴露。总支在干部工作上,有时有过火斗争,平时政治思想工作又很薄弱,我自己在个人作风上有骄傲自满,有些自信。(这时宋硕插话责怪王庆淑为什么留这一批人)当时争论大跃进哲学系成绩是否主要的?是否先进集体。说黄村报告是白旗,先进集体是假的,是王庆淑吹出来的,运动中的说法是成绩是大家的,我是假红旗。实际上六一年至六二年翻案风黑暗风在哲学系表现很突出,任宁芬对我说,在全国,是路线错误,成绩与错误各半,认为马寅初的观点看起来是正确的,问我中央是否给她甄别?沈少周认为右派也得考虑甄别,洪成德、李清昆、王向博在一起讨论,说对陆平不能容忍,赶走了江隆基,逼死了邹鲁风,逼走了马寅初,这是洪成德直接对我讲过的,对任宁芬也说过。王庆淑还报告说他的假检查准备按七个问题检查,在冯定问题上斗争不力,认识不够,在运动中有个人委屈情绪,不从整个哲学系的问题来考虑,曾经揭发陆平有一定程度的宗派情绪,三天后否定了这个批评,等等。

王庆淑汇报后,彭珮云说,现在哲学系不大愿意放,表示要自我批评,可以考虑先自我批评。宋硕说,在自我批评后,然后再提出哲学系的主要问题。其他人没有什么议论。最后邓拓说,对资产阶级教授的思想有什么问题没有斗争的?要查一查,一九六一年至一九六二年资产阶级思想侵入到党内来,党内斗争突出了,结果在哲学思想领域里的斗争没有认真开展,党内斗争也原则性不强,由于有资产阶级思想,就物以类聚,形成一股势力,如不把这个根拔掉,哲学系是不会平静的。邓拓还说,王庆淑的自我批评可以不忙,哲学系的问题还要再摸摸。系的主要问题究竟是什么?对党外专家没有坚持批判,六一年至六二年资产阶级思想侵入党内形成一股势力,这两个斗争都没有认真开展,这是中心问题,现在他们挂免战牌,王庆淑的发言揭不开,领导小组可以首先讨论哲学系的问题。

在最后,邓拓透露了两个阴谋,他说:谁可以做聂元梓的工作?还说应有人找聂严肃谈话。这是企图拉拢,对聂元梓同志进行劝降压服活动。邓拓又说,在领导小组会上要提出材料问题,工作队要把材料交出来。这就是以后劫收工作队档案阴谋的开始。

在这次会以后,邓拓曾和宋硕议论过外边的人谁可以做聂元梓工作的问题,邓拓说华北局的聂元素是聂元梓的姐姐,记得当时也没有议论出结果来,肯定找谁去做工作。

一九六五年八月二日,邓拓来饭店时对我说,他听汇报时,对谈到的人不熟悉,你给我在出席会议的人员名单上注上个人的职务,分出谁是运动中挨斗的,谁是积极分子,便于听汇报时查看。由于我也不熟悉,我就找了庞文弟,他说我记,他说不准的,又找人问了问,搞了两天,搞成后我交给了邓拓,邓拓表示很满意。在第二阶段,反攻倒算三个重点系时,参加会的人员有所变动,邓拓又叫我如法炮制,搞了一份。

一九六五年八月三日上午,邓拓到国际饭店来,我把宋硕、彭珮云、庞文弟找到办公室,他们汇报了技术物理系、哲学系、经济系的小组讨论情况和会下反映。宋硕说，许多人思想不解放，只纠着运动中自己的问题，中间的倒是自觉革命比较积极，系的领导人也跳不出原来的框子，纠缠于原来的问题，或者埋头检查自己，有的是消极态度。昨天樊弘说，现系里规定要打倒樊弘、张友仁、李志远、富丽元、王茂湘。彭珮云说，李志远等人昨天下午在一起酝酿，说现在要把李志远搞臭，就是不臭。彭珮云还说，昨天许立群来参加技术物理系的小组会，提倡先自觉革命，不提意见，信任别人，创造自以为非的气氛。许还表示可以找几个人谈话，技术物理系已确定八个人检查，准备三天。邓拓说，技术物理系就按他的方法搞，也拉着他搞这个重点系，我们搞哲学系、经济系、历史系（后来历史系没有做重点搞）。

八月三日下午，许立群召集各组召集人开汇报会，我去听了一会就回去休息了。记得会上反映：白晨曦同志说，这个会怕是要整积极分子，许立群插话说，这是普遍的思想。

八月四日，召开第二次领导小组会，宋硕汇报一周来会议情况，他说，大体上分两个阶段，1.讨论开幕词；2.给常委提意见，从上星期六到今天已经提完，大家提意见是认真的，提的意见不少，个别系如经济系仍是过火斗争的架势，樊弘认为仍是干部路线问题。对陆平、戈华、谢道渊、崔雄昆提的意见较多，以对崔的意见为最多。下一步怎么办？现在酝酿清理思想，矛盾比较尖锐的是经济系、哲学系、技术物理系，一般表示愿自我批评，自觉革命叫的比较响，但觉悟不够，缺乏信心，有的系认为主要问题是运动中造成的干部关系问题，哲学系都表示团结，但分歧仍然如故，仍是运动的框子，一接触实质问题就分歧了，对运动的看法并不一致，系的真正大是大非问题没有真正抓住。党内生活中的矛盾需要解决，大家要求统一动员。许立群说，彭真很仔细看了简报，会议这几天气氛还好，但问题还没解决，如打太极拳，大家都说检查，但没人拿出来，这个会要增强党性，彭真说问题不解决北大就要关门不办了，党的核心犯了错误，可以信赖，并不是没有问题了，应抓住主要矛盾即常委会和系的主要领导人，问题揭了一些，彭真说还远远不够。我看了十八次常委会记录，感到问题很严重，把党搞分裂了，现在是解决问题的时候了，主要力量应放在常委上面。许立群在这次会上谈到材料问题，他说，在工作队清理过程中，发的材料想不理他了，一般说是对的，搞过火斗争，拿出来没好处，但特殊情况下，对某些同志，不能说是过火斗争，这是运动要整的，彭真说这些人都是领导，所以十八次常委会记录只印发常委，我觉得出来有好处，彭真也同意，这次会不能采取掩盖矛盾的态度，应是彻底揭露矛盾，不是调和矛盾，包括对工作队的矛盾，过去的材料不能每个人都发出来，而主要领导人要发。常委和系领导人同时进行清理，重点系要配备力量。要造成自我革命的热潮，材料应该拿出来，但不是全拿出来，欢迎对工作队、张磐石提意见。总结工作可以把稿子拿出来，有些问题争不清楚，党委拿出个决定，以后就别争了。如沈中是否右派问题。邓拓在这次会上，一是突出强调社教运动有问题，诬蔑张磐石同志，他说，那段党内生活极不正常，采用极坏的手段，如只要揭人，就可以解放你，把过去正常的生活歪曲了，凡不合我张磐石的，都是非法的，北大的相当同志受了这影响，强加于人，使很多人感到压得很，背上包袱，这次要把这批人的包袱放下来，心情舒畅，自觉革命的实际内容是放最见不得人的东西，把张磐石的坏东西都揭出来。另一个，是邓拓在会上提出要工作队的材料问题，他说，据说每个系都有大量的记录资料，其中有关的，用得着的资料可以拿出来。这就是邓拓以前说的要工作队档案的问题要在领导小组会上提出来。

八月五日，下午开全体会，许立群、邓拓在讲话中大肆攻击工作队。关于材料问题，许立群说，领导小组决定要印发一些材料，如十八次常委会记录，二十三条后还有许多次常委会，原来的工作队的材料成了黄色炸药，对一部分同志来说，需要把材料重新拿出来有助于揭露矛盾。

八月六日，邓拓说，请示彭真，同意把工作队的档案借过来，他已经批准了。

八月七日，记得是星期六，我来时碰到彭珮云、庞文弟要出去的样子，庞文弟告诉我，宋硕叫彭珮云，你我三人去中宣部取档案，彭珮云说，如当场要挑选材料，多个人好，你可以帮助挑选。于是我们三人坐着陆平的小汽车到中宣部，找到唐联杰，他领我们到一个会议室，彭珮云说，我们主要借与北大干部有关的材料，校系的都希望看一看。唐说材料都在地下室堆着需要找一找,我们表示愿意帮助一块去搬,他婉言谢绝了,后来一个女同志和唐搬来许多捆,包括每个系的和校行政、校党委的,我们就装上小汽车拉回来了,在回来的路上,彭珮云说,不要拉到国际饭店,那里人多,人家看见了不好,于是直接拉回市委大楼,存放在大学部。在路上我们还议论过没有见工作队队部的材料,彭珮云说,那早收起来了,还会给你?

八月八日,是星期天,我在家里休息,彭珮云打电话来叫我去大学部翻阅拉来的档案材料,彭珮云说,大家先翻一遍,把重要的材料记下来,注意不要弄乱了。当时,大学部的人都在,我分工翻了党委机关的一捆材料,发现有谢道渊揭发陆平的材料,写给了彭珮云看。

八月九日,邓拓到国际饭店,宋硕、彭珮云、庞文弟、李康林和我向邓拓汇报翻阅工作队档案材料所发现的东西。彭珮云拿出一个戈华揭发陆平的材料,其中有一条是彭珮云生小孩时,陆平送过一只鸡,当时彭珮云、宋硕取笑说,党委副书记写这样的检举材料,就是这样的水平?对戈华同志进行攻击。

接着彭珮云又组织各系的联络员看各系的档案材料,发现有所谓重要材料,都向邓拓做汇报。李康林还讲了陆平的秘书杜采云诬蔑工作队如何限制陆平,追逼她自己的材料。邓拓对取得这些材料大为满意,告诉我要整理好以下几个材料印发:1. 杜采云写的材料;2. 李寄霞的材料;3. 邱淑清的材料;此外,还叫把陆平和王庆淑的检查发言用简报形式赶快报上去。我向宋硕、彭珮云谈后,商定邱淑清的材料由夏瑜整理,杜采云的由李康林整理,我搞李寄霞的材料。她们整理出来后,我又进行改写,删改得精炼些。我把这三份材料送给邓拓,他当时做了修改,题目都做了改动,一个是《李寄霞向工作队汇报王庆淑活动的情况》,一个是《一个被张磐石的错误作法所伤害了的年轻党员——邱淑清》,再一个是《张磐石同志领导的工作队布置杜采云每天汇报陆平同志的活动情况》,题目和内容改动的地方,主要是直接把这些事与工作队联系起来,把罪名直接放在张磐石同志头上。如邓拓加上"张磐石同志早在二十三条以前就已经采用了与党内生活原则不相容的极端恶劣的手段,企图达到丑化陆平和王庆淑等同志的目的"。"事实表明,当时的工作队在张磐石同志的错误领导下完全违背了党内生活原则，不择手段地进行党内斗争。"修改后，邓拓叫马上打印出来，当成绝密材料，编上号码，他拿走了两份，把其中的一份亲自送给彭真，并嘱咐我，现在其他人一律不送。邓拓拿到这三份材料如获至宝，他对我说，有这种材料很说明问题，往上一交，我就完事了。这段黑话直接透露了反党集团的阴谋，就是为了反攻倒算社教运动的。在以后的会议上，邓拓曾不只一次的用这些材料大肆攻击工作队。

这几份黑材料整理出来后，邓拓叫我整理樊弘同志的材料，他授意说，要把历史问题学术上的问题和社教运动中的表现统统整理进去。并定了题目叫《一个满脑袋资产阶级思想的党员教授》，邓拓还把编辑部理论组长李光远（学经济学的）从乡下四清的点上叫回来，翻阅樊弘和李志远等同志的著作文章和讲稿，提供了学术思想部分的材料，我翻阅了樊弘的历史材料和社教运动中的发言材料，整理出一个单行材料，邓拓叫打印出来，准备反攻倒算时使用。

在这一段，邓拓还指使我搜罗编制张恩慈同志的材料。他布置说，张恩慈在社教运动中负责简报的，是张磐石的红人，你把张恩慈在社教运动中的发言和平时的表现集中起来，这个人的个人主义很严重，跟张磐石跟得很紧，他的档案材料也可以翻一下，还有也注意一下他在理论观点上有什么问题。我过去不了解张恩慈同志的情况，就去找庞文弟，问他找谁去了解？庞说，现在别人不好找，还是找王庆淑吧，他并替我约了王庆淑来谈话。我记得王庆淑提供的诬蔑张恩慈同志的材料有：她说，张恩慈同志一贯骄傲自大，个人主义严重，五六年就闹提级；一九六一年至六二年总支改选时，他在党员大会上公开号召弃权，当时学生党员不了解真相，他的发言影响很大；在精简干部时，他反对精简政策；一九五八年（或五七年）他写的一篇文章中有理论观点的错误（当时她讲的具体论点我记不起来了）；在社教运动中是哲学系的核心人物。在谈到张恩慈同志的文章受到主席表扬时，王庆淑诬蔑说，张恩慈更骄傲自大了。她还说，批判合二而一，也不是他首先发现的，是关锋同志提出的，当时哲学系有几个人在写文章，高宝钧也在写，当时光明日报来约文章，张恩慈写得快，一个星期天就赶出来了，光明日报就首先发表出来。我对这个情况很重视，对王庆淑说，具体情况你再核实一下。过后她又向高宝钧问了，给我说了当时的具体情况。我从反动的立场出发，认为这是一个重要的发现，诬蔑张恩慈同志也并不是那么高明。我对王庆淑介绍的情况也是深信不疑的。此外，我还从李康林那里借了张恩慈同志在社教运动中发言的材料和他的档案，编织成一个黑材料送给邓拓，邓拓对合二而一的材料和他的家庭出身经历很注意，他诬蔑说，主席表扬他的文章，不过是说这种写文章的方法好，那有什么可骄傲的！还说，怪不得他个人主义严重，他父亲是个商贩，他自己也干过，都是从那里学来的。这份黑材料我记得邓拓没有退回来叫打印。

此外，邓拓还指使我查过白晨曦同志的家庭出身。我向李康林借了档案查了一下，向邓拓汇报说是城市贫民。邓拓说，城市贫民情况也很复杂。还有，邓拓叫我把沈中的大字报找来看，我从李康林处找来后交给他。我当时站在右派立场上，对邓拓说，单从大字报来看，也很难肯定可以划右派，邓拓说，是啊，这最多是可划可不划的问题，人都死了，还争论不休，有什么意思？当时邓拓还叫搞个北大反右派的材料，说明一下基本情况，最好能划出当时找右派的标兵材料。我同庞文弟讲了后，他写了一个简单的基本情况，一共划了多少，学生多少，没有找典型材料，交给邓拓后，他没再说什么。

八月中旬这一段，我主要是搞了编制黑材料，其他反动活动参加的不多。记得邓拓还曾经叫我向北大借一套北大学报来，准备查一查那些文章有问题。我向杜采云借了一套来，除了李光远查樊弘、李志远同志的文章时翻了几篇外，一直也没有用，搬北极阁时，我又退回给杜采云。

八月十七日，邓拓在旧楼南大厅召开召集人汇报会。邓拓在这次会上，主要是借工作队档案中找出的一些材料，大肆煽动集中反攻倒算社教运动。他恶毒地说，前一段作了自我批评，但不平衡，中心一条是以党性原则清理思想，特别是张磐石的错误一套，如邱淑清同志反映的情况，她是积极分子，无论是被批的、批人的都受到张磐石的伤害，起初要她当起义分子，后又戴上叛徒帽子、打手、投机分子，自己也不知道自己是什么人，有些人是没经验，而另一种人是有经验那就有个人动机，总之是要恢复党内的正常生活，培养好的作风，这是严重的任务，大家要真正觉悟起来，得出经验教训，取得免疫力。有的问题摆出来了，大家看得清，谁也不逼谁，相互之间的帮助是必要的，没有相互批评怎么行？过去不正常的做法，常使人产生错觉，又整人了，掌握不好，也会有气话，还是实事求是。相当数目的同志在党内生活的经验不多，骂人的话听不下去。张磐石现在要他来清理，还没这个觉悟，刘仰桥表示清理，我们欢迎戈华同志提议，常委中准备成熟的也可以在大会上讲。有的记录××人何时上厕所，党员有责任站出来讲一讲工作队那一套不正常的作法，让它一去不复返，自以为是，抓住小辫子不放，也是党性不纯的表现，被批判的同志应用更高的标准要求自己，在严重考验后应该检查在运动中犯过什么错误，真正大彻大悟，应该是拿出来就讲，没想清楚是没想开。个人情况不一，有幼稚没经验的，也有资格相当老的，要认真，但不要剑拔弩张，要允许别人犯错误，要有个善良的愿望，与人为善，对方不能接受的，要更加耐心，冯定就常拿人的历史问题来散布，这次所有都不要拿出来，不要扣帽子，不采取过火斗争的作法，从我们手里树立起真正好的风气。为了搞好批评和清理思想，请各组列个单子，这次非解决的问题是什么，决心解决，时间步骤要做适当安排，只想开学，坐不稳，先不要考虑这个问题，当然有些组问题不多可以早回去，以什么为标准？还是走群众路线，全组大家都认为可以了，就可到此为止，但总得有一部分组，一些同志走不了，下决心延长下去，也可以是全日制，半日制，住校，走读，工作完全可以有人代替，为了办好北大，问题一定要解决，时间是次要的，解决问题是主要的，可以再学些文件，建议各组根据自己的情况做出具体安排。在这次会上，陆平也叫嚷彻底清理，他在汇报常委组的情况时说，常委无论如何在主要问题上不能存疑，要认真开展批评，张三王五都要提出来。记得邓拓这次疯狂反扑的讲话，还要求各组召集人回去传达，在这次会前，记得邓拓还听了各组联络员的汇报，了解各组安排情况，如总务组说八月二十八号可以结束。

八月十八日，邓拓来国际饭店找宋硕、彭珮云、庞文弟等，说研究一下各组进展的情况，积极分子的变化，当时我也在场。大家凑了一下情况，排出一个主要积极分子分类名单，按反党集团的黑标准，颠倒黑白，分了四类：（1）所谓表现好的：任宁芬，冯瑞芳，吴季兰、桂治贞、华惠玲、李锡金、崔海亭、郑桥、杨文娴；（2）所谓表现较好的：崔雄昆、赵元果、徐珍亚；所谓表现较差的：戈华、孔繁、王茂湘；（4）所谓表现不好的：聂元梓、樊弘、白晨曦、杨晦、张仲纯、孟琳、李志远、严光华、张恩慈、孙蓬一。当时对各系按问题的大小也分了一下，分三类：（1）重点系：哲学系、经济系、技术物理系；（2）不团结的系：中文、数学、历史、政治、生物、化学、东语、西语、地物、图书馆系、总务行政。（3）其余的系问题不大。记得当时提供情况主要是由分工联系的人提出的，彭珮云一直是直接管三个重点系，庞文弟管一般的系，宋硕是拿总的，对主要负责干部谈的较多。

八月十九日下午召开第三次领导小组会，我也参加了。当时的印象是许立群主动提出问题的，这次会主要讨论所谓对积极分子区别对待的方针，是一次狗咬狗的会议，旧中宣部和旧市委在整积极分子上基本是一致的，但具体看法上有些分歧。在会上，宋硕先汇报了两周来的情况，说大多数人作了检查，清理得比较好，收获比较大，增强了党性，对张磐石同志的恶劣影响的危害有了进一步的认识，团结有所增强。宋硕还把各系分类排队，说有三种情况：问题不大的单位，花一段时间就可以了；问题比较多的，如中文系，矛盾集中的，有常委、经济系、哲学系、技术物理系。宋硕还借谈下边反映攻击张恩慈同志，说什么有的人错误比较多，不检查，张恩慈说，要叫我清理，讲完我赶快走。接着，许立群就提出了积极分子问题，他说：对积极分子的方针问题要研究一下，积极分子绝大多数是好人犯了错误，拒不检查的是少数，其实他们的问题不多，他们感到陪绑，郑玉惠反映说，张磐石搞的是错误的革命运动还是革命的群众运动？我看是搞的错误的革命运动。干革命犯了错误，不检讨就要使工作受到损失，积极分子是革命的，反对整积极分子，从张磐石来看，是搞错误的党内斗争，从群众来看，是盲目的跟了他，除了领导人以外，恐怕还是革命的群众运动。二十三条前，张磐石也有特殊错误，积极分子是革命的，也要检查，但考虑到那种情况，他利用了革命的群众运动，原来邓拓也说他们能检查多少就检查多少。现在他们的情绪紧张，有些人作了很多坏事，多数是盲目跟的，即使是正确领导下，也会有些人动机不纯，积极分子的清理也不透，但清理张磐石的伤害是好的，但现在稍微有些紧张，而这件事也不好搞，而且人多，如割脑瘤，一动就会伤好的机体，现在积极分子的情绪还很对立，对这部分人的脆弱，敏感要估计得充分一些，现在要安定一下，与张的错误分开，有的系批评的对立情绪加强了，说怪话，或者进一步批评，或者等待一下。过去被批的人可以站得高，不计较。下一段，多数系可以讨论工作问题。邓拓接着说，这一段收获不小，很多同志有很大进步；有两种情绪，被批的一股子怨气到会上来，会议开始用很大力气来扭这股风，提出首先要自我批评，彭真说，北大还有很多问题。批人的人这一段被集中批评的是少数，主要是被批的人作检查，听取大家意见。另一方面，批人的，所谓积极分子，要有一个区别对待的方针：绝大多数是幼稚的，纯洁的，而搞情报的就不是一般的，被批的要站得高，现在一般较好，今后应继续这样做，相当一部分积极分子有顾虑。积极分子可以分为三类，一是搞积极的，二是思想问题严重一拍即合的，三是幼稚的。要把张磐石同其他同志区别开来，问题严重的与其他人区别开来，我们从来不拿人陪绑。各单位也要区别对待，多数组可以转到工作问题上，开学前可以回去一批，而少数单位不行，要接着搞下去，加强具体领导，对积极分子，领导上要承担责任，一些同志出来讲了，会有很大好处，现积极分子感到为别人承担了责任。许立群和邓拓的黑话，都是要把反攻倒算的矛头集中到主要的积极分子身上。而蒋南翔和吴子牧讲得更露骨、更恶毒，根本否认积极分子的存在。蒋南翔说，领导骨干中的积极分子与一般党员群众中的积极分子要区别，但作为领导干部，参加会的应清理，首先是分清是非，然后是组织方法问题，还有个经验问题。如办好学校依靠什么人的问题。都要以党员干部要求自己，加强干部的团结。他还说，党的骨干都是积极分子，以后搞运动不应在党内分什么积极分子。吴子牧叫嚷说：什么是积极分子？勇于揭露矛盾，用毛泽东思想分析这些矛盾，用于自我革命的就是积极分子，被批的，批人的都应是高风格高标准，做不到这几条就不是积极分子，不改造就不要保护。彭珮云在会上也大叫整积极分子，她说，同意区别对待的方针。现在不存在追究责任的问题，但问题是要提高大家的觉悟。如有的说，反右倾斗了我们你们不总结，这次斗了你们就要总结党性，对积极分子可以提意见，正确地进行批评，认识不到不强求，如只是照顾敏感，对提高觉悟不利，有的积极分子不自我批评反而散布空气。最后许立群说，这个问题再考虑一下吧，可以开始讨论工作问题，现在需要一个提高的报告，将来重点系要留下继续搞。

散会后，宋硕、彭珮云大为得意，宋硕说，这次会把许立群的意见顶回去了。彭珮云、庞文弟说，蒋南翔的发言好，水平高。

记得彭珮云还说过，我们简报上就不用积极分子和被斗重点对象的名称，只说是被斗的和斗人的。

当时我的情绪和宋硕等是一致的，同意邓拓、蒋南翔、吴子牧的发言。我还认为邓拓的发言很高明，本来有分歧，却很会讲话，把区别对待的方针按自己的意见来解释。当时还认为旧中宣部不大同意整积极分子，是站在积极分子一边的。经过反省，认识到许立群的黑话更阴险、更狡猾、更能迷惑人。

本来我以为事情就过去了，可是过了两天，许立群突然送来一个讲话提纲，说要开全体大会讲积极分子问题。我是从宋硕屋里见到这个提纲的，宋硕说，许立群决定明天他要讲话，送来个讲话提纲叫提意见，还要我在会议开始时讲这一段会议的情况。他越说越气，发起火来，把大腿一拍，破口大骂：他妈的，工作队放了毒，搞乱了，还硬按着不让清理，这事没法搞，我他妈的不干了。当时我感到关系很紧张，当天见到邓拓时，对他说，宋硕发火了，说他没法准备汇报情况的发言，要不干了。邓拓听了后说，没关系，没关系。当时我并不理解，接着又说，宋硕曾经说过，这次会没有第一次国际饭店会议开得痛快，合在一块搞，真麻烦。邓拓说，两方面合着开会，还是这样好，这是彭真的主意。这一次邓拓又透露了旧市委旧中宣部合流共谋镇压北大社教运动的阴谋。

八月二十三日，许立群召开大会，讲了他那篇所谓对积极分子区别对待的方针的黑话。记得会后刘文兰说，她听出来了，许立群和市委的看法有些不一样，彭珮云、宋硕还赞扬她说，你的耳朵可真尖！

八月二十四日，邓拓在国际饭店召集宋硕、彭珮云、刘文兰、王庆淑研究哲学系的问题，我也参加了。会上主要是刘文兰汇报，她逐个谈了积极分子的情况和站在王庆淑一边的右派的情况，并提出了她的反动的看法，对革命左派大肆诬蔑攻击。刘文兰说：来开会前，积极分子都不理王庆淑，开会第一天，冯瑞芳和王住同屋没说一句话。第一次国际饭店会议后，孙蓬一表扬冯瑞芳、谢龙经得住考验，热情握手，民族饭店会议后，谢龙才翻了，这次检查了第一次国际饭店后的情绪，民族饭店会议肯定王不是敌我问题，谢龙让杨辛讲话，杨不敢讲，还到工作队报告谢非组织活动，后来杨个别找王庆淑去道歉。冯瑞芳这次会转变较大，对六一年至六二年的看法还清楚，承认是社会阶级斗争的反映，基本上转过来了，但对聂元梓、孔繁的问题，说很难说，要顾全大局，调和。冯揭了聂曾经说过万里发火了以后，聂元梓倒打一耙反说是冯讲的，要坚持一百年，冯如不承认可以包下来。这一下冯气得很，说聂老奸巨猾，现在靠拢我们。冯对王庆淑的意见很大，但认为王的问题没出思想意识的范围，可比较严重，不老实，不认账，自己一贯正确，运动中王庆淑坚持住了，冯说你有优点我偏不说，不承认缺点我偏要提。冯对孙蓬一有一定认识，但有幻想。杨辛是胆小怕事，这次对聂元梓和孙蓬一的意见，六二年的问题也提了，但患得患失，有动摇。运动中说自己是第三号人物，在压力下说了假话，收集来《论典型》得到工作组表扬，他写了短评，说与孟超的李慧娘一样，还说王没做过检查。许政媛是心理专业的，运动中被批判。汤一介比任继愈好，同意六二年有三风，主张揭露矛盾，张风波、赵光武等人比较敢讲话，冯瑞芳、许政媛、赵正义处于中间状态。赵正义、任继愈比较糊涂，赵正义说先不要扣三风帽子，弄不清楚，大家发言都同意，和任继愈都有些倾向那边。任继愈在反右倾时被批评过，说再呆下去会遍体鳞伤，在王庆淑的领导下政治上没有安全感。冯瑞芳说，任宁芬有害人之心。任宁芬是转变较大的，自己要求回来检查，检查时哭了三次，承认计较个人名位，姐夫是高锡金，对她有帮助，任承认六二年有自由主义极端民主，有三风影响，使自己六二年与王计较是因小失大。她认为其他积极分子还没跳出圈子，没自觉革命，但对王庆淑有反感。聂元梓是顶牛，不打算解决问题，张风波分析，他们自以为胜利在握，却又丢了。在二十三条前夕，杨德明说，调干来校后就感到不得劲，怎么办？先搞王庆淑看看，还有那么多负责人在后边，很不甘心失败，说中央派了天兵天将也没解决问题，现打算泡，聂表示不怕黄色炸药，表现不在乎。孙蓬一、孔繁、陈葆华都提出要求调动工作，孙蓬一说梦话：莫名其妙，反对！反对！说这会上谈的90%不合事实。李清昆是不与我们闹僵，滑，陈葆华年轻幼稚，运动中走极端，她原是中学政治教员，调干，崇拜聂五体投地，聂曾许过她当四清小组长、总支副书记，对她温暖，陈老说北大冷，她基本上是属于受蒙蔽的，党的基本知识都糊涂，检查时很有情绪。邓拓这时轻蔑地插话说，党校可以办个特别的班训练一下。刘文兰还谈了哲学系组讨论的情况，对系里几个问题的几种看法，说他们现在不承认对王庆淑当敌我矛盾搞了。邓拓说，现有大量文章为证，他们赖账好。王庆淑提出下一段怎么搞？一是摆情况，一是提意见后摆情况。由于刘文兰汇报很啰嗦，讲的时间很长，这次也没有怎么讨论。邓拓最后指使说，陆平的检查中应提出对哲学系的基本看法，现在哲学系争论的问题还没有涉及大是大非，主要问题是两种思想两条道路、马列主义与修正主义、唯物主义与唯心主义。站得高才能达到忘我的境界，谁有问题就批评谁，这才能清理自己在历次运动中的问题，这样是非就清楚了，自己做对了是应该的，不对的地方一定要认账，当然是非要清楚，要处处清理检查，这在任何情况下就主动了，他们扭住王庆淑不放，因为是从这里突破的，所以要维护王庆淑。

八月下旬，常委开始在全体大会上做检查。陆平的假检查中果然按照邓拓的指使，加上对哲学系问题的所谓基本看法，企图为反攻倒算哲学系的社教运动定调子、划框框，压制和镇压革命左派，这些大会我参加的不多，去过一两次，也没有听完。

从八月中旬到九月第一阶段结束，我回忆起的还有以下几件事：

有一次聂元梓同志送来了一个病假条，医生证明神经衰弱、失眠，需要休息。邓拓知道后，玩弄了阴谋，他叫刘玉梅打电话给积水潭医院党委，查一查这是怎么开的条子，并要向旧市委卫生体育部写一个报告，说聂的病并不严重，完全可以参加会议。不久，卫生体育部就转来了这个材料，邓拓把它说成是医院发现检举的，企图以这个材料来整聂元梓同志。

八月下旬，邓拓曾经找几个系的干部来座谈（在二楼礼堂旁边的会议室），他要亲自摸一摸这几个单位问题解决到什么程度。因为刘玉梅要我转告邓拓，旧市委要他开个什么会，也进去听了一会，会议参加者我大部不认识，记得有任继愈。

有一次邓拓听到张恩慈反映说，希望开一段会就到马列研究院去，邓拓特别对宋硕、陆平讲，在问题搞清楚之前，决定不能放他去。其他任何人也不能去。

为了加紧进行反攻倒算，邓拓曾与宋硕商议，要加强对各组的具体控制，邓拓提出要同旧市委的项子明、张大中谈谈，让他们参加小组会（这些人是十四人领导小组成员），后来没有见他们来参加小组会。

在这期间，邓拓曾对我谈过一次黑话。有一次邓拓说，北大的事，社教运动中搞得很紧张，有一次和同陆平谈话，就发觉他有些不对头，没有与他多谈，果然他第二天就承认错误，趴下了。另外，有一次邓拓说：北大的事我去四清，一直没管，这次会是彭真要我管的，书记处的同志也说，这次该老邓出头管管了，我最初还考虑是不是要管，彭真说，没关系，谁还没一点缺点错误？邓拓还说，彭真要我和许立群一块搞，这样比较方便。在谈到宋硕认为这次会没有第一次国际饭店会议开得"痛快"时，邓拓说，那一次国际饭店会议比较简单，那个会好开，这一次是擦屁股的会，比较复杂。这是邓拓又一次透露的旧市委、旧中宣部合伙镇压北大社教运动的阴谋，当时我的情绪跟宋硕是一致的，感到两家有不一致的地方，很麻烦，对邓的意图还不大理解，方便在哪里，到了反攻倒算重点系的后期，旧中宣部也积极抛出材料整聂元梓同志，才感到两家完全一致，有旧中宣部参加会有好处的。还有一次，我和刘玉梅、吴瑞章在邓拓屋里，（吴瑞章是《前线》农业组长，邓拓派他去搞《农业大跃进》这个大毒草的）邓拓谈起北大的事，他大肆攻击张磐石同志说：张磐石这个人就是不好，解放后，人民日报是由晋察冀日报和晋冀鲁日报两班人马为基础合并而成的，张磐石过去是晋冀日报的，他排挤晋察冀日报的人，想把晋察冀日报统统吞过去，当时关系闹得很紧张。邓拓还说：张磐石的爱人王定坤（北京日报副编辑）也是和他差不多的人，很不好相处，在北京日报，范瑾就感到很为难，其实市委对她很好，她还是不满意。记得刘玉梅曾经告诉我（她是听邓拓或邓拓的爱人丁以岚讲的）解放后，张磐石与邓拓率领新闻代表团访苏，张叫邓搞个学习苏联真理报的经验报告，回来向书记处汇报上挨了批评，当时张磐石一声不吭，是他叫搞的，却不出来承担责任，结果邓拓只得把责任自己包下来，做了检讨，邓拓攻击张磐石同志的这些黑话，对我起了重要的作用，我的立场就更加反动了，思想上认为张磐石同志"一贯不好"，这次社教运动中"犯错误"不是偶然的。我进行反攻倒算活动就更加积极了。还有一次，邓拓谈陆平时说，这个人就是官僚主义无所用心，彭真对他的评价是对的。

九月，各系先后结束，陆续回校，反攻倒算进入重点系阶段。许立群和邓拓如何密谋策划的，我没有参加，成立三个系的领导小组，是他们开始活动后我才知道的，但我知道旧市委人员的分工。邓拓和宋硕、彭珮云在一起策划时，宋硕说，我还管技术物理系，我对这个系比较熟悉，彭珮云挑选了哲学系，经济系则决定把李开鼎调来（当时师大的社教运动刚好结束）。后了解到哲学系的领导小组是彭珮云、何静修、李康林、刘文兰，经济系的领导小组是李开鼎、陈道、龚理嘉，技术物理系由宋硕、龚育之负责，当时中文系也留下了，指定庞文弟、白波（在会议中负责搞简报的）联系，没有明确宣布是领导小组。大概是九月中旬，我到国际饭店，庞文弟告诉我，邓拓叫你到中文系去，帮助我和白波一块搞，中文系主要是搞杨晦的问题。于是我就到了中文系。在策划反攻倒算重点系时，关于参加会的人员，记得邓拓说过，这三个系的所有党员都找来，要扩大参加会的人员，不开学也没关系，陆平可以安排一下，学生先去参加劳动嘛，每个系留个看家的就可以了，准备下乡四清的也不要走，问题解决了再说，就是到十一月再去也还可以赶上。

我到中文系，主要进行了准备材料的活动。庞文弟、白波和我商议后，决定先搞杨晦的材料。邓拓指使说，要把杨晦的文章、著作看一看，选一部分印发出来批判，反对三面红旗、教育方针的材料也要印。于是我找了报刊杂志，选出了杨晦吹捧三国演义等古典文学的几篇文章印发了出去，庞文弟找出过去北大党委简报中有关杨晦的材料也印发了。邓拓还嫌材料不够，记得有一天晚上，邓拓说，听说杨晦在一九五〇年（或一九五二年）在中国作家协会讲习班讲过一次课，很有问题，要想法找来。接着他就亲自打电话给旧中宣部的叶瑶，叫他想法从作家协会的档案材料中找一找。过了两天，讲课记录稿送来了，我看后，感到太长，就作了一个摘要给邓拓看，邓拓叫把原稿全部印出来发到小组去批判。九月十六日，在第四次领导小组会上，许立群决定中文系也扩大参加会的人员，找些年轻的党员，把杨晦批倒，对张仲纯的问题也要搞一搞。这时，我选完材料，参加过几次小组会，没有发言。会下我曾同庞文弟议论过，那几个人的发言比较好。我还对庞说，程贤策看来比较软弱，讲话没劲，你得多做点他的工作。有几个年轻党员，看起来思想还没解放，发言还客客气气的。中文系的会开了大约两个星期，邓拓说，领导力量照顾不过来，先让他们回去吧。于是中文系的会就结束了。

　　九月十六日上午，召开第四次领导小组会。首先由宋硕汇报前一段重点系反攻倒算的情况。他说：技术物理系是分两个组讨论的，物理组对于运动中提出的阶级迫害问题，意见基本上一致了，现主要讨论经验教训。大量的问题是出于蛮干造成的。五八年至五九年发生的问题多，另外也有无知的问题，已搞出一个材料。化学组讨论反右派和反右倾问题，矛盾在反右派，反右倾的问题由石幼珊去检查，主要讨论沈中是不是右派。二个老干部的调走，是由白晨曦、高教部、二机部提出的，胡沙同意，调走不应由下边负责，但沈中把党内问题弄到党外去是错误的，对运动中的成绩错误，认识还有不一致的地方，被斗的人说积极分子顶中央，会议准备到二十五号结束。常委组主要讨论了干部问题。哲学系先有八人检查，对任宁芬、冯瑞芳的检查反映比较好。聂元梓说，很早就发现冯定问题，而陆平压制。昨天开始讨论实质性问题，主要是：大跃进以来的成绩和缺点，反右派问题，批评王庆淑的五月问题，黄楠森问题的反右初期的表现；冯定问题，都抓住对方的错误。批人的人继续揪住王庆淑不放，自我批评很少，有抵触情绪。被批的人认为从六一年到运动都斗王，没有歉意，没有自我批评，有不平情绪。分析也有不实事求是之处，今后做法：现两军对垒,中间状态不多,反右倾,六一年至六二年,社教运动都有过火斗争,涉及面很广,如何选择重点问题,从何入手,达到什么要求?打算从最困难的问题入手,就是党内生活问题。最后,许立群说:每个系都可以搞出个东西,做出文章时间紧些。党委要拿出个工作总结,这是全局的东西,还有陆平的结论。技术物理系可以把伊敏的稿子修改出来。哲学系的问题最困难,最核心的问题是党内斗争问题,重点放在这里如何?五九年斗了十八人,王庆淑是好人,但作风还是有问题,要总结历史经验教训,冯定问题、冯友兰问题,劳动化问题可以提出来放在那里,首先解决党内斗争的态度问题,检查现在的态度,还是自己清理自己。其他问题等四清回来后再一个一个抓,在不正常的情况下,浑水摸鱼的人也看不出来,十月半,工作队也找回来,一起作个结束。领导小组可以给哲学系开座谈会,哲学系现在一个人也不要调走。

回忆在我的印象中,邓拓对调回工作队做清理一事并不积极,他没有怎么鼓吹过这件事。

经济系的反攻倒算开始时,把李开鼎调来。我把我过去整理的樊弘的材料交给他。我还向李开鼎、宋诚、蔡次明介绍,前一段经济系放的不错,邓拓的意思是越放得透越好。邓拓在向李开鼎布置反攻倒算计划时,说要集中力量先把樊弘搞臭,他现在还在放,经济系的条件不错。关于具体步骤,邓拓说,可以分两步走,叫龚理嘉准备两个发言,一个是检查自己的,一个是揭樊弘的,先做检查,后揭,这样比较主动。邓拓还亲自找龚理嘉面授机宜,指使她的发言要理直气壮,挺起腰杆来,该自己认的账认够,然后反戈一击,做进攻性的发言,揭露樊弘。邓拓再三地鼓动她,不要软弱,要勇敢地站起来。邓拓还指使李开鼎等继续收集整理樊弘的材料,历史问题也可以拿出来。后来邓拓叫我转告李开鼎,批樊后,对王茂湘、李志远等采用北平方式和平解决。

后来,李开鼎、宋诚、蔡次明查阅了樊弘的档案,有一次我到他们屋,见正在看档案,他们告诉我樊解放前如何陷害女佣人,在党校如何受批判,几次延长候补期等情况,我发议论说,过去根本不应该延长,早就应取消他的党员资格,结果留下祸根。后来,蔡次明还找来一本樊解放前的著作，叫我帮助他看看，我翻了一部分，对蔡说，问题很多，就是英国工党的那一套，不过改头换面罢了，还带上半殖民地的特点。

龚理嘉的假检查记得是徐淑娟帮助她一块搞的，李开鼎等多次研究帮助仔细修改，攻击樊弘的发言准备出来后，李开鼎叫我看看提意见，我当时在看杨晦的材料，所以没有用心去看。这两个发言抛出来后，当时认为反攻倒算开始得手，李开鼎很卖力气，邓拓也很满意，认为李开鼎完满地照他的策划做了。我又一次向邓拓反映，说龚理嘉与前一段大不相同了，听说发言很有劲，看来小猫已经变成虎了，邓拓也大为得意，多次表扬龚理嘉。

中文系回校后，九月下旬邓拓指定我到哲学系帮助反攻倒算。一九六五年九月二十四日领导小组召集哲学系六个小组召集人汇报讨论情况，大家谈了小组会上争论的问题。记得那时左派同志要求把六一年至六二年总支记录印发出来，要求开大会辩论。在会上邓拓疯狂地说：要把问题搞清楚再散会，十一月份还可以下去四清。乱而后治，真吵开了，也许好，开大会，印总支记录为什么不可以？可以连整风社教的记录统统拿来都印，开大会怕什么？有人认为大会一发言就可以鼓动起来，没那么高明，许多同志毕竟党性有所提高，不怕鬼，不怕不好相处，没有结局，你越怕吵，他越要吵，群众辩论中就可以出现中心，出道理，同时组织一些人认真研究一些问题提出个文件，直到每个人毫无保留地讲出来，乱不到那去。许立群也和邓拓唱一个调子，并直接提出要整聂元梓同志。他说，放，开大会，我原则同意。为什么争论这么久？首先是事实要搞清楚，其次按一定原则（即按修正主义原则）分析这些事实，知识分子成堆的地方容易吵不清楚，就是有个角度不同的问题，有的人长期躲到个人死角里出不来，有挨整的百分之百的布尔什维克的道理，要取得一致语言，无非是摆事实讲道理，事实、道理比较清楚，自然会取得大多数人意见一致，要争取多快好省一些。要放，同时增加领导作用，可以更快一些，总是会吵出多数少数来。请六个召集人搞出个对若干问题的基本意见。王庆淑、聂元梓的问题可以提出来，聂的思想不好，六二年改选的记录和整风、社教的记录都可以印出来，是非不清，关系也搞不好。

这次会后，邓拓对印记录是很积极的，由于字数太多，学校印刷厂印不了，邓拓就亲自打电话与人民日报印刷厂联系，要他们帮助很快地抢印出来。邓拓的企图就是想从整风社教记录中捞到几根稻草，作为攻击左派的子弹，后来他几次说反攻倒算的发言很好办，随便挑出记录中的几段就可以讲，用不着什么写发言稿。整风社教的记录印出来后，为了便于按人查阅发言的内容，我提议按人剪贴一份，我和庞文弟指使人搞了一份，我感到不错，也向邓拓说给他搞一份，邓拓说他不要所有人的发言，只剪贴聂元梓、孔繁、孙蓬一、张恩慈四个人的发言就可以了，我指使刘玉梅干了这件事，剪贴后给了邓拓，邓拓很满意。

组织六个召集人搞所谓对若干问题的基本意见，是彭珮云负责搞的，我没有参加，记得先整理出一个对争论的问题双方意见综合材料打印了出来。彭珮云干得很积极，记得国庆节放假期间也没有放六个召集人回去。

宋硕、彭珮云、陆平选六个召集人时，说是找"中间派"的人当。九月二十四日许、邓召集六个召集人汇报会后，邓拓出于反革命的敏感，会后说，他听了赵正义的发言，一听就听出来他不是中间派，而是他们那边的人。我当时很惊奇，认为邓拓高明，自己却没有听出来。

九月下旬，邓拓指使我说，要整理出聂元梓的单行材料，把过去工作中的表现，讲课中的问题，在经济系时的问题，整风社教运动中的表现统统收集起来，题目就叫《一个浸透了剥削阶级意识的老干部聂元梓》。我把邓拓的黑指示给宋硕、彭珮云谈后，就由几个人分头收罗材料，我专门到经济系要李开鼎、宋诚收集聂在经济系的表现，并要找她的讲稿。他们说，聂在经济系就讲过一次课。后来找来了听课笔记本，我看了一下，也没有捞到什么东西，并向邓拓汇报了，以后就没有再找这方面的问题。后来龚理嘉找到一九六二年十七级以上干部讨论中央七千人大会的两本记录，我看了一下，也没有捞到东西。这个期间，我还找王庆淑谈过，她向我提供的诬蔑聂元梓同志的材料有：她说聂曾讲过："党内斗争，错误的东西常常是在党的正确路线口号下所掩盖着，正确的思想又常常在斗争的形式上是在个人主义、自由主义或其他缺点的形式下掩盖着"。（当我认为这话有理论性，是重要的"错误"论点）"我从来没有犯过错误"，"不看风使舵怎么办？"王庆淑还说，聂封官许愿，答应陈葆华当副总支书记；在整风社教中，公布党员排队名单，这是组织界限问题；聂说党委把批冯定的文章送《红旗》是阴谋。我当时的反动立场和情绪与王庆淑完全一致，对她提供的诬蔑材料深信不疑。

我还找过宋诚，叫她谈谈她收罗来的聂元梓同志在经济系时的表现，找几个人兜了一下还不全。她提供的诬蔑材料有：聂吹捧陈岱孙，说陈是教师的红旗和标兵，让樊弘转到政治经济学教研室讲马列主义政治经济学，说龚理嘉不人道，不给许邦仪买水果，这是聂提出的炮弹，樊弘一九六二年翻案时，曾经同聂商量过，聂看过樊的申诉书，说没什么问题。（这个材料记得是经樊弘交出的日记中查到的，李开鼎向邓拓汇报后，邓指使把樊的日记要摘印出来。摘印的不仅是只是这一段）；聂同意一九六一年搞读书会，使用一个很坏的团员等。在谈话过程中，我也向宋诚散布过许多聂的坏话，如诬蔑聂元梓同志在高级党校表现不好，很特殊，偷保姆面粉，拿她母亲的毛衣等（对毛衣这件事，邓拓过去曾诬蔑聂元梓同志说：此人不合为人之道）。

记得有一天晚上在宋硕屋里研究如何整理诬蔑聂元梓同志黑材料。我重申了邓拓出的题目，我说，主要抓聂的剥削阶级意识，个人主义，与党的关系，手法等，诬蔑聂元梓同志名利思想严重，依靠坏干部，打击好干部，封官许愿，造谣生事，投机取巧，三面两刀，等，极尽歪曲之能事。我和李康林、庞文弟、吕桓甲整理出来后，邓拓叫打印出来，嘱咐说，发十四人领导小组，但要在开始批聂前一天发出，不要早发，以免泄露了意图。

九月廿八日，邓拓在市委大楼他的办公室秘密召集彭珮云、王庆淑、刘文兰和我等开黑会，亲自策划王庆淑的反攻倒算发言。王庆淑谈了两个问题，一是在社教运动中的作用，一是有严重的个人主义。邓拓听了后不满意，邓拓策划说：哲学系提出的问题都是老问题，不难解决。我们发言太拘谨，老怕抓小辫子，怕什么？张恩慈就可以瞪眼说瞎话，陆平已经检讨了嘛，哲学系和经济系是相通的，樊弘就说聂是经济系的母亲，替他翻案，到适当时机会到一起来，将来开大会，越开越大，整风就是要整资产阶级歪风，什么地方资产阶级思想突出就整那，现在资产阶级思想还很嚣张，要造成气氛，让他们放。资产阶级思想最突出的是聂元梓和张恩慈。不要求表面上和，那是假的，不如真分裂，因实际上是分裂的，越吵得彻底越好，不要吵回锅肉。准备工作首先要核对事实，分析到如实的高度，发言根本不要发言稿，只要个提纲就行，打到那追到那，找到机会就打，你说什么问题我就奉陪什么问题。有了高姿态，把他看成瘪三，个人主义那么严重，是他根本的弱点。把张恩慈的资料搞全，一是一贯表现，首先是缺乏自我批评精神，一贯的个人主义，闹工资待遇，改选时号召弃权，说认识只落后于实践，发表文章不过是抢先一天而已，有严重个人主义就不是真正的马列主义者，自由市场买两只小鸡，甄别时说是报复，一定说是报复才是阶级报复，张恩慈是哲学系的害群之马，社会主义北大不要他，思想斗争也要刺刀见红，座谈会后放一天，再刺，再放再打，只把张恩慈撩倒。聂元梓的问题，一是在运动中的问题，聂不同于张磐石，也不同于一般的积极分子，整风在前，社教在后，违反党委指示，整风的指导思想是什么？①不整自己和总支领导，而通过王庆淑整陆平和党委，②先对王庆淑定了性，八月二十八日就对谢道渊说王庆淑是坏干部，聂的第一次发言就说王是资产阶级政客，③否定哲学系成绩，④否定校、系两级执行的是中央路线，⑤违反党内斗争原则。在组织上的错误，就是不服从党委，对下压制。另一个问题是一贯个人主义，有严重的个人主义，用资产阶级眼光看问题。王庆淑的自我检查可以单独讲，你对聂的揭露针对性不够，鼓不起劲，太平稳了，要以四不清为纲来准备；严重个人主义，是思想上不清；敌我不分，如对吴宏毅、冯定、樊弘；组织上搞两套，唱对台戏；最后经济上不清，如偷保姆的白面。张恩慈对哲学系的估计实际没有改变，要说明完全不能同意，你可以说，检讨我已做了三次，小范围的还不算，论典型问题的检查也许不够，还可以检查，错到什么程度都可以承认甚至处分也可以，但我的错误是有限度的，你们的批评我是完全不能接受的，还说张磐石的阴魂不散，老实说，如果我要承认，早承认了，你们不行，同志们诚恳的帮助是善意的，可以接受，但你们别有用心，为什么老揪住我不放，说我阴魂不散，我离开哲学系已三年了，你当总支书记干什么的？然后转到聂元梓的四不清，说明实际兴风作浪的是聂，要求把聂的问题彻底搞清，把躲在洞里的蛇揪出来。

后来，彭珮云不同意王庆淑按四不清来对聂攻击，她提出，有些材料不是王庆淑亲自掌握的，不好做全面发言，因此王庆淑攻击聂的发言一直没有按邓拓的意图实现，邓拓非常不满意。

为了执行邓拓的所谓把材料核对死的黑指示，陆平曾找谢道渊，专门对证过一次八月二十八日聂元梓同志与谢谈话的情况。谢道渊当时还专门去找来他的小本子，说聂当时对王庆淑的估计就是那么讲的。宋硕还叫我把盛皿找来，专门对证所谓水果事件，谈话时我没在场，谈过后，宋硕得意地对我说，砸死了，砸死了，这个情况确实是聂元梓提供的。

十月初，右派内部在对王庆淑问题的估计上发生了一些分歧，邓拓对王庆淑很赏识，一直强调要重点用她，还亲自策划她的发言，企图作为攻击聂元梓同志的王牌，彭珮云则对刘文兰很赏识，对王庆淑作风问题上的毛病估计得重一些。而基本看法是一致的。李康林与陈葆华同志做了十二小时的谈话后，彭珮云、陆平找李康林、庞文弟和我专门研究王庆淑的问题。彭珮云还找六个小组召集人来谈过一次。这些情况我向邓拓汇报后，邓拓说，王庆淑在运动中顶住了，很不容易，北大就这么一个，连陆平在这一点上也不如她，所以要从政治上看问题（即反革命修正主义政治），不要纠缠小节，因小失大。邓拓还叫我把王庆淑的档案找来给他看。邓拓看后，仍然是那个看法，后来也一再进行鼓吹。我当时顽固地站在反动立场上，完全接受了邓拓的反革命观点。当时我认为邓拓说得对，中央书记处既然肯定张磐石错了，那王庆淑的顶风顶得对，顶得坚决，是很难得的人物。因此我曾与李康林、黄希争论过，并且在庞文弟面前疯狂地叫嚷，我要是歌唱家和作家我就要歌颂她，如果我是画家，我就要画她的高大形象赞美她，并且喊她伟大伟大！这时我的反动情绪达到了顶峰，把王庆淑吹捧到肉麻的程度。

十月初，彭珮云让我看看王庆淑的论典型，看到底问题怎么估计，她说她也拿给张炯（北大中文系）看了，他认为有修正主义观点，但不系统。我看后也同意张炯的意见，同时认为，这篇文章是一九五六年写的，受了修正主义影响，但自己发言后主动收回来不发表，改正了自己的观点，并在一九五九年初步做了检查，这件事已经算是解决了，揪住老账不放是不必要的。

在十月初休会期间，邓拓与宋硕、彭珮云商议后，指定高宝钧、徐明准备攻击张恩慈同志的发言，叫刘文兰加以帮助。十月五日，邓拓也要我参加一块炮制。十月六日上午，我和刘文兰、高宝钧、徐明四人在大学部的一个办公室开会研究，高、徐谈了他们收罗的材料，我提出了一个提纲说，①个人主义种种，②老虎屁股摸不得吗？主要攻击张恩慈同志缺乏自我批评精神，③是打击报复还是闹个人名利？主要讲对他的安排、精简问题和反右倾问题，④"大打击、大批判、大揭发"，主要攻击张磐石同志在社教运动中的表现，⑤六一至六二年的党内斗争。我还特别强调，所谓"个人主义每人都有，关键在于领导"这句话带有理论性，要好好分析批判。

十月六日下午，邓拓在市委大楼他的办公室召集高宝钧、徐明、刘文兰和我，亲自听取和策划高宝钧攻击张磐石同志的发言。高宝钧汇报收集来的材料，讲了诬蔑张磐石同志的发言提纲。个人主义表现：①不愿做政治工作，想成名成家，如调王吟秋到大学部工作，他不同意，反右时也说过不同意政治教员做政治工作，②反右倾问题，要求甄别，说受批只能从个人关系上才能想得通，是王庆淑打击报复，还说，说我白专影响升讲师，我讲课最多理应升讲师，五六年就应升讲师，而当时失去了条件，六〇年升了，但不提薪，我这是后补讲师。还历数自己的功劳，连养病期间做休养委员也算上了，③在党内搞无原则斗争，藉口原则斗争，自己闹，④自我吹嘘说，我是一个马克思主义者，我没有错误，反右倾中作了检查，但受主席表扬后更狂妄自大了，怎么看待表扬？整风中说，我有什么个人主义？他还说万里不是马克思主义者，说龚育之、何静修是小干事、中干事，自我批评精神很差，老虎屁股摸不得，⑤他的理论是"个人主义每人都有，关键在于领导"。还说每一次党小组会都批评他，实际并没有批评他，只有一次，他还跳了起来（批评他精简问题上的发言），说"整个人主义就是打击报复，就是封住提意见人的嘴"，还借二十三条为个人主义辩解，强调不整群众，⑥组织关系不正常，不接受教学任务，不干研究生辅导，不开书单子，不为广播台哲学学会写稿，这都是组织上布置的，还要辞职教学小组长闹了一年多，闹到郑昕那里，郑认为他想当教研室主任。改选时有个人情绪，对任宁芬说，不揭发王庆淑就要斗你。精简时说，领导不喜欢就让你走，谢甲林的走，是个别领导人的排挤。整顿支部时，说是党委来整党员，说不登他的批判冯定的文章是政治陷害，为什么张凤波的文章在中国青年报上先登？此外还讲，张恩慈在自由市场高价买两只鸡，有人说他到保定买鸡蛋，可他不承认等。邓拓为了攻击张恩慈同志，特别提出还有没有三面红旗方面的材料，还说对精简问题要提高到反对精简政策的高度来谈。最后，邓拓策划说，听你讲起来太长，别人印象不深，可能沉默，可以把几件事归为一个小题目，时间先后可以不管：①如成名成家，有集体任务你不管，只是个人成名成家，甚至连个书单子也不开，多保守，这样讲就有火力了，不一定当时具体条件讲得那么多，单刀直入，象尖刀连一样。②向党伸手，闹地位级别。③狂妄自大，自我吹嘘，不知天高地厚，连万里也没放在眼里，可以先不提怀疑市委，就你是马克思主义者。④你根本目无组织，用几次小组会生活会为例，说明无视党的组织生活，没有党的组织原则，你是个特殊党员。⑤一贯闹无原则纠纷。⑥怀疑你三面红旗有动摇，曾说没钱买高级品，到保定买鸡蛋你不承认就算了，但毕竟买过两只小鸡。还含沙射影，反对党的精简政策，这不是对个别人不满，你是一般讲的，在右派进攻中，你钻空子，正在大鸣大放，总支正在应付学生闹事，你就在楼下进攻，总之是剥削阶级思想烙印太深了，你讲唯成分论么，出身就是有影响，看表现，确实不好。⑦在运动中，有严重个人主义，与张磐石一拍即合，反正是彼此欣赏，在运动中，你不是白丁，是大帮手，起草紧急动员报告，斗陆平、王庆淑的会上做结论性发言。发言由头；座谈会后，再听一天，如张恩慈发言，接着就讲。在开头，先讲自己的态度，说相处很长，一直看法有分歧，为着团结，很多地方迁就了你，话没有说尽，对你很惋惜，二十三条后，仍然是张磐石的调子，就一定要从你的思想根源中去找，有严重个人主义，我们是同志，话说当面。

我听了邓拓的恶毒攻击和策划后，从反动立场出发，对邓拓很佩服，认为他提得高又有策略，同样的材料，他一讲就不同，感到受"益"不浅，又学了几招。会后邓拓叫我和刘文兰继续帮助高宝钧、徐明编制发言。刘文兰提出再找时间具体研究一下，我说邓拓已经讲过了，我已没什么新的意见，你们准备吧。记得刘文兰还说过，高宝钧当时有病，也连着开夜车准备，在会上邓拓还对高赞识了几句，并表示关怀。高宝钧的发言稿准备出来后，我听他讲了一遍，当时高觉得两只小鸡的事不太好讲，我鼓动他说，没关系，邓拓不是讲过吗，提高了再拉下来，提出怀疑总可以吧。后来高宝钧在大会抛出这个攻击张恩慈同志的发言后，旧中宣部的人反映说（记得是何静修）高发言态度诚恳，打中要害。我把这个反映汇报给邓拓后，他说讲得太软弱了，火力不够，当然态度诚恳是好的，他要求高宝钧再讲一次，不怕重复，要把问题提得尖锐。我向高转达了邓拓的黑指示，还说，子弹总算是放出去了，但你这个人就是太老实太善良了。还嫌他攻击的不够。邓拓还授意高宝钧发言时，不要再提问张磐石为什么欣赏你，他就可以回答不知道，这样提没力量，要直接说他党性不纯，所以一拍即合，是张磐石第二，现在仍是张磐石第二，对抗中央方针，是害群之马，再发言时要狠狠地打他。我在策划高宝钧的发言中，传达了邓拓的黑指示，到十一月，我再次帮助高编制发言时，更加嚣张，对高说，不要照稿子念，那有没力量，搞个发言提纲就行了，到时侃侃而谈，张这个人狂妄自大，老虎屁股摸不得，偏要摸一摸，就要给他当头一棒，让他清醒些，还提出要分析他的阶级根源，个人主义严重与做小商贩有关系，学会了不少坏东西，我把邓拓的历次的黑指示，对张恩慈最恶毒的攻击都忠实的贯彻了，对张恩慈同志进行了疯狂的迫害。在编制发言过程中，邓拓指使说，张再出来发言就让高宝钧讲，但这一段时间张恩慈同志没有讲，邓拓就说，要找个人发言刺他一下，让他跳起来，然后就打。我秉承这个黑意旨，找过徐明，要她准备一个不长的发言，说随便在整风记录中找一段就可以讲，总之，目的是要他跳起来做回答。记得后来徐明选了张恩慈同志在许立群召开的座谈会上的发言做为攻击的内容。

十月七日，许立群召开哲学系全体参加会的人员开座谈会，并讲了一通黑话。他歪曲放的方针，大肆鼓动右派进行猖狂进攻。这两次会我没参加。后来，许立群的黑讲话还铅印了出来。

座谈会后，邓拓听了会上情况的汇报，指使说，明天再硬着头皮听一天，让他们放透，然后再发言。

十月九日，李开鼎叫我向邓拓汇报最近两三天经济系反攻倒算的情况，介绍说谁都发了什么言，主要是集中批判樊弘的个人与党的关系。李开鼎还说，社教运动把党的生活搞乱了，不少党员连党的生活的基本原则都搞不清楚，李开鼎还亲自到政经支部作过动员。我向邓拓汇报后，他表示满意，没有再说什么。

十月十五日左右，邓拓来听哲学系情况的汇报（参加的有宋硕、彭珮云、陆平、庞文弟、李康林和我）。彭珮云汇报了哲学系大会上争论的情况后，邓拓指使说：要很好利用现在的僵持局面，都不拿王牌，那就在副牌上做文章，提出局部问题来谈，解决王牌以外的一些问题，发言要刺痛，攻得他必须还手，弹不虚发，可以用整风社教记录上的材料发言，如对张恩慈的文章和发言就可以讲，除了主要目标外，孔繁、孙蓬一的恶劣地方也可以揭。王庆淑的检查可以上，还要她准备一个对聂的发言，是个虚晃一枪的。如果张恩慈不出来，也可以先搞聂元梓。

此后一直到开始在冯定问题上攻击聂元梓同志，这一段时间主要集中力量准备攻击聂元梓同志的发言。我的分工是：邓拓叫我帮助王庆淑好好准备她的假检讨。王的检查稿写出后，我找她来谈，并逐段地修改了她的稿子，一定要她表示出接受意见，虚心检查。我说个人主义总得要承认的，自己没有一点个人名利的考虑吗？她不大承认，我说，彭珮云就告诉过我，调你到宣传部时发过牢骚，说什么我是几级干部，钟哲明是几级干部等，这应该检查。最后她不得不同意原则地写上几句。记得她的假检讨抛出去后，刘文兰反映说，有些话一听就不是王庆淑的话，是李筠修改的。当时我对完成了帮助王庆淑假检讨的任务感到高兴，还认为王庆淑毕竟还是可以接受一些意见的，只要你好好对她谈就可以。

在僵持局面下，反攻倒算很不得手，彭珮云束手无策，大家也很着急，这时技术物理系已基本结束了，我就对宋硕说，哲学系的力量弱，你赶快转过来吧。宋硕说，那当然，技术物理系没有什么问题。接着我在大楼办公室又向邓拓建议说，彭珮云忙于搞简报，也拿不出什么办法来，哲学系还得让宋硕亲自抓才行。邓拓说，好，他马上拿起电话来告诉宋硕，要他亲自抓哲学系，说彭珮云是妇人之见。打电话后，邓拓对我说，过去认为彭珮云很有办法，这次知道了，他就是个搞办公室的角色，管家可以，挂帅不行。这是我所起的重要的高参作用。宋硕转过来后，彭珮云表现出不太高兴，很有情绪的样子。宋硕又一次对我说，我对她了解，个人英雄主义特强，自己干不了的事，还不服气，不要去管她，过几天就好了，我们共了十几年的事，她的脾气我都清楚。

宋硕转到哲学系坐镇后，与陆平、彭珮云集中全力镇压哲学系的社教运动，宋硕调兵遣将，重新收罗攻击聂元梓同志的子弹，他派黄希到人大、党校做调查，派人到东北、天津去收罗材料，派潘乃穆去西安找李寄霞去捞稻草。十月二十日晚上叫宋诚来详细汇报收罗来的攻击聂元梓同志在经济系一段的材料。内容就是后来经济系、哲学系合开的大会抛出的那些。十月十五日，彭珮云、李康林向何静修介绍收罗来的攻击聂元梓同志的黑材料，这个会我没参加，他们会后向宋硕反映说，何静修感到没有什么有力的材料。于是宋硕就更加紧进一步收罗材料了，如派人调查六二年聂元梓同志参加编政治经济学教科书一段的情况。宋硕还经常召开右派骨干会议，布置攻击左派的发言，他吸收任宁芬参加，我问她怎么样，宋说没问题。

十月十六日，还发生这么一件事。下午在陆平屋里谈攻击聂元梓同志的问题，当时在场的有陆平、宋硕、彭珮云、伊敏、李康林、庞文弟和我。彭珮云当时情绪不好，感到捞到的黑材料少，没什么信心，陆平、伊敏也感到没把握，宋硕发现这个问题后，大为震惊，原来内部军心动摇。宋硕问我的意见，我说，邓拓原来出的题目是《一个浸透剥削阶级意识的老干部》，我的理解也不是要把她打成反革命，就是要清理她的严重的个人主义。宋硕叫把聂的问题再兜一兜，当谈到社教运动中冯定上台发言批判陆平时，宋硕就叫嚷，这就是政治问题，冯定是什么人，怎么能用冯定去批判陆平，凭着这一条就可以打，没有错。陆平这时也说，是呀，这是个重要问题，可以干。会后，我因为第二天要下乡到编辑部四清的点上去看看，就走了。十月十八日我回来后到国际饭店，庞文弟告诉我，十六日晚上宋硕向邓拓汇报后，邓拓马上就来了，大发脾气，说搞聂元梓决不能动摇。

十月二十四日，邓拓来国际饭店找宋硕、陆平、彭珮云、李开鼎做进一步策划，我也参加了这个黑会。邓拓听完汇报后，指使说：要死抓住聂元梓不放，不分散一点，准备她反扑，就拿出材料澄清五月等问题，结论拿回去党委去做。对聂要做些工作，防止她自杀，搞一段可以让聂做检查，聂光说事实全忘了，是个女流氓，就是要集中搞聂的四不清。宋硕讲了准备攻击聂的材料，他说：①李寄霞问题，②地下总支问题，③经济系问题（包庇樊弘、水果事件等），④吴宏毅问题，聂一九六二年还说吴的反党帽子是他们扣的，马列学院表现看病等问题，⑤个人主义问题，宋硕还提出，揭后可以由陆平做个简单动员。邓拓表示不要做这个动员了。最后邓拓说，在上材料之前，让聂检讨，公开在会上点她一下，不与聂谈话，理也不理她，要尽可能开大会，剩几个人后再开小会。经济系有关聂的材料有什么揭什么，先分头揭，再两系汇合。马列学院的材料要印发，上海外语学院王××在社教运动中揭聂的信可以印发领导小组，将来各方面的问题都解决了，要点孟琳。

会后就按邓拓的策划做了。宋硕、陆平、彭珮云在策划具体搞法时，宋硕主张先上冯定问题，由此转到集中攻击聂元梓同志。陆平疯狂地叫嚷说，对，就是要来个他妈的尖刀突破。宋硕具体策划布置汤一介的发言，我当时不在场。汤一介抛出了所谓四个第一的恶毒攻击后，宋硕大为得意，他曾经对我说，汤一介这个人的脑袋挺灵，布置后一个晚上就准备出来了，讲的不错。记得在策划上冯定问题时，宋硕还提出叫陆平去坐镇，直接出马讲话，强制讨论冯定问题。

这一时期左派同志坚决顶住，并进行反击。在会场上，当发现有些左派同志常请假不出席会时，宋硕叫我把这个情况向邓拓汇报，十月二十五日我打电话说了，邓拓指使说：他们逃会要订出纪律，请假要通过哲学系领导小组，如仍不来，准备缺席裁判。并说，偷面粉的事可以揭，要提四不清，可以提组织上不清，在四不清中突出政治品质是对的，他还叫把上海外语学院院长王××的材料赶快印出来，在揭聂后，领导小组开会前发出。当时，我就把邓拓的黑指示告诉给了宋硕。

此后接连在大会上对聂元梓同志进行了疯狂的攻击。每天晚上宋硕亲自布置右派发言，进行反扑。

在这一段时间内，邓拓指使陆平准备一个所谓哲学系若干历史问题的意见，来为王庆淑和旧党委辩护并企图压制压服左派。这件事，我见是陆平叫伊敏、潘乃穆负责搞的。

十月底，又一次施德福对我说，他结婚时，聂元梓同志曾送他一首诗（生要为人杰，死当为鬼雄，而今思项羽，誓不过江东）他拿给我看看是什么意思。我查了一下原来是李清照的一首诗，我当时错误地认为这反映了聂元梓同志的个人英雄主义思想。记得我还对邓拓谈过这首诗。

十月二十九日，宋硕、陆平、彭珮云、李康林、刘文兰和我等在一起，研究这几天反攻倒算的情况，彭珮云、刘文兰谈了左派同志的反映，宋硕提出下一段如何批判，给聂元梓同志"画像"。当时大家污蔑说：①聂元梓是张磐石的急先锋，宋硕说，彭真以为不如崔雄昆，②搞过火斗争，残酷斗争，③搞无原则斗争，④个人与党的关系不正常等。

十月底，陆平与聂元梓同志谈话，宋硕找陈葆华同志威逼，企图进行分化瓦解，宋硕叫我把这些和其他一些情况向邓拓汇报并请示一个问题。我当时打电话问刘玉梅在不在？刘说：不在，你告诉我，我给你转告吧。于是我说她记，汇报了一下情况：①陆平与聂谈话情况；聂一上来就摸底要陆平先谈，聂表白了自己，谈了社教运动过程，并说这次会议这样开法不利于团结，我委屈点不要紧，也损害陆平威信；聂说庞达讲我起草报告，我当时也不知道他们的意图，今天安到我的头上是政治迫害。陆平要聂检查张磐石的影响，聂未反驳，表示愿意检查，但抱怨说，几次约陆平谈话都没约上。②宋硕找陈葆华谈话的情况：开始陈的情绪顶，不抬头。她提出问题说，是否要斗她斗聂，感到怕，是否要搞反党集团，说对聂认识不够，到系后聂对她很温暖。宋硕讲了吴宏毅的问题后，陈说，聂讲过吴的问题是她揭发的。刘立邦曾对陈说过聂在党校表现不好，陈的爱人也批评过自己。张磐石过去曾对陈说，你爱人不好，因为是在北京市教育部门工作，不是好人。另外还汇报了召集人会的情况和今晚陆平计划应与孙蓬一、宋硕与李清昆谈话。最后请示一件事：何静修提出要求参加会的人对庞达、唐联杰、阮铭三人提意见，看怎么安排。后来，记得刘玉梅回复我，说邓拓讲，何静修提出来了，还是得分出些时间来给他们，给三个人提意见。我当即转告了宋硕。

宋硕与陈葆华同志谈话进行迫害时，搞得很紧张，第二天我到国际饭店时，知道宋硕和刘文兰一直包围她到深夜，谈后还让刘文兰陪着她睡觉，继续包围，观察动静。我当时的思想情况是：同意过去刘文兰介绍的情况和分析，认为陈来系较晚、年轻幼稚，是属所谓受蒙蔽的，因而对这些谈话抱有很大希望，可能揭出聂的一些什么问题来，以捞到攻击聂的稻草。但是由于陈葆华同志坚决顶住，也没捞到什么东西，陆平、宋硕与孙蓬一、李清昆等同志谈话也没有捞到什么，分化瓦解失败了。

由于左派的坚决抵抗和反击，反攻倒算仍不得手。记得有一次在宋硕主持下，对哲学系参加会的人员排了一下队，发现左派仍占优势，中间派很少。有一次我在市委大楼向邓拓谈了这个情况，说他们二十多人抱成一团，陆平、宋硕做了一些工作也搞不开，邓拓说，这个工作应该这样做下去。

十一月上旬，宋硕和陆平商议，策划召开哲学系总支委员会，把收罗来的材料抛出去，妄图把聂元梓同志一棍子打死，妄图达到分化瓦解左派的目的，做孤注一掷。宋、陆策划后，宋硕告诉我这件事，说需要请示邓拓，叫我打电话，我说我来叫电话你直接说罢，我叫了电话，宋硕讲了策划，说把材料统统抛出去，放下电话，宋硕说，邓拓同意了，我问材料都拿出去吗？当时我担心在天津捞到的材料拿出来是否合适。宋硕说，邓拓同意把所有材料拿出来，连男女关系的也不留，记得陆平也说过，将来这个问题反正要在总支讨论，拿出去没关系，并决定叫伊敏谈历史问题的材料，他是搞人事的，比较合适。

十一月七日，记得是个星期日，这个分化瓦解的黑会召开了。陆平做开场，说开这个会给大家提供一些情况将来还要与聂元梓本人谈，哲学系是突破口，有特殊性，这个问题必须解决。接着一连抛出了所有的黑材料，伊敏谈时，李康林嫌他讲的不明确，接过了大加补充攻击。在会上何静修也攻击说，聂元梓不一般是捞一把的，唐联杰也讲了一些坏话。最后宋硕又打又拉，大肆攻击了一番，在会上还传阅了所谓男女关系的黑材料。但黑材料抛出去了，仍然没有达到分化瓦解的目的，两手空空，一无所获。在这种情况下，邓拓决定经济系、哲学系合开大会，进行强力镇压。（前此不久，邓拓曾叫我转告李开鼎，说哲学系搞不下来，就把聂拉到经济系去斗，叫李开鼎做准备，我向李开鼎说了，后来没有这样做，仍按邓拓原来的策划两系合开百人大会，施加压力。）

十一月八日，聂元梓同志发言，十一月九日，何静修在两系大会上疯狂叫嚷，攻击聂元梓同志发言的序言部分。会后，宋硕说，何静修发言有水平，分析得好，咱们的发言还没有这样的。在借所谓水果事件攻击聂元梓同志后，我们自以为反攻倒算得手，聂元梓同志一时答不上来，我就曾经说过，这次她当场出来了。

十一月十日，邓拓来国际饭店找宋硕、陆平、彭珮云等听了大会情况的汇报后，指使说，要抓紧，许说过一段可以把各地宣传部长找回来开会做个结束。对聂元梓的问题，有反复更好。要"批判"她与张磐石一拍即合，违反党的原则违法乱纪，挑拨是非，与党的关系不正常，最后是历史表现，四不清，不用经济系的办法，只打出头的保皇党，不保驾就算，聂的完了后，自己清理，党委讲话澄清历史问题。现在批判要集中。十一月十日中午，何静修告诉彭珮云说，旧中宣部的何其祥查出了一份，聂元梓同志在一九六四年七月二十四日与张磐石的谈话记录，聂说北大党委必须改组。我把这个情况打电话向邓拓汇报了，他没说什么。第二天，何静修就把这个材料抛了出去，借机大肆攻击聂元梓同志。

十一月十日晚上，宋硕、陆平和陈道、李开鼎、彭珮云、李康林、刘文兰在何静修屋打完扑克后策划哲学系下一段安排，何静修提出刘文兰准备将来的总结发言，宋硕说，由彭珮云、刘文兰准备，将来谁讲再说。还议定召开积极分子座谈会，施加压力，分化瓦解。

后来我听彭珮云说，何静修与陈葆华谈了话，何静修还说聂的检查有高明的指教，他估计可能是聂真。

十一月十一日，邓拓打电话来说，要把聂的手法集中起来整个材料印发《动态》，并说聂先后给彭真、刘仁和刘少奇写了两封信上告，将来可以印出来发下去，在信中可以加注解，说明问题。后来邓拓拿来了这两封信，叫抄录下来准备打印，企图借此对聂元梓同志进行进一步的打击和迫害。

有一天，宋硕告诉我，聂元梓同志要求与许立群谈话，何静修说，许不愿谈，答复了三个办法：要谈，等一周以后谈，现在没时间；现在由办公室人员接待谈话；聂在大会上讲自己的意见。何还说，许立群表示聂的问题完了后，其他人的问题很难解决，下去四清好了，组织上一分为二，调走一批。宋硕叫我向邓拓汇报一下，我打电话说了。

在这期间，彭珮云不同意王庆淑发言，也不同意以四不清为纲。我把这个情况向邓拓反映了，邓拓很不高兴，他说要从政治上看王庆淑，对彭珮云没有照他的指使做很不满意。

十一月十九日，邓拓来国际饭店找陆平、宋硕、彭珮云等策划下一段的倒算计划，邓拓突出地强调说：要把王庆淑的旗帜举起来。他们就是说社教运动有错误，但北大，王庆淑的问题更加严重。所以要全力以赴的支持王庆淑。在战术上处理不当，就可以影响战略。叫王庆淑上第一炮，敌人这里开刀，就从这里顶，理直气壮。聂的材料要切实砸死，现在她靠上告打气，是回光返照，有严重个人主义，在社教运动中浑水摸鱼，攻击党委、市委，这关系到张磐石对不对的问题。他们提出三结合的问题，这次会是聂自己打退堂鼓，千方百计逃会。他们攻上来，可以迂回一下，然后叫王庆淑作一、二次长篇发言，把聂攻回去，要造成对王庆淑的同情，王不能倒，要站起来。现在他们攻这次会议的三结合问题，先不回答。晚上，宋硕、彭珮云、刘文兰、李康林、黄希、陆平和我、庞文弟等讨论邓拓上述的黑指示，主要是对王庆淑的估计。次日，我把讨论的情况向邓拓汇报，邓拓很不满意，他说他要亲自召开座谈会讲讲这个问题，直接把哲学系的一部分找来（即召开右派积极分子座谈会）。邓拓问我宋硕怎么样，我说他还是比较好的，抓工作有魄力，不象彭珮云那样，对王庆淑，宋硕和彭珮云还有些分歧。我把邓拓要开座谈会的事告诉了宋硕，他同彭珮云等拟了一个名单，记得有陈志尚、王义近、冯瑞芳、谢龙、徐明、赵光武、张凤波、柯木火、高宝钧、徐大笏等。

十一月二十一日上午，在市委大楼邓拓的办公室召开了这个黑会，陆平、宋硕、彭珮云、李康林、刘文兰等也参加了，会上主要是邓拓讲的，他大肆攻击左派，为右派打气，强调要高举王庆淑的旗子。他说：最近会开得很好，不应有厌倦情绪，应鼓足干劲，聚精会神地把最后这一段搞好，看来表面是有一段反复，但也是意料之中的事，证明思想斗争规律必然是越放越彻底，看起来扭秧歌，也是必然的，一开始放得透，解决问题就可以快些，前段到了似乎要解决问题的时候，又来反复，说明没有放透，哲学系是北大的开头戏，又是压轴戏，是不以人的意志为转移的，如果认识不清楚，从个人利益考虑，不能站到党的立场上来，多花些时间等待是可以的，但等得很久了，聂元梓、孔繁一方面是由于思想不通，更多的是从个人利害考虑，这么久了，到底真相如何，党的要求如何没有看到，最近聂做了许多奔走，我们不清楚，也不去过问（这是瞪眼说瞎话）但她是尽力到处活动，想挽救自己，思想问题究竟如何不谈，只纠缠原则问题，党内是不允许奔走求援走门路的，只能按原则办事，这样充其量不过是多花些时间，目的是弄清是非，不是一定要把某个人现在就搞出结论，对樊弘也是摆事实，讲道理，看他的态度认识，聂元梓的态度够呛了，无理捣三分，还说别人态度不好，对她的面貌也不是一下子就认识的，她接近于两面手法，对孙蓬一就拉得很紧，好几个人都愿出来为聂承担责任，这些同志陷得很深，没有觉悟，现在要开展一场比过去更强有力的更激烈的辩论，不经过激烈辩论是不行的，前段揭了一些事实，但没有说得很透，很动人，如高宝钧对张恩慈的意见的发言，效果很好，主要问题都谈了，但很多问题没有充分展开，只讲了一个多小时，虽然道理说得对，但不充分，张可能反驳，辩解，抓高的或别人的辫子，攻击别人，要反击回去，聂也会如此。今天讲的更多的问题是战术问题，战略大方向是一致的，可能一些战术动作上不够周密，有些漏洞、毛病，如回答是解释性的，有的回答很有力量，有的比较被动，有的不必作解释，如一句话别人误解了，说过火了，他攻我，就回答说，我讲这句话，现在看来还很不够，不去解释过去的那句话重了，把问题可以提得更高，按严格标准说，是不够党员条件的，但这是枉而言之。但每个人都有缺点，还是耐心等待。在辩论中有缺点绝不掩盖，我就亮出来让开刀，但你身上的疮疤为何不开刀？工作中的问题就那么大，六二年改选、反右倾、王的作风如何如何，等，反右倾问题不只是北大的问题，是有过火，是否做了检查，是否只王庆淑一个人负责？就不看当时条件，当时带有相当大的普遍性，而社教中张磐石的错误就是特殊性，到那儿去找这个例子？把问题归到一个人身上，通过她搞北大党委，再挖根，追市委，还有很多恶劣作法，如对李寄霞的监视，党内怎么能提倡这种东西呢？这是非党内斗争的方法，是对待敌人的方法，盯梢，这还了得？聂七月底对张磐石的谈话，意思是清楚的，这那是对某个人有意见？否则为什么有这么大的疙瘩解不开？目标是对着整个党委的，现在嚷嚷不三结合，聂当初当组长，她再三说自己不愿意干，再三给她讲，等待她，她跑到积水潭医院，认为她是十二级老干部，就开了请假证明，但医院党委查出来了，给卫生体育部写了材料，他们这些活动多了，不必都讲，这个人的问题带有特殊性，她是对个人还是对组织？他们揪住王庆淑不放，王这个总支书记究竟如何？有几条大错？她骄傲、刺人，容易使人对她有意见，如平心静气想一想，这个同志还是好的，在斗争中总的方面应承认她是好的，没有证明她与党有两条心，同党的关系还是好的。王过去的错误，反右倾、反右、提级中的错误，也不仅仅是她的问题，也不是什么大的问题。在这次会上她的确做了两次检讨，她总感到大家可能对她有意见，站在一边少讲话，如讲个人的气，够憋气的，现在是夹着尾巴做人，成了龟孙，究竟有哪一条理由可以说她是龟孙？这是令人不平的，孙、孔等就可以肆意侮辱，王的品质比聂、孙好得多，他们讲了那么多坏话，好象王有个致命的要害被人抓住，谢龙的情况与王不同，现抓谢比抓王还狠，抓王就不敢回手，为何把她藏在旁边？一上来就抓王，攻我们的弱点，好似所有的人都包庇王庆淑，大家都为王的安全，保护她；我们出来给你讲。这样越保护越被动,说王的人如何如何,这提法本身就是大是大非,那有这样提法?抓王攻党委,王的问题变成张磐石的路线,成了张磐石与聂一拍即合的开刀处,追到市委,王成了龟孙,他们藏起她,她就被动了,你们心里有个错觉,认为有个王的王牌,到被动时就拿出来,对王的问题,我们有这个责任。经济系的小猫(指龚理嘉)只剩下一个人,提不起来了,现在她做总结发言。在斗争中,王绝不弱于龚,王所有的错,包括论典型,都可以印,大不到那里去,不能一棍子打死,尽管王骄傲,刺伤人,但党内对人要从大方面看,从斗争中看,从关键时刻看,总的看,王在政治上是好的,要让她把心里憋气的话都讲出来,真正放手让她讲,经济系原来对她的印象很坏,放开来让她讲很有必要,从整个战斗看,不要藏起来,还是把她推到第一线,把弱点亮出来,别人骂她,当场就让她回答,就没有顾虑了,王究竟是什么人?也只能在烈火中去考验,在千万支箭面前迎上去,如倒下来,也比藏起来当龟孙好,对王要适当的同情,这个人是好的,过去的责任也不全在她,那是带有一般性,检讨也大体上是这样,斗争中她还可以检讨得更好,在最后阶段,弱点不要包起来,挺起胸膛亮出来,现在是理直气壮地展开讲,如讲得太简单,就不理直,理直而气不壮也不行,讲错了,回头再谈,当然还是以理服人,态度要好,张恩慈发言后,要准备结合活思想展开来再讲,哪怕讲过了的问题,似乎已经解决了,如五月、黄楠森、过火斗争等,都可以摊开,现硬着头皮听,最后总是要攻到王的头上来,对的与错的,是要经过几个反复才能弄清楚,张磐石之所以敢掀起轩然大波,就因为哲学系有这么个总支书记,这么一帮人。有这么个反复,如搞得好就差不多了,抓住任何弱点也不要怕。

邓拓讲后,接着有几个人发言,陈志尚说:听了以后,思想有很大解放,过去估计不足,个人利害纠在一起,我以为聂的问题一揭就可清楚,他们都有特殊性,我们过去斗争性不强,一是总怕别人抓辫子,一是不够狠,不敢斗,他们是什么都往我们身上加,一是粗糙,他们的王牌不过王庆淑和我们犯的错误,我们应向他们"学习"。希望多辅导我们。王义近说:他们说王一贯讲假话,整风问题是关键,照他们说的,就是张磐石对了。冯瑞芳说:是应从政治上看,但我对王的作风的意见大，有反感，怕她讲效果不好。接着邓拓进一步做煽动，他说：这次整风开始就宣布过有两种党性，聂、孙等现在就是坚持资产阶级党性，抱成一团，就是资产阶级个人主义严重，将来事实会证明，聂用的就是拉拢，威胁，打气许愿等手段拉成一个集团，现看是与党完全对立的小集团，但我们是想让他们觉悟，他们说帝国主义来了如何如何，现在没来就与党不一心，要个人主义，这确实是两种党性的斗争，整风可以尽可能三结合，能三结合更好，但事实证明，聂是逃避斗争，聂的立场已暴露清楚，不能与她三结合了，党直接领导的整风与社教有所不同，现在证明聂等仍是张磐石的观点，更证明不能这样做，他们是一贯斗人的人，是个人主义者，讲什么道理也不理，接近无理取闹的地步，能说党没耐心，要说整人，能这样对待吗？走好了，何必谈老半天呢？我们是要仁至义尽的，但说服教育不是万能的，有个别人就是不接受，我们要做到家。要解决思想问题，必须有短兵相接的交锋，这一段的重点还是整风社教，这是主调，主题歌是清理整风社教中张磐石的带有特殊性的错误，在这个过程中，可以有穿插，王庆淑问题、历史问题可以穿插，看实际情况而定。首先要放透，再讲就有活的材料，这个放，更重要的意义在于，二十三条以后，第二次国际饭店会议已三个多月，一切事实都已说清，还这么讲，充分证明是立场问题，不是认识问题。会可以开得活一点，可以引一下，要造成一种错觉，要有重点发言，也要有不少即席发言，全写发言稿，影响生动性，说到哪跟到哪，要有当场抓住活思想的即席发言，捅出他的观点来，最要紧的是理直气壮，入情入理，丝丝入扣，周密，对方如碰到王庆淑问题，该上就让王庆淑上，总之不要理短，也不要怕王庆淑出漏子，连在一起，背王的辫子的包袱，王有缺点，如对方批评，我们也批评，说明一下即可，我们要同情她，保护她的形象，王的问题由她回答，不背王的包袱，思想解放，所有射向王的，就让王挺身而出。社教是主题歌，历史问题也要有所交叉，王在正面迎火力，我们其他人可以迂回攻。

这次会后，晚上我与王庆淑谈话，根据邓拓讲的黑材料，鼓动她出来反攻倒算。我问她为何不主动发言，她马上向我诉起苦来，她说：不是我不愿发言，从一开始到现在内内外外都对我有限制、压抑，动不动就抓两个东西，使我感到很为难，照顾大局就不讲了。一是说我自我批评不够，如批评张秀亭问题，是党委让批的，我不过照样做了，分析唯成分论，可能有分寸不妥之处，作了几次检查还要我说明事实真相，记录不在我手，党委又不出来承担责任，怎么是个够？老实说，我的检查已有过头的，我好似只能做自我批评式的发言，二是一发言就鸡蛋里挑骨头，对我说你还是老老实实站在旁边听吧，领导同志找我谈话，未去开会，也抱怨我怎么不去听会？自己过去不是这样的人，为照顾大局就不讲了，讲也讲的拘谨得很，发言时要注意态度，我发言时讲了一句有则改之无则加勉的话，杨永源、钟哲明就提意见说：那他们讲的事实就可能是假的了，说我态度不明朗，怎么讲也不是，我知道同志们是好心，怕人家抓我的小辫子。在"诉苦"过程中还两次留了泪。次日，我把这个情况向邓拓汇报后，他叫我马上把谈话的内容写个书面的东西，说送给彭真看看。我就把上述内容写了一个《王庆淑的一次谈话》交给了邓拓。

在十一月下旬期间，邓拓为了放出王庆淑疯狂地进行反攻倒算，他亲自出题，定内容，多次策划王庆淑的发言，这些黑主意都是通过我贯彻的。邓拓告诉我后，我都马上找王庆淑谈话，把内容讲给她，但我都没说这是邓拓的授意，但谈话过程中，她能领会这些布置有来历。这几次的黑指示是：

一、邓拓叫王庆淑以四不清为纲攻击聂元梓同志。邓拓指使说，开头先讲，他们现在所坚持的仍然是张磐石的观点，这些问题我已说明过真相，自己的缺点错误已经认了，如果不够，还可以再检查，但是你们的观点是不能接受的，过去斗了我八个月，现在还是这一套，然后就转入聂的四不清。邓拓还嘱咐说，要注意态度，不要伤别人。马上准备好，最好立即就讲。我找了王庆淑谈后，要她马上准备，她连夜突击，写出了攻击的稿子，在准备过程中，我还把打印出来的攻击聂元梓同志的综合材料提供给王庆淑做子弹。她的稿子写出后，陆平和我还听她试讲了一番，我又出谋划策，强调要突出政治上的四不清，特别是整风阶段，是个关键，这是突破口，各系和党委也就搞垮了，因此必须从这个突破口打回去，说明党委整风的方针是正确的。我还攻击说，张磐石同志在社教运动中犯了左倾路线的错误，聂跟错误路线跟得很紧，一拍即合，这就是严重的政治四不清。陆平也大肆攻击，同样强调突出政治四不清。在策划中也修改了不少语气字句。这样，经过策划，就更加强了这个反攻倒算发言的反动性。

二、邓拓指使王庆淑专门讲自己在社教运动中是如何被斗的，进行反革命控诉。邓拓授意说：叫王庆淑讲一讲自己八个月是怎样挨斗的，但讲时要戒骄戒躁，讲得很动听。可以这样说：社教运动斗了我八个月，没有人理我，自己非常激动，本来没有必要讲许多话，多数同志做的好，用不着多讲，但对聂太厚道了，我们俩过去很好，所以我一再忍耐，苦口婆心地讲道理，大家的发言比我尖锐，这是维护党的利益。邓拓说讲时要细致描绘心情，谈自己与党的关系，要表示自己做得很微小，大家做的工作很多，过去有话，没有讲。然后就转到讲，聂这么久不觉悟，没有看到她象样的检查，我作了几次检讨，有多少错就承认多少，就是牺牲也在所不惜，而你们讲的仍是张磐石的观点，这是大是大非，全国只此一家。反右倾中的问题，那是有普遍性的，凡是特殊的问题我都负责。我与王庆淑谈后，她对我大诉其"苦"，攻击社教运动如何整她，说什么有一次有病，几天没吃饭，想到外边朋友家做点稀的东西吃，请假时还追问我那个朋友是谁，在那里住，我一气就不去了。

三、邓拓要王庆淑针对左派在这次会上的发言进行反扑。他对我说，叫王庆淑讲一讲，他们仍然坚持张磐石的那一套，要表示绝对不能接受，如能接受，早在去年被斗时就接受了。记得这一次是我约到家里吃完饭，传达了邓拓的授意，鼓动她大胆的讲，进行攻击。

四、邓拓要王庆淑表白自己，推脱责任。邓拓授意说：叫王庆淑这样讲，我有很多缺点，性格有毛病，爱刺人，有的同志是好心肠，也刺，非常对不起。但过去工作的责任不全在我，我在哲学系总支时，孔繁也是干部。北大党委干部工作是否路线错误，先不说，但干部有错误，我是有责任的，我真恨自己，没有把工作做好，张恩慈等有这么多思想问题，我都没有做好。邓拓还指使说，王庆淑发言时要站得高，蔑视他们，有些小事不好澄清，不要纠缠。我立即找王庆淑原原本本地讲了。

十一月底，反攻倒算会议搬北极阁，这时邓拓叫我转搞包庇吴晗，对抗文化大革命的反革命活动。所以我没有搬到北极阁，但是，我去了几次。一次是邓拓叫我布置王庆淑再准备两个攻击左派的发言。一个是生活问题上污蔑聂元梓同志。在国际饭店时，王庆淑曾对我谈过，污蔑聂元梓同志在生活上如何如何。她说，过去我们两个还不错，在一块谈找爱人问题，聂说我爱人可以找犯过错误的负责干部象冯文彬有地位，将来还会有希望。我曾向邓拓汇报过。这次邓拓叫王庆淑专门攻击聂元梓同志，他授意说，叫王庆淑揭聂的私人道德堕落，她把资产阶级生活方式搬到党内来，影响别的同志，便不知不觉受到了她的腐蚀，劝别人也象她那样。如要找冯文彬那样的人。简直臭不可闻，我都不愿讲。聂这样做就是要在重要关头上企图个人要利用这种关系。邓拓还叫嚷，不怕提得高，修正主义就搞裙带关系。另一个是邓拓叫王再次推托自己的责任。邓拓说，现攻击王庆淑的很多，对过去工作的责任问题要讲一讲，要站得高，表示要承担责任，可以说所有的账都应记到我的账上，党委的布置也是通过我的，但只是在原则上讲。自己有责任，但有些责任应由党委负。讲时仍然用自我批评的口气。我到北极阁，在楼上的会议室对王庆淑谈后，她说，第一个问题不好讲，这是我们俩私下谈的，说了她不认账怎么办？我当时还鼓励她讲，说你也明白这不是我的意思。这个攻击发言大概后来没有抛出去。

另一次，我到北极阁，宋硕、陆平告诉我，聂元梓同志今晚要同中央监委的吴溉之同志结婚，刚才她找陆平谈了这件事，也没有写正式报告。他们要我马上请示邓拓怎么办？我当即回到机关向邓拓汇报。邓拓指使说，要马上以北大党委的名义正式写个报告给中央监委马国瑞，说明聂采取了非常轻率的态度，只是口头上给个别党委同志谈了一下，不打正式报告，党员对生活问题应严肃得很，为了爱护吴老，有必要反映给中央监委。报告中可以把哈尔滨和天津的材料搞上去。我当即打电话告诉了宋硕、陆平，于是陆平、宋硕急急忙忙编造了这封恶毒攻击的信，作为急件当天抛出去了。

记得有一次我到北极阁，晚饭后在王庆淑屋里聊天，陈志尚、谢龙等也在那里，我鼓吹要维护王庆淑，对整风、社教运动进行了一番攻击。那天下午在北医还听过一次会。此后，我去写包庇吴晗的文章去了，没有再管北大的事。会议的简报虽然继续发给我，但我都没看。所以对后一段的情况不了解。

在搬到北极阁以前，当时反攻倒算很不得手。有一次，李开鼎到大楼去给邓拓汇报经济系反攻倒算的结束工作，我也去了。邓拓指使说，要搞会议记要，挑选主要的发言汇编成册。会后，我曾对邓拓说，哲学系的事你最好亲自多抓一抓。邓拓立即打电话叫陆平来谈话。邓拓让我去了，没有参加这次谈话。以后邓拓就直接加紧了对反攻倒算的控制。

在第二阶段的后期，我还对邓拓建议，将来最好仍让王庆淑回哲学系当总支书记，将来派刘文兰当总支书记不合适（计划刘文兰当总支书记是陆平、彭珮云、宋硕早已策划了的，让刘文兰当哲学系的联络员和领导小组成员，就是这个意思），这个人在社教运动中表现并"不好"。当时邓拓说，我也曾有过这样的考虑。以上这些都是我主动出谋划策的建议。

一九六六年一月，反攻倒算会议结束后，我还接触过几件事：一是听大学部讲，北大中文系的党员给许立群写信，说中文系的问题没有彻底解决，许立群转给邓拓，邓拓作了黑指示说，问题不彻底解决，后患无穷，叫宋硕派人到北大再去搞。二月邓拓去天津参加华北局的会议，三月我去天津找邓拓送审《前线》的大样，去前我问宋硕有什么事没有？宋硕说，要请示几件事。其中有关北大的有以下几件：宋硕说，北大的干部安排，按邓拓的意见办了（怎么全面安排的，邓拓的意见，都没对我说），让戈华到三线负责，戈华表示三个书记应去一个，但他提出，希望给领导反映一下，愿意去，不过自己在学校工作有困难，愿意到地方上去工作，又表示现在也可以去，一定很好地搞，北大现在应强调团结，还是应该去，现在在怀柔搞四清，希望能早点回来。宋硕还说，北大的报告（指反攻倒算的报告）陆定一不看了，要许立群研究处理，许立群提出要发给有关各省、市委。我向邓拓转达后，邓拓指使说，对戈华还是先挽留，搞一段有转变后再说，可以同意他四清早回来。对那个反攻倒算报告，邓拓说，可以用许立群和他的名义上报，我们不好直接发各省、市委，那得由上边批发才行。对中文系的反攻倒算，邓拓曾指使说，许立群打电话来，要北大搞个翦伯赞的问题，写材料时要慎重研究。我回北京后，把邓拓的黑指示立即告诉了宋硕。这是我串连于京津之间的反动活动。

以上是我在北大反革命事件中所犯下的一系列罪恶活动，我深感自己的罪孽深重，我愿向党向人民低头认罪，改过自新，重新做人。这个材料只是交代罪恶活动，没有分析批判，我愿意继续检查交代自己的罪行，走坦白从宽的路。

3. 陈大白的揭发材料

一九六五年旧市委反革命政变集团头子彭真亲自指挥的北大两次国际饭店会议，是一个极端严重的反革命事件。在两次会上，以彭真为首的旧市委大大小小的黑帮分子对北大社教运动进行了猖狂反扑、反攻倒算，对北大的革命派进行了残酷斗争、无情打击，包庇了北大党内走资本主义道路的当权派陆平等一伙黑帮，彻底镇压和扼杀了北大社教运动。

我参加了两次国际饭店会议，忠实地积极地充当了旧市委反革命修正主义集团的工具，对党对人民欠下了债。

主席亲切教导我们："错误和挫折教训了我们，使我们比较地聪明起来了，我们的事情就办得好一些。任何政党、任何个人，错误总是难免的，我们要求犯得少一点，犯了错误则要求改正，改正得越迅速、越彻底、越好。"我一定遵照毛主席的教导，彻底与旧市委决裂，坚决站在毛主席革命路线一边，彻底揭发前市委黑帮的滔天罪行，彻底交代和清算自己的罪行和错误，不彻底砸烂旧市委死不瞑目。

下面就我所接触的北大反革命事件中的阴谋活动揭发如下：

一、关于查北大文科教授档案

一六六四年十月北大社教运动开始不久，旧市委黑帮头子彭真，为了转移斗争目标、对抗社教运动，包庇党内走资本主义道路的当权派，指使宋硕等人组织人力，查阅教授档案及教材，编写教育界情况简报。彭真曾露骨地对宋硕等人说："我们在第二线研究一些问题，准备将来参加战斗。"

根据彭真的黑指示，宋硕、庞文弟积极调干部、组织班子。宋、庞还亲自到北大物色审查教材讲义的干部。他们在大学部设立了两个临时小组，一是审查教授历史档案的小组，设在三三九，参加人有我、高教局人事处干部张雄飞，和市委党校组织处干事韩钟玉三人。一是审查文科教材小组，设在五楼，参加人有市委政策研究室干部段荣奎、北大的陆嘉玉、廖炜章、北京师院陈月琴、政法学院李少清、广播学院李梅村。这些干部都是临时借调来的，开始说是一两个月，实际上自十月下旬开始，审查档案小组六五年三月份结束，约五个月；审查教材小组大约到六五年七、八月份才结束。"教育情况简报"由邓拓的秘书李筠负责。另外，在公安局九处，由李健林负责，胡林、闵曾绣、许征帆等人组成临时办公室提供文保方面的材料。

庞文弟在挑选参加这一阴谋活动的干部时，特别注意挑选他们认为"可靠"的干部，要"组织纪律性强的""不犯自由主义"的，他曾叫我向广播学院了解李梅村组织性是否强，有没有自由主义等。师范学院开始时提出中文系党员教师闻立树，庞文弟坚持不要，让学校换人，后来他才透露，闻立树是北大教授闻家驷的儿子，容易走漏消息，因此不能要。

宋、庞对这一阴谋活动是极端保密的，抽调干部时只告诉原单位是搞调查研究的，对旧大学部的干部及参加这一工作的干部没有透露过真实目的。庞在开始工作前，只告诉我们是从教授队伍和学术两方面对高等学校的文科的阶级斗争情况进行调查研究，但实际上调查的只是北大的文科。彭真的这一阴谋，我们是直到这次文化大革命开始以后才逐渐有所了解的。

自小组成立起直到结束工作，庞文弟对我们多次强调要极端保密。他把两个小组的办公室设在远离大学部的 339 房间和五楼，避免和大学部及学校来的人，党小组也是单独成立的。他规定工作内容不准向其他人讲，对原单位的上级、党组织只讲搞调查研究，不讲具体内容。他不准审查人事档案的小组和五楼审查教材的小组联系。他曾说五楼有北大的教师，说陆嘉玉是社教运动中的积极分子，不能让他们知道我们在审查北大教授档案。一次北大来电话找陆嘉玉，我们把陆叫来接电话，庞见到大发脾气，说以后不准审查教材的人进入339。（庞对陆嘉玉是有戒心的，以后，工作未结束就叫陆提前回北大了。）他不准我们直接向北大要档案或调查了解情况。全部人事档案都是通过市公安局九处用摸底的名义从学校要来的，然后由九处送给我们。当时九处有教授的档案（冯至、吕德申等）在中宣部，庞也不准我们去借。

李筠编写的"教育界情况"简报，对我们也是完全保密的。开始时，我们整理的材料总是不合他们的要求，我们要求看一些整理的比较好的材料作样板，让我们学习一下，他们迟迟不同意。最后，李筠拿来两份简报，"十八教授哪里去了？"和"师大教育系教授情况"，还裁去了报头。因此我们一直不知道这个简报的名称是"教育界情况"，也不知道我们搞的材料是否登上了简报。

一九六四年十月十九日上午，宋硕在321房间召集了会议，布置开始查教授档案，参加的有李筠、庞文弟、吴惟诚（市委统战部）高教局张雄飞和我。宋硕说："阶级斗争在高校文科的反映非常尖锐，需要搞一些调查研究，看一些教授档案，研究一下，高校文科教授究竟是些什么人。"关于阶级斗争的反映，他举出了一些例子，如：1. 项子明反映北京师范学院政教系派出五十人参加城市五反，其中有十几人不合条件。2. 北大发现地质地理系三〇九宿舍是个反党俱乐部。3. 北大西语系打字室五个工作人员，其中一个右派，一个与外国人有勾结。4. 北大西语系教授俞大絪，拉拢党员，吃吃喝喝，认党员作干小儿等。5. 北大西语系教授郭麟阁是个历史反革命，教授中这种人不少。6. 北大党员教授杨晦，散布修正主义言论。7. 戏剧学院搞修正主义的史氏体系，搞保留剧目……他提出要立即抓教授队伍的调查，组织几个人，要我放下干部组的工作，参加查档案，要张雄飞马上来大学部办公。接着他提出了八、九个题目，如：1. 十八教授的去向。2. 杨晦。3. 北大党员教授情况。4. 胡适系统教授情况。5. 司徒雷登系统情况。6. 基督教、天主教、及外籍教师的情况等，要我们马上调档案，首先搞十八教授材料。这次运动揭发出，这些题目很多是彭真提出的，他们的目的就是把社教运动中的矛头指向反动教授，包庇党内走资本主义道路的当权派。

自一九六四年十月十九日开始到一九六五年三月为止，我和张、韩三人共查阅了教授档案一百四十七份，其中北大文科教授一百一十二人，其他院校教授三十五人。北大文科教授中有五十人是庞文弟提出要首先审查的，这次运动揭发出这五十人的名单是庞文弟提出经邓拓批准的。一百四十七份档案审查后，每份都写有摘录的单行材料，大部分人都整理有卡片。

在审查档案过程中，庞文弟曾提出十几个题目，让我们根据人事档案查出的材料综合或成专题材料。1. 胡适在北京高等学校的爪牙和残余。2. 钻入北大的国民党的三个科长。3. 和CC关系密切的教授。4. 解放前夕钻入高等学校的伪官员。5. 和司徒雷登关系密切的教授。6. 燕京哈佛学社的四大金刚。7. 几个御用哲学教授。8. 和胡风的关系。9. 和朱家骅关系密切的教授。10. 西语系教授的政治历史情况。11. 北大文科教授党员情况等。这些题目除 1、2 写成了两份材料交给李筠外，其他题目都未搞成材料。二十三条公布后，宋、庞搞翻案、搞反攻倒算，很少过问档案审查工作，只要求我们把借来的档案全部看完，每人写出单行材料就可以了。

公安局九处的一摊，由胡林负责，胡曾向庞、李汇报过工作，还曾送来几份材料，如："燕京哈佛学社是个什么组织？""国民党在北平出版的理论刊物——周论""标榜第三路线的反动刊物——心路"，和几个反动教授的材料（朱光潜、郭麟阁等）。

在五个月的审查档案工作中，我忠实地执行了宋硕、庞文弟的黑指示，作了他们对抗社教运动，搞阴谋活动的工具，为他们提供了材料。直到毛主席亲自发动了文化大革命，揪出了反革命政变集团头子彭真以后，我们才弄清这是彭真的一个大阴谋，而我们的工作，实际上起了为彭真反革命活动提供炮弹的作用。

二、第一次国际饭店会议

一九六五年三月九日至十九日旧市委召开的第一次国际饭店会议是一次翻案大会，反攻倒算大会。

1、参加这次会议的工作人员都是宋硕、庞文弟等人精心挑选的，每组派一个联络员，一个记录。庞文弟从市委各部借调了一些人，李筠、梁思粹都是宋硕指定的，其他人员事先也都经过了解，如：组织纪律性是否强，能否注意保密等。

三月八日庞文弟召集了记录人员会议，布置任务是：（1）作小组会记录，要求尽量准确。（2）当天记录，当天整理完。（3）每个人的发言全文整理，不摘录。（4）记录人员不参加讨论，不准发表个人意见。（5）特别强调保密，会议情况不准向外人介绍，笔记本、记录本不准带出国际饭店。

我被分配参加常委组作记录，开始一段由于常委组一直不开会，我作过大会和召集人会议记录，并帮助简报组整理过材料。万里的两次报告和两次召集人会议记录都是我记录后整理的，整理后的草稿都经过宋硕修改，然后打印。万里的讲话，反动气焰嚣张，宋硕在修改时，把一些最露骨和讽刺的话删去了，如万里说：二十三条前谁也没作到三结合，中宣部工作队，也没有那么高明，又如万里讽刺张磐石马列主义水平也不见得高等等。

2、万里在第一次召集人会上，用插话的形式传达了最大的走资本主义道路的当权派邓小平一手炮制的三月三日中央书记处会议。这次插话，万里的反动气焰十分嚣张，肆无忌惮地鼓动右派翻案，攻击了工作队，否定了社教运动的成绩。这次会议由简报组负责人白波和我二人担任记录。

对于万里的这次插话，宋硕极为重视，要求详细具体地传达下去，他说：如果召集人传达不好，联络员可以补充，甚至可以代替，必要时有的组可以派人去传达。

第二天上午各组传达时，白波通知我和他一起到第五组（哲经政法组）去参加会，他说是彭珮云让我们参加的，她认为五组的召集人聂元梓不可能原原本本地传达，我们去参加可以随时作补充。在会场上我和白波坐在一起，每逢聂传达到"关键"的话时，白就叫我念我的记录，有时白波也念他的记录，李康林（联络员）也常重复和强调一些话，如万里听第五组汇报后的讲话，和说不翻案的人是"言不由衷"，污蔑积极分子是踩着别人肩膀往上爬等。这次传达，名义上是召集人传达，实际上大部分记录是由白波和我传达的，这种作法十分恶劣。

3、彭珮云指使王庆淑在小组会上翻案，进行反攻倒算，宋硕还指定李康林帮助王准备这个发言。在小组会上，革命左派出于对反革命修正主义分子的气愤，立场鲜明，当场制止她的发言，不准她再继续向党进攻。我参加了这次小组会（李康林因整理王庆淑十九小时的来访记录，让我替她参加小组会）。会后汇报时，宋硕、彭珮云，攻击革命左派是"垄断会场，不准别人讲话"说"暴露了他们自己，脱离了群众，肖永清也对聂元梓他们的作法有意见。"（肖在会后找宋硕谈过话）彭珮云让我们马上把革命左派的发言一句一句地整理登简报。由于记录不完全，我和姜世成（五组的记录）二人根据回忆，补充了记录，由姜写出简报。这份简报起了污蔑、攻击左派的作用。

4、会议的简报直接由彭珮云控制，每一期简报都要经过彭修改、签字，才能打印。除简报外，由庞文弟负责编写一种范围很小的"动态"，报导会下的反映，由高教局干部顾永珍负责搜集和整理材料。

简报完全是为翻案这一目的服务的，大量刊登右派翻案的发言，发到各小组，起了串通右派翻案的作用。而对左派肯定运动成绩的发言则很少刊登。许多革命派很不满意，群起揭发简报的问题，特别是简报上有一些报导与发言人原话有出入，因此，不少人对记录有意见，记录人员感到压力很大。彭珮云要记录人员顶住。她说：这是阶级斗争，不要怕围攻，要顶得住。以后万里在召集人会上说：简报就是要有倾向性。把大家的意见统统打了回去。简报组开始时设在二楼中间，往来行人很多，彭珮云认为不方便，不让大声说话。以后索性搬到二楼最北头的一个房间，这里最偏僻，没有来往行人。

5、第一次国际饭店期间，宋硕曾让大学部办公室找张恩慈的文章，后来，张金堂（？）把发表在光明日报上的一篇文章和一本批判合二而一的哲学文章选辑送到了国际饭店。估计他们是在搜集左派的材料。

6、第一次国际饭店会议结束时，李康林向大学部的几个联络员和记录布置，要他们把各组参加会议的干部在会议上的表现，按人头整理成材料，存干部组。姜世成整理了一份哲经政法组参加会议人员

的表现材料。(其他人都未交)

李康林还让我把登在会议简报上的发言,按人头,剪贴下来,积累成单行材料,(包括右派翻案的发言和革命左派的发言)存在干部组。我剪贴了一份,没有完成。

7、在第一次国际饭店会议前(大约在一九六四年底)庞文弟就千方百计地搜集社教运动的材料。一次庞文弟拿来一份揭发、批判王庆淑的发言记录,很长,急急忙忙地让办公室的几个干部马上抄下来。又一次庞拿来技术物理系的一些材料,也是交给办公室的几个干部抄下来,交给我抄的是沈中在一九五七年反右派时的大字报。

三、第一次国际饭店会议后,宋硕大肆搜集和编造材料,准备进一步反攻倒算

1、为了包庇陆平,由宋硕主持编写了陆平的基本情况的材料。是由庞文弟起草,宋硕修改,邓拓定稿的。这份材料报给了彭真、许立群。(庞文弟曾让贾继洵和我复写过这份材料。)

这份材料极力掩盖陆平的修正主义面目,为陆平辩护。美化陆平说陆自一九五七年十月到校后纠正了以往工作中的右倾保守,进行了双反运动和教育革命,革命干劲大,革命精神好,总的是有成绩的。说陆几年来"在执行中央方针政策中的缺点错误"是:

(1)陆平千方百计抵制、反对主席教育思想,材料却说:陆"主观上想努力贯彻执行主席教育思想和党的教育方针",陆平本人只是"受到土洋教条的束缚,没有形成方向路线的错误"。陆平亲自参加了一九六四年主席春节讲话的座谈会,但对主席指示阳奉阴违、拒不贯彻。宋硕在修改时却把原稿上"对少而精原则开始认识缓慢"和"主席春节讲话未及时传达"都划掉了。

(2)美化陆平"在师生中进行了不少反修教育,取得了很大成绩。"

(3)说陆"执行知识分子政策有动摇","但不能认为犯了投降主义的错误。"

(4)"干部管理工作存在不少问题",但"整个干部队伍基本上

是好的"，说"陆执行了一套资产阶级的干部路线是没有根据的。"

（5）说"政治思想工作方面注意了抓形势教育、反修教育、世界观教育"，最后说陆"政治品质还是好的。"

通篇材料是美化陆平、包庇陆平，和给陆平翻案，是针对运动中大量揭发材料和调查组一号、二号报告进行翻案的典型，是宋硕等人精心策划的。

2、许立群让宋硕搞几个明显地把陆平整错了的典型材料。宋硕亲自到北大，搜集"批判错了"的典型事例，由庞文弟整理了两份材料。（1）"关于陆平提倡学习苏联问题的核实材料"。（2）"关于陆平如何对待反动学生李法文的核对材料"。另外，由北大孟广平写了一份关于招生问题的材料。这几份材料是地地道道的包庇陆平，为陆平辩护的材料。

关于提倡学习苏联问题，陆平在一九六二年三月到八月曾在九次会议上反复地提倡学习苏联。如说"苏联四四年教育是成功的"，"学习苏联这一条是原则，我们坚决不应动摇"，"今后要永远学习苏联的先进经验，不能因为反修就不学，要继续学，永远学"，"苏联是个好国家，其教育制度是先进的"，并提出"以莫斯科大学为目标，要赶上和超过莫斯科大学"，"这是关键、方针"。从这些发言可以看出陆平是个彻头彻尾的修正主义者。

而宋硕、庞文弟在这份核实材料中，多方面为陆平辩解，明显地包庇。说陆强调学习苏联是由于"当时教授中有人流传学校学习苏联学坏了，应该学习英美"，说陆以莫斯科大学为目标是"指理科在业务上要学习苏联好经验，这是对的。"材料里还列举了陆定一、周扬、蒋南翔、周荣鑫、吴子牧等人的发言和高教六十条来说明一九六二年前后对苏联教育制度中资产阶级本质认识不清，以掩盖其修正主义本质。

关于反动学生李法文的材料，是针对调查组二号报告揭发的陆平包庇反动学生李法文的问题进行翻案。材料中举出的"证明"都是庞文弟的爱人徐淑娟提供的，不是通过该系党组织或向群众调查的。

3、一九六五年四月，宋硕亲自出马，和彭珮云、庞文弟、李康林一起到北大，找黑帮分子张学书等人搜罗拼凑了二十个总支书记的材料（二十人的出身、成分、及简历等是我从人事档案中摘录下来的）。其中聂元梓、龚理嘉、徐华民的材料是彭珮云写的，彭还说：龚理嘉是运动中的重要人物，一定要把龚多写几句。戴新民、贺剑城、庄守经等是庞文弟写的，王效庭、陆元灼等是李康林写的。每一份材料都由宋硕亲自修改定稿。

对左派聂元梓、戴新民他们极力拼凑了一些未经核实的材料或将一些小是小非、生活细节问题加以渲染夸大，尽量丑化。而对右派则尽量美化、掩盖他们的错误，宋硕很狡猾，他认为写得太露骨，对李康林等说："不要把他们写得太好了，也要写点缺点。"

庞文弟曾问我：据说戴新民历史上犯过三大错误，档案里有没有？我查了档案，未查到。只查到泄密受到党内处分。庞自己又查也未查到。后来，李康林让我开了市委组织部的介绍信，到国务院找梅光（原中央财委的保卫科长）到经委找刘伯音（原中央财委的人事科长？）了解戴新民受处分的情况。李说：是宋硕打电话找周荣鑫，由周和原中财保卫处长苏挺提供了两个线索。我找了梅、刘二人，都说因未接受处理戴的问题，不大了解情况。我回来后，向李汇报了这一情况。第二次国际饭店会议期间，宋硕又派朱传朴去天津调查戴的情况。

这二十个总支书记的材料完全是打击左派，包庇右派的材料，都报给了黑帮头子彭真、许立群。以后在第二次国际饭店会议期间，庞文弟又把二十份材料给了史梦兰、张学书、伊敏等人，成为他们批驳一号、二号报告中干部问题的主要依据之一。

在整理二十个总支书记材料时，庞文弟曾找梁思粹参加，梁说当时彭真让她在彭办，关起门来搞十几天材料，因而不能参加大学部的工作，应当让梁思粹交代这一阴谋活动。

四、第二次国际饭店会议

1、常委委员七人在会议开始不久，在大会上作了自我清理。这是宋硕等人精心策划的，是个大阴谋。会议开始，黑帮头子邓拓就提出清理张磐石的恶劣影响和错误作法，作为会议的主题歌，把矛头直接指向工作队和社教运动的积极分子。开会不久，宋硕就在领导小组会上建议由常委先在大会上清理，树样板。并经过邓拓、吴子牧、宋硕、项子明、张大中等人的密谋，分别找常委谈话，帮助他们准备，进行了一系列的阴谋活动。

陆平在大会上的检查是早在开会前，就由宋硕、彭珮云等人一起策划，修改了多次。他们企图通过陆平的"检讨"，包庇陆平蒙混过关。这个"检讨"中掩盖了他的滔天罪行，只轻描淡写地承认在贯彻党的方针政策上有缺点和错误。陆平还以清理运动中的问题为名，大肆攻击社教运动。这个"检讨"，给校系两级的右派，树立了"样板"，按照这个口径，全校大大小小走资本主义道路的当权派都成了贯彻执行党的方针政策中有缺点和错误，这样就包庇了所有的右派。

常委七个人的清理是有分工的，也是经过精心策划的。几个清理都是以检查张磐石的影响为名，有计划、有分工地全面地反攻倒算，否定了整个社教运动。陆平的发言，全面地攻击和否定了社教运动的成绩，是个全面的反攻倒算。张学书的发言，否定了运动中对干部路线问题的揭发，（张的发言中大段大段是彭珮云起草的，张做贼心虚，在交给我发言稿整理记录时，特别嘱咐我不能给别人看到。）史梦兰的发言翻了技术物理系阶级报复一案，把问题性质定为青年干部、知识分子与工农干部的团结问题。谢道渊的清理，翻了哲学系对台戏的案。在宋硕等人看来，北大社教最打中他们要害的是干部问题和两个重点系（哲学、技术物理），通过常委的清理，他们企图为会议的反攻倒算定下基调，统一口径，让各系根据这一基调进行清理。

2、常委组的专题讨论。

常委在大会清理以后转入了专题讨论阶段。在四个专题的讨论中（干部路线、统战工作、反右倾甄别和贯彻教育方针）以总结检查工作为名，实际上从四个方面全盘地否定了社教运动，逐条地批驳了一号、二号报告。

在干部工作上，陆平贯彻的是一条招降纳叛、结党营私的修正主义干部路线，干部队伍严重不纯。但在干部路线问题的讨论中，他们精心制造了一些统计数字和种种谬论、歪道理，企图否定一号、二号报告，推翻社教运动中揭发的大量事实。张学书的发言中，制造了一个三十二人的统计数字（总支书记、党委正副部长）用来否定一号、二号报告中的统计。三十二人中直系亲属被杀、关、管的只有聂元梓同志一人。这完全是颠倒黑白，聂根本没有直系亲属杀、关、管的问题。庞文弟对这一统计，非常得意，说这个材料很说明问题，让马上印出来。

会上他们以反对唯成分论为名否定用阶级分析的方法，考查干部，以反对山头主义为名根本否定陆平的宗派主义干部路线，他们攻击一号、二号报告是从唯成分论出发，掩盖真相，夸张、虚构、无中生有，是刀笔吏的作法，目的是在北大夺权……等。

最后，陆平对干部问题的总结发言十分恶劣，他除了全盘否定运动中对干部问题的揭发外，还疯狂攻击社教运动，声嘶力竭地叫喊："这是什么社会主义教育运动，是资本主义教育运动！"攻击社教运动是"个人主义大暴露、形而上学盛行"，恶毒攻击运动中提倡的无产阶级感情"不是无产阶级的感情，不是共产党的党性，是资产阶级的党性"，攻击工作队"搞典型的唯成分论"，"会上能哭能骂就是无产阶级感情"，污蔑工作队"煽动个人主义宗派情绪，激起相互间的怨恨，鼓励资产阶级个人主义、自由主义、煽动起对党的不满情绪，进行过火斗争"，"不顾是非，只要斗陆平就联合起来，陷入了实用主义"等。

在讨论干部问题过程中，戈华、孟林等人有不同意见，会后陆平马上把他们的发言整理在简报上发表，准备以后算账。

3、陆平对黑帮分子谢道渊在社教运动中揭发了他的反党反社会主义言行，十分仇恨，几次让谢在会上清理。陆平曾说过：谢道渊的材料是张磐石打我的一颗重炮弹，把他批倒，我就心满意足了。谢清理时曾提到陆平恶毒攻击毛主席和党中央的两句话。（攻击主席的一句原话记不清了。记得攻击中央的一句话，是在中央统战部到北大调查反右倾批判了多少党外教授时，陆平大发脾气说：你问他，中央鼻子底下，批判了多少人，中央知不知道？）在散会时陆平对谢说他的两句话的原意不是攻击主席和中央，硬让谢在印发这个记录前，把这两句话澄清一下，他气势汹汹地说："不然，我以后自己到大会上去澄清！"

4、大约在十月底，十一月初，常委小组结束后，庞文弟让我到哲学系作记录。彭珮云在一天晚上召集简报、记录人员开会，说：哲学系的简报前一段出得慢，何静修提出了意见。她要求当天的记录当天整理完，每个人的发言要全文整理。为了加快哲学系的简报，她让吕桓甲专门负责哲学系的简报和动态工作。

5、我到哲学系不久，庞文弟让我整理过两种材料。

（1）把哲学系三大本会议记录，按人头和时间顺序，把每个人的发言剪贴成册，共剪贴了三、四十人的材料，几乎会上发了言的人全都剪贴了，包括左派、右派和调走了的。因工作量大，梁增坪、梅祥富帮助我搞了两天才完成的。

（2）庞让我根据记录，把整风和社教搞个大事摘要。如：哪一天整风开始，哪一天斗争陆平、哪一天给王庆淑戴帽子等。我写好后交给了他。

6、十一月份，刘文兰让我帮助她整理过两份材料。

（1）我刚到哲学系不久，刘文兰整理了一份会上揭发出的聂元梓的"错误"的黑材料。当时，她因时间来不及，要我帮助她摘聂的"个人主义"的一段。我因前一段未参加会，情况不了解，表示有困难。刘找出了几期简报，说只要从简报上抄下任宁芬的一段发言和王庆淑的几段发言就可以了。我按照她的要求，抄下这几段发言，交给了她。黄希当时也帮助她搞了一段。

（2）十一月底，当左派郭罗基等八、九人在会上连续发言，义正辞严，驳斥了右派的种种谬论以后，一个星期六的下午，刘文兰赶写了一份综合这八、九个发言的材料，让黄希和我各写一小段。让我写八、九个发言中对右派在会上的表现是如何批判的。我摘录了几个发言中的一些话，标题是刘加上的。

这两份材料刘写好后，我没有看过，以后是怎样使用的，我也不了解。

五、对北大几个工作人员的揭发

在两次国际饭店会议期间，我接近的主要是原大学部派去的干部，和北大的几个工作人员接触不多。我现就我了解的揭发如下：

1、杜采云

（1）黑帮分子陆平对社教运动期间的表现是很称赞的，一次吃夜餐时，陆平曾说他在社教运动期间是四面楚歌，孤军作战，只有两个同盟军，一个是王庆淑，但离得太远，和她联系不上。另一个是杜采云，运动中，杜虽然受到很大的压力，但她坚持住了。黑帮分子李康林也多次赞扬杜采云，说运动期间工作队要杜每天汇报陆平的情况，逼她揭发陆平的问他，杜采云一直没有乱说。

（2）第一次国际饭店会议黑帮分子宋硕、彭珮云等指定杜采云参加秘书组工作是有阴谋的。参加会议的人员都是校系两级的主要干部，杜不够条件。另外，这次会议是旧市委召开的，工作人员全部是旧市委派出的，也没有理由选北大的干部参加秘书组的工作。实际上，杜在会议期间并没有作多少秘书组的工作。他们让杜参加会议的真实目的就是让她在会上攻击工作队，进行反攻倒算。

会议开始不久的一天，李康林和杜采云谈到深夜，杜哭哭啼啼，以后杜就以工作人员的身份列席了机关的小组会，而且在会上发言大肆攻击社教工作队。发言后立即印发了材料，宋硕、李康林都称赞杜的发言。

（3）黑帮分子李康林对杜采云是非常信任的，第二次国际饭店会议前一阶段，李与杜住在一个房间，他们谈话他都不回避杜。会上印发过一些范围很小的材料，都是杜采云负责保管，发送的，如常委组发过一号、二号报告，十八次常委会议记录和陆平在市委扩大会议的翻案发言等，都由杜直接收发。

2、刘文兰

（1）刘在两次国际饭店会议上反动立场十分顽固，反革命气焰十分嚣张，卖命地镇压左派。刘与彭珮云、李康林的关系十分密切。黑帮集团对刘是非常重视的。第二次国际饭店会议，二十二个组的联络员都是旧市委的干部和工作队员，唯独刘文兰是北大的干部，担任了哲学系的联络员，由此可以看出宋硕等人对刘的重视。李康林等人透露过，让刘作哲学系的联络员，是为了以后作哲学系总支书记作准备的。

（2）刘对革命左派是极端仇视的。刘曾大肆攻击、污蔑阮铭。说阮铭是极端严重的个人主义者，说阮曾扬言三十五岁要作党中央委员，太狂妄了；还说阮是唯恐天下不乱的人，阮最了解北大情况，对北大的干部最熟悉，而在运动中搅浑了水，起了很坏的作用。她还非常仇恨地说：北大的干部都清理了，阮铭不清理怎么行？

（3）聂元梓同志因病请假开来医生证明后，刘文兰在饭桌上，污蔑聂是装病，说：她在运动中那么积极，什么病也没有，现在清理运动中的问题，她的病就都来了。她斗人的劲头哪里去了？还说：聂一开会就用手揉脸，说是神经痛。

（4）一次我在刘的房间里，看到一份打印的史永元的揭发材料，刘对我说：这些人就是搞非组织活动，就是反党集团。

（5）我刚到哲学系不久的一天，刘文兰整理了一份会上揭发出的聂元梓的"错误"的黑材料。当时，她因时间来不及，要我帮助她摘聂的"个人主义"的一段。我因前一段未参加会，情况不了解，表示有困难。刘找出了几期简报，说只要从简报上抄下任宁芬的一段发言（指离开市委系统的一段）和王庆淑的几段发言（指北大对她的工作安排、到天津联系工作等）就可以了。我按照她的要求，抄下这几段发言，交给了她。黄希当时也帮助她搞了一段。

（6）十一月底，当左派郭罗基等八、九人在会上连续发言，义正辞严，驳斥了右派的种种谬论以后，一个星期六的下午，刘文兰赶写了一份综合这八、九个发言的材料，让我和黄希各写一小段。让我写八、九个发言中对右派在会上的表现如何批判的。我摘录了几个发言中的一些话，标题是刘加上的。

这两份材料刘写好后，我没有看过，以后是怎样使用的，我也不了解。

（7）第二次国际饭店会议以后，刘文兰和李康林的关系非常密切，李康林到刘文兰家里去看过她，对她生病很关心，刘文兰向李通风报信，据说，聂元梓同志在文化大革命前到学校上班的消息就是刘告诉李康林的。

3、潘乃穆

（1）十二月在北极阁开会期间，我和潘乃穆、连虹三人同住一房间。这一个月内，潘很少参加会议，整天在房间查档案、整理材料。她整理的材料我没有看到过，只听潘说过她是在整理几个左派的材料，并在准备会议结束时的关于组织问题的发言。她还曾说过她在整理朱泽浩的材料。有一天，陆平找她和张学书、伊敏、谢道渊等讨论过朱泽浩的历史问题。讨论后，她说朱的问题还是没有调查清楚，现在还不能定下来朱有什么重大的政治问题。

（2）潘曾攻击过：哲学系的左派在运动中的表现和五七年右派向党进攻一样，她说从史永元揭发的材料看，他们就是反党集团，在社教运动中暴露了出来。但由于社教运动中上有张磐石、工作组，而张磐石连反党也定不上，所以哲学系的这些人也无法定性，不好处理。

（3）伊敏在哲学系的会结束前的发言（即潘所说的关于组织问题的发言）是早就由潘乃穆起草准备了的。潘还曾找过哲学系的一些右派（张凤坡、任宁芬、冯瑞芳等）谈话，了解哲学系历史上的矛盾。潘起草后，约在十二月底，伊敏、潘、谢道渊等人曾讨论过几次。讨论后，听潘说，没有通过，不好定性，要重新改写。

（4）聂元梓同志的上告信，被黑帮头子彭真批给哲学系的会议，对聂元梓同志再次开展了残酷斗争、无情打击。上告信中提到第二次国际饭店会议上对社教运动的积极分子进行了斗争，提到了白晨曦同志。潘乃穆看后，反动气焰嚣张，声称要到哲学系的会上发言，反驳。她说：白在会议结束时发言说会议并没有斗争他，对他教育很大。潘还向秘书组借来记录，又回学校去找人研究积极准备会上发言。

（5）潘在十月间，根据宋硕等人的黑指示，去西安找李寄霞搜集攻击工作队、攻击左派、进行反攻倒算的材料。回来后，潘在会上发了言。这个发言是宋硕亲自修改了的。黑帮分子李康林、黄希赞扬潘完成了重要任务，任务完成的好。他们说潘的发言有力量，揭得好，是重要炮弹。并介绍给不参加会议的一些人看。潘自己曾说过，李开始不敢翻，她作了不少工作，让李看了她带去的文件（工作队撤走的通知）以后李才翻了案。

（6）潘曾向秘书组要了两三套哲学系铅印的会议记录（即：总支改选、哲学系整风和社教运动三本）专门剪贴了左派的发言，搜集攻击左派的炮弹。

（7）潘的柜子里有不少人事档案，这些档案是在十二月底偷偷摸摸地运回学校的。她不敢在星期六晚坐校车时带走，让陆平的司机一包一包地带回学校，放在陆平家里，然后潘乃穆再去取。

4、龚理嘉

第二次国际饭店会议的第一阶段，我和宋诚、梁思粹等四人住在一起，龚理嘉、徐淑娟经常来找宋诚。龚在会上的检讨，就是宋诚和她逐段地研究修改的。

后来，在三个重点系开会期间，有一天，宋诚在饭厅里找到我对我说："经济系有一部分会议记录本曾有一段时间找不到了，以后又找了回来。现在经济系的会上追问这个问题，有人攻击龚理嘉是有意藏起记录本"，宋说实际上不是龚有意藏起来的。宋说，她在会上已给龚作证说记录本是龚理嘉到我们房间谈话时放在桌上，忘记拿走和陈大白的材料混在一起，收到抽屉里，以后在陈的抽屉里发现才找到的。（这完全是撒谎，我从来没有见到过经济系的记录本）宋诚还告诉我，如果经济系有人找到我问时也按照这个说法回复他们。以后一直没有人来找我。这里显然龚、宋二人是有阴谋的。

5、连虹

十二月哲学系的会议搬到北极阁后，连虹和我住在一个房间，而且我们一起作哲学系的会议记录。

连虹在宿舍里谈论过经济系的情况，谈到苹果事件时，她完全站在反动立场，很激动地说，他当时是边哭边作记录的。

连虹曾说过，在社教运动中，潘乃穆虽然受到批判，但下来还是老老实实地，照样工作和劳动，很可怜。言谈之间，流露出她对潘在社教中被批判是很同情的。

连虹曾在房间里和王庆淑一起议论过聂元梓同志的结婚问题，王庆淑极尽污蔑之能事，连虹也说：聂和吴结婚还不是为了生活好，以后陪吴到处休养、作秘书，工作也别作了。

6、张胜宏

我到哲学系以后，和张胜宏、刘隆亨、余崇健一起作会议记录。

张、刘、余三人在会议期间，也完全是站在反动立场，尤其是张、刘二人对左派是非常敌视的。张、刘都曾在会议上几次发言攻击左派（如张恩慈、阮铭等）在会下，他们的反动情绪也暴露得十分明显。

本来规定记录人员不参加会议讨论，但张、刘二人几次在会上发言，他们为了准备发言，常影响记录不能按时完成。

刘隆亨在会会上的发言，声嘶力竭地攻击左派，最为突出。但我到哲学系不久，刘就被调回学校。

张胜宏在会上也是几次发言攻击左派。对于左派连续八、九个发言张胜宏是很敌视的，他在会下说：是修正主义观点、是谬论，逻辑混乱，讲不出道理、净骂人。孙蓬一在会上提出关于组织原则方面的十个问题，以后，张说都是谬论、歪道理。张胜宏在会上发言攻击张恩慈以后，孙蓬一在发言中批判张胜宏是继续在牺牲别人，保全自己。会后，张气势汹汹，急忙准备发言反驳，就在第二天的会上，张发言，捧出刘少奇的共产党员修养，继续攻击孙蓬一同志。

陈 大 白
一九六七年三月二十九日

4. 李开鼎的揭发材料

彭真反党集团在六五年六、七月即开过六次秘密会议（仅据彭珮云的交代），策划镇压北大社教运动，他们打着红旗反红旗，确定经济系要彻底批判樊弘，其目的是"要抓住张磐石翻案翻错了的一个把柄"，作为反攻倒算的一个突破口。

这是仅就六五年九至十一月我直接接触到的邓拓等的几次谈话，分别记述如下：

一、九月八日下午

"领导小组会"。出席领导小组成员有：许立群、邓拓、宋硕、彭珮云……；列席：陈道、龚育之、何静修、李开鼎……。

许立群说：（1）各重点系（哲学、经济、技术物理、中文）留下来继续开会，要准备拿出一篇有水平的东西，即要"出道理"，然后，才能把工作队找回来。（2）斗争中要出现人。系里要有几个顶得住的，尽是文人学士不行，要帮助积极分子，将来成为系的骨干，"领导小组"考虑要开积极分子会。（3）对杨晦（中文系主任、党员）的问题要亮明旗帜，在群众中挂上号，将来解决。

邓拓说：(1)经济系要重点把樊弘批透，樊弘是一个满脑袋资产阶级思想的教授，彭真多次批评：为什么把这个人吸收入党?候补五年，又为什么让他转正？（2）李志远、王茂湘这两个人，等樊弘揭露后，可能会发生变化，也起来揭露樊弘。

二、九月八日上午（或七日下午）

彭珮云、庞文弟介绍了个情况，说：龚理嘉是好样的，被斗一百多次，是"单打冠军"，没有瞎揭发。还说，龚就是软，现在斗争上不去，真急人！

邓拓、宋硕交代任务：(1)要认真帮助龚理嘉作一个较好的检查；(2)抓紧准备批判樊弘。

三、九月九日上午

邓拓动员龚理嘉反攻倒算（这不是头一次）："你要由一只'小猫'变作一只老虎"，"要勇敢地起来和樊弘斗，要有不顾一切的豁出去的精神"，"你不能错过时机，你如不愿斗、不敢斗，也就拉倒！但是，你今后在经济系的日子就不好过！"

四、九月十七日上午

许立群、邓拓召集了一次"领导小组会",进一步检查和布置反攻倒算的罪恶阴谋计划。有宋硕、蒋南翔、陆平、彭珮云、庞达、戈华出席。列席:陈道、何静修、龚育之、庞文弟、李康林、吕恒甲、白波、李开鼎等。

许立群说:(1)李志远是经济系扛大旗的,要弄他一下,龚理嘉斗他不过;(2)经济系的会议以樊弘检查为中心,搞一个材料;另外,以樊弘、李志远的问题为中心,搞一个会议纪要;(8)把家里的青年人调来参加,有利于锻炼干部,每人发一篇言,在斗争中培养干部。

邓拓说:(1)每系要在大的关键问题上抓紧求得解决,经济系的樊弘可以批判,李志远为什么不可以批判?!(2)彭真说,这个会完了以后,所有的干部都认真去搞农村"四清",要高度分散到贫下中农中去,如集中,可能还会形成知识分子气候。(这是反党黑帮向我布置反革命任务的十三次密谈中的第四次,我在六月十一日的交代中遗漏了,特此补上。——李开鼎一九六六年七月二十六日补充揭发交代。)

五、九月二十日上午

邓拓、宋硕、彭珮云等听我说关于龚理嘉十三日补充检查后的反映和批判樊弘的准备工作后,邓拓说:(1)龚作了补充检查群众还有意见,不要轻敌,要有防备,龚这个时候实在松懈,要坚持下来;(2)樊弘是资产阶级在党内的代理人,阶级异己分子,一定要搞得彻彻底底,不能一滑而过,要从政治上、思想上、组织上、学术上(适当点一点)进行彻底批判,他在国民党时代干了些什么?入党前的思想情况及表现?他是唯一的凯恩斯理论在中国的传播者,为资本主义谋出路的经济学家。组织专题发言,使大家可以认识更深刻,千万不能松懈、轻轻绕过、手软!要樊弘最后表态,在群众中备案才行!炮弹打死,干脆停下。关于要彻底清算樊弘问题;不要露底。(3)三人小组,你打你的,我打我的,陈道讲什么由他讲,不要管他;你要通过发动群众去进行工作，不要去冲锋陷阵。(4) 十四人领导小组，是党内上层统战组织，以后在这个会上汇报情况要注意。(5) 李志远放在批判樊弘的最后一段烧一烧，点破他的面目，挂起来，不要当作"扛大旗"的打，整了会脱离群众，他的文章都是抄来的，"唯一创造"也是杜撰的。

六、九月二十三日晚

邓拓在电话上询问近两天批判樊弘的情况后说：(1) 批判樊弘要非常有原则，按原则办事，材料要确凿，发言要少而精；(2) 对发言人不要急于评价，要听其言观其行。

七、九月二十九日上午

邓拓、宋硕、陆平、彭珮云等密谋策划，邓说：(1) 批判樊弘是经济系的主题诗。要把樊弘土改前收地租、四六年托人向蒋介石求情留学美国、四八年称"适之师"、冤屈嫫姆、鞭打拾煤老人等问题顺便提出要他检查，准备他翻案，材料要落实，有的要影印。(2) 要有灵活性，在批判樊弘的过程中，穿插批判李志远、王茂湘，这两个人不作重点批判，以惋惜的口吻对他们提意见启发其觉悟，李真有知识，要帮助他克服缺点，要团结使用。请陈道指定工作队员王德主检查。(3) 樊弘批判完了以后，经济系与哲学系汇合，转向批判聂元梓。(4) 王茂湘等在背后有活动，要做防范、防毒工作。(5) 要广泛领导群众，对胡代光说（副系主任）要谨慎，他最近还对光明日报记者说："樊弘是凯恩斯专家，不好批判。"(6) 要有领导、会领导，批判什么、如何批判是群众提出来的，不是我们布置的，你找我，我可以提意见.(7) 对陈道要主动加强领导。

八、十月四日晚

邓拓要我注意：(1) 随时掌握群众动态及部分人的重要活动，防措手不及；(2) 要提高革命警惕性，要有原则性与灵活性，不要回避矛盾；（3）不打无准备之仗，专题批判樊弘要准备好，中心是个人与党的关系问题，去参观问题至为重要，帮助龚理嘉弄好发言稿。

九、十一月五日上午

宋硕在头天晚上从徐淑娟处得知经济系批判王茂湘同志顶牛的情况以后，大发雷霆，第二天早上对我说：（1）批判王茂湘的调子太高了，要压缩空气，如要求搞彻底，搞太过了就要出问题。要考虑王犯错误的历史背景，主要错误在张错误，不要追王的"政治动机和目的"，"两个领导核心"，"个人野心"等等，调子是张磐石定的，给龚理嘉的帽子是张磐石戴的。（2）积极分子思想不通有的是，积极分子有气不对；（3）材料要核实。

十、十一月十二日上午

宋硕指责：经济系批判王茂湘的调子太高，时间拖长了，有毛病。他同时说：安排要抓紧，尽快结束会议。

十一、十一月十三日下午

邓拓在听了我们准备结束会议、及陈道对宋硕的指责有意见的汇报后说：（1）要掌握火候，过了是不好；（2）同意在樊弘专题批判完了就可以结束会议；（3）陈道对宋硕的批评有误解，可以向他解释，不要回避。

十二、十一月十九日

邓拓、宋硕、陆平、彭珮云、李筠、何静修、陈道等，听我汇报经济系的结束工作的安排后，邓拓说：（1）会议结束后马上着手整理批判樊弘的材料，印成专辑，作为附件，分送中央负责同志；（2）写出经济系的会议纪要，在纪要中要写清楚："会议强调指出樊弘不够一个共产党员条件。"

十三、十一月二十五日下午

经济系会议结束前夕，领导小组的人要我讲些意见，我去问邓拓、宋硕、彭珮云等怎么讲法？邓拓说：(1)要懂得依靠什么人、怎么看人，是一条重要的经验教训。龚理嘉是正面的形象，善良的同志，被搞颠倒了，挨斗一百多次；说她"包庇反坏右，打击工农兵"，如果真把龚理嘉打倒，党的事业会受危害。这次会议，大家重新认识这些问题，增进了团结，很好。(2)时间拖长了一些可以作检讨。此外他还说：聂元梓在经济系没有干好事！！

邓拓、宋硕、彭珮云等反党黑帮上述一系列十分恶毒的反攻倒算的阴谋计划，我是亦步亦趋，积极贯彻执行了的。我在经济系组织反攻倒算的罪过，请另见交代。

李 开 鼎

一九六七年三月十一日上午

第二辑　其它资料

一、上海串连

聂元梓 1966 年 11 月 22 日的讲话

在 11 月 22 日上海市革命造反派"控诉、揭发、批判上海市以曹荻秋为代表的资产阶级反动路线大会"上

聂元梓同志的讲话

上海革命派同志们，亲爱的革命战友们：

我们是新北大《捍卫毛泽东思想战斗团》。今天应邀来参加你们批判以曹荻秋为代表的上海市委所执行的资产阶级反动路线的大会，我们感到十分光荣，对你们给予我们的信任，我们表示衷心地感谢！我代表我们全体同志，向上海市的革命战友们，致以崇高的无产阶级文化大革命的战斗的敬礼！

我们这次到上海进行革命串联，原来有两个目的：首先是来向上海革命战友们学习革命的经验，并答谢上海革命战友们对我们的革命支援；其次是来揪北大社教运动的头号叛徒常溪萍！同志们知道，陆平黑帮对北京大学社教运动的反攻倒算，是我国一九六五年发生的一个极其严重的反革命事件。我们是这个反革命事件的受害者，曾被反革命黑帮残酷斗争、疯狂迫害了七个月之久，直到文化大革命开

展以前，我们仍然在继续受迫害。只因为有了毛主席，有了毛主席亲自发动的无产阶级文化大革命，我们才从陆平黑帮的罪恶统治下解放了出来。参与迫害我们的刽子手之一，就是这个常溪萍！告诉你，常溪萍！欠债是要还的，今天我们就是代表北大的革命师生员工找你算账来了！打倒常溪萍！叛徒常溪萍必须低头认罪！

同志们，早在六月份我们就向上海市委揭发了常溪萍的罪行，以后我们又写了两次揭发的大字报。上海的同志们，特别是华师大的革命同志，也揭发了常溪萍的大量反党、反社会主义的言行。可是常溪萍始终未倒，直到今天其反动气焰仍很嚣张，这是为什么呢？我们曾感到奇怪。

这次我们来到上海，看到上海的革命派，正在向以曹荻秋为代表的上海市委所执行的资产阶级反动路线，展开强大的攻势，使我们的疑问得到了解答。常溪萍的问题所以迟迟不解决，就是由于这条资产阶级反动路线在保护他。因此，仅从以曹荻秋为首的上海市委对叛徒常溪萍的态度上看，就使我们深信，你们现在的斗争方向是完全正确的。你们打得准，打得好！

常溪萍的问题，不是孤立的一个人的问题，而是从中央到地方，都有他的根子。中央的根子是邓××和黑帮头子彭×；地方的根子，到目前为止，我们认为就是以曹荻秋为首的上海市委。常溪萍的问题，给了我们很大教育，使得我们懂得了为什么直到现在，也就是说在党的八届十一中全会之后，在最近开过的中央工作会议之后，仍然有人顽固地坚持资产阶级反动路线，继续以新的形式，欺骗群众、压制群众，对抗十六条。不是别的原因，只因为这些人本人就是走资本主义道路的当权派！因此，我们对资产阶级反动路线，必须彻底批判，只有这样，才能贯彻以毛主席为代表的无产阶级革命路线，才能按照十六条的要求，胜利地完成斗、批、改。而且，批判资产阶级反动路线，有时就是斗争党内走资本主义道路当权派的一部分。

同志们，我代表我们"新北大捍卫毛泽东思想战斗团"全体同志郑重表示：我们完全支持你们的革命行动，坚决和你们站在一起，和大家并肩战斗，不把以曹荻秋为代表的上海市委所执行的资产阶级反动路线批倒，我们就不回北京！

同志们，我们有毛主席和毛主席为首的党中央给我们撑腰，有全国革命人民做我们的坚强后盾，我们又掌握着毛泽东思想这一颠扑不破的真理，我们一定能取得最后胜利，也一定会取得最后胜利！

彻底批判以曹荻秋为代表的上海市委所执行的资产阶级反动路线！

无产阶级文化大革命万岁！

无产阶级革命造反精神万岁！

战无不胜的毛泽东思想万岁！

我们最最敬爱的伟大领袖毛主席万岁！万万岁！

聂元梓 12 月 5 日在复旦大学的讲话

原文按：十二月五日复旦革命造反派举行了"打倒杨西光，砸烂杨家店"大会。聂元梓同志抱病参加了这次大会。在复旦党委副书记徐常泰揭发后，聂元梓同志发表了充满革命激情的讲话，使我们革命造反派的同志受到了一次深刻的教育。讲话全文如下：

亲爱的复旦大学革命造反派战友们，红卫兵战士们：

今天，我们很荣幸的参加了你们的这个会，使我们受到了一次深刻的阶级教育。我们可以看到阶级斗争、两条路线斗争是何等的尖锐，执行资产阶级反动路线的人，对待我们革命同志是何等狠毒！今天我们在这个会上，受到这样深刻的阶级教育是很难得的。在这里，请允许我代表《新北大捍卫毛泽东思想战斗团》全体同志向你们致以崇高的无产阶级文化大革命的战斗的敬礼！

同志们，你们的会开得很好，你们的斗争也很好！你们能够有今天这样好的革命形势，正是由于你们经过了艰苦的斗争，才取得了今天的胜利，这也是毛泽东思想的又一新的胜利！

这半年来，革命的实践告诉我们，要取得文化大革命的彻底胜利，我们就一定要坚持斗争，要乘胜追击，最后一定能够取得胜利。

现在斗争的形势有利于革命造反派，革命的形势已经是大势所趋，在这个大好形势下，我想：对于犯错误的一些同志，或一时迷失了方向道路的同志进一言：在这一次无产阶级文化大革命中，犯了方向路线错误的同志，应该正视自己的错误，改正自己的错误。回到正确的路线上来，不要发展到同党、同人民对抗的地步，这一次无产阶级文化大革命是史无前例的、我们都没有经验。对于主席的思想学得不好，跟不上主席的思想，跟不上形势的发展，那么走错了的、迷失了方向的或者是跟着错误路线，执行了错误路线，犯了这样或那样的错误的同志，都是可以理解的。只要能够认真地对待自己的错误，检查自己的错误，我们相信革命造反派的同志和广大革命群众是会原谅他们的。我们应该认识到，坚持错误路线死不悔改，带着花岗岩头脑进棺材的人，只是一小撮，这一小撮人，他们脱离人民，反对人民，反对毛泽东思想，是反党反社会主义的。那么我们跟着他们犯了这样或那样的错误，即使是严重的，只要我们认真地接受广大革命群众的批评，作认真检查，党和群众都是欢迎的。

所以在这里，我们希望犯了错误的一些干部或者是当时受了蒙骗的群众，革命的学生都要很快地觉悟过来，一定要和一小撮人划清界限。这一小撮人，他们是反党反社会主义反毛泽东思想的，我们一定不要跟他们继续坚持错误，这样滑下去的话，那么这些同志，他的错误是什么性质也会转化的，也是会转化为对抗性的，转化成反党反社会主义反毛泽东思想的，希望这些同志能够悬崖勒马，回头是岸。

现在我们虽然是形势大好的，但是希望我们革命造反派同学一定要严格遵守毛主席的教导，按照毛主席的指示办事，在这样一个时刻，"党的政策和策略是党的生命"，毛主席的这个教导是十分重要的，如果我们在这个方面做得不好，仍然是会使胜利的局面转化为不利的局面。我相信复旦大学革命造反派的同志能够做到这一点，能够很好地团结广大革命同志，帮助和团结与自己观点相反的绝大多数同志，一定能够在这个斗争中除了集中打击的一小撮反党反社会主义的人，对于反对过自己并在实践中已经证明是错误的人，都能够进行具体的分析，区别对待，严格按照党的政策办事，我相信，同志们一定能够很快地使复旦大学的革命造反派由少数变为多数，由多数变为绝大多数，最后一定能够达到团结 95%以上的革命师生的目标。

同志们，在这样一个时刻，我们还应该记住毛主席的这样一个教导，就是要敢于斗争，善于斗争，要敢于胜利，善于胜利，在胜利的局势下，主席的这个教导，对我们就更为重要，希望同志们能够按照主席的这个教导，坚持斗争到底，相信同志们定会在不久的将来，取得最后的胜利！

以毛主席为代表的无产阶级革命路线万岁！

战无不胜的毛泽东思想万岁！

我们伟大的领袖毛主席万岁！万万岁！

新北大《心向毛主席》兵团整理

聂元梓12月6日在江南造船厂座谈会上的两段发言

（一）

今天我们是来当小学生，向大家学习的。在北京时，北京学生和工人在一起战斗还比较少，这次到上海，看到上海工人阶级已经展开了斗争，学生运动正在和工人运动相结合。上海工人阶级具有光荣的革命传统，在这次伟大的无产阶级文化大革命中，你们又走到全国工人阶级的前面，我们首先要学习你们丰富的革命斗争经验。

这次我们来上海，还有一个任务是揪北大社教运动的大叛徒常溪萍。我们到上海后看到，常溪萍的问题决不单单是他一个人，而是和上海市委有直接联系。上海市委的资产阶级反动路线成了一切牛鬼蛇神的护身符，不把上海市委的资产阶级反动路线打倒，就解决不了常溪萍的问题。在我们和陆平黑帮斗争时，上海的工人和全国人民给我们很大的支持和鼓舞，我们这次来也表示对工人同志的答谢。我们决心和你们一起，高举毛泽东思想伟大红旗，打倒以曹荻秋为代表的资产阶级反动路线。

我们都是造反派，虽然地区不同，语言不同，但我们有一个最本质的共同点：我们都对毛泽东思想无限热爱，无限信仰，无限崇拜，毛主席是我们心中最红最红的太阳，为了誓死保卫毛主席，誓死保卫以毛主席为首的党中央的正确路线，我们团结在一起，战斗在一起，胜利在一起。今天和亲密的战友——江南造船厂的工人同志们一起座谈，希望大家把斗争情况都谈出来，作为我们学习的依据。陈伯达同志最近有个12条草案，还不是正式发阅的文件，但是，现在传阅在造反派中的一些传单，可以作为参考，可以进行讨论，看看那些不适合的可以提些意见，供中央参考。你们可能还有你们的要求、意见，你们也可以谈一下。我们互相支援，互相学习。

（二）

同志们，在这里听了你们的发言，我们确实学了很多东西。我认为你们问题看得准，造反精神强，你们在斗争中学习毛著比我们好，受到的锻炼比我们多。

这次我们到上海来，有一个突出的感觉，就是上海各阶层都动起来了，而且正集中地共同考虑一个问题，那就是上海市委资产阶级反动路线的问题。有的人认为上海市委执行的是资产阶级反动路线，有人说不是，有的人还看得不很清楚，在那里动摇，还有人看清楚了，心里赞成造反派，但有种种顾虑，不敢参加到造反派当中来……总之，很多人都卷入到这个斗争中来了，都关心上海的革命，考虑上海的命运了。

上海市和北京的一个很大的不同是，这里的群众比北京发动的好，在我们来时，除了革命师生，各阶层还没有发动起来，一般都局限在各自的单位上，还没有全市集中在同一个时间，搞同一个问题。我想，经过这次大的革命风暴以后，也一定会充分发动起来，全市形成一个巨大的洪流，彻底肃清北京市以李雪峰为代表的资产阶级反动路线。

这次文化大革命，是群众自己教育自己，自己解放自己的革命，群众会在正常的辩论中，辨明是非，决定自己所走的道路，上海现在正在开始选择。你们这个厂子，是斗争比较尖锐的厂子。你们造反派虽然少，但你们很有战斗力，因为真理在你们这一边，走资本主义的当权派未倒，那是暂时的，你们战斗力强，他们的战斗力是虚弱的。我们革命造反派一定会在斗争中发展壮大。这个前途应该看到，但还应当看到前进道路上阻力还相当大，我们要通过艰苦的斗争使这个过程缩短，而不能等待。

怎样努力呢？刚才修安车间的黄隆华同志讲得很好。就是要做"外围工作"，也就是思想宣传工作。这次文化大革命不能靠武力靠硬拼去完成，要做艰巨的思想宣传工作，这个工作又必须和斗争结合起来，才能做好。刚才很多同志提了很多好的意见，我看是不是能把中间人分成几层，分析他们在考虑什么，针对他们的思想，做他们的工作。比如，你们讲的，有许多党团员没有动起来，有些怕打击报复等，他们明知你们做得对，又不敢和你们并肩作战，你们就要向他们宣传入党时是怎样向党宣誓，要为共产主义奋斗终身，我们现在服从的不是某一个基层领导，而是伟大的毛泽东思想，离开了毛泽东思想就不是党的领导。只要是上级就拥护，那么修正主义的领导你也拥护吗？我们要坚决拥护的，毫无保留的服从的是毛主席和以毛主席为首的党中央的领导，是毛泽东思想的领导。我想，把这些情况宣传给他们，他们会勇敢地站出来的。

思想工作必须在斗争中做，把思想工作和斗争结合起来。这个斗争就是造资产阶级反动路线的反，要揭露，要批判，要斗争，群众斗争的威力也会促进不少人的思想工作。昨天我们在复旦参加了一个斗争大会，会开得很好，他们保皇派和被蒙蔽的群众组织分化了，有的骨干起义了，揭露了他们内部的情况，总支书记一级绝大部分倒过来了，当然这里面有真有假，如果革命派斗争进行得非常坚决，他们是不敢过去的。事实说明，你对一小撮顽固分子打击得越彻底，中间群众才会跟你跟得越紧，斗争越坚强，思想工作越有效。做好这些工作，革命造反派就一定会不断壮大，把中间群众团结在自己的周围，集中力量打击一小撮极端反动的右派分子，最后战胜他们。你们厂正处在艰苦的阶段，但全市的斗争形势对你们是有利的。只要你们看到有利的一面，克服不利的一面，就一定能很快由少数转为多数，取得最后胜利。在这方面，你们有很多经验，很值得我们学习。

今天听说《解放日报》同意了我们的七点要求，这是革命造反派斗争的结果。是毛泽东思想的胜利，对发动群众很有利。我们要听毛主席的话，不断革命，在斗争中不断提高，把仗打得更好。

心里有数，斗争起来会更有力量。我们坚信，上海革命派反对以曹荻秋为首的资产阶级反动路线是正确的，你们反对厂里的反动路线也是正确的，你们要坚持斗争，排除万难，去争取胜利。在上海，反动路线的根子在上海市委，因此，如果不把根子挖掉，你们厂里的也不可能反掉，某一个搬掉容易，可是再派一个来怎么办呢？市委应该是大家的主攻目标，执行这条路线的只是曹荻秋一人吗？不是。他不仅下面有一批，上面也有。因此，我们要挖的深。曹荻秋是代理第一书记，如果只挖出一个曹荻秋，将来还是不能彻底解决问题的。昨天我就碰到一个市委干部，问他为什么工厂要派工作组，他讲是搞四清，而不是搞文化大革命，因我不了解情况没有跟他讲。今天听了你们的意见，完全不是那样，他还装着没事儿似的。值得警惕的是：上海市委到现在还在坚持执行资产阶级反动路线，这不是一个简单的问题，你看他们上上下下执行反动路线的机构还很灵活、完备，你看游行的口号都一样，看来这是有组织、有准备的，它的组织机构还没有烂，只要我们坚持斗争到底，那么一定会揪出上上下下一大批走资本主义道路的当权派。

我们到这里来学到很多宝贵的东西，懂得很多道理，这里的确是大风大浪。在这个风浪中，英雄的工人阶级和革命小将一定会在毛泽东思想的指导下，锻炼成长，彻底打倒上海市以曹荻秋为代表的资产阶级反动路线！

聂元梓为什么现在来上海？

聂元梓为什么现在来上海？自然这个问题的最理想的解答应是聂元梓同志，但是无奈不见聂元梓的回答。虽则，这个问题对我们说来尚是一个只可猜测的谜，但我们还是愿意尽力提供一些情况、材料，提供大家参考。

聂元梓是在什么情况下离开北大的呢？北京大学不是世外桃园，和全国一样，两条路线的斗争在北大还是相当尖锐、激烈的，大家知道，七月底由中央文革小组在北大的万人辩论会上宣布撤除以张承先为首的工作组之后，北大校园重又出现了轰轰烈烈的群众运动的场面，但是自聂元梓为首的校文革（原筹委会）成立之后，领导得很不得力，背上了各种思想包袱，由害怕群众，继而压制群众，甚而滑向变相打击群众，执行了一条没有工作组的工作组路线，所以，十月初以前的一段时间，运动又趋于冷冷清清，在十月六日，路远等人贴出了"搬开聂元梓，北大才能乱"的革命大字报，打破了燕园的冷冷清清的局面。全校针对校文革的问题展开了一场大辩论。以聂元梓为首的校文革到底执行了一条什么路线？这里只想说及一点，请看校文革常委杨学琪同志的大字报中揭露的一点：校文革常委自成立以后没学过一次毛选，没开过一次民主生活会……这点说明了什么？

聂元梓就是在北大两条路线的激烈斗争中离开北大的，就是在北大环绕她的问题争论激烈的时候，离开北大的。我们想问聂元梓同志：你在这样的情况下，离开北大合适吗？你到了上海，还能听到北大同学对你的意见、批评吗？

另外还想指出一点，聂元梓是在中央发出暂停串联的通知后离京的，即是北大同学即将陆续返校的情况下离开北大的。

聂元梓来沪后，22日在文化广场的大会上，就发表讲话，声称不把上海市委的问题搞清楚就不回北京。这里我们不想多说，只想摘录一段最高指示："群众是真正的英雄，而我们自己则往往是幼稚可笑的，不了解这一点，就不能得到起码的知识。"我们还想指出一点即：对待外地革命群众的问题。现在聂元梓同三个月以前的聂元梓迥然不同，那时有不少的同学要求外出串联，校文革不答应的最硬的一张王牌之一，就是你们要相信外地的群众也是要革命的，是能把本地的文化革命搞好的。可现在聂元梓却说出这样的话又说明了什么？

以上仅就聂元梓同志来沪谈了一些。关于上海市委的问题，我们经过不太长时间的调查串联，初步的结论是：上海市委执行了一条不折不扣的资产阶级反动路线，常溪萍是个地地道道的大叛徒。

（写完后一看，似乎没有回答所提出的题目：聂元梓为什么现在来上海，希读者谅解，更希读者深思。现在暂且如此。）

新北大井冈山红卫兵战斗团《打落水狗》战斗队

一九六六年十一月三十日

我们对上海目前形势的十点看法

第一部分　关于上海市委

一、《红旗》十五期社论发表后，上海的文化大革命出现了新高潮，但以陈丕显、曹荻秋为首的上海市委并没有改变立场，改正错误，相反，仍然坚持资产阶级反动立场，坚持错误，用更加隐蔽、更加狡猾的手段，挑动群众斗群众，继续推行资产阶级反动路线，一手制造了康平路流血事件，这就更加暴露了上海市委反革命的真面目。

十二月二十三日召开的赤卫队批判市委的资产阶级反动路线的大会，是一个上海市委导演的假批判的大会。会前，马天水通知市委机关造反派、市委组织部长张文豹通知炮司说，曹荻秋准备在这个大会上改变立场，站到革命左派一边来，曹荻秋准备受赤卫队围攻，请造反派解围去。会上，曹荻秋虽然羞羞答答，扭捏了一番，但最后还是签了字。大家知道，赤卫队的七项要求中，其中有一项是承认赤卫队是群众的革命组织。事实上，赤卫队是曹荻秋、马天水一手操纵下建立起来的，它的矛头是针对工人革命造反派的，是针对中央文革的，赤卫队的方向、路线是错误的。曹荻秋的签字还承认以前与工人革命造反派的单方面的签字无效，这就等于一笔勾销了工人革命造反派坚持毛主席的革命路线英勇斗争所取得的一切成果，这是反对毛主席，反对党中央，破坏文化大革命的行为。

十二月二十五日，曹荻秋又发表声明，推翻了二十三日的签字。签字又作废，这就必然挑起工人赤卫队和工人革命造反派之间的冲突。于是，震动上海的包围市委办公厅、闯入柯老、张春桥住处的事件、衡山宾馆事件、安亭——昆山——苏州事件，便接连发生了。赤卫队总部的一小撮人打着要"控告上海市委把八十万工人赤卫队打成反革命""打倒曹荻秋"等旗号，煽动不明真相的数万名赤卫队员上京控告，向中央施加压力，妄图制造所谓"第二个安亭事件"，严重地破坏了生产。

陈丕显、曹荻秋以为，这样一来，便可以欺骗群众。一来表明曹荻秋与赤卫队无关；二来表明赤卫队也是要批判资产阶级反动路线的。通过这些事件，让赤卫队来掌握批判资产阶级反动路线的主动权，他们就可以向多数派投降，从而压制革命造反派，控制批判资产阶级反动路线的局面，夺取胜利果实。

陈丕显、曹荻秋以为，制造"第二个安亭事件"一旦成功，他们要张春桥同志来处理这件事情，便可以对中央文革、特别是张春桥同志施加压力。实际上，这是挑动工人赤卫队以更加隐蔽的方式来炮打中央文革小组、张春桥同志。这是一个极为恶毒的政治阴谋。

特别需要指出的是，陈丕显在这一系列的群众斗群众的事件中，是幕后策划者，是罪魁祸首。

曹荻秋故作姿态，耍两面派，这是上海市委书记处早已安排好的，是陈丕显的鬼主意。陈丕显有一个"狡兔三窟"的计划：第一，如果曹荻秋是党内走资本主义道路的当权派被识破，打倒了，他自己可以站在造反派方面；第二，如果曹荻秋是资产阶级反动路线的代表人物，批判的主动权掌握在赤卫队的手里，曹荻秋可以过关；第三，如果曹荻秋攻不倒，他们俩都可以过关。

然而，陈丕显的如意算盘打错了。

张春桥电示陈丕显必须出来处理这些事件，这就给陈丕显当头一棒，他们企图挑动工人赤卫队炮打中央文革张春桥同志的阴谋破产了。

于是，陈丕显又通过梁国斌急急忙忙表示，要和造反派站在一起，和造反派商量"抓革命，促生产"。然而，通过这一系列流血事件，造反派已识破了陈丕显的阴谋伎俩，陈丕显和曹荻秋都是一丘之貉，不过一个在前，一个在后，一个扭捏作态，出尔反尔，一个深谋考虑，不动声色，两人合演了一出双簧丑剧。铁的事实告诉我们，陈丕显决不是一个不管政事的病夫。

我们要警告陈丕显：收起你的如意算盘吧！你必须老老实实，向人民低头认罪，否则，只有死路一条。

二、最近，上海工人赤卫队总部以及一小撮别有用心的人，企图制造停电、停水、停交通的罢工事件，其目的是破坏无产阶级文化大革命，威胁革命造反派，对中央文革施加压力。对此，我们提出严重警告：如果你们制造罢工事件，你们将与人民为敌，一切后果，都要由你们负担。

三、（1）上海市委对工人队伍软硬兼施，对某些意志薄弱者进行政治收买、物质利诱，妄图腐蚀瓦解工人阶级队伍。对此，必须保持高度警惕。

（2）学生运动和工人运动的结合，是当前文化革命的新特点，是对资产阶级反动路线的又一巨大冲击。上海市委对此怕得要死，采取了极其卑鄙的手法，企图破坏学生运动与工人运动的结合。他们以工资报酬为钓饵，诱骗青年学生，把"工学运动相结合"这一严肃的政治斗争变成了庸俗的金钱交易，他们企图使学生大量外流，以破坏学校的文化革命；他们企图把进入工厂的学生变成单纯的"劳动力"，把他们束缚在生产岗位上，限制他们参与工厂文化革命的活动，破坏学生运动与工人运动的结合，破坏工厂文化大革命。

革命的同志们，革命的同学们，必须揭露上海市委的这种阴谋伎俩。

我们还要警告上海市委和劳动局：你们必须立即停止和制止有关单位这种卑鄙的行径。否则，产生的一切后果全部由你们负责。

四、上海市委通过挑拨离间、制造宗派，干涉和扩大造反派内部的争端。或者派人打入革命造反派，冒充革命造反派，建立分裂的组织机构，发动事变，制造混乱，使造反派忙于处理内部纠纷和事变，不能集中力量批判资产阶级反动路线、打击党内走资本主义道路当权派。这是上海市委在革命造反派中搞托派活动、向革命造反派进攻的一个大阴谋。

五、上海市委制造假数字，欺骗党中央和毛主席，企图以生产指标下降为借口反对工厂的文化大革命，反对中央关于工厂的文化大革命的决定。这是一种极为恶毒、可卑的手腕！警告上海市委陈丕显、曹荻秋、马天水之流，你们想从这里捞到一根稻草吗？不能！决不能！你们忠实地贯彻了刘少奇、邓小平、薄一波等人的资产阶级反动路线，让大批叛徒、反革命、党内走资本主义道路的当权派、牛鬼蛇神把持公交战线的领导权，这种上层建筑严重地压抑工人生产积极性，阻碍社会主义生产力，今天，工人革命造反派起来革命了，你们又阴谋制造生产指标下降的数字，来反对党中央关于无产阶级文化大革命的决定。告诉你们：某些生产指标下降，是你们的责任！是你们坚持资产阶级反路线既破坏革命、又破坏生产的结果，你们对人民犯下了不可饶恕的罪过！

第二部分　关于工人运动

六、《十六条》中指出："广大的工农兵、革命的知识分子和革命的干部，是这场文化大革命的主力军。"

《人民日报》十二月二十六日社论《迎接工矿企业文化大革命的高潮》里讲道："我国工人阶级是文化大革命的领导力量和最积极的因素。"

《人民日报》《红旗》杂志一九六七年元旦社论中说："必须放手发动工农群众，斗垮工矿企业和农村党内一小撮走资本主义道路的当权派，铲除一切资本主义和修正主义的旧东西。只有这样，才能把资本主义复辟的根子挖掉。"

当前，在上海，文化革命的三支大军（工农兵、革命知识分子和革命的干部）已汇合成汹涌澎湃的洪流，猛烈地冲击着摇摇欲坠的陈家王朝，而工人运动正是这三支大军的中坚力量。

从安亭事件开始，上海工人阶级就以它特有的坚定勇敢的姿态积极投入了文化大革命。在斗争的考验中，显示了它向上海市委资产阶级反动路线、向党内一小撮走资本主义道路的当权派猛烈开火的强大威力和它誓死保卫毛主席、誓死保卫毛主席的革命路线的坚定信念。随着运动的不断深入发展，工人运动在整个文化大革命中的地位也越来越重要了。目前上海工人造反派队伍已成为左右形势的一支最重要力量。每个革命造反派同志都应当认清工人阶级的伟大力量，迎着革命的风暴前进！

七、最近，发生了《衡山宾馆事件》，又连续发生《昆山事件》，有些人便抓住这些枝节问题大叫：造反队的大方向错了。

造反队的大方向真的错了吗？我们说：没有，造反队的大方向始终是正确的！

工人造反队一成立，它的矛头就对准了以陈丕显、曹荻秋为首的上海市委的资产阶级反动路线，对准了党内一小撮走资本主义道路的当权派。他们封黑材料，支持红卫兵小将对《解放日报》采取的革命行动；他们开大会声讨上海市委所顽固推行的资产阶级反动路线，他们坚决贯彻中央关于"抓革命、促生产"的指示，这些难道是造反队大方向错了吗？

赤卫队是在上海市委一手操纵下成立起来的，它的大方向是错误的，可是陈丕显、曹荻秋、马天水之流，不但不承认自己的错误，反而坚持错误立场，十二月二十三日曹荻秋在人民广场签字同意了赤卫队总部提出的七项要求，承认了赤卫队是革命组织，也就是说，赤卫队的大方向是正确的。以后，上海市委又玩弄了一系列花招，企图蒙混过关，夺取胜利果实。这样，造反派当然不答应。衡山宾馆事件中造反队员抱着誓死保卫党中央，誓死保卫毛主席，誓死保卫无产阶级革命司令部的坚定信念，积极投入了战斗，他们把矛头对准上海市委，积极筹备通过这个事件揭发、批判上海市委资产阶级反动路线的大会，这难道是造反队大方向错了吗？

这次事件中，由于赤卫队总部某些领导人及赤卫队幕后操纵者的煽动和策划把很多赤卫队员调离生产岗位，造成了许多厂的停工现象。这时，工人造反总司令部发通知，要求造反队员坚守生产岗位，尽量顶替赤卫队员走后的缺额，而且事实上，国棉十七厂，国棉三十一厂，玻璃机械厂等很多工厂的造反队员也这样做了，这难道是造反队大方向错了吗？

我们说造反队的大方向始终是正确的，因为他们始终把矛头指向上海市委所推行的资产阶级反动路线，指向党内一小撮走资本主义道路的当权派，因为他们坚决贯彻了中央关于"抓革命、促生产"的指示。如果有人想抓住造反派队员某些做法上的缺点来大肆攻击造反派，诬蔑工人造反派大方向错了，这是永远也办不到的。

八、十二月二十三日曹荻秋在人民广场扭捏了一番后，终于签字同意了工人赤卫队总部提出的七项要求，肯定赤卫队的大方向是对的。事实真是这样吗？不是，完全不是！我们说，赤卫队总部的大方向就是完完全全错了！

安亭事件中，张春桥同志代表中央文革签字同意了工人造反总司令部的双五项要求，这是对陈丕显、曹荻秋为首的上海市委的沉重打击。为了继续推行资产阶级反动路线，上海市委幕后操纵，成立了工人赤卫队。关于这一点，市委书记处书记王少庸也不得不承认"赤卫队是一个官办组织"。赤卫队一成立，矛头就是对准造反派、对准中央文革小组的。以后，他们不让造反派处理黑材料，不让造反派批判、揭发贯彻了资产阶级反动路线的厂党委、工作队，并在很多厂挑起武斗，打伤许多工人造反队的同志。这难道是赤卫队的大方向正确吗？

赤卫队的某些领导及幕后操纵者指挥各单位的赤卫队炮打中央文革小组。如国棉十七厂赤卫队头头马骥，组织队员到市委大楼前示威，喊什么"抗议张春桥"，新新机器厂赤卫队负责人写"炮打中央文革"的标语，等等，这难道是赤卫队的大方向正确吗？

在这次衡山宾馆事件中，赤卫队的领导及其幕后操纵者欺骗广大赤卫队员，说让他们来开会，其实让他们包围并占领了市委办公厅，这样造成了很多工厂的停工现象，给国家带来了巨大的损失，后来赤卫队领导又煽动大批赤卫队员北上北京，向中央施加压力，这也难道是赤卫队大方向正确吗？

工人赤卫队总部的某些领导人及其幕后操纵者，他们不是把矛头对准上海市委的资产阶级反动路线，对准党内一小撮走资本主义道路的当权派，而把矛头对准了革命群众，对准了中央文革小组；他们不但没有执行中央关于抓革命促生产的指示，反而欺骗赤卫队员，造成了停工现象，所以我们说，赤卫队的大方向就是错了！

九、(1) 紧紧把握斗争的大方向，把矛头对准以陈丕显、曹荻秋为首的上海市委，对准党内一小撮走资本主义道路的当权派。要相信群众的大多数是好的，有些人一时上当受骗，但只要看清事实真象，他们是会站到革命造反派一边来的。要在斗争中摆事实讲道理，说服、争取一些不明真相的群众，团结他们一起投入战斗，共同向上海市委开炮。

(2) 在刘少奇、邓小平、薄一波路线的长期统治下，公交系统中存在着许多不合理的资本主义制度，如外包工、临时工、合同工等。在文化大革命中，一定要彻底砸烂这些旧制度，一定要彻底清除刘、邓、薄路线在公交系统中的恶劣影响，彻底铲除资本主义复辟的一切可能。

现在上海市外包工、临时工、合同工等各行各业的工人同志都起来造反了，这个反造得好！这是对刘、邓、薄路线的沉重打击，这是对走资本主义道路当权派的沉重打击，一切革命同志都要积极支持他们的造反行动。

我们知道：文化革命要彻底铲除资本主义复辟的一切可能性，因此不仅要搞经济斗争，而且，更重要的是把认识提高到两条路线斗争的高度，提高到彻底清算刘、邓、薄路线影响的高度，提高到为保证我们国家永远不变颜色的高度，只有用这种思想来指导我们的斗争，才能真正做到将革命进行到底。

十、《红旗》十五期社论发表后，上海形势越来越好。而上海市委也越来越狡猾，越来越隐蔽地推行其资产阶级反动路线。以陈丕显、曹荻秋为首的上海市委顽固地坚持其反动立场，这表明了他们自己就是走资本主义道路的当权派。他们的末日就要到了，在这种时候，他们会更疯狂地向革命派进攻。因此每个革命造反派同志必须更高地举起毛泽东思想的伟大红旗，及时戳穿上海市委所玩弄的一切新花招，敢于斗争，敢于胜利，坚决把革命进行到底！

在当前，我们就要牢牢地揪住陈丕显、曹荻秋，通过衡山饭店事件狠狠地揭露他、批判他，并且要深挖狠追，把他们与刘、邓的黑线关系全部揪出来。同时我们要用事实来教育群众，争取群众，让群众认清上海市委的真面目，把大多数同志团结到革命派一边来，共同向以陈丕显、曹荻秋为首的上海市委开火。不把上海市委所推行的资产阶级反动路线批倒、批透,斗倒、斗臭,誓不罢休!

　　同志们,形势大好,前途光明,让我们更高地举起毛泽东思想伟大红旗,去夺取一个又一个的新胜利!

新北大捍卫毛泽东思想战斗团
一九六七年一月五日

以上资料载《关于聂元梓同志在沪串联的材料汇编》(新北大捍卫毛泽东思想战斗团《惊雷》编辑部　一九六六年十二月十二日)

二、新购的《校内动态》等

首都大专院校红卫兵代表大会委员会声明

一九六七年三月二十五日

一、目前，我国无产阶级文化大革命已进入决战阶段，党内一小撮走资本主义道路当权派末日已到，形势一片大好，以毛主席为代表的无产阶级革命路线节节胜利，资产阶级反动路线正在节节惨败。但是，我们必须提高警惕，敌人决不甘心死亡的，他们一定要作垂死挣扎。我们决不能"胜利冲昏了头脑"，决不能麻痹大意。

二、目前阶级斗争越来越深入，阶级斗争也就越来越复杂。我们无产阶级革命派必须活学活用毛主席著作，必须认真地学习、领会和执行党的政策和策略，"政策和策略是党的生命，各级领导同志务必充分注意，万万不可粗心大意。"对待一切问题，对于干部必须作阶级分析，必须作科学的分析。形而上学地否定一切或肯定一切都是错误的。

三、一切无产阶级革命派必须在毛泽东思想的基础上迅速联合起来，团结起来，要把矛头共同对准党内一小撮走资本主义道路当权派，而不要对准兄弟革命组织。革命组织之间有不同意见，应采取摆事实讲道理的方法，采取协商的办法来解决。反对互相攻击，反对互相扣政治帽子。

四、根据调查、研究，红代会委员会认为，对余秋里的错误必须彻底批判。对余秋里的错误应该炮轰，应该火烧。毛主席教导说："只要不是反党反社会主义分子而又坚持不改和屡教不改的，就要允许他们改过，鼓励他们将功赎罪。"余秋里对群众提出的批评，必须认真检讨,迅速改正。若累教不改,则坚决打倒。

五、无产阶级革命派,我们革命的知识分子,当权后,特别要注意加强自己的思想改造,必须破私立公,在改造客观世界的同时,必须要促进自己思想的进一步革命化。每一个革命同志都必须在这二条路线上进行作战,万万不可掉以轻心。

(原文载《校内动态》第 17 期 1967.3.27)

新北大公社声明 第 006 号

一、新北大公社坚决支持红代会三月二十五日声明。公社号召全体战士坚决按照红代会声明的指示精神办事。

二、在无产阶级文化大革命中,余秋里犯有严重错误,新北大公社坚定地认为,必须火烧余秋里,炮轰余秋里,彻底揭发批判余秋里的严重错误。余秋里对于革命群众的揭发批判必须高度重视,公开检查交待,绝对不能敷衍塞责,蒙混过关。余秋里如果执迷不悟,拒不悔改,就坚决打倒他!

还必须指出,"大庆"是毛主席在工业战线树立的一面旗帜,在炮轰余秋里的同时,不许任何人以任何借口歪曲、否定和抹煞这面旗帜。

三、在粉碎自上而下资本主义复辟逆流的同时,我们必须念念不忘阶级斗争,警惕阶级敌人浑水摸鱼,趁火打劫,炮打无产阶级司令部。目前,社会上出现了一股反对周总理的逆流。我们重申:周总理是坚定的无产阶级革命家,谁把矛头指向周总理,谁就是反革命,就坚决镇压!

四、目前,无产阶级文化大革命正处于"百万雄师下江南"的大好形势,毛主席的革命路线已取得了决定性的胜利,刘邓资产阶级反动路线已经遭到惨败。但是党内一小撮走资本主义道路的当权派绝对不会自动退出舞台,他们必然要以百倍的疯狂做垂死的挣扎,我们一定要保持清醒的头脑，切切不可书生气十足，把复杂的阶级斗争看得太简单了！

正因为阶级斗争比以往任何时候更复杂、更尖锐，这就需要我们更刻苦地活学活用毛主席著作，既反对肯定一切，也反对否定一切，加强革命性、科学性、组织纪律性，注重脚踏实地的调查研究、科学分析，加强世界观的改造，促进思想革命化，坚决杜绝一切风头主义、小团体主义、无政府主义等恶劣倾向。

我们必须牢记毛主席"宜将剩勇追穷寇，不可沽名学霸王"的伟大教导，痛打落水狗，彻底击退反革命的资本主义复辟逆流。

把无产阶级文化大革命进行到底！

誓死保卫中央文革！

一九六七年三月二十七日

（原文载《校内动态》第 18 期 1967.3.28　2020.4.24 购得）

《校内动态》第 32 期 1967.4.14 内容摘选

（1）把黑修养批倒批臭！

十三日下午在我校五四运动场召开了批判控诉刘少奇黑修养大会。大会由新北大公社、七机部新九•一五革命造反总部、高教部北京公社、中央民族学院抗大公社等 22 个革命组织发起、30 多个革命组织的代表参加。

会前我校同学表演了充满革命火药的文娱节目。

大会主席致开幕词，他代表新北大校文革、新北大公社、新北大红卫兵总部热烈欢迎到会的革命战友！我新北大公社代表发言之后，七机部新九•一五革命造反总部代表从刘允若的言行揭穿刘氏黑修养的画皮和刘少奇的丑恶灵魂。刘允若按着刘少奇的"吃小亏，占大便宜"的原则办事，从而骗取群众信任的，削尖了脑袋，钻进党内，钻进革命阵营。刘少奇通过刘允若将魔爪伸进了七机部。统战部 11.4

红旗战斗队、民院红卫兵总部和抗大公社等很多革命组织发了言,愤怒地揭发控诉了刘少奇三反罪行。

各单位代表在发言中表示坚决支持聂元梓同志参加北京市革委会。坚决支持新北大无产阶级革命派的一切革命行动。

孙蓬一同志从人大会堂"开会"回来后赶到大会,并讲了话,指出当前这场斗争的实质是政权问题,揭露了地质东方红等一小撮人及其幕后操纵者破坏大会堂会谈(解决北大与地质等校的矛盾)的卑劣行径。聂元梓同志也在大会上讲了话(摘要见本期)。

大会宣读了给毛主席的致敬信,并通过大会郑重声明。大会在"大海航行靠舵手"的歌声中结束。

(2) 聂元梓同志在批修养大会上的讲话摘要

(记录稿,未经审阅)

聂元梓同志首先感谢各单位造反派对新北大的支持,她说:现在无产阶级文化大革命进入一个新阶段,就是夺权斗争的新阶段。现在关键问题摆在我们面前,是将革命进行到底,还是使革命半途而废。要将革命进行到底,必须从政治、思想、理论上把刘邓路线斗倒斗臭,这是十七年来意识形态领域里斗争的决战。若不从政治、思想上把他们打倒,即使夺了权也不会巩固。最近在北京又发生了武斗现象,这种武斗发生在北京市革命委员会诞生之前,这是为什么?这种武斗主要表现在左派之间,为什么?要把这种现象放到阶级斗争上考虑,放到决战前夕这个前提下考虑。应该看到,确实有一小撮人是别有用心的,企图破坏大联合,破坏北京市革命委员会的诞生。这是资产阶级向无产阶级反夺权的一种表现。但处理要具体分析,因为反夺权的极少数几个人,但是他们混在革命派内部,所以能量还很大。我们要戳穿他们的诡计,向大量受蒙蔽的群众讲清,一定不要武斗。我们要武斗正是上了敌人的当!

革命派在大方向一致的前提下,互相谅解,彼此有缺点可以批评,甚至用炮轰的方法也可以,但一定要从团结的愿望出发。我在工作中也有很多缺点、错误，欢迎同志们批评，甚至用激烈的方法，炮轰、打倒都可以。但有一小撮别有用心的人想借我来反对我们心中最红最红的红太阳毛主席，是万万办不到的。有人甚至说："毛主席给北大题三个字有什么了不起！""新北大狗仗人势！""聂元梓狗仗人势！"显然矛头指向毛主席。这样的人一定要把他们揪出来，对他们不能手软，要坚决斗争到底！

如果有人利用左派之间的矛盾挑起武斗，是决不能谅解，决不能调和，不能折中的。如果敌人打到你头上了，还谈什么谅解，那就是刘少奇的投降路线，叛徒路线。对于利用左派矛盾挑动群众武斗的人一定要揪出来。

陈伯达同志有一个指示，大意是：北京是无产阶级文化大革命的首都，我们应把首都的文化大革命进行得更好，把大联合搞得更好，把夺权斗争搞得更好，把无产阶级文化大革命进行到底，一定不要武斗。

伯达、康生、江青同志关心我们左派，一再叫我们不要武斗。我们要坚决地无条件地执行中央文革小组的指示。有人说："我们是左派，他们是保皇派，我们打的是保皇狗，该打。"这是借口，你是革命派，掌握真理，还怕什么？要讲道理。要坚持文斗，不要武斗，这样才能不上敌人的当，才能把力量集中到对刘邓的斗争中。

……

现在是决战时刻，敌人也更疯狂。毛主席教导我们，敌人是不会自行消灭的，他们要用种种办法破坏无产阶级文化大革命。但是他们的企图永远不能实现。

（3）不准徐运朴、侯汉清之流污蔑革命群众

在地质东方红一小撮混蛋及其幕后操纵者猖狂地反对新北大，恶毒攻击革命左派聂元梓，阴谋破坏无产阶级革命派大联合，妄图窃取文化大革命胜利果实时，孙蓬一同志于四月十四日临晨发表了一个精彩的革命演说，大长无产阶级革命派的志气！这个讲话好得很，好极了！可是在这关键时刻，徐侯二人跳将出来大放其毒，胡说什么

"孙蓬一的讲话是煽动群众,把矛头指向中央文革的反毛泽东思想大毒草!"徐在回答同学责问时说:"我只长耳朵,没有脑袋"污蔑广大群众是阿斗。当时大家和他们辩论,侯理屈词穷,落荒而逃,而徐运朴则厚着脸皮,既不辩论,也不认错,真是一个赖皮小丑!正告徐运朴之流,发表不同观点是可以的,污蔑革命群众是不行的,徐运朴必须向全校师生员工检讨认错!

《校内动态》第 58 期 1967.5.16 内容摘选

(1) 关于揪出大叛徒、反共老手潘梓年的声明

"金猴奋起千钧棒,玉宇澄清万里埃。"

目前,无产阶级文化大革命的亿万大军,向刘邓反革命修正主义路线发动了总攻击,形势大好!越来越好!

正当这个时刻,我们庄严宣告,大叛徒、反共老手潘梓年被我们新北大无产阶级革命派揪出来了!

潘梓年,前哲学社会科学部党组书记、副主任。就是他,挂着共产党员的招牌,竭力吹捧美帝国主义和人民公敌蒋介石,奴颜婢膝卑鄙无耻到了极点!就是他,杀气腾腾、丧心病狂地攻击伟大的中国共产党。就是他,遵循他的黑主子刘少奇的叛徒哲学,不惜出卖灵魂,卖身投靠蒋介石,成了不齿于人类的狗屎堆!就是他,解放以后还大肆吹捧刘少奇,卖力推行反革命修正主义路线。

可就是这个反动透顶的家伙,文化大革命以来,在陶铸的卵翼下,蒙混至今。

现在,学部吴传启之流还在明目张胆地包庇他,吹捧他是"响当当的左派""老革命"。

物以类聚,人以群分,不同的阶级,不同的立场,结论自然就不一样。陶铸、吴传启们千方百计死保这个大叛徒、反攻老手,正说明他们反动本质的一致性,正说明他们是一丘之貉!

历史的车轮滚滚先前。谁要企图阻挡历史车轮的前进,就必然被

压得粉碎！我们决心冲破一切阻力，把潘梓年揪到光天化日之下，斗倒斗臭！

"宜将剩勇追穷寇，不可沽名学霸王。"把一切混进党内的叛徒、反共老手、牛鬼蛇神，统统揪出来！

打倒刘少奇叛徒集团！

打倒潘梓年！打倒吴传启！

无产阶级文化大革命胜利万岁！

毛主席万岁！万岁！万万岁！

新北大《揪斗潘梓年联络站》

(2)《新北大揪斗潘梓年联络站》第一号公告

最高指示：党、政、军、民、学、工厂、农村、商业内部都混入少数反革命分子、右派分子、变节分子。此次运动中这些人大都自己跳了出来，是大好事。应由革命群众认真查明，彻底批判，然后分别轻重，酌情处理。

为了不折不扣执行毛主席的最新最高指示，为了捍卫无产阶级文化大革命的胜利成果，把无产阶级文化大革命进行到底，我们决心把反攻老手、大叛徒潘梓年和他的辩护士、政治大扒手吴传启揪出来，斗倒斗臭！

为此，我们庄严宣告《新北大揪斗潘梓年联络站》正式成立！

热烈欢迎广大无产阶级革命派和我们一起战斗！

联络地点：新北大民主楼203号

打倒潘梓年！打倒吴传启！

发起单位：16团揪潘战斗队、东语系大无畏战斗队、中文系0763支队、无线电系1561红旗、东语系09红鹰、哲学系顶风船、物理学02武工队、技物1763全无敌、中文系07千钧棒、图书馆逐浪高、数力系揪吴纵队、除隐患战斗队、历史系红梅

1967年5月16日

《动态报》第 136 期 1967.5.19 摘选

财贸动态

五月十六日,我新北大公社 302 纵队代表新北大公社到国务院财贸办公室、财贸政治部参加"打倒姚依林"大会,支持财贸口的革命造反派。

我 302 纵队积极发起并参加筹备这次大会,但在开会前的一天,北师大井冈山、财院八•八的某些人声称:"接到总部通知,不能和新北大公社坐在一起"公然进行分裂活动,拉了几个单位召开分裂会议另成立筹备小组,企图破坏这次大会。

十六日下午,财院八•八、师大井冈山的某些人再次撕毁财贸口及各高校一致达成的协议,公开将各院校之间的矛盾带入会场,为了给大会主席团施加压力,竟然将从来没有支持过财贸政治部和财办造反派又没有参加筹备这次大会的民院东方红、北京轻工业学院七•二九兵团拉入会场。一方面他们以会前退出会场等向主席团施加压力,不准我们以新北大公社的名义参加大会,会上他们又递条子给主席团剥夺我新北大公社和人大三红的发言权。另一方面,在会场对我战士进行围攻,诬蔑叫喊"新北大是保皇派!""新北大炮打中央文革""新北大无权参加今天大会!"令人不能容忍的是北师大井冈山、财院八•八竟纠合了民院东方红等六个组织在大会期间发表所谓联合声明,声称:"新北大公社近已堕落为保守势力代言人,我们认为新北大公社没有资格参加今天的大会。"我新北大公社和人大三红战士坚持原则进行了针锋相对的斗争。指出他们的这种做法是"无视中央文革指示,肆意扩大分歧,制造矛盾,企图达到打击新北大、分裂红代会的罪恶目的。"指出:"财院八•八的某些人必须承担由此而产生的一切后果。"并郑重宣布:"对于财院八•八等某些人所散布的流言蜚语和破坏大会的罪恶行径我们将保留揭露和批判的权利。"财院八•八、师大井冈山的某些人破坏大会的行为遭到了与会的财贸口各造反派的反对。

《校内动态》第 68 期 1967.5.27 摘选

红代会新北大公社 新北大公社红卫兵总部声明

最 高 指 示

凡是错误的思想，凡是毒草，凡是牛鬼蛇神都应该进行批判，决不能让它们自由泛滥。

一、当前全国和北京市的无产阶级文化大革命呈现一派大好形势。尤其具有伟大历史意义的文件"五·一六"通知和红旗杂志评论员文章"抓住主要矛盾，掌握斗争大方向"发表之后，广大的无产阶级革命派坚决响应伟大统帅毛主席的号召，抓住主要矛盾，坚定不移地掌握大方向，向刘、邓为代表的党内走资本主义道路的当权派发动更加猛烈地进攻，形势越来越好。

二、正当广大的无产阶级革命派向党内最大的一小撮走资本主义道路当权派反动总攻击的时候，有一小撮别有用心的家伙，煽起一股阴风，把斗争矛头指向周总理，妄图扭转当前的斗争大方向，把运动引入歧途。我们对这股逆流必须给予坚决地回击。

三、周总理是毛主席、林副主席的亲密战友，是无产阶级司令部的重要指挥员，是坚定的无产阶级革命家。我们决不允许任何人以任何形式攻击周总理。炮打周总理，就是炮打无产阶级司令部。

四、必须指出，攻击周总理的这股逆流是由来已久的。广大的无产阶级革命派必须提高警惕，不要上阶级敌人的当，并要把那一小撮别有用心的家伙，那些政治扒手揪出来示众。

五、我总部完全同意我公社"外事问题联络站"5月22日发表的严正声明，并再次呼吁各革命造反派组织，密切注意事态的发展，痛打这股反动逆流。

1967.5.23

《校内动态》第 73 期 1967.6.5 摘要

(1) 聂元梓同志的讲话（记录整理）

六月四日晚，新北大全体师生员工在东操场集会，由姜同光、卢平同志传达三日晚中央文革和北京市革委会等领导同志接见外事口和红代会核心组等单位代表时的讲话精神。聂元梓同志就六月份我校的中心工作作了讲话，提出要解决的问题，放手发动群众，听取大家的意见，群策群力，牢牢抓住大方向，搞好本单位的斗批改。聂元梓同志的讲话摘要如下：

一、5.16 通知发表以后，我校开展了轰轰烈烈的"三忠于"活动，对此要进行总结。重学这几篇伟大文件，正确理解中央为什么在此时发表 5.16 通知和毛主席的其他光辉著作。伟大历史文件中提出三个里程碑和……，为什么这样提？毛主席是怎样发展了马列主义的？

二、坚决响应中央文革小组的号召，紧紧掌握斗争的大方向，把批刘邓和本单位的斗批改结合起来。我们要严格要求自己。把旧北京市委彻底批判，彻底砸烂。新市委最大的错误是对旧市委没有彻底批判，彻底砸烂。我们北京大学的无产阶级革命派一定要高高举起革命的批判大旗，狠批北京旧市委。我们要努力学习毛主席著作，学习几个文件，批判几个坏电影、坏剧本。从文艺路线的批判上展开，联系到对旧北京市委和教育系统进行批判，对刘邓和旧市委的批判可以从此开刀。具体怎样做，大家可以提意见。抓叛徒仍要进行，这是大方向的一个组成部分，这是为了批判刘邓的招降纳叛、结党营私的组织路线。揪斗潘吴的工作完全可以继续进行。

三、校内组织机构调整整顿问题。根据主席关于革命"三结合"的指示，强化校文革的领导核心，体现主席的"三结合"精神，更加完善"三结合"校文革。校长制也要建立起来。这方面希望同志们提意见。

四、整顿组织队伍。公社、公社红卫兵的问题根据主席和中央文革指示精神，提高战斗力。边战斗，边整顿。对于存在的问题希望大家提出改进意见。

五、毕业生问题。中央指示66、67年一起毕业，正在组织这个工作，听取大家意见。怎样分配，怎样鉴定等等意见集中上来后由市革委会文教组作几条规定，正式进行工作。

聂元梓同志最后强调说：北京大学无产阶级革命派坚决按毛主席、中央文革小组和北京市革委会的指示，坚决反对武斗，决不参加武斗。

(2) 虚心地向兄弟院校学习

为了牢牢掌握斗争大方向，我校广大革命师生员工将在5日、6日到各兄弟院校进行革命串连，学习他们掌握斗争大方向的宝贵经验。6日进行座谈讨论，以便掌握好斗争大方向，搞好本单位的斗批改。

三、关于孔、杨问题

李清崑 1967 年 1 月 6 日的发言

孔繁、杨克明同志是资产阶级反动路线在北大的代表
——在常委扩大会上的发言

江青同志说,孔繁、杨克明的活动就是刘、邓在北大的表现。我听了之后,感到江青同志的论断很正确,对我启发很大。北京大学两条路线的斗争非常尖锐,但代表反动路线的不是以聂元梓为首的校文革,而恰恰是那些想把聂元梓及校文革搞成反动路线的别有用心的人,孔繁、杨克明等就是他们的代表。反动路线的根子当然是刘、邓,有两条线下来,一是李雪峰、张承先,这是原先的。一是王任重,他身在中央文革,暗地里却偷偷地搞了很多鬼把戏。这两条线都与孔繁、杨克明密切联系着。

据我了解,王任重在北大贯彻资产阶级反动路线,主要搞两个东西:(一)竭力扭转运动的大方向,企图把北大的文化大革命引上邪路,反对把矛头对准党内走资本主义道路的当权派。(二)在北大内部寻找他的代理人。王任重的这些阴谋主要是通过孔繁、杨克明来进行活动的。王任重企图扭转运动的大方向,首先他极力反对八·一五斗争陆平、彭珮云的大会。筹委会决定开十万人大会斗争陆、彭,这个决定是正确的,掌握了斗争的大方向。但是却遭到了王任重的百般反对与抵制。八月十二日,王在体育场组织十万人斗争小流氓。不搞黑帮,大搞小流氓,这是大阴谋。八月十五日的十万人大会与王任重的十万人大会是针锋相对的。因此,也就不能不遭到王任重的反对。

王任重的意见是通过杨克明贯彻执行的，但是遭到了聂元梓等同志的抵制。八月十三日，工大在体育场斗宋硕的那天，我们去观摩取经，我和陈葆华、夏剑豸上了车，杨克明匆匆跑来，把我们都叫下车，说"中央负责同志有重要意见要传达"。接着他说："王任重同志不同意开大会，应先选举文革。希望认真贯彻这个意见。"为此我们又找聂元梓同志商量。当时我校已发出了大会通知，我们认为斗争陆平是广大群众的要求，势在必行，不能停止。杨克明不同意，坚持要贯彻王任重的"指示"。同一天，杨克明还对高云鹏说："王任重听说开十万人大会，他不同意。说没有必要，斗争陆平的会不要太多，短小精干的开两次就可以了……"王任重大概还送来一个便条，说什么"十万人大会是抬高陆平的身价"。那么，十万人斗小流氓，不也抬高了小流氓的身价吗？王任重曾亲自和聂元梓说他不同意开大会斗争陆平，并说，他的意见"都与杨克明说了，杨完全同意"，要聂元梓与杨商量办事。八月十四日上午十点半，王任重的秘书吕乃强（原湖北省委副秘书长）、联络员刘道玉来北大，再一次转达王任重的意见：不同意开大会斗争陆平。还假惺惺地说要听听大家的意见，当时在场的有我、夏剑豸、陈葆华、孙蓬一、聂孟民、丁忠良和杨克明，只有杨克明坚持按王任重的意见办事。在多数同志的坚持下，吕乃强转口说："任重同志不是绝对不同意，再回去请示，你们下午三点听信。"下午，丁忠良接到吕乃强的电话："既然决定开，王任重同志同意大家的意见。"在同志们的坚决抵制下，王任重破坏这个大会的阴谋破产了。八·一五大会之后，王任重到处散布："北大的会是错误的。"孔繁、杨克明也宣传这一套，孔繁就当面对我讲过："王任重同志对斗争陆平的大会很不满意。那天他和中央文革许多同志不参加这个大会，就表明他们对这个大会不支持。"最近王力同志说：王任重没有去参加这个会，因为他不同意。中央文革小组的同志没有去参加，是因为他们不知道；第二天知道了，他们说开得好。可是，王任重却把召开八·一五大会列为聂元梓的"一条罪状"，说她不听话。

王任重在北大贯彻资产阶级反动路线的另一个方面，就是在北大物色他自己的代理人，搞自己的班子。王任重选中了孔繁、杨克明，另外还想物色一批，即高干子弟，包括邓小平的儿子邓朴方。清华最近揭了许多事实，问题很清楚，王任重在那儿抓了刘涛、贺鹏飞；并亲自指点，搞了一个"高干子弟辩论团"。他在北大也想搞一支力量。但是王任重也看到，要想通过选举把聂元梓搞下去，不让她做第一把手，群众通不过；因此在酝酿选举校文革的同时，王任重又要搞另一套，阴谋组织临时党委，并指定孔繁任党委书记。孔繁和杨克明对我、宋一秀、孙蓬一、郭罗基、陈葆华，还有经济系的王茂湘、法律系的姜同光等人，都进行了个别谈话，说什么"任重同志的意见要组织临时党委，把党的工作抓起来。"关于临时党委的人选问题，孔繁说："王任重不让聂元梓当党委书记。"理由是：（一）不听王任重的话，自行其是，召开了八·一五大会；（二）斗争乔兼武，违反十六条，联络员（刘道玉）当场提意见，聂元梓不理；等等。究竟谁当党委书记呢？孔繁、杨克明则互相推举，表演了一番。孔繁说："杨克明当党委书记也好，校长也好，我双手同意。"杨说："任重同志的意见是老孔，还是老孔吧，我可以当孔繁的助手。"我们真莫名其妙，聂元梓究竟犯了多大的错误，要把她搞掉，我们对这种作法是很不满意的。当时，孔繁在筹委会并没有职务，他却直接去组织组，说什么"王任重托我筹建临时党委"，命令陈葆华、傅治文等三人准备材料，叫她们查遍了高干子弟档案，选定一批，做党委委员。孔繁、杨克明曾指名要邓朴方当党委委员。当时是九月上旬，十一中全会已经开过，揭了刘、邓的盖子，孔繁、杨克明都了解邓小平的情况，为什么还提邓的儿子做党委委员？这不是与毛主席的革命路线针锋相对？

孔繁、杨克明在筹建临时党委期间，每从王任重那儿回来，那种劲头真是难以形容。得意忘形，开口闭口都是"任重同志要怎么样"。杨克明对校刊编辑部的同志说："我现在很忙，王任重叫我筹建临时党委，不要老揪住我。"他们到处扬言：王任重指定孔繁、杨克明与他联系，谁要想找王任重，可直接找孔、杨联系。王任重支持孔繁、杨克明，反对聂元梓，是一目了然的。

关于校文革的候选人，哲学系推举了四人：聂元梓、孙蓬一、孔繁和我，没有杨克明。在代表大会主席团会议上，聂元梓一再提出选杨克明做正式委员，当时她这样作，是完全正确的，要团结不同意见的同志。候选人定了，在介绍候选人情况的时候，赵正义提出一个问题：杨克明的情况怎么介绍？一是杨在五七年有右派言论，由原单位批判了20多天；二是杨的父亲是历史反革命，解放后被捕；还有一些别的问题。我和孙蓬一认为要对群众负责，倾向于如实介绍。赵正义也认为，不介绍对群众不负责任。聂元梓说她作不了主，要请示刘道玉；刘不管，说由聂元梓决定。聂元梓便召开党支部委员会讨论，郭罗基、宋一秀、高云鹏、赵正义等人都同意如实介绍。最后赵正义写了材料介绍了实际情况，措辞很谨慎。这事被孔繁知道以后，孔大发雷霆，他对郭罗基同志说："什么意思，明明是打击杨克明，他们把陆平、王庆淑打击你的手法使用在杨克明身上了！"在此情况下，聂元梓重新召开总支委员会讨论，由于孔繁拒绝参加，只好又打电话请示王任重。吕乃强回电话说："王的意见叫聂元梓和孔繁商量，最后按孔繁的意见决定。"

后来，反对聂元梓的种种论调，如斗争乔兼武的问题，展览会的问题，红卫兵统一问题，等等，都是孔繁、杨克明从王任重那里贩来的。孔繁、杨克明如果预计到王任重今天的下场，当然不会那么讲；可当时口口声声："任重同志委托我们组织临时党委。……"真是不可一世。

现在的问题是：王任重的问题揭开了，孔繁、杨克明在北大贯彻了王任重的一套，他们为什么还不站出来揭发？我曾经设想，孔繁可能认为王任重代表中央文革小组，未认清其面目，受了欺骗，上了当，他们算是受害者，回来又害了别人。但这种设想不能解决我的思想问题，如果是简单的上当的话，今天王任重的面目已经很清楚了，为什么到现在还不站出来揭发？不向北大的同志揭发也可以，为什么不向中央文革小组讲？我回答不了这个问题。现在看来，问题不是那么简单。刘、邓能布置清华搞一套，难道就不会布置他在北大也搞一套？我很希望孔繁、杨克明同志回来揭发，作深刻检查。这是严峻的考验，你真拥护毛主席，还是不拥护？过去孔繁沉默不语，这次大辩论一开始，一反常态，大会讲话，开座谈会，举行"记者"招待会……忙个不了。筹委会期间，孔繁与孙蓬一从中央文革回来，孙蓬一哪里有工作就哪里干，很辛苦；孔繁经常十点就睡了，大家有目共睹。聂元梓多次向孔繁征求意见，孔不谈，要他抓工作，他说："没职位,不好抓。"我说:办公室主任我不干,叫他干,他又不干。大辩论以来,孔繁就不同了,通宵达旦,煽风点火,忙的很,这很值得考虑。前一阶段,我没有用阶级斗争的观点来考虑.这些问题,不得其解,我当时想:"怎么了?孔繁疯啦!"原来有王任重支持,可以说是"有恃无恐","利令智昏"。过去我尊重他,有事找他商量,停留在老印象上,没有用阶级斗争观点看问题。当前两条路线的斗争十分尖锐,不站在这边,就站在那边,不站在无产阶级革命路线一边,就站在资产阶级反动路线一边。孔繁、杨克明的许多活动证明,他们的屁股是坐在资产阶级反动路线的一边了。

原文载"无产阶级文化大革命大字报选(四)"
(北京大学文化革命委员会大字报组编 一九六七年三月一日)

揭开孔杨问题的黑幕 《丛中笑》

最高指示

一切狡猾的敌人,不照科学办事的人,自以为得计,自以为很聪明,其实都是蠢的,都是没有好结果的。

无产阶级的最尖锐最有效的武器只有一个,那就是严肃的战斗的科学态度。共产党人不靠吓人吃饭,而是靠马克思列宁主义的真理吃饭,靠科学吃饭。

去年,从十二月份开始,与残酷地剿灭"井""红"相并行的名之曰批判孔繁、杨克明"资产阶级反动路线"的那场"伟大战役",大家还记忆犹新吧?聂孙的"年轻的红色政权"不是由于那场持续了三个月之久终于得到胜利的战役而变得日益巩固了吗?响当当的革命造反派"新北大公社"不是从那场战役的胜利起家了吗?"十恶不赦"的孔杨不也是从那场战役之后,被压在阴山脚下了吗?那场辉煌的战役是用如椽的大笔载入了聂孙的"英雄"史册。

但是，谁曾想到，孔杨一案正是聂孙之流一手策划的一起最触目惊心的政治陷害！

孔杨问题直接牵动着聂孙之流的神经中枢，彻底暴露了他们的狼子野心，是他们顽固地执行资产阶级反动路线的不容辩驳的罪证。他们极尽歪曲、夸大、造谣诽谤之能事，颠倒是非，混淆黑白，上欺中央，下瞒群众，把"资产阶级反动路线的代表人物""政治大扒手""投机分子""叛徒"等种种罪名一古脑地扣到孔杨头上，进行了残酷的斗争、游街、"坐飞机"、殴打、抄家和审讯。

战役结束了，阴谋变成了现实，他们揩干了手上的血迹，道貌岸然地走了。于是，一起一起黄粱美梦又随之开始了，……

且慢！聂孙之流回答我们：孔杨何罪之有？

孔杨问题的黑幕必须揭开！

一、关于"临时党委"问题

这是构成孔、杨"效忠"王任重，是"资产阶级反动路线代表"的最重要的罪状之一。

李清崑的官方发言讲过：在北大酝酿选举校文革的时候，王任重耍阴谋组织临时党委。他直接布置孔繁、杨克明，要孔杨传达他们的旨意，负责筹建临时党委工作，并指定孔繁任党委书记。

事实当真是这样吗？不！李清崑在这里撒谎！

早在酝酿选举校文革之前，即去年8月11日，王任重就对聂元梓说："党组（其性质与临时党委完全一样，只是名称不同罢了——引者）的选举，提个名单，由上级党委批准。委员中和代表中的党员要服从党组的领导。运动中党的领导通过党组来实现，要求党员起作用，通过组织生活来实现。"随后，便任命聂元梓为党组书记。

其实，通过党的组织（党组或临时党委）巩固和发展她在北大的地位和势力，控制实权，这是聂元梓从上台的第一天开始就梦寐以求的。毛主席的指示：不要过早恢复党的基层组织。她哪里肯听？唯独王任重的黑指示却正中下怀。聂当时十分高兴，十分积极。为了准备北大未来的党的领导班子，在工作繁忙的情况下，聂却派出干部去东北调查一位同志的家庭成分，准备将来叫其参加党组。

王任重要在北大恢复基层党组织的阴谋，究竟直接布置给谁的，谁被王封为书记，难道不是很清楚的吗？不是孔杨，也不是别人，正是聂元梓！铁一般的事实，怎么篡改得了呢？

在筹备党组的过程中，孔繁觉得聂元梓思想不好，不适宜担任第一把手，于是写信向王任重反映对聂的意见，提出不同意聂担任党组书记，并要求中央派得力干部来北大担任党的领导工作。王任重收到孔的信后，于九月初把孔繁、杨克明找去，表示改变决定，并假冒主席的名义，说："主席说在北大可以成立临时党委"，王认为，临时党委可以多吸收一些成员，并说聂元梓做文革主任，参加临时党委，但可以不兼党委书记。王任重叫孔繁回校组织"临时党委"，并叫杨克明帮助孔在哲学系左派同志中征求意见。孔杨回校后，向聂元梓、孙蓬一等人谈了王任重的意见，并向哲学系部分左派征求了意见，遭到聂孙等人的反对。聂写信给王任重，表示要请长期病假。王看到聂不满意，接着便又写信给聂、孔、杨、孙，表示收回叫孔繁组织"临时党委"的意见。要他们重新协商一个关于临时党委的一致名单来，并表示欢迎聂元梓等人集体到他那里开座谈会。收到王的这个意见之后，孔杨便向陈葆华宣布，以后他不再搞"临时党委"了。

孔摆脱此事之后，聂元梓却加倍努力地搞下去了。在百忙中她又派人去了解李清崑的入党问题，准备将来吸收其参加"临时党委"。

在接到王任重给聂元梓等四人来信后，聂因病住院了。过了国庆节，聂一出院便立即匆匆忙忙地去找王任重。但可惜的很，这时王任重已经从北大滚蛋了，王未见她。至此，聂的"临时党委"的黄粱美梦也就破灭了！

这就是关于"临时党委"问题的原委。李大管家当众歪曲事实真相，隐瞒聂元梓自始至终积极四处奔走的肮脏勾当，而片面夸张孔繁的错误，力图嫁祸于人，陷害同志，难道于心无愧吗？至于孔杨从北大的未来着想，反对聂元梓当党委的第一把手，难道这就是犯罪吗？

二、关于把邓朴方拉入"临时党委"问题

这是和"临时党委"问题相联系的孔繁的又一罪状。

在孔杨的问题上,李大管家的确是功勋卓著。还是他,指控孔繁说:"孔繁指名要邓朴方当党委委员。当时是九月上旬,十一中全会已经开过,揭了刘邓的盖子。杨克明、孔繁都了解邓小平的情况,为什么还提邓小平的儿子作党委委员?这是不是与毛主席的革命路线针锋相对?"好不厉害!但是,这纯粹是捏造!是陷害!

孔繁从未说过要把邓朴方拉入"临时党委"。李清崑如果有本事,那就请你拿出证据来!

关于邓朴方,倒是有过这样的事情,去年九月,他被选为北大校文革的委员了。当时谁主持选举工作?不是孔繁,恰恰是聂元梓和你李清崑!而且邓朴方被选为校文革委员之后,聂元梓还想把他拉入常委会呢!只因遭到其他同志反对而未遂。聂元梓是列席八届十一中全会的,她对刘邓的情况不是了解得更清楚吗?那么,在九月的选举中还要干出这样的勾当,我们完全有权利问她:"这不是与毛主席的革命路线针锋相对?"李清崑为虎作伥,同样是罪责难逃的!

还有,北大校文革的选举是在王任重的指挥下进行的,邓朴方被选入校文革与王任重有什么关系?当时负责选举的聂元梓、李清崑必须如实交待!

还有,陈葆华对于邓朴方这个问题是比任何人都清楚的,在斗争孔繁之前,她曾和别人透露,关于邓朴方问题是不落实的。但是,在全校的斗争大会上,她却慷慨激昂地"揭露"这个问题,硬把罪名强加在孔繁的头上。这究竟是为什么?

三、关于在北大搞一个与清华"高干子弟辩论团"类似的反动团体问题

还是这个李清崑,他说,王任重在北大"还想物色一批人即'高干子弟',包括邓小平的儿子邓朴方。清华最近揭了很多事实,问题很清楚,王在那儿抓了刘涛、贺鹏飞,并亲自指点,搞了一个'高干

子弟辩论团',他在北大也想搞一支力量。……(孔繁)命令陈葆华、傅治文等三人准备材料,叫他们查遍了高干子弟档案,选定一批,作党委委员。"

真是不造谣就过不了日子。

去年八月中旬,聂元梓接受了王任重的黑指示,回北大建立"党组"。当时,她把孔繁找去,说王任重让她建立北大"党组",任命她作书记。她当面又封了孔繁为副书记,并责成孔繁在几天之内帮助她提出党组成员名单。在研究名单时,考虑到北大高干子弟多,聂与孔一块商量决定吸收个别表现好的高干子弟参加"党组"。在这种情况下,孔才叫组织组的人去了解一些高干子弟情况,并查了三份档案(根本没有邓朴方)。因没有合适的人,也就作罢了。

事情就是这样。什么搞类似清华的"高干子弟辩论团"纯粹是无中生有!把查看几份档案夸大成"查遍了高干子弟档案",这究竟是为什么?除了别有用心的政治陷害,难道还能作别的解释吗?

孔繁在北大与任何高干子弟都没有联系,更谈不上勾结。如果有的话,那是聂元梓!是她要依靠刘××(刘志坚之子)去搞红卫兵,对刘十分亲热,甚至叫聂孟民派小汽车带刘××进城开红卫兵会议哩!如今,却反咬孔繁一口,真卑鄙!可耻!

四、关于 8.15 斗争陆平大会问题

这是李大管家大书特书的一个问题。事实的真相是什么呢?

对召开十万人斗争陆平大会,王任重起初是反对的,后来又表示支持。66 年 8 月 13 日下午,吕乃强(王任重的秘书)传达王任重的指示说:"支持你们开大会斗争陆平","如果外地来人太多,北大地方不行,可以在工人体育场开。"但无论是反对还是支持,王任重都是为了贯彻他的资产阶级反动路线。起初反对,是为了对抗中央文革批评他斗争小流氓大会;后来表示支持,一方面是迫于北大广大革命群众的压力,另一方面,仍为了继续贯彻他的资产阶级反动路线,即:①树立所谓斗黑帮的"样板";②为了赶走来北大串连的外地革命师生。

聂元梓对王任重起初不赞成开十万人的斗争大会，与王是有矛盾的。但后来，王完全同意了聂的意见，给聂的指示（如："文斗"的示范，陪斗的问题斗一次就停下来，赶外地的师生回去，然后抓选举等等），她是不折不扣地执行了的。

杨克明没有识破王任重起初反对开斗争大会的阴险目的，而听信了王伪造主席的指示：开大会不要多，要充分准备，不打无准备之仗，不打无把握之仗等，而向聂元梓原样传达了王任重反对开大会的意见，是错误的。此外，对于召开十万人的斗争大会，由于事先缺乏准备，三天要准备三十个发言，孔繁对发言质量没有把握，也曾让杨克明劝过聂元梓等同意王任重的意见在校内斗争。但这根本说不上破坏斗争陆平大会。李清崑在这里大做文章，能捞到什么稻草呢？

五、孔杨与王任重的联系

这是关于孔杨问题的关键。聂孙之流把孔杨打成资产阶级反动路线代表人物最重要的"根据"就在这一点。他们说，王任重在北大物色了贯彻资产阶级反动路线的代理人，就是孔繁、杨克明。上面的四个问题，就是他们用来证明孔杨何以是王任重在北大的代理人的最过得硬的根据，我们已一一澄清和批驳。究竟哪一个能站得住脚呢？没有！一个也没有！一切都是建筑在谎言的沙滩之上的！他们内心的空虚和胆怯是看得出来的。他们把孔杨挂在王任重线上，除了上边的"四大件儿"以外，还有些另头把脑的玩艺儿！什么孔杨"经常出没于王家公寓"呀，"常常来往于北大——王任重之间"呀，什么"与王任重的特派联络组长刘道玉交情很深"呀，等等，等等。

孔繁和杨克明总共和王任重接触过三次。一次是杨克明列席八届十一中全会在中南组讨论的时候，一次是孔杨反对聂元梓做"党组"书记写信给王任重，九月初孔杨两人去见王任重。第三次是九月二十三日下午，孔繁和白晨曦、聂孟民、杨学琪（均为文革副主任）四人一起去见王任重。这如果算"经常"的话，那么聂元梓出没于"王家公寓""来往于北大——王任重之间"，那该用什么词来形容呢？她不仅仅是"出没"，真的就住在那里了！

说孔繁与刘道玉交情很深，那是别有用心地夸大。作为校文革的第一副主任孔繁与刘道玉有些接触是事实。根本谈不上什么"交情"。至于比起聂元梓办公室主任与王任重的专线电话联系，李大管家没等刘道玉安定好住处就主动登门向刘"介绍"北大运动情况，那简直就是相形见绌的。把这一些不值得一驳的玩艺儿都搬弄出来，聂孙之流的用心可谓良苦！

六、关于"6.18"简报和"二十天总结"

这是把孔繁排到张承先线上的一大罪状。康生同志在去年8月4日讲过，张承先工作组的"6.18简报"和"二十天总结"这两个文件是镇压革命的文件，是反革命的文件，是代表资产阶级的文件，聂孙之流说这两个文件是孔繁写的。

张承先"6.18简报"出来时，孔繁根本不知道。是后来七月份孔在北京市新市委搞调查时，才看到这份简报。这份简报到底是谁写的，可以提审张承先和张德华。居然如此虚构罪状，不是纯粹的栽赃陷害又能是什么呢？

"二十天总结"孔繁写的只是总结前边的一个帽子，即北京大学一般情况，约几百字。至于后边所谓"经验"的几个部分，孔根本未参加讨论，更未执笔。但这也成了聂孙之流捞到的一根稻草。

七、所谓张承先的"组织部长"

张承先安排孔繁作组织部长，这是张承先被斗争时交待的。当时，也构成了一个罪状了。

1965年3月张磐石同志领导的北大四清工作队党委曾经决定孔繁当北大党委的组织部长。这情况张承先了解到了，为了拉拢哲学系的左派做他的政治资本，做出这样的安排。事前事后都未与孔繁商量。孔繁何罪之有？

八、关于聂元梓"7.19"讲话的问题

聂孙等人说,杨克明在(7.19)晚上聂元梓讲话后,在临湖轩把张承先、张德华从床上拉起来向他们告密,并且密谈了两三个小时,这纯粹是夸大的、歪曲的。聂的讲话是公开的,无所谓"告密"。事实上,在杨克明未到临湖轩之前,宋××、高××、聂元梓等三人早已先到临湖轩,已经作汇报对质过聂的讲话,聂当时并承认了"错误"。因此更用不着杨去向工作组"告密"了。

什么"密谈两三个小时",完全是捏造的。至于说杨当时向工作组说,要从政治上搞臭聂元梓,更是无中生有,是政治上对杨克明的陷害。

九、所谓杨是砸校刊编辑部的后台

这纯粹是无中生有。他们把这条罪状扣到杨克明同志头上,但始终拿不出证据来。刘国政在批评杨克明的大会上说"红教联的头目周韵拍着屁股说,校刊砸得好,这是杨克明做了工作的",这是谎言!周韵从来没有说过这样的话!

十、关于孔繁和杨勋的关系

杨勋是反革命分子,孔繁与杨勋勾结,此罪名可谓大矣。其证据:

一曰:孔繁说过杨勋是革命左派。老实讲,去年十月中、下旬,杨勋的反革命面貌并未暴露。当时类似的话,聂元梓讲过,李清崑也讲过,孙蓬一讲得更多。也是在十月中旬,李清崑说:"杨勋我们从来认为她是革命左派嘛。在国际饭店会议上,我们就说过,杨勋不愧为是'山东好汉'"。这一点,李清崑能否认吗?那么莫非响当当的大左派李清崑也与杨勋勾结在一起了?

二曰:孔繁与杨勋联系密切。扯淡!去年十月中旬,杨勋和李××找过一次孔繁,只有这一次,而且时间很短。杨勋回去以后对别人说:"孔繁对我们的态度相当冷淡,有戒心。"戒心的确是有的,孔不止一次地和访问他的人谈过:杨勋不怎么样,不要和她接近。

三曰：在杨勋被抄出来的大字报底稿上，写有"请孔、李一阅"的字样。这能证明什么呢？杨勋这样写，有杨勋自己的想法，何况并没有交给孔繁，孔繁也并未一阅，真是欲加之罪，何患无辞！

十一、这也是罪

1. 孔繁说："展览会是一个十分严肃的工作，应当宣传毛泽东思想，但馆内毛泽东思想不突出，……展览会究竟突出了毛泽东思想没有？要辩论就应该恢复它本来面目。"

2. "孔繁曾经说过：'当代对毛泽东思想的态度是马列主义和修正主义的分水岭'。"

3. 孔繁说："什么是资产阶级反动路线？不突出毛泽东思想而是突出别的什么东西，别的什么人……"

4. 孔繁去年10月3日在展览会留言簿上写了"不适当的突出个人作用的地方仍需继续减少。"

5. 杨克明多次向编辑部同志强调，我们办报应该有自己的观点，不要完全按校文革的意思办事。凡是符合毛泽东思想的就宣传、拥护，不符合毛泽东思想的就批判，坚决抵制。……

6. （校刊）第十一期（9月29日）配合学习32111，写了题为《把毛泽东思想化为自己的灵魂》的社论。其中一段话（即"在北大尖锐复杂的阶级斗争中，我们观察运动，分析一切矛盾，战胜一切困难、险阻，只有一个标准，这就是毛泽东思想。我们只能突出毛泽东思想。任何人的思想言论、行为都必须受毛泽东思想的检验。我们只有一个最高权威——毛泽东思想，决不可用其他任何不符合毛泽东思想的东西来代替、冲淡或冒充最高的权威。"——引者）含沙射影针对聂元梓同志，这是由杨克明一手炮制的。

7. 孔繁说："我们不能赶走一个赫鲁晓夫，再让一个赫鲁晓夫上台，这种人（指聂元梓——引者）是不是左派，要打个问号。"

8. 孔繁说，刘××的大字报，就是"地下常委"这句话有分量，看来你们的水平还不低。

9. 在少数常委面前，孔繁说过："文革主任应该由学生来担任，五个主任只两个学生，很不正常。"他的意思是为了排挤聂元梓同志。

10. 孔繁污蔑说："聂元梓之所以极力上揪李雪峰，是因为聂元梓的一个姐夫（即梁寒冰——引者）是被李雪峰打成黑帮的。"

够了！够了！孔繁之罪，罄竹难书！

孔杨问题的真相已被聂孙之流肆意地涂抹了。"人妖颠倒是非混淆。"为了支撑他们在沙滩上建筑起来的即将倒塌的楼阁，他们不惜走上犯罪的道路——欺骗中央！回过头来，他们又假惺惺地说："我也不愿意这样做，没办法呀，中央已经说话了！"混账！你们敢把你们的作为在中央，在群众面前和盘托出吗？你们是拿什么样的材料向中央汇报的？

是当众公开的这些吗？你们把这些捏造、谎言、夸大、歪曲的东西汇报给中央，难道不是欺骗吗？

除掉公开的这些，你们又汇报了什么呢？例如说，孔繁是邓小平的机要秘书，这难道不是你们上欺中央下压群众而制造的彻头彻尾的谎言吗？

事实是，解放战争时期，孔繁参军，那时他才16岁，是一个初中一年级的学生，在二野政治部的秘书处里当油印员和收发员。1949年5月，在野战军司令部秘书处当了半年的秘书，当时孔繁19岁。聂孙之流为了达到陷害孔繁同志的目的，竟把他说成是邓小平的机要秘书，这不是欺骗中央，是什么？

孔杨问题的黑幕是彻底揭开的时候了！

诚然，孔杨与聂孙之流的斗争是两条路线的斗争。但是，在北大，究竟谁是代表无产阶级革命路线，谁是代表资产阶级反动路线呢？我们相信，用伟大的毛泽东思想武装起来的北大无产阶级革命派不久即将会做出正确的结论的。

关于孔杨问题的严正声明

一、我们坚决支持八月十八日《丛中笑》写的《揭露孔杨问题的黑幕》的大字报，并建议发起孔杨问题的串连会，希望全校革命师生员工十分关心孔杨问题。

二、聂孙等人,你们必须对《丛中笑》写的《揭露孔杨问题的黑幕》的大字报表态,并向全校革命师生员工回答大字报中提出的问题,交代自己在孔杨问题所犯的错误。

三、聂孙等人,你们向中央首长反映了孔杨的哪些情况?是怎样欺骗中央首长的?

你们推行陶王资产阶级反动路线为什么至今不交待、不揭发?你们同陶王是什么关系?

去年十月孔繁同志坚决抵制你们提出的"上揪下扫"的错误口号有什么罪过?

你们说孔杨是我校"井""红"的后台,孔杨坚决支持"井""红"等革命造反组织又有什么罪过?

……

所有这些,聂孙必须老实回答和交待!

七一干部串连会　《锤与镰》战斗队第一支队
《学游泳》战斗队
(1967) 8.28

新对联

△ 抱孙赌棍的腿赏你二桶姜糖水
　听"老佛爷"的话御赐一身黄马褂
　　佛恩浩荡
△ 骂声"老佛爷"罪该万死
　炮打谢富治没有啥事
　　聂孙家法
△ 当"老佛爷"的"左派"只要你善保
　做孙公社的社员只要你会"喳!"
　　条件不高
△ 死保工作组不叫保皇狗

一反"老佛爷"即为"反革命"
　　　　混蛋逻辑
△保保保，保错了认识问题
　保保保，保对了官升三级
　　　旱涝"保"收
△孙赌棍伸手大抓"摘桃派"
　"老佛爷"拍部电影捞外快
　　　各有用心
△"刘克思"的丈人是"红色买办"
　"老佛爷"的母亲是革命地主
　　　反动理论
△死揪李雪峰白花了多少力气
　想当头把手没当成"我副主任顶个屁"
　　　"老佛爷"的心事
△造反派斗争特务头目蟹甲鳞算"阶级报复"
　"老佛爷"迫害工农子女魏秀芬是理所当然
　　　混淆黑白

　　　　　红代会新北大井冈山兵团5.1纵队义和团

　　（注：这份购于网上的手写油印材料于2020.9.17收到。）

四、师大井冈山严正声明

1967.4.13

首都红代会北京师大井冈山公社严正声明

一、当前无产阶级文化大革命已进入伟大的战略决战阶段。无产阶级革命派高举毛泽东思想伟大红旗，向党内头号走资本主义道路的当权派刘少奇发动了总攻击，亿万革命群众响应毛主席的伟大号召，积极地投入了这场伟大斗争。形势好得很！北京市革命委员会也即将在这大好形势下宣告成立。但是，党内一小撮走资本主义道路的当权派决不甘心他们的灭亡，千方百计地在革命组织之间拨弄是非，挑起争端，转移斗争目标，恶毒地把矛头指向解放军。一切革命同志都应当放眼全局，以革命利益为重，牢牢掌握斗争大方向，团结一致，共同对敌，随时警惕阶级敌人的阴谋活动，千万不要上当。

二、关于四月十一日、十二日新北大公社和地质东方红等革命组织之间所发生的严重冲突，我师大井冈山公社根本没有参与。有些人无中生有地向中央文革反映我们的"情况"，对于这种不负责任的做法，我们表示遗憾。我们一向认为，红代会所属各革命组织之间如发生意见分歧，应当通过内部协商，相互进行批评，特别要自我批评，求得正确解决，而不要互相攻击，互相拆台，以至于对立起来，冲突起来，致使亲者所痛，仇者所快。

三、我师大井冈山公社坚决支持首都工代会、首都农代会、首都中学红代会。有人针对这些组织，提出"夺权""砸烂""彻底改组"之类的口号，是极其错误的，我们坚决反对。一切革命同志务必提高警惕，谨防政治扒手。

　　四、中国人民解放军是我们伟大领袖毛主席亲自缔造的、林副主席直接领导的世界上最伟大的军队，解放军响应毛主席的号召，坚决支持革命左派，他们的大方向是正确的。对于解放军的某个同志的缺点和错误，可以通过适当的方式提出意见。决不允许把矛头指向伟大的中国人民解放军。

首都红代会北京师大井冈山公社

一九六七年四月十三日

（原文载师大《井冈山》第 29 号 1967 年 4 月 13 日 星期四）

五、彻底砸烂聂氏"地下常委会"

新北大《哲锋》战斗队

去年八月十七日，我们伟大的领袖毛主席给新北大校刊题了金光闪闪的三个大字"新北大"。伟大领袖的亲切关怀和殷切希望，极大地鼓舞了新北大的无产阶级革命派，全国的无产阶级革命派也都以羡慕和钦佩的目光，注视着新北大。校园内外，一派热气腾腾的景象。多么好的新北大啊！回想起来总叫人激动，难以忘怀。

可是，一年后的新北大又是什么状况呢？我们痛心地看到，聂元梓、孙蓬一等同志辜负了伟大领袖毛主席和全国无产阶级革命派的希望，把新北大的文化大革命运动搞得冷冷清清，死气沉沉，群众怨声载道；聂元梓和孙蓬一也陷入了四面楚歌、众叛亲离的境遇中。一个又一个疑团在我们脑际翻滚：为什么全国各高校都有革命小将冲杀出来，掌握了学校运动的领导权，而新北大的革命小将就是冲不出来，即使冲出来了也要受到压制？为什么有许多老左派被赶下台，有的甚至受到敌人的待遇？为什么新北大广大革命群众的积极性得不到发挥反而受到各种压抑？为什么由革命群众选举产生的新事物——文化革命委员会展现不出它的无限生命力，而成了一个软弱无力、臃肿瘫痪的官僚机构？为什么新北大的群众运动起来最早，中央文革给予的关怀最多，而运动却进展的最慢、问题最多？为什么？为什么？究竟问题的症结在那里？是北大的无产阶级革命派没有掌握毛泽东思想吗？不是！是北大没有敢想敢说敢干的革命闯将吗？不是！是北大的群众落后吗？更不是，统统不是！

当我们用毛泽东思想来观察分析以后，就发现北大的文化革命运动所以被糟蹋到这般地步，就在于以聂元梓同志为首的校文革不相信群众，不依靠群众，不发动群众，甚至镇压群众运动。新北大的文化革命运动的命脉，没有掌握在广大革命群众手中，没有真正掌握在无产阶级革命造反派手中,而是掌握在以聂元梓同志为首的几个人组成的小集团手中。这个小集团就是人们传闻的神秘莫测的"地下常委会",又有人叫它超校文革常委会的"特权小集团",又有人叫它必不可少的"决策人物"等等。正是这个"地下常委"凌驾在校文革之上,运动着新北大一万多革命群众,控制新北大的运动。现在,是彻底砸烂以聂元梓同志为首的这个秘密的神经中枢——"地下常委会",揭开"地下常委会"内幕的时候了!

一、"地下常委会"的胚胎、形成和发展

现今主宰北大的"特权小集团"——"地下常委会"并非现在才有,也不是从去年以来就是这样,它经历了一个微妙的历史的演变过程。简单地说来,它胚胎形成于去年八月筹委会期间,今年一月把孔、杨打下去之后,进而公开化、"合法化"。

去年八月初筹委会成立,聂元梓清醒地意识到权的重要性,心中念念不忘一个"权"字。她从资产阶级个人主义出发,紧紧抓住政权不放。为了确保她的领导地位,严防"不轨"之人"篡夺"她的领导权,她秉承了王任重的旨意开始了拉拢亲信、排斥异己、拼凑特权势力小集团即"地下常委会"的活动。她的这种做法在去年八月初的一次筹委会各组组长(百分之九十五以上是哲学系的同志)的会议上表露得很清楚:"现在我们掌权了,但斗争还是很激烈的,筹委会选上来的人,左、中、右都有,甚至中、右占大多数,左派占少数,我也有可能被打下去,但只要你们把各个组掌握住,政权就不会丧失。"在去年筹委会成立的同时,她密约了七个人开会,宣布正式成立秘密的核心小组"地下常委会",以此作为最高的决策机构。每当筹委会开会之前,都要开一次"地下常委会"。

由于这种形式本身就是违反毛泽东思想的,违反十六条的,因此必然会遇到有无产阶级正义感的同志的反对;而里边也必然兼杂着勾心斗角的摩擦。这种矛盾在校文革成立之前达到高潮。为了解决矛盾,聂元梓采取了排斥异己、紧缩圆圈的办法,于校文革成立之后,将另外两人排斥出去,使"地下常委"的人员最后巩固起来。

如果说，在孔、杨被打下去之前，他们的活动还是比较秘密谨慎，不敢公开的话，那么，孔、杨被打下去以后，他们的活动就公开化"合法化"，肆无忌惮，有恃无恐。孙蓬一被安插到副主任的高位，李清崑被安插到最有实权、准备过渡到临时党委的政治部，陈葆华安排到控制全校人事大权的组织组，夏剑豸控制了他们的御用工具——新北大公社，他们当中，有的人既非常委、又非委员，却都参加校文革常委会会议，而李清崑竟然从二月份起，从幕后跳到前台，从地下爬到地上，主持校文革常委会和全校工作，成为名副其实的"大管家"。

这就是新北大的怪物——秘密的"地下常委会"由胚胎、形成到趋于"鼎盛"的过程。

二、"地下常委会"活动之管窥

我们不是"地下常委"，加上他们的形迹诡秘，无法知道他们的全部活动。但终究没有不透风的墙，不管他们如何谨慎，也不可能做到滴水不漏。现将我们的管见所及，略述一二。

首先看他们的组织形式，"地下常委会"的核心由五人组成：聂元梓、孙蓬一、李清崑、夏剑豸、陈葆华。这是自始至终最基干的成员。(三月份以前还有×××和神秘的胡××)。核心之外还有外围。第一层外围有×××、王茂湘，是神秘会议的经常参加者。第二层人数不定（恕笔者不便点名），不经常参加会议。

聂元梓和孙蓬一的所作所为是人们共知的，还有一个人物特别提及，这就是李清崑。他在"地下常委会"中，在北大的政治舞台上，是一个摇羽毛扇的人物。他好出歪点子，擅长吹拍，善耍两面三刀，会玩小权术。由于他有这些特点，所以尽管去年七月二十日他在专家招待所举手大骂聂元梓不该做七月十九日的讲话，而聂元梓也觉得李不怎么样（见五月二十六日秘密报告）但聂元梓仍然要重用他，他成了北大红极一时的头号决策人物。去年聂元梓、孙蓬一、陈葆华到上海串连，特别留下李清崑控制北大的局势，以防后顾之忧，李氏之重要可见一斑了。

其次来看看他们的活动方式：不定期召开碰头会，由两个途径贯彻。一是直接布置给校文革常委会，叫他们去干；一是根本不告诉校文革，而直接派自己的亲信去干。新北大公社成立之前，是派专人和《红旗》兵团、《红教工》兵团联系，有了新北大公社后，就直接依靠新北大公社了。

会议有时在聂府中关村×楼×号开，有时在燕南园63号、66号、常委办公室开，最近又迁到老聂新居佟府×号开。前几天，他们感到日子已经混不下去了，老聂带着她的"地下常委"深更半夜跑到长辛店老孙家开会，商量对策，结果会没有开成，反被当地造反派扣押起来，狼狈而归。

最后，让我们看一看他们活动的一些情况：

（1）"地下常委"正式形成后的一个决策，就是提出"上揪下扫"的口号。校文革常委根本没有讨论，一个曾经是"地下常委"的某同志，叙述了这个过程："我们内部讨论决定提出'上揪下扫'的口号，在全校宣布以前，我们几个人分头跟哲学系孙月才和文二（四）班联系，叫他们写大字报要求'上揪下扫'，后来聂元梓同志在广播讲话中说，根据广大革命群众的要求，我们现在提出'上揪下扫'的任务。这样上下配合工作就好做了。"这里说的"我们内部"，是指"地下常委"内部。整段话是对"地下常委"活动的很好的说明。

（2）五月底常委戴新民突然停职审查，按正常的组织手续，要停一个常委委员的职，须经全体委员会决定。但此事常委会根本没讨论过，也根本不知道，而是"地下常委会"一手裁决的。

（3）人们还记得，今年四、五月份校园内突然出现了一个《除内患》战斗队，专揭白晨曦同志的问题，大有把白晨曦同志置于死地之势。这是一般群众随便搞的吗？不，大有来头，这个来头就是神秘的"地下常委"采取的手段，是和去年"地下常委"拉一个《大喇叭》兵团搞张恩慈一样的。

（4）七月底，崔雄昆带着一帮人来到校文革作战部，突然发动"政变"，代表校文革常委会宣布校文革作战部改组，姜同光任部长，罢了岳田同志的官。奇怪的是，这样重大的事情，常委会根本没讨论，也根本不知道。最可笑的是，时过三日，已兼任作战部部长的姜同光同志还根本不知道。这也是"地下常委"干的好事！

（5）聂、孙为了某种政治斗争的需要，避着校文革成立了《除隐患》战斗队，不遗余力地大搞潘、吴问题。这个战斗队的成立和它的全部活动，除聂孙等"地下常委"成员以外，其他校文革常委都不知道，他们的活动极端秘密，采取单线联系。这也是"地下常委"商议进行的好事。

（6）瞒着校文革，指派亲信大搞秘密调查活动，先后在化学、地球、物理、技术物理、历史等系进行秘密调查，还专门调查过《0363北京公社》的情况，为"地下常委"的决策提供材料。

（7）专门搜集情报的动态组，设有秘密的《内部参考》编辑部，有的《内部参考》每次仅复写6-7份，供"地下常委"参考。

（8）聂元梓、孙蓬一有意使校文革陷于瘫痪状态，七个校文革正副主任，从未在一起开过会，自三月份以来，没有开过校文革委员会议，实际上废止了校文革委员会，常委会也只研究具体事，成为"地下常委会"的傀儡。这样，他们就有机可乘，可以随心所欲地进行"地下常委"的活动了。

以上事实虽然挂一漏万，但已足以说明在北大确确实实地存在着一个可恶的凌驾于校文革常委会之上，操纵北大运动的秘密的"地下常委会"。

三、彻底砸烂特权小集团——"地下常委会"

一年来的革命风云，一年来的惊涛骇浪，使我们清楚地看到，北大的大权就是掌握在以聂元梓为首的这个小集团手里。他们念念不忘一个"权"字，翻手为云，覆手为雨；使淫威、弄权术；在北大执行一条资产阶级反动路线。

正是这个"地下常委会"，上欺中央、下压群众，炮打谢富治、分裂中央文革，拒不执行中央文革的指示，把北大变成针插不进、水泼不进的独立王国。

正是这个"地下常委会"，在北大推行一条用人为亲的组织路线，顺我者存，逆我者亡。把北大变成他们这个小集团的私产。

正是这个"地下常委会"，耍阴谋，弄权术，组织一些不明真相的群众，利用他们的御用工具——新北大公社一次又一次地镇压新北大的无产阶级革命造反派，把新北大搞得死气沉沉，气息奄奄。

正是这个"地下常委会"，不惜工本，组织人力，挑起北京市的两大派斗争，严重地打乱了毛主席的战略部署，破坏了大批判、大联合的顺利进行。

等等，等等，这一切是可忍孰不可忍？

全校无产阶级的战友们，革命的同志们，面对着这种不合理的现实，这种非法的活动，这种罪恶的行径，难道我们能够置若罔闻，容忍它的存在吗？难道还能够让他们继续践踏我们毛主席的新北大吗？不能！绝对不能！不破不立，大破才能大立。为了誓死保卫毛主席，誓死保卫中央文革，彻底打倒党内最大的一小撮"走资派"，彻底摧毁陆家王朝，彻底解放新北大的无产阶级革命造反派，实现和巩固无产阶级革命派的大联合，实现革命的三结合，调动浩浩荡荡的无产阶级革命大军，胜利完成本单位的斗批改，把新北大办成红彤彤的毛泽东思想的大学校，我们必须立即行动起来，彻底砸烂这个压在新北大革命派头上的铁盖子——"地下常委会"。

展望未来，我们无产阶级革命派，满怀豪情，信心百倍，沿着毛主席所指引的航道，胜利前进。让那些上欺中央，下压群众，反对大树特树毛泽东思想绝对权威的可怜虫去悲鸣，去哭泣吧。

沉舟侧畔千帆过，病树前头万木春。

让我们举起双手，去迎接闪烁毛泽东思想光辉的新北大的诞生吧！

（编者注：这份打字油印材料是2020.9.17购得，没有日期；根据内容可判定日期应为1967.8.17左右。）

六、孙蓬一论孙蓬一

我现在还欣赏一个被有人批驳了的口号："让历史作结论吧！"我坚持我的看法，就是让实践来检验我的看法（5月17日讲话）

［按：现在是作结论的时候了！］

……一种人他们为了达到他们垄断独占无产阶级文化大革命胜利果实这一目的，便不择手段，只要是可以被他们利用，为他们服务的，只要是支持他们的，他们不管这些人到底是什么派，就一律可以给他们送上一个最美丽的桂冠"革命造反派"。而这样一种力量采取拉一伙，打一伙，拉拉扯扯，勾勾搭搭，招摇撞骗，把手伸得很长很长，真正是拉大旗做虎皮，包着自己去吓唬别人，当他们跟别人辩论，他们拿不出充足证据时，便拿出他们所谓的王牌说："×××支持我们。"（4月12日讲话）

［按：这正是孙蓬一之流的丑恶嘴脸的自我写照，难道不是吗？］

在我看来这一股势力的代表……是真正的摘桃派。……至于还有一些单位，他们人数虽然很多，但是，在我看来，那不过是充当了一个打手，充当了一个工具！（4月13日讲话）

［按：贼喊捉贼，摘桃派理论的发明者，揪来揪去，结果却暴露了孙蓬一自己。至于那些充当了打手工具的革命群众，当谜底揭开后，应该猛醒，大杀回马枪！］

分裂中央文革的不是我们，而是他们，现在他们还在攻击中央文革！（5月17日讲话）

［按：颠倒了黑白，我们和他们换一下就对了。］

的确在北京市确实有一小撮人，把谢富治也搞上去了。（5月17日讲话）

［按：自己说自己。对！］

有人自己反中央文革，硬把自己同中央文革等同起来，哪来那么多的中央文革？（5月17日讲话）

［按：对！请看下面的自供状。］

他们的矛头，已不仅是指向聂元梓，也不是仅仅指向我们新北大的革命同志，完全有理由可讲，他们的矛头指向中央文革小组！这决不是给他们引伸，更不是给他们扣帽子！（4月12日讲话）

［按：这才真是拉大旗作虎皮，包着自己去吓唬别人。］

拉大旗作虎皮，把根本扯不上的东西硬扯在一起，根本的问题我们认识到了，这就是为了一个政权！（5月17日讲话）

［按：吴传启是个微不足道的人物，孙蓬一之流却硬把他和中央文革、北京市革命委员会、红旗杂志、新华社、北京日报扯在一起，根本的问题孙蓬一自己说了。］

老子夺吴传启的权就是夺定了！（5月17日讲话）

［按：杀气腾腾，夺吴传启的权是假，因为他并没有什么了不得的权，夺无产阶级革命政权是真。］

当前要大力宣传五·一六精神，打倒叛徒！

［按：毛主席亲自主持制定的这个伟大的历史文件，创造性地发展了马克思列宁主义，解决了无产阶级专政下的革命问题，是马克思主义发展的新的里程碑。通知中指出在无产阶级文化大革命中，我们要解决的重要矛盾就是无产阶级同党内一小撮走资本主义道路当权派的矛盾。孙蓬一之流为了达到其不可告人的政治目的，公然攻击歪曲这一伟大的历史文件。五·一六精神竟然是打倒叛徒！妄图扭转运动大方向，为其反夺权制造反动舆论，是可忍孰不可忍！］

究竟谁是谁非，不要看一时，难道反工作组就是造反派吗？什么是革命造反派？我有一个标准，就是在新的形势下，用新的标准来衡量谁是造反派。（5月27日讲话）

［按：矛头指向走资本主义道路的当权派，坚决造他们的反，这就是造反派。孙蓬一之流突然抛出了一个抓叛徒保叛徒的新标准，就是对抗十六条，就是炮打无产阶级司令部。］

在打倒吴传启这个问题上，我们倒希望更多的单位跑在我们前头！我们新北大也决不会落后的。第一个喊打倒吴传启的不是我们新北大吗？（5月17日讲话）

［按：孙蓬一之流一贯是幕后操纵、蒙骗利用别人打头阵，他们在后面坐享其成。同志们注意，切莫上当！］

现在已有五个所学院起火了，语言所、历史所、……（5月17日讲话）

［按：挑动打内战的罪魁祸首正是孙蓬一之流，抓住纵火犯！］

目前可能揪不下来，搞相持怎么办？所以我们等待更多的人来认识这个问题，等待更多的人觉悟，时机一到我们就大干特干。我们现在要当稳健派。（5月17日讲话）

［按：任凭风浪起稳坐钓鱼船。这是孙氏的一句名言。时机成熟，孙蓬一就将由后台跳到前台。想入非非，痴心妄想！］

我算不算挑动群众斗群众？我想到哪，就说到哪，让事实来作证。（4月27日讲话）

［按：事实证明，你就是挑动群众斗群众的罪魁祸首！］

我能够支持五一联络站吗？你们历史系搞黑材料的目的我知道，是为了把他们那一派打下去。可是五一联络站和你们不同，目的是搞垮校文革，他们醉翁之意不在酒，不然为什么要到红代会坐着不走呢？为什么不通过校文革就到中央文革去？这明明是要搞校文革。（5月27日讲话）

〔按：搞黑材料打击革命派，孙蓬一坚决支持。革命派向中央文革反映情况倒成了大逆不道。为什么要通过校文革呢？心中有鬼才害怕。这是资产阶级反动路线大暴露。〕

对社会上的问题我持保留态度，矛盾爆发有个过程，让历史作证。公安部的问题还得调查，做个结论。（4月27日讲话）

〔按：摘桃派论受了批判，炮打谢富治同志罪责难逃，还在负隅顽抗。〕

现在斗争既然由你挑起，这场斗争将怎样进行，就不以你的主观意图为转移了。（4月12日讲话）

〔按：对！既然斗争是由孙蓬一之流挑起的，那么这场斗争将怎样进行，只能由革命群众决定，不以孙蓬一之流的主观意图为转移了。〕

有人要赶我下台，我不是一赶就下台。……要赶我也赶不下，还得较量一下。（4月27日）

〔按：孙蓬一之流是不甘心自己的失败的，不会自动退出政治舞台的。他现在还在集结力量，还要和革命派较量。6月12日的表演就是活证。好吧！欢迎！较量的结果必将是孙蓬一之流滚蛋下台！〕

孙蓬一下台滚蛋！聂元梓回头是岸！
胜利必将属于新北大的无产阶级革命造反派！

北京公社03教工
《痞子》战斗队
67.6.13

（资料来源：2020.12.13 网购）

七、大事简记（1967年6月）

革造15　红浪滔天

序

　　六月的大事记在新北大文化革命史上又增添了新的篇章。对广大革命造反派，这是战斗的六月，走向胜利的六月。相反，聂元梓同志和孙蓬一等人在六月六日以前是何等洋洋自得，在六月六日以后却对伯达同志的批评应付、周旋，又是何等狼狈不堪！在群众的强大压力下，今天才挤出来一个检查。历史上一切违抗潮流发展的势力总是顽强地挣扎以保存自己，而新生力量对他们的斗争也往往是长期的，但总是要取得胜利，也必然要取得胜利。

　　雄关漫道真如铁，而今迈步从头越！用战无不胜的毛泽东思想武装起来的真正革命造反派，必将继续迎着风浪，夺取更大的胜利！

　　六月一日（星期四）
　　△由校文革和新北大公社总部发起召开数万人大会，有数百个单位参加庆祝第一次校庆。孙蓬一主持，聂元梓致开幕词。会前有消息透露有中央首长参加，但未到会。同学议论不一。
　　△继清华之后，经一个月昼夜赶制完工的毛主席塑像举行落成典礼，姜同光主持，聂元梓剪彩，孙蓬一领头宣誓。
　　△为庆祝六一，同时颁发纪念章、纪念册等物，并举行体育表演，好不热闹！
　　△人民日报发表社论纪念六一，《伟大的战略措施》，有人贴出大标语说社论打中了北大要害。

　　六月二日（星期五）
　　△一天无事。

六月三日（星期六）
△陈伯达、康生、江青、谢富治等同志在人大会堂接见红代会讲话中，几次对北大的工作提出尖锐批评。陈伯达同志尖锐地说：不要搞赌博，不要开玩笑。
△红代会组织组通过决议，通过民院东方红等十八个组织加入。

六月四日（星期日）
△一天休息。
△晚上校文革召开全校大会，主要内容：
姜同光传达昨日首长讲话，把对自己的批评完全说成对（北大的关心），此会上多次鼓掌。
聂元梓讲话：要完成三结合，强化校文革，整顿新北大，要批判旧市委的修正主义毒素，说新市委最大的一个错误是没有批判旧市委，而北京市革委会自成立以来也未批判旧市委，北大要做出榜样，说要抓住这个大方向。揪叛徒要继续搞下去，强调搞吴传启、潘梓年也是完全可以的。
建议放假两天去外校串连，学习"抓大方向"。
孙讲话：我完全同意聂的讲话，如果外校有人开广播车（搞）我们，我们就把它记下来，以后和他们算账。
姜同光介绍红代会十八个组织加入红代会的情况，说这是非法的。
△会后看批判电影《顾客的烦恼》等。

六月五日（星期一）
△同学纷纷出去串连。

六月六日（星期二）
△凌晨，陈伯达、谢富治同志对北大聂孙提出严厉批评，指出他们错误的要害是代表资产阶级知识分子向工农夺权。
△早晨聂元梓在大饭厅东墙贴出第三张大字报《抓住主要矛盾，掌握斗争的大方向》。

△上午红旗飘从校外开来宣传车,在大饭厅到南校门马路上广播,强烈要求校文革立刻传达 6.6. 首长讲话,并喊口号"打倒孙蓬一",校内空气紧张,人们纷纷交头接耳。

△下午,原定三点传达首长讲话,因请示首长批准推到四点多。姜同光传达,其中贪污多处。

六月七日(星期三)

六月八日(星期四)

△下午,北京公社在五四运动场召开成立大会,郭罗基讲话,邀请聂元梓,但未去。

△晚上,聂元梓抛出整风报告,强调陈伯达同志的批评不是为了把北大整垮,要同志们坐下来。广大革命造反派反映这个报告糟得很,公开包庇孙蓬一,实际是抗拒陈伯达同志的批评。会后,许多革命群众去广播台要向聂元梓同志提出问题,但聂害怕群众,慌乱之中从食堂小门溜之乎也。

六月九日(星期五)

△上午,聂元梓蓄意让孙蓬一传达首长讲话为名,向革命造反派示威挑衅,引起两派群众对广播台发生冲突。

△以汇报为名,将群众运动中的一些枝节小事或加以歪曲,或无中生有,向伯达同志汇报,并提出问题作请示,要挟首长,对中央施加压力,妄图以此蒙混过关。

六月十日(星期六)

△上午聂有意让孙蓬一传达北京市革委会文件,双方在广播台发生冲突。

△下午北京公社开批判大会,揭发批判聂孙资产阶级反动路线,聂未去,而到办公楼参加 6.6. 开的会。

六月十一日(星期日)

△放映毒草电影《武训传》。

六月十二日（星期一）

△ 上午，"6.6"在学三食堂开会"批判"聂孙错误，会上有人说："说的太轻了人家不信，还要上纲些。"革造战士、北京公社社员，到会强烈要求聂孙参加他们的批判会，听取批判。聂说："不听你们的！"

△ 下午，革造总部在三十八楼前召开批判大会，有北京公社等广大革命造反派参加，很有气氛，会议圆满成功，但聂未到会。

△ 当晚，校文革以新北大公社总部名义召开全校师生员工大会，老孙上台摇旗呐喊，挑动赤卫队斗学生，当即群众发生（冲突），许多造反派一时气愤，喊"打倒孙蓬一"。

六月十三日（星期二）

△ 革造总部、北京公社、红旗飘召开批判大会。校方没人参加，据悉在五院会议室"整风"。

△ 校文革组织全校整风大会，人数很少，没人参加。

六月十四日（星期三）

△ "6.6"成立。

△ 晚上，北京公社、革造总部、红旗飘在办公楼联合召开批判会，事先约聂元梓同志参加，三方战士久等，幸获聂元梓同志（来），然聂撕约退场。

广大战士十分气愤，被迫从9：30开始静坐示威，并提出三点要求。

六月十五日（星期四）

六月十六日（星期五）

△ 下午谢富治同志在人大会堂接见校内各方代表。保聂干将卢平在上车前公然声称"没有通知红旗飘！"不承认红旗飘是革命造反派。

△ 革造总部许多战士积极响应北京市革委会的号召，首批开（始）下乡奔赴麦收前线。

△接见详情见《讲话传达》。

会上聂讲:"希望大家关心整风,否则又走过场了。"

孙讲:"要对党负责,我敢于实事求是,到一定时候就说明事实。"(大意)

△晚上,北京公社、革造、红旗飘在五四运动场传达首长讲话,并召开批判大会,气氛很好。会上周培源讲话,表示坚决和广大造反派站在一起。当场北京公社宣布吸收周培源同志为北京公社社员。郭罗基在会上讲话。

△校文革的传达在东操场。

六月十七日(星期六)

六月十八日(星期日)

△上午,北京公社、革造总部、红旗飘等广大革命造反派在五四广场召开大会纪念"6.18"革命造反精神,斗了黑帮分子陆平、彭珮云。

6.6在38楼前开会纪念。

△晚上,东操场斗反动权威朱光潜,校文革组织,人数约几百人。

六月十九日(星期一)

△上午学校在办公楼斗大叛徒黄一然。

△下午农大革委会成立时,对革造、北京公社、红旗飘、东方红公社发出邀请,没有邀请新北大公社。

△晚上开庆祝大会,纪念毛主席《关于正确处理人民内部矛盾问题》发表十周年。

六月二十日(星期二)

△中午谢副总理接见校文革和新北大公社负责人。

△晚上,革造总部在三十八楼前发起辩论会,内容是孙蓬一上台以来执行的是什么路线,孙蓬一该不该下台。但6.6观点的人没人出来辩论。

△当晚校内说法颇多,谣言四起。6.6派在办公楼开会,凭票入

场，据说被冲未开。北京公社广播台发表声明辟谣，6.6提出抗议。，

六月二十一日（星期三）
△全校分别在城里迎接外宾。
△东方红在二教举行了井、红问题串连会。

六月二十二日（星期四）
△晚上整风会聂元梓又让孙蓬一上台，双方发生争论，孙蓬一再次破坏了这个整风会。

六月二十三日（星期五）
△晚上校文革主持整风，会上北京公社、红旗飘等代表发言，有力地揭发批判了聂孙错误。6.6、联战发言时会场几次出现笑声，发言者自己心中忐忑空虚，喊出"我们岿然不动"，并声称"一小撮"还要抓。东方红战士发言时，聂孙竟退场不听，6.6派退出会场，大会不得不停。

六月二十四日（星期六）
六月二十五日（星期日）
△晚上由红旗飘、北京公社、革造总部联合发起辩论会，双方争论十分激烈，真理越辩越明，广大革命造反派十分主动。

六月二十六日（星期一）
△晚上突然由校文革二组谢某做广播讲话，全校开放，声称北京公社要交出什么造谣者来要挟。
△大饭厅附近重播谢副总理讲话传达录音。

六月二十七日（星期二）
△晚在五四广场由北京公社、红旗飘联合发起批判干部问题上的资产阶级反动路线大会。事先曾请校文革常委参加，但没有光临。周培源同志作重要讲话。

六月二十八日（星期三）

六月二十九日（星期四）

△团、零、飘整风大会。

△团、零、飘联合组织串连会研究教改问题，大家一致表示一定要抓住斗争大方向，在教改上做出努力。

△晚上孙蓬一作检查，广大革命造反派反映不好。

新北大公社革命造反总部资料室　印
67.7.3

（资料来源：2020.11.24 由孔夫子旧书网下载）

八、"革造"动态报

1. "革造"动态报第 1 期 （1967.6.11）相关内容

（1）"红暴队"造反声明

最 高 指 示

马克思主义的道理千条万绪，归根到底就是一句话：造反有理。

一、我们坚决拥护陈伯达、谢富治同志六月五日对新北大的批评。这些批评击中了聂元梓、孙蓬一的要害。我们坚决不折不扣地执行陈伯达、谢富治同志的指示。

二、聂元梓同志是革命左派，但是校文革和新北大公社总部自今年三月份以来犯了方向路线的错误，对此，聂元梓同志负有重大责任，必须作触及灵魂的检查。但聂元梓同志至今还站在革命群众的对立面上，死保孙蓬一，挑动群众斗群众，如不悬崖勒马，势将走向反面。

三、孙蓬一自上台以来，对内压制革命造反派，在外拉一派打一派，动摇北京市革命委员会的领导；分裂中央文革；打乱毛主席的战略部署，犯了一系列严重的方向路线错误。孙蓬一必须无条件地接受革命群众的批判。孙蓬一必须靠边站。

四、长期以来，孙蓬一和新北大公社总部把动态组变成他们大搞政治赌博的御用工具，时至今日，动态组原主要负责人仍对伯达同志指示不理解，仍然死保孙蓬一。我们坚决要造这个反！我们郑重宣布：自即日起，接管动态组的一切权力，接受新北大公社革命造反总部的正确领导，把动态报办成宣传毛泽东思想的红色阵地，为在新北大彻底贯彻毛主席的革命路线而奋斗！

动态组红暴队
1967.6.11

（2）告读者

长期以来，新北大动态报的主要负责人追随孙蓬一，操纵动态组，为孙蓬一大搞宗派活动、动摇北京市革命委员会的领导服务，犯了一系列严重错误，给文化大革命带来了不可弥补的损失，已经不能取得新北大和外单位革命造反派的信任。动态组红暴队的战士们起来，夺了动态报的一切权力，这个行动好得很！好得很！我新北大革命造反总部坚决支持这一革命行动。

今后，新北大动态报在我造反总部的领导下，将坚持如下正确办报方针：

一、积极宣传毛泽东思想，宣传中央文革和市革委会的一切指示。

二、站在无产阶级革命立场上，及时、正确地报道社会上斗批改的情况。紧紧把握斗争的大方向，坚决促进革命的大联合。

三、虚心向群众学习，坚持真理，随时修正错误。

我动态报愿同各革命组织建立和继续保持动态联系，并将虚心学习各革命组织的办报经验。

希望校内外革命造反派的同志们严格地监督动态报的工作，为将动态报办成一个宣传毛泽东思想的红色阵地而共同努力。

红代会新北大公社革命造反总部作战组
1967.6.11

（资料来源：2021.2.26 网购得到）

2. 动态报号外（1967.6.13）

新北大公社革命造反总部作战组

最高指示

"搬起石头打自己的脚"，这是中国人形容某些蠢人的行为的一句俗话。各国反动派也就是这样的一批蠢人。

孙蓬一挑动群众斗群众罪责难逃

观察员

伯达同志六月五日对北大的严厉批评，击中了聂元梓、孙蓬一的要害。但是孙蓬一之流却对陈伯达同志的批评顽固对抗，毫无悔改之意，极力地拉一派群众保自己，企图蒙混过关。

六月八日，聂元梓作了一个极坏的讲话，极力包庇孙蓬一，并别有用心地广播了陈伯达秘书给学部联队的电话稿，企图以此阻碍群众对自己的批判！

第二天，聂元梓又给陈伯达同志假汇报，企图用陈伯达同志的意见压制群众，遭到伯达同志的批评。但是聂元梓仍不死心，又让孙蓬一向全校传达市革委会文件，以此来向造反派施加压力。

但是，北大的革命派杀出来了，新北大公社革命造反总部和北京公社揭露了孙蓬一、聂元梓对抗中央指示，压制革命造反派的阴谋。

新北大公社革命造反总部和北京公社接连召开批判孙蓬一和公社总部资产阶级反动路线大会，但聂元梓、孙蓬一却不顾我们多次的强烈要求，拒绝参加我们的批判大会，拒绝接受革命造反派的批判，孙蓬一更猖狂到马路上对革命群众狂叫"独有英雄驱虎豹，更无豪杰怕熊罴"，聂元梓这样死保孙蓬一，孙蓬一这样负隅顽抗，是可忍，孰不可忍！

六月十二日晚，孙蓬一凶相毕露，挑动武斗了。

六月十二日晚，新北大校文革和其臭不可闻的御用工具新北大公社总部召开所谓全校整风会，这是一个大阴谋。

我新北大公社革命造反总部认为，旧公社总部是校文革资产阶级反动路线的御用工具，已经被革命造反派推翻，根本无权召开会议，会前要求发表口头声明。我们的战友，北京公社也坚决让孙蓬一靠边站，不能主持会议。经过协商，我们的革命要求一直得不到实现。

孙蓬一对革命造反派怕得要死，为了保自己，竟然亲身挑动武斗。他跑上台去，指挥台下的保孙派呼叫口号，在老孙的激励下，铁杆保孙派新北大公社赤卫团冲上主席台，拿着其保皇旗飞舞。我革造战士当即和北京公社也高举红旗。铁杆保皇团——赤卫团恼羞成怒，大打出手，立即冲上几个彪形大汉，推翻桌子，把我战士摔了下来，保孙派乘机大批冲上台，对我革造战士拳打脚踢，推下舞台。

我革造战士朱支华，被保孙派一拳打在脸上，500多度的眼镜被打坏，背上又连挨打，被打得在地上。可是，站在旁边的校文革副主任、大投机分子杨学琪却毫不制止，反而哈哈大笑。

北京公社战士林春水，被赤卫团的人猛拉猛推，从舞台上摔下来，立即遭到台下的保孙派的一场毒打。在老保们毒打林春水时，所谓原公社总部领导卢平在旁边看着，我革造总部战士大喊；"卢平，不准打人！"可是卢平一直不理。

相反，这时罪魁孙蓬一兽性发作，竟然把赤卫团的保皇旗拿过来，站在台上狂舞起来，亲自指挥保孙派大批冲上舞台，有意准备扩大事态，挑起大规模武斗。当时我革造战士和北京公社战士多人被打，但我们坚持文斗，制止了事态的扩大，孙蓬一亲自指挥的武斗事件失败了。孙蓬一和保孙派在一片"滚蛋"声中灰溜溜地滚出会场！

据可靠消息，保皇团十二日早上曾研究了打人的技术，下午聂孙又放风说："打了孙蓬一才好呢！"这些事态说明，这次事件是孙蓬一等人蓄谋已久的阴谋。孙蓬一挑动工人斗学生、学生斗学生，罪责难逃，罪恶滔天！

孙蓬一一直到今天还拒绝接受伯达同志的批评，顽固坚持错误，坚持资产阶级立场，孙蓬一为了保自己，不惜挑动群众斗群众，孙蓬一走得太远了。

事件发生后，我革造战士和北京公社战士一起游行，强烈抗议孙蓬一挑动工人斗学生，并在斗鬼台控诉孙蓬一挑动武斗的罪行，我战士群情激奋，表示不把孙蓬一批倒誓不罢休！

令人发指的是，会后，孙蓬一竟然把保孙派召到一块，感谢这些老保们对他的"保护"。孙蓬一挑动武斗不是昭然若揭吗？！

孙蓬一是挑动工人斗学生的罪魁祸首！

彻底批判孙蓬一和公社总部的资产阶级反动路线！

严惩武斗策划者孙蓬一！聂元梓悬崖勒马！

孙蓬一下台滚蛋！

（资料来源：孔夫子旧书网 2018.9.29 购得）

3. 动态报号外 （1967.6.14）

告 全 校 革 命 同 志 书

最 高 指 示

马克思主义的道理千条万绪，归根结底，就是一句话："造反有理。"

革命不是请客吃饭，不是做文章，不是绘画绣花，不能那样雅致，那样从容不迫，文质彬彬，那样温良恭俭让。革命是暴动，是一个阶级推翻另一个阶级的暴烈的行动。

新北大全体革命同志们：

自陈伯达同志对聂元梓同志及孙蓬一二人所犯错误提出尖锐的批评后，我新北大北京公社、新北大红旗飘、新北大公社革命造反总部全体战士一直期待着聂元梓、孙蓬一能够以正确的态度对待陈伯达同志的批评，虚心听取革命师生对他们错误的批判。

但是，几天来聂孙的态度又是怎样呢？他们对陈伯达同志的批评和革命师生的批判采取了阳奉阴违、二面三刀的资产阶级政客的卑劣手法，极端害怕群众，害怕真理，愚弄、蔑视和侮辱广大革命群众。对此，我们提出了最最强烈的抗议和警告：你们再这样下去就要走向反面。

今天（六月十四日）晚上，我北京公社、红旗飘和革造总部的广大战士本着对革命负责，对毛主席的革命路线无限忠诚的心情，对聂、孙的错误进行批判。然而聂元梓同志到场后，一看北京公社等组织的战士都来了，竟然以"会场被不了解的人所操纵"作为口实，退出会场，而破坏了这次批判大会。对聂元梓同志这种极端恶劣的做法，我新北大北京公社、红旗飘、新北大公社革命造反总部发表声明如下：

1. 聂元梓公然当着广大革命师生的面，以"会场被不了解的人所操纵"为借口，实质上把新北大北京公社、革造总部、红旗飘战士打成了"一小撮"。这是极其卑劣的行径；是其贯彻资产阶级反动路线的又一自我暴露。

2. 我们强烈要求聂元梓和孙蓬一立即到会听取革命师生对其所犯错误的批判。并对今晚发生的事作触及灵魂的检查。

3. 聂元梓同志如果一意孤行，置广大革命师生的强烈要求于不顾，我北京公社、革造总部、红旗飘全体战士从六月十四日晚九时半起采取静坐示威的革命行动。由此产生的一切严重后果由聂元梓、孙蓬一等人承担全部责任。

革命的同志们，无产阶级革命造反派的战友们，聂元梓同志和孙蓬一之流完全辜负了陈伯达同志和广大革命师生的期望。他们在错误的道路上已走得越来越远了。那些对孙蓬一还抱有幻想的同志们，是猛醒的时候了。

新北大革命造反派战友们,全校革命师生员工同志们,让我们团结起来,把两条路线斗争进行到底!为捍卫毛主席的革命路线,为在新北大树立毛泽东思想的绝对权威而奋斗到底!不获全胜,决不收兵!

聂元梓回头是岸!

炮轰聂元梓!孙蓬一下台滚蛋!

毛主席的革命路线胜利万岁!

毛主席万岁!万岁!万万岁!!

新北大北京公社
新北大红旗飘　全体战士
新北大革造总部
1976.6.14 晚十点五十八分。

附件(六月十四日晚八时许广播台播送的通知)

通　知

今天晚上全校整风大会,是由校文革和新北大公社所主持,但会场被(东方红、红旗飘所把持)不了解的人所把持,因此停开。

校文革办公室(章)
6.14

［注:上面括号中的字是被涂了的。］

(资料来源:2021.2.26 网购。)

九、聂元梓1967年6月15日在办公楼的讲话

〈按语〉

六月十四日由聂元梓召开的整风会,当革命群众起来彻底批判他们所执行的资产阶级反动路线时,聂元梓竟然怕得要死、临阵逃脱,拒绝接受群众的批判,并把群众污为"不了解的人",妄图再抓"一小撮",这正是他们所执行的资产阶级反动路线的大暴露。为了批判聂孙执行的资产阶级反动路线,新北大北京公社、新北大红旗飘、红代会新北大公社革命造反总部等革命组织决定于六月十四日晚9:30起在新北大办公楼礼堂开始静坐示威。

由于广大群众这一革命行动的压力,聂元梓被迫于十五日晨到了办公楼礼堂,但仍然拒绝接受群众的批判,矢口抵赖、二面三刀,甚至当众造谣生事,使尽资产阶级政客的手段。为了供大家批判,特根据录音整理对话如下:

(聂元梓同志和孙蓬一之流至今仍继续顽抗,静坐示威正继续进行。希望广大革命师生密切关注事态发展。)

〈讲话前〉

聂:我天天在群众之中,怎么没来你们之中呢?昨晚整风大会也先叫你们发言的嘛,天天来听意见呀?你们没有比66先请我。(同学:66是假批判真包庇。)

聂:什么叫假批判真包庇,你们要现在在全校开喇叭,全校同学都已经休息了。(同学:孙蓬一炮打谢富治都半夜调动大家,我们从昨晚静坐到现在,聂元梓你对群众是什么态度!)

聂:你们对我的态度好呀!我来了,你们剥夺我发言权。(同学:我们要求批判反动路线,同学们的心情你应该理解的。)

聂：全校的会都有你们参加的权利。我也请过你们。（同学：你不是说要先听广大革命造反派的意见，再听我们不同意见呀！）

聂：你们组织中，有不少同学是革命的，我来了，因为你们在抢广播器材又把卢平推到台下，发生武斗。是我让卢平主持会议的。他是新北大公社的，你们不承认，别人承认嘛！会议本来只能参加一个，不能同时参加两个嘛！因为你们要发生武斗，我就让开了，什么叫逃跑呢！

聂：同学们：是不是允许我讲话？（同学要求打开校广播）广播台同志可以打开，向全校广播。你们请我来要不要我讲话？！（同学要求聂元梓听取批判）

聂：因为发言权不能剥夺！（我们没有剥夺你的发言权！是你首先剥夺了我们的发言权！）

聂：我是来听同学批判的，但发生武斗。（同学：造谣可耻！）

聂：卢平可以来证明。

开始：同学代表讲话：
我们要求聂元梓同志对以下两个问题明确表态！
（一）我们的组织是什么组织，是不是革命组织？
（二）今天我们来开会，是正当的，我们来开会有没有罪？

聂：为了照顾大家身体健康，是不是大家都回去，但是现在是不是大家都回去休息。（众：不用休息！）同志们听我说完好不好？同志们意见可以很好地提，我都好好地听。都可以讲，态度不好也可以批判，对我有什么意见也可以批评，错误可以批判。但是同志们……（我们都是很好的提的，是你不接受批评。）

你们听完好不好？（同学们：今天我们要求聂元梓当面向我们赔礼道歉！）（同学们：请安静，聂元梓的基调是这样的，她今天来是为了我们，照顾我们的身体健康，而不是来接受批判的。我们提出两个问题：一、我们的行动是不是革命行动；二、聂为什么无视这样一个事实：几次要你来参加批判大会，你都不来，现在反咬一口："你们可以批判嘛"我们要问你：以前你为什么不来？）

聂：同志们，这个……同志们，行动是不是革命的都要按照十六条（同学：按十六条就应该用四大武器展开辩论，你们为什么回避辩论？你首先践踏了十六条！）和最近中央通令。你们的行动只要符合十六条，符合中央通令的，都是革命行动。（同学：你讲具体事实，我们哪一点不符合十六条？！我们认为我们都是符合的。）（同志们：我们让聂元梓具体的、明确地、不含糊的回答，我们今天的行动是不是革命行动。）

聂：这个问题同志们自己是会认识很清楚的。（同学：我们知道得很清楚，完全符合十六条。）

（一个条子：聂元梓希望你不要再耍政治手腕了！还是老老实实做群众的小学生吧。魔高一尺，道高一丈。如果你还坚持过去错误的话，群众是知道怎样对待你的。众：对！）

聂：我从来都是群众的小学生。（群众：大笑。）我是来听同学批判，来听同学意见的（同志们，刚才我们与聂元梓打交道，要求把全校喇叭打开，聂先讲广播台不听她的话，……）

聂：我已经写了条子，叫广播台打开，我已经说了……（你写条子是你的事，广播台播不播是他们的问题。聂写了一条批语：他们要求全校广播，你们可以打开。在没有打开全校喇叭以前，我们不再和聂在这里辩论。众：好！）

聂：同志们，我不是来和你们辩论的。第一，希望同志们今天晚上回去，我来和同学们商量，同志们回去休息。以后有时间同志们可以提意见批判，我来听意见。（同学：如果聂元梓同志真是关心我们的身体健康，我们是很感谢的，但是今天呢？首先是学校广播这里要开大会。有聂元梓到场并主持，我们已好几天了，摸不到聂的影子在哪，原答应今天早上开会，后来又不知道搬到哪儿去了。整天几乎都有整风会和电影，今天好不容易才得到这个机会，如果聂关心我们的健康的话，聂元梓应该首先对我们的革命行动表态，否则说不上我们回去不回去的问题。）

聂：同志们的行动只要用十六条标准的衡量，用不着我表态。今天晚上到外面有紧急会议，我明天开会，请你们发言。在大会上，我来听全校同学批评，事前讲清楚，我不是不想听你们的意见，前天也都来听了你们的意见。（同学：同志们，别的不要，还是要聂明确表态，我们的行动到底是不是革命行动，到底符合不符合十六条。）

聂：大家都可以自己认识知道，用不着我回答。（谈谈你自己的看法，我们的行动完全符合十六条的，是革命行动。）（共产党员隐瞒自己的观点是可耻的！）（十六条的根本精神就是信任群众，放手发动群众，彻底批判资产阶级反动路线，对我们的行动是否符合十六条，你必须表态。）

聂：在座的大多数群众是会做出正确结论的。（聂元梓在这里还在影射一小撮，我们要提高警惕！你要再继续隐瞒自己的观点，我们只能认为你否定我们的革命行动！）（一个共产党员隐瞒自己的观点是可耻的）（聂元梓同志，你是共产党员，你不应该隐瞒自己的观点，我们的行动到底是革命的，还是反革命？真理只有一个，究竟是哪一个同学们已经做了结论，现在要你表态。）

聂：我觉得这个问题不一定叫我一个人这样讲，同志们对我有意见批判都是革命的，但发生武斗这是不对的。（同学：同学们问问聂元梓怎么武斗了？把事实摆出来，你连屋子都没进，你怎么知道武斗？）

聂：我进这个屋子有人看到，说我没有来，完全是造谣，不符合事实，当时把卢平从台上推下来，几个人按他，这个现象应该停止。（同学：造谣！我要揭穿一个阴谋，你刚才说，有急事要走了，现在又说看到武斗走的，聂元梓同志你不要两面三刀，你是革委会主任，你看到"武斗"为什么不制止，而逃之夭夭呢？）

聂：我当时没有逃。我让人把卢平叫下来，当时我是去广播台，今天的会，以后再开，并不是逃之夭夭。（同学：你是不是因为武斗不来这里开会的。是不是这个观点，你表态。）

聂：就是因为你们在这里抢这个广播器，因为大家抢，会把事态扩大，继续武斗，这种情况我走的。有人拉卢平腿，这就是武斗。（同学：我从今天开会，一直在扩音器边，聂元梓走了以后，一个戴眼镜的不知叫什么的家伙讲：今天不开会了，改期，要把音室门锁上，那时有人围着他，不让他锁，那时根本没有发生武斗。）可以证明这一点。（聂进来不到两分钟，那时我们正在学习十五期社论，当时正好念到"那就非垮不可"时，聂元梓扭头走了。）（聂元梓已经走了，骑自行车走了，我去追，回来卢平还在台上。）不是这样情况，不是这样情况！是有人抢广播器。你们说我们根本没有来，又说我来了，到底是怎么回事？（今天明明是聂元梓挑动群众斗群众，让她主持，她要卢平来主持，是卢平捣乱了会场。）

聂：大家不信，应叫卢平来讲，他当时……为什么不叫卢平自己来讲呢？（同学：同志们，今天聂元梓同志来的时候，我们正在学习十五期社论，没念完最后一句，聂元梓同志就走了，我们又去追她，回来后，卢平还在台上，聂元梓同志讲话驴头不对马嘴，聂元梓同志在一系列问题上犯了严重错误，应当众检查，不能文过饰非！）

聂：可以叫卢平来证实这个事情。（念一个条子，现在大会主席团很乱，为了防止坏人破坏、捣乱，除聂元梓同志、大会主席团以外，其他人应下去，像卢平这样的人快快滚蛋！）（鼓掌）

（同学：大家安静，刚才许多同志都讲了，事情也很明显，是聂元梓同志根本不愿意听取广大革命造反派的批判，在找各种各样的理由，一会儿武斗了，一会儿有急事开会，一会儿不了解……等等。不要文过饰非，否则与你那么多年政治生涯、政治经验是不相称的，希望聂元梓同志明确表态。）

聂：今天晚上确实是这样，我怕继续武斗打下去，前天晚上在东操场已经发生武斗，会因武斗就停止了，再换个时间听群众意见。（同学：同志们，聂元梓同志口口声声要卢平来作证，请问你是相信几千群众，还是相信卢平一个人？）

聂：我既相信几千群众，也相信卢平，因为他是亲自被赶到台子里面去的。（同学：安静，声明两个观点：①聂元梓同志走后，卢平要控制话筒；②卢平追随孙聂干了很多坏事，他没有资格控制话筒，应该下台听取群众的批判。）

聂：刚才这个同学说话有一个问题，椅子破了，这是事实。（群众呼口号：聂元梓必须承认错误！聂元梓回头是岸！）（同学：大家沉住气，叫聂元梓同志把话讲完。聂元梓讲，她有事去广播台了，广播台接到通知说"因为大会被一些不了解的人主持，所以不能开"，那么聂元梓同志究竟是因为武斗呢？还是因为所谓"不了解"的人掌握了会场？）（聂元梓同志，广播台的盖有公章的通知上讲，大会被"东方红""红旗飘"把持，后来又在通知上把它划了。）

今天晚上没有紧会！今晚没有急会，我从来也没有说今天晚上有急会！（群众：造谣！）刚才……（造谣！）要不要我把话说完？！我从来不会扯谎！（整个礼堂的群众哄堂大笑）我从来不会扯谎！（众大笑）

聂：我是说今晚没有急会，我是看到这会开不下去了，为了避免大规模武斗，我急着去广播台，有急事，我走时就是这件事，我正走，有人问我：你到哪里去？我通知广播台，有急事，并不是因为急会，我是这样说的！这两个原因都有，因为这个会的主持原来是校文革和新北大公社，上台的人我确实不认识，我不了解，确实不了解，不知道谁主持。两个原因都有，所以……（同学：我们这些人，比起聂元梓同志却是小得多的小人物啊！我们不理解：聂元梓同志对群众究竟抱什么态度！）弄不清什么组织，我没有说不革命，我没有说不革命！不清楚，要开整风大会，总是事前了解要时间。在这个问题上大家好好考虑，如果大家以为这个问题重要，就还在这个问题上争执。

陈醒迈：战友们！我们还要不要听聂元梓这些回避要害的讲话，我们需要聂元梓同志回答实质性问题。（众呼口号：不许聂元梓回避要害！）我们警告聂元梓，新北大的革命造反派是说话算话的！他们是有勇敢精神的！有斗争意志的！不获全胜决不收兵！你今天来得很不自然，你为什么早不来晚不来，现在来了？是因为你害怕，你在群众斗争面前害怕了！害怕把事态扩大，我们要告诉你：你今天来得很不自然，说明你以前的伎俩已经失败了，你再要耍弄这些伎俩，就会失败得更惨重！聂元梓不要回避要害，必须对实质性问题表态！如果聂元梓同志不对实质性问题表态，我们就要开彻底批判大会，如果聂元梓同志不对实质性问题回答，我们今天不走，不离开会场！首先让聂元梓表态，如果不明确表态，我们就不走！一天不表态，一天不走！

（请聂表态）

聂：同志们对我的工作中的错误进行批判，批判都是革命行动。刚才说，你们组织发展变化得很快，我正在了解，我知道你们大多数都是革命的，我现在还在研究了解。（难道你对红旗飘也不了解吗？

你曾在二十五楼不止一次讲过：红旗飘基本成员是左派、可靠的，你现在又大整黑材料，你还不了解吗？）

聂：这几个组织，都有很多人是过去的左派同志，我还这样看，但对这个组织，现在正在了解。（你对刚成立的66串连会了解吗？）

聂：66串连会、连战团都是新北大公社组织，新北大公社一直是革命左派组织，他们没有离开新北大公社。（那么请问聂元梓同志，革命造反总部是不是革命造反组织？）

聂：有的组织名字起了什么"新北大革命造反团"但成员变化很大，所以我们还是要了解。（同学：66串连会变化更大，请问革命造反总部到底有什么变化？）（聂元梓出尔反尔，把五四操场大会在办公楼。为什么分裂中央文革？炮打谢副总理？）

聂：我没有分裂中央文革！……昨晚上大会是校文革和新北大公社开整风会。在东操场，事前通知了革造总部和东方红，不是北京公社，而且说明首先由你们发言，但你们没有通过我，自己取名为"批判孙蓬一资产阶级反动路线"没通知我，后因有雨，改在办公楼。（你能否保证连战团、66串连会没有发生变化，所有成员都是新北大公社社员？）

聂：他们组织有变化，但没有你们变化大，我没有分裂中央文革！也没有炮打谢富治。（同学：北京公社已成立一个星期了，关于北京公社表态，一个星期前就问过你，不知道聂元梓同志干什么去了？）

聂：你们人数、观点都变，我正在调查了解，积极了解。（同学：我们的观点很明确，聂孙执行了资产阶级反动路线，聂元梓同志必须做触及灵魂的检查，孙蓬一必须靠边站，必须打倒！）

聂：对这个问题大家可以辩论。（要你明确表态）

聂：我表态了，我还是刚才说的，符合十六条的就是革命的，不符合就不革命。

聂：我明确表态，刚才就是我的表态，如同志们有意见可以提意见，可以批判，我希望现在回去休息，以后可以提意见，可以写大字报。

（同学呼口号：我们不再受骗了！……）

（条子：大会主席团，如果聂元梓还这样下去，我们不与她辩论，静坐示威。）

（群众：下定决心，不怕牺牲，排除万难，去争取胜利。）

（群众：聂元梓回头是岸，孙蓬一下台滚蛋！聂元梓必须明确表态）

聂：那如果你们继续开会，那就你们提意见吧！同志们不愿散会，继续开的话，你们开吧，我现在就不听了！

大家高唱"东方红""国际歌"。继续进行静坐示威。

新北大　北京公社
新北大　红旗飘
红代会新北大公社　革命造反总部

一九六七年六月十四日夜整理

（资料来源：2018.9.30 网购。）

十、对《共产青年学会》的批判

誓死保卫以毛主席为首的无产阶级司令部

13纵　誓死卫东

毛主席《炮打司令部》大字报一声炮响,揭开了我们党内以毛主席为首的无产阶级司令部和以刘少奇为首的资产阶级司令部斗争的盖子,吹响了彻底摧毁资产阶级司令部的进军号。具有伟大历史意义的八届十一中全会宣判了刘邓黑司令部的死刑。一年多来,在以毛主席为首的无产阶级司令部的英明领导下,我国无产阶级文化大革命,取得了决定性的伟大胜利。当前,革命形势空前大好,而且越来越好。

但是正如毛主席的伟大教导那样:"帝国主义者和国内反动派决不甘心他们的失败,他们还要作最后的挣扎。在全国平定以后,他们也还会以各种方式从事破坏和捣乱,他们将每日每时企图在中国复辟。这是必然的,毫无疑义的,我们务必不要松懈自己的警惕性。"党内最大的一小撮走资派虽然被打倒了,但是他们的人还在,心不死,他们每日每时企图复辟。最近阶级敌人掀起了一股炮打无产阶级司令部的反动逆流。经过长期密谋策划终于在十月二十五日跳出来的反革命阴谋集团《共产青年学会》,就是一个代表。对此,我们必须予以迎头痛击!

这些反革命小丑在《宣言》中闭口不谈毛主席在《五·一六通知》《炮打司令部》《十六条》以及最新最高指示等光辉文献中所制定的在无产阶级专政条件下进行革命的一整套系统的天才的理论、路线、方针、方法和政策。而是步彭真《二月提纲》的后尘,狂妄叫嚣要"探讨""中国社会""处于什么样的状况"等"重大课题","调查""中国社会的现状""各阶级的状况""中国青年的思想状况""干部的思想状况"等等,"真正自己杀出一条道路来",疯狂地反对毛泽东思想,企图"杀出"一条同毛泽东思想相反的道路,即复辟资本主义的修正主义道路,妄图否定无产阶级文化大革命,为刘邓翻案。联系到这些反革命小丑曾经把"反对个人迷信"改头换面,变成"反对个人英雄主义"而大反毛主席,反对"把毛主席的话作为最高指示",其狼子野心不是昭然若揭了吗?

这些反革命小丑在《宣言》中闭口不谈以毛主席为首的党中央的英明领导,却大谈什么"在马列主义发展的第三个里程中绝不容许也不可能有第二个所谓顶峰。"别有用心地反对所谓"从极'左'的方面""僵化"毛泽东思想。其险恶用心,路人皆知,这不是把矛头指向一贯高举毛泽东思想伟大红旗的林副主席和中央文革又是什么?

这些反革命小丑闭口不谈伟大、光荣、正确的中国共产党,却胡说什么"党的问题已成为消灭的对象,产生新的党派!!"其反动气焰是何等嚣张!何等露骨!

这些反革命小丑闭口不谈无产阶级专政,却大谈什么"外国人有海德公园……中国为什么不可以有呢?"说什么对反革命分子不要实行专政,要"用他们",并且"放宽人事调度"等等。明目张胆地煽动起来推翻无产阶级专政!是可忍,孰不可忍!

够了,够了!这些反革命小丑向以毛主席为首的无产阶级司令部的进攻是何等猖狂!难道我们能视而不见、听而不闻吗?不能!一千个不能!一万个不能!我们一定要彻底砸烂《共产青年学会》这个反革命阴谋集团,彻底粉碎这股炮打无产阶级司令部的反革命逆流!谁胆敢反对毛主席、林副主席就打倒谁!谁胆敢反对中央文革就打倒谁!谁胆敢反对无产阶级文化大革命就打倒谁!誓死保卫以毛主席为首的无产阶级司令部,在以毛主席为首的无产阶级司令部的领导下,去夺取无产阶级文化大革命的最后胜利!

(原文载《新北大报》1967年11月5日)

十一、聂元梓纵容北大的老保翻天

鱼雷　天地转

江青同志在九月十六日的讲话中严肃指出："北大是老保翻天，至少是部分老保翻天。"北京大学阶级斗争的现实证明了江青同志的结论是完全正确的。

一个多月来，聂孙文革及新北大公社的某些决策人在"老保翻天"的问题上大做文章，说什么"井冈山煽动老保翻天""井冈山是老保翻天的后台和支柱"等等、等等。

北大的老保为什么翻天？现在该是阐明我们观点的时候了！

我们的看法很明确：陆平黑帮及其保皇党每时每刻都妄图反攻倒算，夺回失去的"天堂"，这是他们最反动的阶级本性决定的；而聂孙文革所推行的资产阶级反动路线又迎合了老保翻天的需要。这就是问题的答案。

（一）聂元梓们为老保翻天大开方便之门

去年八月以来，聂元梓们完全继承了张承先坏工作组的衣钵，并且又追随陶铸、王任重，无论在对待干部还是对待群众的问题上都是顽固推行了一条不折不扣的资产阶级反动路线。

北大干部总数为521人。工作组时期有181人被定为打击对象，占干部总数的35%。而在校文革时期，打击对象增至275人，占干部总数的53%。全校有五百多人被监督劳动。如果从去年八月份起，那么其中绝大多数人被监督劳动达七——十个月之久。被剥夺选举权的则高达六百余人，人数之多，时间之长，打击面之广，是全国绝无仅有的。

聂孙们恶性发展了的"打击一大片，保护一小撮"的反动路线，严重混淆了干部队伍中的阶级阵线，使陆平保皇党在庞大的被打击的队伍中浑水摸鱼，十分活跃。

去年11月，在朝阳区劳改队中，不少是三类干部，甚至是二类干部，真正的三反分子看到这些干部同自己在一起被监督劳动非常高兴，暗暗窃喜。有的家伙奸笑着说："哈，你怎么也来了？""想不到你也有今天啊！"陆平保皇党的反动气焰何其嚣张！这完全是聂孙文革继承张承先工作组"打击一大片，保护一小撮"的反动路线的恶果。

对待群众，聂孙文革则疯狂镇压革命造反派，压制不同意见。"井冈山""红联军"是在与陶王反动路线的搏斗中杀出来的造反派组织。然而聂孙文革对他们却视为仇敌，恨之入骨。今年二月趁二月复辟逆流之机把这两支革命队伍残酷地镇压下去了。井、红战士被批斗者达214人，123人被定为反革命，逼疯多人，5人被逼自杀，其中一人身死。以后聂孙文革又长期围剿团〇飘井红的广大战士，欲置之死地而后快。

长期以来，聂孙文革的斗争矛头不是指向陆平黑帮，而是指向广大的革命群众和广大革命干部，把北大搞成"一潭死水"。他们把革命群众和干部看作"洪水猛兽""心腹之患""主要敌人"，绝大部分精力用来对付这些同志。陆平黑帮在他们眼里根本不是最危险最主要的敌人，只不过是"死老虎"而已，长期搁在一边，不予过问。聂孙文革从成立之日起，斗陆平黑帮的次数远远没有斗群众次数多。"井红"革命小将有的被斗达十几次，一个革命干部因为反聂而被斗二十六、七次之多。而有的黑帮分子一年多来总共不过斗了四、五次。另外，黑帮分子的材料远远没有整革命群众和革命干部的材料那么全面、那么系统。揭发"井红"的材料厚厚几大本，综合材料、单行材料，样样俱全。可是，连陆平、彭珮云的材料，聂孙文革还拿不出一份象样的出来，有些黑帮分子，如张学书、谢道渊的材料竟一直没有搞。

更恶毒的是，聂孙文革为镇压革命造反派，不惜勾结三反分子，让他们提供"材料"，大整革命群众。法律系文革和新北大公社"持久战"兵团的几个头头竟然叫陆平死党陈守一写所谓的"揭发材料"，陈守一乘机反攻倒算，赶忙写出一份长达十几页的所谓"揭发"，里面一下点了三十多名革命师生的名，说张某是"两面三刀"，王某是"投机分子"等等。系文革如获至宝，赶忙打印。

聂元梓们的所作所为正是为老保翻天提供了方便的条件和适宜的气候，纵容了北大老保翻天，事实俱在，岂容抵赖！

（二）从极"左"跳到极右，更纵容了老保翻天

一九六七年《红旗》第四期社论以及一系列关于干部问题的文章发表了，它给广大革命群众照亮了斗争的道路，它象一把锋利无比的匕首，刺中了聂孙资产阶级反动路线的要害。北京公社等组织的广大战士纷纷起来，以排山倒海之势，猛烈地冲击了刘邓在干部问题上的资产阶级反动路线。我们高举革命大批判的大旗，大刀阔斧地砍向校文革所执行的资产阶级反动路线，大批革命和要革命的干部冲杀出来了。这是毛泽东思想的伟大胜利，这是毛主席干部路线在北大的胜利。

这时，聂孙文革慌了手脚，他们为掩饰自己的错误，从极"左"一下子跳到极右，他们不从思想上去肃清反动路线的余毒，不讲阶级斗争，对干部不搞"三划一站"，不管三七二十一，来个"一风吹"，予以统统解放。孙蓬一在干部座谈会上说："除了报上点名以外（指陆平、彭珮云等）其余全都可以解放。"一句话把这个从极"左"跳到极右的机会主义者的丑恶面目活生生地勾划出来了。这是老保翻天的信号弹，是聂孙们支持老保翻天，为牛鬼蛇神出笼大开绿灯的铁证！

在孙蓬一这一讲话的号召下，新北大公社机关一总支"七·一"战斗队"从头越"于七月二十九日贴出了一份倡议书，要求把全校绝大多数革命群众认为是四类的，张学书，谢道渊，史梦兰，尔联伯，刘文兰，潘乃穆，钟哲民，"一律放出来""给予四大武器"，并派一总支文革的×××，××，××找他们谈话，告诉他们去参加群众的"天天读"。

国际政治系赵宝煦，大多数人认为是四类，新北大公社18团"大

无畏"战斗队贴出大字报，声言要解除赵宝煦的劳动，把他放出来。八月底堂堂18团团长孙××说："赵宝煦不是黑帮"。赵宝煦见有机可乘，跳了出来，贴出声明，自行宣布解除劳改。

法律系黑帮分子肖永清，系里两派都一致认为是四类。但是13团"持久战"兵团团长王×利用管理黑帮的权力，处于某种目的，背着全系革命群众，暗中煽动。六月份，王对法律系头号黑帮分子陈守一说："你和肖永清还没有定性。"后来又在对陈守一、肖永清等训话时说："你们都没有定性，要老老实实接受改造。"在这位团长的支持下，七、八月份，肖永清终于跳出来写"造反声明"，扬言要"控诉"要"造反"。气焰何其嚣张。显然这位团长的话是肖反攻倒算的护身符，然而现在持久兵团却歪曲了事实真相，反咬一口，竟然把肖的反攻倒算栽到井冈山兵团十三纵的头上，真是卑鄙至极。

生物系三反分子胡寿文，在这种"气候"下，见时机已到，赶忙向系文革请求"援助"，他在给系文革的信中公开叫嚣："我们感到目前所处的状态再也不能继续下去了"。并"要求解除劳动改造和其它一切专政措施，给予四大武器。"后来井冈山04纵队审讯胡时，胡十分猖獗。4纵斥问他："为什么对陆平罪行一点也不揭发？"胡居然大发雷霆："我都揭发了，没有什么可揭的了！"真是顽固已极。几个小例不难看出孙蓬一的讲话威力可谓大矣！

张学书、史梦兰、胡寿文、肖永清之流是北大老保翻天的代表，他们敢翻天是与聂孙反动路线密切相连的，正是在孙蓬一讲话的煽动下，企图翻天的。但是，聂孙们却胡说什么，北大老保翻天是井冈山的"资产阶级反动路线"所导致的，纯属颠倒是非，混淆黑白！

（三）让事实来掌聂孙们的嘴

聂孙文革及新北大公社的某些决策人对于自己在干部路线问题上的资产阶级反动路线，非但不认错，不肃清反动路线的流毒，反而抓住我们兵团在执行毛主席的干部路线过程中产生的一些错误和缺点，大肆污蔑，恶毒诽谤。他们之所以这样做的实质，就是企图再一次肆无忌惮地践踏毛主席的干部路线，继续在干部问题上推行"打击一大片，保护一小撮"的资产阶级反动路线。

凡是支持井冈山兵团的革命干部，聂孙们就要打击，就给他们戴上"老保翻天"，"复辟逆流"的帽子。这就是老佛爷的家法。

其实，按照聂孙们的混蛋逻辑，那么，在聂孙文革一边的，岂止是"老保翻天"，简直是"老保登天"了。不少犯了严重错误的干部和资产阶级知识分子，只要表示支持聂孙文革，那就无论犯了多大错误，都一概不需要批判，不要检查，不经"三划一站"，就可以解放，可以结合，可以委以重任，并统统戴上"革命干部"的桂冠，让他们为聂孙文革大效其劳。

这样的例子比比皆是，举不胜举。这里稍举几例，略加分析。

副总务长马××，1959年，右倾机会主义分子向党猖狂进攻时，他带领调查组去河南调查。专门找"阴暗面"，反对三面红旗。后被定为右倾机会主义分子，被批斗。在北大社教中积极反攻倒算。文化革命中被二总支造反派赤卫队揪斗多次，监督劳动。这次被新北大公社二十团及二总支解放，并作为革命干部准备结合，安排工作（根本没经三划一站）。八月六日新北大公社头头孙月才等人煽动不明真相的群众打砸我广播台时，马竟然充当了一名积极打手，参加了冲我28楼广播台的活动。

校医院院长苏流，新北大公社校医院"东方红"单方面宣布解放他，并给他安排外科主任的要职。苏流对井冈山"干到底"战斗队对他的批斗一直不满，待机报复。现在在校医院公开拉一派打一派，过去苏流的亲信又云集苏流周围，校医院面临复辟边沿。

数力系副主任，代总支书记程××，美国回来的资产阶级教授，国际饭店会议上为陆平立了汗马功劳，很为陆平赏识。红一团把他放出来以后，立即安排他负责教改工作。

哲学系主任郑×，是个资产阶级权威，所谓中国康德哲学权威，并因此在争教授级别时大哭大闹。57年1月，即右派猖狂进攻前夕，发表了"开放唯心主义"一文，鼓吹"不能以政治代替论证。"叫嚣"太胡闹的人不能在大学讲学，不能著书立说。"恶毒影射党在学校的领导。现竟然加入新北大公社，同公社有名的"岿然不动"战斗队一起活动，并在系里负责教改工作。

二总支×××，庶、财务科党支部书记。此人乃张承先工作队员。北大社教时他是反攻倒算的急先锋，5.25大骂第一张马列主义大字报是"大毒草"，后又吹捧张承先"立场一贯坚定"。工作组赶走后，他一跃而居二总支文革委员，积极推行资产阶级反动路线，大整革命群众的黑材料，是个货真价实的老保。可是现在却掌管二总支和财、庶两科的党、政、财、文大权，是赤卫团负责人之一。九月一日借复员军人名义向中央谎报材料，极尽造谣、污蔑之能事，恶毒攻击井冈山兵团。

够了！

上面这些事实，难道不刚好证明"老保翻天"了吗？这些家伙如此嚣张，如此猖狂，难道不正是聂孙资产阶级反动路线的恶果吗？我们奉劝聂孙们，不要在复辟的道路上走得太远了！

（四）究竟是谁藏污纳垢

聂孙文革及新北大公社的某些决策人，在前一时期，大骂井冈山兵团藏污纳垢。列宁说过："政治上的谩骂往往掩盖着谩骂者的毫无思想原则、束手无策、软弱无力、恼人的软弱无力"。一个月的阶级斗争现实告诉人们，时时刻刻都感觉到井冈山兵团在威胁着他们的聂孙及新北大公社中的某些决策人，正是用谩骂来掩盖自己的毫无原则、束手无策和恼人的软弱无力。尽管如此，我们却要用大量的事实，来回答聂孙及其追随者的谩骂，到底是谁藏污纳垢，又是谁庇护牛鬼蛇神，还是让事实来证明。

中文系严××，解放前是三青团分队长，现在却掌管中文系财权，加入新北大公社后成为红旗兵团的得力干将。

西语系资产阶级教授闻××，钱××，解放时对共产党极为不满，48年夏，闻××对另一个资产阶级反动权威冯至说："共产党来了，共产党把苏联一套搬到中国来是否合适，我感到怀疑，知识分子要站稳立场，抵抗抵抗。"这样两个思想反动的臭教授，现在居然成了新北大公社的"光荣"社员。

俄语系陈×，三青团骨干分子，父母均被我政府镇压，肃反时就被斗过。今年 8 月公社要他写个声明，拉他入社，说："吸收你入社，你愿意不？"陈受宠若惊，说："我的问题这么严重行吗？"

法律系龚祥瑞，反动教授，反共老手，解放前曾担任国民党三青团中央团校的教务长，解放后一直仇恨共产党。57 年向党猖狂进攻，因为陈守一包庇，漏网。去年红卫兵抄家时，抄出国民党给他的委任状、地契，和大量的反动日记，受到革命师生的多次斗争。在北大两大派斗争中他十分活跃，上蹿下跳，向新北大公社持久战兵团虚报情况，捏造事实，陷害井冈山。持久战兵团的英雄好汉们炮制的"是造反，还是复辟"的大字报，其中的某些材料就是这个老混蛋提供的。因此，受到新北大公社的赏识。本来他与陈守一、肖永清一齐被管制。现在他却被允许出来看大字报。今年九月，龚给其狗友的信中凶相毕露地叫嚷："日子还长着呢，我们都还年轻，相见的日子一定会到来的。"妄图变天之心，跃然纸上。然而这个反动家伙在持久战兵团头头们的庇护下，竟然逍遥法外，洋洋自得。

法律系楼帮彦，反动教授，右派分子，解放前阎锡山手下的教官、本人是个大特务。沈守灵，右派分子，解放前是美国弗城纸业公司在华代理人，十足的买办。解放后一直拿定息。就是这样的二个混蛋，居然能够和新北大公社的嫡系持久战兵团一起活动，更令人惊讶的是持久战兵团的两篇大作"是造反，还是复辟"，"新北大公社是支左还是支保"就是这个混蛋抄写的。持久战兵团的先生们，你们不是要问："是造反，还是复辟？""新北大公社是支左还是支保"吗？你们的所作所为便是最好的回答！

二总支范长江，地主出身，国民党少尉，汽车排长，后隐瞒成分混入党内，两个叔父均为历史反革命，后被我镇压。范在农村反攻倒算，文化大革命被揪斗。因为二总支文革的包庇、后又回汽车队，参加公社活动，得意洋洋，经常大骂井冈山战士。

俄语系姚学君，五七年恶毒攻击毛主席，今年三、四月革命群众决定运动后期处理，现在成了新北大公社红卫兵"人民战争胜利万岁"团的领唱，戴上了红卫兵的袖章，好不威风。

化学系蒋××大反中央文革，给陈伯达同志写大字报，狗胆包天地说："陈伯达的立场到那里去了？"这样的家伙也曾是校文革的嫡系"炮兵营"的要员。

彭真的女儿付×宣称自己是66观点，支持新北大公社，公开与杨绍明讲"我对批判彭罗陆杨不理解，中央两个司令部是不清楚的。"但是十八系文革还是任其在家中养尊处优，不闻不问。

"藏污纳垢，牛鬼蛇神的庇护所"，这顶帽子是新北大公社的某些决策人自己做的，还是戴在自己头上最合适。

毛主席说："假的就是假的，伪装应当剥去。"惯常耍弄权术的聂元梓们，正是你们顽固地推行了一条资产阶级反动路线，纵容和助长了陆平及其保皇党的翻天。

如今你们又企图在"老保翻天"的问题上倒打一耙，贼喊捉贼，手段真可谓高明！

新北大的无产阶级革命派团结起来，迎头痛击老保翻天的反动逆流。全体革命和要革命的干部要牢记毛主席的教导："你们要政治挂帅，到群众里面去，和群众在一起，把无产阶级文化大革命搞得更好。"一定要努力活学活用毛主席著作，"斗私，批修"，把无产阶级文化大革命进行到底，在教育革命中立新功，建新劳！

（载《新北大报》第19号 1967年11月7日）

十二、北大井冈山兵团张××的交代

牛辉林之流策划大规模武斗的阴谋

我受蒙蔽，我愿反戈一击，与牛辉林划清界限。井冈山最近气焰比较嚣张，那天晚上想抢占广播台，十六纵全去了，天亮回来了，抢多少喇叭我不知道，我在二十八楼守楼，听他们说除水塔和四十四楼没抢外，全抢了。去年陈伯达讲话后，我跳得比较高，后来井冈山不得势，我就回家了。我对井冈山有怀疑，特别怀疑牛辉林对他牵的什么线我不知道。

最近各系在二十八楼组织了武斗队，二楼、三楼住了一些。最近他们说要武斗，系里也成立了武斗队，他们说十六纵武斗出名，今天井冈山一广播，十六纵就带武器去了。听广播说四十楼的新北大公社被赶，我们就说"5.1"纵队真能干。

策划一批武斗班子，哪里有武斗就拉出去。引人注目的人搬到二十八楼住，十六纵比较能打的都搬到二十八楼去住。

今天的过程是这样的，总部布置"5.1"纵队要把四十楼住的新北大公社的人全赶出去，前两天我听施有成等人议论说："5.1"纵队要拿下四十楼。我们十六纵的人就打上去，听说还勾结有其他系井冈山的人，还有新人大公社的人参加。今天晚上的一切行动可由632班王茂新对证，我与他一起出来转了一圈，帮着运砖头。

总部牛辉林最近说要发动更大规模的武斗，可使井冈山人增加压力，鼓起大伙的劲。二十八楼的武斗队一有武斗就下来，十六纵也可调动参加。施有成说大字报现在没有用，武斗可有用。他们说要从外面用汽车运砖头来坚守二十八楼，并说二十八楼已筑了工事，听说我们十六纵武斗队在二十八楼分了二三个房间，主要由一二年级参加。千方百计把武斗闹大了，给聂元梓施加压力。他们说三十一楼地形好，所以一定要拿下来。前天市里开会（注：指首都无产阶级革命派彻底粉碎二月逆流誓师大会）我是去了的。去前听井冈山说校文革领导我们不服从，所以先去抢了汽车。牛辉林蒙蔽群众说新北大公社已从西校门开汽车走了，我们可骑自行车去。回来时，在二十八楼听他们议论纷纷，说新北大公社的人坐汽车在北太平庄打伤了解放军，我当时怀疑特大，新北大公社人坐在汽车上怎么能有石头打伤同车的解放军呢？我们的人还议论谢富治来北大表态，要服从校文革的领导，是由于聂反了他，所以他故意拿高姿态，他的话不算数，我们可以不听。

井冈山在二十八楼那天议论很多，还传说中央说聂是小小爬虫。

北大井冈山兵团16纵 张名三　68.3.28

打倒刘、邓、陶！

打倒彭、罗、陆、杨！

打倒彭德怀！打倒贺龙！

打倒谭震林！

打倒杨成武！打倒余立金！打倒傅崇碧！

打倒王、关、戚！打倒周景芳！

打倒陆平黑帮！

新北大公社革命工人兵团翻印

（资料来源：2021.3.21 网购得到）

十三、《批谭战报》(1967.9.11) 的相关内容

1. 谭氏御林军一个头目的自白

农业部《革造》按：钱轶芳乃农业部老牌政治投机商。她伙同现行反革命分子季宗权，操纵农口"斗斗批"，死保三反分子谭震林、江一真，大搞特务活动，反对中央文革，罪恶滔天。谭震林被揪斗后，钱轶芳知道大事不好，马上施展她所惯用的两面派伎俩，抛出了反革命自供状——"检讨信"。钱氏"检讨信"是谭、江、季之流反对毛主席，反对党中央的又一铁证。他们炮打无产阶级司令部，阴谋离间毛主席和中央文革的关系；他们对毛主席的革命路线怀着刻骨的仇恨，对坚定的无产阶级革命家妄加诬蔑和攻击；他们和"5.16兵团"一样，是有组织有领导的反革命集团。这个集团的罪魁祸首就是刘、邓的黑爪牙谭震林。谭、江虽被揪出，贼心仍旧不死。钱氏"检讨信"的要害就是：抛出季宗权，保住"斗斗批"，妄图有朝一日，东山再起。

"宜将剩勇追穷寇，不可沽名学霸王。"革命的同志们，切切不可麻痹大意，掉以轻心啊！

揭发季宗权炮打中央文革的反革命罪行

敬爱的周总理、伯达同志和中央文革小组：

我是农业部延安战斗团的战士，原农口红色造反联络站总站的第二召集人，由于受了谭震林、季宗权的蒙蔽，犯了炮打中央文革的严重错误。今年四、五月间季宗权给主席、林副主席、周总理、伯达同志和中央文革写了两封信，一封是"我们对谢富治、戚本禹同志的

意见"，一封是"对陈伯达同志《无产阶级文化大革命中的两条路线》的意见"。我在这两封信上签了名，现在认识到这两封信是对抗中央文革、炮打无产阶级司令部的反革命事件，因此，下决心从他们的控制下杀出来，彻底造谭震林、季宗权的反，彻底揭发季宗权的罪行。

三月八日，师大井冈山的革命小将，眼看农口无产阶级文化大革命面临夭折的危险，果断地采取革命行动，到农口造反，当时由于我们的宗派主义情绪，以及长期背上了"我们这支队伍从运动开始就集中火力，揭发农口一小撮走资派，而且是最早批判刘、邓的"这个包袱，同时长期受谭震林的控制和操纵，因此对革命小将的革命行动很不理解，有严重的对立情绪。季宗权就利用我们的弱点，经常散布谭震林支持我们搞刘、邓，搞廖鲁言、蔡子伟没有错（以下原稿不清）……我们应该相信党中央，又说"对农口的运动谭震林已经向毛主席写了报告，主席已经批了，肯定谭震林的意见是对的，主席的批示实际上批评中央文革不讲阶级分析，他们不服，表面上又不敢反主席，只好从谭震林这个问题上下手，想在农口否定我们这一派，给谭震林扣上欺骗毛主席的帽子，达到否定主席批示的目的。"又说："现在社会上不是打倒谭震林一个人。打倒陈毅、李富春、李先念、余秋里的大字标语也贴满了全城，这几位副总理都是中央保了的，中央越保，他们越打，这是什么问题？这股风要顶住，真正的革命左派就要顶住。"他还利用了我们虽然对毛主席和中央无限忠诚、无限热爱，但在复杂的阶级斗争中，又分不清什么是无产阶级革命路线，什么是资产阶级反动路线，进一步向我们灌输谭震林一直是跟毛主席走的，是毛主席司令部的人，在七千人大会上是受刘少奇打击的，社会上这股打倒谭震林、陈毅、李先念、李富春、余秋里的潮流是企图把毛主席周围的人搞光，把毛主席孤立起来，诱导我们得不出正确的结论，认为保谭震林并不是保这个人，而是保卫毛主席、保卫党中央，以达到他死保谭震林、反对中央文革的目的。这就是我们三月八日到四月初按兵不动，死保谭震林的思想基础。

四月初，我们这支队伍的革命群众，纷纷起来要造谭震林的反，季宗权又慌了手脚，他大肆活动，进一步挑拨两派之间的对立，散布说："谭震林在中央会议上放了炮，这事师大井冈山的学生怎么会知道,现在总理已经追查是谁弄出去的,这个人已经做了检计。"后来他就公开说是戚本禹同志露出去的,并说师大井冈山的行动是戚本禹、谢富治同志支持的,谢富治同志是邓小平的人,一贯右倾,因为他是第一个揭发了邓小平,所以中央保了他。又说:"中央文革批评谭震林支持一派打击一派,戚本禹、谢富治同志支持师大井冈山,也是支持一派打击一派,也是资产阶级反动路线。"在我们心中,中央文革是毛主席亲自领导的,紧跟中央文革没有错。因此对季宗权开始产生了怀疑。有点不敢沾他的边,渐渐地和他疏远了一些,也曾警告过他。但他进一步蒙蔽我们说:"中央文革是正确的,这是对的,但是对戚本禹、谢富治同志个人有些意见,而且这些意见又是对的,不能算攻击中央文革。现在要当他们那样的造反派很容易,只要五分钟和他们喊几声打到谭震林就成了,一个副总理、中央政治局委员可以喊打倒,还算革命行动?对戚本禹同志个人有些意见,就是反对中央文革,这无论如何说不过去。"四月中旬,他就要写信给毛主席告戚本禹、谢富治同志,问我敢不敢写,我说:"对谢富治同志不了解,但对戚本禹支持对立面组织是有意见的。"于是他就亲自动手写信,我也签了名。信发出的那天,我回家把这事和我爱人谈了,他立即批评我,这是完全错误的,支持造谭震林的反,是中央文革为了挽救谭震林,戚本禹同志去点火,完全是对的,不这样冲一下,农口无产阶级文化大革命就要夭折,让我立即把信收回,并深刻检查。我当时接受不了,他就把我关在家,迫我写检查。几天后,我思想有点动了,就动手写检讨了,就在这时,季宗权打电话给我,我对他说,我们写的这封信有错误,我已准备写检讨了。他听了有些着急说:"这些都是事实,有什么错?如果错了,也用不着你检讨,主要是我的问题,要写我来写。"并叫我到他那里去一次商量一下。五一前我就去了,当时农大东方红的同志也到处抓我,他就叫我不要回去了,说:"抓去以后成天被对方看着,还能革命?毛主席教导我们,公开斗争要和秘密斗争相结合。我知道你过去和这次运动中是坚决造廖鲁言、蔡子伟、顾大川的反的,要继续造下去,抓去后就不能活动了。"这样我就在他和陈宗烈躲避的地方住了下来,也不写检讨了。

季宗权一直和谭震林保持着联系,在我六月十七日离开他躲避的地方以前，看到他几乎每天都要和谭震林的秘书陈永芳通电话。谭震林到机场欢迎姚登山同志、五一节上天安门，事先季宗权都知道，知道后就散布出去了，牵制我们起来造谭震林的反。谭震林对北大情况非常关心，经常督促季宗权叫我们这一派和北大加强联系，有些事可以通过北大去搞。季宗权有个外甥女叫袁扬扬，也常到季宗权那里来。五一节谭震林上了天安门，农业部还准备五月三日以后继续开一个星期批判谭震林、江一真大会，季宗权很不满意，千方百计把农业部的几个同志找来批评他们这样搞是和中央唱对台戏，施加重重压力，不让批谭，由于群众强烈要求批谭，未能压制下去。季宗权一看农业部也不听他的话了，就坐立不安，成天骂我们这支队伍是小资产阶级的队伍，领导权没有掌握在左派手里，把过去听他话现在不听他话的同志一概骂成是"动摇分子""旱涝保收派"，当时我也主张批谭，他就骂我不抓大方向，脑子里没有路线斗争，运动以后要好好给我提意见。

五一以后，对方又掀起了一个打谭高潮，这时他要农业部公开出来保谭，但我们坚决抵制，他很不满意，一再埋怨我们，不以革命利益为重，怕当保皇派。他对陈宗烈说："下面的斗争是上面斗争的反映，看来从下面解决问题是不可能的，要从上面解决问题，陈伯达同志去年十月十六日在中央工作会议上的讲话是个根子"。他要给主席写信，我说陈伯达同志的讲话是主席批的。反对他这样搞。他就拿出列宁选集要我学习《无产阶级专政和叛徒考茨基》、学习毛主席在《宣传工作会议上的讲话》，提出两条路线的斗争是否仅仅围绕在对待群众的态度上？群众划不划阶级？去年学生究竟属于什么阶级？文化大革命主要依靠工农，还是依靠学生？我看以后思想还没有通，他就不给我了，和陈宗烈两个人边研究边写，搞了好多天，定稿后就把我找去，研究用什么名义，他自己说用他个人的名义，陈宗烈说人多一些作用大，第一封信是两个人的名义，这封信还是用你们两个人的名义好。季宗权说："这封信可能要担些风险，但上面都是毛主席、林副主席和列宁说的话，也没有什么了不得，革命不要考虑个人得失。"最后他提出用三个人的名义，我说那就把我的名字写在最后吧！

季宗权写的这两封信，第一封信的底稿送给谭震林，第二封信的内容通过电话向陈永芳详细汇报的。是不是谭震林布置的，我就不知道了。

季宗权对待红旗杂志和人民日报发表的社论，总是带着挑毛病的眼光来看的，他对《修养的要害就是背叛无产阶级专政》有意见，说调子不高，没有抓住要害，就动手写了一篇《修养的要害的复辟资本主义》，企图用农业部"延安"战斗团的名义上报，遭到了"延安"战斗团的拒绝，以后怎么处理的，我就不清楚了。

六月十七日我回到农业部参加群众运动以后，就有意识地不主动和他联系了，有时他打电话来，就简单地应付下，但是他和农业部继续受他蒙蔽的同志还有联系，继续散布他们从谭办弄来的小道消息，如"江青同志找谭震林谈了话"；"谭震林五三年就要夺薄一波、安子文、彭真的权，五三年就对林彪同志说过刘少奇是党内资产阶级的代理人"；"谭震林的检讨通过了，现在中央文革的简报也能看到了，不久就要出来抓工作"等等，继续给我们造成谭震林没有什么大问题的错觉，阻止对谭震林的揭发批判。但是受蒙蔽的群众逐渐清醒了，原农口红色造反联络总站的绝大部分工作人员，也起来造反了，决心斩断谭震林、季宗权的魔爪，经过串联，另外成立了农口斗邓、斗廖、批谭联络站。季宗权得悉后，先想通过当时还听他的话的人来控制斗斗批联络站，受到抵制后，他就散布，斗邓、斗廖、批谭联络总站的大方向有问题，左派没有掌权，是原农口红色造反联络站中别有用心的人搞的一次"宫廷政变"，要想拉队伍搞分裂，重新打起红色造反联络站的旗帜死保谭震林，他动员农业部系统的群众组织脱离斗斗批，遭到群众的抵制，并揭穿了他的阴谋，他又两次派人和我联系，要恢复红站工作，都被我拒绝了。他企图公开发表红站恢复活动的声明，以及保谭震林的声明，都被我压下来了。他恼怒，在电话里对我说："群众对红站不活动很有意见，要造你的反，叫你靠边站，我没有同意"。他想用个人得失来引诱我跟着他走下去，相反，却帮助我认清了他的阴险面目。这一着棋他是下错了，我干革命不是为了达到什么个人目的，这一点是经得起检查和考验的。季宗权我不跟他走，而且公开起来抵制，就撇开我，通过仍然受他蒙蔽的人，到农业部、农科院、农展馆、气象局、水产部等单位进行活动，一心想把队伍拉出去。他还亲自组织了一个谭震林问题的调查小组，准备把调查材料抛出去保护谭震林，这个调查组曾在农业部红联的一次会议上介绍过调查情况，没有研究就被同志们哄下了台。

最近季宗权看到我们决心要造谭震林的反，他就急忙转移住处，等我们去揪他时，却不知他又躲到什么地方去了。几个月来，谭震林就是通过季宗权来蒙蔽和控制我们起来造反的。季宗权死保谭震林是有野心的，他常说自己在高检院受打击，本来是党组成员，到农业部就不是党组成员了，又说以前给林彪同志当秘书，调到地方一直没有提级，还说，不从林彪同志那里下来，现在起码是个大校，等等。他在谭震林的指使下，背着中央欺骗群众，做了许多坏事。他们不仅镇压了对方的广大革命群众，而且也把我们这支队伍拖得离开毛主席的革命路线，蒙蔽得我们在很长一段时间里转不过弯来。总理二十一日的讲话，教育了我们，促使我们的头脑更加清醒了，我们决心和谭震林、季宗权彻底决裂，划清界限，坚持毛主席的革命路线，自己教育自己，自己解放自己，彻底闹革命，把农口的运动进行到底。

我们没有高举毛泽东思想的伟大红旗，跟着季宗权犯炮打中央文革的严重错误，辜负了我们农口三千多战士对我的信任和委托，检查起来，十分痛心。但是我决不气馁，一定知错就改，和同志们一起在斗争中改造自己。今后一定要认真读毛主席的书，听毛主席的话，照毛主席的指示办事，做毛主席的好战士，用彻底革命的实际行动，来向毛主席、向中央文革、向广大革命群众请罪。

关于谭震林控制和操纵农口红色造反联络站，镇压革命群众破坏农口文化大革命运动的罪行，我已和几个同志写了一个联合发言稿，准备在批斗谭震林的大会上公开揭发！已由斗邓斗廖批谭联络站送上，这里就不多说了。

此致

无产阶级文化大革命敬礼

钱轶芳

一九六七年八月二十六日

2. 简讯

△自八月十九日在人大会堂批斗了三反分子谭震林以后，保守组织中受蒙蔽的群众纷纷起来造反，退出保守组织，并揭露了该组织一小撮坏头头欺骗、蒙蔽群众以及炮打无产阶级司令部的罪恶活动。截止九月一日，退出保守组织的群众已达一百九十七人。

△八月二十二日，农口"斗斗批"打上几面破旗，在中南海西北门摆了几个破摊子，表面是揪谭震林，实则向中央施加压力。没想到二十九日凌晨，陈伯达同志、谢富治同志接见他们说："你们不要上坏人当，马上撤回去。你们不要给中央施加压力，赶快回去，马上就要撤，回去搞大批判。"老保还想耍赖，谢富治同志就问："你们回去不回去？""斗斗批"的一伙哭丧着脸说："我们就回去好了。"晚上便都滚了回来，想捞几根救命稻草又破产了。

△八月二十八日、二十九日，农林口革命派分别在中国农业科学院、林业部召开了《斗争反革命修正主义分子邓子恢大会》。发言的代表愤怒声讨了邓子恢伙同谭震林、廖鲁言等一小撮三反分子，十多年来在农业战线上推行刘邓资产阶级反革命路线，提倡"四大自由"，发展富农经济，大砍合作社，鼓吹"三自一包"，恶毒攻击三面红旗，复辟资本主义的滔天罪行。反革命修正主义分子邓子恢、廖鲁言等被揪到会场批斗。

（资料来源：2021.4.25 网购。）

十四、北斗星简讯内容摘选

（北大井冈山兵团《北斗星》编辑部）

1. 谢副总理二月二十日在"首都大专院校毛泽东思想学习班动员大会"上的重要讲话

同志们，我们大专院校的毛泽东思想学习班在逐渐扩大。开始20所学校，后来扩大到25所，今天又扩大到30几所学校。开始200人，后来250人，今天到一千一、二百人了。

为什么这样做呢？从总的来讲，是伟大领袖毛主席，在近几个月关于学习班的事情，作过多少次指示，特别关心学习班，重视学习班。根据毛主席的指示，也非常注意、关心办学习班的事情。全国所有的经验都证明，毛主席办学习班的指示是非常好的。办学习班是毛主席很早说过的，去年春，前年冬，毛主席都讲了要办好红卫兵训练班。后来发展到办人民解放军训练班，发展到干部办、红卫兵办，无产阶级革命派办，以至三结合的学习班。在无产阶级文化大革命最近半年多的时间内，解决文化大革命中面临的内部矛盾，革命派与革命派的矛盾，"三支""两军"中，干部中的一些问题，就是用毛主席的办学习班解决了矛盾，解决了问题，这是最好的办法。毛主席抓住了这个关键。

我们办的过程中不大放手。前一个礼拜见到毛主席，谈到云南训练班，毛主席问：来了多少人？我答：来了700多人，云南二千多万来700多人，这是比较多的。河南、湖北四、五千万人也只来了几百人。毛主席说：不够，再增加一倍！毛主席讲各地的学习班从数量上领导上各方面都要加强。我们这个学习班从领导上数量上也要加强，我们学习班就是根据这种思想加强的。

还有一个原因，我这个人办事情总是不那么大胆，缺乏小将们的敢想敢干，做一件事情总是得到上级的多次提醒，甚至批评才做。我们这个学习班就是得到毛主席的无产阶级司令部，根据毛主席的指示，中央文革、周总理一再督促的，说你那个学习班，为什么那些学校，那些人为什么没去呢？你那个学习班人太少了，一个学校最好来四、五百人！在中央文革、周总理、伯达、康生、江青同志一再督促下才增加的！我这个人说话很坦白，什么都可以暴露。所以从20所到25所，今天扩大到了30多所学校。我这个人对毛泽东思想、毛主席的最新指示有时领会不够，决心不够。这是我的弱点。但有个好处，中央同志提醒、鞭策、指示，有时批评，我也有个优点，就是听毛主席的话，听林副主席的话，听毛主席无产阶级司令部的话。我缺点多，优点少，但还有小小的一点优点嘛！我们要听毛主席、林副主席、毛主席无产阶级司令部、中央文革的话。这就是为什么增加的原因。

我们大家在一起战斗了快两年了，跟着毛主席、林副主席、毛主席无产阶级司令部，周总理、中央文革与党内最大的一小撮走资派斗争，我们已取得了决定性的胜利。现在，正沿着毛主席指引的航道，去夺取无产阶级文化大革命的全面胜利。在座的无产阶级革命派的同学们，大家也是很忙的，特别的负责同志。离开学校，好好学习，很有好处。可惜我自己不能和你们一起学习，如果我能和你们一起学习，我是很愿意的。好好学习，把两年来文化革命总结一下，认真读一读毛主席的书，认真总结这两年来的经验，从政治上、思想上、理论上各方面都提高一步。我们总结的唯一标准是毛主席的光辉思想，毛主席革命路线，毛主席无产阶级司令部的指示，这些原则，作为我们总结、提高准则，活学活用毛主席著作，用毛泽东思想、毛主席的革命路线、毛主席无产阶级的指示，对照我们的工作，哪些符合毛泽东思想，哪些符合毛主席无产阶级司令部的指示，加以发扬；哪些基本上符合；哪些是违背了毛泽东思想、毛主席的革命路线、毛主席无产阶级司令部的指示，就加以克服。发扬优点，克服缺点。大家来学习，来提高，主要靠自己，也要解放军帮助。这次是三结合，有解放军、无产阶级革命派、干部。并且无产阶级革命派，不是一派，而且两派。但有些成立了革命委员会，也来了。是否成立了革命委员会，联合了，只有一派呢？不一定，也有不同看法，不同认识，甚至有两派。这样学了，有好处。我们这次主要任务是使大家能学习提高。我们的目的，主要的是使我们学校的无产阶级革命派头头，群众，革命干部能经过学习，总结经验，使每一个人在毛泽东思想的基础上得到提高，这是学习的主要目的。当然我们这样就可以附带解决学校的分歧和矛盾，解决派性问题。大家都能在毛泽东思想、毛主席革命路线基础上，那么，学校两派或几派的分歧才能得到解决，才能使大家沿着我们伟大领袖毛主席指引的航道，按照毛主席的伟大战略部署前进，才能够真正增强党性，克服派性，实现革命大联合，三结合，搞好大批判，斗批改，复课闹革命。

办多长时间呢？我们进行了酝酿，中央文革小组的同志也说了，以解决问题为原则，不以时间为限。先解决先毕业，不解决不毕业。

对少数学校，少数学校的领导人，某些学校的某些战斗组织，某些同志来说，我们还要解决两个重要的问题：

第一个问题，在相当一个时期内，半年或半年多，跟毛主席、跟毛主席无产阶级司令部，跟得紧不紧，或者说不愿意跟。不管他主观上是如何的，客观上是这样子。作了一些违背大方向、违背毛泽东思想毛主席革命路线的事情，主要是违背毛主席的伟大战略部署。对毛主席无产阶级司令部的话没有认真听，听了没有认真执行。搞实用主义，对自己有利的就听，就执行，没利的就不听，不执行，搞两面派。这表现在没有把矛头对准刘邓陶、彭罗陆杨等一小撮敌人，而是相反。正如毛主席的好学生江青同志九•五讲话指出的，把矛头指向无产阶级司令部，指向解放军。要把江青同志九•五讲话在学习班好好学习一下。把矛头指向无产阶级司令部，有老账，有新账，有公开的，也有秘密的。我不愿意讲，如果要叫我讲，随便可以讲十个、八个学校，而且不是一派，而是两派。我这一派说你炮打无产阶级司令部，你那一派说我炮打无产阶级司令部，其实都是一样的，有的学校很典型。有的是老账，有的是新账；有的是这种形式，有的是那种形式；有的是攻击无产阶级司令部这个人，有的是攻击无产阶级司令部那个同志。这是个原则问题，不能马虎，不能等闲视之。对无产阶级司令部,要像爱护我们的眼睛那样爱护它,不能损害他。对把矛头指向无产阶级司令部的要分析,多数是受反革命两面派陶铸的"怀疑一切,打倒一切"反动思潮的影响,是不自觉的、盲目的。当然也有少数是在坏人唆使下进行的。所以这个要分析。我看这次第一篇文章应学习江青同志的九·五讲话。那么这些人怎么办？只要他认真检查,再也不干这些事了,真正彻底检讨。若有坏人唆使,把坏人交出来,真正彻底检讨就行了,而且,要有实际行动,在这次训练班就要彻底改,而且各派改各派的。很多学校,中央文革是完全清楚的。两派都有,大会上不讲了。下边可以找两派讲。你不要吹牛,说你没有炮打,别人炮打了。这有老账,新账,公开的或不公开的。这件事情是个很大的原则问题。我们是无产阶级造资产阶级的反呢？还是资产阶级造无产阶级的反呢？这是江青同志给我们讲过多次的嘛！

第二是把矛头指向解放军。到处揪军内一小撮。到全国去揪。还有个别人不死心。什么广老谭,赵永夫,到处都是,到处揪。搞了许多问题。这个问题并没有检查。这个问题有相当多的学校没有听中央的话。有一次我到火车站,蒯大富、聂元梓、韩爱晶也去了。讲了半天也不听,还是走了。在座的,恐怕就有的。几月份我也忘了,有一个学校就走了七、八千人。到处去揪一小撮。在北京去揪军内一小撮的是冲派。明明五、六月间中央开会,我们支持三军真正的无产阶级革命派,但许多学校支持冲派。许多学校改了,但现在我们有些学校有些人还与冲派有联系,有鬼鬼祟祟的事。这个事情我们应该检查检查,总结总结,改正改正。也不是只有一派有,两派都有,只是多少,时间长短之分。

还有第三,没有把矛头对准刘邓陶及其在各单位的代理人,而是对准群众,这点大家是很清楚的,用不着多讲。

第四,还有,没有按照毛主席的教导复课闹革命。没有按照毛主席的无产阶级司令部,中央文革告诉我们的回到学校来,搞学校的革命,不要到处跑,到处插手。去年春天讲了,一年了。虽然大多数都回来了,但还有少数人没有回来,这不行。学校的事情有多少要办,大联合,三结合,斗批改,教育革命,整党整团,揪少数坏人,学校的坏人多的很。我们有些人就是不愿意搞学校的,就是到外边去抓。

为什么不把所有精力集中到学校。伯达同志讲，一个学校，把你那个学校搞好了，就是对文化大革命的很大贡献。上次我们接见南京代表时，就对南京大学提出了这一点。现在我们好多了。过去到处插手，什么西南联络站，驻沪联络站，这个联络站，那个联络站，有些在开头做了些好事，但后来很不像话，简直走向反面。驻沪联络站的小报为台湾提供"新闻"。西南联络站在重庆，挑动武斗。平顶山有矿院的一个人，拿两支枪成了土匪。抓都抓不到（傅崇碧：现在抓到了。）

现在北京这个学校支持那个学校的反对派，不是去搞大联合，干涉人家的事情。（傅崇碧：28中，有人反毛主席，林副主席，也反中央文革！他们就支持了。我们抓了人，他们感到惊讶，还在支持，那是什么样的人呀，要搞清楚吗？）学习班要把这个问题解决，全力以赴搞好了，对文化大革命就有很大贡献。

革命初期要煽风点火，起了好作用。文化大革命两年了，群众都发动起来了，要相信那里的解放军，群众，干部，不要我们去插手，包办代替。

这是一个问题。我们少数头头，相当时间内跟毛主席、林副主席、中央文革跟得不紧，而且违背了大方向，把矛头指向无产阶级司令部、解放军、群众，没有对准走资派，没有集中精力在自己学校闹革命，干涉别的单位的事情，这次学习中要解决这些问题。有些是老毛病了。有的是新"病号"。这些事情认真检查就行了。但如果不改，那是不行的。

第二个问题。少数头头有一种"我"字当头，"私"字挂帅。同志们，我们有一部分无产阶级革命派同志，在文化革命初期作了很多很大的贡献，但是正如毛主席教导我们的，要不断立新功，不要吃老本。我个人就犯过这样的错误。我们立了点功，也不值得骄傲。我们有少数同志骄傲得了不得。而且不自觉。如果今天我不给同志们讲，我就要犯错误。因为中央文革多次告诉我。有些人，公开地争名誉，争地位，要伸手，甚至公开提出要当中央委员，有的现在还不是党员。我们同走资派斗争，要夺他们的权。我们要从政治上、思想上、理论上把他们批倒批臭。这是一点不客气的。但对毛主席、林副主席领导的无产阶级司令部，现在我们人民内部，就不能采取这样。我们要谦让。不能公开要官做，小官不行要大官。这不行，这完全是资产阶级了。这个人就叫伸手派。公开地向党向人民伸手。只有党和人民要我们办什么事，我们才办。我这个革命委员会主任是很不称职的，如果有人比我强，我就让他做。我又是主任，又是副总理，名不副实，是不称职的。我记得三、四年前毛主席讲了一段古人的话。后汉书上有一个人李×告诉方×说："峣峣者易缺，皎皎者易污，阳春之曲，和者必寡，盛名之下，其实难副。"我这个主任，就是"盛名之下，其实难副。"我们在座的有这个司令，那个司令，有没有这个问题，是否也有点"盛名之下，其实难副"呢？我其实就是这样。你们有没有一点，我不知道。

还有，毛主席在一次讲话中讲到（因为讲得较快，没有按原文记下，这里仅是大意）：必须防止骄傲自满。同骄傲的情绪作斗争。马列主义从来认为人民群众是历史的创造者，是推动历史前进的力量。马列主义也认为，领导和干部有重大的作用。没有领导和干部，历史也就不能前进。但是不能把领导者，干部与群众对立起来。一切领导者，干部只有与广大群众结合起来，才能发挥力量，少数领导者总是有限度的。只有人民群众的力量才是无限的，千万不要夸大领导人的力量。托洛茨基、高岗、饶漱石不都是把自己看得了不得，好像历史上没有这些人天下就不得了？历史证明，没有这些人并没有什么了不起，相反天下太平了。坏人是这样，好人也是这样。只要有群众的革命运动，总是要产生好的领导者。你这个好人没有了，地球就不转了吗？不，地球还是照样转动。事业还是照样进行。所以把个人作用看得了不起，以为世界上没有你不可。这种观点是危险的。（北京市革委会，只有你谢富治行，别人就不行了？——谢副总理自己插话）一个共产党员如果有了这种思想又听任这种思想发展起来，那就会逐渐丧失了满腔热情，勤勤恳恳为人民服务的高贵品质，最后堕落为卑鄙的个人主义者。现在有些同志认为是老革命，老资格，……不论青年人，老年人，都不允许骄傲。如果允许骄傲，倒是青年人比老年人有资格。所以年纪大了，经验多些，更应该谦虚。你年纪大了，尾巴翘得那么高，给青年人看了成什么样子？俗话说，要夹起尾巴做人，不要翘尾巴。我们要夹起尾巴，戒骄戒躁。马列主义有一条重要原则，在党内实行批评和自我批评，丧失了批评和自我批评的武器，就不能前进，这是主席在1955（？）年讲的。

还有一次讲到知识分子。对不起，对大学可能有点刺激。毛主席说："智慧是从群众那里来的，我历来讲，知识分子是极无知识，这是讲得透底。知识分子尾巴一翘，比孙行者的尾巴还长，孙行者七十二变，最后把尾巴变成旗杆那么长。知识分子翘尾巴可不得了呀！在座的知识分子呀，老子就是不算天下第一，也算天下第二！工人、农民算什么呀，你们都是阿斗，又不识几个字！但是国家大事不是知识分子决定的，而是劳动人民决定的，而且是劳动人民中先进部分，无产阶级决定的。"我们大家都要谦虚一些。

最后，我们要说一下，毛主席说，一个共产党员要有鲜明的立场，要坚持党的原则，凡是合乎党的原则的东西，如过渡时期的总路线，都应该积极支持。凡是不合乎党的原则的东西，如反党阴谋，都应该坚决反对。我们要发扬成绩，克服缺点，要紧跟毛主席的伟大战略部署，要有"四个无限""三个忠于"，像李文忠那样："毛主席热爱我热爱，毛主席支持我支持，毛主席指示我照办，毛主席挥手我前进！"在北京不要做违背毛泽东思想的事情，要紧跟毛主席、林副主席、毛主席的无产阶级司令部、周总理、中央文革小组。大家知道，中央文革小组是高举毛泽东思想伟大红旗的，在文化革命中建立了丰功伟绩，是毛主席的参谋部。无论现在、将来，我们都要非常坚决地支持，坚决地保卫。对中央文革要绝对信任，保卫毛主席、林副主席、无产阶级司令部、中央文革小组。不能因为中央文革小组自己清除了几个、两个坏人，我们不应该有丝毫动摇对无产阶级司令部的信任，相反应更加相信，更加热爱，更加保卫。我想，我们同志们是要这样做的，不要听那些马路新闻，不要去打听它，好好地搞你们那个学校的事情，不要去捞稻草，捞不到的。暂时也可能捞到一点，但过几天就不好了。要老老实实地听毛主席、林副主席、周总理、无产阶级司令部、中央文革小组的话，提高自己，发扬成绩、优点，克服缺点，把我们学校的事情办好。

我这个讲话，没准备，有错误，也可以公开批判。

（载《北斗星》简讯第53期 1968.2.22 第3-6、10版）

2. 傅崇碧同志在首都大专院校毛泽东思想学习班动员大会上的讲话

刚才谢副总理讲了，学习班中央文革、周总理、伯达、江青、康生同志非常重视。说200人太少了，大学头头、革命干部，还有些同学多来些人，要好好把他办好。所以我们讨论，告诉李钟奇、丁国钰同志赶快研究，越快越好。所以当前办这个学习班，是很重要的问题。不仅学校，而且工厂、军队要办。这是毛主席讲过的。是解决两派之间的争论，是解决大联合、三结合、解放干部的主要的方法。同时这个学习，也是一个改造世界观的问题。看文化革命根本是改造世界观。江青同志讲，文化革命搞了一年另八个月了，要大家好好安心学习，总结一下一年另八个月的经验。不然就是吃老本。谢副总理讲，一年另八个月的老本吃不了好久就吃光了。中央很关心学习班，有些同志没来，中央同志说，非来不可。学习班，学校、工厂、农村都在办，都在学，不学，不改造世界观，我们要迷失方向。把矛头指向无产阶级司令部，有老账，有新账，改了就行了吗？我们搞了三十多年，没本事，没读过书，我们是什么大学？泥巴大学，放牛娃，南方放水牛的一水泥。我们没有文化，本事不大，但有一条，中央、中央文革的话我们听，我们犯了错误，有了缺点，认识了就改。欠了账不还是不好的。不能老背一个包袱，越背越多就不好了。检讨了，改了就好了。要轻装上阵，把包袱放下来，在大联合、三结合、斗批改、复课闹革命中立新功。确确实实，北京的大学文化革命初期有很大功劳，现在"春风吹到玉门关"，春风吹遍全国，现在有些大学还成问题呢，甚至有些学校搞武斗，现在还在吵闹，在干部问题上，你要解放，他就要打倒；你要打倒，他要解放。革命委员会没搞起来。那一天江青同志问，这学校怎么样？我说，不打架了。江青同志说：不打架不行，要复课闹革命，斗批改。她特别讲，解放干部不要搞陪衬，有些人把身体不行休息了多少年的有些干部抬出来，搞陪衬，其他干部都没有了吗？只要不是叛徒、特务、顽固不化的走资派，犯了错误改了就行嘛！我们大学应起一个带头作用。现在有些大学掉队了，要赶快紧跟上去，踏步前进。否则人家都搞好了，你还闹纠纷，你们全国也不想管，你那个大学就管不好，不像话。希望通过学习，互相帮助，互相监督，多作自我批评，对己要严，对人要宽，要从团结的愿望出发，经过批评，自我批评，在新的基础上达到新的团结。不要人家的错误就抓住不放。

你们搞情报，搞了好多动态组。有人在东北搞调查，记录干部名册，军队驻地都抄下来了，你搞那些干什么？有些同志管得太宽，有些人本事很大就是了。错了就改，改了就是了。批评是关心同志们。谢副总理讲的四条不是他自己的话。还有一条，就是有些人还想革命委员会整垮。这些不检讨不行，中央对你们是很大的关怀、爱护。我们干劲不如你们，但有犯错误的经验，只要指出就改。我们还要把世界观好好改造一家伙！资产阶级思想从各个方面都向我们头脑里钻，战胜不了，改造不好，就要犯错误，迷失方向的。中央的批评是对青年人极大的爱护。我们是欢迎批评的，出两张大字报，炮轰两下有好处。说你好，好得上了天，那不好。有个姚登山，不是要登天了吗？摔下来，摔得不轻。登报、吹嘘是犯错误的开始。也没有本事。

办学习班，希望同志们好好学习。现在中心任务是大办特办毛泽东思想学习班，哪些地方学习班搞好了，干部就能解决了，问题全解决了。不要一讲坏的就听不进去，就睡不着觉。通过学习，好好提高。我们三十多个学校中，有很多在北京是有名的，大联合、三结合要搞好。复课闹革命中央讲了，我们有些大学不请假，走了很多。周总理、江青同志说，要查一查，看回来了没有？从材料上看，学校中，有的女的打毛衣，男的下象棋、打扑克，这不行。有的革命委员会主任，也打扑克，不请假走了。要有革命性、科学性、组织纪律性。农民工人跑到前面去了，我们要赶上去。真正成为毛泽东思想的大学校，才不愧为在首都，在毛主席身边。经过两年的文化大革命，要有个新的起色，新的气象。我们很有信心，解放军也应该很好地帮助同志们。我们也是大老粗，"一"字当扁担，但可以互相帮助，搞得更好。我们军队也有些不够，也可以提意见。谢副总理讲过了，我没有什么讲的，讲两句，应付差事，不对请批评。

（载《北斗星简讯》第 53 期 1968.2.22 第 8 版）

3. 李钟奇同志在首都大专院校毛泽东思想学习班动员大会上的讲话

今天是我们大专院校毛泽东思想学习班第二次大动员。上次动员到目前，我们学习班有三次扩大，第一次20所，第二次增加四所，这次增加到36所，人数由200增加到250人，又增加到1000多人，加上解放军、工作人员共1400人。这说明根据当前形势，根据毛主席的伟大战略部署，必须开训练班，在学习班解决问题。说明中央、中央文革非常关心大专院校的运动。直到昨天主席接见时，中央文革主要成员还问到学习班的情况。也说明我们还跟不上中央要求，扩大是件大好事情，上次（指2.13）我作了发言，不重复了，今天作一下补充发言。

第一，首先讲这一次扩大后执行的情况。任何一个东西判断其好坏，是否听毛主席的话，这是考验每一个革命同志的一个重要试金石。办毛泽东思想学习班是全国一个伟大的政治任务，也是毛主席、林副主席非常关心的一个大问题。我们要听其言，观其行，没有战斗性是不行的，正确的东西必须向错误的东西进行斗争，做好就表扬，做差就批评，不然正确的东西抬不起头来，那不行。表扬、批评，都按毛泽东思想办事。毛主席无产阶级司令部的声音，我们要坚决贯彻到底。因此好的表扬，坏的批评，尽管现在批评你不高兴，但你觉悟后，你会感激我。不批评你，让你高兴就是向派性投降，这是大是大非问题。

这次各校增加16名战士，6名干部。36所大学，到目前已来了34所，两所没有，一外，打了电话才来，来晚了，也不对。尤其是人大，下通知已规定了，就是因为少数问题，障碍了规定不能实现，今天要点你的名，连派性都不承认，实际上已达到无以复加的程度了。

学员应到1152名，实到950多人，缺150多人。按规定（群众16人，头头1人，干部6人）到的有：河师、二外、清华、外贸、民院、农机、钢院等七所。干部到齐的有：经济、轻工、京工、铁道、财经。解决三所结合较好的、学校较好没有反复的，有建工、石油、劳大、民院、河师。可是有的院校忽高忽低，曲折很大，思想不牢靠，希望加强学习。

　　第二，如何对待干部，解决干部问题。如不从思想上解决，对大联合，三结合是个很大的阻力。从这次参加"三结合"的学习班，把这个思想充分暴露出来了。干部纠纷阻力最大，以干部为中心是一个关键问题，大多数没有解决好。对干部问题，有人竟提出什么"那一个干部如果要去，不仅要捉出来，而且要捉出来打死。不解决这个问题，我就不参加学习班。"如果你这样做，你要负一切法律责任，谁打死人，非专你的政不可。过去打死人是犯法的，不然人权有何保证。特别是到今天，你究竟听不听主席的话，是站在党性立场，还是站在派性立场讲话。你也不是封建主、奴隶主，你就有杀人权呀？封建主、奴隶主对这个问题还有一定考虑的。这不证明你勇敢、坚决，而是证明你落后，落后太远了。我们希望你来，来到这里解决问题，如果不来，要负破坏训练班的政治后果的责任。还有的来了，又把人家赶回去，说什么："我不能来，你也不能来。"这是什么思想？难道这样做合乎毛泽东思想？这是错误的，极端错误的！这是不是你李钟奇包庇坏人呢？这要让大家作评论。有人问什么人不能来，我说按周总理2月2日讲话，谢副总理2月5日讲话，及其他报刊已经回答了。用不着我回答。如果让我回答，就是三条：①叛徒，②特务，③顽固不化的走资派。这派说合乎，那派说是革命干部。我听谁的，单方面的只作参考。因为派性对干部是冷酷无情的，脱离主席思想的。没有确凿无疑的根据时，我们不同意你的结论，确实该打倒的，你再打倒也不晚嘛！

　　这次为了贯彻中央精神，我们要扩大，这是一个严肃的问题。从这里可以看出绝大多数单位还有派性，思想上还没有接受，有些根本没有接受，你们的派性、无政府主义，还必须继续围剿。关于干部问题，有篇社论很好，《北京日报》2月18日社论《打倒派性，为革命解放干部》，你们要好好看看。还有一篇《识破派性的新形式……》也比较好。在学习班要掌握好毛主席最新指示这个武器，去消除派性、无政府主义。希望你们按时毕业，不要留级。这样下去，非留级不可。要好好改造世界观，旧的不去，新的不来，你脑子里装满了自私自利，毛泽东思想就装不进去，要对照检查，要摆摆派性、无政府主义的罪恶，论论派性、无政府主义的危害。从今天在座的看，危害问题没有解决，有的单位从66年底到去年底打伤了、残废了多少人。为什么非要把人挤垮，搞垮？如果从前不理解，今天该理解了。现在有的单位表面上拥护大联合，背后却搞派性串连，有一个学校搞了四次派性串连会。你居心何在？你这是反毛泽东思想的！有个单位头天说得好好的，同某个人一接触就翻了案。为什么大学落实不了！暗立山头，阴一套，阳一套，实际上起了分裂革命队伍、破坏革命大联合的作用。

特别是干部问题，昨天主席接见时，伯达同志很关心如何解放干部的问题。那么多干部都是坏的，都不行吗？有个单位来了个管理员，22级，其他都是四类分子呀？都不能结合呀？为什么不来？根据全国与北京，在工人、农民中，在机关、学校里，文化大革命有很多理论，飞跃的发展，其中很重要的一条就是，怎样对待干部，在文化革命中的看法问题。我们这里不否定你们革命小将，谁否定革命小将，就会否定文化大革命，但不要否认，你们有人躺在成绩上睡大觉，还站在去年四、五月的水平上，我想不通，但一想通也不足为奇。因为尽打内战，没理解主席最新指示，理解也是从派性理解，有些人自己不前进，也不让群众前进，甚至起到蒙蔽群众的作用，欠账要还账，值得你们考虑。这样对待干部不行，这是对党、对人民负责问题。希望你们再三考虑干部问题。

第三，学习中注意的几个问题。时间不早了，算了，不讲了，来日方长嘛！（完）

（载《北斗星简讯》第53期1968.2.22 第9、10版）

4. 三月九日李钟奇同志在高校学习班的讲话

究竟情况怎么样，我们把情况反映上去了。按照原定计划学习班三月八日结束，后来学习班扩大了，各学校发展也不平衡，延长了一些时间。具体什么时候结束，我们写了报告，等候中央批示。

关于学习班的安排有以下考虑，供大家参考。

学习班还是要以最新指示为指针，以斗私批修为纲，以李文忠为榜样，抓住根本，把斗私批修，围剿资产阶级小资产阶级派性，通过思想革命化，来实现革命大联合，革命三结合。

中央首长要求我们善始善终，抓到底。正面反面经验都要总结。这一期有缺点、错误都可以总结，为以后办第二期创造条件。在中央首长找你们座谈的第三天，就把你们接见的情况告诉我们，我们也把学习班的情况反映上去了。这一期要总结正反面经验，善始善终。这一段时间不会太长，我们已经把方案报上去了。

对下一段有以下几点意见。

一、已建立革委会的学校，着重解决如何掌权，为谁掌权的问题；是为无产阶级掌权，要树立毛泽东思想。反对个人包办代替，反对派性掌权。要用毛泽东思想指导我们的行动，同时要严防走资派坏人混进来，阴谋破坏红色政权。要使大家真正认识到真正的权威是毛泽东思想，领导班子革命化。

学习内容：①最新指示 ②老三篇 ③西直门车站掌好权用好权的报导 ④文汇报社论念念不忘斗争大方向（三论无产阶级革命派如何掌握好权用好权）这一阶段，不管第一种情况或第二种情况都要把空军、总参的经验学习一下，这对我们提高两条路线思想水平，是很值得参考的。

学习方式：阅读文件，讨论，同时有经验的单位取经学习。

二、刚实现大联合的院校，着重把斗私批修、围剿派性搞深搞透，把派性危害认识清楚，挖出派性毒根。这就是在短期的集训中，在学习班紧密地联系到两条路线斗争，联系到阶级斗争。究竟是派性隔离了我们，还是阶级敌人隔离了我们，使我们长期打内战，要挖出派性的毒根，要把走资派，中国赫鲁晓夫挖出来，这样才能对谁亲对谁恨，找到两条路线的根源。

谁使我们长期分裂，这就是走资派，以中国赫鲁晓夫为代表，要痛恨走资派及中国赫鲁晓夫。各院校的走资派，反动家伙，找一找本院校谁使你们长期打内战，联合不起来，要找一找根子。这里边认识不同。对这个人究竟是什么性质，用阶级和阶级斗争观点，用阶级分析的方法，挖出根子，这样才能使干部统一认识。凡是坏人操纵，走资派操纵，这就是黑手，使我们搞分裂。有什么就挖什么，有走资派就分析走资派在文化革命中干了哪些坏事，或是无政府思潮。主席说长期联合不起来的一个原因就是无政府主义。

这个过程中，把这个问题好好分析一下，不外乎三种情况：①走资派 ②坏人 ③无政府主义。因此要认清谁是真正的敌人，谁是真正的朋友，共同分清敌我，共同对敌。组织不分大小，革命不分先后，革命组织的产生历史时期不同，贡献也不同，不能说半斤八两，有的贡献大些，有些小些，有的走过的弯路多些，有的少些。这只能由广大群众从切身经验中来体会。群众自有公认，要有公认，是斗私批修的结果。要用阶级分析的方法去看，不是看一时一事，而是要看全部过程。更重要的是看你这个组织现在是不是继续前进，还是停滞不前，吃老本。必须具体分析，只有这样才能从思想上团结起来。这一段很重要，否则一有风吹草动就解散了。

昨天我参加了中央首长的会，谈到全国形势大好，在红五月时要红一片，同时要看到美帝不甘心失败，准备扩大战争。我们每个同志要有战备观念，部队也要加强战备教育。

学习要求：要紧密联系阶级斗争的实际，突出路线斗争。因为通过这一阶段学习掌握主席思想武器，把人民内部矛盾把派性分析了，同时还有敌我矛盾，两条路线斗争，不能只是派性。这样就有一个思想基础，把单位、个人的具体的有代表性的东西，通过主席思想来分析，就可以提高到主席思想高度。例如，钢院有个高芸生的问题。前一段你们把私斗了，当然斗得还不彻底，现在就可以两条路线来看高芸生问题，看究竟是什么人，什么问题，这样就比较容易解决了。原来你们没联合，现在你们联合了，这样就有了思想基础，就可以坐在一起分析问题了，这样就比较容易解决问题，就可以进一步来消除派性。要突出路线斗争，分析本单位未解决的重大问题，不只是干部问题，可以排排队，先易后难。如果现在没有掌握武器斗私批修围剿派性这一阶段，怎么能解决干部及其他问题呢？这样就可在已实现大联合三结合的进一步巩固提高，没有大联合也可创造条件。在学习过程中，中心问题还是整顿"学风"、整顿态度、坚持多作自我批评。

三、抓当前活思想。近来出现对学习班的一些意见，这是正常的。我相信广大群众对学习班的优缺点是会有正确认识的。有意见可以提出来。中央首长把你们提的意见告诉我们，我们非常感谢。不管意见有无出入，但精神是好的。我们"有则改之，无则加勉"，你们留出一段时间，有意见留下。不管意见多大。例如师大造反兵团，我们也欢迎他们提意见。听说有的小将要和我辩论，我万分欢迎，可惜我没有时间，因为我除了学习班工作外还有其他工作，你们可以把材料拿上来，我们准备把你们意见归纳一下，决不让你们把意见带回去。学习班是集体领导，属于学习班的问题，在学习班结束前，我们都要回答。对学习班有方向性的不同认识，也欢迎你们提。个别辩论没时间，但这是件好事，可以改进我们工作，对学习班有方向性不同意见，我们会毫不含糊地告诉你们。你们错了，我代表学习班作自我批评。我们有不同意见，提出来也供你们参考。事物发展过程就是有矛盾，分析矛盾，解决矛盾，这样水平就提高了。

我相信你们提意见，不管是方向性的或是具体的解决你们这些问题，总比解决你们两派的矛盾要好解决得多，我们解决不了，可以请老师，北京老师很多。你们也要对人民负责。我们过去走了一些弯路，欢迎你们提意见，各辅导员要听取小将意见。

第二种活思想就是少数院校对立情绪有所增大，我们要作耐心的思想工作，要组织他们学毛著，有少数学校有反复，有反复不要紧。开始这一点作得不好，对不起小将，不耐心，压人家，这是错误的。中央文革负责同志也批评了我。中央负责同志说，那天30多所院校不可能都发表意见，叫我回来给大家一些时间，让大家提意见，要认真总结，不要走回头路，正确的我们要坚持。

第三，有部分同志想回校。新成立革委会的可以回去二至三人，学习是为了把大专院校建立得更好。我们要千方百计把红色政权完善起来，谁对红色政权爱，我们就和他亲，谁对红色政权恨，我们就和他拼。政权来之不易啊！我们要认真爱护。要爱护她，支持她，帮助她，要发动广大师生。

不管第一批、第二批来的都成了尾声，什么时候结束，时间不便告诉你们，已经给中央写了报告。

现在社会上有些动荡现象，我们学习班不是闭门思过。对社会现象，好的不要批判，坏的要坚决抵制。要用毛泽东思想去抵制。

（又补充说：大家有意见，可以送到班部，这是对我们的最大爱护，你们生着气走了，我们也不高兴，我们要使你们高高兴兴地走。）

（载《北斗星简讯》第 69 期 68.3.12 增 1-3 版）

5. 中央首长听取大专院校红代会汇报时的插话

（1968.3.11）

出席会议首长：周总理、伯达、康生、江青、姚文元、谢副总理、吴法宪、叶群、汪东兴等同志

陈伯达：会议继续开。上次没讲过的讲，已经发过言的学校，不要再发言了。

民院抗大：民族学院是 1.29 实现大联合的，由于急于赶时间，联合后出现了不好的情况，逍遥派很多。

1.15 档案事件发生后，公安部某负责人有个讲话，后来这个讲话又收回去了。我们不理解这些。请谢副总理接见我们澄清事实。我们抗大公社有人对谢副总理有意见，有人提出要打倒谢富治。

抗大公社第一把手叫郑仲宾，是郑公盾的儿子，解放军进校后，就把郑仲宾定成反革命，但材料一直没有给我们，解放军保证说定郑仲宾是反革命，决不是谢富治和戚本禹搞的……。

总理：郑仲宾一家子都是坏人，你不知道吗？

（民院抗大又汇报说民院东方红是如何和洪涛、刘郢勾结的。）

总理：洪涛、刘郢是人家东方红自己抓出来的。

民院抗大：把郑仲宾扭送到卫戍区，有相当一部分人想不通，对军训团的做法不够理解，解放军有些不相信群众，不把材料交给群

众，群众大小思想问题都未解决，抗大的联战团提出军训犯了方向、路线错误，现在斗私也不好往下进行了。……大专院校毛泽东思想学习班，急于搞三结合，而不去做思想工作。我们认为必须打倒反党集团，就象彻底清除工作组流毒一样，才能教育受蒙蔽的群众。群众组织之间要斗私。

民院东方红：1.15事件的创造者洪涛、刘郢是反革命，郑仲宾也是反革命，他们都借1.15事件大做文章，以保护自己过关，以便挑动群众斗群众。

郑仲宾是一个现行反革命，他疯狂地炮打总理、伯达、康生、江青。我们认为抗大公社某些人在郑仲宾问题上是错误的，包庇他，帮他销毁一部分材料。在大联合中，郑仲宾的流毒并未肃清，这一段某些人谩骂解放军，侮辱解放军，说明民院斗争很激烈的。

我们认为军训团的大方向完全正确的。

（政法兵团、政法红旗、政法学院保卫无产阶级司令部联络站联合发言。当他们谈到政法学院革委会主任陈荣金炮打无产阶级司令部时）

陈伯达：不要多说了！

谢富治：不要多说了！

（当代表讲到陈荣金炮打康生同志时）

伯达：声音小一点！

总理：都知道了，不要提了！

江青：陈荣金都抓起来了吗？

伯达：（对兵团代表）不要多说了！

（当代表讲到，丁国钰压制他们，他们对谢富治有意见，他们不能接受政法学院革委会的领导时）

伯达：要谈新闻吗，不要谈老闻！谈新意见，要学会说话，不要啰嗦。

（当代表谈到丁国钰包庇政法公社一小批时）

伯达：要学会说话。

（广播学院"北京公社"代表发言，当他一站起来时）

江青：是你！记得那是我们解放了你，可是后来你当台长去了。

（邮电学院原"414"代表发言，当讲到他们去年私设电台时）

江青：邮电学院有电台我们要破获，谁支使的？

康生：你们邮电学院都不知道私设电台是犯法的！政治挂帅到哪里去了？！政治挂帅到哪里去了？！

江青：私设电台是非法的，这是破坏党纪国法的，我早就说过一定要破获，并且最近就要破获。各校都听着，凡是私设电台、偷听电话、安窃听器的都是现行反革命，都要抓起来。去年夏天批了两个文件，追到你们那里，我们知道好多地方有，电报大楼也有。

伯达：（对414）不要多说了！

化工红旗：（当讲到如果互相挑对方的毛病，坏人是永远也揪不出来的，这时"一月风暴"站起来阻止"红旗"代表发言）

江青：让他讲完嘛。

二外红卫兵：（讲到二外首都红卫兵团，借打倒陈毅来反对无产阶级司令部时）

总理：批判陈毅是对的，不要讲了嘛！

（代表再次汇报他们反总理时）

总理：事情过去了，还讲些什么？！

江青：二月逆流谭震林不要打倒吗？他们办了两个展览会，根本没有毛主席、林副主席。打倒他是对的。那个展览会我没有去过。

康生：我去过，据说那地方还卖刘少奇的黑书，我叫我的秘书买了一本。

总理：3-8月反二月逆流也是对的，谭震林一伙搞二月逆流，批判是对的。直到8月，5.16从"左"的方面来反对我们，都是炮打无产阶级司令部，都是资产阶级反动路线，你们应该讲你们自己的错误么。

大庆代表：二月逆流中我们是有错误的。

江青：你们一贯正确？你们对余秋里，不是一批二保，而是一贯地保。

总理：应该讲讲你们自己的错误，从二月份以后。

（大庆代表谈5.16问题）

江青：5.16是我们搞出来的，你们捞不到什么，我们搞5.16时你们还不知道睡到什么地方去了！

伯达：（对代表）好了！

江青：文化革命一年多快两年了，你们还是缺乏自我批评，特别是你，从头到尾一贯的保，你们是拥护二月逆流的一派。你们口头上拥护毛主席、林副主席，实际上要炮轰我们，你们轰吧！我们不怕！毛主席对余秋里提出要一批二保，你们就是保，你首先要做自我批评，否则我们不听，你们二月逆流就是要推翻无产阶级司令部，你们是红卫兵，该不该有革命的义愤，保的就是一贯不正确，不听。

伯达：一贯的不正确。

文元：他们是把矛头指向毛主席、林副主席。

谢富治：把矛头指向了一贯高举毛泽东思想伟大红旗的中央文革。

叶群：二月逆流就是炮打无产阶级司令部。

文元：我要他重复一遍，他不敢。

江青：二月逆流就是要否定无产阶级文化大革命，你连一点自我批评也没有，要是头头的话，就要群众帮助你，把我们的意见带回去。

叶群、吴法宪、谢富治、姚文元等首长同志异口同声地说：我同意，我同意。

北京公社代表：我们应该做自我批评，我们批余大方向应该肯定，但提出"不打倒余秋里，死不瞑目"的口号，有些形"左"实右。

江青：是形"左"实右。

（代表讲到大庆公社抄他们东西未退回去时）

总理：（对大庆代表）要把抄的东西退回去！

江青：对自己的人凶得死，不是自己人，我怀疑。

（当北医8.18揭发一问题时）

江青：……不要讲了，写材料来，有些人就好钻空子，捞不到什么稻草。

总理：凡是有关中央首长的材料，不能贴，不能传。谢副总理不是跟你们讲了吗？不要把中央首长的材料公布出去，否则就是变相炮打无产阶级司令部。

清华414代表请求发言。

伯达：你们不是"414必胜"吗？必胜还讲什么？

建工新八一代表发言。

江青问：刘少奇那个检查，应该给谁，应给老八一？还是给新八一？应给老八一（新八一：这件事，检查直接写给我们的，汪东兴同志曾接见过我们两派，让汪东兴同志说一说。）

汪东兴：当时我跟他们两派说，这个检查刘少奇应同时交给他们两派，可刘少奇在检查上只写了一个新八一。

江青：这是刘少奇钻了一个空子，新老八一应联合起来批判刘少奇。

最后会议结束时，江青对文艺院校说：他们搞黑戏、黑会，到全国去串联，这是决不允许的。

伯达：今天会议到这里结束。

会议休息和散会时向首长请示时的指示。

（关于中办问题向汪东兴同志承认错误。）

汪东兴：很好嘛！你们打报告来！（给其他首长讲）

叶群：斗争谭震林很好嘛！你们把报告交给汪东兴就好了！要给其他首长反映。

周总理：只有你们有材料，可以批斗嘛！

（问：有右的势力，抓住秦化龙的问题大做文章，企图否认革命造反派，为二月逆流翻案。）

周总理：我都公开讲过多次了，秦化龙是你们揪出来的嘛！这与谭震林是两面派是两回事嘛！你们批斗谭震林，打报告吧！（总理很高兴。）

（载《北斗星简讯》第70期 1968.3.13 第1-4版）

6. 李钟奇在学习班各校解放军负责人、各革命群众组织负责人会议上的讲话（3.11）

今天开会主要是传达上级首长的精神。上星期六开会之后，我向中央首长汇报了学习班的情况。中央首长要求，一定要善始善终把学习班搞好，一定要搞好。根据上星期六讲的问题，已经建立革委会的要作些什么，怎么作？没有建立革委会的，要开展大批判、大揭发，要继续深入下去，这个阶段是我们整个学习班最主要的阶段，通过这个阶段来解决我们的实际问题，不要被时间所限制。成立革委会主要的是掌好权、用好权的问题。没有成立革委会的，我再强调一下，精神还是上星期六讲的，要搞大批判，大揭发、查危害、追根源，深入下去。为了把问题搞深搞透，要增加三个文件①主席的光辉著作"矛盾论"的有关章节 ②实践论的有关章节，根据我们学习班的实际情况，有针对性、同时看到大专院校有共同的问题。中央文革负责人交待要把这些文章的章节交给学习班，根据实际情况，有针对性的学习一下。第三个是林副主席"八·九"讲话，这是中央文革指定我们学习的三个文件，如何摆法，我看绝对不要分开。

中央首长有决心办好这次学习班，要认真总结前一阶段的学习，哪些地方对的要总结，哪些地方有错误要改正。要边学、边改、边提高，为以后大专院校开办学习班提供经验，避免走弯路，少走弯路。

现在有三种情况，第一种情况，要搞大批判，要挖根源，要提到两条路线斗争来认识，既要解决人民内部矛盾，也要解决敌我矛盾，要继续搞下去，要搞深搞透。第二种情况，少数院校，还没有共同基础，没有解决问题，要找找原因，我们也要征求意见。第三种情况，已经建立了红色政权，解决了一些问题，怎么办？比如北航、地质、矿院，也要彻底解决，也希望你们提出意见来。

今天谈第一个问题，就是要把学习班搞到底，这是中央的决心。第二个问题，为了贯彻第一个问题，我们提出如下意见：首先要坐下来，要分别对待三种情况，针对性的解决以上问题。其次，训练班有不同意见这是很正常的，如何解决，要根据中央首长的指示，要增强稳定性，减少不必要的干扰。但总的精神要从思想上、认识上解决问题，比如训练班的方向问题，有不同看法，首长要考虑的，方向、方针如何在有限的时间内，以主席的最高指示为指针，如何批判派性，通过思想革命化，解决大联合、三结合的问题，我们对学习班的设想对不对？可以请同志们提出来。我们原先考虑，先解决思想武器，消除派性，资产阶级、小资产阶级派性属于两条路线斗争的范围，但是属于人民内部矛盾，这个和两个阶级、两条道路、两条路线斗争有本质的区别。那个是整个阶级斗争，有敌我矛盾、人民内部矛盾，主要的是敌我矛盾。这个矛盾在任何时候都是主要的敌人。因此说：阶级斗争是贯穿有阶级、阶级斗争存在的社会中，尤其是贯穿在文化大革命的过程中，特别是在无产阶级文化大革命取得全面胜利时，体现得更为尖锐、更为复杂。

我们是这样考虑的，在分清敌我基础上先解决人民内部矛盾，对不对！同志们可以批判。解决人民内部矛盾，批判资产阶级、小资产阶级派性，并不是放弃两条路线斗争。今天看来，我们抓批判资产阶级小资产阶级派性，在掌握大前提的方面不够，在解决人民内部矛盾的基础上，在大批判、大揭发、查危害、挖根源，再上到两条路线斗争上，什么原因使我们打内战，什么原因使我们长期分裂，什么原因使我们干扰了毛主席伟大战略部署，什么原因呢？不外乎三类：顽固不化的走资派起到什么作用？刘邓陶和他们的遗毒起到什么作用？我们单位的走资派起到什么作用？坏人、黑手起到什么作用？我们掌握了毛泽东思想，用主席的立场、观点、方法，也就是用阶级分析的立场、观点、方法去分析那些是黑手、坏人，还有不属于走资派的坏人，受社会上思潮的影响。

我们这样考虑是贯彻主席团结起来共同对敌的指示，先团结起来，再去查危害揪坏人，这样一个月、两个月、三个月的问题就解决了。

我们以两条路线斗争为纲，先抓人民内部矛盾，为什么在第一阶段不提抓黑手，因为考虑到毛泽东思想没扎根，在有派性的情况下，我揪你的黑手，你揪我的黑手，不能解决问题，这是我的设想，不对可以批判。

两大派的观点，你们可以提出你们的观点，我们不希望你们在这里争论不休，有没有天地派，不能现在没有了，没有了我就喊毛主席万岁，是毛泽东思想把你们统一起来了。

第三个问题：本着贯彻执行主席最新指示，我有这个态度，错误的东西我有勇气改正，正确的东西我有勇气坚持，我们解放军是阶级斗争的工具，一直到阶级斗争消灭为止，我们永远是阶级斗争的工具，我们永远为人民服务。

我的话完了，有错误，有缺点可以请大家批评。

（载《北斗星简讯》第70期 1968.3.13 第5-6版）

第三辑　书信往来

一、孙蓬一、柴树园夫妇之间的通信

孙蓬一给柴树园的信（1977.4.16）

树园：

送来的两本书和金梁的留条，于三月二十六日收到；金梁三月二十八日的信次日就收到了。望转告。

请给我送点东西来：

单鞋一双

拖鞋一双

大茶缸一个

搽手油一盒

枕巾一条

辞海一部

药皂一条

牙膏一筒

稿纸两本

信封两扎

四分邮票五张

大包袱皮一块

我很好，勿念。问全家好！

蓬一　1977.4.16

柴树园给孙蓬一的信（1979.1.28）

蓬一亲爱的：时逢佳节倍思亲，妻子想念狱中人。
　　　　　　团圆那知相思苦。望眼欲穿盼亲人。

今天是年初一，家中没有吃饺子，因为不知道你是否能吃上饺子？非常想念，那怕是只字片语。

鸿雁已南飞，谁知几时归？但愿春早到，能把信儿捎。

亲爱的：中央纪律检查委员会成立了，而且召开了首次全体会议，太好了，真是太好了！我和孩子高兴的一起跳。粉碎四人帮以后的今天，更加证明我们伟大的中国共产党，是光荣的党，是伟大的党，是正确的党，是久经锻炼的党。我们不是只见宋朝的包公，而是我们老一辈的无产阶级革命家，真正的襟怀坦白，位位都胜过包公。所以，我们有百倍的信心，以华主席为首的党中央一定会把一切问题澄清，绝不能黄瓜萝卜一块数。是跟着干，还是对着干，鱼目焉能混珠？是非曲直自有公断。我们在四人帮的迫害下，你曾盼望为党多作点工作，那是办不到的。在粉碎四人帮后的今天，以华主席为首的党中央在新的历史时期，我们正在大步向前，进行新的长征。在你的有生的余年里，多做一点工作的日子会更早的到来。

让我们共同高呼，伟大的中国共产党万岁！万万岁！

你的妻　79.1.28夜

柴树园给孙蓬一的信（1979.5.17）

亲爱的蓬一：你4月16日的明信片，我是5月12日收到的，指定16号上午送到。

你一定因为我没有给你送去稿纸、信封、邮票、拖鞋等而烦恼。你错怪了我，不是妻子不让你申诉，不让你学习，我两次送去都被退回，告诉："狱中不收这些东西。"我又奈何？

我们都是人民和党抚育成长起来的娃娃兵。我们永远要把党的利益，人民的利益放在第一位。这也是你经常教导我和孩子的一句话。

在粉碎四人帮以后的今天，我们党的任务更加繁重，有多少国内外大事要作啊！可能一时还顾不上你，我们个人受些委屈又算得了什么？好好学习吧，总结教训。相信群众，相信党。有久经考验的老一辈无产阶级革命家掌权，一切问题都会搞清楚的。都会得到公正的处理。我们党的政策是绝不冤枉一个好人！

望夫莫气莫心烦，
不是妻子不相怜！
妻知你的脚薜重，
奈何狱规不容宽。
稿纸信封都退回，
邮票也不留半片。
织女欲见牛郎面，
隔水容易隔墙难。

妻　79年5月17日夜

二、孙蓬一的姐姐给柴树园的信

79.5.19 的来信

树园：

　　来信早已收见。

　　五一那天我给半步桥寄了信。主要内容是通过我看了《上饶集中营》后的感想，说明我们所取得的每一胜利，都是无数先烈用血换来的，希望他不要忘记过去，不要忘记我们苦难家史，不要忘记个人的成长过程，不要忘本。另外，让他认真思考自己的问题，积极协助工作人员提供调查线索等等。我想，如果那些人确系通情达理者，就应该把信交给本人，否则就说明他们害怕真理。

　　金梁最近要去北京，还有什么需要写的，可让他写。

　　胡宗式今天给我来信了。现寄给你。我的意见有些情况应写信我问他，搞准确了再写。他对一些情况是比较清楚的。我准备给他写回信。

姐姐　5.19

79.8.22 的来信

树园：

　　我于前天返银川。你寄往兰州和银川的信我都收到了。从你们介绍的情况看，亲人的冤案仍无出头之日，实在令人气愤。难道国家制定的那些法律条文仅是一纸空文吗？使人不能理解。你们去北大我认为不会起多大作用，只能是跑腿加受气，还是要设法去找那些制定政策的有关部门，要求他们用法律条文解答问题。这样才能使我们心中有数。去北大只能看他们执行政策所持的态度，他们的既定方针是不会轻易改变的。

我现在最担心的是，蓬一在狱中是否能按时看到报纸。如果这份精神食粮不予剥夺，那对他是极大的安慰。另外，肉体上是否会受到摧残？我真担心折磨张志新同志的刽子手类的人物至今仍有残留。你应去半步桥要求他们介绍蓬一当前身体健康状况。至于冤案何日能于昭雪，我看这不是小人物所能决定的。建议你好好注意身体，把老人和孩子照顾好。好好学习，使自己的思想能够认清形势，跟上形势。

金梁的事情办的怎样了，何时回去？希望他离京前给我写信。信寄到兰州即可。

我的工作已敲定在兰空政治部内印刷所。调令已经发出，尚未收到。估计我们九月中旬左右即可搬家。在此期间有信不要寄银川了，以免丢失。

另：小民的工作已调空军，分配在兰空医院，就在兰州市，她月底去报到。

问伯母和小继好。

姐姐　79.8.22

三、柴大姐给胡宗式的信

宗式同志：来信收到。下边是哥哥的信（这封信是我新寄信一封，他的回信）：

一元复始的书已于十四日收到。读后感慨万千，"礼尚往来"，先步后尘奉和一首：

季序轮回又逢春，铁窗内外相思新，
彼此心儿早互换，不问也知念多深。
常因家事牵肠肚，更为国事操碎心，
此乃匹夫心里话，切莫误认自贴金！
天涯烟波清滴汇，微力聚可转乾坤。
喜读三中全会报，激情难禁泪纷纷。
彭总沉冤终昭雪，假仍是假真还真！
是非功过群众断，唯有实践是标准。
有生之人谁无死，定效彭帅学做人。
民主才是法之母，法是民主保护神。
人民法前皆平等，不得高低上下分。
红色海瑞大堂坐，何愁正义无处伸。
无知难免会盲从，愚昧必然要迷信。
只从科学为正道，独奉真理为至尊。
永循科学民主路，四化早遂无疑问。
坐牢考验经得住，所急年龄不饶人。
跷候鸿雁早北返，能为我们传佳音，
健魄善魂绝不谢，为党为国争秒分。
敢向亲人"下战表"，竞赛看谁能冠军！
仅图表意不怕拙，权将瞎哼当诗吟。

从除夕到初二，我们也改善伙食，纯面馒头，顿顿有肉。吃饺子当然谈不上，不过也该知足了。

记得当年刚出国赴朝"身在异乡为异客"不久就适逢万象更新的佳节，尽管硝烟弥漫的战地缺少炊具，我们却用棒槌充擀面杖，提筐当笊篱，榻衣木代面板，坚持包吃了饺子，因为这是民族传统呀！家中春节时竟没吃饺子，实在不该！这种同甘共苦，其效果是南辕北辙的，务望以后勿再！我确实一切都好，时下可以敞开肚皮吃饭，我的体质大有增强，近来一次可以连续俯卧撑120下，脚癣治疗颇见成效。人云我胖了，我自己也觉得体重增加了。学习效率也提高了，脑子在读书时能较长时间地保持清晰状态。《马恩选集》第三卷快通读完了。凡此种种，都说明我更结实了。

我的生活还是井然有序，丰富多彩的，亲人们万万不必担心。我们国家从中央到地方，无产阶级的红色"包公""海瑞"是比比皆是的，我们这里也是不乏其人的。我一定可以像亲人们瞩望的那样，正确的对待考验，信心百倍地准备迎接乐观的明天。

小继一定要真正做党的好孩子！炼身体，学知识，迅速健康地成长，我向你挑战，敢和我比比吗？

问妈妈和一切亲人好！

79年2月20日

李东民已出狱，始知他们是吃不饱的，李的问题尚未做最后的结论。李是79年1月被捕。

不知我姐姐最近是否有信给你？因为她们的工作已决定调兰空，她前一阶段去兰，联系工作问题未在家，最近才回来，大概在8月底9月初可能搬家。我已寄过二份申诉材料，不知姐姐是否把底稿寄给你？只是已寄出三个多月未见回音。当然根据我国宪法及五届人大第二次会议精神，我的信心更足，斗志更旺，我相信历史将宣判他无罪。只是我总觉得无从下手，深浅皆不是，感情上的问题总是摆脱不开！

学校对他们增加的罪我记得曾给小珉寄过一份，不知你是否看到？

　　我是前言不搭后语的写了一堆，但愿它平安到达。

　　小张是否回去了，祝她一切都好！

姐姐
79 年 7 月 24 夜

四、李东民给柴树园的信

大嫂：

　　您好！我是一个没见面，但您并不生疏的人。

　　我前两天见到老孙，他还好，知道家中惦念，有些话托我告诉您们。我是五月十五日下午 5：00 回到家的。几天来一直很忙，没能及时告诉您一个信，暂时也去不了您家，虽然我很想去。您见信后如能来找我最好。我家地址：东单苏州胡同 101 号七栋二楼三单元。我一般经常在家，您来吧，见面再说。

　　祝好！

李东民
一九七九年五月二十一日

五、刘冲给柴树园的信

1978.5.2 来信

老柴：

　　来信收到了。我反复考虑了这个问题。接淑君信后，我与同学们询问当时情况，尽力回忆这些问题。你是了解我的，我也是了解你及老孙的。我想，老孙是保卫周总理的，是同反对周总理的人进行过无情的斗争的，也是同谢富治那些人、王关戚之流进行过斗争的，并且，这一斗争，是人们共识，即使那些闭着眼睛不看现实的人，也不得不承认老孙干过这些事。这些事，想当初，他们是作为罪状安到老孙头上的。他们曾把老孙反谢富治、反王关戚、保总理、老帅们，当作罪状，攻击过他。

　　实际情况，我当然记得。另一方面，确实在好长一段时间内，我未参与公社总部的活动，一些具体问题，我不了解。他们，卢平、沈永友等人当头头的好长一段时间，我未参与总部活动。所以，仅仅凭我了解的情况，是有限的。我需要从有关同志那里了解一些情况，才能拿出确凿的证据。

　　我给淑君的回信，仅是说明那一些情况，即：我确实未参与那个声明的起草，具体东西我没有提供。但是，我想了一个办法！就是找当时有关同志询问。从他那里，我得到了确实的证明材料。我在此信中，将详细写明情况，以作例证（另一信附后）。淑君见我的信上未有确定的证明材料，可能想到我应该提供材料，而未提供，是不是有别的考虑。看来，这是误会了。请你加以解释。

　　下面，另写一信，证明以上问题。

　　并且，我将尽力提供证据，不管什么人什么时候找到我，也只能从我这里找到证明老孙是保卫周总理的材料的。

　　至于讲出庭作证，我想，我们国家当前未必允许这样做。

我很想尽快见到你的申述材料！！！

我们从下星期开始半天工作，半天传达中央会议精神。从工作上，我还是比较忙的，我非常想有机会见到你，现在一时不太可能进京，如有机会，我将尽力争取机会去看你。

望来信详细讲讲有关情况以及你写的材料及准备斗争情况。

祝安好！

刘冲 78.5.2

接此信，即刻复我一信，切切！

1979. 2.27 来信

老柴：

您好！一直等您寄来申诉材料，未见。我于 27 日到保定出差，主要是考察了解几个大学的干部情况。可能需十天左右回石家庄。

关于过去的斗争，我一直想您的材料。但有一条是明确的，我们是保卫周总理，保卫老师他们的，由此，被他们打为"二流派"。现在他们颠倒黑白，栽赃陷害，欲置拥护周总理的人们于死地，这是一个新的冤案。谢富治是他们的前台指挥，老孙为代表的反对谢富治的斗争，是早已众所周知的，为什么想当年与谢富治斗争的英雄，竟然在谢富治受历史的审判的时候，却又受到不应当的对待？！

这些道理，我想只要不是神经失常的人民群众的一份子，都是应该懂得的。

望来信。希望在我回石家庄市时，能见到您的材料。

刘冲 2.27

1979.5.2 来信

老柴：

打倒"四人帮"，我们是多么高兴，当时以至现在、将来是难以用语言来形容的。通过十年的斗争实践，我们逐步认识到林彪、"四人帮"是一伙祸国殃民的家伙，是一伙封建法西斯专制魔王。他们危害了国家、危害了党、危害了广大干部、群众。十年来，他们打着毛主席的旗号，干尽了坏事。他们欺骗过广大干部、群众，甚至也欺骗过毛主席。十年来的经验教训，是要科学地进行认真总结。既要充分地认识林彪、"四人帮"的破坏，又要科学地总结我们党、国家十年来的经验教训。那种以为仅仅找一些作为替罪羊的靶子，打一下就可以了事的的做法、想法，是有害的，是不得人心的，是不能说服人的。对于"四人帮"及其骨干那种犯罪分子、反革命分子，是必须要惩处的，必须判罪的，不打击他们，是不足以平民愤的。但，这在全国，是一小撮。要从全国人民、从长远着眼，总结十年以至二十年来的经验教训，严格区别和正确处理两类不同性质的矛盾。

老孙，据我接触和了解的情况——至于不了解的，那当然除外——他是保卫周总理的，是同反对周总理的人进行过斗争的。这可以从调查"湘江风雷"反总理的罪恶活动，而后写给周总理、邓大姐的信中证明。他是保李富春及老帅们的，这可在当时他和新北大公社的活动中得到证明——我记起这样一件事：正当林彪一伙以反击"二月逆流"为名妄图打倒周总理、李富春等一大批老一辈无产阶级革命家时，老孙和公社人们交换意见后，发表了这样的声明：我们新北大公社于67年3月17日发表严正声明，指出，必须严格区分是无产阶级司令部还是资产阶级司令部，对无产阶级司令部，我们就是要保，一保到底！周总理是坚定的无产阶级革命家，谁反对周总理，就打倒谁！李富春同志是无产阶级司令部的人，谁炮打李富春，谁就是炮打无产阶级司令部！公社命令，新北大公社社员一律不许参加炮打周总理、李富春副总理的反动逆流。违令者，以炮打无产阶级司令部、破坏无产阶级文化大革命论处。我们当时看到炮打周总理、李富春、陈毅等无产阶级革命家这股反革命逆流是从王关戚、林杰、吴传启、刘郢、洪涛那里来的，我们同他们进行了坚决的、无情的斗争——老孙反对王关戚，反对谢富治，这在当时，是人所共知的，当时的一些人，不是把这当过罪名攻击过他吗？！我还记得，在全国搞什么"批邓反击右倾翻案风运动"时，老孙曾在信中明确表示，文革初期，我们曾经喊过批判刘邓路线的口号（在当时，全国人民中，又有几人未喊过批判刘邓路线这一口号呢？！）可现在，我们要保卫邓小平同志，不能参与批邓的活动。这一点，当时的人们，会有些人记得吧！？

我们在67年，不是被骂做"二流派"吗？！那时，我们保总理，保李富春、陈毅等老一辈无产阶级革命家，因此，被骂做"二流派"。难道有记忆力的人，能够忘记这一历史事实吗！？

我们也做过一些蠢事，上过当，受过骗，可是，十年文化大革命，又有多少人没有上过当，没有受过骗呢？比如，想当时，全中国人民中，哪一个人没有喊过"打倒刘邓陶"的口号，哪一个人没有讲过祝林彪"永远健康！"这不是都上过当，受过骗吗？至于错误地攻击老干部，这在全国各地也是普遍存在的，过去也存在过。比如彭德怀同志名誉不也才恢复了吗？——能不能拿这些去定全国人民的罪呢？显然不能，而且绝对不能，因为这是林彪、"四人帮"的罪。那么，用这些定老孙的罪就合理吗？公平吗？

对"四人帮"及其骨干，对犯有各种反革命罪行的反革命分子等等，必须定罪的，必须法办的。但是，必须严格区分两类不同性质的矛盾。

文化大革命是全国人民都参加了的，毛主席、周总理领导过，林彪、"四人帮"破坏过，全国的当权的领导干部都程度不同的受过冲击，全国人民都以不同形式参与了这场斗争。究竟如何处理这场斗争遗留下来的问题，特别是对当时群众中出现的一些带头人的问题应如何处理，绝不能离开当时的时间、地点、条件。而且事情是发展变化的。谁不知道当初喊过"打倒刘邓陶"口号的人，后来又是怎样不惧艰险地参加了"四五运动"去同"四人帮"斗争，去保卫邓小平同志。老孙也曾经欢喜若狂地参加了"四五运动"。当前，党中央强调落实政策，强调安定团结、调动一切积极因素为实现四个现代化而努力奋斗，在这新形势下，处理像老孙这样的问题，我相信党中央是会按着全国人民的利益、实事求是地、合情合理地予以妥善解决的。

对于台湾当局，我们党中央尚且采取与之重开和平谈判，争取早日回归祖国；对于达赖喇嘛也在欢迎他返回祖国；对于农村地富反坏右分子可以按条件摘帽子；对国民党战俘都已释放；对于一切冤假错案尚在继续昭雪，平反、纠正；……我想，总不会把这些文化革命中的一些并非"四人帮"的骨干,并曾经保卫过周总理的人长期关押吧!

  以上,只是就我所知道的老孙的情况,发些议论。这样的议论,如果认为是非法的,我想是不应该的。

刘冲　79.5.2

六、丁建华给柴树园的信

尊敬的柴大姐：

首先我向你致以最诚挚，最衷心的问候。

老孙是无罪的。他对党、对人民耿耿忠心，对四人帮深刻仇恨、对华主席为首的党中央衷心拥护，对毛主席、周总理等老一辈无产阶级革命家衷心爱戴。凡是一切了解他的人，都是十分清楚的。所以，一切诬陷不实之词都是站不住脚的。要相信以华主席为首的党中央一定能最终解决老孙冤案的。

你的不幸也是一切革命者的不幸。值此之际，我希望你更勇敢，更坚强！小继要努力学习，要做毛主席、周总理、华主席的好学生，好孩子。长大了要做一个像爸爸那样的革命者，为祖国的四个现代化作出贡献。

如果条件允许，我将为老孙辩护。

见到老孙时，请一定代我问候。

致　敬礼

建华

谁胆敢扣留我这封信，谁就是害怕真理的胆小鬼，谁就是公然侵犯宪法的鼠窃狗偷之辈！

七、孙蓬一的外甥给柴树园的信

舅母：

您好！近来身体好吗，小继弟弟和姥姥也好吧。

我注意到北京市近来的民主运动和当前加强法制的宣传，这对于舅舅他们太有利了，不知您近来有什么行动。

我拟写信向最高法院和最高检察院提出申诉，请你抽时间将北大党委对于孙的决定的全文及北京市公安局逮捕证签发的全文抄录给我。

按照宪法，公民不经检察院批准不受逮捕！只有人民法院才有权给人定罪。而这是只经北大党委一个"建议"，公安局就按"现行反革命"捕人，捕后半年还不公开审判，等于长期关押，完全剥夺了一个党员向党的上级机关申诉，和一个公民向人民检察机关申诉的基本权力，这是对法律和人权的严重践踏。

所以，我认为现在应不断提出申诉，而且应该直接向最高机关申诉。请您尽快地向我提供所需材料。

等您的回信。

外甥： 国英

一九七八年十二月十五日

八、小妹与孙蓬一亲属之间的通信

78.5.17 孙蓬一姐姐给小妹的信

小妹：

对你早已久闻，但百闻不如一见。此次赴京，相处时间虽然很短，但你的热情与友谊，给我留下的印象是极为深刻的。尤其在这种情况下，更使我深受感动！我确实感到，你真正是我们的小妹，且胜过小妹！客气会冲淡我们的友谊，我说的是实话。

我回来以后就着手整理孙蓬一的来信。现就已保存的选出几封，摘录了其中的主要内容。但太多了，我很担心即使投寄出去，也恐无人过目。现寄给你先看看，要否给二弟看看？你酌情而定。如何寄出？寄给谁？也只好请你定了。你也可以经过筛选。我担心究竟有无价值？不过，我们也只能作这点工作。

你的身体怎样？我劝你去医院好好检查一下，勿大意。枸杞你可以用来泡面，可每日定时定量吃几颗，时间久了可能有点效果。若有效，我可以继续给你寄。

代问你姐姐好！

姐姐　79.5.17

78.5.28 柴树园给小妹的信

小妹：

天灾人祸一齐袭来。26日中午下班的路上，被汽车把腿（右小腿腓骨）撞折了，左前臂，左大腿都受了伤，头部前额已成了三只眼的杨二郎。身体虽然多处受伤，但是意识尚清醒。因怕我母亲及孩子再遭不幸，我没有住院。我顽强的回了家。

今天精神尚好，忍着点痛尚能写信。我亲爱的同志，我就写这些吧！因为短时间我不会进城了，怕你不放心，还是告诉你为好。

问候同志们！

此致 敬礼

树园　78年5月28日夜

小妹78.11.19给柴树园的信

大姐：

　　来信收到了。关于丢失的那封信不必去管它了。我想第一可能你把地址没写清楚，不知寄到什么地方压着呢。第二也有可能被别人截了，不过这种可能性很小，这种情况只有在四人帮统治时期才有可能。今天以华主席为首的党中央粉碎了四人帮，邓副主席以及其他领导同志，如报刊杂志都一再强调加强民主与法制，不会有偷拆私人信件的事情发生，如果真有，我想一定会受到法律的制裁的，因为这是违反宪法的。

　　信丢失了没有关系，你不要怕连累我，实践是检验真理的唯一标准，这一检验过程，不是一时一事，是要靠长时间的历史过程。关于老孙，受四人帮及其爪牙迫害达八年之久，北大的广大革命师生都是见证人，只不过是现在他们不敢说。因为四人帮的余毒还远远没有肃清，心有余悸。关于老孙热爱周总理，坚定地拥护邓副主席这一点，我随时可以给他作证。我永远也不会忘记76年清明节后我受审查期间老孙对我的精神鼓舞与支持，特别是在我暂时出狱（放长线，钓大鱼）的危险时刻，你们全家与我一起在公园度过的夜晚。他对总理忠诚与热爱对我教育极其深刻。在万恶的四人帮被揪出之后，在我们欢庆这一伟大变革的时期，却把他当作四人帮的什么干将抓起来了。这件事使我们从万分高兴中深静下来，开始思考，这说明了什么？我想这说明揭批四人帮的运动是长期的，深刻的，不是把四害扫除了就完事大吉了。一方面要从组织上清除四人帮的余党，另一方面还要在思想上、作风上、制度上彻底变革才行。当前的真理检验标准问题的辩论，就是运动的进一步深刻化。但是这距离实践上解决问题还应该相当远，相当远。所以，今天出现的老孙的冤案是不足奇怪的。这毕竟是个人的少数人的现象。这件事比起当前工农业战线上出现的大好形势，尤其是北京新市委在这么短的时间内，就做出了为天安门事件平反以及关心群众生活等大事决策来说是微小得多了。我相信，只要老一辈无产阶级革命家健在，老孙的问题定有一天会正确解决的，因为这些干部他们在文化大革命中也受到了冤枉、错判、批斗、关押的遭遇。所以他们更加会体查这种冤案的。请大姐宽心些，信还是可以写，可以写给邓副主席、胡耀邦部长，也可写给林乎加书记。写好后，来信，我去你那里，免得丢失。

我现在有时间。我每天加班到很晚，一方面是因为工作想搞得好些，一方面也是为躲开北广的纠缠。北广老是找我，让我搬走，而我厂又实在给不出房子，我厂领导不让我搬，让我就这样住下去。我因为天天加班，星期天也加，这样我的倒休时间就长了，什么时间想倒休均可。

小继要的小布头奇遇记买到了，我去时给他带去。还要什么书，让他再开个单子。

关于去东北办户口的事，能去就去吧。只是你一人不行，可让鸿钧同你去。老孙的户口一定别消。因为我们不接受他们的决定，他们这样做是错误的，你消了，就等于你接受他们的处置了。

信就写到这里吧，天气冷了，望姥姥注意身体，不要操劳太重。祝全家安好

小妹　一九七八年十一月十九日

1979.1.14 柴树园给小妹的信

小妹：

亲爱的好妹妹，千万别生气。我们买了东西就是为了用。这黑色的毛线是放不住的，你是知道什么时候买的。难道现在还不是用的时候吗？同志们病了我是十分心痛的，千万收下，给我一点安慰吧！否则我的心是会碎了的。我一次买了6斤，家中还有，你千万别把我当外人看，否则，我将永远合不上眼睛啊！

我想清明节给总理献鲜花，你看如何？学校不是有所收敛，而是

暗地里下手，继续往市委报材料，还想搞一批所谓的打砸抢者，完全是一派在搞另一派。这就是笑脸后面的活动。那天上台发言的是任宁芬。

亲爱的朋友：千万注意身体，年轻力壮，才能为祖国做更多的贡献。千万注意！

问候所有的同志们

树园　79.1.14

1979.8.2 柴树园给刘淑君的信

亲爱的淑君：

每当我想起你，每月都要借债的日子，我就惴惴不安，非常难过。请你不要多心。这一百元钱是电视机钱。当然按价格是不够的，我暂时先给你这一点，以后再给你。亲爱的小妹，你是我们的好妹妹。这一点钱你先收着，千万不要往回寄。花邮费钱是不上算的。我渴望长一级，大概有些希望，当然现在还没有批下来。所以，我欠的债是可以还清的，请放心。我们之间不必算细账，算细了我是还不清的。我亲爱的人儿，紧紧的拥抱你。

问鸿钧好！

你们的姐姐　树园　8.2

79.10.9 柴树园给小妹的信

亲爱的小妹：

我8日去过半步桥送衣服。也去过传达室要求探视都被拒绝了。范同志说：审查期间一律不能见。市委成立了专案组，很多人都在搞这件事，上下左右关系都要搞清楚。学校说，北大参加市委搞五大领袖专案的人是陆嘉禹和陈志尚（还是四人帮时期搞聂孙专案的人）另外，听我院一个局长的女儿说：四人帮就要处理了，判刑后再向群众公布，怕泄密，不公开审判。

小妹：我曾给你打过电话，听说孩子病了，我又给托儿所打电话，也没有找到你,不知孩子病情,十分想念!是感冒?还是肺炎?千万别耽误了!还是七月一日病情的延续吧?令人不安!

问全家好!

姐姐　79.10.9夜

80.1.17 柴树园给小妹的信

亲爱的小妹:

亚洲于 16 号来过。我看到了亲人,分外的高兴。我母亲的病情也比以前好多了,但是,仍不能起床。小继已经完全好了,目前正在应付考试。我的担子已经轻的多了。

今晚,陈、张二位老师来了。他们说学校动静不大,上边仍然在搞四人帮的 108 将问题。"五大领袖"+孙都归市委管,看来也许要拖到 5、6 月份。原来上边精神是在三月底结束,但事实上做不到。他们这些人不归现在法律程序管,算积案,所以不受法律约束。上边的意见也是两派,一派意见是只搞四人帮问题,一派是除恶务尽。纪委归胡耀邦、张福寿管和处理。刑法归高检院处理。没有新的情况,不必去学校了。小丁同志可能又来了。你事情多,身体不好。我也真怕把你给累坏了。要是星期日有空,可以去郑处聊一聊,离你还近一点,你看如何?替我道歉!详细情况张老师都知道。

此致

紧握你的手

姐　80.1.17

九、胡宗式给孙蓬一亲属的信

77.10.10 给柴树园的信

大姐：你好！

来信收到了。下面把"与许维纲谈话纪要"的事向你谈一下：

67年6月5日陈伯达的讲话，给我们扣了三项大帽子，这样把校内搞乱，社会上的变化也很厉害，动态组也一分为二了。到了中旬，我让刘志菊到机械学院去找许维纲，向他了解一下他对当前社会斗争的看法。此人是机械学院东方红的成员，是当时红代会东郊联络站的站长，并曾是湘江风雷北京支队的成员，认识的人很多，活动面广，他的观点是有代表性的，他的观点和我们是对立的。由于在67年1月军内两派斗争（一筹，二筹）问题上，和我们同支持二筹，所以认识了。从个人关系上说，在一起还能心平气和地谈。刘志菊回来后，我和她将这次谈话的内容整理了一下，写成"与许维纲谈话纪要"上报中央（总理、陈伯达、康生、江青）。我们自己留有四份：校文革两份（聂孙一份，姜同光一份），公社及存档各一份。我们手中的四份，早已不知去向。

文件的开头，是介绍许维纲本人的身份，然后是对话的内容。

刘问："你对当前社会斗争怎样看？"

许答："当前北京的这场复杂斗争，反映了新文革与旧政府的矛盾。在这一场斗争中，这一次你们北大站错了队，你们站在了总理的一边。"

刘问："师大的后台是林杰吗？"

许答："不是，是比林杰大得多的林，……你们是反林保周。……"

文件的结尾是："我们认为许的观点并不是他一个人的观点，而是社会上一批势力的观点。" 北大动态报。

文件是复写的，用复写的薄的美浓纸十六开，两张。

我想上报的四份，原文应在，必要时让有关部门查找原文。我们站在哪一边，空口无凭，有文为证。新文革和旧政府的提法，我们在他那里是首次见。过了不久，从学部的人那里听到同样的看法，但说法上没有超过许，就没有整理。

我的印象中，对立派的文章中没有比这个清楚地、本质地反映当时斗争的实质和我们的立场的。

许现在天水的某单位，刘志菊在贵阳标准件厂。74 年我曾给她去了一信，但她没有回信，近况也不知了。

宗式　77.10.10

79.5.13 给孙韧之（孙蓬一的姐姐）的信

韧之同志：

来信收到了。对老孙的处境我是很关心、很同情。他被捕一年多了，不起诉、不审判，这本身就说明案子进展不大，也可以说是没进展。

在文化革命中，我们一起战斗，在保卫周总理、反对王关戚和谢富治等的斗争中结下友谊。请转告柴大姐，如果需要我这什么材料，我可以提供，需要出庭作证也可以。

申诉书提到的"007 密令问题"，北大最早接触到这事的人是我，情况在 77 年告诉老孙了。申诉书中提到的那件事，发生在什么时候？因为为支持长高司、批判"湘江风雷"反总理，在 67 年 6、7、8 月时，学校曾对"007 密令"问题作过调查。这次调查的目的是十分清楚的。

关于抓叛徒问题，67 年 4 月 14 日在大会堂中央首长接见红代会批评北大反谢的那一次，康生给聂元梓一个条子，大意是"聂元梓同志把抓叛徒的事抓一下"。后来成立第二战斗队，专门抓叛徒，和反总理毫无关系。再有是总理给北大一个条子（时间不知）让北大调查一下二机部某人的叛徒问题。除隐患战斗队用这个条子调查了吴传启的材料。目的是为了反王关。

关于樊立勤的那一段，我了解的是：工作组时期，他不是红人也不是打击的对象，66年7月22日天安门前召开援越抗美大会没让他去，那天江青等来北大，他正好赶上，听了江青的讲话。好像是没有个别召见他。

关键的问题是保周总理、反对王关戚，一定要把这个问题阐述得十分明确、清楚。

我看此案短时间内解决不了。有什么新情况，望告诉我。

祝好！

胡宗式　79.5.13

79.8.25 给柴树园的信

大姐：你好！

两次来信均已收到，勿念。第一份申诉书是很久以前由你姐转给我的，我作了回信。最近没有接到银川的来信。

从来信中可以看到，学校马书记的谈话还可取。去年北大来两人外调关于邓朴芳的事，态度很不好，说聂孙是四人帮的体系。我也使他们不愉快。

法院方面只要是办案人员坚持原则，按法律办事，事情就会水落石出。目前要安心，但是要积极地等待。新的材料寄来后，我再提些意见。

章铎于11日返回宝鸡，因天气太热，没有在北京停留。

由于工作的需要，不久我要调到五车间。来信寄71信箱35分箱章铎收，或仍寄革新科我收也可以。

王关戚要放出来之说早有，不可信，至少目前如此，他们是四人帮线上的人。前些天关于"合二为一"的问题平反的文章还点了关锋的名。他们的结局，只能是主犯和从犯的关系。

祝好！

宗式　79.8.25

79.9.4 给柴树园的信

大姐：你好！

来信收到，韧之来信也收到。看了这次申诉后，感到在说理的力量上，并没有增加多少。如果一个没有参加当时运动的人，整理或看材料，看到我们在67年发表了那么多声明，打倒、炮轰老一辈的革命家，就会不解，而把这当成"四人帮"反党活动的一部分。为此，我写了关于二月逆流的一些情况，供你们写材料时参考。关键是分清功与过。另外我以前写给你们的如"与许维纲谈话纪要"，这份材料还在否？这是一份非常有分量的材料：它从对立面方面证明我们保周、反林彪。关于如何反王关戚的问题，我估计老孙会把问题说清楚的。有什么要求及时来信。

我现在调到五车间工作。

宗式　79.9.4

附件：关于"二月逆流派"

若给我们扣上反对老一辈的无产阶级革命家陈毅、李先念等人，一定会找到许多材料的，如总部发表的声明，印发的材料等。这一些不放到当时的历史环境下考察，就会把我们保卫老一辈的无产阶级革命家的行动，说成是反对他们的。问题的关键就是不能以当时声明表面文字而说我们是反对老一辈无产阶级革命家。

下面，就"二月逆流"问题详细谈一下。

在67年1月以前农大曾反了一下谭震林。1月中，戚本禹出面保谭。农大的人写大标语"向谭震林请罪"。我校没有介入这件事。动态报由宗小荣和农口方面联系。这事后，学校搞军训，宗小荣离开动态组。她走后，动态报没有人和农口联系。3月8日师大井冈山、学部联队、新人大公社、钢院919、石油学院北京公社等单位首先贴出"打倒谭震林！""坚决反击二月资本主义复辟逆流"的大标语。奇怪的是，没有农口的单位。当时师大的人解释"二月逆流"是指谭震林支持农口保守派夺权。动态组对此感到突然，我们及时向总部、校文革报告了情况，但没立即表态 ①对情况不了解 ②我们当时已经形成了反对潘吴的观点，而这一场反谭运动，首先是由他们开始的，我们存有戒心。动态组全力对这次运动进行调查，对农口各单位了解情况。从当时的情况看，找不到这样大张旗鼓地进行反谭的理由。我想到这是中央内部斗争所致。当时所能得到的消息：①传说中央开会谭震林反对中央文革（全部消息就这么多，怎么传来的都不清楚）。②王力在广播事业局的一次讲话中提到"有人要代表老干部来讲话"。

师大的行为本身就说明他们受后台的指示而动。我组的王铁良在农业部问师大驻农业部的负责人："谭震林是谁？"答："农业部长"（笑话）。问他："你们揪谭震林的后台指的是谁？"答："揪到谁是谁。"

在反谭的后面，就是要反周总理：反谭开始后不久，我们就从师大的内部了解到他们下面的部署是反余秋里、李先念、李富春……最后反总理。我们感到事情重大，不能稀里糊涂地跟着他们走，迟迟不表态，为此总部受到下面人的压力，如二团、十六团就自行表态了。12日是个星期天，社会上反谭的呼声高，校内的压力大。我感到有必要讨论一下，就打电话给聂元梓，聂让办公室的人通知文革委员和总部委员到动态报开会。由于是星期天，又是临时通知，只来了十来人，聂元梓、侯汉清等，老孙没有到会。我先谈情况。关于农口问题，我说问题复杂。会议决定暂不表态，由我们继续调查。我说到师大下一步行动，并指明下一步他们要反对周总理时，聂说："如果他们反对周总理，我们就坚决反击。"

当晚，戚本禹宣布收回他在一月份的保谭讲话。这样总部决定表态，并决定第二天上午全校会议上由我介绍情况。因为我的态度并不十分坚决，介绍时说了谭几句好话（引用戚在一月份保谭时的讲话），引起一些人的不满，没等我讲完，物理系三年级的一位同学就把我拉下来了，他自行煽动。至六月初，总部一共发表过六份关于农口的声明，其中有两份是我起草的。这六份声明中 ①坚决保卫周总理 ②支持农口的那些组织中，对农业部不表态，即不承认反谭那一派是革命的。尽管支持了其他单位的反谭派，但这一点是问题的关键，明眼人一看就清楚。③声明中当然有打倒谭震林的文字，但纵观全局能说我们是反对老一辈无产阶级革命家吗！事实上，我们和农口保谭派的联系一直不断，主要事实如下：① 农业部的人领取我们的动态报，就是说几乎天天来北大。我们的人经常去，主要是王铁良。② 农业部的保谭干部左叶、李星、谢××三人来动态报，给作战部讲农口的十七年斗争，约在四月底或五月初。 ③五月初江一真和他的秘书来北大，讲了农口的一些情况，主要是向我们了解一些事。我讲了当时的反潘吴斗争 ④反潘吴的斗争在五月份形成高潮以后，江一真的秘书来北大，表示农口的组织（保谭派）也参加。我说"这一斗争复杂，可能出现波折，而你们的组织还没喘过气来，还是不参加为好。"⑤至少我为农口转过两份材料，一份是"516"集体关于谭震林问题而攻击总理的声明原件，时间是6月下旬，我们得到的第一张"516"的传单。二是农口收集到的"516"反革命传单手抄件20余份，并附有农口组织的标语。这两份材料，都转给了总理办公厅。⑥ 农口反谭派查出秦化龙的叛徒问题（秦是反谭派的主要干部）我们在"新北大"上以简讯的形式报道了，给予支持。

在反谭后不久，师大、学部等接着就开始反余秋里、谷牧、李富春、李先念、叶剑英、徐向前。关于李富春问题，刘郢、洪涛大约是在三月十四日，在四个地方贴出"就统战民委文化大革命中的一些问题与李富春同志大辩论"的大字报。我得到消息后，立即到外文楼，校文革在那里开会。老孙和李清崑出来接待我，我主张立即反击，老孙也说立即反击。李清崑说先看一看。这样没有组织队伍去反击。但是总部发表了声明，反对炮打总理和李富春。这份声明后来刊在《新北大》上。我前些时曾寄了一份去。师大等借反余秋里而达到反总理的目的是十分清楚的。对余秋里同志的问题，总理作了三次表态："余秋里是毛主席司令部的人"。每一次讲话以后，师大一伙立刻掀起三次批余高潮，或是贴大标语"余秋里不是毛主席司令部的人"，或是把广播车开到计委门口狂呼"说余秋里是毛主席司令部的人是混蛋逻辑！"或是在地质学院开大会，洪涛在会上狂叫"谭震林和余秋里只不过是在二月逆流中跳出来的哼哈二将。"

借陈毅问题也掀起了三次反总理的黑风（主要是北外刘令凯）。总部组织了三次大游行反对这股黑风，其他有些高校也组织了示威游行。北京市委在谢富治的主持下对这股黑风没放个屁。而小小的聂孙则组织了全市性的游行。

67年5月20日左右，我和交通部调查组20名同志去中南海见总理派驻交通部的联络员，我用半小时的时间谈"我们发现社会上反总理的集团，即潘吴……"

也是5月份，我和李仲谨到矿伏兆的家里，谈潘吴问题。矿指示他的秘书对我们的谈话作了记录。

在67年的上半年，二月逆流问题是一个主要的问题，当时社会上分成两大派——一派主张"炮轰"，即认为是内部矛盾。一派主张打倒，而把炮轰派说成是保守派。我们自己也落了个"二月逆流派"的别号。"二流公社""二流文革"充满我们的耳朵。当时炮轰派的群众对这些老一辈的革命家是很有感情的，我自己到外事口、石油部去调查，那里的群众津津乐道的是老一辈革命家的优秀品质。现在如果单凭当时的声明上有"炮轰"字样就认为是"反对老一辈无产阶级革命家"，是对历史的极大歪曲，也是对群众的极大的污蔑。

"九大"以后，我见到了毛主席的讲话，也看到了谢富治的讲话，方知二月逆流是怎么一回事。为此，71年清查"516"时，我就保谭和保李富春同志的问题作了检查。71年9月8日的全系大会上，迟群之流还批判我如何保二月逆流，是谭震林伸向北大的黑手。但是没过几天林彪摔死了，二月逆流问题也就不提了。但迟群之流又说我"不管是炮轰还是打倒，都是炮打无产阶级司令部"。真叫不要脸的人才能说出不要脸的话。

十、宋一秀给胡宗式的信

宗式同志：

七月二十四日来信，早已拜读，迟复为歉！

以华主席为首的党中央英明决策，一举粉碎王张江姚"四人帮"反党集团，真是人心大快，军心大快。现在全国亿万人民在华主席为首的党中央领导下，以排山倒海之势、雷霆万钧之力愤怒揭发、批判声讨"四人帮"反党集团。北大广大革命师生也无不欢欣鼓舞，在校园里鞭炮齐鸣、锣鼓震天。我的孩子们也买了鞭炮，庆祝粉碎"四人帮"的伟大胜利。

北大曾经是毛主席抓的点，可是在"四人帮"及其爪牙迟群、谢静宜的直接控制下，几年来把北大糟蹋成不像样子。由毛主席抓的点演变为"四人帮"的黑据点，特别是"梁效"大批判组完全是"四人帮"篡党夺权的反革命工具，是"四人帮"的伪中央办公厅。多年来"梁效"干尽了坏事，罄竹难书。北大党委书记王连龙和魏银秋、郭宗林、李家宽等人追随"四人帮"，也犯下了一系列的严重罪行。他们极力封锁、歪曲、篡改伟大领袖毛主席的指示，把罪恶的矛头指向伟大领袖毛主席；他们疯狂反对敬爱的周总理，又是作报告，又是写文章，向周总理射出了一支支毒箭，在周总理逝世之后，他们还规定不准设灵堂，不准开追悼会，不准送花圈，不准戴黑纱白花。对此引起了广大革命师生员工无比愤慨；他们整华国锋同志及其他中央领导同志的黑材料，在十月四日炮制的反党黑文《永远按既定方针办》把矛头指向以华主席为首的党中央；王张江姚"四人帮"妄图搞反革命政变的计划，北大王、魏、李、郭等人是知道的，因为校常委徐凯等就曾扬言不久有重大事件发生，命令北大 1500 名民兵从 10 月 2 日到 9 日集中待命，等等。他们犯下的这一件件一桩桩的反革命罪行，是彻底清算的时候了！

历史的辩证法是无情的。我是学哲学的，我相信辩证法。想当初，

"四人帮"及迟、谢两个跳梁小丑，何等猖狂，何等不可一世！今天却走向他们的反面，被押上了历史的审判台。昨天，北大在首都体育馆召开批斗迟群大会。当初，这个小丑何等骄横，真是妄图一手遮天；现在，受到了革命群众牵制，成了断了脊梁骨的癞皮狗。

北大没有军管，只是市委派来一个联络组，组长是西城区委的一个副书记。联络组进校后，宣布魏银秋、李家宽、宋柏年（大批判组组长）办学习班，后来在群众强烈要求下也给郭宗林办了学习班，王连龙不主持工作。现在校党委工作由黄辛白主持，张学书、周培源等能站出来斗争。但北大阶级斗争的盖子远远没有揭开，甚至中央点到的重大事件如炮制《按既定方针办》的黑文的内幕至今没有揭开。因此，北大运动搞得冷冷清清，停止不前，广大师生的革命积极性被压抑着。看来，关键在于市委的领导。对北大问题的严重性如何估计？揭盖子还是捂盖子？放手发动群众还是束缚群众手脚？这些问题不从根本上解决，运动就深入不下去，阶级斗争盖子就无法揭开。对此，广大革命师生员工都在思考、在议论。有的已出了署名的大字报，其中有我系郭罗基和我、夏剑豸等十五人写的《北大运动的现状再也不能继续下去了——致北京市委的公开信》，有历史系魏纪文等22人写的《北大运动的右倾——回顾与建议》，等等。

北大运动的形势是大好的，好就好在广大革命群众紧跟华主席为首的党中央的战略部署，意气风发，斗志昂扬，决心把揭发批判"四人帮"的斗争进行到底。我们坚信在华主席为首的党中央领导下，一定能够把北大的阶级斗争盖子彻底揭开，毛主席的革命路线定能在北大取得更加伟大的胜利！

让我们共同庆祝历史辩证法的伟大胜利！

致

革命敬礼

我仍住在老地方（佟丙八号），有机会来京，请来畅谈

宋一秀 76.12.2

www.ingramcontent.com/pod-product-compliance
Lightning Source LLC
Chambersburg PA
CBHW051106230426
43667CB00014B/2458